원리 학습을 기반으로 하는 **중학 과학의 새로운 패러다임**

중학 과학 3·2

정답과 해설은 EBS 중학사이트(mid.ebs.co.kr)에서 다운로드 받으실 수 있습니다.

교재 내용 문의 | 교재 내용 문의는 EBS 중학사이트(mid.ebs.co.kr)의 교재 Q&A 서비스를 활용하시기 바랍니다.

교재 정오표 공지 | 발행 이후 발견된 정오 사항을 EBS 중학사이트 정오표 코너에서 알려 드립니다. 교재학습자료 → 교재 → 교재 정오표

교재 정정 신청 | 공지된 정오 내용 외에 발견된 정오 사항이 있다면 EBS 중학사이트를 통해 알려 주세요. 교재학습자료 → 교재 → 교재 선택 → 교재 Q&A

사회를 한 권으로
가뿐하게!

중학사회

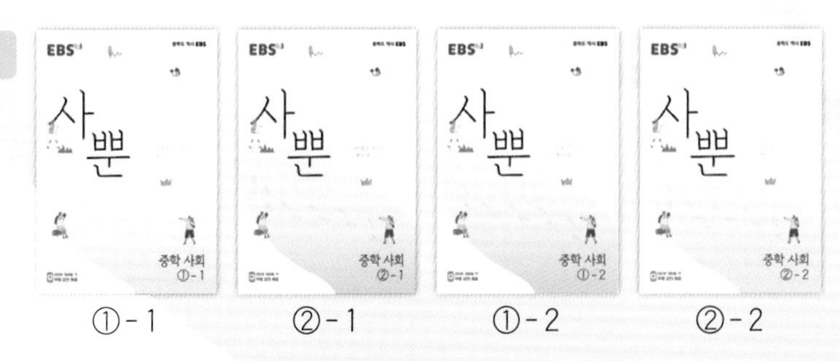

①-1 ②-1 ①-2 ②-2

중학역사

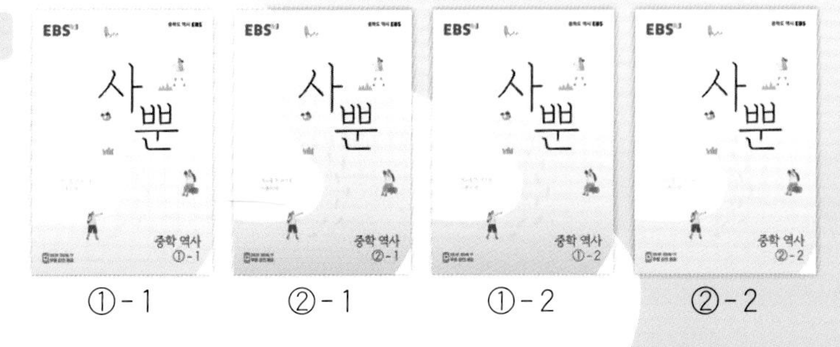

①-1 ②-1 ①-2 ②-2

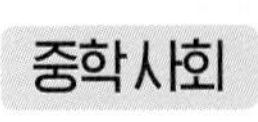

원리 학습을 기반으로 하는 **중학 과학의 새로운 패러다임**

비욘드

중학 과학 3·2

구성과 특징

개념 학습 교재

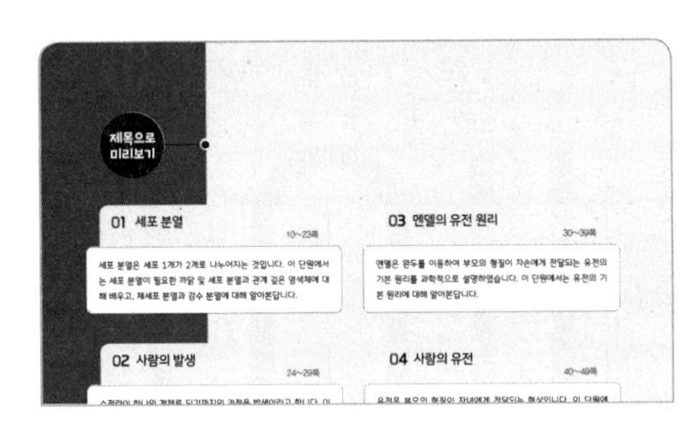

제목으로 미리보기

단원에서 학습해야 할 내용을 쉽고 흥미로운 이야기로 도입하였습니다.

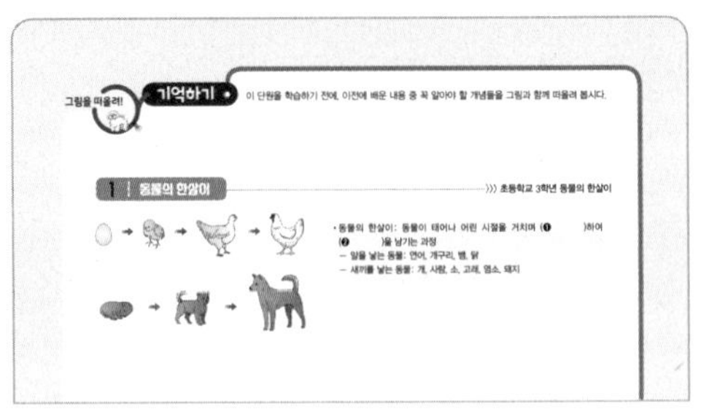

그림을 떠올려! 기억하기

단원에서 학습할 내용의 기초가 되는 이전 개념을 대표적인 그림을 떠올려 기억할 수 있도록 구성하였습니다.

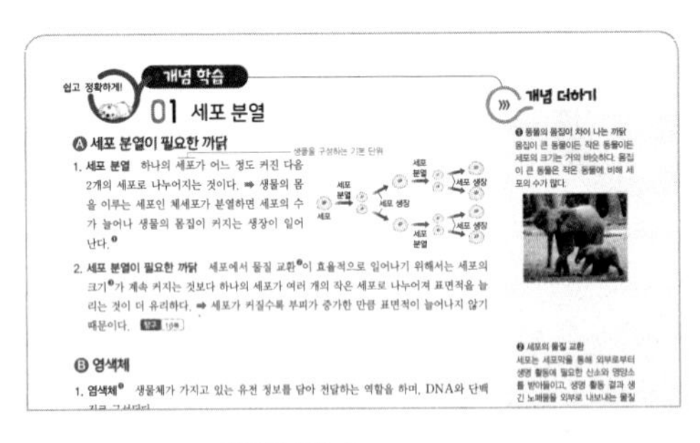

쉽고 정확하게! 개념 학습

교과서를 철저하게 분석하고, 중학생 눈높이에 맞는 설명과 예시, 생생한 사진과 삽화, 다양한 코너를 이용하여 개념을 정확하고 쉽게 이해할 수 있도록 구성하였습니다.

- **개념 더하기**: 개념 이해를 돕기 위한 다양한 코너들 핵심 Tip / 원리 Tip / 암기 Tip / 적용 Tip

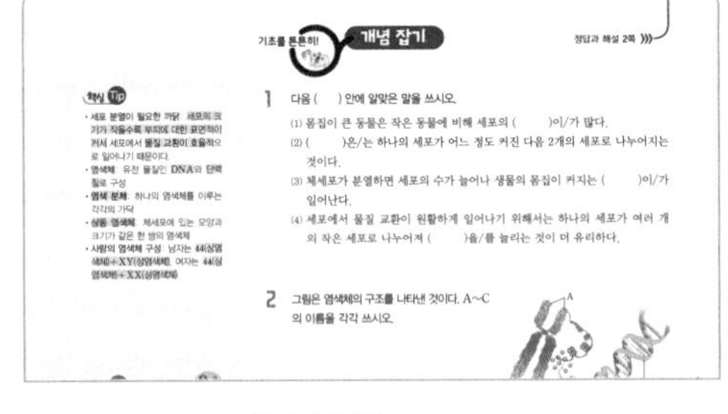

기초를 튼튼히! 개념 잡기

학습한 개념을 확실하게 잡을 수 있도록 간단하지만 날카로운 확인 문제로 구성하였습니다. 개념 학습과 실전을 연결시켜 주기 위한 중요한 단계입니다.

- **실험 Tip**: 실험 분석을 돕기 위한 자료
- **Plus 탐구**: 같은 목표의 다른 실험 자료

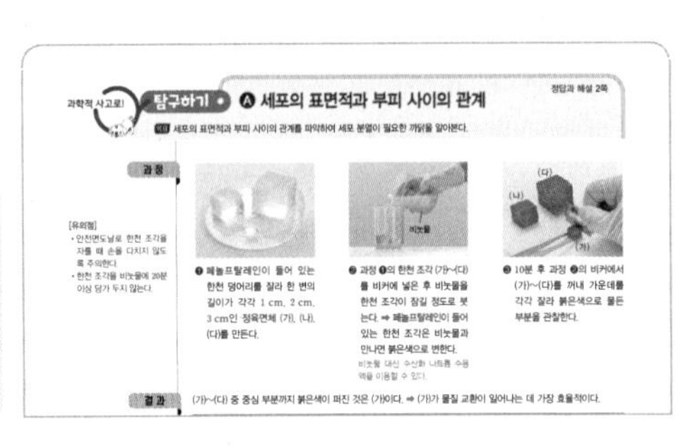

과학적 사고로! 탐구하기

교육과정에서 필수적으로 제시한 탐구 실험/자료를 [과정–결과–정리–문제] 단계로 구성하였습니다. 과학적 사고로 문제를 해결할 수 있는 능력을 키울 수 있습니다.

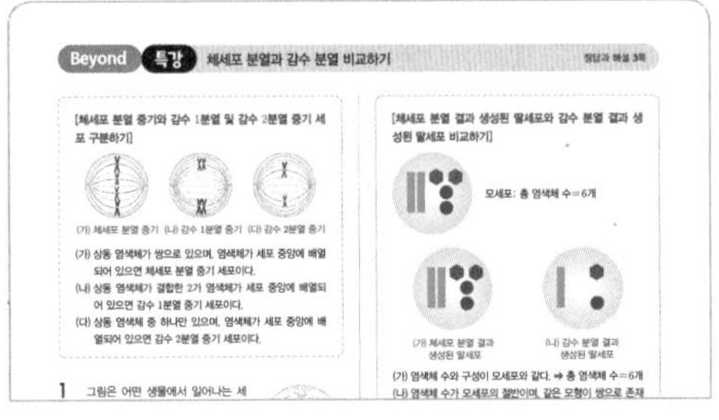

Beyond 특강

단원에 따라 다양한 내용의 특강으로 구성하여 학습의 효율을 극대화할 수 있도록 하였습니다.

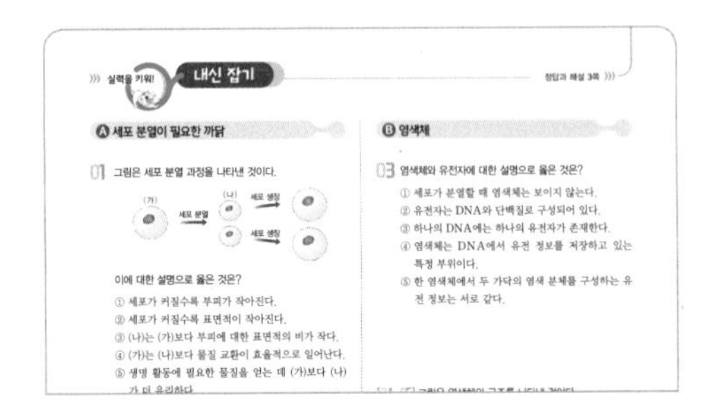

실력을 키워! 내신 잡기

학교 시험 족보를 꼼꼼하게 분석하여 실제 출제되는 핵심 유형의 문제들로 구성하였습니다. 실력을 키워 학교 내신에 철저하게 대비할 수 있습니다.

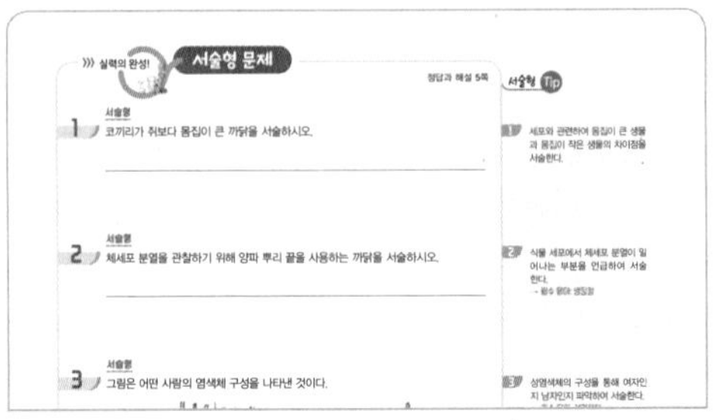

실력의 완성! 서술형 문제

실제 학교 시험에서 출제되는 다양한 유형의 서술형 문제를 구성하여 실력을 완성할 수 있도록 하였습니다.

- **서술형 Tip**: 서술형 문제의 답안 작성을 위한 팁
- **Plus 문제**: 한 문제에서 다른 관점으로 물어 볼 수 있는 또 다른 문제

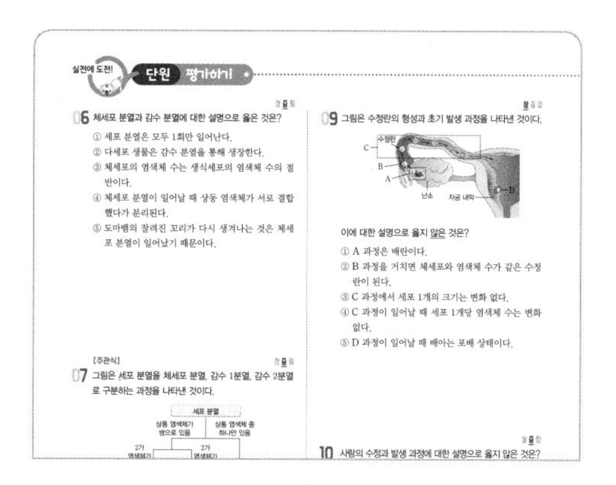

핵심만 모아모아! **단원 정리하기**

각 중단원에서 학습한 개념 중 핵심 내용만 모아서 짧은 시간에 전체 단원을 복습할 수 있도록 구성하였습니다.

실전에 도전! **단원 평가하기**

대단원 내용에 대한 개념, 응용, 통합 등 다양한 관점의 문제들로 구성하여 실전 실력을 평가할 수 있도록 구성하였습니다.

- **내 실력 진단하기**: 각 문제마다 맞았는지 틀렸는지 표시하여 어느 중단원 부분이 부족한지 한 눈에 볼 수 있는 코너

시험 대비 교재

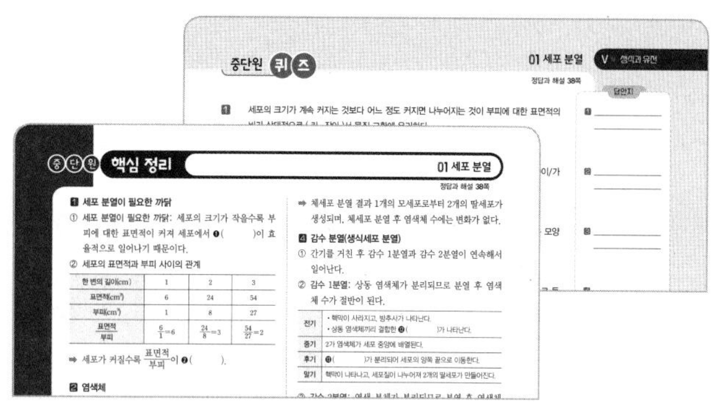

중단원 **핵심 정리** / 중단원 **퀴즈**

학교 시험에 대비하여 개념을 빠르게 복습할 수 있도록 개념 정리와 퀴즈 문제로 구성하였습니다. 시험 직전에 효과적으로 이용할 수 있습니다.

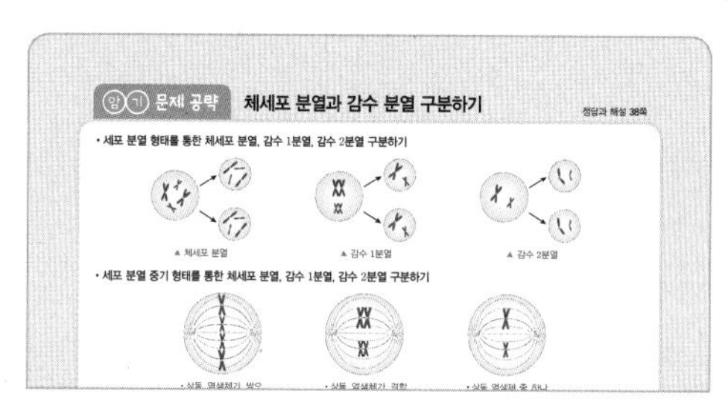

○○ **문제 공략**

시험에 자주 출제되는 문제를 공략하기 위한 코너로 구성하였습니다. 암기 문제 / 계산 문제 / 개념 이해 문제 / 모형 문제 / 그림 문제 등 단원별 빈출 유형을 집중 훈련할 수 있습니다.

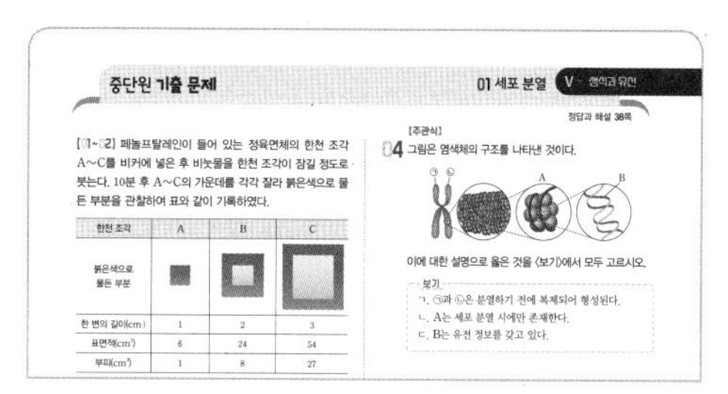

중단원 **기출 문제**

실제 학교 기출 문제 중 출제 비중이 높은 문제들로 구성하였습니다. 고난도 문제, 서술형 문제를 통하여 학교 시험 100점을 향해 완벽한 대비를 할 수 있습니다.

정답과 해설

문제의 전반적인 해설과, 옳은 선지와 옳지 않은 선지에 대한 친절한 해설로 구성하였습니다.

- **자료 분석**: 고난도 문제를 쉽게 해결할 수 있는 자료 분석 및 재해석 코너

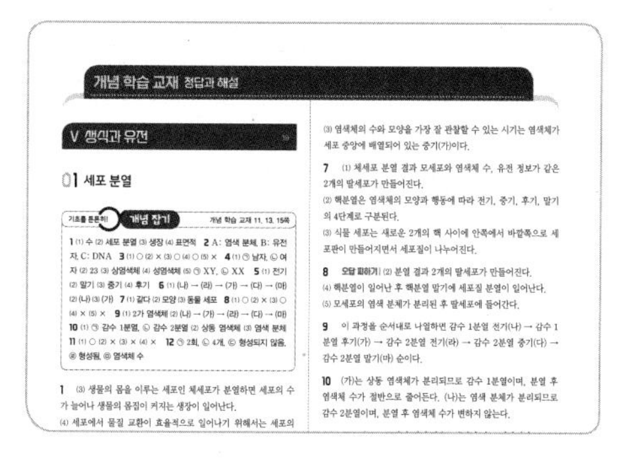

중학 과학 교과서 들여다보기

Ⅴ 생식과 유전

중단원명	비욘드 중학 과학	동아출판	미래엔	비상교육	천재교과서
01 세포 분열	10~23	168~181	174~187	162~169	180~195
02 사람의 발생	24~29	182~187	188~189	170~171	196~201
03 멘델의 유전 원리	30~39	188~195	190~197	176~181	202~212
04 사람의 유전	40~49	196~205	198~205	182~189	213~223

Ⅵ 에너지 전환과 보존

중단원명	비욘드 중학 과학	동아출판	미래엔	비상교육	천재교과서
01 역학적 에너지 전환과 보존	58~65	214~223	214~219	196~205	230~237
02 전기 에너지의 발생과 전환	66~74	224~239	220~235	206~217	238~247

Ⅶ 별과 우주

중단원명	비욘드 중학 과학	동아출판	미래엔	비상교육	천재교과서
01 별까지의 거리	82~87	249~251	246~249	226~229	255~258
02 별의 성질	88~97	252~257	250~255	230~233	259~263
03 은하와 우주	98~108	261~264, 266~272	256~264, 266~271	238~247, 252~257	264~267, 271~278

Ⅷ 과학기술과 인류 문명

중단원명	비욘드 중학 과학	동아출판	미래엔	비상교육	천재교과서
01 과학기술과 인류 문명	116~124	282~295	282~295	266~275	286~295

차례

V 생식과 유전

VI 에너지 전환과 보존

비욘드 중학 과학 3-1 내용 다시 보기

Ⅶ 별과 우주

Ⅷ 과학기술과 인류 문명

V 생식과 유전

제목으로 미리보기

01 세포 분열

세포 분열은 세포 1개가 2개로 나누어지는 것입니다. 이 단원에서는 세포 분열이 필요한 까닭 및 세포 분열과 관계 깊은 염색체에 대해 배우고, 체세포 분열과 감수 분열에 대해 알아본답니다.

02 사람의 발생

수정란이 하나의 개체로 되기까지의 과정을 발생이라고 합니다. 이 단원에서는 사람의 정자와 난자가 수정되어 개체로 발생되는 과정에 대해 알아본답니다.

03 멘델의 유전 원리

멘델은 완두를 이용하여 부모의 형질이 자손에게 전달되는 유전의 기본 원리를 과학적으로 설명하였습니다. 이 단원에서는 유전의 기본 원리에 대해 알아본답니다.

04 사람의 유전

유전은 부모의 형질이 자녀에게 전달되는 현상입니다. 이 단원에서는 사람의 유전 연구 방법과 다양한 유전 형질에 대해 알아본답니다.

기억하기

이 단원을 학습하기 전에, 이전에 배운 내용 중 꼭 알아야 할 개념들을 그림과 함께 떠올려 봅시다.

1 | 동물의 한살이

>>> 초등학교 3학년 동물의 한살이

- 동물의 한살이: 동물이 태어나 어린 시절을 거치며 (❶   )하여 (❷   )을 남기는 과정
  - 알을 낳는 동물: 연어, 개구리, 뱀, 닭
  - 새끼를 낳는 동물: 개, 사람, 소, 고래, 염소, 돼지

2 | 식물의 한살이

>>> 초등학교 4학년 식물의 한살이

- 식물의 한살이: 식물의 (❸   )가 싹 터서 자라고, 꽃이 피고 열매를 맺어 다시 (❸   )가 만들어지는 과정
  - 한해살이 식물: 한 해 안에 한살이를 거치고 일생을 마치는 식물
  - 여러해살이 식물: 여러 해 동안 살면서 한살이의 일부를 반복하는 식물

3 | 식물 세포와 동물 세포의 공통점과 차이점

>>> 초등학교 6학년 식물의 구조와 기능

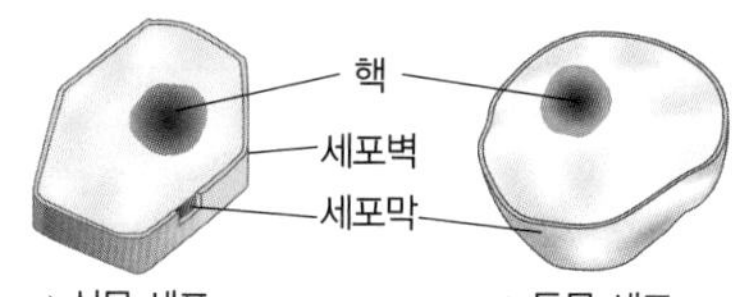

▲ 식물 세포   ▲ 동물 세포

- 공통점: (❹   )과 세포막이 있다.
- 차이점: (❺   )는 세포벽이 있고, (❻   )는 세포벽이 없다.

정답 ❶ 성장 ❷ 자손 ❸ 씨 ❹ 핵 ❺ 식물 세포 ❻ 동물 세포

쉽고 정확하게!

개념 학습

01 세포 분열

A 세포 분열이 필요한 까닭

1. **세포 분열** 하나의 세포(생물을 구성하는 기본 단위)가 어느 정도 커진 다음 2개의 세포로 나누어지는 것이다. ➡ 생물의 몸을 이루는 세포인 체세포가 분열하면 세포의 수가 늘어나 생물의 몸집이 커지는 생장이 일어난다.❶

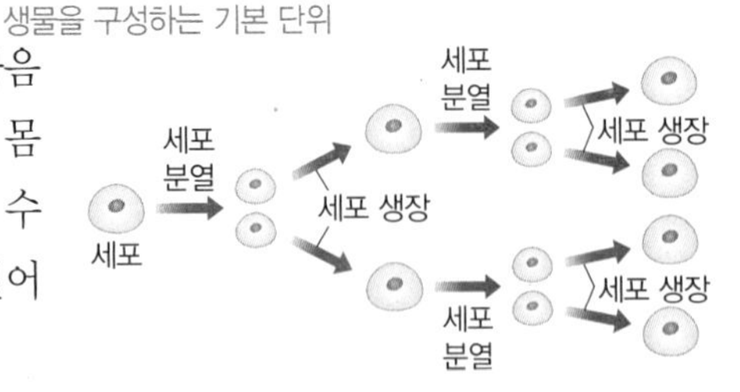

2. **세포 분열이 필요한 까닭** 세포에서 물질 교환❷이 효율적으로 일어나기 위해서는 세포의 크기❸가 계속 커지는 것보다 하나의 세포가 여러 개의 작은 세포로 나누어져 표면적을 늘리는 것이 더 유리하다. ➡ 세포가 커질수록 부피가 증가한 만큼 표면적이 늘어나지 않기 때문이다. 탐구 16쪽

B 염색체

1. **염색체**❹ 생물체가 가지고 있는 유전 정보를 담아 전달하는 역할을 하며, DNA와 단백질로 구성된다.

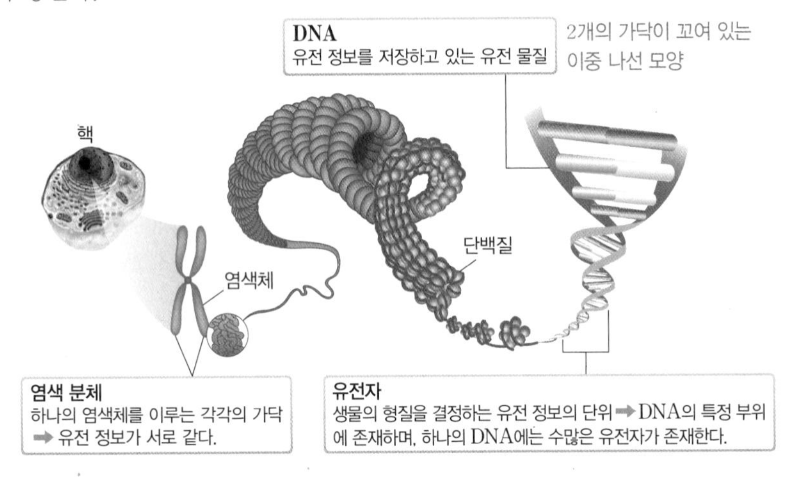

2. **사람의 염색체** 사람의 체세포에는 46개(23쌍)의 염색체가 들어 있다.❺

① **상동 염색체**: 체세포에 있는 모양과 크기가 같은 한 쌍의 염색체 ➡ 하나는 어머니에게서, 다른 하나는 아버지에게서 물려받은 것이므로 유전 정보가 서로 다르다.

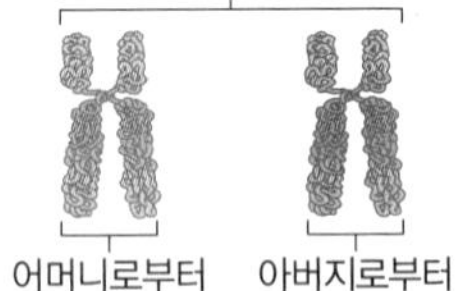

② **상염색체**: 남녀의 체세포에 공통으로 들어 있는 22쌍의 염색체 ➡ 1번~22번 염색체

③ **성염색체**: 성을 결정하는 1쌍의 염색체 ➡ 남자: XY, 여자: XX

남자의 염색체 구성	여자의 염색체 구성
상동 염색체 / 1 2 3 4 5 / 6 7 8 9 10 11 12 / 13 14 15 16 17 18 / 19 20 21 22 XY	상동 염색체 / 1 2 3 4 5 / 6 7 8 9 10 11 12 / 13 14 15 16 17 18 / 19 20 21 22 XX
상염색체 44개(22쌍)+성염색체 XY(1쌍)	상염색체 44개(22쌍)+성염색체 XX(1쌍)

개념 더하기

❶ 동물의 몸집이 차이 나는 까닭
몸집이 큰 동물이든 작은 동물이든 세포의 크기는 거의 비슷하다. 몸집이 큰 동물은 작은 동물에 비해 세포의 수가 많다.

❷ 세포의 물질 교환
세포는 세포막을 통해 외부로부터 생명 활동에 필요한 산소와 영양소를 받아들이고, 생명 활동 결과 생긴 노폐물을 외부로 내보내는 물질 교환을 한다.

❸ 세포의 크기
대부분의 동물과 식물을 구성하는 세포의 크기는 10 μm ~ 100 μm 정도이다.

❹ 세포 분열 시 염색체가 막대 모양으로 응축되는 까닭
염색체는 세포가 분열하지 않을 때는 핵 속에 가는 실처럼 풀어져 있는데, 이를 염색사라고도 한다. 세포 분열 시 유전 물질을 정확하게 둘로 나누기 위해 유전 물질을 최대한 응축시키므로 염색체는 굵게 뭉쳐져 막대 모양으로 나타난다.

❺ 여러 가지 생물의 염색체 수

완두	14개	소나무	24개
감자	48개	초파리	8개
개	78개	침팬지	48개

- 체세포에 들어 있는 염색체 수와 모양은 생물의 종에 따라 다르므로 이는 생물의 종을 판단할 수 있는 고유한 특징이다.
- 염색체 수가 같다고 반드시 같은 종인 것은 아니다. ➡ 종이 다르면 염색체의 모양과 크기가 다르기 때문이다.

핵심 Tip

- **세포 분열이 필요한 까닭**: 세포의 크기가 작을수록 부피에 대한 표면적이 커서 세포에서 물질 교환이 효율적으로 일어나기 때문이다.
- **염색체**: 유전 물질인 DNA와 단백질로 구성
- **염색 분체**: 하나의 염색체를 이루는 각각의 가닥
- **상동 염색체**: 체세포에 있는 모양과 크기가 같은 한 쌍의 염색체
- **사람의 염색체 구성**: 남자는 44(상염색체)+XY(성염색체), 여자는 44(상염색체)+XX(성염색체)

원리 Tip Ⓐ-2

세포의 크기에 따른 표면적과 부피 변화

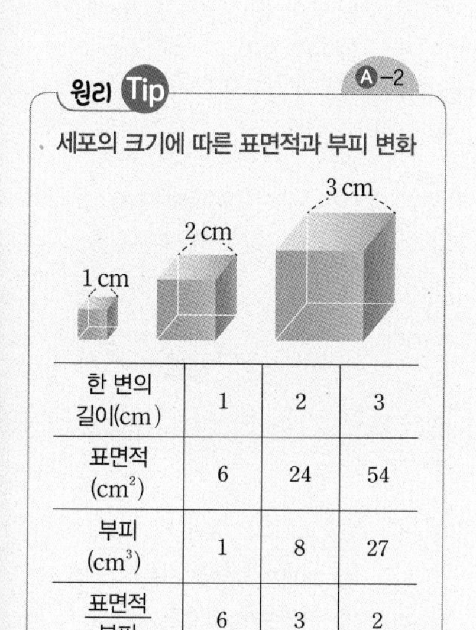

한 변의 길이(cm)	1	2	3
표면적 (cm^2)	6	24	54
부피 (cm^3)	1	8	27
$\frac{표면적}{부피}$	6	3	2

➡ 세포의 크기가 커질수록 표면적이 증가하는 비율보다 부피가 증가하는 비율이 커져 물질 교환이 어려워진다.

암기 Tip Ⓑ-1, 2

염색 분체는 유전 정보가 같고, 상동 염색체는 유전 정보가 다르다.

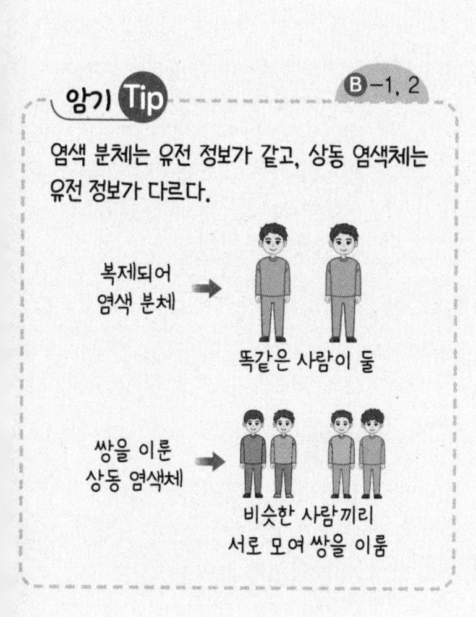

1 다음 (　　) 안에 알맞은 말을 쓰시오.

(1) 몸집이 큰 동물은 작은 동물에 비해 세포의 (　　　)이/가 많다.

(2) (　　　)은/는 하나의 세포가 어느 정도 커진 다음 2개의 세포로 나누어지는 것이다.

(3) 체세포가 분열하면 세포의 수가 늘어나 생물의 몸집이 커지는 (　　　)이/가 일어난다.

(4) 세포에서 물질 교환이 원활하게 일어나기 위해서는 하나의 세포가 여러 개의 작은 세포로 나누어져 (　　　)을/를 늘리는 것이 더 유리하다.

2 그림은 염색체의 구조를 나타낸 것이다. A~C의 이름을 각각 쓰시오.

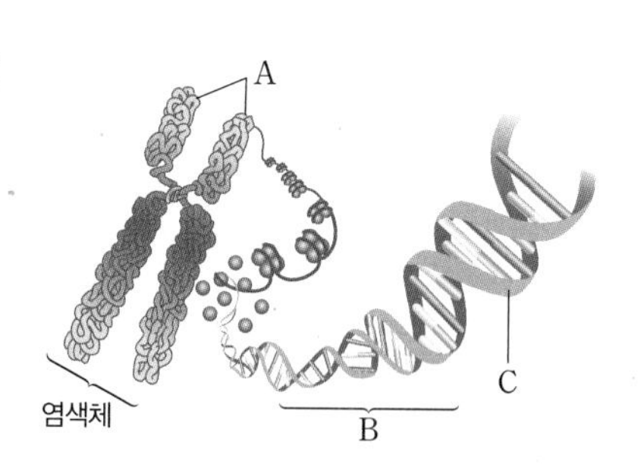

3 염색체에 대한 설명으로 옳은 것은 ○, 옳지 않은 것은 ×로 표시하시오.

(1) 염색체는 DNA와 단백질로 구성된다. (　　)

(2) 하나의 DNA에는 하나의 유전자가 들어 있다. (　　)

(3) 생물의 종에 따라 염색체의 수와 모양이 다르다. (　　)

(4) 상동 염색체는 부모로부터 각각 하나씩 물려받은 것이다. (　　)

(5) 하나의 염색체를 이루는 염색 분체는 유전 정보가 서로 다르다. (　　)

4 그림은 남자와 여자의 체세포의 염색체 구성을 순서 없이 나타낸 것이다. (　　) 안에 알맞은 말을 고르시오.

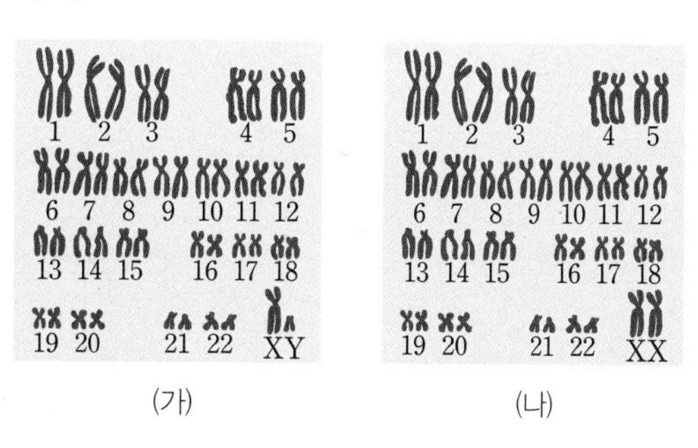

(가)　　　(나)

(1) (가)는 ㉠ (여자, 남자)의 염색체 구성을, (나)는 ㉡ (여자 , 남자)의 염색체 구성을 나타낸 것이다.

(2) 사람의 체세포에는 (23 , 46)쌍의 염색체가 들어 있다.

(3) 1번부터 22번까지의 염색체는 (상염색체 , 성염색체)이다.

(4) (상염색체 , 성염색체)는 사람의 성 결정에 관여한다.

(5) 남자의 성염색체는 ㉠ (XX , XY)이고, 여자의 성염색체는 ㉡ (XX , XY)이다.

쉽고 정확하게!

개념 학습

01 세포 분열

C 체세포 분열

1. 체세포 분열❶

① 1개의 체세포가 분열하여 2개의 세포를 만드는 과정이다. (체세포: 생물의 몸을 이루는 세포)

② 1개의 모세포❷로부터 2개의 딸세포가 생성되며, 체세포 분열 후 염색체 수에는 변화가 없다.

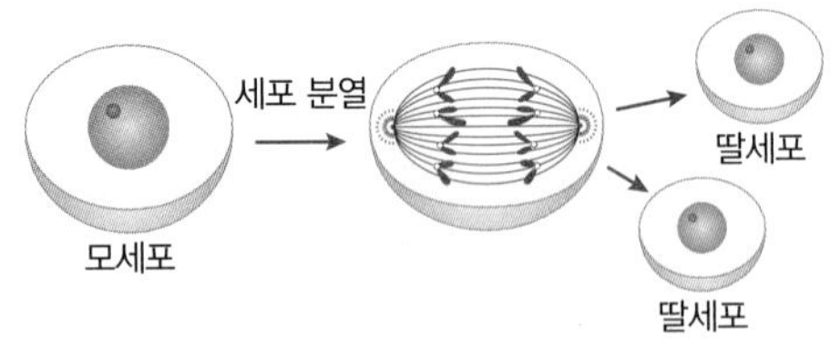

▲ 체세포 분열 결과 생성된 딸세포

2. 체세포 분열 과정

세포는 분열이 일어나기 전인 *간기에 세포의 크기가 커지고 유전 물질(DNA)을 복제하는 등 세포 분열을 준비한다. ➡ 분열이 시작되면서 핵분열이 일어난 후 세포질 분열이 일어난다.❸ 탐구 17쪽

① 간기(분열 전)
- 세포의 크기가 커지고, 핵막이 뚜렷하게 보이며, 염색체가 핵 속에 실처럼 풀어져 있다.
- 유전 물질(DNA)이 복제되어 그 양이 2배로 늘어난다.

② 핵분열: 연속적으로 일어나지만, 염색체의 모양과 행동에 따라 전기, 중기, 후기, 말기의 4단계로 구분된다.

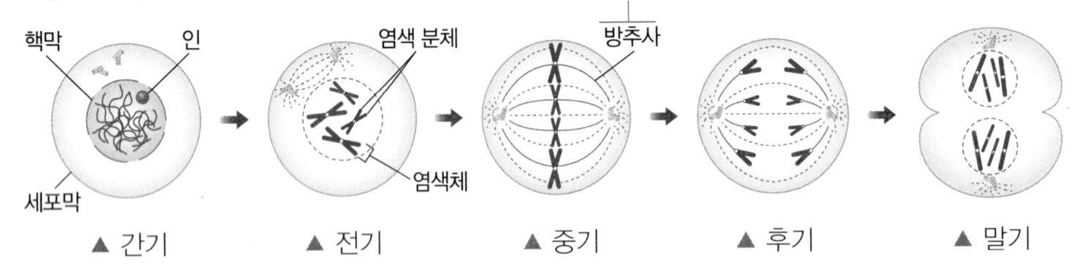

▲ 간기 ▲ 전기 ▲ 중기 ▲ 후기 ▲ 말기

핵분열	전기	• 핵막이 사라지고, 막대 모양의 염색체가 나타난다. • 방추사가 형성된다.
	중기	• 방추사가 부착된 염색체가 세포 중앙에 배열된다. • 염색체의 수와 모양을 가장 잘 관찰할 수 있는 시기이다. 핵분열 중 가장 짧은 시기
	후기	방추사에 의해 각 염색체의 염색 분체가 분리되어 세포의 양쪽 끝으로 이동한다.
	말기	• 핵막이 나타나면서 2개의 핵이 만들어진다. • 염색체가 풀어지고, 세포질 분열이 일어난다.

③ 세포질 분열: 핵분열 말기에 세포질이 나누어져 2개의 딸세포를 형성한다.

동물 세포	식물 세포
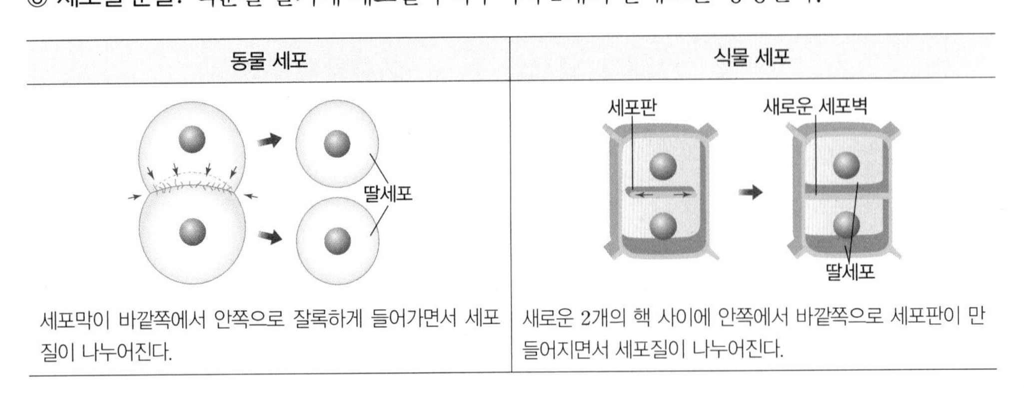	
세포막이 바깥쪽에서 안쪽으로 잘록하게 들어가면서 세포질이 나누어진다.	새로운 2개의 핵 사이에 안쪽에서 바깥쪽으로 세포판이 만들어지면서 세포질이 나누어진다.

3. 체세포 분열 결과❹,❺

모세포와 염색체 수, 유전 정보가 같은 2개의 딸세포가 생성된다.

① 생장: 세포 수가 늘어나 몸집이 커진다. 예 식물체에서 조직의 생장

② 재생: 상처가 아물게 하고, 수명이 다하여 죽은 세포를 보충한다. 예 도마뱀 꼬리의 재생

개념 더하기

❶ **체세포 분열 장소**
- 동물: 몸 전체에서 체세포 분열이 일어난다.
- 식물: 생장점, 형성층과 같은 특정 부위에서 체세포 분열이 일어난다.

❷ **모세포와 딸세포**
모세포는 분열하기 전의 세포이고, 딸세포는 분열이 끝난 직후의 세포이다. 딸세포는 모세포에 비해 크기가 작지만 일정한 수준의 크기까지 커진다.

❸ **세포 주기**
세포 분열을 마친 세포가 자라서 다시 세포 분열을 마칠 때까지의 과정으로, 간기와 분열기로 구성된다.

❹ **체세포 분열로 만들어진 딸세포가 모세포와 염색체 수와 유전 정보가 같은 까닭**
세포가 분열하기 전에 모세포의 핵 속에 들어 있는 유전 물질이 복제되어 두 가닥의 염색 분체가 되고, 세포 분열 과정에서 염색 분체가 분리되어 2개의 딸세포가 형성되기 때문이다.

❺ **단세포 생물에서의 체세포 분열**
하나의 세포로 구성된 단세포 생물의 경우에는 체세포 분열로 생긴 딸세포가 새로운 개체가 된다.
예 아메바의 번식

용어 사전
***간기(틈 間, 기약할 期)**
분열기와 분열기 사이, 세포 주기에서 분열기를 제외한 시기

핵심 Tip

- 체세포 분열 과정
  - 간기: 세포의 크기가 커지고 유전 물질이 복제되는 시기
  - 전기: 핵막이 사라지고 막대 모양의 염색체가 나타나는 시기
  - 중기: 염색체가 세포 중앙에 배열되는 시기
  - 후기: 염색 분체가 분리되어 세포 양쪽 끝으로 이동하는 시기
  - 말기: 핵막이 나타나고, 염색체가 풀어지는 시기, 세포질 분열이 일어남
- 체세포 분열 결과 1개의 모세포로부터 2개의 딸세포가 생성되며, 체세포 분열 후 염색체 수에는 변화가 없다.

5 다음 설명에 해당하는 체세포 분열의 각 시기를 쓰시오.

(1) (　　　): 핵막이 사라지고, 염색체가 나타난다.
(2) (　　　): 핵막이 나타나면서 2개의 핵이 만들어진다.
(3) (　　　): 방추사가 부착된 염색체가 세포 중앙에 배열된다.
(4) (　　　): 염색 분체가 분리되어 세포의 양쪽 끝으로 이동한다.

6 그림 (가)~(마)는 체세포 분열 과정을 순서 없이 나타낸 것이다.

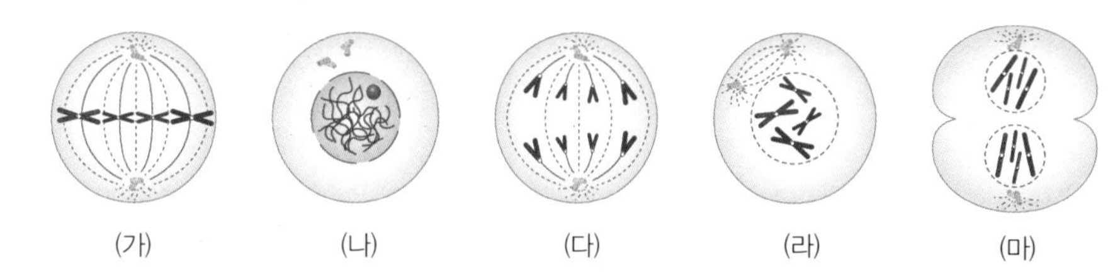

(1) 분열 과정을 간기부터 순서대로 나열하시오.
(2) 세포의 크기가 커지고 유전 물질(DNA)이 복제되는 시기의 기호를 쓰시오.
(3) 염색체의 수와 모양을 가장 잘 관찰할 수 있는 시기의 기호를 쓰시오.

암기 Tip C-2

핵막을 관찰할 수 있는 시기와 막대 모양의 염색체를 관찰할 수 있는 시기는 서로 달라!

- 핵막을 관찰할 수 있는 시기 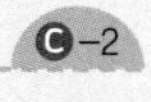 간기, 말기
- 막대 모양의 염색체를 관찰할 수 있는 시기 ➡ 전기, 중기, 후기

7 다음 (　　) 안에 알맞은 말을 고르시오.

(1) 체세포 분열 결과 만들어진 2개의 딸세포는 각각 모세포와 염색체 수가 (같다 , 다르다).
(2) 핵분열 과정을 전기, 중기, 후기, 말기로 구분하는 기준은 염색체의 (수 , 모양)와/과 행동이다.
(3) (동물 세포 , 식물 세포)는 세포막이 바깥쪽에서 안쪽으로 잘록하게 들어가면서 세포질이 나누어진다.

원리 Tip C-3

체세포 분열 결과 생성된 모세포와 딸세포의 유전 정보

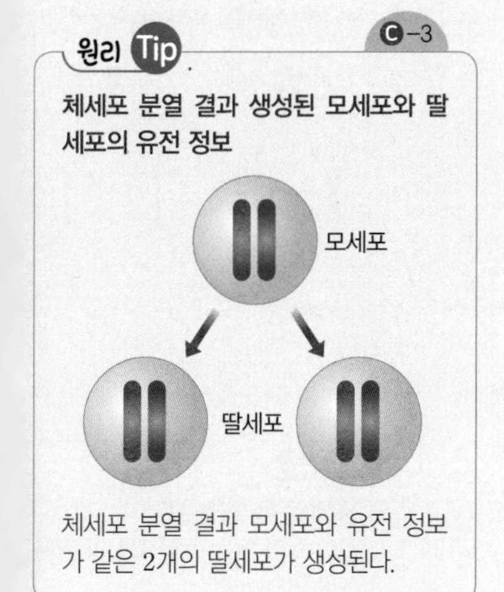

체세포 분열 결과 모세포와 유전 정보가 같은 2개의 딸세포가 생성된다.

8 체세포 분열에 대한 설명으로 옳은 것은 ○, 옳지 않은 것은 ×로 표시하시오.

(1) 간기에 유전 물질의 복제가 일어난다. (　　)
(2) 분열 결과 4개의 딸세포가 만들어진다. (　　)
(3) 상처가 아물 때 체세포 분열이 일어난다. (　　)
(4) 세포질 분열이 일어난 후 핵분열이 일어난다. (　　)
(5) 모세포의 상동 염색체가 분리된 후 딸세포에 들어간다. (　　)

개념 더하기

D 감수 분열(생식세포 분열)

1. 감수 분열

① *생식 기관에서 생식세포(생물의 자손을 만들 때 자손에게 유전 물질을 전달하는 세포)를 만들 때 일어나는 세포 분열이다.❶,❷

② 1개의 모세포로부터 4개의 딸세포가 생성되며, 감수 분열 후 염색체 수가 절반으로 줄어든다.

2. 감수 분열 과정 간기를 거친 후 감수 1분열과 감수 2분열이 연속해서 일어난다.

① 감수 1분열: 상동 염색체가 분리되므로 분열 후 염색체 수가 절반으로 줄어든다.

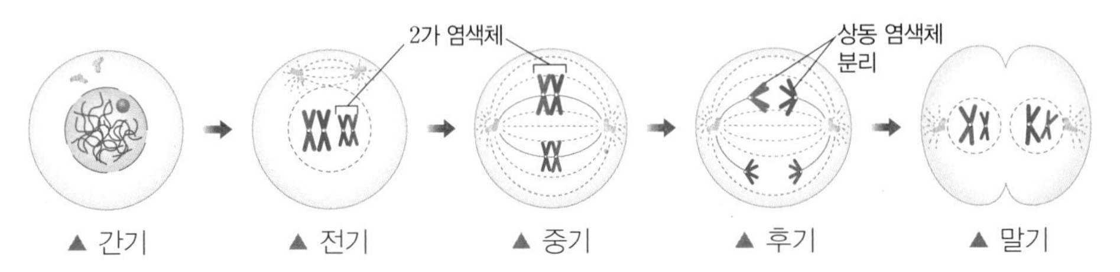

▲ 간기 ▲ 전기 ▲ 중기 ▲ 후기 ▲ 말기

전기	핵막이 사라지고, 방추사가 나타난다. 상동 염색체끼리 결합한 2가 염색체❸가 나타난다.
중기	2가 염색체가 세포 중앙에 배열된다.
후기	방추사에 의해 상동 염색체가 분리되어 세포의 양쪽 끝으로 이동한다.
말기	핵막이 나타나고, 세포질이 나누어져 2개의 딸세포가 만들어진다.

② 감수 2분열: 염색 분체가 분리되므로 분열 후 염색체 수가 변하지 않는다. (유전 물질(DNA)의 양은 절반으로 줄어든다.)

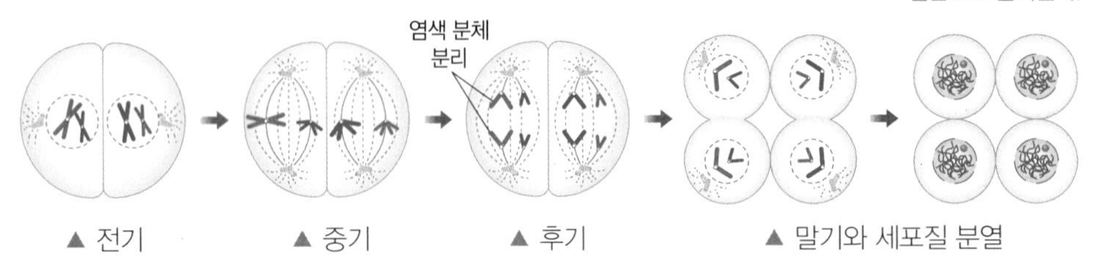

▲ 전기 ▲ 중기 ▲ 후기 ▲ 말기와 세포질 분열

전기	간기 없이 바로 분열이 시작된다. 핵막이 사라지고, 방추사가 나타난다. – 감수 2분열 전에는 DNA가 복제되지 않는다.
중기	염색체가 세포 중앙에 배열된다.
후기	방추사에 의해 각 염색체의 염색 분체가 분리되어 세포의 양쪽 끝으로 이동한다.
말기	핵막이 나타나고 세포질이 나누어져 4개의 딸세포가 만들어진다.

3. 감수 분열의 의의 감수 분열로 만들어진 생식세포의 염색체 수가 체세포의 절반이기 때문에 생식세포가 1개씩 결합하여 생긴 자손의 염색체 수는 부모와 같다. ➡ 세대를 거듭해도 자손의 염색체 수가 항상 일정하게 유지된다.

4. 체세포 분열과 감수 분열 비교❹

Beyond 특강 18쪽

구분	체세포 분열	감수 분열
분열 횟수	1회	2회
딸세포 수	2개	4개
2가 염색체	형성되지 않음	형성됨
염색체 수 변화	변화 없음	절반으로 줄어듦
분열 과정	상동 염색체 / 유전 물질 복제	유전 물질 복제
분열 결과	생장, 재생	생식세포 형성

❶ **생물의 다양한 생식 방법**
- 짚신벌레와 같은 단세포 생물은 체세포 분열로 만들어진 딸세포가 새로운 개체로 된다.
- 암수 구별이 있는 다세포 생물은 생식세포가 결합하여 자손을 만든다.

❷ **감수 분열이 일어나는 경우**
- 동물의 경우 정소에서 정자가 만들어질 때, 난소에서 난자가 만들어질 때 일어난다.
- 식물의 경우 꽃밥에서 꽃가루가 만들어질 때, 밑씨에서 난세포가 만들어질 때 일어난다.

❸ **2가 염색체**
감수 1분열 전기에 상동 염색체가 결합한 것으로, 감수 1분열 전기와 중기에서만 나타난다.

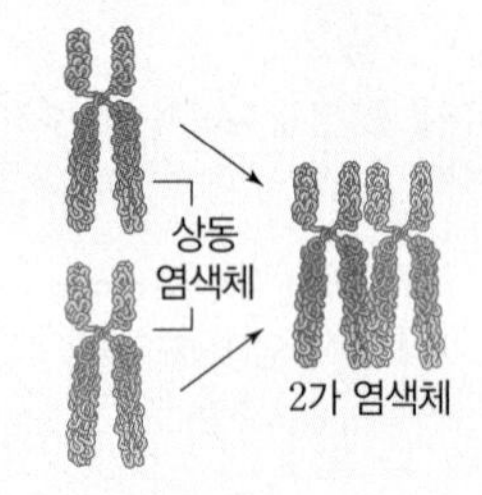

❹ **체세포 분열과 감수 분열에서 염색체 분리 비교**
- **체세포 분열**: 염색 분체 분리
- **감수 분열**
  - **감수 1분열**: 상동 염색체 분리
  - **감수 2분열**: 염색 분체 분리

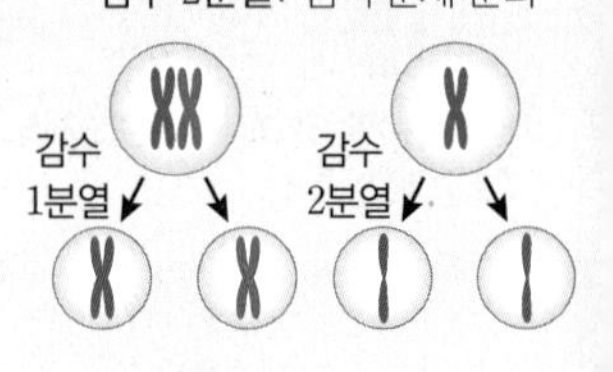

용어 사전
***생식(날 生, 심을 植)**
생물이 살아 있는 동안 자신과 닮은 자손을 만드는 것

핵심 Tip

- **2가 염색체**: 감수 1분열 전기에 상동 염색체가 결합한 것
- **감수 1분열**: 상동 염색체가 분리되므로 분열 후 염색체 수가 절반으로 줄어든다.
- **감수 2분열**: 염색 분체가 분리되므로 분열 후 염색체 수가 변하지 않는다.
- 감수 분열 결과 1개의 모세포로부터 4개의 딸세포가 생성되며, 감수 분열 후 염색체 수가 절반으로 줄어든다.
- **감수 분열의 의의**: 세대를 거듭해도 자손의 염색체 수가 항상 일정하게 유지된다.

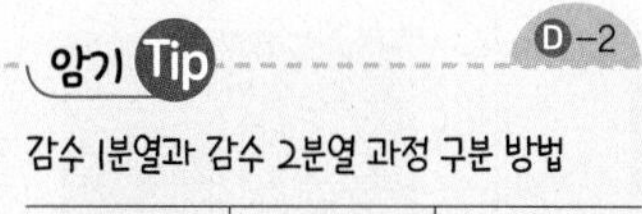

암기 Tip D-2

감수 1분열과 감수 2분열 과정 구분 방법

구분	감수 1분열	감수 2분열
2가 염색체 형성 여부	형성됨	형성되지 않음
상동 염색체의 분리	일어남	일어나지 않음
염색 분체의 분리	일어나지 않음	일어남

원리 Tip D-4

체세포와 생식세포의 염색체 구성 비교

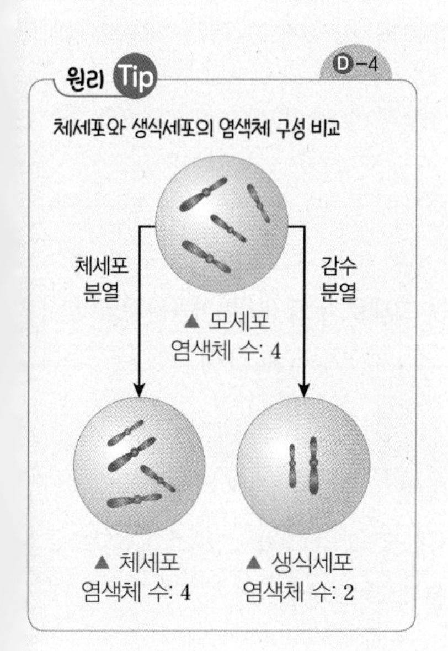

9 그림 (가)~(마)는 감수 분열 과정 중 일부를 순서 없이 나타낸 것이다.

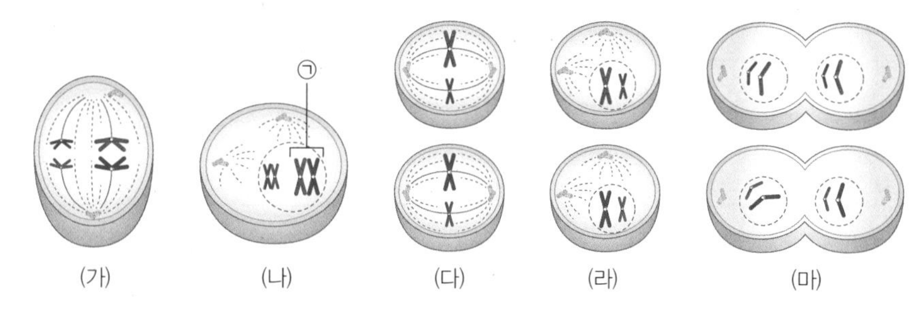

(1) ㉠의 이름을 쓰시오.

(2) (가)~(마)를 순서대로 나열하시오.

10 그림 (가)와 (나)는 감수 1분열과 감수 2분열을 순서 없이 나타낸 것이다. ( ) 안에 알맞은 말을 고르시오.

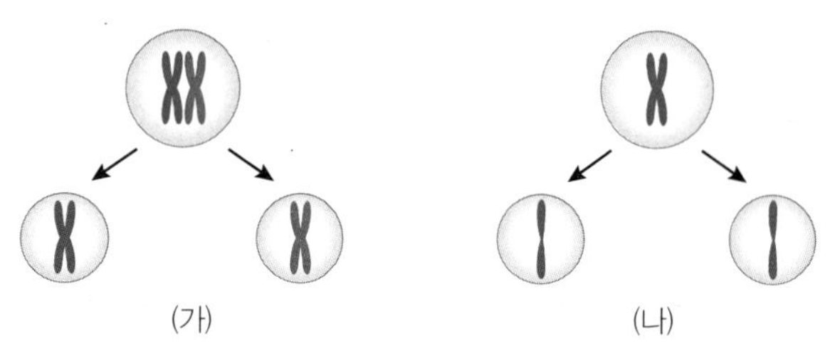

(1) (가)는 ㉠ (감수 1분열 , 감수 2분열)이고, (나)는 ㉡ (감수 1분열 , 감수 2분열)이다.

(2) (가)는 (염색 분체 , 상동 염색체)가 분리되므로 분열 후 염색체 수가 절반으로 줄어든다.

(3) (나)는 (염색 분체 , 상동 염색체)가 분리되므로 분열 후 염색체 수가 변하지 않는다.

11 감수 분열에 대한 설명으로 옳은 것은 ○, 옳지 않은 것은 ×로 표시하시오.

(1) 감수 1분열 중기에 2가 염색체가 세포의 중앙에 배열된다. ( )

(2) 간기에 유전 물질(DNA)이 복제된 후 바로 감수 2분열이 일어난다. ( )

(3) 감수 2분열 후기에 상동 염색체가 분리되어 세포의 양끝 쪽으로 이동한다. ( )

(4) 생식세포의 염색체 수는 체세포의 염색체 수와 같기 때문에 세대를 거듭해도 자손의 염색체 수가 항상 일정하게 유지될 수 있다. ( )

12 표는 체세포 분열과 감수 분열을 비교한 것이다. ㉠~㉤에 알맞은 말을 쓰시오.

구분	체세포 분열	감수 분열
분열 횟수	1회	(㉠)
딸세포 수	2개	(㉡)
2가 염색체	(㉢)	(㉣)
(㉤) 변화	변화 없음	절반으로 줄어듦

과학적 사고로!

탐구하기 ● Ⓐ 세포의 표면적과 부피 사이의 관계

정답과 해설 2쪽

목표 세포의 표면적과 부피 사이의 관계를 파악하여 세포 분열이 필요한 까닭을 알아본다.

과정

[유의점]
- 안전면도날로 한천 조각을 자를 때 손을 다치지 않도록 주의한다.
- 한천 조각을 비눗물에 20분 이상 담가 두지 않는다.

❶ 페놀프탈레인이 들어 있는 한천 덩어리를 잘라 한 변의 길이가 각각 1 cm, 2 cm, 3 cm인 정육면체 (가), (나), (다)를 만든다.

❷ 과정 ❶의 한천 조각 (가)~(다)를 비커에 넣은 후 비눗물을 한천 조각이 잠길 정도로 붓는다. ➡ 페놀프탈레인이 들어 있는 한천 조각은 비눗물과 만나면 붉은색으로 변한다.

비눗물 대신 수산화 나트륨 수용액을 이용할 수 있다.

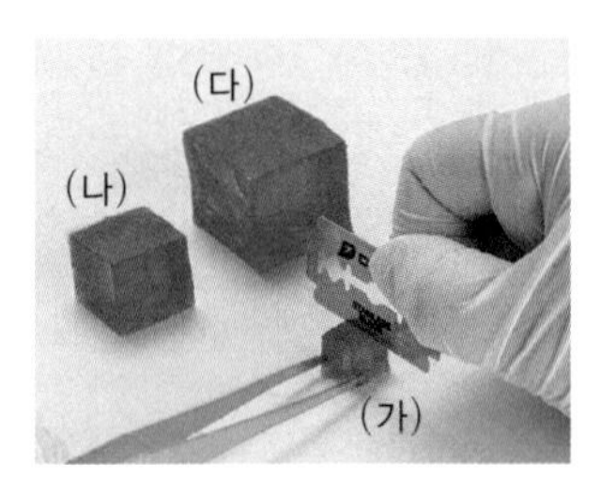

❸ 10분 후 과정 ❷의 비커에서 (가)~(다)를 꺼내 가운데를 각각 잘라 붉은색으로 물든 부분을 관찰한다.

결과

(가)~(다) 중 중심 부분까지 붉은색이 퍼진 것은 (가)이다. ➡ (가)가 물질 교환이 일어나는 데 가장 효율적이다.

구분	(가)	(나)	(다)
붉은색으로 물든 부분	1 cm	2 cm	3 cm
표면적(cm^2)	$6\times1^2=6$	$6\times2^2=24$	$6\times3^2=54$
부피(cm^3)	$1^3=1$	$2^3=8$	$3^3=27$
$\frac{표면적}{부피}$	$\frac{6}{1}=6$	$\frac{24}{8}=3$	$\frac{54}{27}=2$

- 한천 조각을 세포라 하고, 비눗물을 영양소라고 할 때, 세포가 커지면 표면적이 커지는 비율이 부피가 커지는 비율보다 작기 때문에 부피에 대한 표면적의 비($\frac{표면적}{부피}$)가 작아져 영양소를 흡수하는 데 불리하다.

정리

세포의 크기가 커지면 세포의 부피에 대한 표면적의 비가 ㉠ (커져 , 작아져) 생명 활동에 필요한 물질 교환이 ㉡ (효율적으로 일어나므로 , 어려워지므로) 세포가 일정 크기로 커지면 2개로 나뉘는 세포 분열이 일어난다.

확인 문제

1 위 실험에 대한 설명으로 옳은 것은 ○, 옳지 않은 것은 ×로 표시하시오.

(1) 한천 조각이 클수록 중심까지 물질이 이동하기 어렵다. ( )

(2) 부피에 대한 표면적의 비는 (가)가 (나)보다 크다. ( )

(3) 한천 조각을 세포라고 가정하였을 때 물질 교환이 가장 효율적으로 일어나는 것은 (다)이다. ( )

실전 문제

2 그림은 각각 한 변이 1 cm인 한천 조각 (가)와 2 cm인 한천 조각 (나)와 (다) 중 (나)는 그대로 두고 (다)는 8등분하였다.

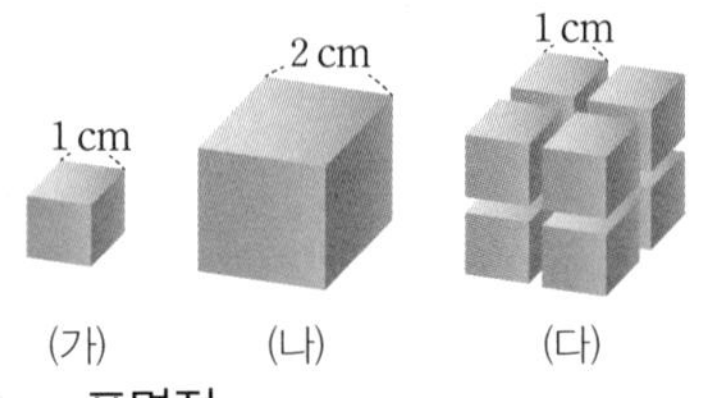

(가), (나), (다)의 $\frac{표면적}{부피}$ 값을 각각 쓰시오.

과학적 사고로!

탐구하기 ◉ Ⓑ 체세포 분열 관찰

정답과 해설 2쪽

목표 양파 뿌리 끝을 이용하여 체세포 분열을 관찰하고, 각 단계의 특징을 구분해 본다.

과정

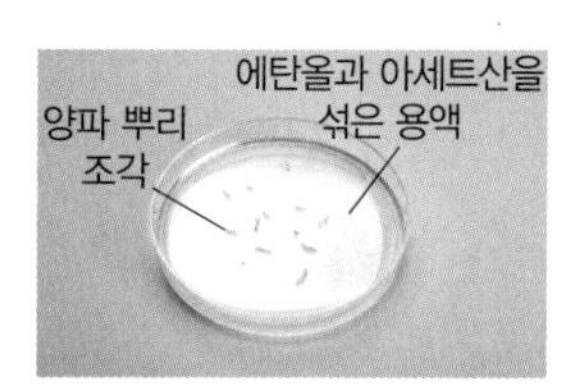

❶ 양파 뿌리 조각을 에탄올과 아세트산을 3 : 1로 섞은 용액에 하루 정도 담가 둔다.

> **고정**: 세포의 생명 활동이 멈추고 살아 있을 때의 모습을 유지하도록 하는 과정

❷ 뿌리 조각을 10 % 묽은 염산에 넣고 55 ℃~60 ℃의 온도로 물중탕을 한 다음, 증류수로 씻는다.

> **해리**: 세포가 잘 분리되도록 뿌리를 연하게 하는 과정

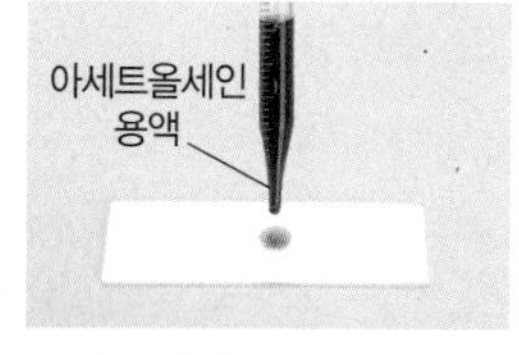

❸ 뿌리 조각에서 끝부분만 1 mm 정도 잘라 받침 유리에 놓고, 아세트올세인 용액을 한 방울 떨어뜨린다.

> **염색**: 아세트올세인 용액으로 핵과 염색체를 붉게 염색하는 과정

❹ 뿌리 끝을 해부 침으로 잘게 찢고, 덮개 유리를 덮는다.

❺ 덮개 유리 위를 고무 달린 연필로 가볍게 두드린다.

> **분리**: 세포를 명확하게 관찰하기 위해 세포와 세포를 떼어 낸다.

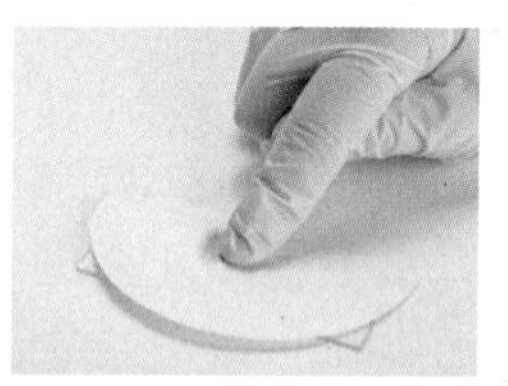

❻ 현미경 표본을 거름종이로 덮고 손가락으로 지그시 누른 후, 현미경으로 관찰한다.

> **압착**: 세포를 한 층으로 얇게 펴주는 과정

[유의점]
- 묽은 염산이 손에 닿거나 눈에 들어가지 않도록 한다.
- 가위나 안전면도날을 사용할 때는 손을 다치지 않도록 조심한다.
- 손가락으로 누를 때는 덮개 유리가 깨지지 않도록 유의하여 지그시 누른다.

결과

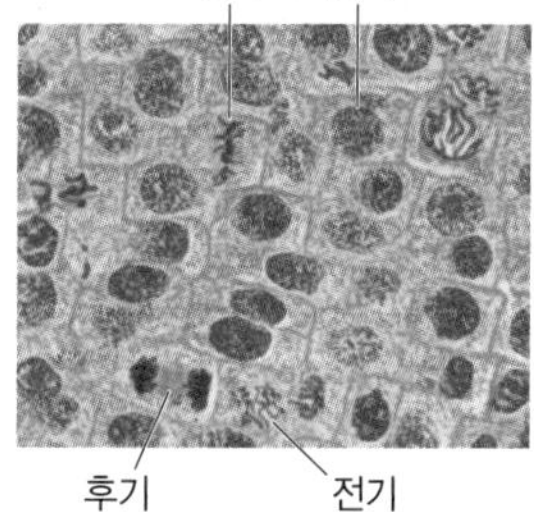

- 아세트올세인 용액에 의해 염색된 핵과 염색체의 모양과 행동에 따라 체세포 분열의 각 단계를 구분할 수 있다.
- 세포 분열 중 간기는 세포 주기에서 대부분을 차지하기 때문에 간기의 세포가 체세포 분열 중인 세포보다 훨씬 많이 관찰된다.
- 분열 전의 세포에 비해 분열을 끝낸 세포의 크기가 작다.

정리

- 양파 뿌리의 끝부분에는 생장점이 있어서 (㉠   ) 분열이 활발하게 일어난다.
- 체세포 분열 관찰 과정은 고정 → (㉡   ) → (㉢   ) → 분리 → 압착 순으로 진행된다.

확인 문제

1 위 실험에 대한 설명으로 옳은 것은 ○, 옳지 않은 것은 ×로 표시하시오.

(1) 가장 많이 관찰되는 세포는 전기의 세포이다. (   )

(2) 세포의 생명 활동이 멈추고 살아 있을 때의 모습을 유지하도록 하는 과정을 고정이라고 한다. (   )

(3) 핵과 염색체를 분리 및 압착시키기 위해 아세트올세인 용액을 이용한다. (   )

실전 문제

2 그림은 양파의 뿌리 끝 세포를 관찰하기 위한 실험 과정을 순서 없이 나타낸 것이다.

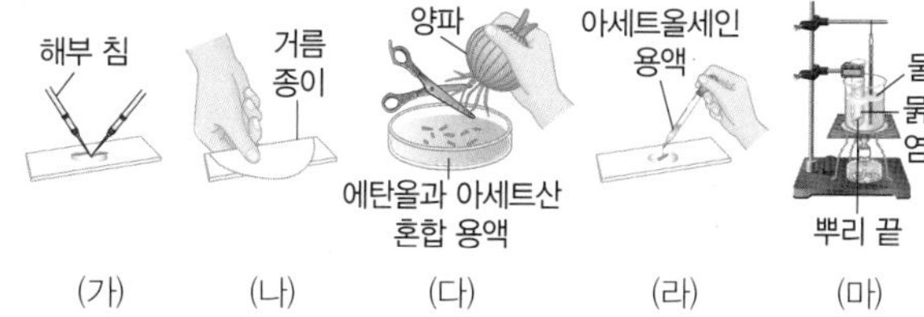

실험 과정을 순서대로 나열하시오.

[체세포 분열 중기와 감수 1분열 및 감수 2분열 중기 세포 구분하기]

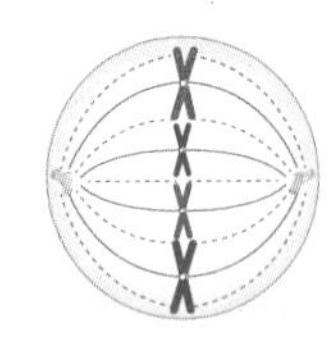
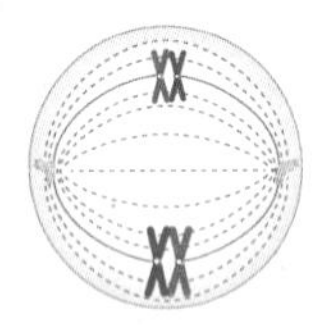
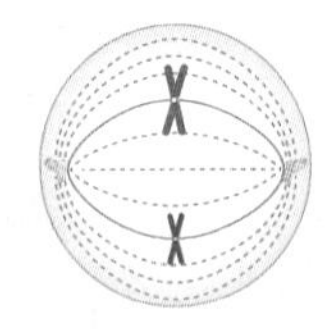

(가) 체세포 분열 중기 (나) 감수 1분열 중기 (다) 감수 2분열 중기

(가) 상동 염색체가 쌍으로 있으며, 염색체가 세포 중앙에 배열되어 있으면 체세포 분열 중기 세포이다.
(나) 상동 염색체가 결합한 2가 염색체가 세포 중앙에 배열되어 있으면 감수 1분열 중기 세포이다.
(다) 상동 염색체 중 하나만 있으며, 염색체가 세포 중앙에 배열되어 있으면 감수 2분열 중기 세포이다.

1 그림은 어떤 생물에서 일어나는 세포 분열 과정 중 한 단계를 나타낸 것이다. 이 세포의 ㉠ 분열 단계와 ㉡ 분열 결과 만들어지는 딸세포의 염색체 수를 옳게 짝 지은 것은?

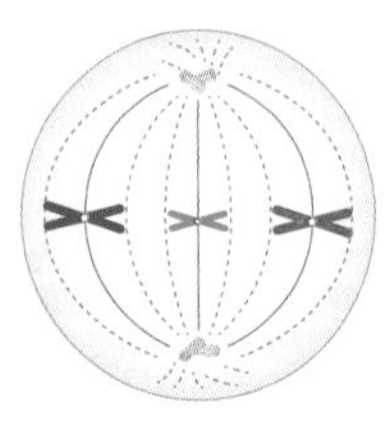

	㉠	㉡
①	체세포 분열 중기	3개
②	체세포 분열 중기	6개
③	감수 1분열 중기	3개
④	감수 2분열 중기	2개
⑤	감수 2분열 중기	3개

2 그림은 어떤 생물의 세포에서 일어나는 세포 분열 과정 중 한 시기를 나타낸 것이다. 이에 대한 설명으로 옳지 않은 것을 모두 고르면? (2개)

① 2가 염색체가 있다.
② 상동 염색체가 쌍으로 있다.
③ 체세포 분열 중기 세포이다.
④ 분열 결과 생성되는 딸세포 수는 4개이다.
⑤ 분열 결과 생성되는 딸세포의 염색체 수는 4개이다.

[체세포 분열 결과 생성된 딸세포와 감수 분열 결과 생성된 딸세포 비교하기]

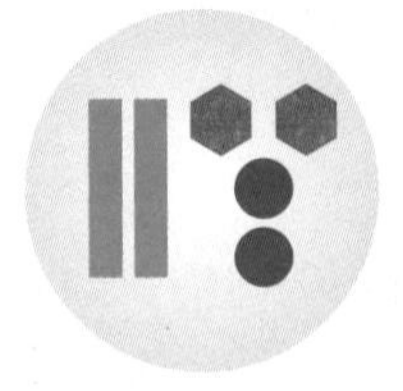

모세포: 총 염색체 수=6개

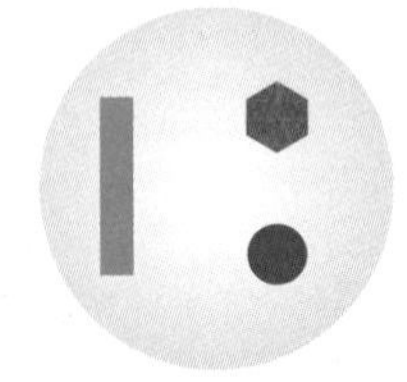

(가) 체세포 분열 결과 생성된 딸세포 (나) 감수 분열 결과 생성된 딸세포

(가) 염색체 수와 구성이 모세포와 같다. ➡ 총 염색체 수=6개
(나) 염색체 수가 모세포의 절반이며, 같은 모형이 쌍으로 존재하지 않는다. ➡ 총 염색체 수=3개

3 그림은 어떤 생물의 체세포에 들어 있는 염색체 구성을 모두 나타낸 것이다. 이 생물의 세포에서 ㉠ 체세포 분열 결과 만들어지는 딸세포의 염색체 수와 ㉡ 감수 분열 결과 만들어지는 딸세포의 염색체 수를 옳게 짝 지은 것은?

	㉠	㉡		㉠	㉡
①	3개	3개	②	3개	6개
③	6개	3개	④	6개	6개
⑤	12개	3개			

4 그림은 어떤 생물의 세포 분열 결과 생성된 딸세포에 들어 있는 염색체 구성을 모두 나타낸 것이다. 이에 대한 설명으로 옳은 것을 모두 고르면? (2개)

① 2가 염색체가 있다.
② 상동 염색체 중 하나만 있다.
③ 상동 염색체가 쌍으로 있다.
④ 체세포에 들어 있는 염색체 구성이다.
⑤ 생식세포에 들어 있는 염색체 구성이다.

A 세포 분열이 필요한 까닭

01 그림은 세포 분열 과정을 나타낸 것이다.

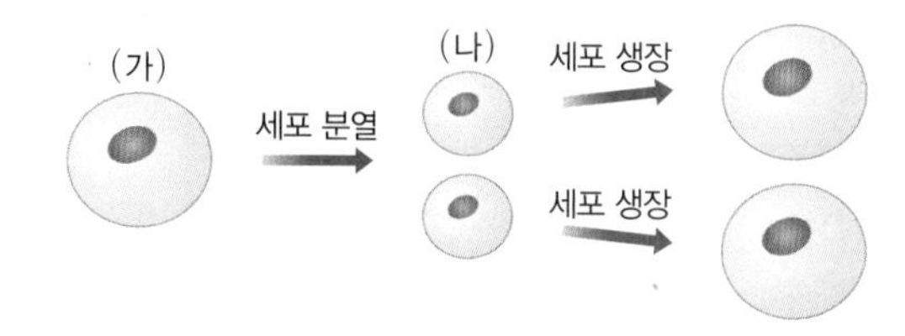

이에 대한 설명으로 옳은 것은?

① 세포가 커질수록 부피가 작아진다.
② 세포가 커질수록 표면적이 작아진다.
③ (나)는 (가)보다 부피에 대한 표면적의 비가 작다.
④ (가)는 (나)보다 물질 교환이 효율적으로 일어난다.
⑤ 생명 활동에 필요한 물질을 얻는 데 (가)보다 (나)가 더 유리하다.

중요 탐구 16쪽

02 표는 정육면체 한 변의 길이 변화에 따른 표면적과 부피의 변화를 나타낸 것이다.

구분	A	B	C
한 변의 길이(cm)	1	2	3
표면적(cm^2)	6	24	54
부피(cm^3)	1	8	27

정육면체를 세포라고 가정할 때, 이에 대한 설명으로 옳은 것을 〈보기〉에서 모두 고른 것은?

보기
ㄱ. A~C 중 물질 교환에 가장 유리한 것은 A이다.
ㄴ. 부피에 대한 표면적의 비는 B가 C보다 크다.
ㄷ. 세포가 커질수록 필요한 물질을 세포 중심까지 빠르게 흡수할 수 있다.

① ㄱ ② ㄷ ③ ㄱ, ㄴ
④ ㄴ, ㄷ ⑤ ㄱ, ㄴ, ㄷ

B 염색체

03 염색체와 유전자에 대한 설명으로 옳은 것은?

① 세포가 분열할 때 염색체는 보이지 않는다.
② 유전자는 DNA와 단백질로 구성되어 있다.
③ 하나의 DNA에는 하나의 유전자가 존재한다.
④ 염색체는 DNA에서 유전 정보를 저장하고 있는 특정 부위이다.
⑤ 한 염색체에서 두 가닥의 염색 분체를 구성하는 유전 정보는 서로 같다.

[04~05] 그림은 염색체의 구조를 나타낸 것이다.

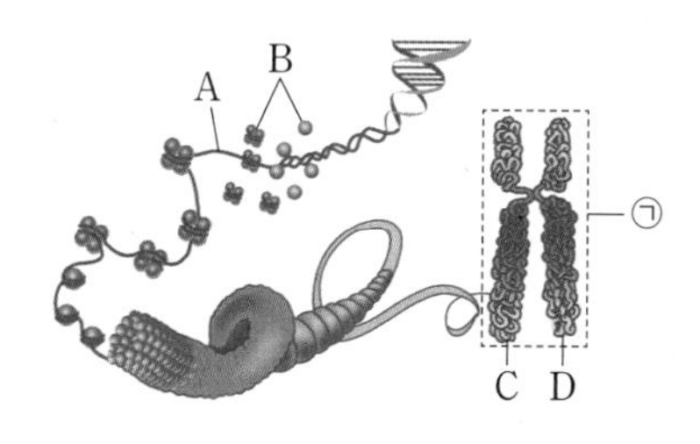

중요

04 이에 대한 설명으로 옳은 것을 〈보기〉에서 모두 고른 것은?

보기
ㄱ. A는 DNA, B는 단백질이다.
ㄴ. C와 D는 염색 분체이다.
ㄷ. C와 D는 각각 부모에게서 하나씩 물려받은 것이다.

① ㄱ ② ㄷ ③ ㄱ, ㄴ
④ ㄴ, ㄷ ⑤ ㄱ, ㄴ, ㄷ

05 ㉠에 대한 설명으로 옳지 않은 것은?

① 염색액에 의해 염색된다.
② 분열 전에는 가느다란 실 모양으로 풀어져 있다.
③ 분열하는 세포에서 ㉠과 같은 막대 모양으로 관찰된다.
④ ㉠의 수와 모양은 생물의 종을 판단할 수 있는 고유한 특징이다.
⑤ 같은 종의 생물에서는 체세포에 들어 있는 ㉠의 수가 다르다.

06 그림은 어떤 동물 수컷의 염색체를 나타낸 것이다. 이에 대한 설명으로 옳은 것을 〈보기〉에서 모두 고른 것은?

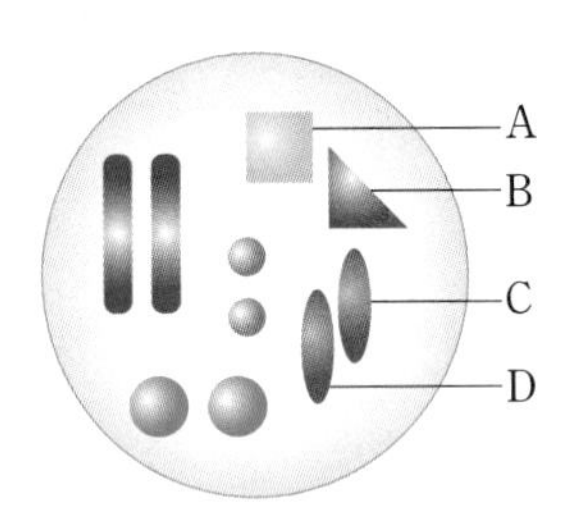

보기
ㄱ. A와 B는 성염색체이다.
ㄴ. C와 D는 염색 분체이다.
ㄷ. 이 동물의 체세포 속에는 10개의 염색체가 들어 있다.

① ㄴ ② ㄷ ③ ㄱ, ㄴ
④ ㄱ, ㄷ ⑤ ㄱ, ㄴ, ㄷ

[07~08] 그림은 남자와 여자의 체세포의 염색체 구성을 순서 없이 나타낸 것이다.

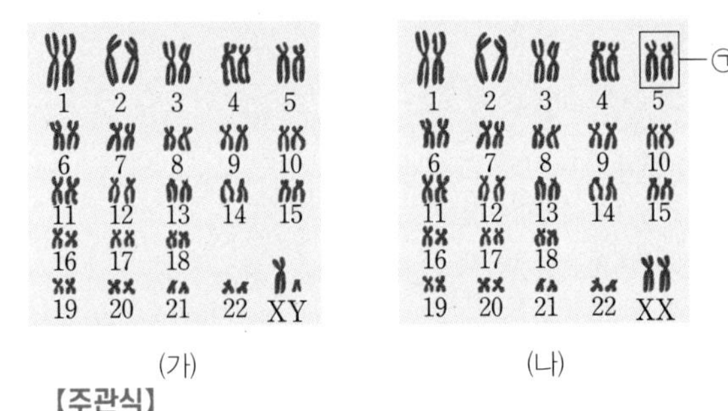

(가) (나)

[주관식]
07 ㉠을 무엇이라고 하는지 쓰고, 사람의 체세포에 들어 있는 ㉠은 몇 쌍인지 쓰시오.

중요
08 이에 대한 설명으로 옳은 것을 모두 고르면? (2개)

① (가)는 여자의 염색체 구성이다.
② 1번에서 22번까지는 상염색체이다.
③ X 염색체와 Y 염색체는 성염색체이다.
④ 사람의 체세포 1개에는 22쌍의 염색체가 있다.
⑤ (나)의 X 염색체는 모두 어머니에게서 물려받았다.

C 체세포 분열

중요
09 체세포 분열에 대한 설명으로 옳은 것을 〈보기〉에서 모두 고른 것은?

보기
ㄱ. 체세포 분열 결과 염색체 수가 줄어든다.
ㄴ. 1개의 모세포로부터 4개의 딸세포가 생성된다.
ㄷ. 상처 난 부분을 아물게 할 때 체세포 분열이 일어난다.
ㄹ. 식물의 경우 생장점, 형성층에서 체세포 분열이 활발하게 일어난다.

① ㄱ, ㄴ ② ㄱ, ㄷ ③ ㄴ, ㄷ
④ ㄴ, ㄹ ⑤ ㄷ, ㄹ

[10~12] 그림은 체세포 분열 과정을 순서 없이 나타낸 것이다.

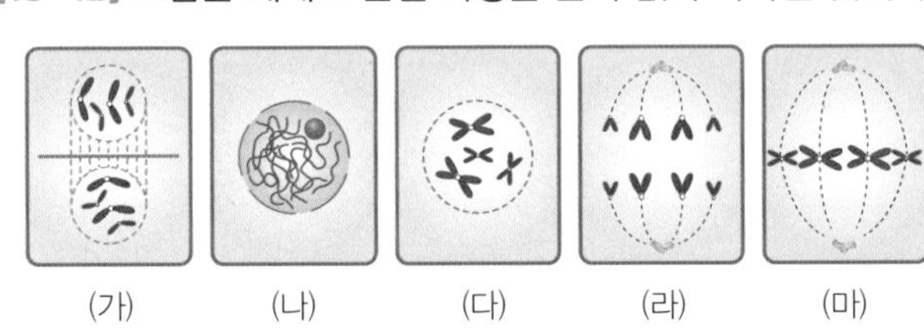

(가) (나) (다) (라) (마)

10 체세포 분열 과정을 간기부터 순서대로 옳게 나열한 것은?

① (가) → (나) → (다) → (라) → (마)
② (나) → (다) → (라) → (마) → (가)
③ (나) → (다) → (마) → (라) → (가)
④ (나) → (라) → (마) → (가) → (다)
⑤ (다) → (마) → (라) → (가) → (나)

중요
11 이에 대한 설명으로 옳지 않은 것은?

① (가) – 다시 핵막이 나타나고, 염색체가 풀어진다.
② (나) – 세포가 커지고, 유전 물질이 복제된다.
③ (다) – 핵막이 뚜렷하게 관찰된다.
④ (라) – 염색 분체가 분리되어 세포의 양쪽 끝으로 이동한다.
⑤ (마) – 염색체가 세포의 중앙에 배열된다.

[주관식]
12 (가)~(마) 중 염색체의 수와 모양을 가장 잘 관찰할 수 있는 시기의 기호를 쓰시오.

13 그림은 동물 세포와 식물 세포에서 세포질 분열이 일어나는 모습을 순서 없이 나타낸 것이다.

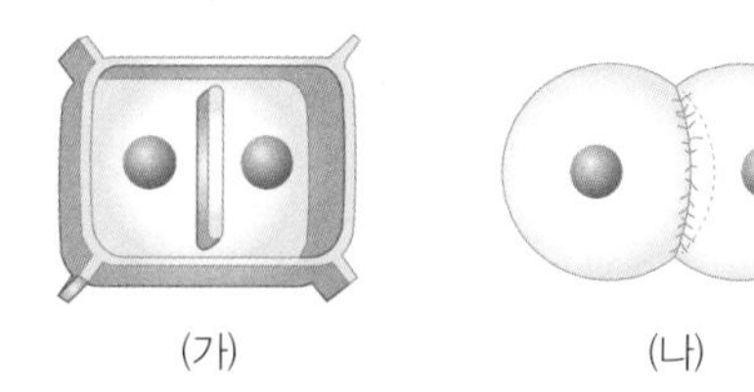

이에 대한 설명으로 옳은 것을 〈보기〉에서 모두 고른 것은?

보기
ㄱ. (가)에서는 세포판이 만들어진다.
ㄴ. 핵분열 후기에 세포질이 나누어진다.
ㄷ. (나)는 동물 세포의 세포질 분열이다.

① ㄱ ② ㄷ ③ ㄱ, ㄴ
④ ㄱ, ㄷ ⑤ ㄴ, ㄷ

탐구 17쪽

[14~15] 다음은 양파 뿌리에서 일어나는 세포 분열을 관찰하기 위한 실험 과정을 순서 없이 나타낸 것이다.

(가) 현미경 표본을 거름종이로 덮고 손가락으로 지그시 누른 후, 현미경으로 관찰한다.
(나) 뿌리 조각을 에탄올과 아세트산을 3 : 1로 섞은 용액에 하루 정도 담가 둔다.
(다) 증류수로 씻어낸 뿌리 조각을 받침 유리에 올려놓고 끝 부분을 1~2 mm 정도 자른 후, ㉠ 용액을 떨어뜨린다.
(라) 뿌리 조각을 55 ℃~60 ℃의 묽은 염산에 10분 정도 담가 둔다.
(마) 뿌리 끝을 해부 침으로 잘게 찢은 후, 덮개 유리를 덮고 고무 달린 연필로 가볍게 두드린다.

[주관식]
14 실험 과정을 순서대로 나열하시오.

중요
15 이에 대한 설명으로 옳은 것은?

① (나)는 해리 과정이다.
② (라)는 세포의 생명 활동이 멈추고 살아 있을 때의 모습을 유지하게 하는 과정이다.
③ (마)는 조직을 연하게 만드는 과정이다.
④ ㉠ 용액은 아세트올세인 용액이다.
⑤ 양파의 뿌리 끝에서는 체세포 분열과 감수 분열이 모두 일어난다.

D 감수 분열(생식세포 분열)

16 감수 분열에 대한 설명으로 옳지 않은 것은?

① 세포 분열이 연속으로 2번 일어난다.
② 분열 후 염색체 수가 절반으로 줄어든다.
③ 감수 2분열 전기에 2가 염색체가 나타난다.
④ 정자와 난자를 만들 때 일어나는 세포 분열이다.
⑤ 분열 결과 1개의 모세포에서 4개의 딸세포가 생성된다.

[17~18] 그림은 식물에서 일어나는 감수 분열 과정 중 일부를 순서 없이 나타낸 것이다.

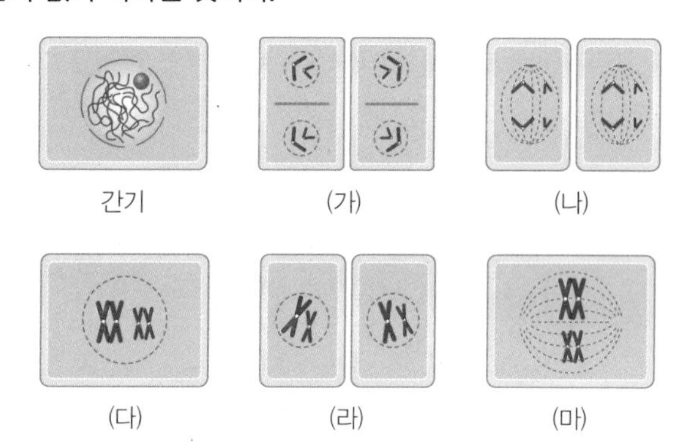

17 감수 분열 과정을 순서대로 옳게 나열한 것은?

① 간기 → (가) → (나) → (다) → (라) → (마)
② 간기 → (나) → (다) → (가) → (마) → (라)
③ 간기 → (다) → (라) → (가) → (나) → (마)
④ 간기 → (다) → (마) → (라) → (나) → (가)
⑤ 간기 → (마) → (라) → (가) → (다) → (나)

18 이와 같은 세포 분열이 일어나는 장소는?

① 백합의 꽃밥
② 개구리의 피부
③ 양파의 뿌리 끝
④ 봉선화의 형성층
⑤ 재생되는 도마뱀 꼬리

19 그림은 어떤 생물에서 분열 중인 세포의 모든 염색체를 나타낸 것이다. 이에 대한 설명으로 옳은 것을 〈보기〉에서 모두 고른 것은?

보기
ㄱ. 감수 1분열 전기 상태이다.
ㄴ. 2가 염색체를 관찰할 수 있다.
ㄷ. 이 동물의 체세포 염색체 수는 4개이다.

① ㄱ　② ㄷ　③ ㄱ, ㄴ
④ ㄱ, ㄷ　⑤ ㄴ, ㄷ

중요
20 그림은 어떤 동물에서 일어나는 세포 분열 과정을 나타낸 것이다.

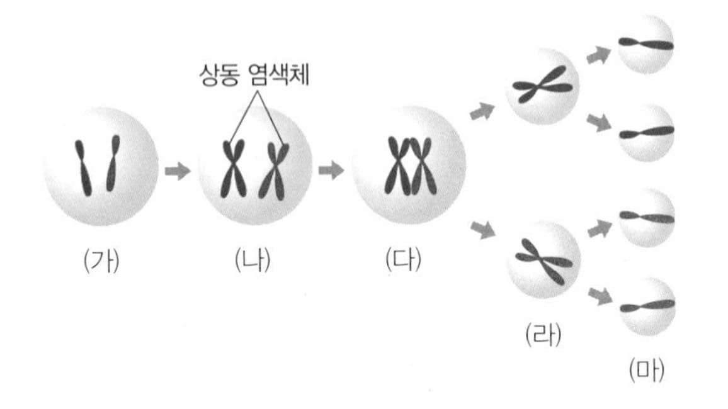

이에 대한 설명으로 옳은 것을 〈보기〉에서 모두 고른 것은?

보기
ㄱ. (가) → (나) 과정에서 DNA가 복제된다.
ㄴ. (나) → (다) 과정에서 염색체 수는 2배가 된다.
ㄷ. (다) → (라) 과정에서 상동 염색체가 분리된다.
ㄹ. (라) → (마) 과정에서 염색체 수가 절반으로 줄어든다.

① ㄱ, ㄴ　② ㄱ, ㄷ　③ ㄷ, ㄹ
④ ㄱ, ㄴ, ㄷ　⑤ ㄴ, ㄷ, ㄹ

[주관식]
21 (가)~(라) 중 (마)와 염색체 수가 같은 것을 모두 쓰시오.

22 그림은 어떤 생물의 체세포의 염색체 구성을 나타낸 것이다. 이 생물에서 감수 분열이 일어난 결과 만들어지는 딸세포의 염색체 구성으로 옳은 것은?

① 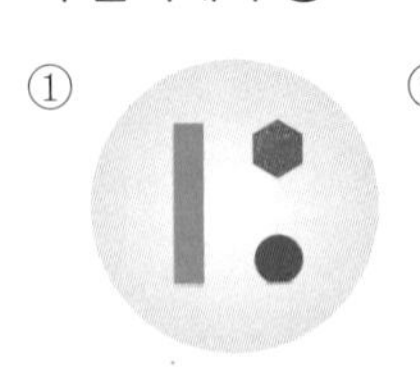
② 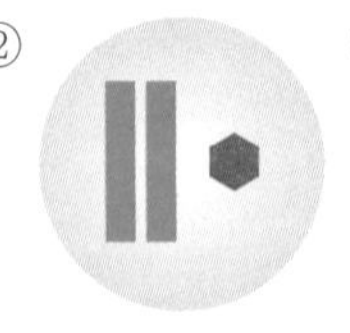
③ 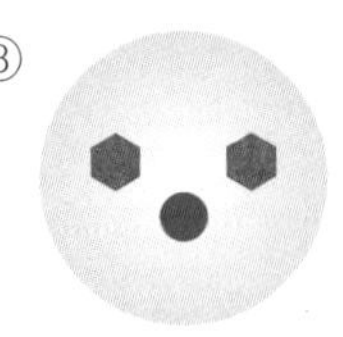
④ 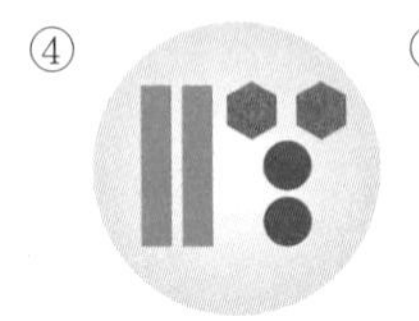
⑤ 

23 감수 분열의 의의에 대한 설명으로 옳은 것을 〈보기〉에서 모두 고른 것은?

보기
ㄱ. 상처를 아물게 한다.
ㄴ. 유전적 다양성이 증가한다.
ㄷ. 세대를 거듭해도 염색체 수가 일정하게 유지된다.

① ㄱ　② ㄴ　③ ㄱ, ㄷ
④ ㄴ, ㄷ　⑤ ㄱ, ㄴ, ㄷ

중요
24 그림은 서로 다른 종류의 세포 분열 과정을 나타낸 것이다.

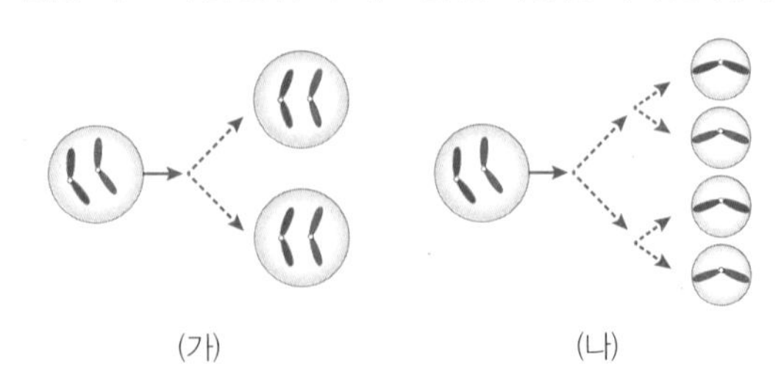

(가)와 (나)의 특징을 비교한 것으로 옳은 것은?

	구분	(가)	(나)
①	분열 횟수	2회	1회
②	2가 염색체	형성 안 됨	형성됨
③	딸세포 수	4개	2개
④	염색체 수 변화	절반으로 줄어듦	변화 없음
⑤	분열 결과	생식세포 형성	생장, 재생

>>> 실력의 완성!

서술형 문제

정답과 해설 5쪽

1 서술형

코끼리가 쥐보다 몸집이 큰 까닭을 서술하시오.

2 서술형

체세포 분열을 관찰하기 위해 양파 뿌리 끝을 사용하는 까닭을 서술하시오.

3 서술형

그림은 어떤 사람의 염색체 구성을 나타낸 것이다.

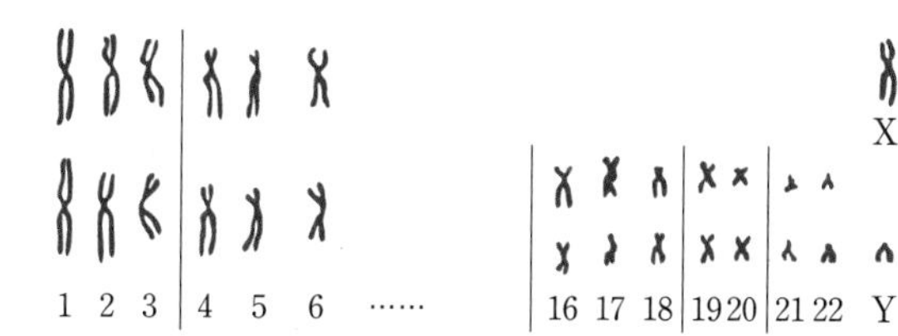

이 사람이 여자인지 남자인지 쓰고, 그 까닭을 서술하시오.

4 단계별 서술형

그림은 어떤 생물에서 일어나는 서로 다른 종류의 세포 분열 과정 중 한 시기의 모습을 나타낸 것이다.

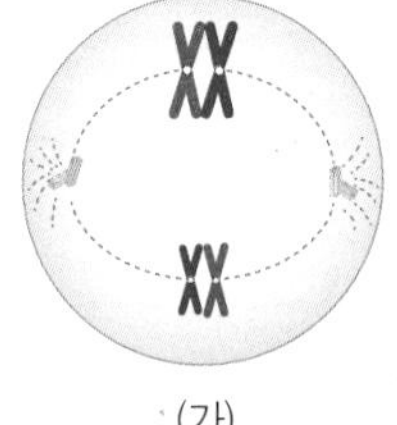
(가)

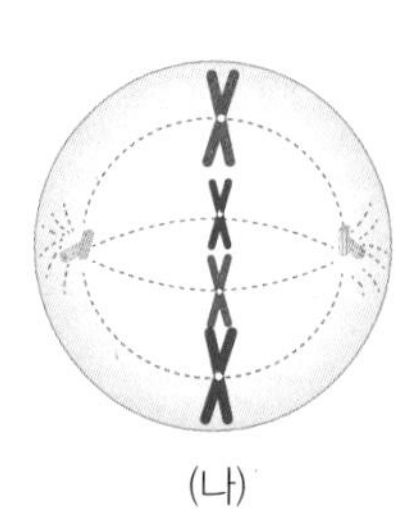
(나)

(1) (가)와 (나)의 세포 분열 종류와 시기를 쓰시오.

(2) (가)와 (나)의 다음 단계에서 염색체가 분리되어 세포의 양쪽 끝으로 이동할 때의 차이점을 비교하여 서술하시오.

서술형 Tip

1 세포와 관련하여 몸집이 큰 생물과 몸집이 작은 생물의 차이점을 서술한다.

2 식물 세포에서 체세포 분열이 일어나는 부분을 언급하여 서술한다.
→ 필수 용어: 생장점

3 성염색체의 구성을 통해 여자인지 남자인지 파악하여 서술한다.
→ 필수 용어: 성염색체

4 (2) 감수 분열과 체세포 분열에서 염색체 배열과 분리에 대해 서술한다.
→ 필수 용어: 중기, 후기, 상동 염색체, 염색 분체

Plus 문제 4-1

(1)과 같이 판단한 까닭을 서술하시오.

쉽고 정확하게!

개념 학습

02 사람의 발생

Ⓐ 수정되어 개체가 되는 과정

1. 생식세포 형성 감수 분열 과정을 통해 남자의 정소[❶]에서는 정자[❷]가, 여자의 난소에서는 난자가 만들어진다.

① **정자**: 머리에 유전 물질이 들어 있는 핵이 있으며, 움직일 수 있는 꼬리에 의해 운동성을 가진다.

② **난자**: 유전 물질이 들어 있는 핵이 있고, 스스로 움직이지 못한다. ➡ 세포질에 많은 양분을 저장하고 있어 정자보다 크기가 크다.

핵 23개의 염색체가 있다.
꼬리 정자가 움직일 수 있도록 한다.

▲ 정자

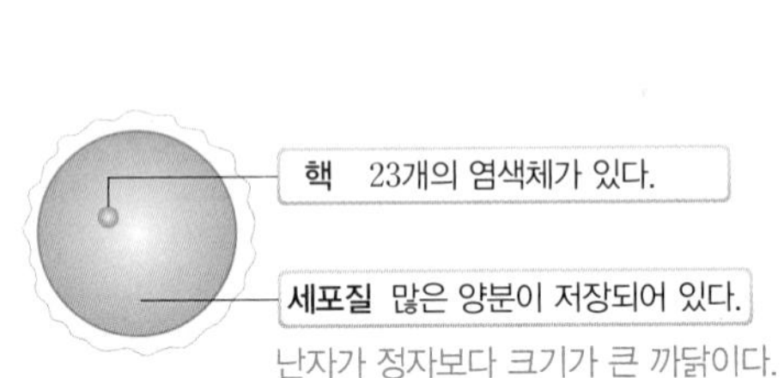

▲ 난자

2. 수정 정자와 난자가 만나 정자의 핵과 난자의 핵이 결합하는 과정 ➡ 수정 과정을 거치면 체세포와 염색체 수가 같은 수정란이 된다.

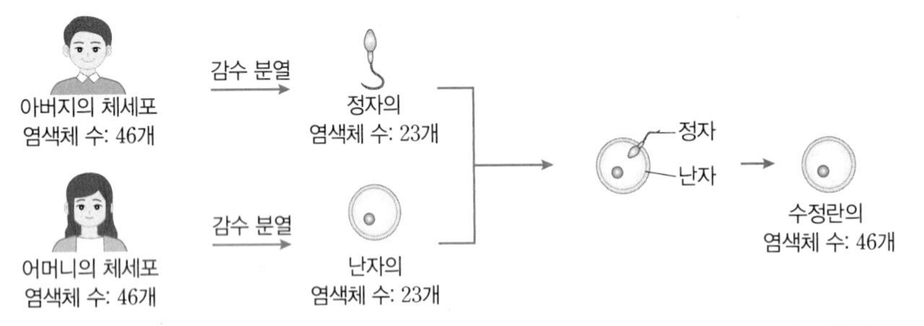

3. 발생 수정란이 세포 분열을 하면서 하나의 개체로 되기까지의 과정 Beyond 특강 26쪽

① **난할[❹]**: 수정란의 초기 세포 분열로, 세포의 생장 없이 빠르게 분열한다. ➡ 세포 수는 늘어나지만 생장기가 없으므로 분열할수록 각 세포의 크기만 작아지며, 전체의 크기는 수정란과 비슷하다. 체세포 분열에 해당하므로 세포 1개당 염색체 수는 변화 없다.

② **착상**: 수정란이 난할을 하면서 *수란관을 따라 자궁으로 이동하며, 수정 후 약 일주일이 지나면 *포배 상태가 되어 자궁 내막에 파고들어 가는 현상 ➡ 착상되었을 때부터 임신되었다고 한다.

난할 / 수정란 / 2세포배 / 4세포배 / 8세포배 / 포배 / 수란관 / 수정 / 배란 / 난소 / 착상 / 자궁 / 난자나 태아가 나오는 통로 — 질

▲ 배란[❸]에서 착상까지의 과정
배란 → 수정 → 난할 → 착상

③ **태반 형성**: 착상 후 태아와 모체 사이에 태반이 형성되며, 발생 중인 태아는 탯줄을 통해 태반에서 물질 교환이 일어난다. ➡ 모체에 있는 해로운 물질이 태아에게 전달될 수 있으므로 임신 기간 중 흡연, 음주, 약물 복용은 태아에게 나쁜 영향을 미친다. 태반에서 모체의 혈액과 태아의 혈액이 섞이지 않는다.

④ **기관 형성**: 배아는 체세포 분열을 계속하여 조직과 기관을 만들고 하나의 개체로 성장한다.

- 배아: 수정란이 난할을 시작한 후 사람의 모습을 갖추기 전까지의 세포 덩어리 상태이다.
- 태아: 수정 8주 후 사람의 모습을 갖추기 시작한 상태이다. 수정 8주 후에 대부분의 기관이 만들어지고 사람의 모습이 갖추어진다.

4. 출산 일반적으로 수정 후 약 266일(38주)이 지나면 출산 과정을 거쳐 태아가 모체 밖으로 나온다.

개념 더하기

❶ 남자의 생식 기관

수정관 ➡ 정자가 이동하는 통로 / 부정소 / 정소 ➡ 정자가 만들어지는 장소

❷ 정자와 난자의 비교

구분	정자	난자
생성 장소	정소	난소
크기	작다.	크다.
운동성	있다.	없다.
염색체 수	23개	23개

❸ 배란

약 28일을 주기로 난소에서 난자가 성숙하여 수란관으로 나오는 현상으로, 양쪽 난소에서 한 달에 1개씩 배출된다.

❹ 난할 시의 변화

세포 수	증가한다.
세포 1개의 크기	작아진다.
세포 1개당 염색체 수	변화 없다. (46개)
배아 전체의 크기	수정란과 비슷하다.

용어 사전

***수란관(나를 輸, 알 卵, 통로 管)**
자궁과 난소를 연결하는 가늘고 긴 관, 난자나 수정란이 자궁으로 이동하는 통로

***포배(세포 胞, 아이 밸 胚)**
속이 빈 공 모양의 세포 덩어리

정답과 해설 5쪽 ⟫⟫

핵심 Tip

- **수정**: 정자와 난자가 만나 정자의 핵과 난자의 핵이 결합하는 과정
- **발생**: 수정란이 세포 분열을 하면서 하나의 개체로 되기까지의 과정
- **난할**: 수정란의 초기 세포 분열로, 세포의 생장 없이 빠르게 분열한다.
- **착상**: 수정란이 포배 상태가 되어 자궁 내막에 파고들어 가는 현상
- **태반 형성**: 태아와 모체 사이에 태반이 형성되며, 태반에서 물질 교환이 일어난다.
- **출산**: 수정 후 약 266일이 지나면 태아가 모체 밖으로 나오는 현상

1 사람의 생식세포인 정자와 난자에 대한 설명으로 옳은 것은 ○, 옳지 않은 것은 ×로 표시하시오.

(1) 난자에는 핵이 있지만 정자에는 핵이 없다. ( )

(2) 정자는 운동성이 있지만 난자는 운동성이 없다. ( )

(3) 난자의 세포질에는 양분이 있어 정자보다 크기가 크다. ( )

(4) 정자는 정소에서, 난자는 난소에서 체세포 분열을 통해 만들어진다. ( )

2 그림은 사람의 생식세포 형성과 수정을 나타낸 것이다. ㉠~㉤에 들어갈 염색체 수를 각각 쓰시오.

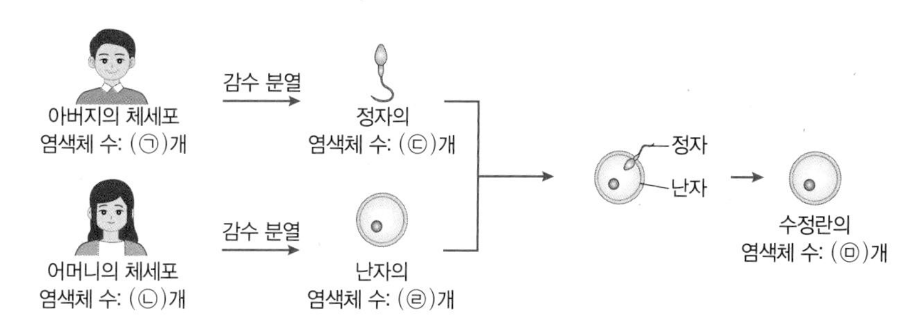

암기 Tip Ⓐ-3

배영 수영을 할 때 난 수영복이 착 달라붙어야 해.
(배란 – 수정 – 난할 – 착상)

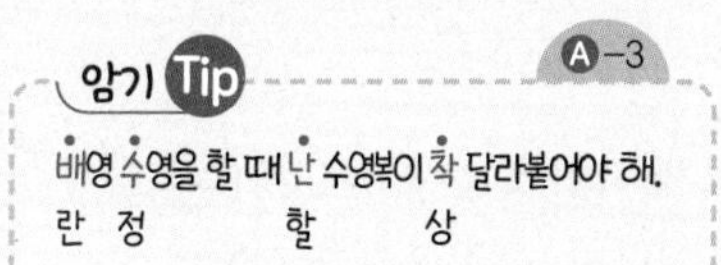

3 그림은 배란에서 착상까지의 과정을 나타낸 것이다.

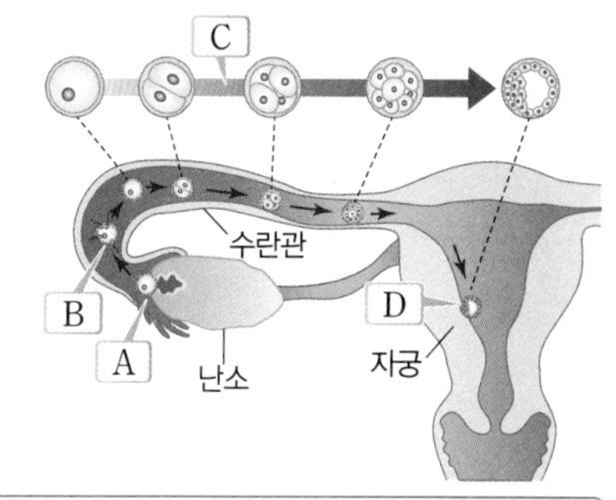

(1) A~D에 해당하는 과정을 무엇이라고 하는지 각각 쓰시오.

(2) 다음은 C에 대한 특징을 설명한 것이다. ( ) 안에 알맞은 말을 고르시오.

> C가 진행되면 세포 수가 ㉠(증가하고 , 일정하고), 세포 1개의 크기는 점점 ㉡(커지며 , 작아지며), 세포 1개당 염색체 수는 ㉢(23 , 46)개로 변화 없다.

(3) D가 일어날 때 수정란의 상태를 쓰시오.

원리 Tip Ⓐ-3

모체와 태아 사이의 물질 교환

모체 ⇄ 태아 (모체 → 태아: 산소, 영양소 / 태아 → 모체: 이산화 탄소, 노폐물)

4 사람의 수정과 발생에 대한 설명으로 옳은 것은 ○, 옳지 않은 것은 ×로 표시하시오.

(1) 태반이 형성된 후 착상이 일어난다. ( )

(2) 수정이 일어났을 때 임신되었다고 한다. ( )

(3) 난할이 진행되어도 배아 전체의 크기는 수정란과 비슷하다. ( )

(4) 수정 8주 후에 대부분의 기관이 만들어지고 이때부터 태아라고 한다. ( )

(5) 태반에서 물질 교환이 일어날 때 태아에서 모체로 이동하는 물질은 산소와 영양소이다. ( )

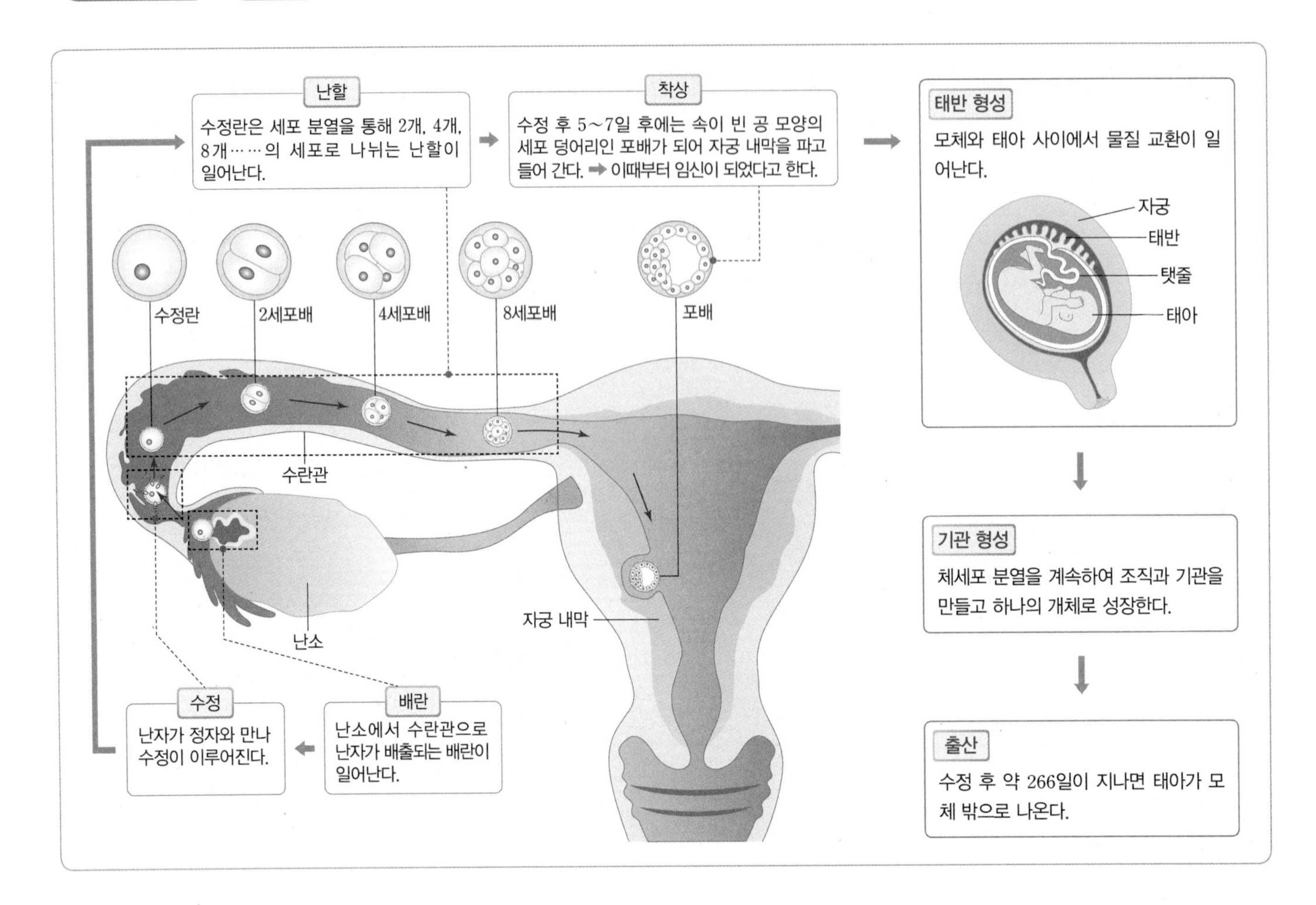

1 다음 용어에 해당하는 설명을 옳게 연결하시오.

(1) 배란 • • ㉠ 정자와 난자가 결합하는 것
(2) 착상 • • ㉡ 수정란의 초기 세포 분열
(3) 수정 • • ㉢ 난자가 난소에서 수란관으로 나오는 현상
(4) 난할 • • ㉣ 수정란이 자궁 내막을 파고 들어 가는 현상

2 다음은 사람의 수정과 발생 과정을 순서 없이 나타낸 것이다. 순서대로 기호를 나열하시오.

(가) 난자가 난소에서 수란관으로 나온다.
(나) 배아가 포배 상태가 되어 자궁 내막을 파고들어 간다.
(다) 수란관에서 정자와 난자가 만나 수정한다.
(라) 수정란이 난할을 거듭하여 세포 수를 늘리면서 자궁으로 이동한다.

3 다음은 사람의 수정과 발생에 대한 설명이다. ㉠과 ㉡에 알맞은 말을 쓰시오.

착상된 후 태아와 모체 사이에 (㉠)이/가 형성되어 물질 교환이 일어나며, 수정 8주 후 사람의 모습을 갖추기 시작한 상태인 (㉡)이/가 된다.

4 사람의 배란부터 출산까지의 과정에 대한 설명으로 옳은 것을 모두 고르면? (2개)

① 수정 8주 후에 대부분의 기관이 완성된다.
② 착상되었을 때의 배아 상태를 태아라고 한다.
③ 태반에서 태아와 모체 사이의 물질 교환이 일어난다.
④ 태아는 수정 후 약 266일이 지나면 모체 밖으로 나온다.
⑤ 배란 → 수정 → 착상 → 난할 → 태반 형성 → 기관 형성 → 출산 순으로 일어난다.

Ⓐ 수정되어 개체가 되는 과정

01 그림 (가)와 (나)는 사람의 생식세포를 나타낸 것이다.

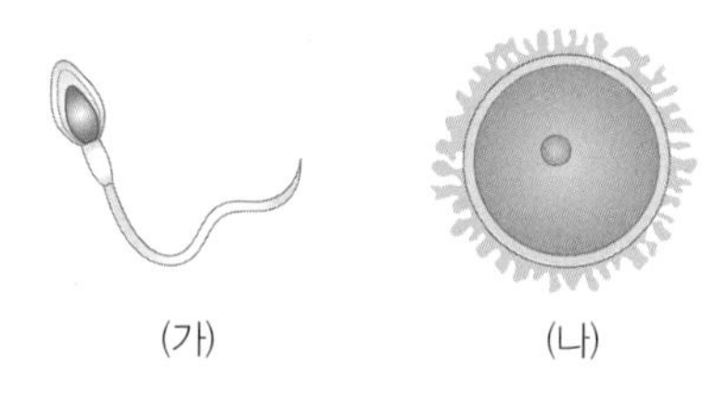

(가) (나)

이에 대한 설명으로 옳지 <u>않은</u> 것은?

① (가)는 정자, (나)는 난자이다.
② (가)와 (나)는 각각 46개의 염색체를 가진다.
③ (가)는 운동성이 있고, (나)는 운동성이 없다.
④ (가)는 정소에서, (나)는 난소에서 만들어진다.
⑤ (가)와 (나)는 모두 감수 분열을 통해 만들어진다.

중요

02 수정에 대한 설명으로 옳은 것을 〈보기〉에서 모두 고른 것은?

> 보기
> ㄱ. 수정은 수란관에서 일어난다.
> ㄴ. 수정란은 생식세포와 염색체 수가 같다.
> ㄷ. 정자와 난자가 결합하는 것을 수정이라고 한다.

① ㄱ ② ㄷ ③ ㄱ, ㄴ
④ ㄱ, ㄷ ⑤ ㄴ, ㄷ

[주관식]

03 그림 (가)는 세포 분열 과정 중 한 시기의 세포를, (나)는 남자의 생식 기관을 나타낸 것이다.

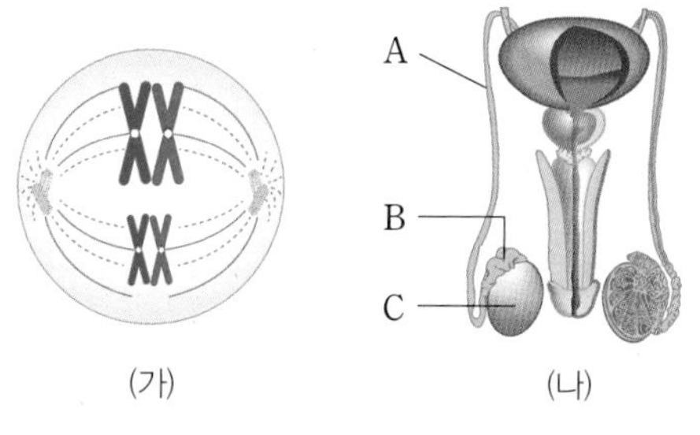

(가) (나)

(나)에서 (가)와 같은 세포를 관찰할 수 있는 곳의 기호를 쓰시오. (단, 세포에서 2쌍의 염색체만을 나타내었다.)

04 여자의 생식 기관에 대한 설명으로 옳지 <u>않은</u> 것은?

① 질에서 배란이 일어난다.
② 자궁에서 수정란이 착상한다.
③ 난소에서 감수 분열이 일어난다.
④ 수란관에서 수정란의 난할이 일어난다.
⑤ 난자의 이동 경로는 난소 → 수란관 → 자궁 → 질 → 몸 밖이다.

중요

05 난할에 대한 설명으로 옳지 <u>않은</u> 것은?

① 수정란의 초기 세포 분열이다.
② 난할이 진행되면 세포 수가 증가한다.
③ 세포의 생장 없이 빠르게 분열하는 감수 분열이다.
④ 난할이 진행되면 세포 1개당 염색체 수는 변화 없다.
⑤ 난할이 진행되어도 배아 전체의 크기는 수정란과 비슷하다.

06 그림은 수정란의 초기 발생 과정을 나타낸 것이다.

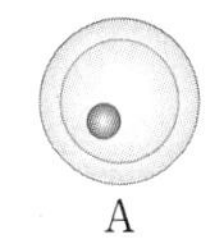 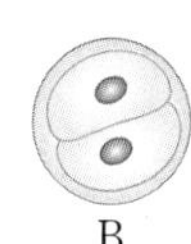 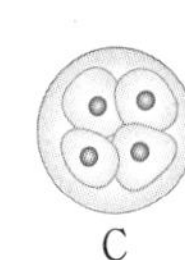 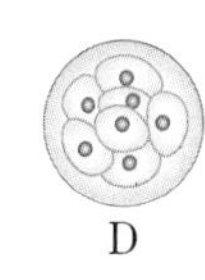 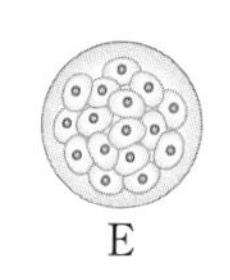

A B C D E

A~E에서 세포 1개당 염색체 수와 세포 1개당 크기를 옳게 나타낸 것은?

①
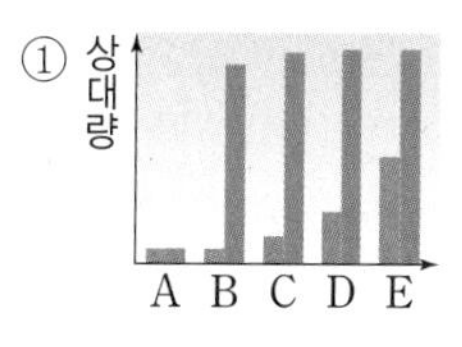

②
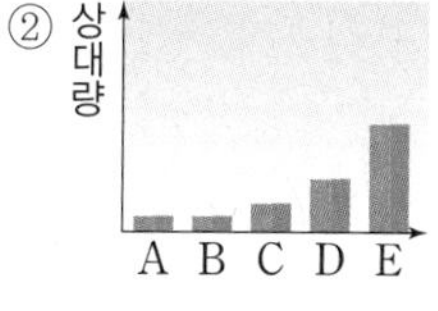

③
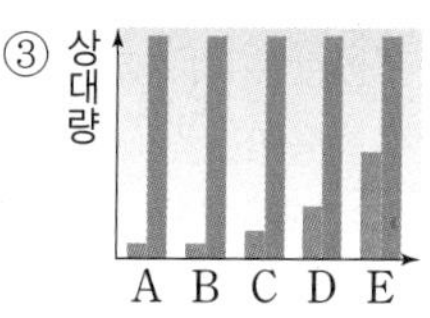

④
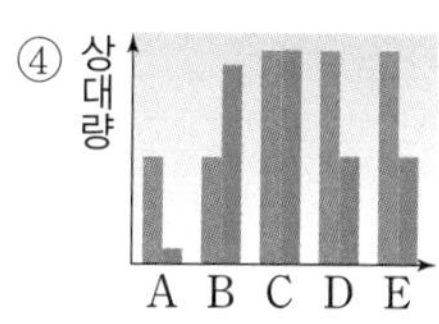

⑤
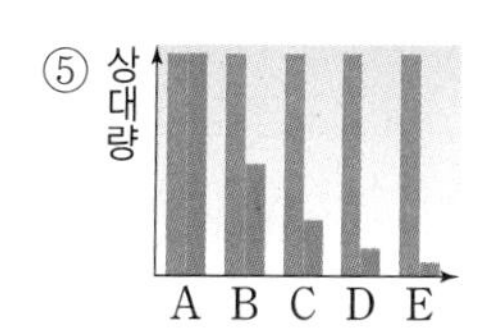

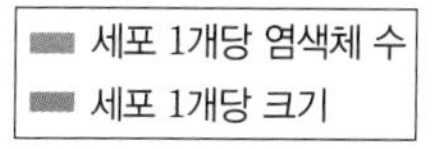

[주관식]

07 다음 설명에 해당하는 현상을 무엇이라고 하는지 각각 쓰시오.

> (가) 난자가 난소에서 배출되어 수란관으로 나오는 것이다.
> (나) 수정란이 세포 분열을 하면서 하나의 개체로 되기까지의 과정이다.

[08~09] 그림은 수정란의 형성과 초기 발생 과정을 나타낸 것이다.

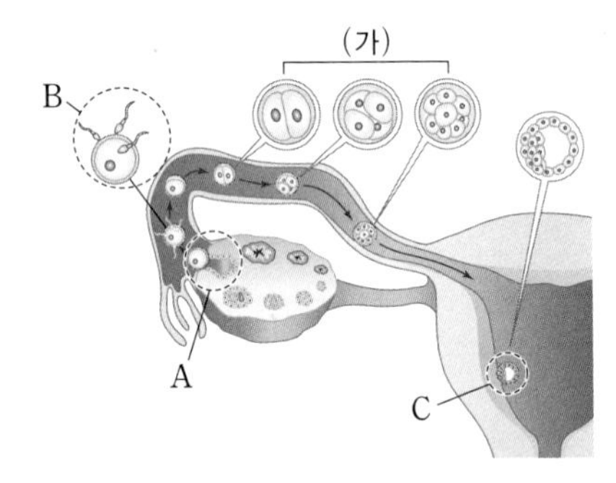

중요

08 이에 대한 설명으로 옳지 않은 것은?

① A 과정은 약 28일을 간격으로 일어난다.
② B는 정자와 난자가 만나는 수정 과정이다.
③ C 과정이 일어날 때 배아는 포배 상태이다.
④ C 과정이 일어났을 때부터 임신되었다고 한다.
⑤ B 과정 결과 수정란의 염색체 수는 C 과정이 일어난 배아 전체를 구성하는 세포의 염색체 수의 합과 같다.

09 (가) 과정에 대한 설명으로 옳은 것을 〈보기〉에서 모두 고른 것은?

> 보기
> ㄱ. (가) 과정은 체세포 분열에 해당한다.
> ㄴ. (가) 과정이 일어날 때 세포의 생장기가 거의 없다.
> ㄷ. (가) 과정에서 세포 1개당 염색체 수는 점점 감소한다.

① ㄱ ② ㄷ ③ ㄱ, ㄴ
④ ㄱ, ㄷ ⑤ ㄴ, ㄷ

10 다음은 사람의 수정과 발생 과정을 순서 없이 나열한 것이다.

> (가) 태반이 만들어진다.
> (나) 정자와 난자가 만나 수정한다.
> (다) 배아가 자궁 내막을 파고들어 간다.
> (라) 난자가 난소에서 수란관으로 나온다.
> (마) 수정란이 난할을 하면서 자궁으로 이동한다.

순서대로 옳게 나열한 것은?

① (가) → (나) → (다) → (라) → (마)
② (나) → (다) → (가) → (라) → (마)
③ (나) → (라) → (마) → (다) → (가)
④ (라) → (나) → (마) → (가) → (다)
⑤ (라) → (나) → (마) → (다) → (가)

11 태아와 모체 사이에서 일어나는 물질 교환에 대한 설명으로 옳은 것을 〈보기〉에서 모두 고른 것은?

> 보기
> ㄱ. 모체는 태아로부터 산소와 노폐물을 받아들인다.
> ㄴ. 모체가 섭취한 알코올은 태반을 통해 태아로 전달된다.
> ㄷ. 태아는 모체로부터 영양소와 이산화 탄소를 공급받는다.

① ㄴ ② ㄷ ③ ㄱ, ㄴ
④ ㄱ, ㄷ ⑤ ㄴ, ㄷ

12 사람의 발생에 대한 설명으로 옳지 않은 것은?

① 착상 이후에 태반이 만들어진다.
② 착상되었을 때의 배아 상태는 포배이다.
③ 수정 8주 후에 대부분의 기관이 만들어진다.
④ 태아는 수정 후 약 266일이 지나면 모체 밖으로 나온다.
⑤ 자궁에서 배아는 감수 분열을 계속하여 기관을 만들고 성장한다.

>>> 실력의 완성! **서술형 문제**

정답과 해설 6쪽

서술형

1 여자의 생식세포인 난자는 남자의 생식세포인 정자에 비해 크기가 매우 크다. 난자가 정자에 비해 크기가 큰 까닭을 서술하시오.

서술형

2 그림은 사람의 정자와 난자가 수정하여 수정란이 된 모습을 나타낸 것이다. A~C의 염색체 수를 비교하여 서술하시오.

A
B
수정
C

단계별 서술형

3 그림은 수정란의 초기 발생 과정 중 일부를 순서 없이 나타낸 것이다.

(가) (나) (다) (라) (마)

(1) 발생 과정을 순서대로 옳게 나열하시오.

(2) 분열이 일어날수록 세포 수, 세포 1개의 크기, 세포 1개당 염색체 수는 각각 어떻게 변하는지 서술하시오.

단어 제시형

4 착상의 의미를 다음 단어를 모두 포함하여 서술하시오.

포배, 자궁 내막, 수정

서술형 Tip

1 난자가 정자에 비해 크기가 큰 까닭을 난자의 모습을 떠올리며 서술한다.
→ 필수 용어: 세포질

2 난자와 정자의 염색체 수 및 난자와 정자가 수정하여 형성된 수정란의 염색체 수를 비교하여 서술한다.

3 (2) 난할이 일어날 때 나타나는 여러 가지 변화에 대해 서술한다.

Plus 문제 3-1

난할이 일어날 때 배아 전체의 크기 변화에 대해 서술하시오.

4 착상이 일어나는 시기와 착상 시 배아의 상태를 포함하여 서술한다.

쉽고 정확하게!

개념 학습

03 멘델의 유전 원리

Ⓐ 유전 용어

유전	부모의 형질을 자손에게 물려주는 현상
형질	생물이 지니고 있는 여러 가지 특성 예 모양, 색깔, 성질 등
대립 형질	1가지 특성에 대해 서로 뚜렷하게 대비되는 형질 예 둥근 완두 ↔ 주름진 완두, 노란색 완두 ↔ 초록색 완두
표현형	유전자 구성에 따라 겉으로 드러나는 형질
유전자형	표현형을 결정하는 유전자 구성을 알파벳 기호로 나타낸 것 예 RR, Rr, rr
순종	• 여러 세대를 자가 수분하여도 계속 같은 형질의 자손만 나오는 개체 • 한 형질을 나타내는 대립유전자❶의 구성이 같은 개체 예 RR, rr, rrYY
잡종	• 대립 형질이 다른 두 순종 개체를 타가 수분❷하여 얻은 자손 • 한 형질을 나타내는 대립유전자의 구성이 다른 개체 예 Rr, Yy
우성	대립 형질의 순종끼리 교배하였을 때 잡종 1대에서 나타나는 형질
열성	대립 형질의 순종끼리 교배하였을 때 잡종 1대에서 나타나지 않는 형질

Ⓑ 멘델이 밝힌 유전 원리

1. 완두❸가 유전 실험의 재료로 적합한 까닭

① 재배가 쉽고, 한 세대가 짧으며, 자손의 수가 많아서 통계적인 분석에 유리하다.

② 대립 형질의 차이가 뚜렷하여 교배 결과를 명확하게 해석할 수 있다.

③ 자가 수분과 타가 수분이 모두 가능하여 의도한 대로 형질을 교배할 수 있다.

2. 멘델이 밝힌 한 쌍의 대립 형질 유전 원리 Beyond 특강 34쪽

① 우열의 원리: 대립 형질이 다른 두 순종 개체를 교배하여 얻은 잡종 1대에는 대립 형질 중 1가지만 나타난다. ➡ 잡종 1대에서 표현되는 형질을 우성, 표현되지 않는 형질을 열성이라고 한다. – 우성이 우수한 것, 열성이 열등한 것을 뜻하지 않는다.

② 분리의 법칙: 생식세포가 만들어질 때 쌍으로 존재하던 대립유전자가 분리되어 서로 다른 생식세포로 하나씩 나뉘어 들어가는 현상이다.❹ ➡ 잡종 1대를 자가 수분한 결과 잡종 2대에서 우성 표현형 : 열성 표현형 = 3 : 1의 비로 나타난다.

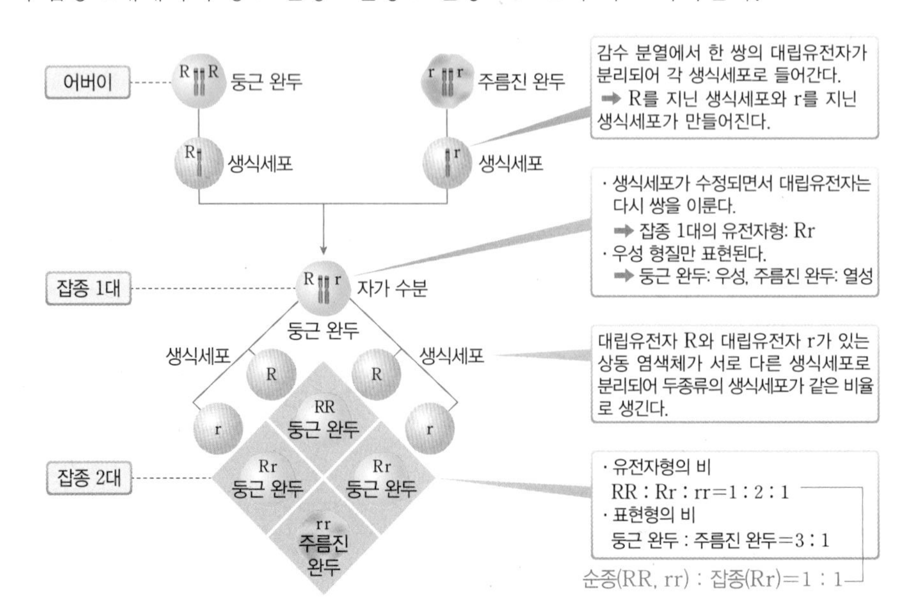

개념 더하기

❶ 대립유전자
• 한 형질에 대한 서로 다른 대립 형질을 결정하는 유전자로, 상동 염색체의 같은 위치에 있다.
• 우성 유전자는 알파벳 대문자로, 열성 유전자는 알파벳 소문자로 표시한다.

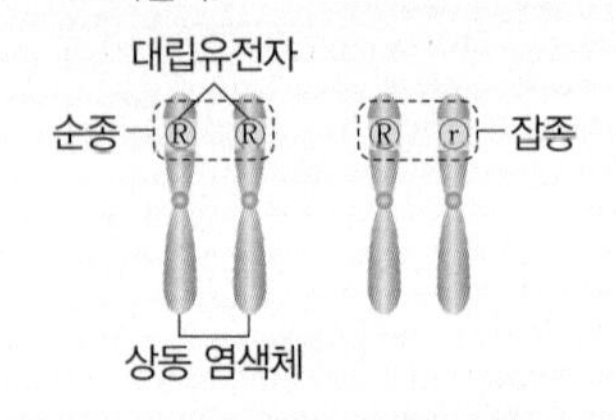

❷ 자가 수분과 타가 수분

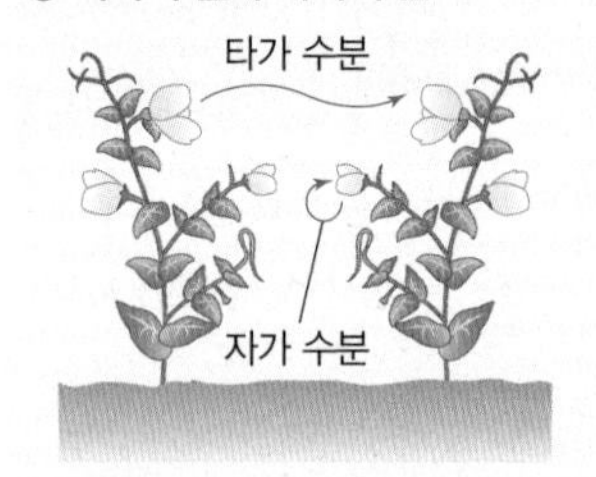

• 자가 수분: 수술의 꽃가루가 같은 그루의 꽃에 있는 암술에 붙는 현상이다.
• 타가 수분: 수술의 꽃가루가 다른 그루의 꽃에 있는 암술에 붙는 현상이다.

❸ 멘델이 선택하여 실험한 완두의 7가지 대립 형질

구분	우성	열성
씨 모양	둥글다.	주름지다.
씨 색깔	노란색	초록색
꼬투리 모양	매끈하다.	잘록하다.
꼬투리 색깔	초록색	노란색
꽃잎 색깔	보라색	흰색
꽃의 위치	잎 겨드랑이	줄기 끝
줄기의 키	크다.	작다.

❹ 잡종 1대의 생식세포 형성 과정

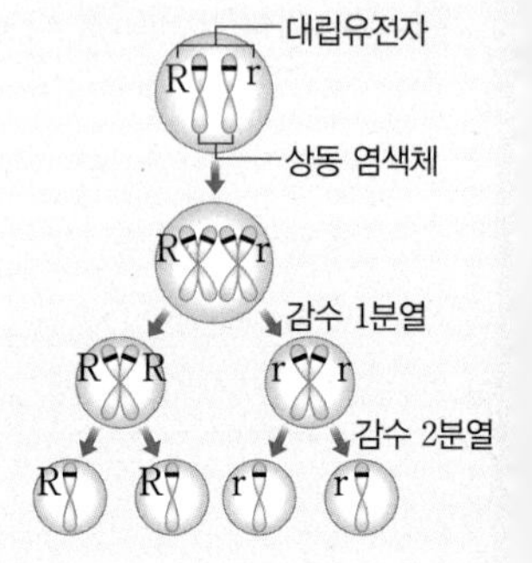

핵심 Tip

- **대립 형질**: 1가지 특성에 대해 서로 뚜렷하게 대비되는 형질
- **순종**: 한 형질을 나타내는 대립유전자의 구성이 같은 개체
- **잡종**: 한 형질을 나타내는 대립유전자의 구성이 다른 개체
- **우열의 원리**: 대립 형질이 다른 두 순종 개체를 교배하여 얻은 잡종 1대에는 대립 형질 중 1가지만 나타나는데, 잡종 1대에서 나타나는 형질을 우성, 나타나지 않는 형질을 열성이라고 한다.
- **분리의 법칙**: 생식세포가 만들어질 때 쌍으로 존재하던 대립유전자가 분리되어 서로 다른 생식세포로 하나씩 나뉘어 들어가는 현상이다.

1

유전 용어에 대한 설명으로 옳은 것은 ○, 옳지 않은 것은 ×로 표시하시오.

(1) 완두의 보라색 꽃과 흰색 꽃은 대립 형질이다. (　　)

(2) 형질은 생물이 지니고 있는 여러 가지 특성이다. (　　)

(3) 유전은 부모의 형질이 자녀에게 전달되는 현상이다. (　　)

(4) 순종은 여러 세대에 걸친 타가 수분을 통해 얻는다. (　　)

(5) 둥근 모양, 노란색 등과 같이 겉으로 드러나는 형질을 유전자형이라고 한다. (　　)

2

순종인 것을 〈보기〉에서 모두 고르시오.

보기

ㄱ. RR　　ㄴ. Rr　　ㄷ. RRYy　　ㄹ. RrYy　　ㅁ. rrYY

3

완두가 유전 실험 재료로 사용되기 적합한 까닭으로 옳은 것을 〈보기〉에서 모두 고르시오.

보기

ㄱ. 자손의 수가 많다.

ㄴ. 대립 형질이 뚜렷하다.

ㄷ. 재배가 쉽고, 한 세대가 길다.

ㄹ. 자가 수분과 타가 수분이 모두 가능하다.

원리 Tip Ⓑ-2

분리의 법칙에 대한 오해

우성과 열성이 3 : 1로 분리되어 나타나는 것이 분리의 법칙이 아니라 대립유전자가 분리되어 서로 다른 생식세포로 나뉘어 들어가는 것이 분리의 법칙이다.

4

그림은 순종의 노란색 완두와 순종의 초록색 완두를 교배하여 얻은 잡종 1대를 자가 수분하여 잡종 2대를 얻는 과정을 나타낸 것이다.

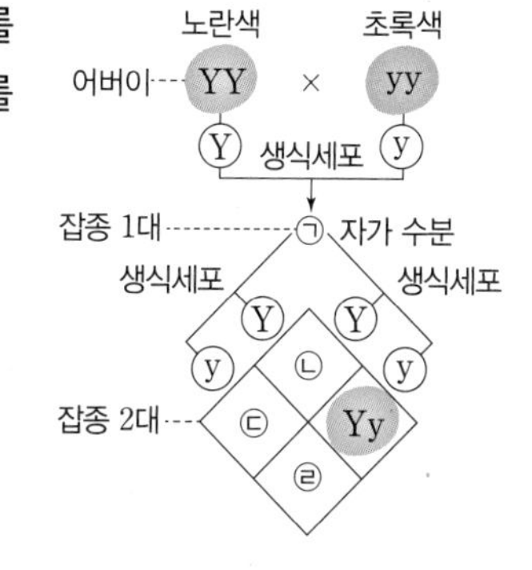

(1) ㉠의 표현형을 쓰시오.

(2) ㉡~㉣의 유전자형을 각각 쓰시오.

(3) 잡종 2대에서 우성과 열성의 분리비를 쓰시오.

적용 Tip 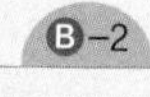

우성 개체의 유전자형을 알아보는 방법 (검정 교배)

유전자형을 모르는 우성 개체는 열성 순종 개체와 교배하여 얻은 자손의 형질을 통해 유전자형을 알 수 있다.

- 자손에서 우성 형질만 나오면 교배한 우성 개체는 순종이다.
  예 RR×rr → Rr
- 자손에서 우성 형질과 열성 형질이 1 : 1의 비로 나오면 교배한 우성 개체는 잡종이다.
  예 Rr×rr → Rr : rr=1 : 1

5

다음은 멘델의 유전 원리 중 분리의 법칙에 대한 설명이다. ㉠과 ㉡에 알맞은 말을 각각 쓰시오.

생식세포가 만들어질 때 쌍으로 존재하던 (㉠　　　　)이/가 분리되어 서로 다른 (㉡　　　　)(으)로 하나씩 나뉘어 들어가는 현상이다.

3. 멘델이 세운 가설

① 생물에는 1가지 형질을 결정하는 한 쌍의 유전 *인자가 있으며, 유전 인자❶는 부모에게서 자손으로 전달된다.

② 한 쌍을 이루는 유전 인자가 서로 다를 때 하나의 유전 인자만 형질로 표현되며, 나머지 유전 인자는 표현되지 않는다. ➡ 우열의 원리

③ 한 쌍을 이루는 유전 인자는 생식세포가 만들어질 때 서로 다른 생식세포로 나뉘어 들어가고, 암수의 생식세포가 수정하면 유전 인자가 다시 쌍을 이룬다. ➡ 분리의 법칙

4. 우열의 원리가 성립하지 않는 유전(중간 유전)❷

① 순종의 빨간색 꽃잎 분꽃(RR)과 순종의 흰색 꽃잎 분꽃(WW)을 교배하면 잡종 1대에서 분홍색 꽃잎 분꽃(RW)만 나타난다. ➡ 빨간색 꽃잎 유전자(R)와 흰색 꽃잎 유전자(W) 사이의 우열 관계가 뚜렷하지 않다. — 우열의 원리는 성립하지 않는다.

② 잡종 1대의 분홍색 꽃잎 분꽃(RW)을 자가 수분하면 잡종 2대에서 빨간색 꽃잎(RR), 분홍색 꽃잎(RW), 흰색 꽃잎(WW) 분꽃이 1 : 2 : 1의 비로 나타난다. ➡ 분리의 법칙이 성립한다.

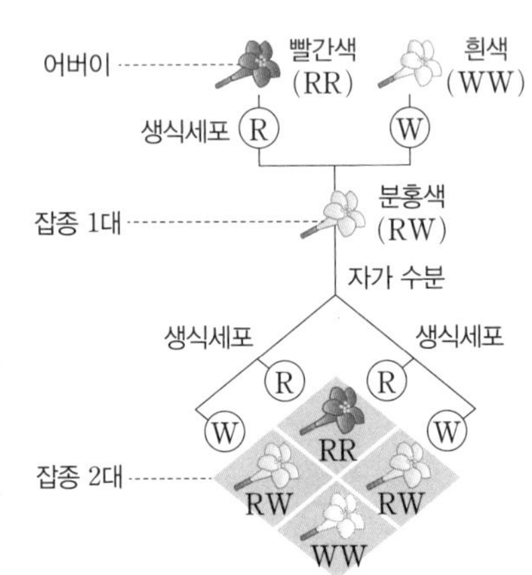

5. 멘델이 밝힌 두 쌍의 대립 형질 유전 Beyond 특강 35쪽

① 완두의 모양과 색깔❸이 동시에 유전되는 실험: 순종의 둥글고 노란색인 완두와 순종의 주름지고 초록색인 완두를 교배하여 얻은 잡종 1대를 자가 수분하였더니 잡종 2대에서 둥글고 노란색, 둥글고 초록색, 주름지고 노란색, 주름지고 초록색인 완두가 9 : 3 : 3 : 1의 비로 나타났다.❹

② 독립의 법칙: 2가지 이상의 형질이 함께 유전될 때, 한 형질을 나타내는 대립유전자 쌍은 다른 형질을 나타내는 대립유전자 쌍에 의해 영향을 받지 않고 독립적으로 분리되어 유전된다.

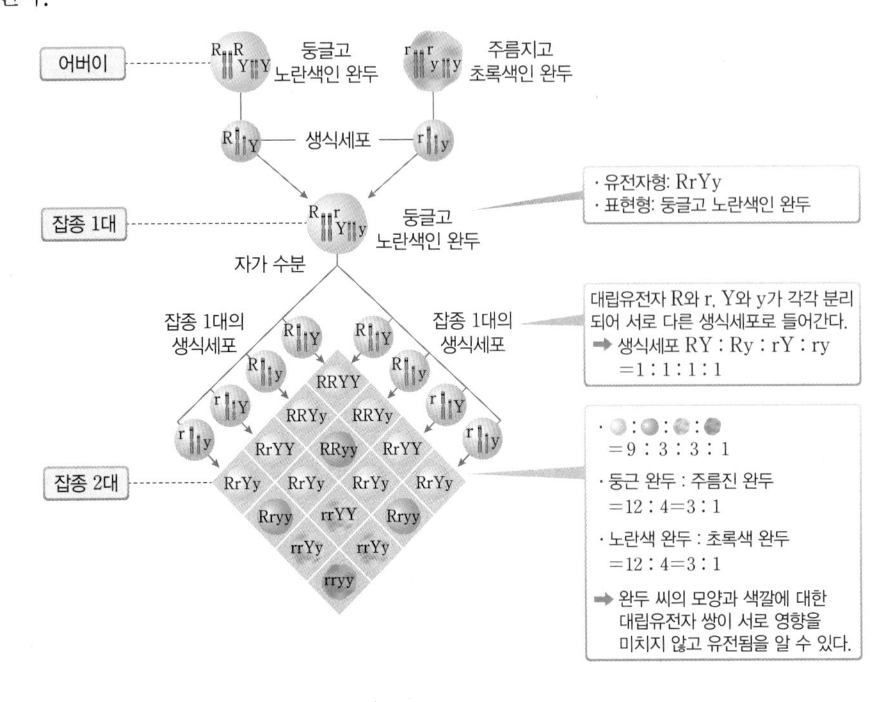

개념 더하기

❶ **유전 인자**
멘델은 형질을 결정하는 유전 단위를 유전 인자로 불렀으며, 이는 현재의 대립유전자에 해당한다.

❷ **중간 유전**
대립유전자 사이의 우열 관계가 뚜렷하지 않아 잡종 1대에서 부모의 중간 형질이 나타나는 유전 현상

❸ **완두의 모양과 색깔을 나타내는 유전자의 위치**
완두의 모양을 나타내는 유전자(R, r)와 완두의 색깔을 나타내는 유전자(Y, y)는 서로 다른 상동 염색체에 있다.

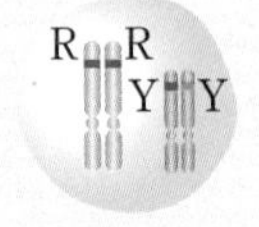

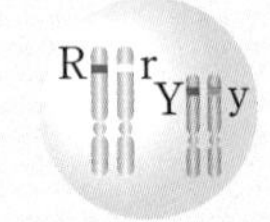

❹ **어버이 세대와 잡종 1대에서 만들어지는 생식세포**
- 어버이 세대
  ➡ 둥글고 노란색인 완두(RRYY)에서 RY만 만들어진다.

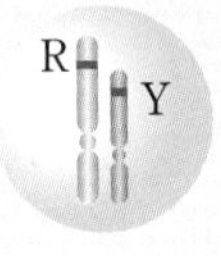

  ➡ 주름지고 초록색인 완두(rryy)에서 ry만 만들어진다.

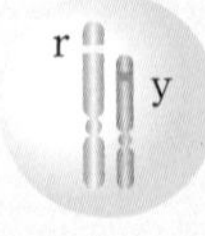

- 잡종 1대: 둥글고 노란색인 완두(RrYy)에서 4종류의 생식세포가 같은 비로 만들어진다.

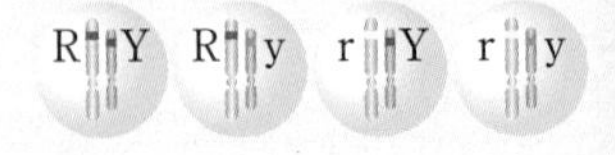

용어 사전
*인자(인할 因, 아들 子)
생명 현상에 있어서 어떤 결과나 작용의 원인이 되는 요소

핵심 Tip

- 분꽃의 꽃잎 색깔 유전은 우열의 원리는 성립하지 않지만 분리의 법칙은 성립한다.
- 독립의 법칙: 2가지 이상의 형질이 함께 유전될 때, 한 형질을 나타내는 대립유전자 쌍은 다른 형질을 나타내는 대립유전자 쌍에 의해 영향을 받지 않고 독립적으로 분리되어 유전된다.
- 순종의 둥글고 노란색인 완두(RRYY)와 순종의 주름지고 초록색인 완두(rryy)를 교배한 결과 잡종 1대에 둥글고 노란색인 완두(RrYy)만 나왔다.
- 잡종 1대(RrYy)를 자가 교배한 잡종 2대에서 완두 씨의 모양과 색깔에 대한 표현형의 비 ➡ 둥글고 노란색 : 둥글고 초록색 : 주름지고 노란색 : 주름지고 초록색=9 : 3 : 3 : 1
- 잡종 2대에서 완두 씨의 모양에 대한 표현형의 비 ➡ 둥근 모양 : 주름진 모양=3 : 1
- 잡종 2대에서 완두 씨의 색깔에 대한 표현형의 비 ➡ 노란색 : 초록색=3 : 1

6 멘델의 가설에 대한 설명으로 옳은 것을 〈보기〉에서 모두 고르시오.

보기
ㄱ. 유전 인자는 부모에게서 자손으로 전달된다.
ㄴ. 1가지 형질을 결정하는 두 쌍의 유전 인자가 있다.
ㄷ. 한 쌍을 이루는 유전 인자가 서로 다를 때 하나의 유전 인자만 형질로 표현된다.
ㄹ. 한 쌍을 이루는 유전 인자는 생식세포가 만들어질 때 같은 생식세포로 들어간다.

7 그림은 순종의 빨간색 꽃잎 분꽃(RR)과 순종의 흰색 꽃잎 분꽃(WW)을 교배하여 얻은 잡종 1대를 자가 수분하여 잡종 2대를 얻는 과정을 나타낸 것이다. 이에 대한 설명으로 옳은 것은 ○, 옳지 않은 것은 ×로 표시하시오.

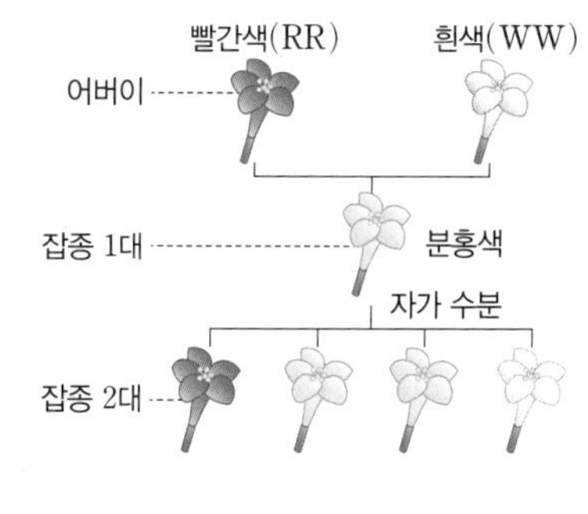

(1) 빨간색이 우성, 흰색이 열성이다. ( )

(2) 분홍색 꽃잎 분꽃의 유전자형은 RW이다. ( )

(3) 분꽃의 꽃잎 색깔 유전에서 분리의 법칙이 성립한다. ( )

(4) 잡종 2대의 표현형 비와 유전자형 비는 모두 3 : 1이다. ( )

적용 Tip

잡종 1대(RrYy)를 자가 수분한 결과 잡종 2대에서 특정 유전자형이나 형질이 나타날 확률

- 둥글고 노란색인 완두가 나타날 확률: $\frac{9}{16}$
- 둥글고 초록색인 완두가 나타날 확률: $\frac{3}{16}$
- 주름지고 노란색인 완두가 나타날 확률: $\frac{3}{16}$
- 주름지고 초록색인 완두가 나타날 확률: $\frac{1}{16}$
- 잡종 1대의 유전자형(RrYy)과 같은 유전자형이 나타날 확률: $\frac{1}{4}$
- 순종이 나타날 확률: $\frac{1}{4}$

RRYY, RRyy, rrYY, rryy

8 그림은 순종의 둥글고 노란색인 완두와 순종의 주름지고 초록색인 완두를 교배하여 얻은 잡종 1대를 자가 수분하여 잡종 2대를 얻는 과정을 나타낸 것이다.

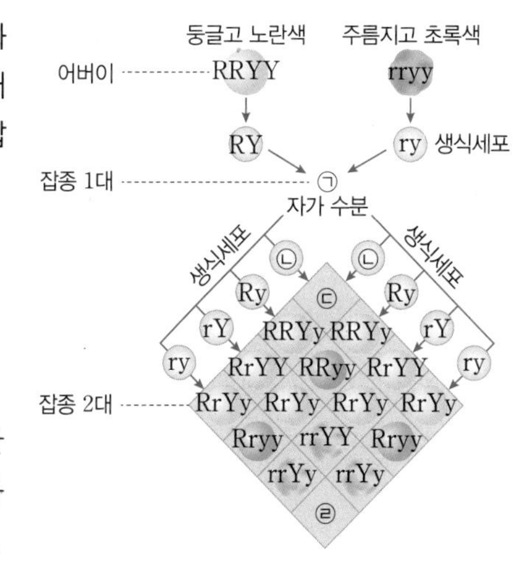

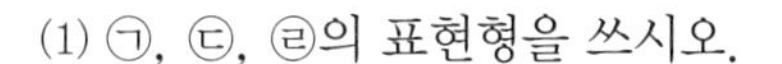

(1) ㉠, ㉢, ㉣의 표현형을 쓰시오.

(2) ㉡의 유전자형을 쓰시오.

(3) 잡종 2대에서 둥글고 노란색 : 둥글고 초록색 : 주름지고 노란색 : 주름지고 초록색인 완두의 비를 쓰시오.

(4) 잡종 2대에서 노란색 완두 : 초록색 완두의 비를 쓰시오.

(5) 멘델의 유전 원리 중 완두 씨의 모양과 색깔에 대한 대립유전자 쌍이 서로 영향을 미치지 않고 각각 분리되어 유전되는 것을 무엇이라고 하는지 쓰시오.

[한 쌍의 대립 형질 유전의 예]

1 그림은 순종의 둥근 완두(RR)와 순종의 주름진 완두(rr)를 교배하여 얻은 잡종 1대(Rr)를 자가 수분하여 잡종 2대를 얻는 과정을 나타낸 것이다.

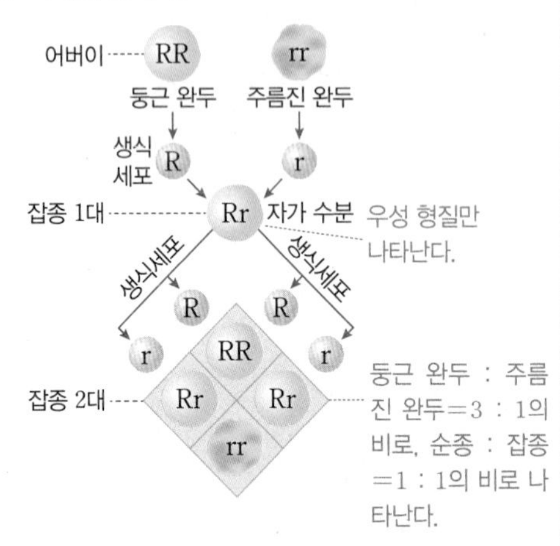

2 그림은 순종의 노란색 완두(YY)와 순종의 초록색 완두(yy)를 교배하여 얻은 잡종 1대(Yy)를 자가 수분하여 잡종 2대를 얻는 과정을 나타낸 것이다.

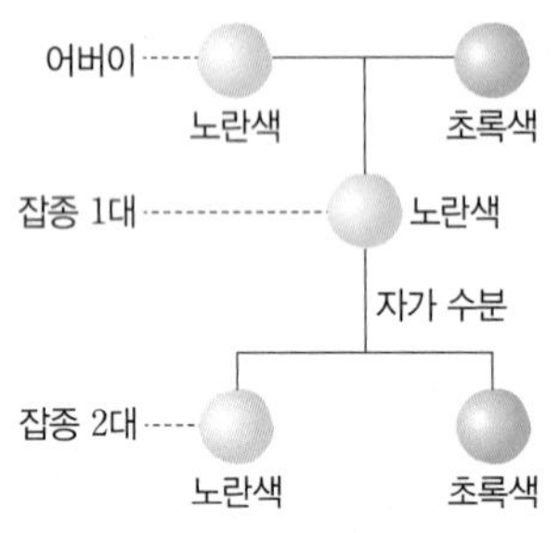

(1) 잡종 2대에서 총 100개의 완두를 얻었을 때, 이론상 잡종 2대에서 나올 수 있는 특정 형질을 가진 완두의 개수 구하기

❶ 노란색 완두의 개수: $100\times\frac{3}{4}=75$개

❷ 초록색 완두의 개수: $100\times\frac{1}{4}=25$개

(2) 잡종 2대에서 총 100개의 완두를 얻었을 때, 이론상 잡종 2대에서 나올 수 있는 특정 유전자형을 가진 완두의 개수 구하기

❶ 유전자형이 YY인 완두의 개수: $100\times\frac{1}{4}=25$개

❷ 유전자형이 Yy인 완두의 개수: $100\times\frac{2}{4}=50$개

❸ 유전자형이 yy인 완두의 개수: $100\times\frac{1}{4}=25$개

(3) 잡종 2대에서 총 100개의 완두를 얻었을 때, 이론상 잡종 2대에서 나올 수 있는 순종과 잡종인 완두의 개수 구하기

❶ 순종(YY, yy)인 완두의 개수: $100\times\frac{2}{4}=50$개

❷ 잡종(Yy)인 완두의 개수: $100\times\frac{2}{4}=50$개

1 순종의 둥근 완두(RR)와 순종의 주름진 완두(rr)를 교배하여 얻은 잡종 1대(Rr)를 자가 수분하여 잡종 2대에서 총 200개의 완두를 얻었다.

(1) 이론상 잡종 2대에서 나올 수 있는 둥근 완두의 개수를 쓰시오.

(2) 이론상 잡종 2대에서 나올 수 있는 유전자형이 rr인 완두의 개수를 쓰시오.

(3) 이론상 잡종 2대에서 나올 수 있는 순종인 완두의 개수를 쓰시오.

2 잡종의 노란색 완두(Yy)와 순종의 초록색 완두(yy)를 교배하였더니 잡종 1대에서 총 400개의 완두를 얻었다. 잡종 1대에서 얻은 노란색 완두와 초록색 완두는 이론상 몇 개인지 각각 쓰시오.

3 그림은 순종의 노란색 완두와 순종의 초록색 완두를 교배하여 얻은 잡종 1대를 자가 수분하여 잡종 2대를 얻는 과정을 나타낸 것이다.

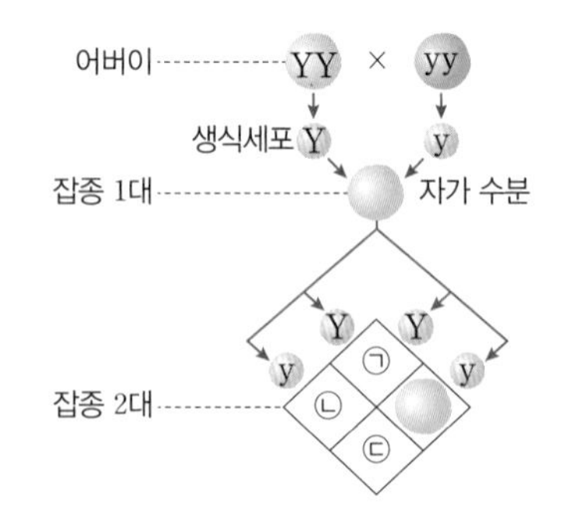

이에 대한 설명으로 옳은 것을 모두 고르면? (2개)

① ㉠~㉢ 중 순종은 ㉡이다.
② ㉠과 ㉡의 표현형은 서로 다르다.
③ ㉢의 유전자형은 yy이다.
④ 잡종 2대에서 총 400개의 완두를 얻었을 때, 이 중 노란색 완두는 이론상 300개이다.
⑤ 잡종 2대에서 총 800개의 완두를 얻었을 때, 이 중 유전자형이 Yy인 완두는 이론상 200개이다.

[두 쌍의 대립 형질 유전의 예]

그림은 순종의 둥글고 노란색인 완두(RRYY)와 순종의 주름지고 초록색인 완두(rryy)를 교배하여 얻은 잡종 1대(RrYy)를 자가 수분하여 잡종 2대를 얻은 결과를 나타낸 것이다.

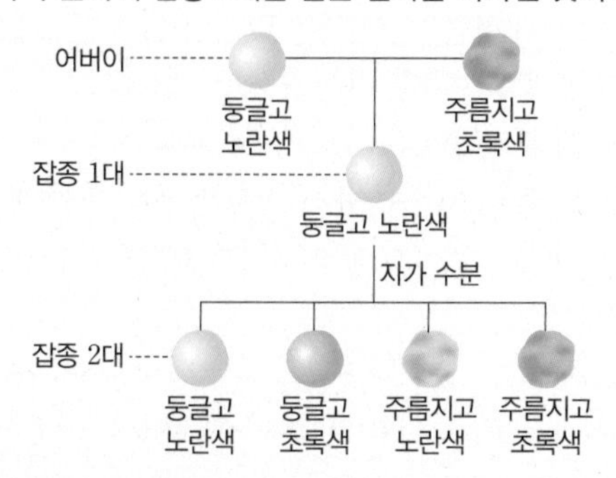

위 그림을 각 세대 완두의 유전자형과 생성되는 생식세포로 나타내면 다음 그림과 같다.

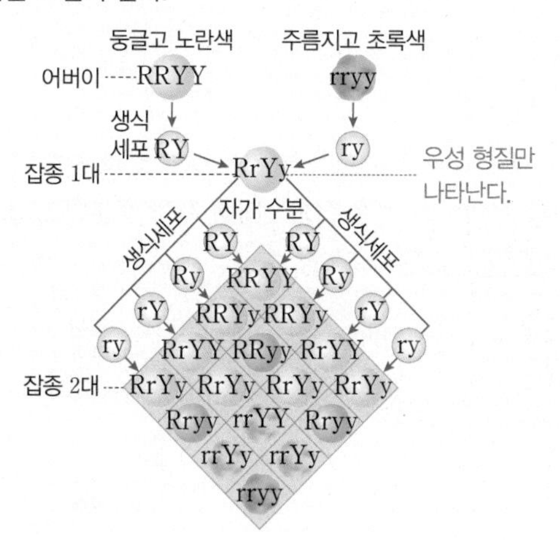

(1) 잡종 2대의 분리비

❶ 둥 · 노 : 둥 · 초 : 주 · 노 : 주 · 초=9 : 3 : 3 : 1로 나타난다.

❷ 둥근 완두 : 주름진 완두=3 : 1, 노란색 완두 : 초록색 완두=3 : 1로 나타난다.

(2) 잡종 2대에서 총 160개의 완두를 얻었을 때, 이론상 잡종 2대에서 나올 수 있는 특정 형질을 가진 완두의 개수 구하기

❶ 둥글고 노란색인 완두의 개수: $160 \times \frac{9}{16}=90$개

❷ 둥글고 초록색인 완두의 개수: $160 \times \frac{3}{16}=30$개

❸ 주름지고 노란색인 완두의 개수: $160 \times \frac{3}{16}=30$개

❹ 주름지고 초록색인 완두의 개수: $160 \times \frac{1}{16}=10$개

(3) 잡종 2대에서 총 160개의 완두를 얻었을 때, 이론상 잡종 2대에서 나올 수 있는 특정 유전자형을 가진 완두의 개수 구하기

❶ 유전자형이 RrYy인 완두의 개수: $160 \times \frac{4}{16}=40$개

❷ 유전자형이 RRYY인 완두의 개수: $160 \times \frac{1}{16}=10$개

❸ 순종(RRYY, RRyy, rrYY, rryy)인 완두의 개수: $160 \times \frac{4}{16}=40$개

4 순종의 둥글고 노란색인 완두(RRYY)와 순종의 주름지고 초록색인 완두(rryy)를 교배하여 얻은 잡종 1대(RrYy)를 자가 수분하여 잡종 2대에서 총 800개의 완두를 얻었다.

(1) 이론상 잡종 2대에서 나올 수 있는 둥글고 초록색인 완두의 개수를 쓰시오.

(2) 이론상 잡종 2대에서 나올 수 있는 유전자형이 RrYy인 완두의 개수를 쓰시오.

(3) 이론상 잡종 2대에서 나올 수 있는 순종인 완두의 개수를 쓰시오.

5 둥글고 노란색인 완두(RrYy)와 주름지고 초록색인 완두(rryy)를 교배하여 잡종 1대에서 총 600개의 완두를 얻었다. 잡종 1대에서 얻은 노란색 완두는 이론상 모두 몇 개인지 쓰시오.

6 그림은 순종의 둥글고 노란색인 완두와 순종의 주름지고 초록색인 완두를 교배하여 얻은 잡종 1대를 자가 수분하여 잡종 2대를 얻는 과정을 나타낸 것이다.

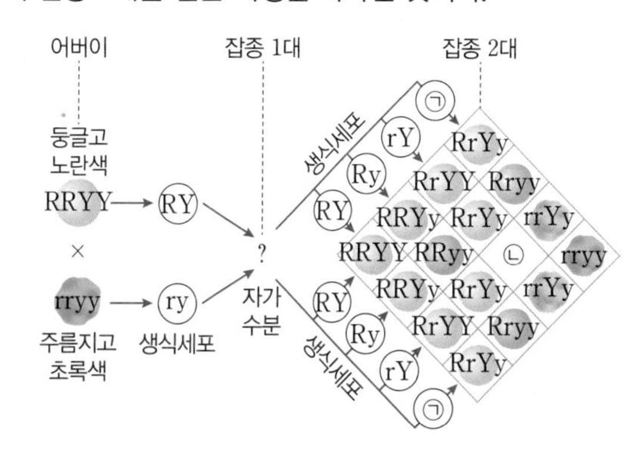

이에 대한 설명으로 옳은 것을 모두 고르면? (2개)

① 잡종 1대의 표현형은 둥글고 초록색이다.

② ㉠은 ry이다.

③ ㉡은 잡종이며, 표현형은 주름지고 초록색이다.

④ 잡종 2대에서 총 1600개의 완두를 얻었을 때, 잡종 1대와 유전자형이 같은 완두는 이론상 400개이다.

⑤ 잡종 2대에서 총 1600개의 완두를 얻었을 때, 이 중 주름지고 노란색인 완두는 이론상 900개이다.

A 유전 용어

중요
01 유전 용어에 대한 설명으로 옳은 것은?

① 둥근 완두의 대립 형질은 노란색 완두이다.
② 생존력이 강하고 우수한 형질을 우성이라고 한다.
③ 표현형은 유전자 구성을 알파벳 기호로 나타낸 것이다.
④ 잡종은 한 형질을 나타내는 대립유전자 구성이 같은 개체이다.
⑤ 자가 수분은 수술의 꽃가루가 같은 그루의 꽃에 있는 암술에 붙는 현상이다.

02 순종인 것을 〈보기〉에서 모두 고른 것은?

보기
ㄱ. YY　ㄴ. Bb　ㄷ. RRtt
ㄹ. aaDd　ㅁ. rrYy　ㅂ. AaBbDd

① ㄱ, ㄷ　② ㄴ, ㅁ　③ ㄱ, ㄴ, ㄹ
④ ㄴ, ㄷ, ㅂ　⑤ ㄴ, ㄷ, ㄹ, ㅁ, ㅂ

B 멘델이 밝힌 유전 원리

03 완두가 유전 실험의 재료로 적합한 까닭으로 옳지 않은 것은?

① 대립 형질이 뚜렷하다.
② 자유로운 교배가 가능하다.
③ 재배가 쉽고, 한 세대가 짧다.
④ 연구자가 의도한 대로 교배할 수 있다.
⑤ 자손의 수가 적어 통계적인 분석에 유리하다.

04 멘델의 가설에 대한 설명으로 옳은 것을 〈보기〉에서 모두 고른 것은?

보기
ㄱ. 유전 인자는 부모에서 자손으로 전달된다.
ㄴ. 1가지 형질을 결정하는 두 쌍의 유전 인자가 있다.
ㄷ. 한 쌍을 이루는 유전 인자는 생식세포가 만들어질 때 분리된다.
ㄹ. 한 쌍을 이루는 유전 인자가 서로 다를 때 2가지의 유전 인자가 모두 형질로 표현된다.

① ㄱ, ㄷ　② ㄴ, ㄷ　③ ㄴ, ㄹ
④ ㄱ, ㄴ, ㄹ　⑤ ㄱ, ㄴ, ㄷ, ㄹ

[05~06] 그림은 순종의 둥근 완두(RR)와 순종의 주름진 완두(rr)를 교배하여 얻은 잡종 1대를 자가 수분하여 잡종 2대를 얻는 과정을 나타낸 것이다.

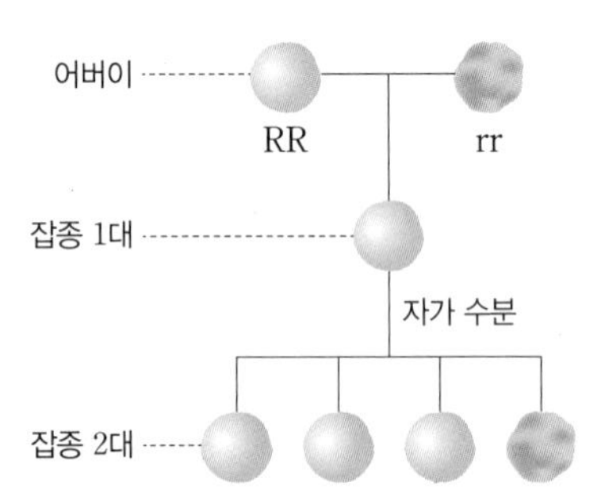

중요
05 이에 대한 설명으로 옳지 않은 것은?

① 잡종 1대는 모두 잡종이다.
② 완두 씨의 모양은 둥근 것이 우성이다.
③ 이 유전 현상은 멘델의 분리의 법칙을 따른다.
④ 잡종 2대에서 둥근 완두의 유전자형은 모두 같다.
⑤ 잡종 1대에서 유전자형이 다른 2종류의 생식세포가 만들어진다.

06 잡종 2대에서 총 200개의 완두를 얻었을 때, 이 중 둥근 완두는 이론상 모두 몇 개인가?

① 0개　② 50개　③ 100개
④ 150개　⑤ 200개

[07~08] 그림은 순종의 노란색 완두(YY)와 순종의 초록색 완두(yy)를 교배하여 얻은 잡종 1대를 자가 수분하여 잡종 2대를 얻는 과정을 나타낸 것이다.

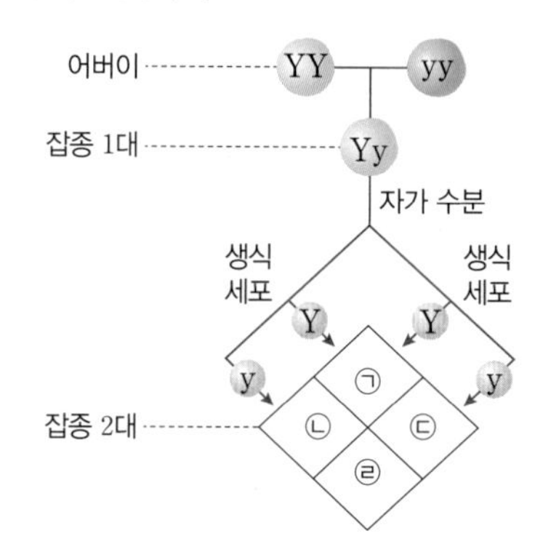

[주관식]

07 ㉠~㉣의 유전자형을 각각 쓰시오.

08 잡종 2대에서 총 400개의 완두를 얻었을 때, 이 중 유전자형이 잡종 1대와 같은 것은 이론상 모두 몇 개인가?

① 100개 ② 150개 ③ 200개
④ 300개 ⑤ 400개

중요

09 그림은 멘델이 실시한 완두의 교배 실험 과정과 결과를 나타낸 것이다.

어버이	잡종 1대	잡종 2대
둥근 완두 → 생장 / 주름진 완두 → 생장 / × → 성숙	둥근 완두 → 생장 → 자가 수분	둥근 완두 / 주름진 완두

이에 대한 설명으로 옳은 것을 〈보기〉에서 모두 고른 것은?

보기
ㄱ. 잡종 2대의 주름진 완두는 순종이다.
ㄴ. 어버이 완두끼리 자가 수분을 실시하여 잡종 1대가 만들어진 것이다.
ㄷ. 잡종 2대에서 열성 형질과 우성 형질은 3 : 1의 비로 나타난다.
ㄹ. 잡종 1대에서 나타나지 않던 형질이 잡종 2대에서 나타난 것은 분리의 법칙이 적용되었기 때문이다.

① ㄱ, ㄴ ② ㄱ, ㄹ ③ ㄴ, ㄷ
④ ㄱ, ㄴ, ㄷ ⑤ ㄴ, ㄷ, ㄹ

10 다음과 같은 완두 교배 실험 결과 그 자손에서 우성과 열성이 1 : 1의 비로 나타나는 것은? (단, 보라색 꽃잎이 흰색 꽃잎에 대해 우성이며, 보라색 꽃잎 유전자는 P, 흰색 꽃잎 유전자는 p로 표시한다.)

① PP×pp ② PP×PP
③ PP×Pp ④ Pp×Pp
⑤ Pp×pp

[11~12] 그림은 순종의 빨간색 꽃잎 분꽃(RR)과 순종의 흰색 꽃잎 분꽃(WW)을 교배하여 얻은 잡종 1대를 자가 수분하여 잡종 2대를 얻는 과정을 나타낸 것이다.

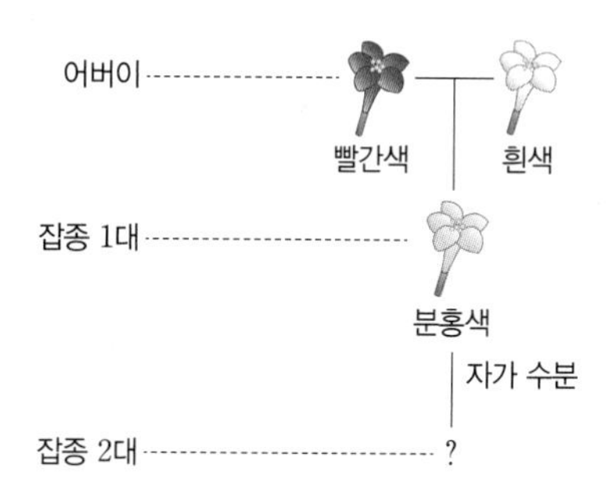

11 이에 대한 설명으로 옳은 것을 〈보기〉에서 모두 고른 것은?

보기
ㄱ. 잡종 2대에서 표현형의 분리비는 3 : 1이다.
ㄴ. 잡종 2대에서 나타나는 꽃잎 색깔의 종류는 3종류이다.
ㄷ. 빨간색 꽃잎 유전자가 흰색 꽃잎 유전자에 대해 우성이다.

① ㄴ ② ㄷ ③ ㄱ, ㄴ
④ ㄱ, ㄷ ⑤ ㄴ, ㄷ

[주관식]

12 분꽃의 꽃잎 색깔 유전에서 멘델의 유전 원리 중 성립하지 않는 것을 쓰시오.

[13~14] 그림은 둥글고 노란색인 완두와 주름지고 초록색인 완두를 교배하여 얻은 잡종 1대를 자가 수분하여 잡종 2대를 얻는 과정을 나타낸 것이다.

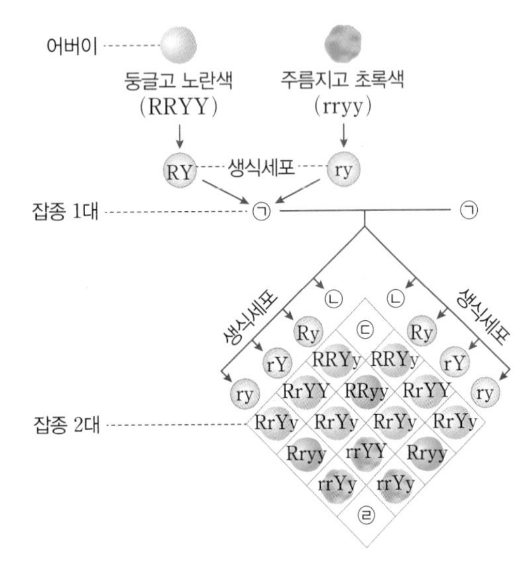

중요

13 이에 대한 설명으로 옳지 않은 것은?

① ㉠의 유전자형은 RrYy로 한 종류이다.
② ㉡은 RY이다.
③ ㉣은 순종이다.
④ 잡종 1대의 완두는 4종류의 생식세포를 만든다.
⑤ 잡종 2대에서 둥근 완두 : 노란색 완두=3 : 1이다.

14 잡종 2대에서 총 3200개의 완두를 얻었을 때, 이 중 유전자형이 ㉢과 같은 완두는 이론상 모두 몇 개인가?

① 200개 ② 600개 ③ 900개
④ 1600개 ⑤ 3200개

15 완두의 교배 실험에서 표현형이 둥글고 초록색인 개체 중 그림과 같이 유전자형이 Rryy인 개체가 만들 수 있는 생식세포의 종류를 모두 옳게 나타낸 것은?

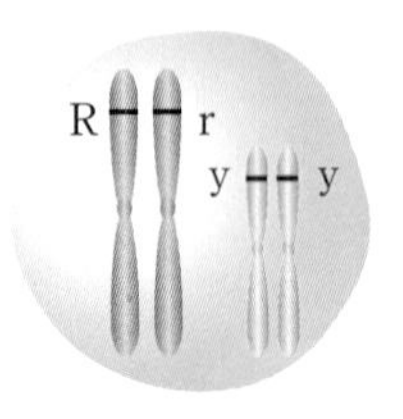

① Rr, yy
② Ry, ry
③ R, r, y
④ R, r, Y, y
⑤ RY, Ry, rY, ry

중요

16 그림은 멘델이 실시한 완두의 교배 실험 과정과 결과를 나타낸 것이다.

어버이	잡종 1대	잡종 2대
둥글고 노란색인 완두 —생장→ × 주름지고 초록색인 완두 —생장→	—성숙→ 둥글고 노란색인 완두 —생장→ 자가 수분	→

이에 대한 설명으로 옳은 것을 〈보기〉에서 모두 고른 것은?

보기
ㄱ. 잡종 2대에서 잡종 1대의 유전자형과 같은 완두는 $\frac{1}{16}$의 비율로 나타난다.
ㄴ. 완두 씨의 모양과 색깔은 각각 우열의 원리와 분리의 법칙에 따라 유전된다.
ㄷ. 완두 씨의 모양과 색깔을 결정하는 각각의 유전자가 모두 같은 염색체에 있다.
ㄹ. 잡종 2대에서 색깔과 관계없이 둥근 완두와 주름진 완두가 3 : 1의 비로 나타난다.

① ㄱ, ㄴ ② ㄱ, ㄹ ③ ㄴ, ㄷ
④ ㄴ, ㄹ ⑤ ㄷ, ㄹ

17 그림은 둥글고 노란색인 완두와 주름지고 초록색인 완두를 교배하여 잡종 1대를 얻은 결과를 나타낸 것이다.

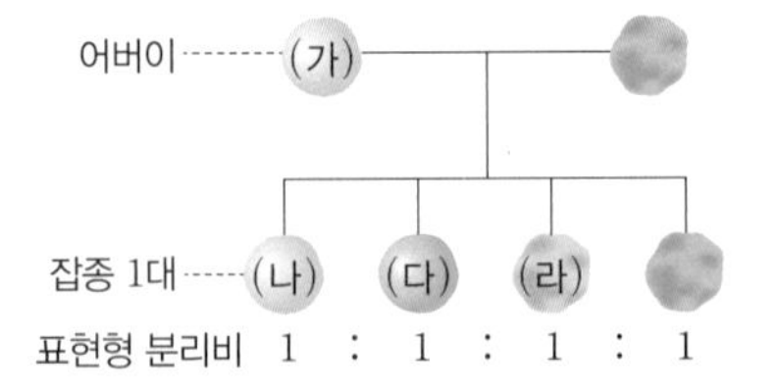

이에 대한 설명으로 옳은 것을 〈보기〉에서 모두 고른 것은? (단, 둥근 모양 유전자는 R, 주름진 모양 유전자는 r, 노란색 유전자는 Y, 초록색 유전자는 y로 표시한다.)

보기
ㄱ. (가)는 순종이다.
ㄴ. (다)의 유전자형은 RRyy이다.
ㄷ. (가)와 (나)의 유전자형은 같다.
ㄹ. (라)에서 2종류의 생식세포가 만들어진다.

① ㄱ, ㄴ ② ㄱ, ㄹ ③ ㄴ, ㄷ
④ ㄴ, ㄹ ⑤ ㄷ, ㄹ

서술형 문제

정답과 해설 10쪽

단어 제시형

1 우성과 열성의 의미를 다음 단어를 모두 포함하여 각각 서술하시오.

대립 형질, 순종, 잡종 1대

서술형

2 다음은 보라색 꽃잎 완두와 흰색 꽃잎 완두를 교배한 실험 결과이다.

- 보라색 꽃잎 완두(A)와 흰색 꽃잎 완두를 교배하였더니, 모두 보라색 꽃잎 완두만 나왔다.
- 보라색 꽃잎 완두(B)와 흰색 꽃잎 완두를 교배하였더니, 보라색 꽃잎 완두와 흰색 꽃잎 완두가 비슷한 비율로 나왔다.

A와 B의 유전자형을 비교하여 서술하시오. (단, 보라색 꽃잎이 흰색 꽃잎에 대해 우성이며, 보라색 꽃잎 유전자는 P, 흰색 꽃잎 유전자는 p로 표시한다.)

서술형

3 그림은 둥근 완두의 자가 수분 결과를 나타낸 것이다. 잡종 1대에서 어버이에 없던 형질이 나타난 까닭을 어버이의 생식세포 형성 과정에서의 유전자 행동과 관련지어 서술하시오. (단, 둥근 모양 유전자는 R, 주름진 모양 유전자는 r로 표시한다.)

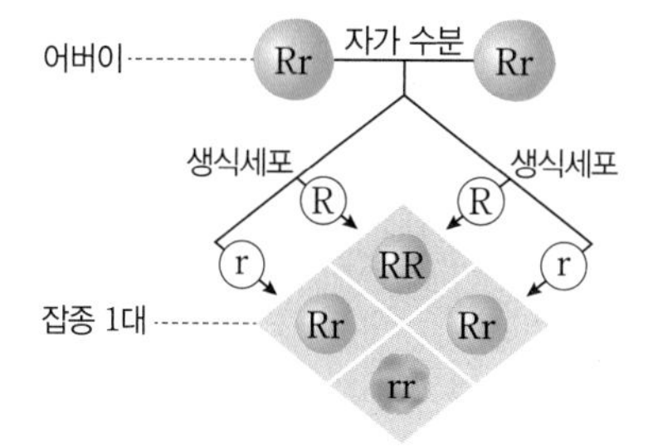

서술형

4 그림은 순종의 빨간색 꽃잎 분꽃(RR)과 순종의 흰색 꽃잎 분꽃(WW)을 교배하여 분홍색 꽃잎 분꽃인 잡종 1대를 얻는 과정을 나타낸 것이다. 잡종 1대에서 분홍색 꽃잎 분꽃만 나타나는 까닭을 서술하시오.

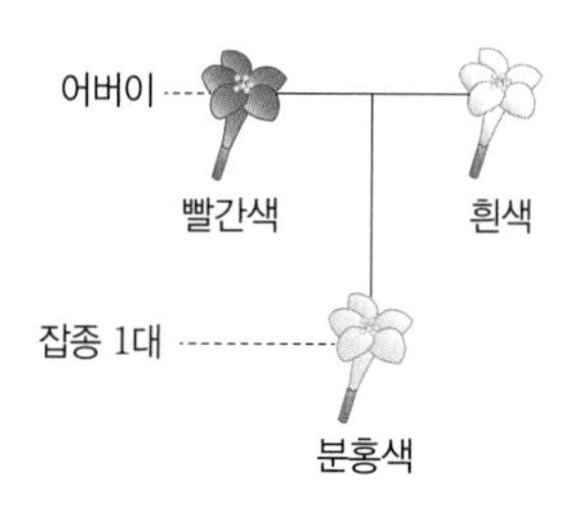

서술형 Tip

1 '대립 형질의 순종끼리 교배하였을 때'를 포함시켜 우성과 열성의 의미를 서술한다.

2 자손 완두의 꽃잎 형질을 통해 보라색 꽃잎 완두 A와 B의 유전자형을 파악하여 서술한다.

3 생식세포 형성 시 대립유전자가 어떻게 행동하는지 서술한다.
→ 필수 용어: 생식세포, R, r

Plus 문제 3-1
잡종 1대에서 표현형의 분리비와 유전자형의 분리비를 각각 서술하시오.

4 꽃잎 색깔 유전자 간의 우열 관계를 언급하여 서술한다.
→ 필수 용어: 유전자, 우열 관계

쉽고 정확하게! **개념 학습**

04 사람의 유전

Ⓐ 사람의 유전 연구

1. 사람의 유전 연구가 어려운 까닭 — 완두가 유전 실험의 재료로 적합한 까닭과 반대이다.

① 한 세대가 길다. ➡ 연구자가 여러 세대 동안 유전 현상을 관찰하기 어렵다.

② 자손의 수가 적다. ➡ 통계 자료가 적어 유전 결과를 분석하기 어렵다.

③ 환경의 영향을 많이 받고, 대립 형질이 복잡하며, 자유로운 교배 실험을 할 수 없다.

2. 사람의 유전 연구 방법

가계도: 특정 형질을 여러 세대에 걸쳐 조사하여 그림으로 나타낸 것

<table>
<tr><th>연구 방법</th><th colspan="2">특징</th></tr>
<tr><td>가계도 조사</td><td colspan="2">특정 형질을 가지고 있는 집안에서 여러 세대에 걸쳐 이 형질이 어떻게 유전되는지를 알아보는 방법[1], [2]</td></tr>
<tr><td rowspan="3">쌍둥이 연구
(쌍둥이 조사)[3]</td><td colspan="2">쌍둥이의 성장 환경과 특정 형질의 발현이 어느 정도 일치하는지 조사하는 방법 ➡ 유전과 환경이 특정 형질에 끼치는 영향을 알아보는 데 이용된다.</td></tr>
<tr><td>1란성 쌍둥이</td><td>2란성 쌍둥이</td></tr>
<tr><td>유전자 구성이 서로 같으며, 이들의 형질 차이는 환경의 영향으로 나타날 가능성이 높다.
1개의 난자가 1개의 정자와 수정 ➡ 수정란이 둘로 나뉘어 각각 태아로 발생 ➡ 유전적으로 동일함</td><td>유전자 구성이 서로 다르며, 이들의 형질 차이는 유전과 환경의 영향으로 나타난다.
2개의 난자가 각각 다른 정자와 수정 ➡ 각각의 수정란이 별개의 태아로 발생 ➡ 유전적으로 동일하지 않음</td></tr>
<tr><td>통계 조사
(집단 조사)</td><td colspan="2">특정 형질이 나타난 사례를 많이 수집하여 자료를 통계적으로 분석하는 방법 ➡ 형질이 유전되는 특징과 유전자의 분포 등을 예측할 수 있다.</td></tr>
<tr><td>염색체와
유전자 분석</td><td colspan="2">• 염색체 수와 모양 분석 ➡ 염색체 이상에 의한 유전병을 진단할 수 있다.
• DNA 또는 유전자 분석 ➡ 특정 형질에 관여하는 유전자의 정보를 알아낼 수 있다.</td></tr>
</table>

Ⓑ 상염색체 유전

1. 상염색체 유전 유전자가 상염색체에 존재하고 한 쌍의 대립유전자에 의해 결정되는 형질은 멘델의 분리의 법칙에 따라 유전되며, 남녀에 따라 형질이 나타나는 빈도에 차이가 없다.

예 혀 말기, 귓불 모양, 미맹, ABO식 혈액형 등 Beyond 특강 44쪽

2. 상염색체에 있는 한 쌍의 대립유전자에 의해 결정되는 형질[4] — 대립유전자의 구성에 따라 대립 형질이 비교적 명확하게 구분된다.

형질	눈꺼풀	이마 모양	귓불 모양	혀 말기	엄지 모양	보조개
우성	쌍꺼풀	V자형	분리형	가능	굽음	있음
열성	외꺼풀	일자형	부착형	불가능	굽지 않음	없음

일자형: M자형이라고도 한다.

• 혀 말기 유전: 대립 형질이 명확히 구분되고, 멘델의 분리의 법칙에 따라 유전된다. ➡ 혀 말기 가능 대립유전자를 A, 혀 말기 불가능 대립유전자를 a라고 표시하여 가계도를 나타내면 그림과 같다.

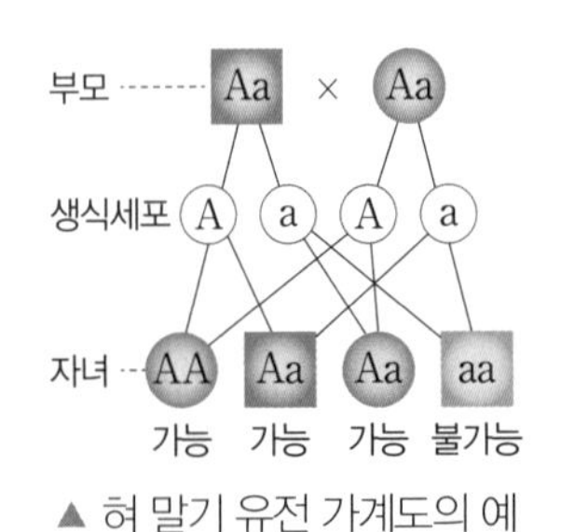

▲ 혀 말기 유전 가계도의 예

개념 더하기

[1] 가계도 작성에 사용되는 기호

남자 / 특정 형질 남자 / 여자 / 특정 형질 여자

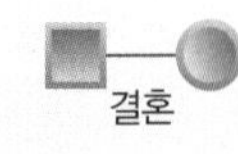

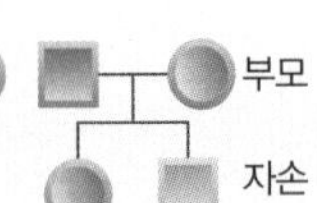

[2] 가계도 조사를 통해 알 수 있는 것
형질의 우열 관계, 유전자의 전달 경로, 가족 구성원의 유전자형을 알 수 있고, 태어날 자손의 형질을 예측할 수 있다.

[3] 쌍둥이 연구
1란성 쌍둥이 (가)~(다)는 중학생 시절까지 한 집에서 자란 후 (다)는 형제들과 떨어져 다른 곳에서 자랐을 때 (가)~(다)의 키와 몸무게는 표와 같았다.

구분	(가)	(나)	(다)
키	177 cm	177.5 cm	177.5 cm
몸무게	70 kg중	71 kg중	82 kg중

키는 환경에 관계없이 거의 비슷하지만 몸무게는 다른 환경에서 자랐을 때 차이가 크다. ➡ 유전자의 영향을 많이 받는 형질은 키이고, 환경의 영향을 많이 받는 형질은 몸무게이다.

[4] 미맹 유전
PTC 용액의 쓴맛을 느끼지 못하는 형질을 미맹이라고 하며, 미맹은 PTC 용액의 쓴맛을 느끼는 경우와 그렇지 않은 경우로 대립 형질이 명확하게 구분되고, 멘델의 분리의 법칙에 따라 유전된다.

핵심 Tip

- **사람의 유전 연구가 어려운 까닭**: 한 세대가 길고, 자손의 수가 적으며, 환경의 영향을 많이 받고, 대립 형질이 복잡하며, 자유로운 교배 실험을 할 수 없다.
- **사람의 유전 연구 방법**: 가계도 조사, 쌍둥이 연구, 통계 조사, 염색체와 유전자 분석
- **상염색체 유전**: 유전자가 상염색체에 존재하고 한 쌍의 대립유전자에 의해 결정되는 형질은 멘델의 분리의 법칙에 따라 유전되며, 남녀에 따라 형질이 나타나는 빈도에 차이가 없다.
  예 혀 말기, 귓불 모양, 미맹, ABO식 혈액형 등

1 사람의 유전 연구가 어려운 까닭으로 옳은 것을 〈보기〉에서 모두 고르시오.

> 보기
> ㄱ. 한 세대가 길다.
> ㄴ. 자손의 수가 많다.
> ㄷ. 대립 형질이 뚜렷하게 구분된다.
> ㄹ. 연구자의 의도대로 교배하는 실험을 할 수 없다.

2 다음 설명에 해당하는 사람의 유전 연구 방법을 각각 쓰시오.

(1) (　　　　): 한 집안에서 특정 형질이 어떻게 유전되는지 조사한다.
(2) (　　　　): 유전과 환경이 특정 형질에 끼치는 영향을 알아보는 데 이용된다.
(3) (　　　　　　　): 염색체 수와 모양을 분석하거나 DNA나 유전자를 분석한다.
(4) (　　　　): 특정 형질에 대해 가능한 한 많은 사람들을 조사하여 얻은 자료를 분석한다.

3 상염색체 유전에 대한 설명으로 옳은 것은 ○, 옳지 않은 것은 ×로 표시하시오.

(1) 멘델의 분리의 법칙에 따라 유전된다. (　　)
(2) 남녀에 따라 형질이 나타나는 빈도에 차이가 있다. (　　)
(3) 혀 말기, 귓불 모양, 미맹은 상염색체 유전 형질에 해당한다. (　　)
(4) 우성 형질을 가진 부모 사이에서는 열성 형질을 가진 자녀가 태어날 수 없다. (　　)

적용 Tip (B-2)

가계도 분석 시 형질이 우성인지 열성인지 확인하는 방법
부모에게서 없던 형질이 자녀에게서 나타난 경우 자녀에 나타난 형질이 열성 형질이고, 부모의 형질이 우성 형질이다.
➡ 부모 모두 혀 말기가 가능한데 자녀 중 혀 말기가 불가능한 자녀가 있다면 혀 말기가 가능한 형질이 우성, 혀 말기가 불가능한 형질이 열성이다. 이때 부모의 혀 말기 유전에 대한 유전자형은 혀 말기 불가능 대립유전자를 갖는 잡종이다.

4 그림은 어떤 가족의 혀 말기 가계도를 나타낸 것이다.

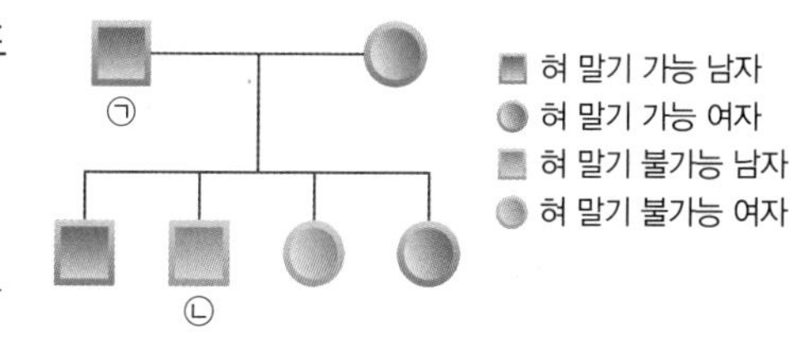

(1) 혀 말기가 가능한 것과 혀 말기가 불가능한 것 중 열성인 형질을 쓰시오.

(2) 우성 대립유전자를 A, 열성 대립유전자를 a라고 할 때, ㉠과 ㉡의 혀 말기 유전자형을 각각 쓰시오.

(3) 유전자형을 확실히 알 수 없는 사람은 총 몇 명인지 쓰시오.

3. **ABO식 혈액형 유전** ABO식 혈액형 유전자는 상염색체에 있으며, 한 쌍의 대립유전자에 의해 형질이 결정된다. Beyond 특강 44쪽

① 대립유전자는 A, B, O 3가지가 있으며[1], A와 B는 O에 대해 각각 우성이고, A와 B 사이에는 우열 관계가 없다. ➡ A=B>O

② 표현형과 유전자형: 표현형은 4가지, 유전자형은 6가지이다.[2]

표현형	A형	B형	AB형	O형
유전자형	AA 또는 AO	BB 또는 BO	AB	OO
상동 염색체 상의 대립유전자 위치	A A 또는 A O	B B 또는 B O	A B	O O

Ⓒ 성염색체 유전

1. 사람의 성 결정 과정

① 아들은 어머니로부터 X 염색체를, 아버지로부터 Y 염색체를 물려받아 성염색체 구성이 XY이다.

② 딸은 어머니와 아버지로부터 X 염색체를 하나씩 물려받아 성염색체 구성이 XX이다.

자손의 성별은 정자의 성염색체 종류에 따라 결정된다.

아버지 44+XY, 어머니 44+XX, 정자, 난자, 22+Y, 22+X, 22+X, 22+X, 44+XY 아들, 44+XX 딸, 44+XY 아들, 44+XX 딸

▲ 성 결정 과정

2. 성염색체 유전

① 반성유전: 유전자가 성염색체에 있어 유전 형질이 나타나는 빈도가 남녀에 따라 차이가 나는 유전 현상 예 적록 색맹, 혈우병[3]

② 적록 색맹 유전: 적록 색맹은 붉은색과 초록색을 잘 구별하지 못하는 유전 형질로, 형질을 결정하는 유전자가 성염색체인 X 염색체에 있다. Beyond 특강 45쪽

성염색체와 적록 색맹 대립유전자	표현형	정상			적록 색맹	
정상 대립유전자(X) (정상 대립유전자를 가진 X 염색체) 적록 색맹 대립유전자(X′) (적록 색맹 대립유전자를 가진 X 염색체) Y 염색체		남자	여자		남자	여자
	유전자형	XY	XX	XX′(보인자)[4]	X′Y	X′X′

[적록 색맹 유전의 특징][5]

- 적록 색맹 대립유전자(X′)는 정상 대립유전자(X)에 대해 열성이다.
- 적록 색맹은 여자보다 남자에게 더 많이 나타난다. ➡ 성염색체 구성이 XY인 남자는 적록 색맹 대립유전자가 1개만 있어도 적록 색맹이 되지만, 성염색체 구성이 XX인 여자는 2개의 X 염색체에 모두 적록 색맹 대립유전자가 있어야 적록 색맹이 되기 때문이다.

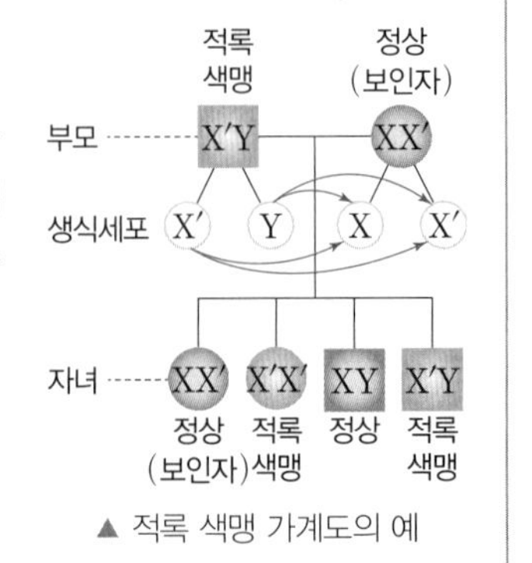

▲ 적록 색맹 가계도의 예

개념 더하기

[1] **복대립 유전**
ABO식 혈액형과 같이 한 형질을 결정하는 데 관여하는 대립유전자가 3개 이상 존재하며, 이 중 한 쌍의 대립유전자에 의해 형질이 결정되는 유전 방식이다.

[2] **ABO식 혈액형 가계도의 예**

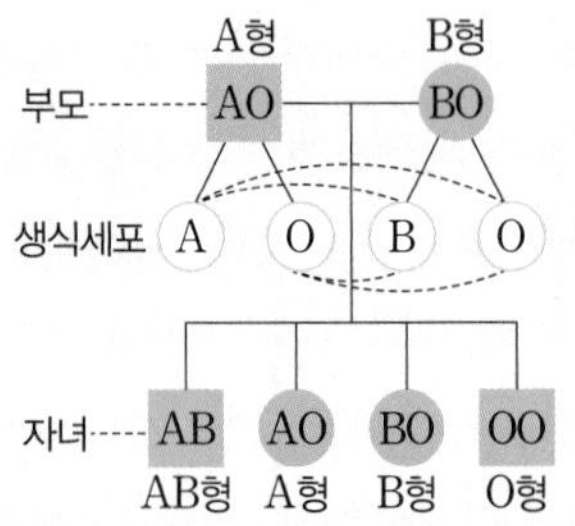

[3] **혈우병**
혈액이 응고되지 않아 상처가 나면 출혈이 잘 멈추지 않는 병

[4] **보인자**
형질이 겉으로 드러나지는 않지만 형질 유전자를 가지고 있는 사람으로, 하나의 X 염색체에만 적록 색맹 대립유전자가 있는 여자의 경우 정상인과 같이 색을 구별할 수 있어 보인자라고 한다.

[5] **적록 색맹 유전의 특징**
- 어머니가 적록 색맹이면 아들은 반드시 적록 색맹이다.
- 아버지가 정상이면 딸은 반드시 정상(보인자 포함)이다.
- 딸이 적록 색맹이면 아버지는 반드시 적록 색맹이다.

핵심 Tip

- ABO식 혈액형 유전
  - 대립유전자는 A, B, O 3가지가 있으며, A와 B는 O에 대해 각각 우성이고, A와 B 사이에는 우열 관계가 없다.
  - 표현형은 4가지, 유전자형은 6가지이다.
- **반성유전**: 유전자가 성염색체에 있어 유전 형질이 나타나는 빈도가 남녀에 따라 차이가 나는 유전 현상
- **적록 색맹 유전**: 적록 색맹을 결정하는 유전자가 성염색체인 X 염색체에 있으며, 적록 색맹 대립유전자는 정상 대립유전자에 대해 열성이다.

원리 Tip Ⓑ-3

ABO식 혈액형 유전

ABO식 혈액형 유전에서는 3가지 대립유전자가 관여하지만 ABO식 혈액형은 한 쌍의 대립유전자에 의해 결정되며, 멘델의 분리의 법칙을 따른다.

적용 Tip Ⓒ-2

성염색체 유전에 대한 가계도 분석 방법

- 남자는 표현형이 유전자형이다.
  ➡ 남자가 적록 색맹이면, 유전자형이 X′Y이다.
- 아들의 표현형을 보면 어머니의 X 염색체 유전자 구성을 알 수 있다.
  ➡ 아들 중 한 명이 적록 색맹이고, 다른 한 명이 정상이면 정상인 어머니의 적록 색맹에 대한 유전자형은 XX′이다.

5 ABO식 혈액형에 대한 설명으로 옳은 것은 ○, 옳지 않은 것은 ×로 표시하시오.

(1) 대립유전자는 3가지이다. ( )

(2) 표현형과 유전자형은 모두 4가지이다. ( )

(3) 유전자 A와 B 사이에는 우열 관계가 없다. ( )

(4) 두 쌍의 대립유전자에 의해 형질이 결정된다. ( )

6 표는 철수 가족의 ABO식 혈액형을 나타낸 것이다.

구성원	어머니	아버지	철수	남동생	여동생
ABO식 혈액형	?	A형	B형	O형	A형

(1) 어머니의 ABO식 혈액형과 ABO식 혈액형 유전자형을 쓰시오.

(2) 여동생의 ABO식 혈액형 유전자형을 쓰시오.

(3) 철수의 동생이 한 명 더 태어날 때, 이 아이가 O형일 확률은 몇 %인지 쓰시오.

7 적록 색맹 유전에 대한 설명으로 옳은 것은 ○, 옳지 않은 것은 ×로 표시하시오

(1) 남자보다 여자에게 더 많이 나타난다. ( )

(2) 남자는 보인자가 있지만, 여자는 보인자가 없다. ( )

(3) 적록 색맹을 결정하는 유전자는 X 염색체에 있다. ( )

(4) 어머니가 적록 색맹이면 아들은 반드시 적록 색맹이다. ( )

8 그림은 어떤 집안의 적록 색맹 가계도를 나타낸 것이다. (단, 정상 대립유전자는 X, 적록 색맹 대립유전자는 X′으로 표시한다.)

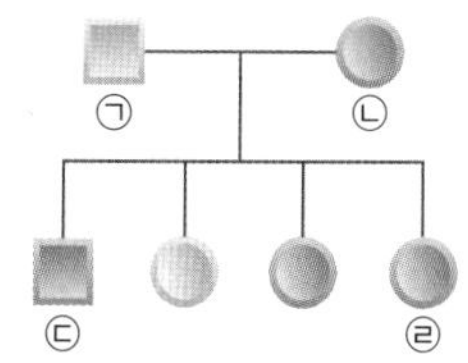

(1) ㉠과 ㉡의 적록 색맹 유전자형을 각각 쓰시오.

(2) ㉢과 ㉣의 적록 색맹 유전자형을 각각 쓰시오.

(3) ㉠과 ㉡ 사이에서 자녀가 한 명 더 태어날 때, 이 아이가 적록 색맹일 확률은 몇 %인지 쓰시오.

가계도 분석

가계도 분석 방법	1단계 우열 관계 파악하기 ➡ 부모에게 없던 형질이 자녀에게 나타나면 부모의 형질은 우성, 자녀의 형질은 열성이다. 2단계 유전자가 상염색체와 성염색체 중 어디에 있는지 파악하기 ➡ 우성인 아버지로부터 열성인 딸이 태어나거나, 열성인 어머니로부터 우성인 아들이 태어나면 상염색체에 의한 유전 형질이다. 성염색체(X 염색체)에 의한 유전에서 아버지가 우성이면 딸은 반드시 우성이며, 어머니가 열성이면 아들은 반드시 열성이다. 3단계 구성원의 유전자형 파악하기 ➡ 열성 형질을 가진 사람의 유전자형은 열성 순종이다. 부모의 형질이 우성인데 자녀의 형질이 열성인 경우 부모의 유전자형은 잡종이다.

1 상염색체 유전-혀 말기 가계도 분석

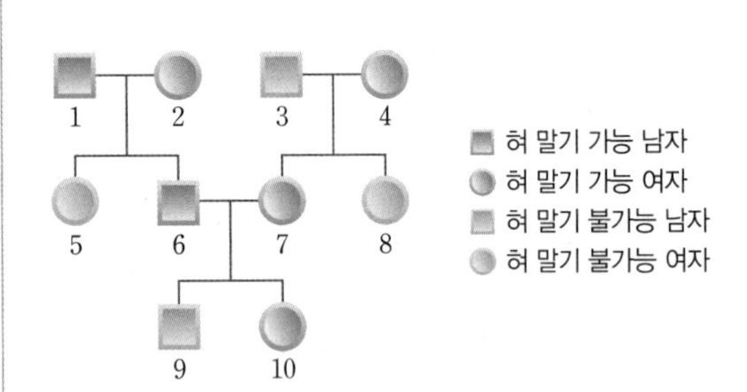

우성 대립유전자는 A, 열성 대립유전자는 a로 표시한다.

1. 혀 말기가 가능한 1과 2 사이에서 혀 말기가 불가능한 5가 태어났으므로 혀 말기가 가능한 것이 우성, 혀 말기가 불가능한 것이 열성이다. ➡ 부모에 없는 형질이 자손에게 나타났다면 자손에 나타난 형질이 열성, 부모의 형질이 우성이다.
2. 아버지인 1의 형질이 우성인데 열성인 딸(5)이 태어났으므로 혀 말기를 결정하는 유전자는 상염색체에 있다.
3. 혀 말기가 불가능한 사람의 유전자형은 열성 순종인 aa이다.
   ➡ 3, 5, 8, 9의 혀 말기 유전자형은 모두 aa이다.
4. 1과 2는 5에게, 6과 7은 9에게 혀 말기 불가능 대립유전자를 물려주었다.
   ➡ 1, 2, 6, 7의 혀 말기 유전자형은 모두 Aa이다.
5. 4는 8에게 혀 말기 불가능 대립유전자를 물려주었다. ➡ 4의 혀 말기 유전자형은 Aa이다.
6. 10의 혀 말기 유전자형은 AA 또는 Aa이다.

1 1의 가계도에서 혀 말기 유전자형을 확실히 알 수 없는 사람을 쓰시오.

2 1의 가계도에서 6과 7 사이에 자녀가 한 명 더 태어날 때, 이 아이가 혀 말기가 가능할 확률은 몇 %인지 쓰시오.

3 그림은 어떤 집안의 미맹 가계도를 나타낸 것이다.

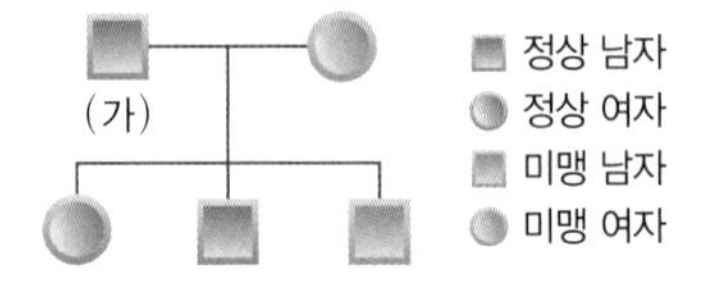

(가)의 유전자형을 쓰시오. (단, 정상 대립유전자는 T, 미맹 대립유전자는 t로 표시한다.)

2 상염색체 유전-ABO식 혈액형 가계도 분석

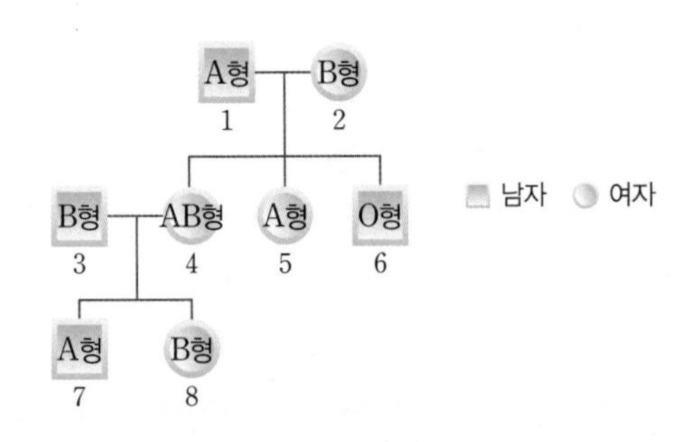

1. AB형과 O형의 유전자형은 각각 1가지이다. ➡ 4의 ABO식 혈액형 유전자형은 AB, 6의 ABO식 혈액형 유전자형은 OO이다.
2. 6의 부모인 1과 2는 유전자 O를 가진다. ➡ 1의 ABO식 혈액형 유전자형은 AO, 2의 ABO식 혈액형 유전자형은 BO이다.
3. 5는 1에게서 유전자 A, 2에게서 유전자 O를 물려받는다. ➡ 5의 ABO식 혈액형 유전자형은 AO이다.
4. 7은 4에게서 유전자 A, 3에게서 유전자 O를 물려받아야 한다. ➡ 3의 ABO식 혈액형 유전자형은 BO, 7의 ABO식 혈액형 유전자형은 AO이다.
5. 8의 ABO식 혈액형 유전자형은 BB 또는 BO이다.

4 ❷의 가계도에서 ABO식 혈액형 유전자형을 확실히 알 수 없는 사람을 쓰시오.

5 ❷의 가계도에서 3과 4 사이에 자녀가 한 명 더 태어날 때, 이 아이가 A형일 확률은 몇 %인지 쓰시오.

6 그림은 어떤 두 집안의 ABO식 혈액형 가계도를 나타낸 것이다.

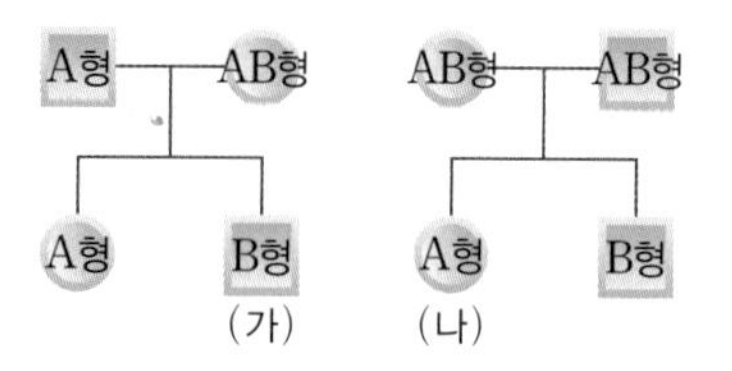

(가)와 (나)가 결혼하여 자녀가 태어날 때, 이 아이가 AB형일 확률은 몇 %인지 쓰시오.

❸ 성염색체 유전-적록 색맹 가계도 분석

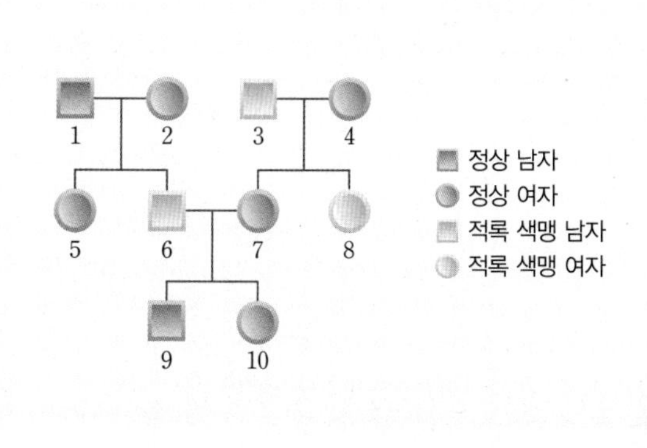

정상 대립유전자는 X, 적록 색맹 대립유전자 X′으로 표시한다.

1. 정상인 1과 2 사이에서 적록 색맹인 6이 태어났으므로 적록 색맹이 열성, 정상이 우성이다.
2. 적록 색맹을 결정하는 유전자는 성염색체인 X 염색체에 있다.
3. 정상 남자의 유전자형은 XY, 적록 색맹 남자의 유전자형은 X′Y이다. ➡ 정상인 1과 9의 유전자형은 XY, 적록 색맹인 3과 6의 유전자형은 X′Y이다.
4. 적록 색맹 여자의 유전자형은 X′X′이다. ➡ 8의 유전자형은 X′X′이다.
5. 2는 6에게, 4는 8에게 적록 색맹 대립유전자를 물려주었다. ➡ 2와 4의 유전자형은 XX′이다.
6. 7은 3으로부터 적록 색맹 대립유전자를 물려받았다. ➡ 7의 유전자형은 XX′이다.
7. 정상인 5의 유전자형은 XX 또는 XX′이다.

7 ❸의 가계도에서 10에게 적록 색맹 대립유전자를 물려준 사람을 모두 쓰시오.

8 ❸의 가계도에서 6과 7 사이에 자녀가 한 명 더 태어날 때, 이 아이가 정상일 확률은 몇 %인지 쓰시오.

❹ 유전병 가계도 분석

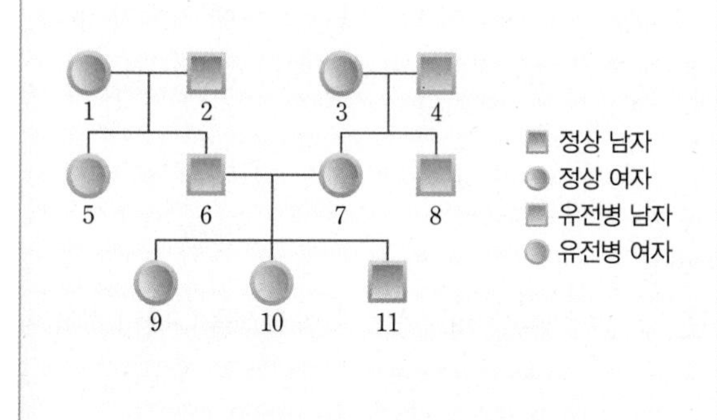

정상 대립유전자는 B, 유전병 대립유전자는 b로 표시한다.

1. 정상인 1과 2 사이에서 유전병인 5와 6이 태어났으므로 유전병이 열성, 정상이 우성이다.
2. 아버지인 2가 우성인데 딸인 5가 열성이므로 이 유전병을 결정하는 유전자는 상염색체에 있다.
3. 유전병을 가지는 4, 5, 6, 8, 10의 유전병 유전자형은 모두 bb이다.
4. 1, 2, 3, 7은 정상이지만 유전병인 자녀가 있으므로 유전병 유전자형은 Bb이다.
5. 유전병 유전자형이 6은 bb, 7은 Bb이므로 9, 11의 유전병 유전자형은 모두 Bb이다.

9 ❹의 가계도에서 정상 대립유전자를 가지고 있는 사람은 모두 몇 명인지 쓰시오.

10 ❹의 가계도에서 6과 7 사이에 자녀가 한 명 더 태어날 때, 이 아이가 유전병인 아들일 확률은 몇 %인지 쓰시오.

A 사람의 유전 연구

01 사람의 유전 연구가 어려운 까닭으로 옳은 것은?

① 한 세대가 짧다.
② 자손의 수가 적다.
③ 대립 형질이 뚜렷하다.
④ 환경의 영향을 적게 받는다.
⑤ 연구자가 의도한 대로 교배 실험을 할 수 있다.

[주관식]

02 다음은 유럽 왕실의 혈우병 유전에 대한 설명이다.

> 영국의 빅토리아 여왕은 혈우병에 대해 정상이지만 혈우병 대립유전자를 가지고 있었다. 여왕의 자녀들은 러시아, 독일, 프랑스, 스페인 등 유럽의 여러 나라 왕족과 혼인 관계를 맺었다. 이후 영국 왕실은 혈우병이 나타나지 않았지만, 러시아와 스페인 왕실에서는 혈우병이 나타났다.

유럽 왕실의 혈우병 유전을 연구하는 데 가장 적합한 연구 방법을 쓰시오.

03 그림 (가)와 (나)는 1란성 쌍둥이와 2란성 쌍둥이의 형성 원리를 순서 없이 나타낸 것이다.

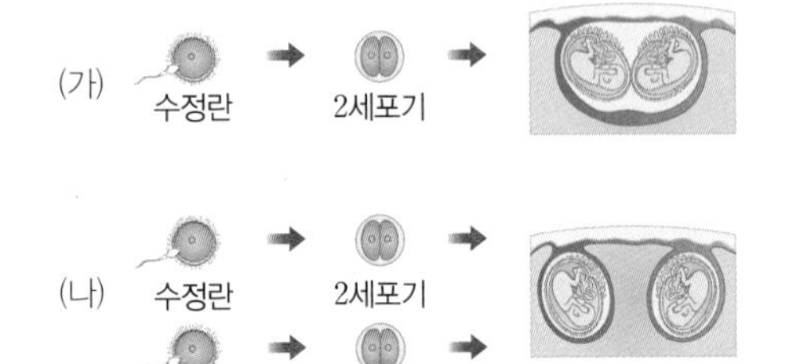

이에 대한 설명으로 옳은 것을 모두 고르면? (2개)

① (가)는 성별이 같을 수도 있고 다를 수도 있다.
② (가)에서의 형질 차이는 환경의 영향이다.
③ (나)는 성별이 항상 같다.
④ (나)는 유전자 구성이 같다.
⑤ (가)는 1란성 쌍둥이, (나)는 2란성 쌍둥이이다.

04 그림은 쌍둥이 집단 (가)~(다)를 대상으로 키와 ABO식 혈액형의 일치 정도를 조사한 것이다. 수치가 1에 가까울수록 서로 형질이 비슷하다.

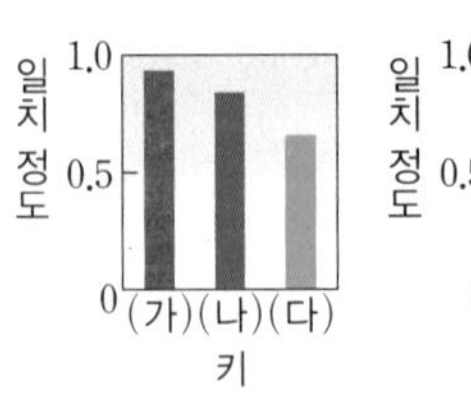

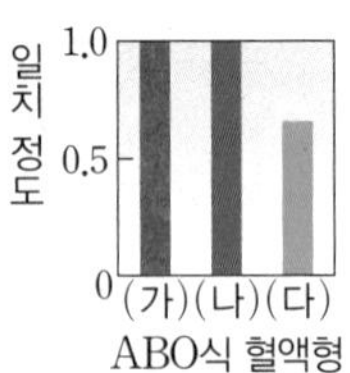

(가) 1란성 쌍둥이가 함께 자란 경우
(나) 1란성 쌍둥이가 따로 자란 경우
(다) 2란성 쌍둥이가 함께 자란 경우

이에 대한 설명으로 옳은 것을 〈보기〉에서 모두 고른 것은?

> **보기**
> ㄱ. 키는 환경의 영향을 받는 형질이다.
> ㄴ. ABO식 혈액형은 환경의 영향을 받지 않는다.
> ㄷ. (나)의 일치 정도가 높을수록 유전의 영향을 많이 받는 형질이다.

① ㄱ ② ㄴ ③ ㄱ, ㄴ
④ ㄱ, ㄷ ⑤ ㄱ, ㄴ, ㄷ

B 상염색체 유전

중요

05 다음은 사람의 여러 가지 형질을 나타낸 것이다.

> 혀 말기, 눈꺼풀, 귓불 모양

이 형질의 유전에 대한 설명으로 옳지 않은 것은?

① 유전자가 상염색체에 있다.
② 멘델의 분리의 법칙에 따라 유전된다.
③ 대립 형질이 명확하게 구분되지 않는다.
④ 남녀에 따라 형질이 나타나는 빈도에 차이가 없다.
⑤ 한 쌍의 대립유전자에 의해 개체의 형질이 결정된다.

[주관식]

06 다음은 사람에게 유전되는 형질 A의 특징을 나타낸 것이다.

> • 형질 A의 유전은 멘델의 유전 법칙을 따른다.
> • 형질 A가 나타나는 빈도는 성별에 관계없다.
> • 자녀는 A를 나타내지만 부모 모두 정상 형질이다.

정상에 대한 형질 A의 ㉠ 우열 관계와 ㉡ 유전자가 위치한 염색체의 종류를 각각 쓰시오.

07 표는 지우네 가족의 혀 말기 여부를 나타낸 것이다.

구성원	아버지	어머니	누나	지우
혀 말기	가능	가능	불가능	가능

이에 대한 설명으로 옳은 것을 〈보기〉에서 모두 고른 것은?

보기
ㄱ. 혀 말기가 가능한 것이 우성이다.
ㄴ. 아버지와 어머니의 혀 말기 유전자형은 서로 다르다.
ㄷ. 누나는 아버지와 어머니로부터 열성 대립유전자를 물려받았다.

① ㄱ ② ㄷ ③ ㄱ, ㄴ
④ ㄱ, ㄷ ⑤ ㄱ, ㄴ, ㄷ

중요
08 그림은 어떤 집안의 미맹 가계도를 나타낸 것이다.

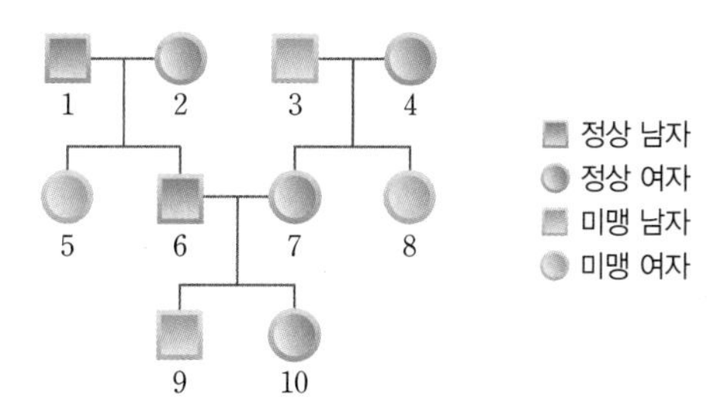

이에 대한 설명으로 옳은 것을 모두 고르면? (단, 우성 대립유전자는 T, 열성 대립유전자는 t로 표시한다.) (2개)

① 1과 2의 유전자형은 TT이다.
② 미맹인 사람의 유전자형은 tt이다.
③ 4는 우성 대립유전자 T만을 가지고 있다.
④ 9는 6으로부터만 열성 대립유전자 t를 물려받았다.
⑤ 1~10 중 유전자형을 확실히 알 수 없는 사람은 10이다.

[주관식]
09 그림은 어떤 집안의 귓불 모양 가계도를 나타낸 것이다.

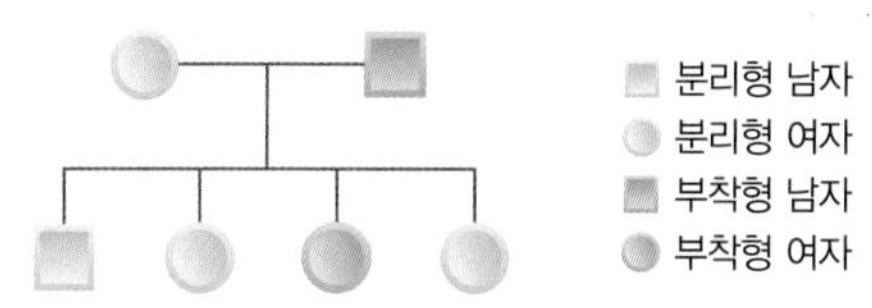

이 가족에서 부착형 대립유전자를 가지고 있는 사람은 모두 몇 명인지 쓰시오. (단, 분리형 귓불 모양이 부착형 귓불 모양에 대해 우성이다.)

중요
10 그림은 어떤 집안의 유전병 가계도를 나타낸 것이다.

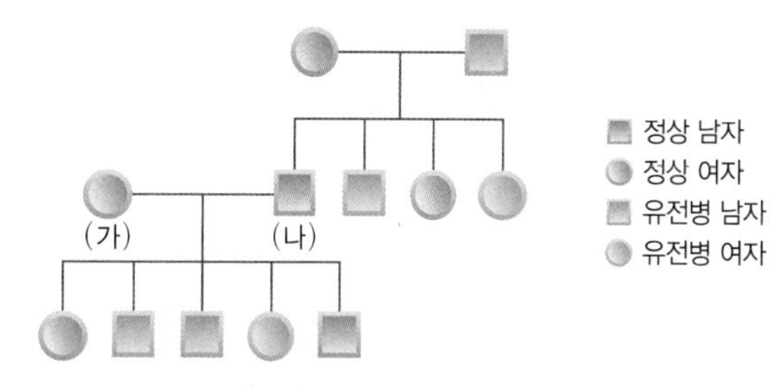

이에 대한 설명으로 옳은 것을 〈보기〉에서 모두 고른 것은?

보기
ㄱ. 유전병은 열성 형질이다.
ㄴ. (가)와 (나)는 모두 유전병 대립유전자를 갖지 않는다.
ㄷ. (가)와 (나) 사이에서 자녀가 한 명 더 태어날 때, 이 아이가 유전병일 확률은 50 %이다.

① ㄱ ② ㄷ ③ ㄱ, ㄴ
④ ㄴ, ㄷ ⑤ ㄱ, ㄴ, ㄷ

11 ABO식 혈액형 유전에 대한 설명으로 옳은 것은?

① 표현형의 종류는 6가지이다.
② 유전자형의 종류는 3가지이다.
③ 유전자 A와 B 사이에는 우열 관계가 없다.
④ 혈액형을 결정하는 대립유전자의 종류는 4가지이다.
⑤ 부모가 모두 A형일 때 O형인 자녀가 태어날 수 없다.

12 O형인 자녀가 태어날 수 없는 부모의 ABO식 혈액형으로 옳은 것은?

① A형×B형 ② A형×O형
③ A형×A형 ④ B형×O형
⑤ AB형×O형

중요

13 표는 선우네 가족의 ABO식 혈액형을 나타낸 것이다.

구성원	아버지	어머니	누나	선우
ABO식 혈액형	B형	A형	O형	B형

이에 대한 설명으로 옳은 것을 〈보기〉에서 모두 고른 것은?

보기

ㄱ. 어머니의 ABO식 혈액형 유전자형은 AO이다.
ㄴ. 아버지와 선우의 ABO식 혈액형 유전자형은 서로 다르다.
ㄷ. 선우의 동생이 태어날 때, 이 아이가 누나와 ABO식 혈액형이 같을 확률은 50 %이다.

① ㄱ ② ㄷ ③ ㄱ, ㄴ
④ ㄱ, ㄷ ⑤ ㄴ, ㄷ

【주관식】

14 그림은 어떤 두 집안의 ABO식 혈액형 가계도를 나타낸 것이다.

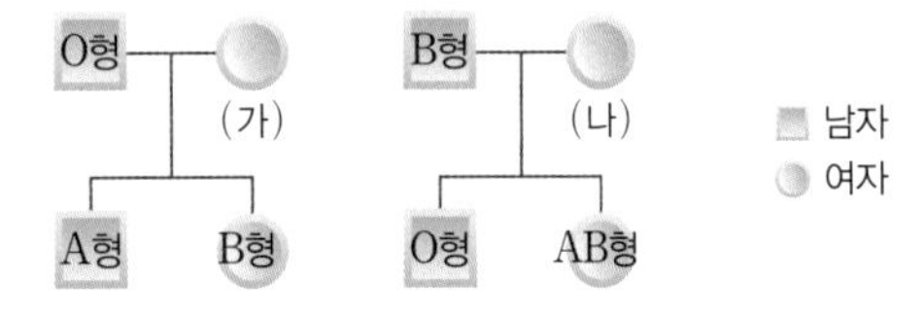

(가)와 (나)의 ABO식 혈액형을 각각 쓰시오.

C 성염색체 유전

15 적록 색맹 유전에 대한 설명으로 옳지 않은 것은?

① 반성유전의 예이다.
② 여자보다 남자에게 많이 나타난다.
③ 적록 색맹을 결정하는 유전자는 X 염색체에 있다.
④ 어머니가 적록 색맹이면 아들은 항상 적록 색맹이다.
⑤ 남자는 적록 색맹 대립유전자를 아버지로부터 물려받는다.

16 그림은 어떤 집안의 적록 색맹 가계도를 나타낸 것이다.

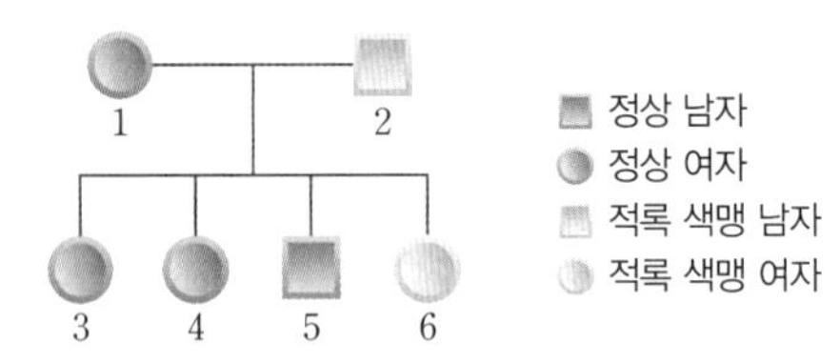

이에 대한 설명으로 옳은 것을 〈보기〉에서 모두 고른 것은?

보기

ㄱ. 1과 3의 적록 색맹 유전자형은 같다.
ㄴ. 4가 정상인 남자와 결혼하여 아이를 낳았을 때, 이 아이가 적록 색맹인 아들일 확률은 50 %이다.
ㄷ. 5는 1과 2로부터 정상 대립유전자를 물려받았다.
ㄹ. 6은 1과 2로부터 적록 색맹 대립유전자를 물려받았다.

① ㄱ, ㄴ ② ㄱ, ㄹ ③ ㄴ, ㄷ
④ ㄱ, ㄴ, ㄷ ⑤ ㄴ, ㄷ, ㄹ

【주관식】

17 정상인 남자와 적록 색맹인 여자가 결혼하여 이 둘 사이에서 아들이 태어났을 때, 이 아이가 적록 색맹일 확률은 몇 %인지 쓰시오.

중요

18 그림은 어떤 집안의 적록 색맹 가계도를 나타낸 것이다.

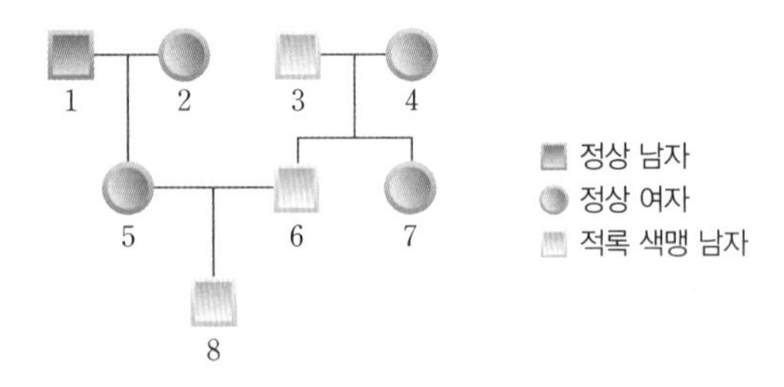

이에 대한 설명으로 옳은 것을 모두 고르면? (단, 정상 대립유전자는 X로, 적록 색맹 대립유전자는 X′으로 표시한다.) (2개)

① 2와 5의 적록 색맹 유전자형은 서로 다르다.
② 4는 6에게 적록 색맹 대립유전자를 물려주었다.
③ 7의 적록 색맹 유전자형은 XX이다.
④ 8은 3에게서 적록 색맹 대립유전자를 물려받았다.
⑤ 8의 동생이 태어났을 때, 이 아이가 적록 색맹인 딸일 확률은 25 %이다.

정답과 해설 13쪽

서술형 문제

단어 제시형

1 표는 사람의 여러 가지 유전 형질을 나타낸 것이다.

(가)	(나)
혀 말기, 귓불 모양, 보조개	적록 색맹, 혈우병

(가)와 (나)의 유전 형질의 차이점을 다음 단어를 모두 포함하여 서술하시오.

> 유전자, 상염색체, 성염색체, 남녀, 빈도

서술형

2 철수 아버지의 ABO식 혈액형은 A형이고 어머니의 ABO식 혈액형은 AB형이다. 철수의 동생이 태어났을 때, 이 아이가 가질 수 있는 ABO식 혈액형을 모두 쓰고, 그 까닭을 서술하시오. (단, 철수 아버지는 유전자 O를 가지고 있다.)

단계형 서술형

3 그림은 어떤 집안의 적록 색맹 가계도를 나타낸 것이다. (단, 정상 대립유전자는 X로, 적록 색맹 대립유전자는 X′으로 표시한다.)

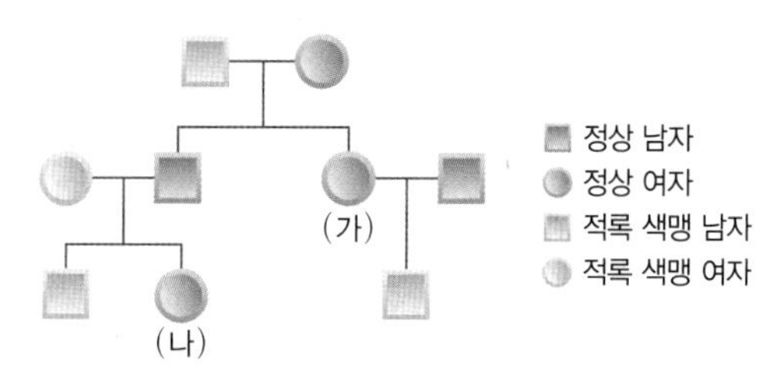

(1) (가)와 (나)의 적록 색맹 유전자형을 쓰시오.

(2) (가)와 (나)에게 적록 색맹을 결정하는 대립유전자가 전달되는 경로를 각각 서술하시오.

서술형

4 부모가 모두 정상인데 적록 색맹인 아들이 태어났다. 부모의 적록 색맹 유전자형을 포함하여 아들이 적록 색맹인 까닭을 서술하시오. (단, 정상 대립유전자는 X로, 적록 색맹 대립유전자는 X′으로 표시한다.)

서술형 Tip

1 상염색체 유전과 성염색체 유전의 차이점을 제시된 단어를 모두 포함하여 서술한다.

2 아버지와 어머니의 ABO식 혈액형 유전자형을 언급하고, 아이가 가질 수 있는 ABO식 혈액형을 서술한다.
→ 필수 용어: 유전자형, 혈액형

3 (2) (가)와 (나)에서 적록 색맹 대립유전자 X′과 정상 대립유전자 X를 부모 중 누구에게서 물려받는지 서술한다.
→ 필수 용어: 적록 색맹 대립유전자 X′, 정상 대립유전자 X

Plus 문제 3-1
(나)의 동생이 태어날 때, 이 아이가 적록 색맹일 확률은 몇 %인지 쓰시오.

4 아들이 부모 중 누구에게서 적록 색맹 대립유전자를 물려받았는지를 포함하여 서술한다.
→ 필수 용어: 적록 색맹 유전자형, 적록 색맹 대립유전자

핵심만 모아모아! **단원 정리하기** 》》 정답과 해설 14쪽

이 단원에서 학습한 내용을 확실히 이해했나요? 다음 내용을 잘 알고 있는지 확인해 보세요.

1 사람의 염색체

- ❶□□ □□□: 체세포에 있는 모양과 크기가 같은 한 쌍의 염색체
- ❷□염색체: 남녀의 체세포에 공통으로 들어 있는 22쌍의 염색체
- ❸□염색체: 성을 결정하는 1쌍의 염색체
- 사람의 염색체 구성: 남자는 44(상염색체)+❹□□(성염색체), 여자는 44(상염색체)+XX(성염색체)

2 체세포 분열

- 분열 결과 1개의 모세포로부터 ❶□개의 딸세포가 생성되며, 분열 후 염색체 수는 변화가 없다.
  - 간기: DNA가 복제되어 2배가 된다.
  - ❷□□: 핵막이 사라지고, 막대 모양의 염색체가 나타나며, 방추사가 형성된다.
  - ❸□□: 염색체가 세포 중앙에 배열된다.
  - 후기: ❹□□ □□가 분리되어 세포의 양쪽 끝으로 이동한다.
  - 말기: 핵막이 나타나 2개의 핵이 만들어지며, 염색체가 풀어지고, ❺□□□ 분열이 일어난다.

3 감수 분열

- 분열 결과 1개의 모세포로부터 ❶□개의 딸세포가 생성되며, 분열 후 염색체 수가 절반으로 줄어든다.
  - 감수 1분열:❷□□ □□□가 분리되므로 분열 후 염색체 수가 절반이 된다.
  - 감수 2분열:❸□□ □□가 분리되므로 분열 후 염색체 수가 변하지 않는다.
- 감수 분열의 의의: 세대를 거듭해도 자손의 ❹□□□ □가 항상 일정하게 유지되게 한다.

4 사람의 발생

- ❶□□: 수정란이 세포 분열을 하면서 하나의 개체로 되기까지의 과정
- ❷□□: 수정란의 초기 세포 분열로, 세포의 생장 없이 빠르게 분열한다.
- 착상: 수정란이 ❸□□ 상태가 되어 자궁 내막에 파고들어 가는 현상

5 유전 용어

- ❶□□ □□: 1가지 특성에 대해 서로 뚜렷하게 대비되는 형질
- ❷□□□: 유전자 구성에 따라 겉으로 드러나는 형질
- ❸□□□□: 유전자 구성을 알파벳 기호로 나타낸 것
- ❹□□: 한 형질을 나타내는 대립유전자 구성이 같은 개체
- ❺□□: 한 형질을 나타내는 대립유전자 구성이 다른 개체

6 멘델의 유전 원리

- 우열의 원리: 대립 형질이 다른 두 순종 개체를 교배하여 얻은 잡종 1대에는 대립 형질 중 1가지만 나타나는데, 잡종 1대에서 나타나는 형질을 ❶□□, 나타나지 않는 형질을 ❷□□이라고 한다.
- ❸□□의 법칙: 생식세포가 만들어질 때 쌍으로 존재하던 대립유전자가 분리되어 서로 다른 생식세포로 하나씩 나뉘어 들어가는 현상이다.
- ❹□□의 법칙: 2가지 이상의 형질이 함께 유전될 때, 한 형질을 나타내는 대립유전자 쌍은 다른 형질을 나타내는 대립유전자 쌍에 의해 영향을 받지 않고 독립적으로 분리되어 유전된다.

7 사람의 유전

- 사람의 유전 연구 방법: 가계도 조사, ❶□□□ 연구, 통계 조사, 염색체와 유전자 분석
- 상염색체 유전: 유전자가 상염색체에 존재하고 한 쌍의 대립유전자에 의해 결정되는 형질은 멘델의 분리의 법칙에 따라 유전되며, 남녀에 따라 형질이 나타나는 빈도에 차이가 ❷□□.
- ABO식 혈액형 유전
  - 대립유전자는 A, B, O 3가지가 있으며, A와 B는 O에 대해 각각 ❸□□이고, A와 B 사이에는 우열 관계가 없다.
  - 표현형은 ❹□가지, 유전자형은 ❺□가지이다.
- ❻□□유전: 유전자가 성염색체에 있어 유전 형질이 나타나는 빈도가 남녀에 따라 차이가 나는 유전 현상 예 적록 색맹, 혈우병

[내 실력 진단하기]
각 중단원별로 어느 부분이 부족한지 진단해 보고, 부족한 단원은 다시 복습합시다.

단원																		
01. 세포 분열	01		02		03		04		05		06		07		24			
02. 사람의 발생	08		09		10													
03. 멘델의 유전 원리	11		12		13		14		15		16							
04. 사람의 유전	17		18		19		20		21		22		23		25		26	

상중하

01 그림은 염색체의 구조를 나타낸 것이다.

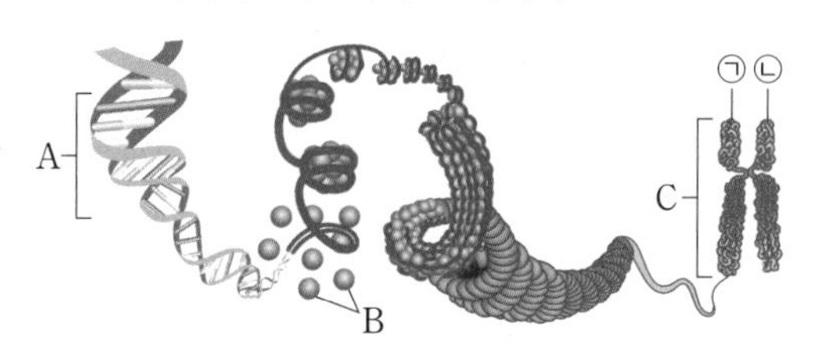

이에 대한 설명으로 옳지 <u>않은</u> 것은?

① A는 DNA, B는 단백질이다.
② A에는 많은 수의 유전자가 있다.
③ 막대 모양인 C는 분열하는 세포에서 관찰된다.
④ C의 수가 같으면 같은 종의 생물이다.
⑤ ㉠과 ㉡의 유전 정보는 같다.

[주관식] 상중하

02 그림은 어떤 사람의 체세포 염색체를 나타낸 것이다. 이에 대한 설명으로 옳은 것을 〈보기〉에서 모두 고르시오.

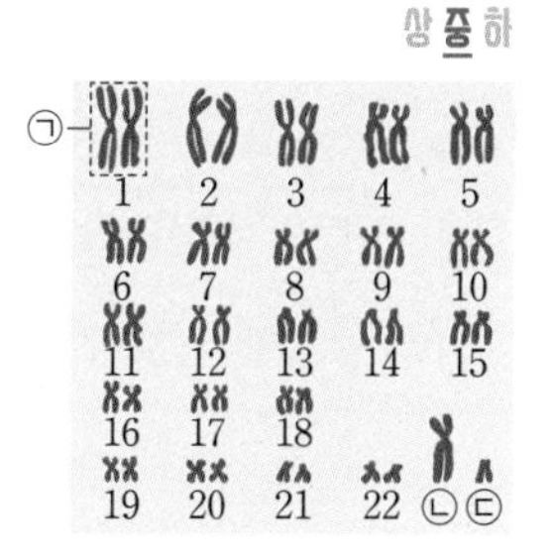

보기
ㄱ. ㉠은 상동 염색체이다.
ㄴ. 이 사람의 생식세포 1개에는 22개의 염색체가 있다.
ㄷ. ㉡은 어머니로부터, ㉢은 아버지로부터 물려받았다.

상중하

03 그림은 체세포 분열 과정을 순서 없이 나타낸 것이다.

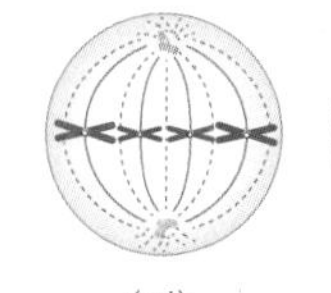
(가)

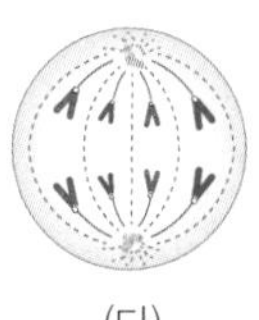
(나)

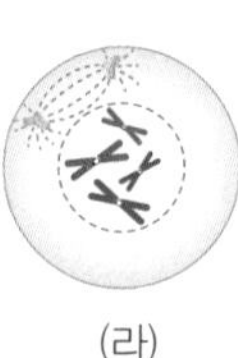
(다)

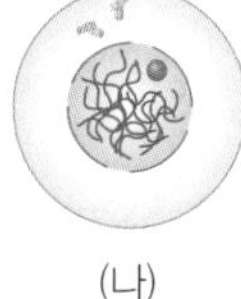
(라)

이에 대한 설명으로 옳지 <u>않은</u> 것은?

① 염색체를 가장 잘 관찰할 수 있는 시기는 (가)이다.
② (나)에서는 DNA가 복제되고 핵막이 사라진다.
③ (다)에서는 염색 분체가 분리되어 이동한다.
④ (라)에서는 방추사가 나타난다.
⑤ 간기부터 나열하면 (나) → (라) → (가) → (다) 순이다.

상중하

04 그림은 양파 뿌리에서 체세포 분열을 관찰하기 위한 실험 과정을 순서 없이 나타낸 것이다.

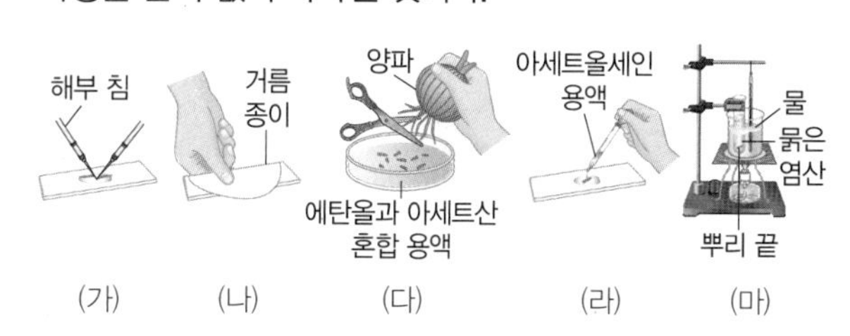

이에 대한 설명으로 옳은 것을 〈보기〉에서 모두 고른 것은?

보기
ㄱ. (다)는 세포 분열을 계속 진행시켜 중기의 세포가 많아지도록 하는 과정이다.
ㄴ. (라)는 핵이나 염색체를 붉게 염색하는 과정이다.
ㄷ. (마)는 고정 과정이다.
ㄹ. 실험 과정은 (다) → (마) → (라) → (가) → (나) 순이다.

① ㄱ, ㄷ ② ㄴ, ㄹ ③ ㄱ, ㄴ, ㄷ
④ ㄴ, ㄷ, ㄹ ⑤ ㄱ, ㄴ, ㄷ, ㄹ

상중하

05 그림은 감수 분열 과정을 나타낸 것이다.

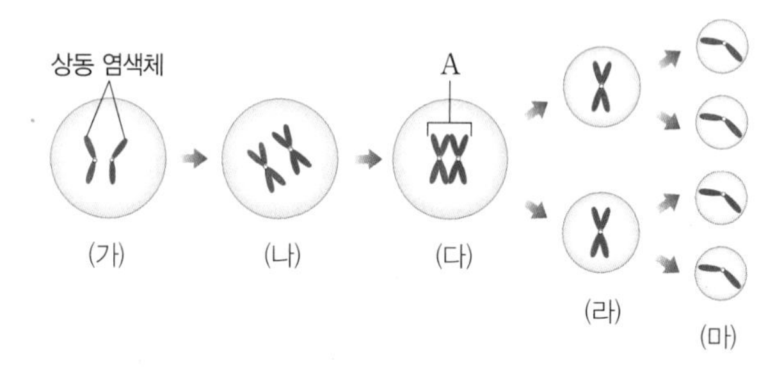

이에 대한 설명으로 옳은 것을 〈보기〉에서 모두 고른 것은?

보기
ㄱ. A는 2가 염색체이다.
ㄴ. (다) → (라) 과정에서 상동 염색체가 분리된다.
ㄷ. (라) → (마) 과정에서 염색체 수가 절반으로 줄어든다.
ㄹ. (가)의 염색체 수는 (마)의 염색체 수의 4배이다.

① ㄱ, ㄴ ② ㄱ, ㄷ ③ ㄴ, ㄹ
④ ㄱ, ㄴ, ㄷ ⑤ ㄴ, ㄷ, ㄹ

상 중 하

06 체세포 분열과 감수 분열에 대한 설명으로 옳은 것은?

① 세포 분열은 모두 1회만 일어난다.
② 다세포 생물은 감수 분열을 통해 생장한다.
③ 체세포의 염색체 수는 생식세포의 염색체 수의 절반이다.
④ 체세포 분열이 일어날 때 상동 염색체가 서로 결합했다가 분리된다.
⑤ 도마뱀의 잘려진 꼬리가 다시 생겨나는 것은 체세포 분열이 일어났기 때문이다.

[주관식] 상 중 하

07 그림은 세포 분열을 체세포 분열, 감수 1분열, 감수 2분열로 구분하는 과정을 나타낸 것이다.

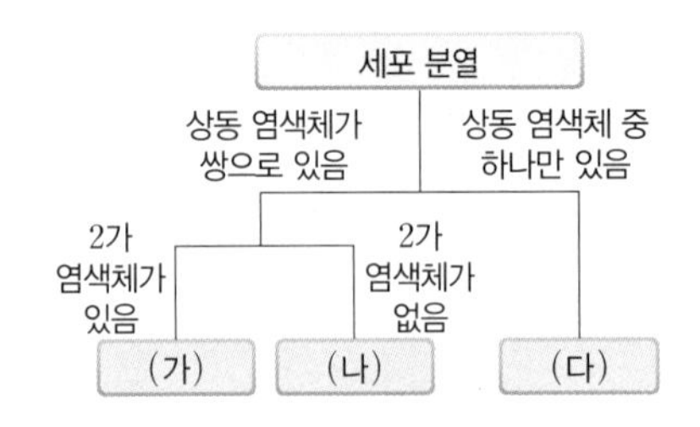

(가)~(다)에 해당하는 세포 분열의 종류를 쓰시오.

상 중 하

08 그림은 사람의 정자와 난자가 수정하여 수정란이 된 모습을 나타낸 것이다. 이에 대한 설명으로 옳지 않은 것은?

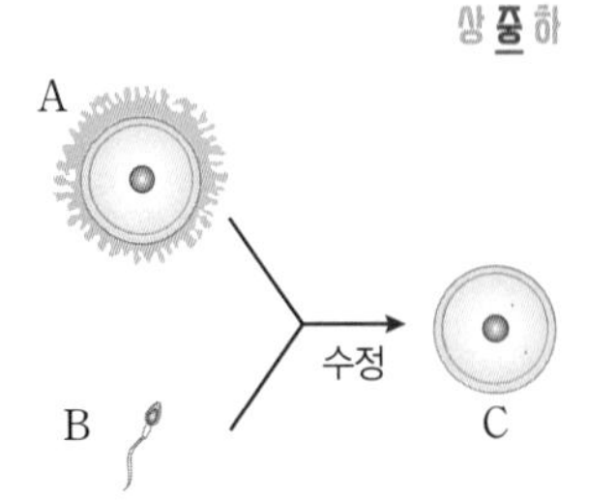

① A는 스스로 움직이지 못한다.
② B에는 핵이 있다.
③ C에는 23개의 염색체가 들어 있다.
④ A는 난소에서, B는 정소에서 만들어진다.
⑤ A의 염색체 수와 B의 염색체 수는 같다.

상 중 하

09 그림은 수정란의 형성과 초기 발생 과정을 나타낸 것이다.

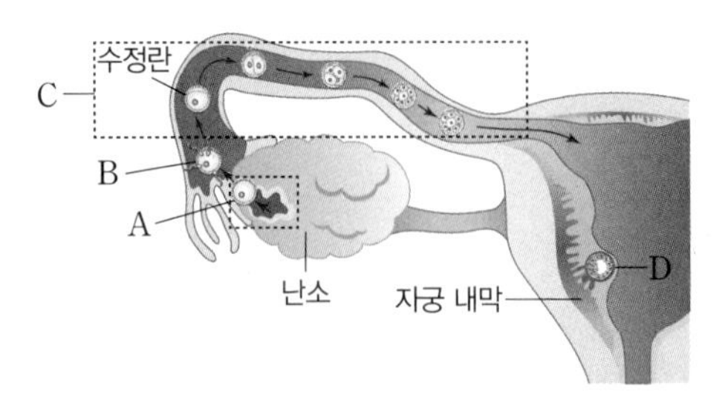

이에 대한 설명으로 옳지 않은 것은?

① A 과정은 배란이다.
② B 과정을 거치면 체세포와 염색체 수가 같은 수정란이 된다.
③ C 과정에서 세포 1개의 크기는 변화 없다.
④ C 과정이 일어날 때 세포 1개당 염색체 수는 변화 없다.
⑤ D 과정이 일어날 때 배아는 포배 상태이다.

상 중 하

10 사람의 수정과 발생 과정에 대한 설명으로 옳지 않은 것은?

① 배아가 착상하면 임신이 되었다고 한다.
② 정자와 난자는 수란관에서 만나 수정한다.
③ 수정란은 난할을 계속하며 자궁으로 이동한다.
④ 수정 후 8주가 지나면 대부분의 기관이 완성된다.
⑤ 수정 후 약 266일이 지나면 태아가 자궁 밖으로 나오는 출산 과정이 진행된다.

상 중 하

11 유전 용어에 대한 설명으로 옳은 것은?

① 표현형이 같으면 유전자형도 같다.
② 유전자형이 RRYy인 개체는 잡종이다.
③ 완두의 초록색 꼬투리와 초록색 씨는 대립 형질이다.
④ 대립 형질은 대립유전자 구성이 같거나 다른 형질이다.
⑤ 열성은 대립 형질의 순종끼리 교배하였을 때 잡종 1대에서 나타나는 형질이다.

상중하

12 그림은 순종의 노란색 완두(YY)와 순종의 초록색 완두(yy)를 교배하여 얻은 잡종 1대를 자가 수분하여 잡종 2대를 얻는 과정을 나타낸 것이다.

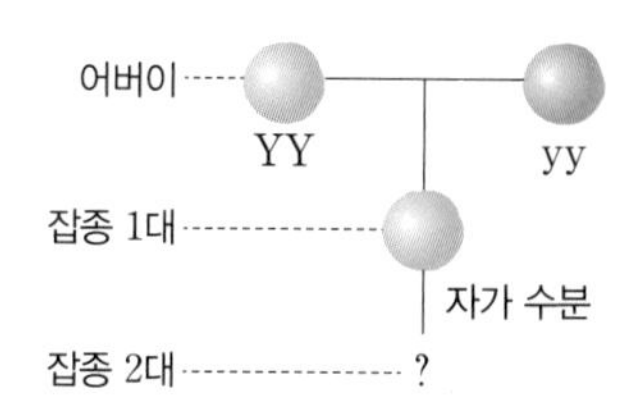

이에 대한 설명으로 옳지 않은 것은?

① 잡종 1대의 유전자형은 Yy이다.
② 잡종 1대의 완두는 2종류의 생식세포를 만든다.
③ 잡종 2대에서 순종과 잡종의 비는 1 : 1이다.
④ 잡종 2대에서 유전자형의 분리비는 3 : 1이다.
⑤ 잡종 2대에서 총 800개의 완두를 얻었을 때, 이 중 유전자형이 잡종 1대와 같은 완두는 이론상 400개이다.

상중하

13 그림은 순종의 빨간색 꽃잎 분꽃(RR)과 순종의 흰색 꽃잎 분꽃(WW)을 교배하여 얻은 잡종 1대를 자가 수분하여 잡종 2대를 얻는 과정을 나타낸 것이다.

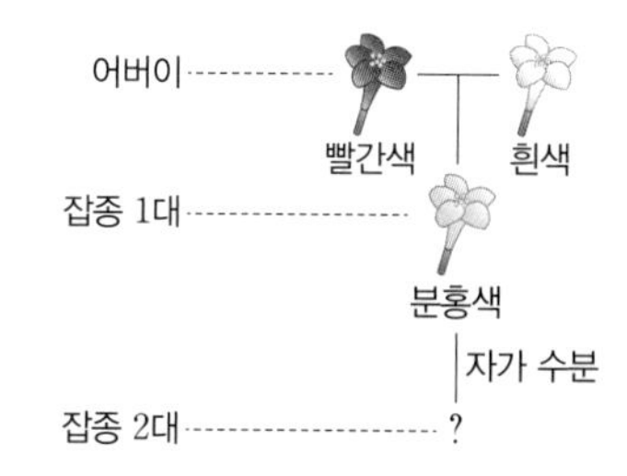

이에 대한 설명으로 옳은 것은?

① 분리의 법칙이 성립하지 않는다.
② 대립유전자 사이의 우열 관계가 뚜렷하다.
③ 잡종 2대에서 나타나는 꽃잎 색깔의 종류는 2종류이다.
④ 잡종 2대의 표현형의 분리비와 유전자형의 분리비는 모두 1 : 2 : 1이다.
⑤ 잡종 2대에서 총 400개의 분꽃을 얻었다면, 이 중 분홍색 꽃잎 분꽃은 이론상 300개이다.

[주관식] 상중하

14 다음은 키가 큰 완두와 키가 작은 완두의 교배 실험 결과이다.

- 키가 큰 완두(㉠)와 키가 작은 완두를 교배하였더니, 모두 키가 큰 완두만 나왔다.
- 키가 큰 완두(㉡)와 키가 작은 완두를 교배하였더니, 키가 큰 완두와 키가 작은 완두가 비슷한 비율로 나왔다.

㉠과 ㉡의 유전자형을 각각 쓰시오. (단, 키가 큰 완두가 키가 작은 완두에 대해 우성이며, 큰 키 유전자는 T, 작은 키 유전자는 t로 표시한다.)

[15~16] 그림은 순종의 둥글고 노란색인 완두(RRYY)와 순종의 주름지고 초록색인 완두(rryy)를 교배하여 얻은 잡종 1대를 자가 수분하여 잡종 2대를 얻는 과정을 나타낸 것이다. 완두 씨의 모양을 나타내는 유전자와 색깔을 나타내는 유전자는 서로 다른 상동 염색체에 있다.

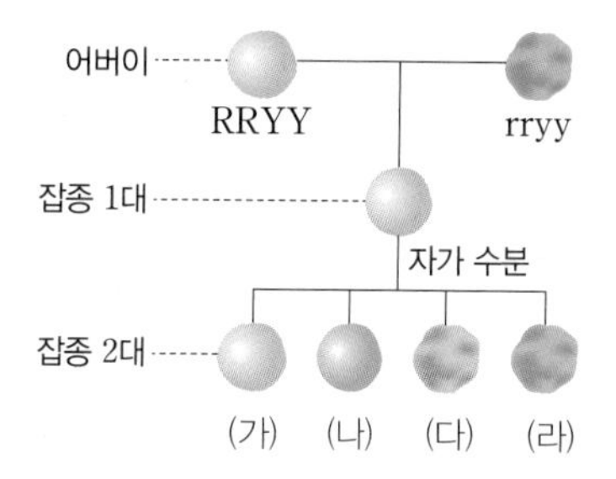

[주관식] 상중하

15 잡종 1대에서 만들어지는 생식세포의 종류와 그 분리비를 쓰시오.

상중하

16 이에 대한 설명으로 옳은 것을 모두 고르면? (2개)

① (가)는 순종이다.
② (나)의 유전자형은 RRYy이다.
③ 잡종 2대에서 둥근 완두 : 주름진 완두=9 : 1이다.
④ 잡종 2대에서 잡종 1대와 유전자형이 같은 완두가 나타날 확률은 25 %이다.
⑤ 잡종 2대에서 총 400개의 완두를 얻었다면, 이 중 (다)와 같은 표현형을 가진 완두는 이론상 75개이다.

상 중 하

17 사람의 유전을 연구하는 방법으로 옳지 않은 것은?

① 염색체나 유전자를 분석한다.
② 특정 형질에 대한 가계도를 조사한다.
③ 교배 실험을 하여 우열 관계를 조사한다.
④ 많은 사람을 조사하여 특정 형질에 대한 통계를 낸다.
⑤ 1란성 쌍둥이와 2란성 쌍둥이를 비교하여 유전과 환경의 영향에 대해 알아본다.

상 중 하

18 다음은 사람의 어떤 유전 형질에 대한 설명이다.

- 한 쌍의 대립유전자에 의해 형질이 결정된다.
- 멘델의 유전 법칙에 따라 유전된다.
- 남녀에 따라 형질이 나타나는 빈도에 차이가 없다.

이와 같은 특징을 가지고 있는 유전 형질로 옳지 않은 것은?

① 미맹 ② 혀 말기
③ 눈꺼풀 ④ 적록 색맹
⑤ 귓불 모양

상 중 하

19 그림은 어떤 집안의 유전병 가계도를 나타낸 것이다.

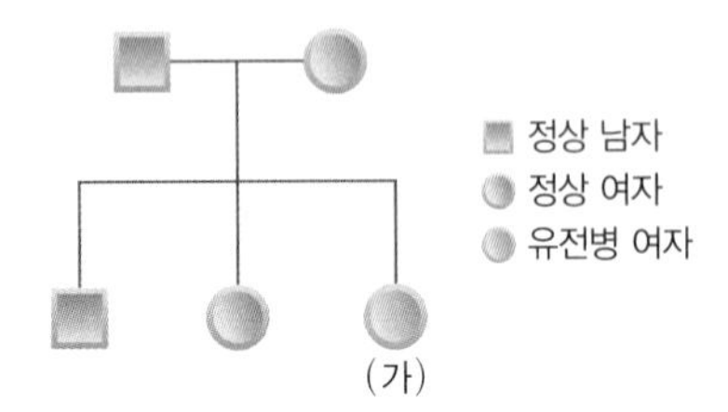

이에 대한 설명으로 옳은 것을 모두 고르면? (2개)

① (가)의 유전자형은 잡종이다.
② 이 유전병은 정상에 대해 열성이다.
③ 유전병 대립유전자는 X 염색체에 존재한다.
④ 부모는 모두 유전병 대립유전자를 가지고 있다.
⑤ 이 유전병은 남녀에 따라 형질이 나타나는 빈도에 차이가 있다.

상 중 하

20 그림은 어떤 집안의 ABO식 혈액형 가계도를 나타낸 것이다.

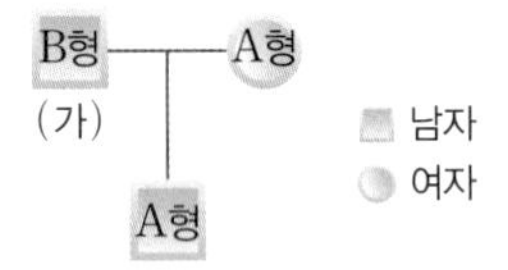

(가)의 ABO식 혈액형 유전자가 염색체에 배열되어 있는 모습으로 옳은 것은?

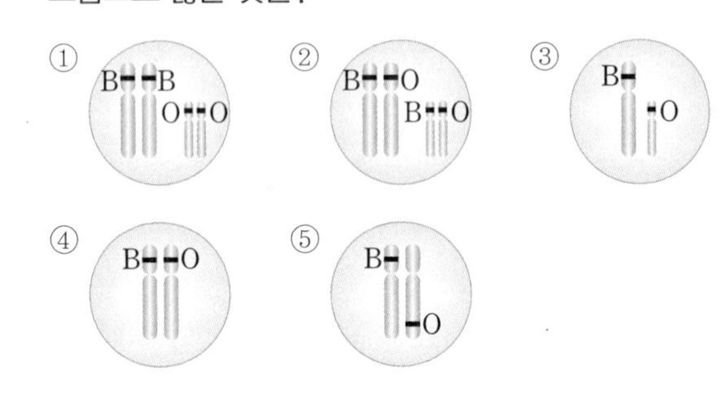

상 중 하

21 그림은 어떤 집안의 ABO식 혈액형 가계도를 나타낸 것이다.

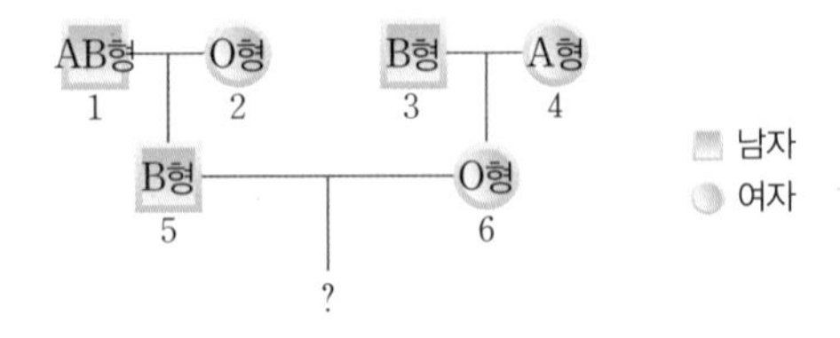

이에 대한 설명으로 옳은 것을 〈보기〉에서 모두 고른 것은?

보기
ㄱ. 4의 ABO식 혈액형 유전자형은 AO이다.
ㄴ. 5는 2로부터 유전자 O를 물려받았다.
ㄷ. 5와 6 사이에서 아이가 태어날 때, 이 아이의 ABO식 혈액형이 B형일 확률은 50 %이다.

① ㄱ ② ㄴ ③ ㄷ
④ ㄴ, ㄷ ⑤ ㄱ, ㄴ, ㄷ

자료 분석 | 정답과 해설 15쪽

상 중 하

22 그림은 어떤 집안의 적록 색맹 가계도를 나타낸 것이다.

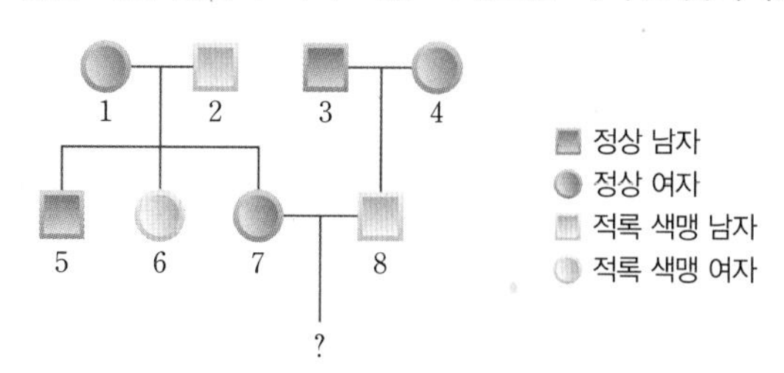

이에 대한 설명으로 옳은 것을 〈보기〉에서 모두 고른 것은? (단, 정상 대립유전자는 X, 적록 색맹 대립유전자는 X′으로 표시한다.)

보기
ㄱ. 1은 적록 색맹 대립유전자를 갖는다.
ㄴ. 4의 적록 색맹 유전자형은 XX′이다.
ㄷ. 6은 2로부터만 적록 색맹 대립유전자를 물려받았다.
ㄹ. 7과 8이 결혼하여 이 둘 사이에서 아이가 태어났을 때, 이 아이가 적록 색맹일 확률은 50 %이다.

① ㄱ, ㄴ ② ㄱ, ㄷ ③ ㄴ, ㄹ
④ ㄱ, ㄴ, ㄹ ⑤ ㄴ, ㄷ, ㄹ

자료 분석 | 정답과 해설 16쪽

상 중 하

23 그림은 어떤 집안의 ABO식 혈액형과 유전병 (가)의 가계도를 나타낸 것이다. 유전병 (가)를 결정하는 유전자는 X 염색체에 존재한다.

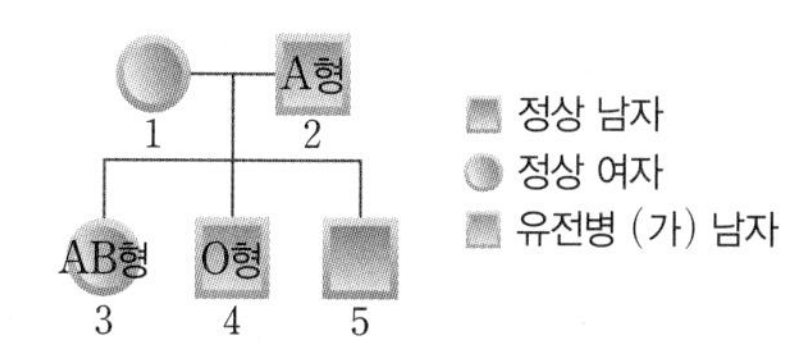

이에 대한 설명으로 옳은 것을 〈보기〉에서 모두 고른 것은?

보기
ㄱ. 1의 ABO식 혈액형 유전자형은 BO이다.
ㄴ. 4는 2로부터 유전병 (가) 대립유전자를 물려받았다.
ㄷ. 5의 동생이 태어날 때, 이 아이가 A형이고 유전병 (가)일 확률은 12.5 %이다.

① ㄱ ② ㄴ ③ ㄱ, ㄷ
④ ㄴ, ㄷ ⑤ ㄱ, ㄴ, ㄷ

자료 분석 | 정답과 해설 16쪽

서술형 문제

상 중 하

24 다음은 생물의 몸에서 일어나는 여러 가지 현상들이다. 이 현상들의 공통점을 서술하시오.

- 상처가 난 부위에 새살이 돋아난다.
- 수정란이 난할을 진행하여 세포 수가 증가한다.

상 중 하

25 그림은 어떤 집안의 유전병 가계도를 나타낸 것이다.

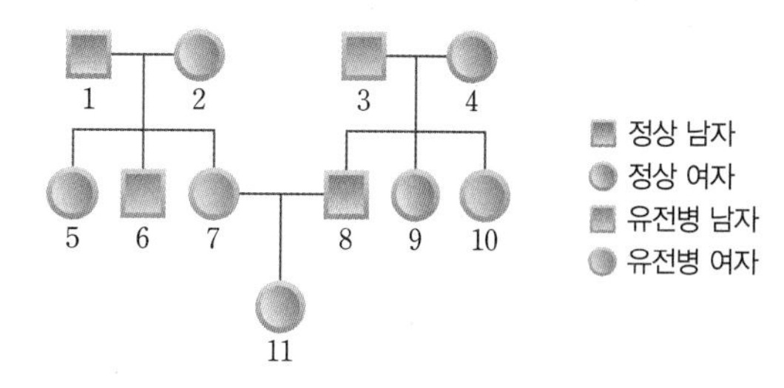

이 유전병 대립유전자가 상염색체에 있는지 성염색체에 있는지 쓰고, 그 까닭을 서술하시오.

상 중 하

26 그림은 어떤 집안의 적록 색맹 유전 가계도를 나타낸 것이다.

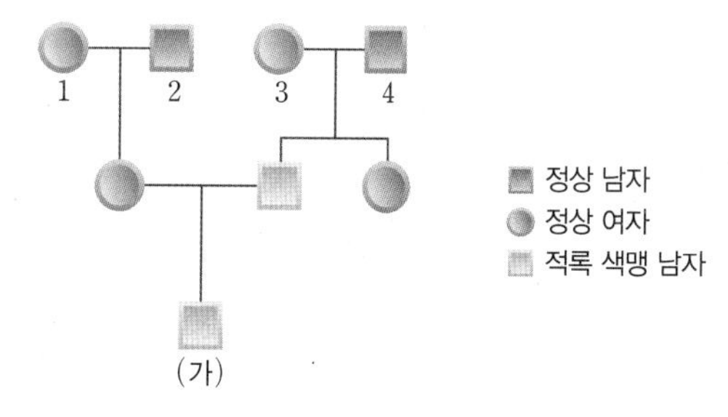

(가)의 적록 색맹 대립유전자는 1~4 중 누구로부터 물려받은 것인지 쓰고, 그렇게 판단한 까닭을 서술하시오.

VI 에너지 전환과 보존

제목으로 미리보기

01 역학적 에너지 전환과 보존

58~65쪽

1학기 때 위치 에너지와 운동 에너지에 대해 배웠으므로 에너지라는 용어가 매우 익숙할 것입니다. 이 단원에서는 위치 에너지와 운동 에너지의 합인 역학적 에너지에 대해 알아보고, 역학적 에너지가 언제 어떻게 전환되는지, 역학적 에너지가 언제 보존되는지를 알아본답니다.

02 전기 에너지의 발생과 전환

66~74쪽

전기 에너지는 우리 생활과 너무나 밀접한 에너지로 전기 에너지가 없다면 일상생활이 거의 불가능할 것입니다. 이 단원에서는 역학적 에너지가 전기 에너지로 전환되는 것을 발전기를 통해 확인하고, 가정에서 전기 에너지가 어떤 에너지로 전환되어 사용되는지 알아본답니다.

그림을 떠올려!

기억하기

이 단원을 학습하기 전에, 이전에 배운 내용 중 꼭 알아야 할 개념들을 그림과 함께 떠올려 봅시다.

1 | 자석과 나침반

〉〉〉 초등 3학년 자석의 이용

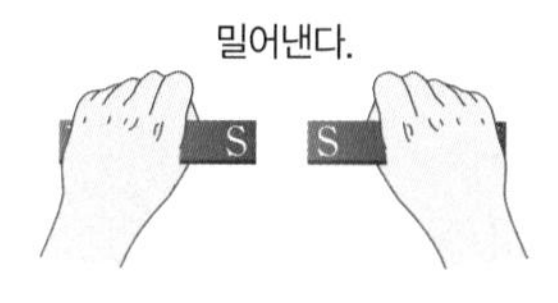

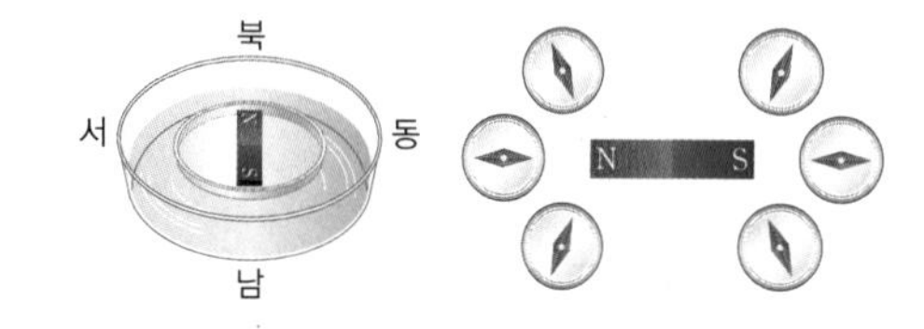

- 자석을 자석에 가까이 하면 자석의 (❶) 극끼리는 서로 밀어낸다.
- 자석을 자석에 가까이 하면 자석의 (❷) 극끼리는 서로 끌어당긴다.

- 물에 띄운 자석의 N극은 항상 (❸)을 가리킨다.
- 나침반 바늘도 (❹)이기 때문에 막대자석의 극과 나침반 바늘 사이에는 끌어당기거나 밀어내는 힘이 작용한다.

2 | 전류와 자기

〉〉〉 초등 6학년 전기의 이용

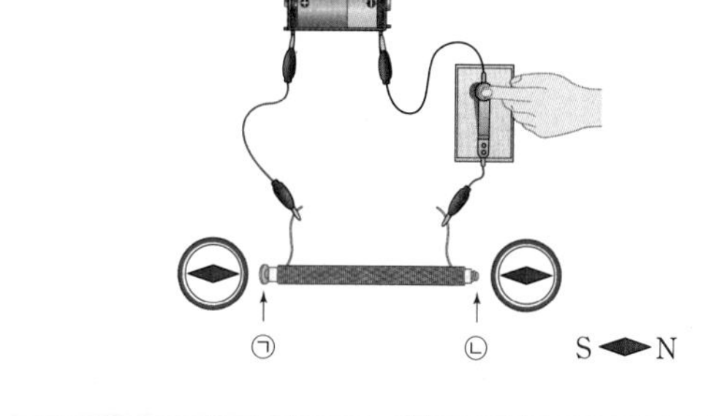

나침반을 전류가 흐르는 직선 전선 주위에 두면 나침반 바늘이 움직이는데, 이는 전류가 흐르는 전선 주위에 (❺)의 성질이 나타나기 때문이다.

철심에 에나멜선을 여러 번 감아 전기 회로에 연결하면 전자석이 된다. 이때 나침반 바늘의 방향이 그림과 같으면 ㉠ 부분은 (❻)이고 ㉡ 부분은 (❼)이다.

3 | 전류의 자기 작용

〉〉〉 중등 2학년 전기와 자기

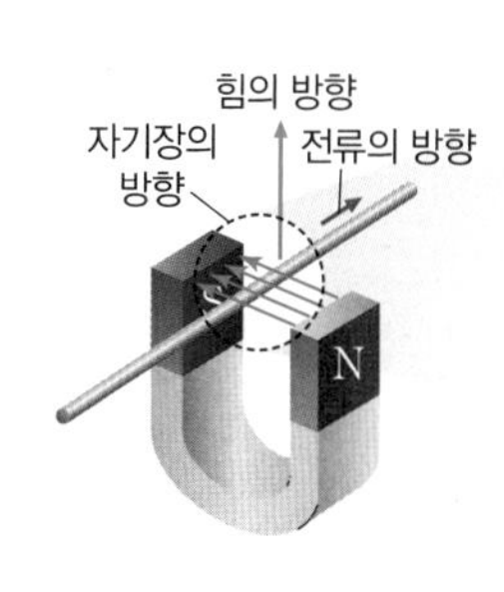

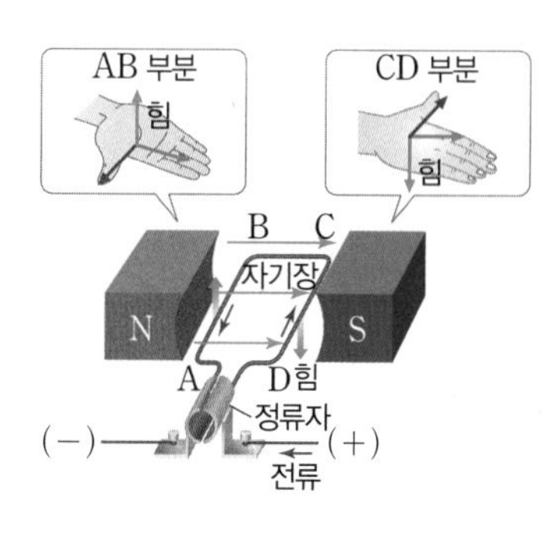

오른손을 펴서 엄지손가락을 전류의 방향, 나머지 네 손가락을 자기장의 방향으로 향할 때 손바닥이 향하는 방향이 도선이 받는 (❽)의 방향이다.

(❾): 자기장 속에서 코일이 받는 힘을 이용하여 코일을 회전시키는 장치로, 코일의 왼쪽 부분과 오른쪽 부분에 흐르는 전류의 방향이 반대이므로 힘의 방향도 반대가 되어 회전한다.

정답 ❶ 같은 ❷ 다른 ❸ 북쪽 ❹ 자석 ❺ 자석 ❻ S극 ❼ N극 ❽ 힘 ❾ 전동기

쉽고 정확하게!

개념 학습

01 역학적 에너지 전환과 보존

Ⓐ 역학적 에너지 전환

1. 역학적 에너지 물체의 위치 에너지와 운동 에너지를 합한 것

역학적 에너지=위치 에너지+운동 에너지

2. 역학적 에너지 *전환 중력을 받아 운동하는 물체는 역학적 에너지의 전환이 일어난다.
➡ 운동하는 물체의 높이가 변할 때 위치 에너지와 운동 에너지가 서로 전환된다.❶❷

[롤러코스터의 운동에서 역학적 에너지 전환]

롤러코스터가 내려가는 구간	롤러코스터가 올라가는 구간

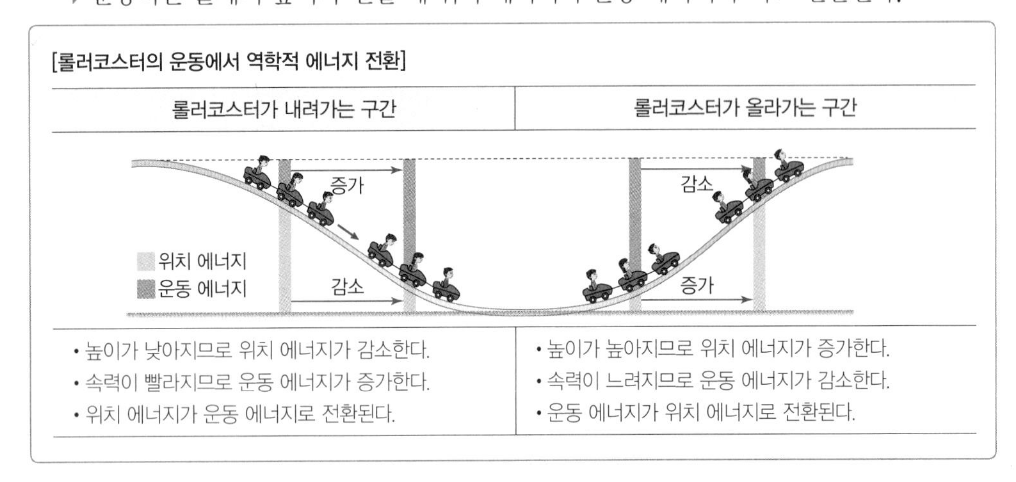

롤러코스터가 내려가는 구간	롤러코스터가 올라가는 구간
• 높이가 낮아지므로 위치 에너지가 감소한다. • 속력이 빨라지므로 운동 에너지가 증가한다. • 위치 에너지가 운동 에너지로 전환된다.	• 높이가 높아지므로 위치 에너지가 증가한다. • 속력이 느려지므로 운동 에너지가 감소한다. • 운동 에너지가 위치 에너지로 전환된다.

Ⓑ 역학적 에너지 보존

1. 역학적 에너지 *보존 법칙 공기 저항이나 마찰이 없을 때 운동하는 물체의 역학적 에너지는 높이에 관계없이 항상 일정하게 보존된다. - 역학적 에너지=위치 에너지+운동 에너지=일정

2. 자유 낙하 하는 물체의 역학적 에너지 보존 탐구 60쪽 Beyond 특강 61쪽

① 자유 낙하 운동을 하는 물체의 역학적 에너지는 항상 일정하다. (자유 낙하 운동: 물체가 중력만을 받아 연직 아래로 떨어지는 운동)

② 물체가 자유 낙하 운동을 하는 동안 감소한 위치 에너지는 증가한 운동 에너지와 같다.

[자유 낙하 하는 물체의 역학적 에너지 보존]❸

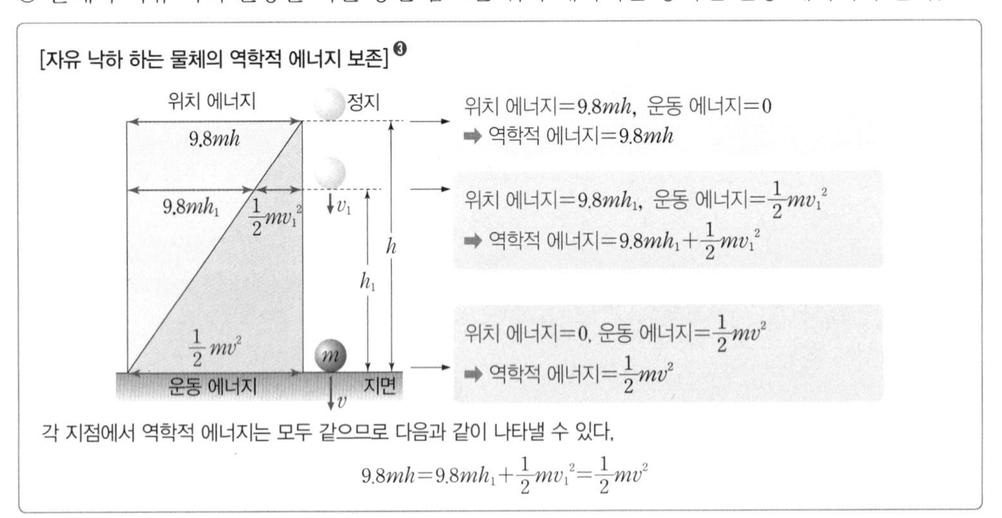

각 지점에서 역학적 에너지는 모두 같으므로 다음과 같이 나타낼 수 있다.

$$9.8mh=9.8mh_1+\frac{1}{2}mv_1^2=\frac{1}{2}mv^2$$

3. 왕복 운동 하는 물체의 역학적 에너지 보존 공기 저항이나 마찰이 없을 때 역학적 에너지는 일정하게 보존된다.❹

위치	A	→	O	→	B
운동 에너지	0	증가	최대	감소	0
위치 에너지	최대	감소	0	증가	최대
역학적 에너지	모든 지점에서 같다.				

O점을 기준면으로 한 경우

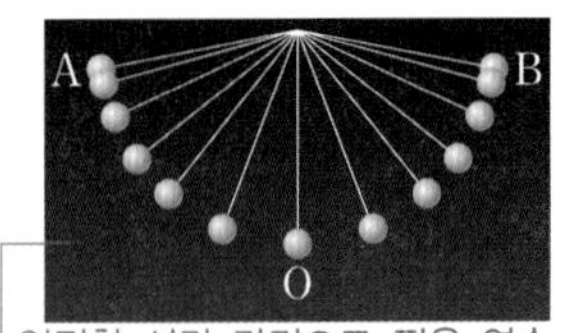

일정한 시간 간격으로 찍은 연속 사진에서 물체 사이의 간격이 넓을수록 속력이 빠르다. ➡ A에서 O로 갈수록 속력이 빨라지고, O에서 B로 갈수록 속력이 느려진다.

개념 더하기

❶ **자유 낙하 하는 물체의 역학적 에너지 전환**
물체의 높이가 낮아지므로 아래로 갈수록 위치 에너지는 감소하고, 속력이 빨라지면서 운동 에너지는 증가한다. 이때 위치 에너지가 운동 에너지로 전환된다.

❷ **위로 던져 올린 물체의 역학적 에너지 전환**
물체의 높이가 높아지므로 위로 갈수록 위치 에너지는 증가하고, 속력이 느려지면서 운동 에너지는 감소한다. 이때 운동 에너지가 위치 에너지로 전환된다.

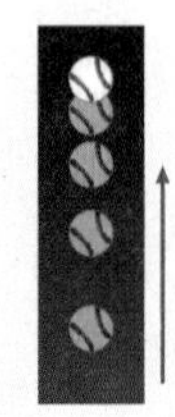

❸ **위로 던져 올린 물체의 역학적 에너지 보존**
공기 저항이나 마찰이 없다면 위로 던져 올린 물체의 역학적 에너지는 일정하게 보존된다.

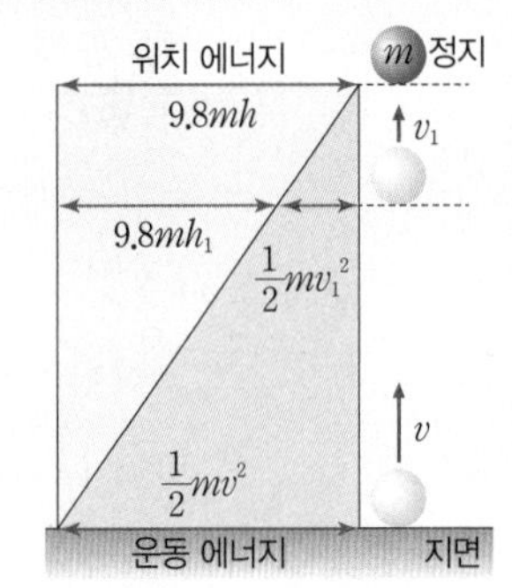

$$\frac{1}{2}mv^2=9.8mh_1+\frac{1}{2}mv_1^2=9.8mh$$

❹ **반원형 그릇 속 물체의 운동**

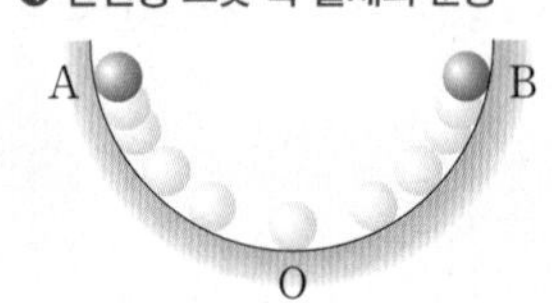

A, B에서 위치 에너지가 최대, 운동 에너지가 0이며, O에서 위치 에너지가 최소, 운동 에너지가 최대이다.

용어 사전
***전환(구를 轉, 바꿀 換)** 다른 방향이나 상태로 바뀌는 것
***보존(지킬 保, 있을 存)** 보호하고 간수해서 남김

핵심 Tip

- **역학적 에너지**: 물체가 가진 위치 에너지와 운동 에너지의 합
- 중력을 받아 운동하는 물체의 위치 에너지와 운동 에너지는 서로 전환된다.
- 자유 낙하 하는 물체의 위치 에너지는 운동 에너지로 전환되고, 위로 던진 물체의 운동 에너지는 위치 에너지로 전환된다.
- **역학적 에너지 보존 법칙**: 공기 저항이나 마찰이 없을 때 물체의 역학적 에너지는 항상 보존된다.
- 자유 낙하 하는 물체의 역학적 에너지 보존: 위치 에너지 감소량과 운동 에너지 증가량은 같다.

암기 Tip Ⓐ-2

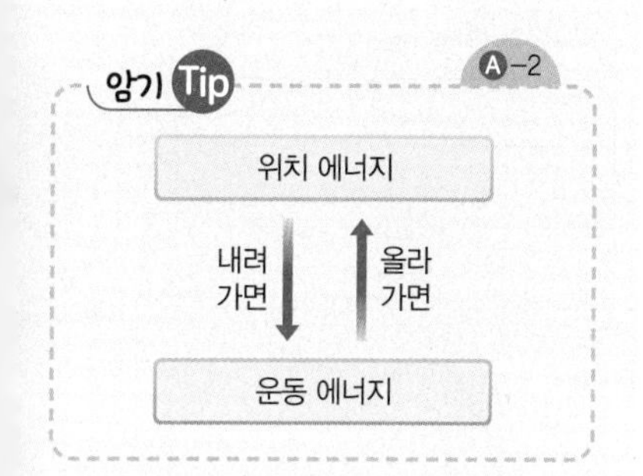

원리 Tip Ⓑ-2

자유 낙하 하는 물체의 역학적 에너지 보존 그래프

자유 낙하 하는 물체는 높이가 점점 낮아지므로 위치 에너지 E_p는 점점 감소한다. 반면 속력은 점점 빨라지므로 운동 에너지 E_k는 점점 증가한다. 이때 감소한 E_p만큼 E_k가 증가하므로 E_p와 E_k의 합인 역학적 에너지 E는 일정하게 보존된다. 이를 그래프로 나타내면 다음 그림과 같다.

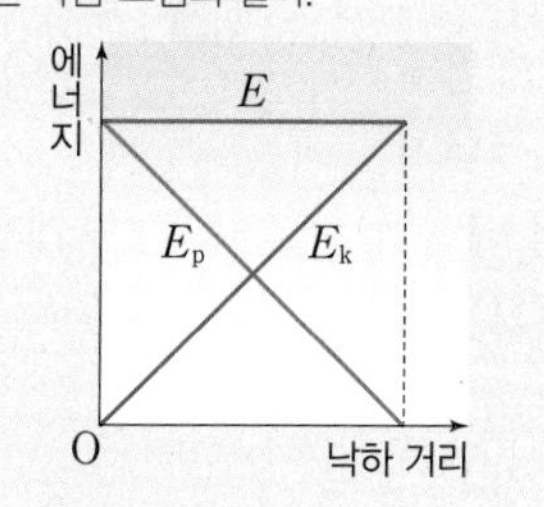

1 그림과 같이 자유 낙하 하는 공의 역학적 에너지 전환에 대한 설명으로 옳은 것은 ○, 옳지 않은 것은 ×로 표시하시오.

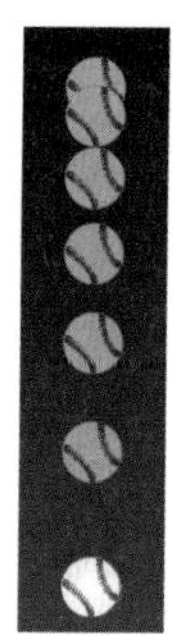

(1) 높이가 낮아지므로 위치 에너지가 감소한다. (　　)

(2) 속력이 빨라지므로 운동 에너지가 증가한다. (　　)

(3) 감소한 운동 에너지가 위치 에너지로 전환된다. (　　)

2 그림은 롤러코스터가 레일을 따라 운동하는 것을 나타낸 것이다. (　　) 안에 알맞은 말을 고르시오.

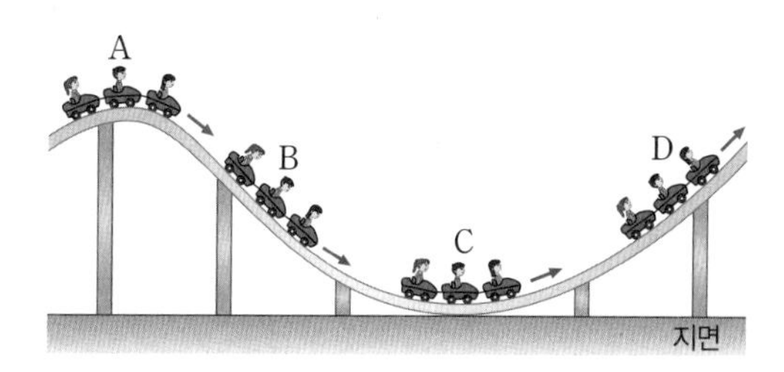

(1) AB 구간에서는 롤러코스터의 ㉠(위치 에너지 , 운동 에너지)가 ㉡(위치 에너지 , 운동 에너지)로 전환된다.

(2) BC 구간에서는 롤러코스터의 ㉠(위치 에너지 , 운동 에너지)가 ㉡(위치 에너지 , 운동 에너지)로 전환된다.

(3) CD 구간에서는 롤러코스터의 ㉠(위치 에너지 , 운동 에너지)가 ㉡(위치 에너지 , 운동 에너지)로 전환된다.

3 그림과 같이 어떤 물체를 A점에 가만히 놓았더니 B점을 거쳐 기준면인 C점으로 떨어졌다. A점에서 물체의 위치 에너지가 100 J이다. (단, 공기 저항과 모든 마찰은 무시한다.)

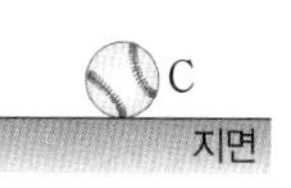

(1) A점에서 물체의 운동 에너지가 몇 J인지 구하시오.

(2) B점에서 물체의 역학적 에너지가 몇 J인지 구하시오.

(3) C점에서 물체의 운동 에너지가 몇 J인지 구하시오.

(4) C점에서 물체의 역학적 에너지가 몇 J인지 구하시오.

4 그림은 실에 매달린 물체가 A와 B 사이에서 왕복 운동하는 모습을 나타낸 것이다. (단, 공기 저항과 모든 마찰은 무시한다.)

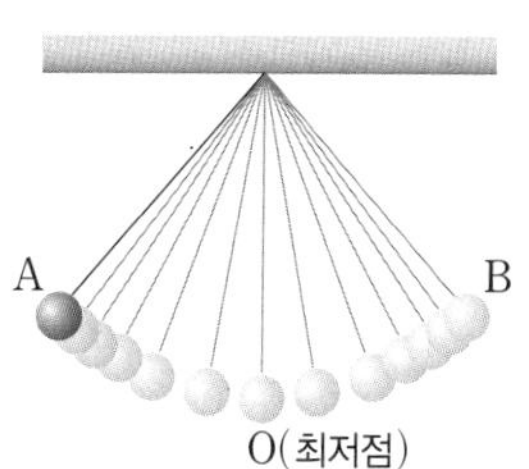

(1) A, O, B 중 위치 에너지가 최대인 지점을 모두 쓰시오.

(2) A, O, B 중 운동 에너지가 최대인 지점을 모두 쓰시오.

(3) A, O, B 중 역학적 에너지가 최대인 지점을 모두 쓰시오.

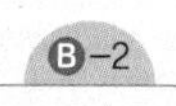

정답과 해설 17쪽

탐구하기 Ⓐ 자유 낙하 하는 물체의 역학적 에너지 알아보기

목표 자유 낙하 운동을 하는 물체의 역학적 에너지에 대해 알아본다.

과정

[유의점]
쇠구슬이 낙하하는 동안 투명 플라스틱 관에 부딪히면 그때의 실험 결과는 무시하고 다시 실험한다.

❶ 전자 저울을 이용하여 쇠구슬의 질량을 측정한다.
❷ 그림과 같이 투명 플라스틱 관과 자를 스탠드에 연직 방향으로 고정한다. 이때 투명 플라스틱 관의 위쪽 끝 O점을 자의 눈금 100 cm에 맞춘다.
❸ 투명 플라스틱 관의 50 cm, 0 cm인 점 A, B에 각각 속력 측정기를 설치하고, 아래에 모래를 넣은 종이컵을 둔다. ⌐ 떨어진 쇠구슬의 충격을 흡수하기 위해 장치하는 것이다.
❹ 투명 플라스틱 관을 통해 쇠구슬을 떨어뜨린 후 각 속력 측정기에 나타난 값을 측정한다.
❺ 과정 ❹를 5회 반복하여 그 평균값을 구하고, 쇠구슬의 역학적 에너지를 구한다.

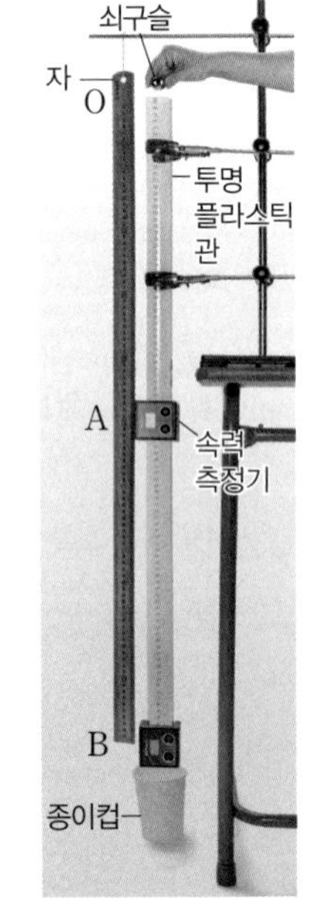

결과

• 쇠구슬의 질량: 16.5 g
• A점과 B점에서 쇠구슬의 속력

구분	쇠구슬의 속력(m/s)					
	1회	2회	3회	4회	5회	평균
A점	3.10	3.17	3.11	3.12	3.13	3.13
B점	4.41	4.45	4.44	4.42	4.43	4.43

• A점과 B점에서 쇠구슬의 역학적 에너지

구분	운동 에너지(J)	위치 에너지(J)	역학적 에너지(J)
O점	0	$9.8\times0.0165\times1\approx0.16$	0.16
A점	$\frac{1}{2}\times0.0165\times(3.13)^2\approx0.08$	$9.8\times0.0165\times0.5\approx0.08$	0.16
B점	$\frac{1}{2}\times0.0165\times(4.43)^2\approx0.16$	0	0.16

➡ 쇠구슬이 낙하하는 동안 감소한 위치 에너지는 증가한 운동 에너지와 같다.
➡ 쇠구슬이 낙하하는 동안 쇠구슬의 역학적 에너지는 일정하게 보존된다.

정리

• 물체가 자유 낙하 하는 동안 물체의 위치 에너지는 (㉠)하고, 운동 에너지는 (㉡)한다.
• 물체가 자유 낙하 하는 동안 위치 에너지와 운동 에너지의 합인 (㉢) 에너지는 ㉣ (증가한다 , 일정하다 , 감소한다).

확인 문제

1 위 실험에 대한 설명으로 옳은 것은 ○, 옳지 않은 것은 ×로 표시하시오.

(1) 쇠구슬이 낙하할 때 위치 에너지가 운동 에너지로 전환된다. ( )
(2) A점에서 쇠구슬의 운동 에너지와 위치 에너지의 비(운동 : 위치)는 1 : 1이다. ( )
(3) B점에서 쇠구슬의 운동 에너지와 위치 에너지의 비(운동 : 위치)는 2 : 1이다. ( )
(4) 쇠구슬의 역학적 에너지는 O점에서 가장 크다. ( )
(5) 낙하 높이를 알면 지면에서 쇠구슬의 운동 에너지를 구할 수 있다. ( )

실전 문제

2 그림과 같이 질량이 1 kg인 쇠구슬을 지면으로부터 15 m 높이에서 가만히 놓아 떨어뜨렸다. 이때 높이에 따른 에너지 중 가장 값이 큰 것은? (단, 공기 저항은 무시한다.)

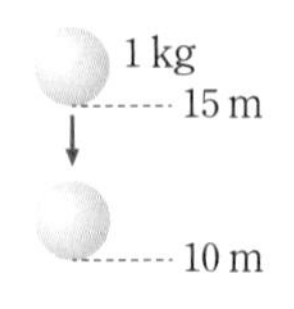

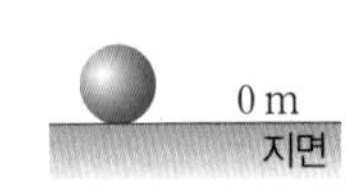

① 15 m 높이에서 운동 에너지
② 10 m 높이를 지날 때 운동 에너지
③ 10 m 높이를 지날 때 위치 에너지
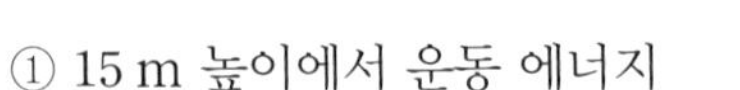
④ 5 m 높이를 지날 때 역학적 에너지
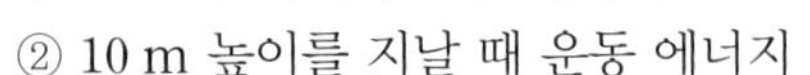
⑤ 지면에 도달하는 순간의 위치 에너지

자유 낙하 쉽게 이해하기

정답과 해설 17쪽

❶ 지면에 닿는 순간 속력 구하기

최고 높이에서의 위치 에너지($9.8mh$)가 지면에서의 운동 에너지$\left(\frac{1}{2}mv^2\right)$와 같으므로 $9.8mh=\frac{1}{2}mv^2$에서 $v^2=2\times9.8\times h$이다.

❷ 높이 H에서 떨어뜨린 물체가 높이 h를 지날 때 운동 에너지 구하기

감소한 위치 에너지($9.8m(H-h)$)가 증가한 운동 에너지(E_k)와 같으므로 $E_k=9.8m(H-h)$이다.

1 그림과 같이 질량이 4 kg인 공을 지면으로부터 2.5 m 높이에서 가만히 놓아 떨어뜨렸다. 지면에 닿는 순간 공의 속력은 몇 m/s인지 구하시오. (단, 공기 저항은 무시한다.)

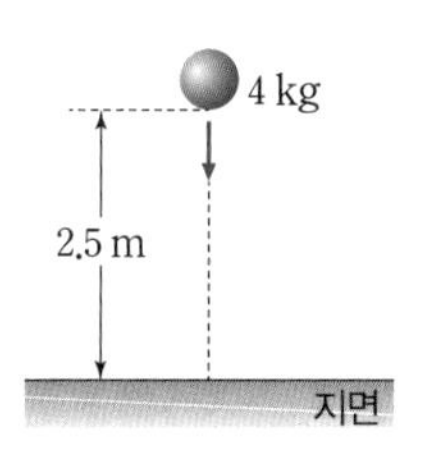

2 그림과 같이 지면으로부터 높이가 10 m인 건물 옥상에서 질량이 4 kg인 물체를 가만히 놓아 떨어뜨렸다. 이 물체가 지면에 닿는 순간의 속력은 몇 m/s인지 구하시오. (단, 공기 저항은 무시한다.)

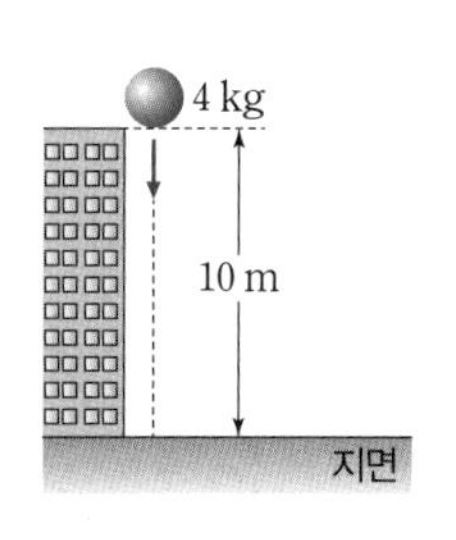

3 그림과 같이 지면으로부터 10 m 높이인 곳에서 질량이 5 kg인 물체를 가만히 놓아 떨어뜨렸다. 이 물체가 지면으로부터 4 m 높이를 지날 때의 운동 에너지는 몇 J인지 구하시오. (단, 공기 저항은 무시한다.)

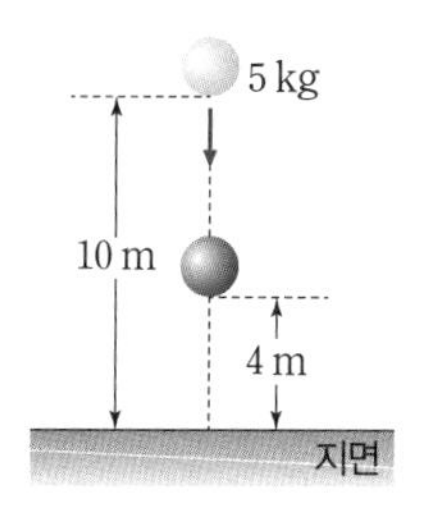

4 그림은 A 지점에 정지해 있던 질량이 5 kg인 물체를 가만히 놓아 떨어뜨렸을 때 A 지점으로부터 5 m 아래의 B 지점을 통과하는 모습을 나타낸 것이다. B 지점을 지나는 순간 물체의 운동 에너지는 몇 J인지 구하시오. (단, 공기 저항은 무시한다.)

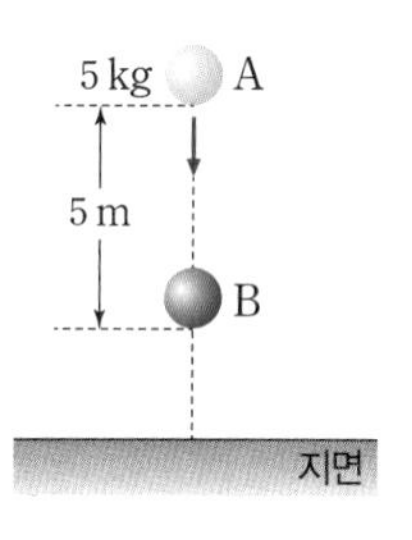

❸ 높이 H에서 떨어뜨린 물체가 높이 h를 지날 때 운동 에너지와 위치 에너지의 비 구하기

높이 h에서 운동 에너지가 $E_k=9.8m(H-h)$이고 위치 에너지가 $E_p=9.8mh$이므로 $E_k : E_p=(H-h) : h$이다.

❹ 높이 H에서 떨어뜨린 물체의 운동 에너지가 위치 에너지의 x배가 되는 순간의 높이 h 구하기

높이 h에서 운동 에너지가 $E_k=9.8m(H-h)$이고 위치 에너지가 $E_p=9.8mh$이므로 $E_k : E_p=x : 1=(H-h) : h$이다.

5 그림과 같이 질량이 1 kg인 물체를 지면으로부터 12 m 높이에서 가만히 놓아 떨어뜨렸다. 물체가 지면으로부터 4 m 높이를 통과하는 순간 물체의 운동 에너지와 위치 에너지의 비(운동 : 위치)를 구하시오. (단, 공기 저항은 무시한다.)

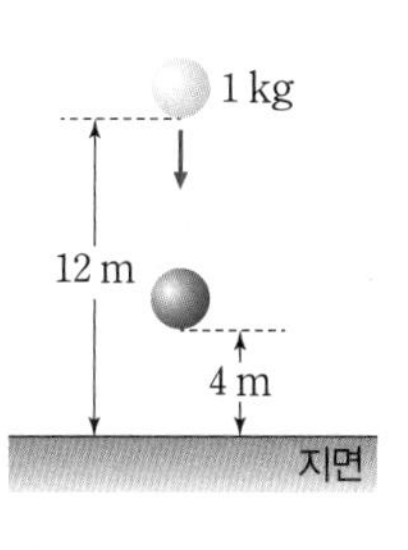

6 그림과 같이 높이가 15 m인 A점에서 질량이 5 kg인 공을 가만히 놓아 떨어뜨렸다. 공이 높이가 5 m인 B점을 지나는 순간 운동 에너지는 위치 에너지의 몇 배인지 구하시오. (단, 공기 저항은 무시한다.)

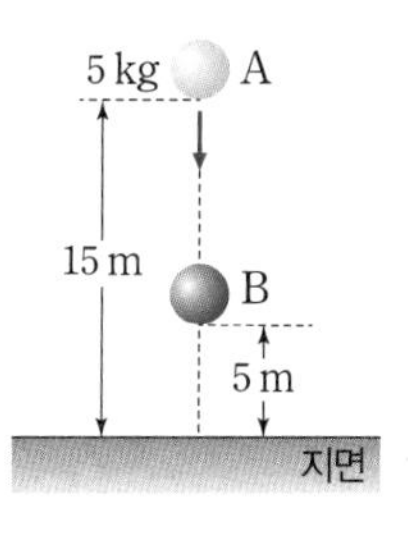

7 그림과 같이 지면으로부터 높이가 20 m인 지점에 정지해 있던 물체가 낙하하였다. 이 물체가 낙하하는 동안 운동 에너지가 위치 에너지의 4배가 되는 지점의 지면으로부터의 높이 h는 몇 m인지 구하시오. (단, 공기 저항은 무시한다.)

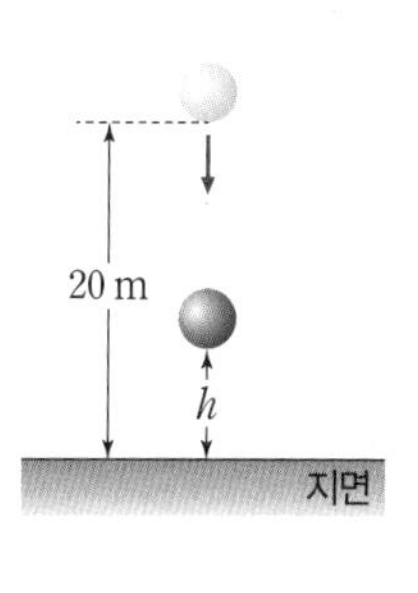

8 질량이 8 kg인 물체를 지면으로부터 30 m 높이에서 가만히 놓았다. 물체의 운동 에너지와 위치 에너지의 비(운동 : 위치)가 1 : 2인 곳의 지면으로부터 높이는 몇 m인지 구하시오. (단, 공기 저항은 무시한다.)

A 역학적 에너지 전환

01 위치 에너지와 운동 에너지 사이에 전환이 일어나지 않는 경우는?

① 공이 자유 낙하 한다.
② 다이빙 선수가 다이빙을 한다.
③ 위로 던진 공이 올라가고 있다.
④ 쇠구슬이 빗면을 따라 올라가고 있다.
⑤ 수평면에서 장난감 자동차가 일정한 속력으로 운동한다.

중요

02 그림은 야구공을 잡고 있다가 가만히 놓아 떨어뜨린 모습을 나타낸 것이다. 야구공이 A 지점에서 B 지점으로 떨어지는 동안 역학적 에너지의 변화에 대한 설명으로 옳은 것을 〈보기〉에서 모두 고른 것은? (단, 야구공은 기준면에 도달하지 않았다.)

보기
ㄱ. 위치 에너지가 감소한다.
ㄴ. 운동 에너지가 증가한다.
ㄷ. 운동 에너지가 위치 에너지로 전환된다.
ㄹ. 위치 에너지가 전부 운동 에너지로 전환된다.

① ㄱ, ㄴ ② ㄱ, ㄹ ③ ㄷ, ㄹ
④ ㄱ, ㄴ, ㄷ ⑤ ㄴ, ㄷ, ㄹ

03 그림은 위로 던져 올린 물체의 운동 모습을 나타낸 것이다. 물체가 위로 올라가는 동안 운동 에너지와 위치 에너지의 변화를 옳게 짝 지은 것은?

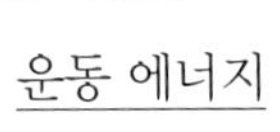

	운동 에너지	위치 에너지
①	일정하다.	일정하다.
②	일정하다.	점점 감소한다.
③	점점 감소한다.	일정하다.
④	점점 감소한다.	점점 증가한다.
⑤	점점 증가한다.	점점 감소한다.

04 그림은 하프파이프에서 운동하는 스케이트보드 선수의 모습을 나타낸 것이다.

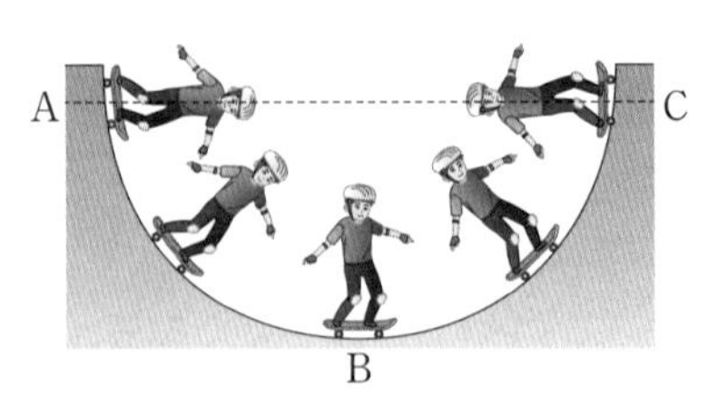

스케이트보드 선수가 운동하는 동안 운동 에너지가 위치 에너지로 전환되는 구간을 〈보기〉에서 모두 고른 것은? (단, 공기 저항과 모든 마찰은 무시한다.)

보기
ㄱ. A → B 구간 ㄴ. B → A 구간
ㄷ. B → C 구간 ㄹ. C → B 구간

① ㄱ, ㄴ ② ㄱ, ㄷ ③ ㄴ, ㄷ
④ ㄴ, ㄹ ⑤ ㄷ, ㄹ

[05~06] 그림은 롤러코스터가 레일을 따라 운동하는 모습을 나타낸 것이다. (단, D점과 E점의 높이는 같고, 공기 저항과 모든 마찰은 무시한다.)

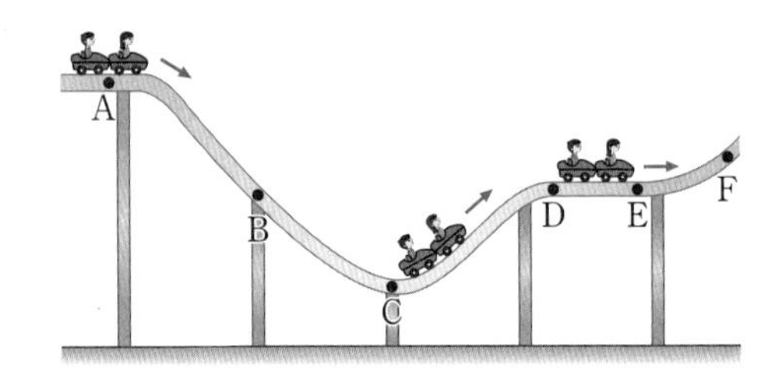

중요

05 위치 에너지가 운동 에너지로 전환되는 구간을 모두 고르면? (2개)

① A → B 구간 ② B → C 구간
③ C → D 구간 ④ D → E 구간
⑤ E → F 구간

06 역학적 에너지 전환이 일어나지 않는 구간은?

① A → B 구간 ② B → C 구간
③ C → D 구간 ④ D → E 구간
⑤ E → F 구간

B 역학적 에너지 보존

07 그림은 질량이 1 kg인 물체를 A 지점에서 가만히 놓아 낙하시키는 모습을 나타낸 것이다. 같은 값을 갖는 것을 〈보기〉에서 모두 고른 것은? (단, 공기 저항은 무시한다.)

1 kg A
B
C
D
E
지면

보기
ㄱ. A 지점에서 위치 에너지
ㄴ. B 지점에서 위치 에너지
ㄷ. C 지점에서 운동 에너지
ㄹ. D 지점에서 역학적 에너지
ㅁ. E 지점에서 운동 에너지

① ㄱ, ㄷ ② ㄱ, ㅁ ③ ㄷ, ㄹ
④ ㄱ, ㄹ, ㅁ ⑤ ㄴ, ㄷ, ㄹ

[08~10] 표는 질량이 5 kg인 물체를 A 지점에서 가만히 놓아 떨어뜨렸을 때 낙하하는 각 지점에서 물체의 위치 에너지와 운동 에너지를 나타낸 것이다. (단, 공기 저항은 무시한다.)

지점	A	B	C
위치 에너지(J)	196	98	0
운동 에너지(J)	0	98	㉠

중요 【주관식】 탐구 60쪽

08 위 표의 ㉠에 알맞은 값을 쓰시오.

【주관식】

09 A 지점의 높이는 몇 m인지 구하시오.

【주관식】

10 B 지점의 높이는 몇 m인지 구하시오.

중요

11 그림과 같이 질량이 2 kg인 물체를 A 지점에서 가만히 놓아 떨어뜨렸다. 물체가 B 지점을 통과하는 순간의 운동 에너지가 98 J이었다. A 지점과 B 지점의 높이 차는? (단, 공기 저항은 무시한다.)

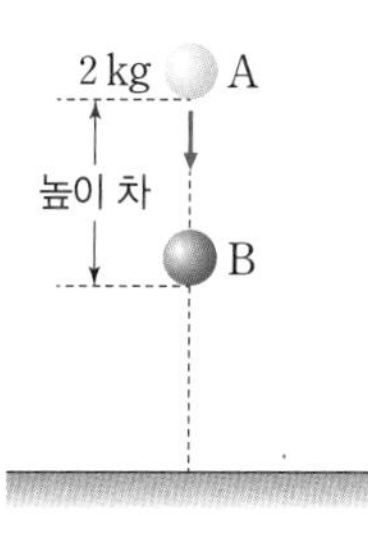

① 5 m ② 10 m ③ 12 m
④ 15 m ⑤ 20 m

12 그림과 같이 야구공을 위로 던져 올렸다. 야구공이 위로 올라가는 동안 야구공의 역학적 에너지에 대한 설명으로 옳지 않은 것은? (단, 공기 저항은 무시한다.)

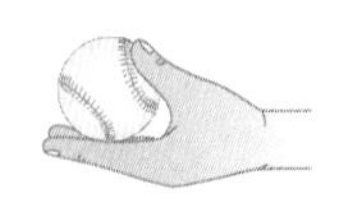

① 운동 에너지가 위치 에너지로 전환된다.
② 가장 높이 올라간 지점에서 역학적 에너지가 가장 작다.
③ 위치 에너지가 증가한 만큼 운동 에너지가 감소한다.
④ 가장 높은 지점에 도달한 순간 운동 에너지는 0이 된다.
⑤ 위치 에너지는 야구공이 올라간 거리에 비례하여 증가한다.

중요

13 그림과 같이 질량이 2 kg인 물체를 지면에서 7 m/s의 속력으로 위로 던져 올렸다. 이 물체가 올라가는 최고 높이 h는? (단, 공기 저항은 무시한다.)

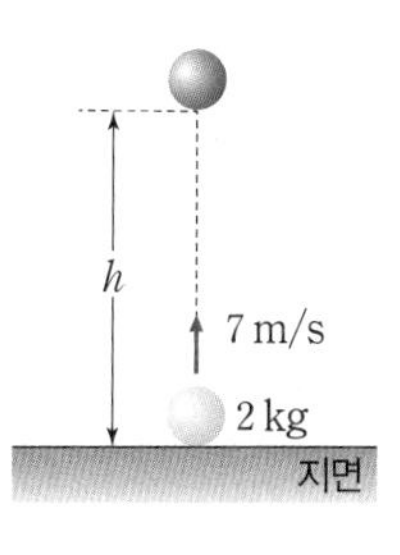

① 2.5 m ② 5 m
③ 12.5 m ④ 15 m
⑤ 18 m

【주관식】

14 지면으로부터 높이가 10 m인 지점에서 공을 가만히 놓아 떨어뜨렸다. 공이 지면으로부터 높이가 6 m인 지점을 지나는 순간 운동 에너지와 위치 에너지의 비(운동 : 위치)를 구하시오. (단, 공기 저항은 무시한다.)

15 그림과 같이 질량이 2 kg인 물체를 지면으로부터 높이 h인 곳에서 가만히 놓아 떨어뜨렸다.

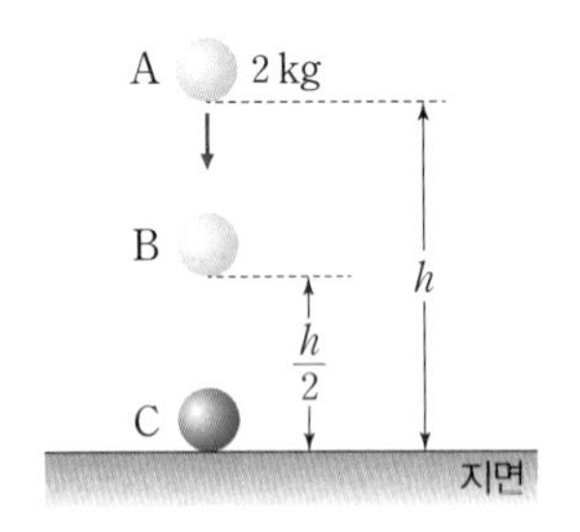

이 물체의 운동에 대한 설명으로 옳지 않은 것은? (단, 공기 저항은 무시한다.)

① A점에서 위치 에너지는 C점에서 운동 에너지와 같다.
② A점에서 역학적 에너지는 B점에서 역학적 에너지와 같다.
③ B점에서 운동 에너지와 위치 에너지의 비(운동 : 위치)는 2 : 1이다.
④ C점에서의 속력이 가장 빠르다.
⑤ C점에서 운동 에너지는 B점에서 운동 에너지의 2배이다.

중요

16 그림은 쇠구슬이 레일 위에서 운동하는 모습을 나타낸 것이다. 쇠구슬은 A, B, C, D점을 지나 E점에서 멈추었다.

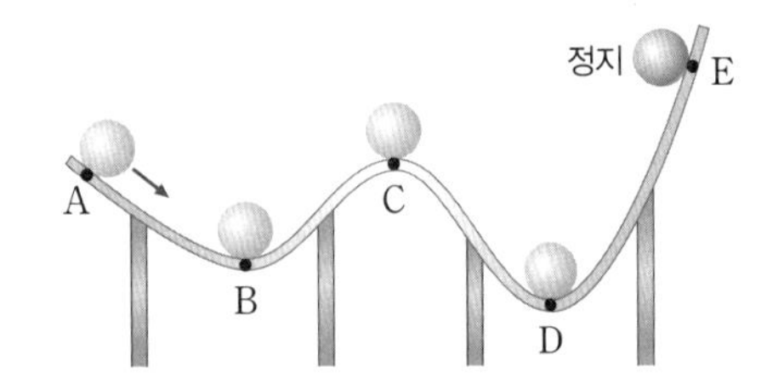

쇠구슬이 운동하는 동안 역학적 에너지에 대한 설명으로 옳은 것을 〈보기〉에서 모두 고른 것은? (단, 공기 저항과 모든 마찰은 무시한다.)

보기
ㄱ. A점에서 역학적 에너지는 운동 에너지와 같다.
ㄴ. B점에서와 C점에서의 역학적 에너지는 같다.
ㄷ. D점에서 역학적 에너지가 가장 작다.
ㄹ. E점에 역학적 에너지는 위치 에너지와 같다.

① ㄱ, ㄷ ② ㄱ, ㄹ ③ ㄴ, ㄹ
④ ㄱ, ㄴ, ㄷ ⑤ ㄴ, ㄷ, ㄹ

중요

17 그림과 같이 질량이 4 kg인 공을 지면에서 10 m/s의 속력으로 위로 던졌다. 이 공이 지면으로부터 5 m 높이를 지나는 순간 공의 운동 에너지는? (단, 공기 저항은 무시한다.)

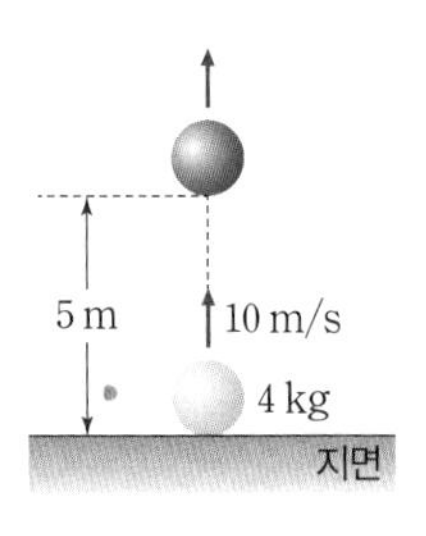

① 2 J ② 4 J ③ 6 J
④ 8 J ⑤ 10J

18 그림은 곡면의 한 점 A에서 C까지 운동하는 구슬의 모습을 나타낸 것이다. 구슬이 A에서 C까지 운동하는 동안 역학적 에너지 변화를 옳게 나타낸 것은? (단, 공기 저항과 모든 마찰은 무시한다.)

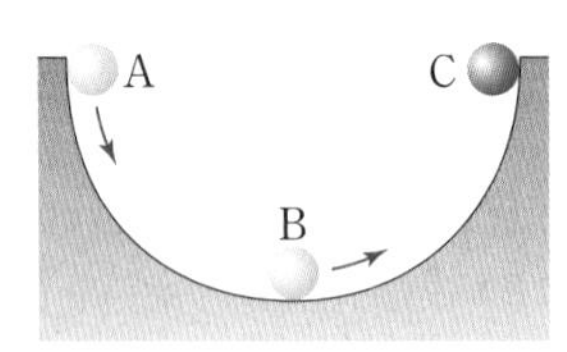

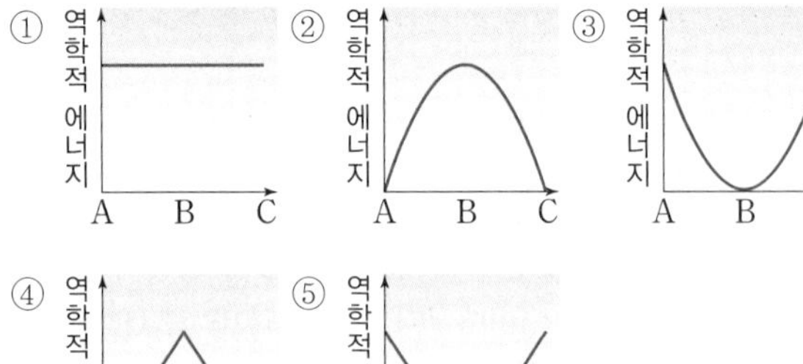

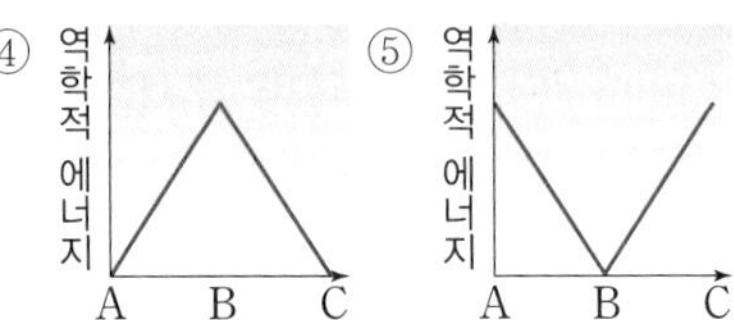

중요 [주관식]

19 그림과 같이 롤러코스터가 지면으로부터 5 m 높이의 레일 위를 9.8 m/s의 속력으로 운동하고 있다.

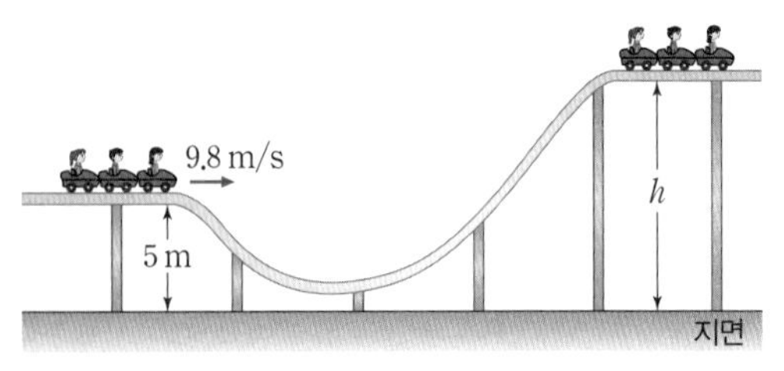

이 롤러코스터가 올라갈 수 있는 최대 높이 h는 몇 m인지 구하시오. (단, 공기 저항과 모든 마찰은 무시한다.)

서술형 문제

정답과 해설 19쪽

단어 제시형

1 그림은 롤러코스터가 레일을 따라 운동하는 모습을 나타낸 것이다. 롤러코스터가 A에서 B로 운동할 때 에너지의 변화를 다음 단어를 모두 포함하여 서술하시오.

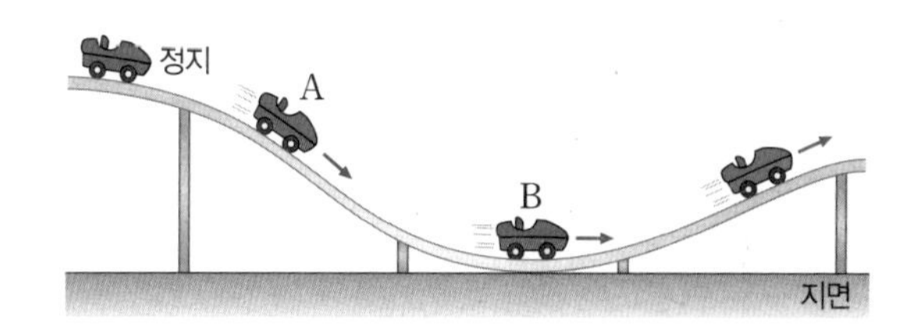

높이, 속력, 위치 에너지, 운동 에너지

서술형

2 그림과 같이 반원형 곡면 위의 A점과 B점 사이를 질량이 4 kg인 물체가 운동하고 있다. 이 물체가 운동하는 동안 낼 수 있는 최대 속력을 풀이 과정과 함께 구하시오. (단, 공기 저항과 모든 마찰은 무시한다.)

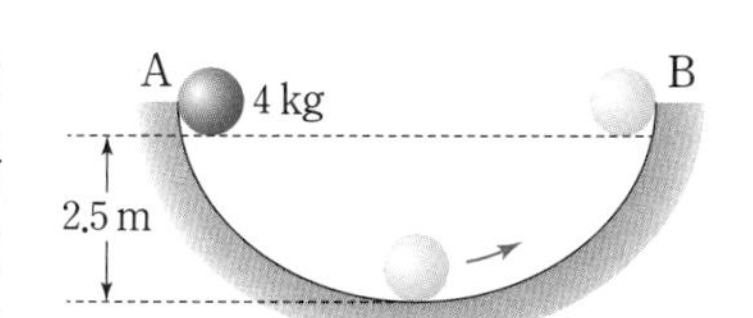

서술형

3 그림은 자유 낙하 하는 물체의 에너지를 나타낸 것이다. A, B, C에 해당하는 에너지의 종류를 쓰고, 그렇게 생각한 까닭을 서술하시오.

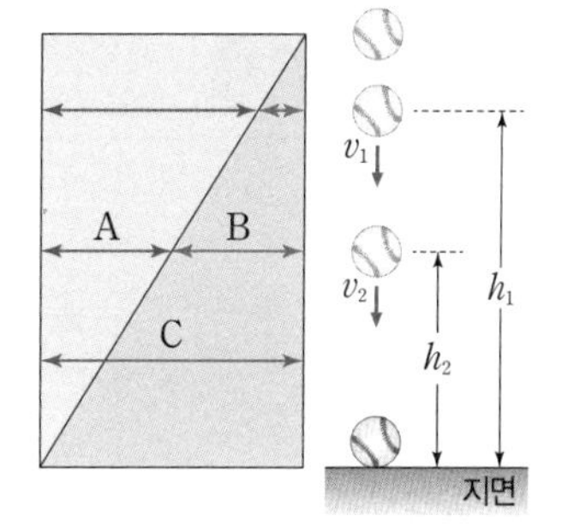

단계별 서술형

4 그림과 같이 같은 높이에서 공 A는 v의 속력으로 아래로 던지고, 공 B는 v의 속력으로 위로 던져 올렸다. (단, A, B는 동일한 공이고, 공기 저항은 무시한다.)

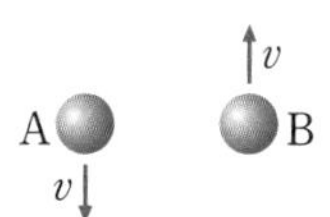

(1) 이 순간 A, B의 역학적 에너지를 비교하고, 그 까닭을 서술하시오.

(2) A, B가 지면에 닿는 순간 속력을 비교하고, 그 까닭을 서술하시오.

서술형 Tip

1 A에서 B로 내려갈 때 높이 변화와 속력 변화를 생각한다.

Plus 문제 1-1

A에서 B로 갈 때 롤러코스터의 역학적 에너지 전환을 서술하시오.

2 최고점에서의 위치 에너지가 모두 운동 에너지로 전환될 때 물체의 속력이 가장 빠르게 된다는 것을 떠올린다.
→ 필수 용어: 역학적 에너지 보존, 운동 에너지, 위치 에너지

3 위치 에너지와 운동 에너지의 합이 역학적 에너지임을 떠올린다.
→ 필수 용어: 위치 에너지, 운동 에너지, 역학적 에너지

4 (1) 역학적 에너지가 위치 에너지와 운동 에너지의 합임을 생각한다.
(2) 역학적 에너지가 보존됨을 생각한다.
→ 필수 용어: 높이, 속력, 보존

쉽고 정확하게! 개념 학습

02 전기 에너지의 발생과 전환

Ⓐ 전기 에너지의 발생 탐구 70쪽

1. 전자기 *유도 코일 주위에서 자석을 움직이거나 자석 주위에서 코일을 움직이면 코일을 통과하는 자기장이 변하여 코일에 전류가 흐르는 현상❶

2. 유도 전류 전자기 유도에 의해 흐르는 전류

① **유도 전류의 세기**: 자석이나 코일이 움직이는 속력이 빠를수록, 코일의 감은 수가 많을수록, 강한 자석을 움직일수록 유도 전류의 세기가 세다. ➡ 코일을 지나는 자기장의 변화가 클수록 센 전류가 흐른다. – 유도 전류의 세기가 셀수록 검류계 바늘이 많이 회전한다.

② **유도 전류의 방향**: 코일에 자석을 가까이 할 때와 멀리 할 때 서로 반대 방향으로 흐른다.

[유도 전류의 방향]

코일에 자석을 가까이 할 때와 멀리 할 때 코일에 흐르는 유도 전류의 방향은 반대이다.

– 자석에 코일을 가까이 할 때와 멀리 할 때 코일에 흐르는 유도 전류의 방향은 반대이다.

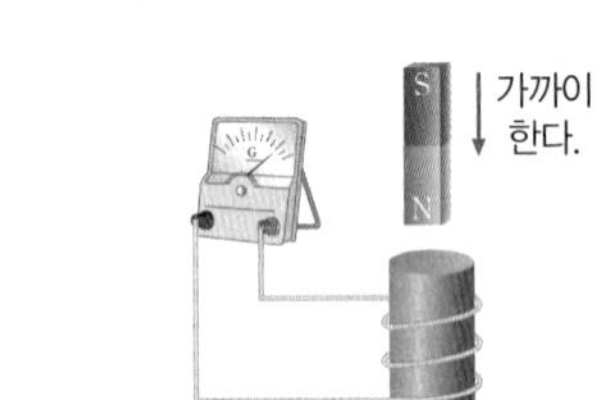

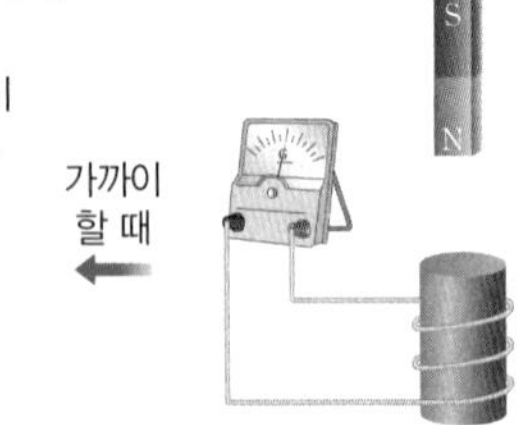

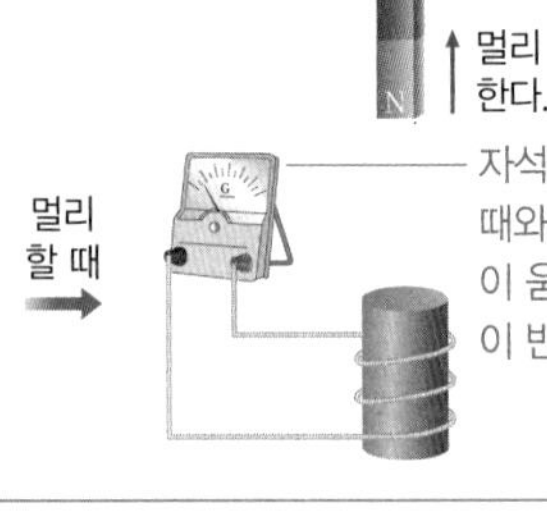

3. 전자기 유도의 이용❸

① ***발전기**: 영구 자석 사이에 놓인 코일이 회전하면 전자기 유도에 의해 코일에 유도 전류가 흐르게 된다. ➡ 역학적 에너지가 전기 에너지로 전환된다.

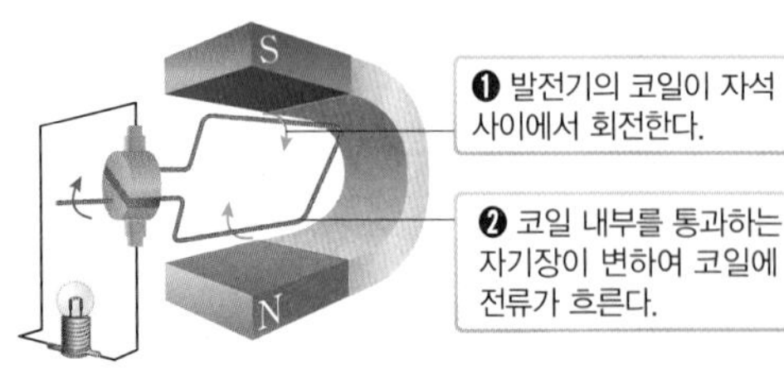

▲ 발전기의 구조와 원리

▲ 발전기에서 에너지 전환❹

② 여러 가지 발전소

구분	발전 원리	에너지 전환
수력 발전소	댐에 있는 물을 흘려보내 터빈을 돌려 발전기에서 전기를 생산한다.	물의 위치 에너지 → 물의 운동 에너지 → 발전기의 역학적 에너지 → 전기 에너지
화력 발전소	연료를 태워 물을 가열하여 생긴 수증기로 터빈을 돌려 발전기에서 전기를 생산한다.	연료의 화학 에너지 → 수증기의 역학적 에너지 → 발전기의 역학적 에너지 → 전기 에너지
풍력 발전소	바람의 힘으로 터빈을 돌려 발전기에서 전기를 생산한다.	바람의 역학적 에너지 → 발전기의 역학적 에너지 → 전기 에너지

4. 전기 에너지의 전환 전류가 흐를 때 공급되는 에너지를 전기 에너지라고 하며, 전기 에너지는 다른 형태의 에너지로 쉽게 전환되기 때문에 우리 생활에 많이 이용된다.❺❻

개념 더하기

❶ 전자기 유도의 원인
자기장 속에서 코일을 움직이면 코일 속에 있는 전자들이 자기장에 의해 힘을 받아 움직이므로 코일에 전류가 흐르게 된다.

❷ 유도 전류가 발생하지 않는 경우
자석을 코일 속에 넣은 채로 가만히 있으면 자기장의 변화가 없으므로 유도 전류가 흐르지 않는다.

❸ 전자기 유도의 이용
발전기, 금속 탐지기, 도난 방지 장치, 교통 카드 판독기, 고속도로 통행로 지불 단말기(하이패스), 마이크, 전자 기타 등

❹ 발전기와 전동기에서의 에너지 전환 비교
- 발전기: 역학적 에너지를 전기 에너지로 전환한다.
- 전동기: 전기 에너지를 역학적 에너지로 전환한다.

❺ 전기 에너지의 장점
- 전선을 이용하여 비교적 쉽게 먼 곳까지 전달할 수 있다.
- 전지에 저장하여 필요할 때 사용할 수 있다.
- 전기 기구를 통해 다른 에너지로 쉽게 전환하여 사용할 수 있다.

❻ 전기 에너지의 전환
- 선풍기, 세탁기, 믹서 등: 전기 에너지 → 운동 에너지
- 전기다리미, 전기밥솥, 전기난로 등: 전기 에너지 → 열에너지
- 전등, 텔레비전, 컴퓨터 모니터 등: 전기 에너지 → 빛에너지
- 스피커, 스마트폰, 텔레비전 등: 전기 에너지 → 소리 에너지
- 배터리 충전: 전기 에너지 → 화학 에너지

용어 사전

***유도(꾈 誘, 이끌 導)**
의도하는 방향으로 이끄는 것

***발전기(쏠 發, 번개 電, 틀 機)**
코일이 자기장 내에서 운동할 때 전기가 발생하는 것을 이용하여 기계적 에너지를 전기적 에너지로 변환하는 장치를 통틀어 이르는 말

정답과 해설 19쪽 ⟫

핵심 Tip

- **전자기 유도**: 코일 주위에서 자석을 움직이거나 자석 주위에서 코일을 움직이면 코일을 통과하는 자기장이 변하여 코일에 전류가 흐르는 현상
- **유도 전류**: 전자기 유도에 의해 흐르는 전류
- **발전기**: 전자기 유도를 이용하여 전기를 만드는 장치
- 전기 에너지는 다른 형태의 에너지로 쉽게 전환하여 사용할 수 있어 우리 생활에 많이 이용된다.

1 ㉠, ㉡에 알맞은 말을 쓰시오.

> 코일 주위에서 자기장이 변하면 코일에 전류가 흐르게 되는데, 이와 같은 현상을 (㉠　　　　)라고 하며, 이때 흐르는 전류를 (㉡　　　　)라고 한다.

2 코일에 전류가 흐르는 경우는 ○, 흐르지 않는 경우는 ×로 표시하시오.

(1) 자석의 N극을 코일에 가까이 할 때 (　　)
(2) 자석의 S극을 코일에 가까이 할 때 (　　)
(3) 자석의 S극을 코일에서 멀리 할 때 (　　)
(4) 강한 자석을 코일 속에 넣고 정지해 있을 때 (　　)
(5) 코일을 가만히 놓여 있는 자석에 가까이 할 때 (　　)

암기 Tip Ⓐ-1

- 자석이나 코일이 움직이면 → 유도 전류가 흐른다.
- 자석과 코일이 움직이지 않으면 → 유도 전류가 흐르지 않는다.

3 전자기 유도에 대한 설명이다. (　　) 안에 알맞은 말을 고르시오.

(1) 전자기 유도에 의해 흐르는 유도 전류의 세기는 자석이나 코일이 움직이는 속력이 ㉠ (빠를 , 느릴)수록, 코일의 감은 수가 ㉡ (적을 , 많을)수록, 자석의 세기가 ㉢ (약할 , 강할)수록 세다.
(2) 전자기 유도에 의해 흐르는 유도 전류는 자석을 가까이 할 때와 멀리 할 때 서로 (반대 , 같은) 방향으로 흐른다.

4 다음은 발전기의 구조와 원리에 대한 설명이다. ㉠, ㉡에 알맞은 말을 쓰시오.

> 발전기는 영구 자석과 코일로 이루어져 있다. 영구 자석 사이에서 코일이 회전하면 (㉠　　　　)에 의해 코일에 유도 전류가 흐르는 원리를 이용하여 역학적 에너지를 (㉡　　　　) 에너지로 바꾸는 장치이다.

원리 Tip Ⓐ-3

발전소에서의 발전기
자석에 연결된 터빈이 회전하면 코일에는 전자기 유도에 의해 전류가 흐르므로 전기 에너지가 생산된다. 발전소의 구조에 따라 코일 대신 자석이 회전하기도 한다.

5 다음은 전기 기구에서 일어나는 에너지 전환을 나타낸 것이다. 빈칸에 알맞은 말을 쓰시오.

(1) 형광등: 전기 에너지 → (　　　) 에너지
(2) 선풍기: 전기 에너지 → (　　　) 에너지
(3) 전기밥솥: 전기 에너지 → (　　　) 에너지
(4) 배터리 충전: 전기 에너지 → (　　　) 에너지

쉽고 정확하게!

개념 학습

02 전기 에너지의 발생과 전환

Ⓑ 소비 전력

1. 소비 전력 1초 동안 전기 기구가 소비하는 전기 에너지의 양

① 단위: W(와트), kW(킬로와트) 등

• 1 W: 1초 동안 1 J의 전기 에너지를 사용할 때의 전력 – 1 kW=1000 W

② 소비 전력은 전기 에너지를 사용한 시간으로 나누어 구한다.

$$\text{소비 전력(W)}=\frac{\text{전기 에너지(J)}}{\text{시간(s)}}$$

③ 전기 기구의 정격 소비 전력: *정격 전압을 연결했을 때 단위 시간 동안 전기 기구가 사용하는 전기 에너지❶

2. 전력량 전기 기구가 일정 시간 동안 사용한 전기 에너지의 양

① 단위: Wh(와트시), kWh(킬로와트시) 등

• 1 Wh: 소비 전력이 1 W인 전기 기구를 1시간 동안 사용했을 때의 전력량

② 전력량은 전기 기구의 소비 전력과 사용한 시간을 곱하여 구한다.

$$\text{전력량(Wh)}=\text{소비 전력(W)}\times\text{시간(h)}$$

③ 에너지의 효율적인 이용

• 에너지 소비 효율 등급 표시제: 전기 기구가 에너지를 효율적으로 이용하는 정도를 1등급에서 5등급으로 구분하여 표시한다. ➡ 1등급으로 갈수록 전기 에너지를 효율적으로 이용하는 전기 기구이다.

• 에너지 절약 표시: 에너지 효율이 뛰어나거나 대기 전력이 작은 가전 제품에 표시한다.

Ⓒ 에너지 전환과 보존

1. 에너지 전환 에너지는 한 형태에서 다른 형태로 전환된다.❷

예	에너지 전환	예	에너지 전환
자동차	화학 에너지 → 운동 에너지	전동기	전기 에너지 → 역학적 에너지
광합성	빛에너지 → 화학 에너지	형광등	전기 에너지 → 빛에너지
*전지	화학 에너지 → 전기 에너지	화력 발전	화학 에너지 → 전기 에너지
불꽃놀이	화학 에너지 → 빛에너지	풍력 발전	역학적 에너지 → 전기 에너지

2. 에너지 보존 법칙 에너지는 전환 과정에서 새로 생기거나 없어지지 않고, 그 총량은 일정하게 보존된다.❸

[자동차에서의 에너지 전환과 보존]

자동차에 공급된 화학 에너지는 여러 가지 에너지로 전환된다. 이때 전환된 모든 에너지의 총량은 일정하게 보존된다.

➡ 화학 에너지=열에너지+전기 에너지(빛에너지+소리 에너지)+역학적 에너지

자동차는 연료를 이용하여 주행한다. ➡ 화학 에너지 → 역학적 에너지

연료의 화학 에너지의 일부는 열에너지, 전기 에너지 등으로 전환된다.

개념 더하기

❶ **정격 소비 전력**
정격 전압을 연결했을 때 전기 기구가 소비하는 전기 에너지의 양이다. 전기 기구에 쓰여 있는 소비 전력은 정격 소비 전력이다.
예 220 V–1200 W로 표시되어 있으면 220 V의 전원에 연결했을 때 1초에 1200 J의 전기 에너지를 사용한다는 의미이다.

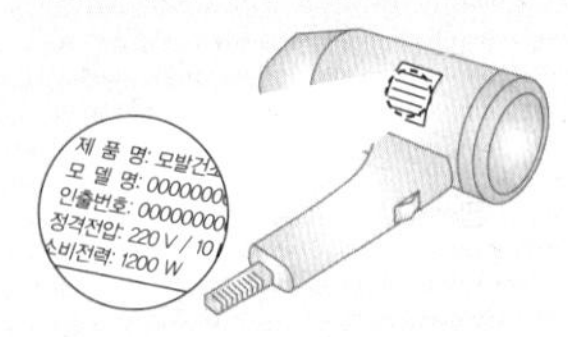

❷ **스마트폰의 사용 용도에 따른 전기 에너지 전환**
• 음악 감상: 전기 에너지 → 소리 에너지
• 화면의 표시: 전기 에너지 → 빛에너지
• 문자 전송: 전기 에너지 → 파동 에너지
• 통화: 전기 에너지 → 파동 에너지+소리 에너지
• 진동 알림: 전기 에너지 → 역학적 에너지
• 내비게이션 이용: 전기 에너지 → 빛에너지+소리 에너지+파동 에너지
• 배터리 충전: 전기 에너지 → 화학 에너지

❸ **에너지를 절약해야 하는 까닭**
에너지의 총량은 보존되지만 에너지 전환 과정에서 일부는 다시 사용할 수 없는 열에너지, 소리 에너지 등의 형태로 전환된다. 따라서 우리가 유용하게 사용할 수 있는 에너지는 점점 부족해지므로 에너지를 절약해야 한다.

용어 사전
***정격(정해질 定, 바로잡을 格) 전압** 전기 기구가 정상적으로 작동할 수 있는 전압
***전지(번개 電, 못 池)** 화학 반응에 의해 전류를 일으키는 장치

핵심 Tip

- **소비 전력**: 1초 동안 전기 기구가 소비하는 전기 에너지의 양으로, 단위는 W(와트), kW(킬로와트)를 사용한다.
- **전력량**: 전기 기구가 일정한 시간 동안 사용한 전기 에너지의 양으로, 단위는 Wh(와트시), kWh(킬로와트시)를 사용한다.
- **에너지 소비 효율 등급 표시제**: 전기 기구가 에너지를 효율적으로 이용하는 정도를 1등급에서 5등급으로 구분하여 표시한다.
- **에너지 보존 법칙**: 에너지는 전환 과정에서 새로 생기거나 없어지지 않고, 에너지의 총량은 일정하게 보존된다.

6 다음은 소비 전력과 전력량에 대한 설명이다. 소비 전력에 대한 것은 A, 전력량에 대한 것은 B라고 쓰시오.

(1) 소비 전력과 사용한 시간을 곱하여 구한다. ( )
(2) 전기 에너지를 사용한 시간으로 나누어 구한다. ( )
(3) 단위는 W(와트), kW(킬로와트) 등을 사용한다. ( )
(4) 전기 기구가 1초 동안 소비하는 전기 에너지이다. ( )
(5) 전기 기구가 일정 시간 동안 사용한 전기 에너지의 양이다. ( )

7 그림과 같이 220 V－44 W인 LED 전구가 있다.

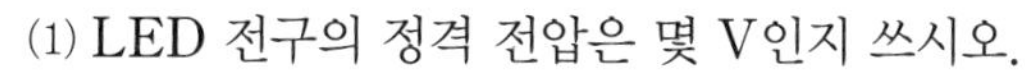
(1) LED 전구의 정격 전압은 몇 V인지 쓰시오.
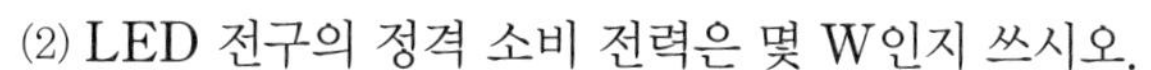
(2) LED 전구의 정격 소비 전력은 몇 W인지 쓰시오.
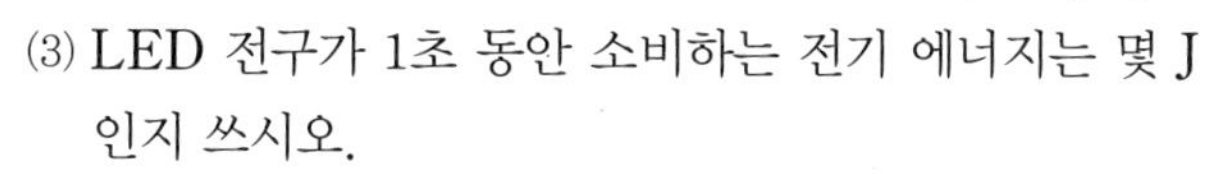
(3) LED 전구가 1초 동안 소비하는 전기 에너지는 몇 J인지 쓰시오.

(4) LED 전구를 1시간 동안 켰을 때 사용한 전력량은 몇 Wh인지 쓰시오.

8 그림은 전구 (가)와 (나)에서 1초 동안 방출한 에너지를 나타낸 것이다.

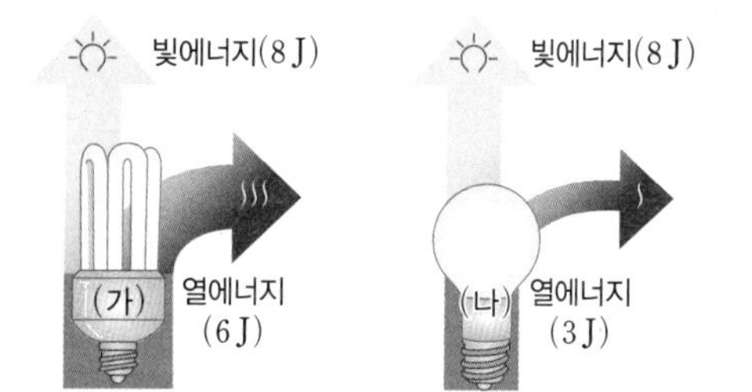

(1) (가)와 (나)에서 1초 동안 소비한 전기 에너지는 몇 J인지 각각 쓰시오.
(2) (가)와 (나) 중 소비 전력이 더 큰 전구는 어느 것인지 쓰시오.
(3) (가)와 (나) 중 효율이 더 좋은 전구는 어느 것인지 쓰시오.

적용 Tip (B-2)

소비 전력과 에너지 전환

같은 목적으로 사용하더라도 사용 과정에서 불필요하게 낭비되는 열에너지가 많은 전기 기구일수록 소비 전력이 크다. 즉, 소비 전력은 전기 기구가 전기 에너지를 얼마나 효율적으로 사용하는지를 알 수 있는 기준이 되기도 한다.

예 (가)는 1초 동안 12 J의 전기 에너지를 빛에너지와 열에너지로 전환하여 소비하고, (나)는 1초 동안 9 J의 전기 에너지를 빛에너지와 열에너지로 전환하여 소비한다. 이때 1초 동안 전구 (가), (나)가 방출하는 빛에너지의 양은 같으나 소비하는 전기 에너지는 (가)가 (나)보다 많다. ➡ 소비 전력은 (가)>(나)이고, (가), (나) 중 에너지를 효율적으로 이용하는 것은 (나)이다.

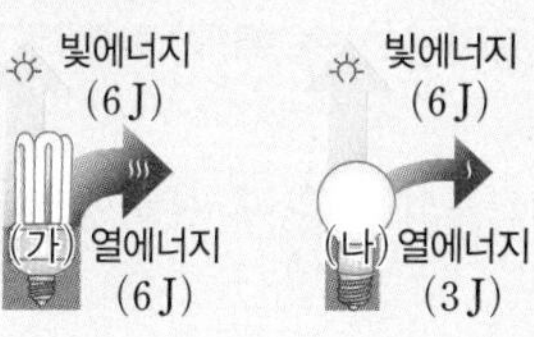

9 에너지 전환과 보존에 대한 설명으로 옳은 것은 ○, 옳지 않은 것은 ×로 표시하시오.

(1) 에너지는 한 형태에서 다른 형태로 전환되지 않는다. ( )
(2) 식물이 광합성을 할 때는 빛에너지를 화학 에너지로 저장한다. ( )
(3) 에너지는 한 형태에서 다른 형태로 바뀔 때 손실되므로 총량이 감소한다. ( )
(4) 에너지 전환 과정에서 발생하는 열에너지나 소리 에너지는 다시 사용하기 어려우므로 에너지를 절약해야 한다. ( )

과학적 사고로!

탐구하기 Ⓐ 전기가 만들어지는 원리

목표 자석의 운동에 의해 전류가 발생하는 현상을 알아본다.

과정

[유의점]
플라스틱 관의 양쪽을 마개로 막을 때에는 단단하게 고정하여 자석이 튀어나오지 않게 한다.

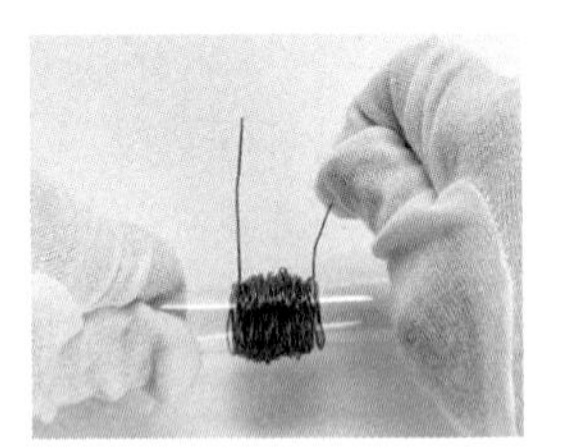

❶ 플라스틱 관에 에나멜선을 감아 코일을 만든다.

❷ 에나멜선 양 끝을 사포로 문지른 후 발광 다이오드를 연결한다.

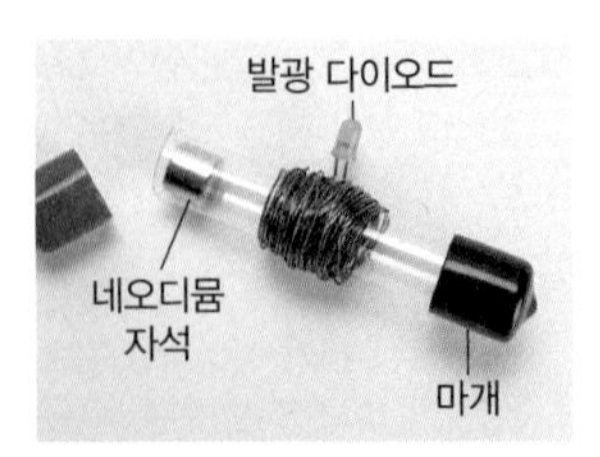

❸ 플라스틱 관에 네오디뮴 자석을 넣고 관을 막는다.

❹ 플라스틱 관을 흔들면서 발광 다이오드를 관찰한다.
❺ 플라스틱 관을 과정 ❹보다 더 빠르게 흔들면서 발광 다이오드를 관찰한다.

결과

- 자석이 코일을 통과하도록 플라스틱 관을 흔들면 발광 다이오드에 불이 켜진다.
- 플라스틱 관을 흔드는 동안 발광 다이오드의 불은 켜졌다 꺼졌다를 반복한다.
- 플라스틱 관을 더 빠르게 흔들면 발광 다이오드의 불이 더 밝아진다.

실험 Tip

발광 다이오드
발광 다이오드는 전류가 긴 다리에서 짧은 다리 쪽으로 흐를 때에만 불이 켜진다. 따라서 전류가 반대로 흐르면 불이 켜지지 않는다.

Plus 탐구

[과정]
그림과 같이 코일과 검류계를 연결한 후 다음 상황에서 검류계 바늘의 움직임을 관찰한다.
❶ 자석을 움직여 코일 속에 넣거나 뺀다.
❷ 자석을 코일 속에 넣고 움직이지 않는다.
❸ 코일을 움직여 코일 속에 자석을 넣거나 뺀다.
❹ 자석을 과정 ❶보다 더 빠르게 움직여 자석을 코일 속에 넣거나 뺀다.

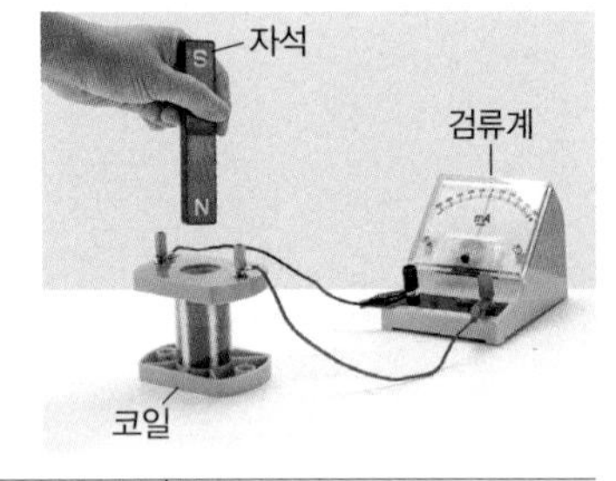

[결과]

과정 ❶	과정 ❷	과정 ❸	과정 ❹
검류계 바늘이 움직인다.	검류계 바늘이 움직이지 않는다.	검류계 바늘이 움직인다.	검류계 바늘이 과정 ❶보다 더 많이 움직인다.

정리

- 자석이 코일 주위에서 움직이면 자기장이 변하므로 유도 전류가 흐른다. ➡ 이를 (㉠   )라고 한다.
- 자석이 움직이는 방향이 반대가 되면 (㉡   )의 방향도 달라진다.
- 자석이 더 빠르게 움직일수록 코일에 더 (㉢   ) 전류가 흐른다.

확인 문제

1 위 실험에 대한 설명으로 옳은 것은 ○, 옳지 않은 것은 × 로 표시하시오.

(1) 전류가 흐르지 않는 코일 속에서 자석이 움직이면 코일에 전류가 흐른다. ( )
(2) 유도 전류의 방향은 자석이 움직이는 방향에 관계없이 항상 일정하다. ( )
(3) 발광 다이오드로는 유도 전류의 방향은 알 수 있으나 유도 전류의 세기는 비교할 수 없다. ( )
(4) 자석을 움직일 때 발광 다이오드에 불이 켜지므로 역학적 에너지가 전기 에너지로 전환된 것이다. ( )

실전 문제

2 그림과 같이 코일과 검류계를 연결한 후 자석이나 코일을 움직이면서 검류계 바늘을 관찰하였다. 이에 대한 설명으로 옳은 것을 〈보기〉에서 모두 고르시오.

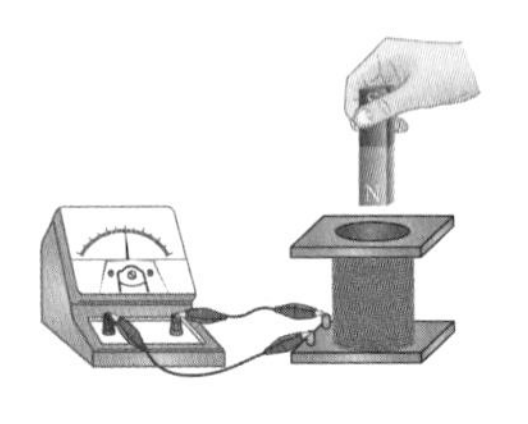

보기
ㄱ. 자석을 코일 속에 넣을 때 검류계 바늘이 움직인다.
ㄴ. 자석을 코일 속에 넣고 움직이지 않을 때 검류계 바늘이 움직인다.
ㄷ. 코일을 움직여 코일 속에서 자석을 뺄 때 검류계 바늘이 움직이지 않는다.

A 전기 에너지의 발생

[01~02] 그림과 같이 코일과 검류계를 연결하고 막대자석의 N극을 코일 속에 넣었다가 빼는 실험을 하였다.

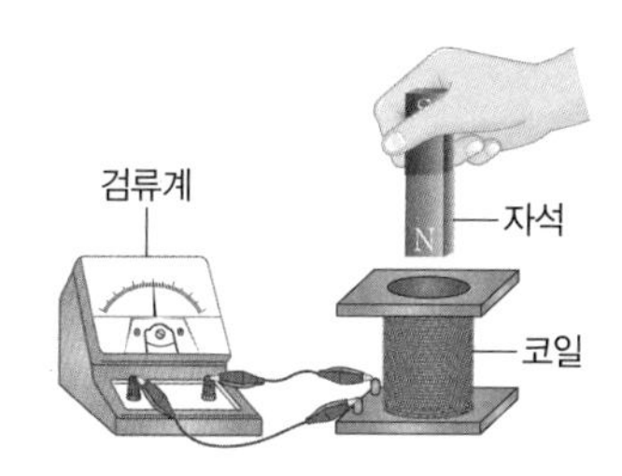

탐구 70쪽

01 이에 대한 설명으로 옳지 않은 것은?

① 전자기 유도가 일어난다.
② 코일에는 유도 전류가 흐른다.
③ 코일 속에 자석을 넣을 때 검류계 바늘이 움직인다.
④ 자석 주위에서 코일을 움직일 때도 유도 전류가 흐른다.
⑤ 코일 속에서 자석을 뺄 때 검류계 바늘이 움직이지 않는다.

중요 탐구 70쪽

02 검류계의 바늘을 더 많이 회전하게 하는 방법으로 옳은 것을 〈보기〉에서 모두 고른 것은?

보기
ㄱ. 막대자석을 더 빠르게 가까이 한다.
ㄴ. 막대자석의 S극을 코일 속에 넣었다 뺀다.
ㄷ. 더 강한 자석으로 바꾸어 코일 속에 넣는다.

① ㄱ ② ㄴ ③ ㄱ, ㄷ
④ ㄴ, ㄷ ⑤ ㄱ, ㄴ, ㄷ

03 전자기 유도에 대한 설명으로 옳지 않은 것은?

① 코일 주위에서 자석을 움직일 때 일어난다.
② 이 현상으로 인해 유도 전류가 흐르게 된다.
③ 코일을 통과하는 자기장의 변화와 관계가 있다.
④ 코일 주위에서 자기장의 변화가 있을 때 일어난다.
⑤ 코일 주위에 매우 센 자석이 놓여 있을 때 일어난다.

04 다음의 기구들이 공통적으로 이용하는 원리에 대한 설명으로 옳은 것은?

도난 방지 장치, 교통 카드 판독기, 전자 기타

① 도선에 전류가 흐르면 열이 발생한다.
② 도선에 흐르는 전류는 저항에 반비례한다.
③ 도선에 전류가 흐르면 주변에 자기장이 생긴다.
④ 자기장 속에서 전류가 흐르는 도선은 힘을 받는다.
⑤ 코일을 통과하는 자기장이 변하면 코일에 유도 전류가 흐른다.

05 그림은 발전기의 모습을 나타낸 것이다.

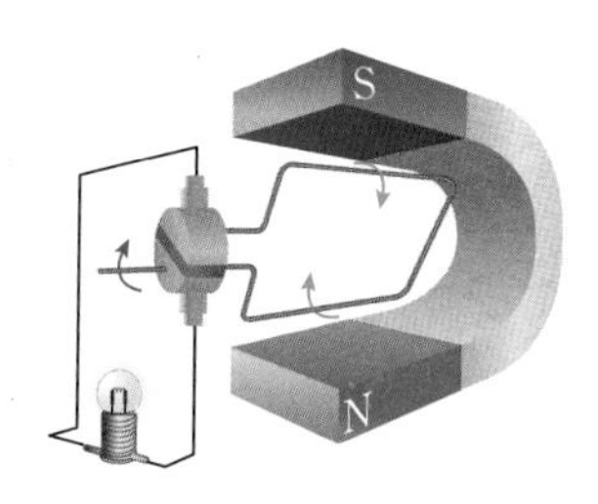

이에 대한 설명으로 옳은 것을 〈보기〉에서 모두 고른 것은?

보기
ㄱ. 영구 자석과 코일로 이루어져 있다.
ㄴ. 자석 사이에서 코일이 회전하면 코일에 전류가 흐른다.
ㄷ. 전기 에너지를 역학적 에너지로 전환하는 데 이용하는 기구이다.

① ㄱ ② ㄷ ③ ㄱ, ㄴ
④ ㄴ, ㄷ ⑤ ㄱ, ㄴ, ㄷ

[주관식]

06 다음은 화력 발전소에서 일어나는 에너지 전환 과정이다. ㉠, ㉡에 알맞은 말을 쓰시오.

화석 연료의 (㉠) 에너지 → 수증기의 역학적 에너지 → 발전기의 (㉡) 에너지 → 전기 에너지

중요 [주관식] 탐구 70쪽

07 그림과 같이 발광 다이오드를 연결한 간이 발전기를 흔들었다. 이에 대한 설명으로 옳은 것을 〈보기〉에서 모두 고르시오.

보기
ㄱ. 간이 발전기를 흔들면 역학적 에너지가 전기 에너지로 전환된다.
ㄴ. 간이 발전기를 흔들면 발광 다이오드에는 불이 계속 켜져 있다.
ㄷ. 발광 다이오드가 켜질 때 전기 에너지가 역학적 에너지로 전환된다.
ㄹ. 간이 발전기를 흔들다 멈추어도 발광 다이오드에는 불이 계속 켜져 있다.

08 전기 에너지에 대한 설명으로 옳은 것을 〈보기〉에서 모두 고른 것은?

보기
ㄱ. 주로 발전소에서 생산한다.
ㄴ. 전선을 이용하여 비교적 쉽게 먼 곳까지 전달할 수 있다.
ㄷ. 전기 기구를 이용하여 다른 형태의 에너지로 쉽게 전환하여 사용할 수 있다.

① ㄱ ② ㄴ ③ ㄱ, ㄷ
④ ㄴ, ㄷ ⑤ ㄱ, ㄴ, ㄷ

09 전기 기구에서 일어나는 에너지 전환을 나타낸 것으로 옳지 않은 것은?

① 스피커: 전기 에너지 → 소리 에너지
② 세탁기: 전기 에너지 → 운동 에너지
③ 전기다리미: 전기 에너지 → 열에너지
④ LED 전등 : 전기 에너지 → 빛에너지
⑤ 컴퓨터 모니터: 전기 에너지 → 역학적 에너지

B 소비 전력

중요

10 소비 전력과 전력량에 대한 설명으로 옳은 것을 〈보기〉에서 모두 고른 것은?

보기
ㄱ. 1 W는 1초 동안 1 J의 전기 에너지를 사용할 때의 전력이다.
ㄴ. 1 Wh는 1 W의 전력을 1초 동안 사용했을 때의 전력량이다.
ㄷ. 소비 전력은 정격 전압을 연결했을 때 전기 기구가 사용하는 전력량이다.
ㄹ. 소비 전력이 큰 전기 기구일수록 같은 시간 동안 더 많은 전기 에너지를 사용한다.

① ㄱ, ㄴ ② ㄱ, ㄹ ③ ㄷ, ㄹ
④ ㄱ, ㄴ, ㄷ ⑤ ㄴ, ㄷ, ㄹ

[11~12] 표는 어느 가정에서 사용하고 있는 여러 전기 기구의 소비 전력을 나타낸 것이다.

전기 기구	선풍기	텔레비전	전기난로	전등
소비 전력	50 W	40 W	1500 W	26 W

중요

11 이에 대한 설명으로 옳은 것을 〈보기〉에서 모두 고른 것은?

보기
ㄱ. 텔레비전을 4시간 동안 켜 두었을 때 사용한 전력량은 160 Wh이다.
ㄴ. 같은 시간 동안 사용하는 전기 에너지가 가장 많은 것은 전기난로이다.
ㄷ. 선풍기를 성능이 같고 소비 전력이 작은 제품으로 교체하면 전기 에너지를 절약할 수 있다.

① ㄱ ② ㄴ ③ ㄱ, ㄷ
④ ㄴ, ㄷ ⑤ ㄱ, ㄴ, ㄷ

[주관식]

12 이 가정에서 하루 동안 선풍기를 4시간, 텔레비전을 1시간, 전기 난로를 2시간, 전등을 6시간 동안 사용하였을 때, 사용한 총 전력량은 몇 Wh인지 구하시오.

중요 【주관식】

13 그림은 선풍기에 붙어 있는 안내문의 일부를 나타낸 것이다.

제품명	선풍기
정격 전압	220 V
소비 전력	44 W

이에 대한 설명으로 옳은 것을 〈보기〉에서 모두 고르시오.

보기
ㄱ. 220 V에 연결해야 한다.
ㄴ. 1시간에 44 J의 전기 에너지를 사용한다.
ㄷ. 30분 동안 사용할 때 22 Wh의 전력량을 사용한다.
ㄹ. 선풍기를 오랜 시간 동안 사용하면 선풍기의 소비 전력이 증가한다.

C 에너지 전환과 보존

중요

14 에너지에 대한 설명으로 옳은 것을 〈보기〉에서 모두 고른 것은?

보기
ㄱ. 에너지가 전환될 때 에너지의 일부는 항상 소멸된다.
ㄴ. 에너지는 보존되지만 에너지의 형태는 바뀌지 않는다.
ㄷ. 발전기에서 전자기 유도가 일어날 때 역학적 에너지가 전기 에너지로 전환된다.
ㄹ. 에너지가 전환될수록 우리가 유용하게 사용할 수 있는 에너지는 줄어든다.

① ㄱ, ㄴ ② ㄱ, ㄷ ③ ㄴ, ㄷ
④ ㄴ, ㄹ ⑤ ㄷ, ㄹ

【주관식】

15 전기믹서를 사용할 때 전기 에너지는 여러 가지 에너지로 전환된다. 이때 전환되어 나타나는 에너지를 〈보기〉에서 모두 고르시오.

보기
ㄱ. 열에너지 ㄴ. 운동 에너지
ㄷ. 소리 에너지 ㄹ. 화학 에너지

16 그림은 세탁기를 사용할 때 일어나는 에너지 전환을 나타낸 것이다.

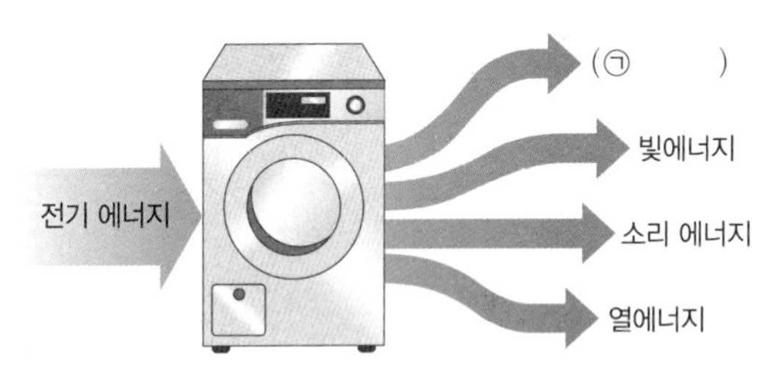

이에 대한 설명으로 옳은 것을 〈보기〉에서 모두 고른 것은?

보기
ㄱ. ㉠에 들어갈 에너지는 운동 에너지이다.
ㄴ. 세탁기는 전기 에너지를 사용하는 기구이다.
ㄷ. (빛에너지+소리 에너지+열에너지)는 공급한 전기 에너지와 같다.

① ㄱ ② ㄷ ③ ㄱ, ㄴ
④ ㄴ, ㄷ ⑤ ㄱ, ㄴ, ㄷ

17 그림과 같이 자동차에서 연료를 이용하여 운동 에너지를 얻기 위한 과정에서 많은 에너지가 다른 형태의 에너지로 전환된다.

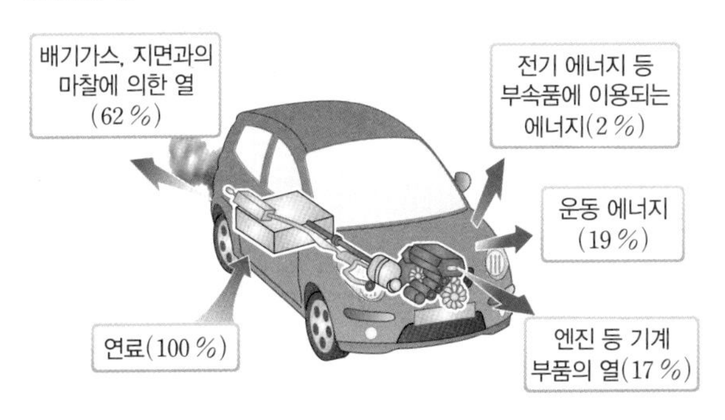

이에 대한 설명으로 옳은 것을 〈보기〉에서 모두 고른 것은?

보기
ㄱ. 연료는 화학 에너지를 가지고 있다.
ㄴ. 자동차가 달리는 데 사용되는 에너지는 제공된 에너지 중 19 %이다.
ㄷ. 연료의 에너지가 여러 가지 형태의 에너지로 전환되어도 에너지의 총량은 변하지 않는다.

① ㄱ ② ㄴ ③ ㄱ, ㄷ
④ ㄴ, ㄷ ⑤ ㄱ, ㄴ, ㄷ

》》 실력의 완성!

서술형 문제

정답과 해설 21쪽

단계별 서술형

1

그림은 동일한 플라스틱 관 (가), (나) 중 (나)에만 발광 다이오드(LED)가 연결된 코일을 감고 같은 자석을 (가), (나) 위의 입구 쪽에서 가만히 놓아 낙하시켰을 때, (나)의 자석이 A에서 B까지 낙하하는 동안 자석의 역학적 에너지를 나타낸 것이다. (단, 공기 저항은 무시한다.)

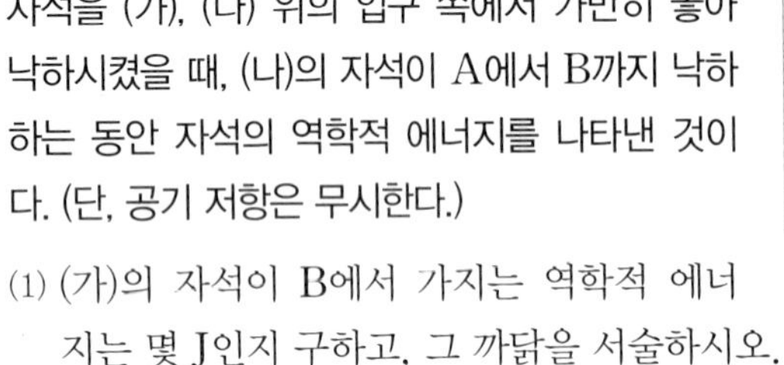

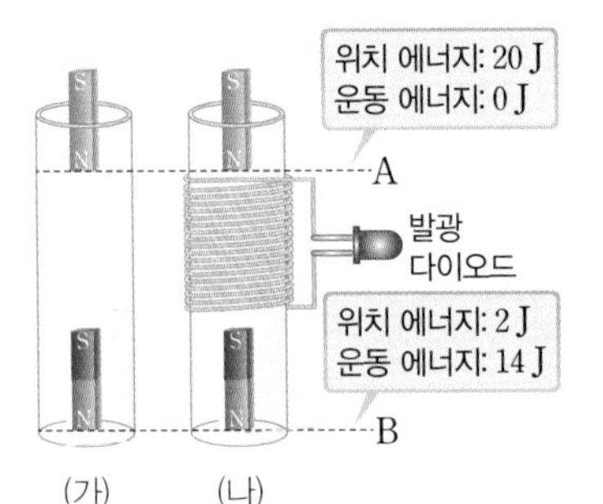

(1) (가)의 자석이 B에서 가지는 역학적 에너지는 몇 J인지 구하고, 그 까닭을 서술하시오.

____

____

(2) (나)의 자석이 A에서 B까지 낙하하는 동안 전환된 전기 에너지는 몇 J인지 구하고, 그 까닭을 에너지 보존 법칙과 관련지어 서술하시오.

____

____

서술형

2

그림 (가), (나)는 전동기와 발전기의 모습을 순서 없이 나타낸 것이다.

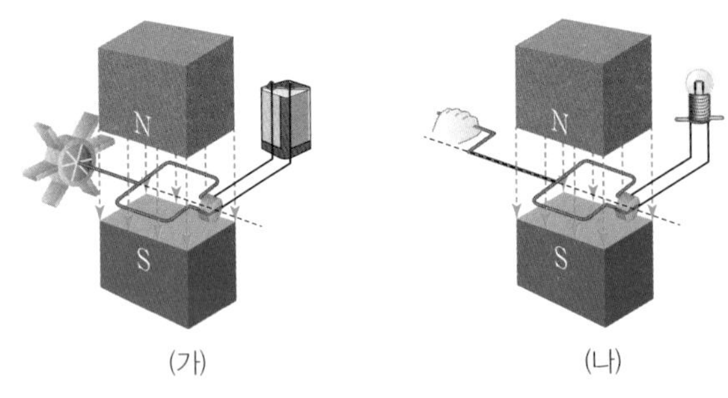

(가) (나)

(가), (나)가 각각 무엇을 나타낸 것인지 쓰고, (가), (나)에서 일어나는 에너지 전환을 서술하시오.

____

____

서술형

3

그림은 같은 밝기의 빛을 내는 두 전구 (가), (나)가 10분 동안 사용한 전기 에너지를 나타낸 것이다. (가), (나) 중 에너지를 절약할 수 있는 전구를 고르고, 그 까닭을 전기 에너지와 관련지어 서술하시오.

빛에너지: 3600 J
열에너지: 1200 J

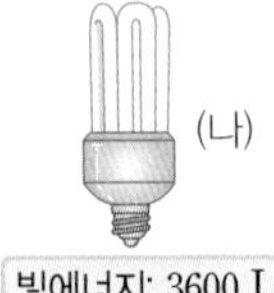

빛에너지: 3600 J
열에너지: 3600 J

____

____

서술형 Tip

1 (1) 자유 낙하 하는 물체의 역학적 에너지가 보존됨을 생각한다.
→ 필수 용어: 역학적 에너지
(2) 에너지는 전환 과정에서 그 총량이 항상 일정하게 보존됨을 생각한다.
→ 필수 용어: 에너지 총량

2 (가)에는 전지가 연결되어 있고, (나)에는 전지가 연결되어 있지 않음을 파악한다.
→ 필수 용어: 역학적 에너지, 전기 에너지

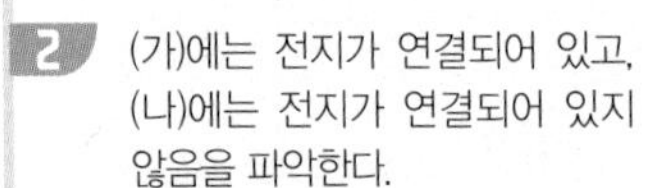

3 빛을 내는 데 사용한 전기 에너지가 같으면 두 전구의 성능은 같은 것임을 생각한다.

Plus 문제 3-1

두 전구 (가), (나)의 소비 전력을 등호나 부등호를 이용해 비교하시오.

____

____

이 단원에서 학습한 내용을 확실히 이해했나요? 다음 내용을 잘 알고 있는지 확인해 보세요.

1 역학적 에너지 전환

- ❶□□□ □□□: 물체의 위치 에너지와 운동 에너지를 합한 것
- 역학적 에너지 전환: 중력을 받아 운동하는 물체는 역학적 에너지 전환이 일어난다.
  - 낙하하는 물체: ❷□□ 에너지 → ❸□□ 에너지
  - 올라가는 물체: ❹□□ 에너지 → ❺□□ 에너지
- 롤러코스터의 운동에서 역학적 에너지 전환

내려가는 구간	올라가는 구간
높이가 낮아지므로 위치 에너지 ❻□□, 속력이 빨라지므로 운동 에너지 ❼□□ ➡ 위치 에너지 → 운동 에너지	높이가 높아지므로 위치 에너지 ❽□□, 속력이 느려지므로 운동 에너지 ❾□□ ➡ 운동 에너지 → 위치 에너지

2 역학적 에너지 보존

- 역학적 에너지 ❶□□ 법칙: 공기 저항이나 마찰이 없을 때 역학적 에너지는 항상 일정하게 보존된다.

> 역학적 에너지=위치 에너지+운동 에너지=❷□□

- 자유 낙하 하는 물체의 역학적 에너지 보존: 자유 낙하 하는 물체의 역학적 에너지는 항상 일정하며, 낙하하는 동안 ❸□□한 위치 에너지는 ❹□□한 운동 에너지와 같다.
  ➡ 최고점에서 물체의 ❺□□ 에너지
  =낙하하는 도중 물체의 ❻□□□ 에너지
  =지면에서 물체의 운동 에너지

3 전기 에너지의 발생

- 전자기 유도: 코일 주위에서 자석을 움직이거나 자석 주위에서 코일을 움직이면 코일을 통과하는 ❶□□□이 변하여 코일에 전류가 흐르는 현상
- ❷□□ □□: 전자기 유도에 의해 흐르는 전류
  - 자석이나 코일이 움직이는 속력이 ❸□□수록, 코일의 감은 수가 ❹□□수록, 강한 자석을 움직일수록 유도 전류의 세기가 세다.
  - 자석을 코일에 가까이 할 때와 멀리 할 때 유도 전류가 ❺□□ 방향으로 흐른다.

4 전자기 유도의 이용

- ❶□□□: 영구 자석 사이에 놓인 코일이 회전하여 전자기 유도에 의해 유도 전류가 흐르는 장치
  ➡ ❷□□□ 에너지가 ❸□□ 에너지로 전환된다.
- 여러 가지 발전소

구분	에너지 전환
❹□□ 발전소	물의 위치 에너지 → 물의 운동 에너지 → 발전기의 역학적 에너지 → 전기 에너지
❺□□ 발전소	연료의 화학 에너지 → 수증기의 역학적 에너지 → 발전기의 역학적 에너지 → 전기 에너지
풍력 발전소	바람의 역학적 에너지 → 발전기의 역학적 에너지 → 전기 에너지

- 전기 에너지는 다른 형태의 에너지로 쉽게 전환되기 때문에 우리 생활에 많이 이용된다.

5 소비 전력

- 소비 전력: 1초 동안 전기 기구가 소비하는 ❶□□ □□□의 양 [단위: W(와트), kW(킬로와트)]
  - 전기 에너지를 사용한 시간으로 나누어 구한다.

$$\text{소비 전력(W)}=\frac{\text{전기 에너지(J)}}{\text{시간(s)}}$$

  - 전기 기구의 정격 소비 전력: ❷□□ □□에 연결했을 때 단위 시간 동안 전기 기구가 사용하는 전기 에너지
- ❸□□□: 전기 기구가 일정한 시간 동안 사용한 전기 에너지의 양 [단위: Wh(와트시), kWh(킬로와트시)]
  - 소비 전력과 사용 시간을 곱하여 구한다.

> 전력량(Wh)=소비 전력(W)×시간(h)

- 에너지의 효율적인 이용: 에너지 소비 효율 등급 표시제, 에너지 절약 표시 등

6 에너지 전환과 보존

- 에너지 전환: 에너지는 한 형태에서 다른 형태의 에너지로 ❶□□된다.
- ❷□□□ □□ 법칙: 에너지는 전환 과정에서 새로 생기거나 없어지지 않고, 그 총량은 일정하게 보존된다.

[내 실력 진단하기]
각 중단원별로 어느 부분이 부족한지 진단해 보고, 부족한 단원은 다시 복습합시다.

01. 역학적 에너지 전환과 보존	01	02	03	04	05	06	07
	08	09	10	24			
02. 전기 에너지의 발생과 전환	11	12	13	14	15	16	17
	18	19	20	21	22	23	25

상 중 **하**

01 물체의 역학적 에너지에 대한 설명으로 옳지 않은 것은?

① 물체가 중력을 받아 낙하할 때 역학적 에너지가 전환된다.
② 공기 저항을 무시할 때 낙하하는 물체의 운동 에너지는 일정하다.
③ 물체의 위치 에너지와 운동 에너지의 합을 역학적 에너지라고 한다.
④ 물체가 자유 낙하 운동을 할 때 위치 에너지가 운동 에너지로 전환된다.
⑤ 위로 던진 물체가 가장 높은 곳에 도달하게 되면 운동 에너지는 0이 된다.

상 **중** 하

02 그림은 A에서 위로 던져 올린 공을 일정한 시간 간격으로 나타낸 것이다. 이에 대한 설명으로 옳은 것은? (단, 공기 저항은 무시한다.)

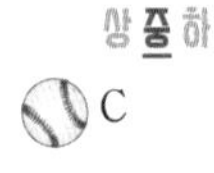

① A에서 공의 역학적 에너지는 0이다.
② C에서 공의 위치 에너지는 0이다.
③ 공의 운동 에너지는 A>B>C 순이다.
④ 공의 위치 에너지는 A>B>C 순이다.
⑤ A에서 C로 운동하는 동안 공의 위치 에너지가 운동 에너지로 전환된다.

자료 분석 | 정답과 해설 22쪽

[주관식] 상 **중** 하

03 그림은 마찰이 없는 반원형 그릇의 A 지점과 C 지점 사이를 구슬이 왕복 운동 하고 있는 모습을 나타낸 것이다.

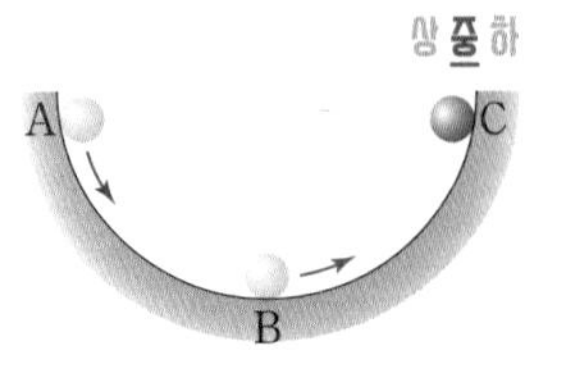

이에 대한 설명으로 옳은 것을 <보기>에서 모두 고르시오. (단, B는 가장 낮은 지점이다.)

> 보기
> ㄱ. A와 C에서 위치 에너지는 같다.
> ㄴ. B에서 운동 에너지가 최대이다.
> ㄷ. A에서 역학적 에너지가 B에서보다 크다.

[04~05] 그림은 공중에서 가만히 놓은 질량이 4 kg인 물체가 낙하하다가 지면으로부터 5 m 높이를 10 m/s의 속력으로 지날 때의 모습을 나타낸 것이다. (단, 공기 저항은 무시한다.)

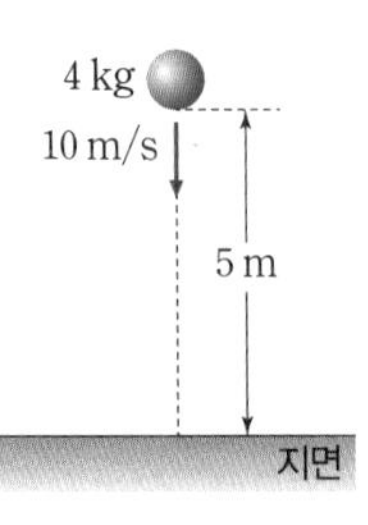

[주관식] 상 **중** 하

04 이 순간 물체의 위치 에너지와 운동 에너지는 각각 몇 J인지 구하시오.

[주관식] 상 **중** 하

05 이 물체가 (가)낙하하기 직전 역학적 에너지와 낙하하여 (나)지면에 도달하는 순간 역학적 에너지는 각각 몇 J인지 구하시오.

상 **중** 하

06 그림은 실에 매달려 왕복 운동 하는 물체를 일정한 시간 간격으로 찍은 연속 사진이다.

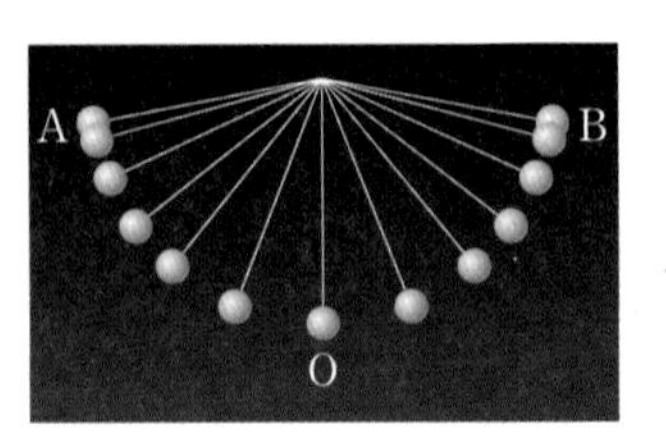

물체가 A에서 O로 갈 때 속력 변화와 역학적 에너지 전환을 옳게 짝 지은 것은?

	속력 변화	역학적 에너지 전환
①	빨라진다.	위치 에너지 → 운동 에너지
②	빨라진다.	운동 에너지 → 위치 에너지
③	느려진다.	위치 에너지 → 운동 에너지
④	느려진다.	운동 에너지 → 위치 에너지
⑤	변화없다.	위치 에너지 → 운동 에너지

[07~08] 그림은 어떤 물체를 지면으로부터 20 m 높이에서 가만히 놓아 떨어뜨린 모습을 나타낸 것이다. (단, 공기 저항은 무시한다.)

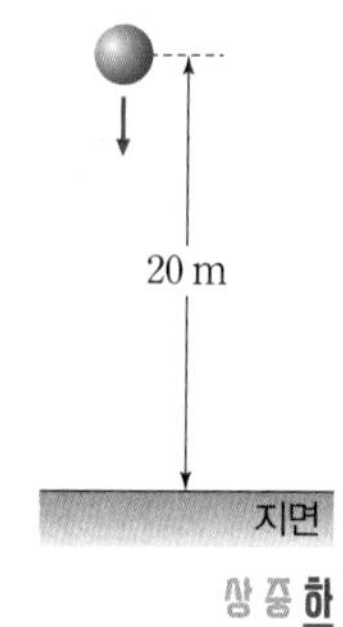

상 중 하

07 물체의 위치 에너지와 운동 에너지가 같아지는 지면으로부터의 높이는?

① 8 m ② 10 m ③ 12 m
④ 15 m ⑤ 18 m

상 중 하

08 낙하하는 동안 물체의 위치 에너지가 운동 에너지의 3배가 되는 지면으로부터의 높이는?

① 4 m ② 10 m ③ 12 m
④ 15 m ⑤ 18 m

[09~10] 그림과 같이 질량이 3 kg인 물체가 A점에서 B점으로 낙하할 때 A점에서 운동 에너지는 49 J이고, B점에서 운동 에너지는 196 J이다. (단, 공기 저항은 무시한다.)

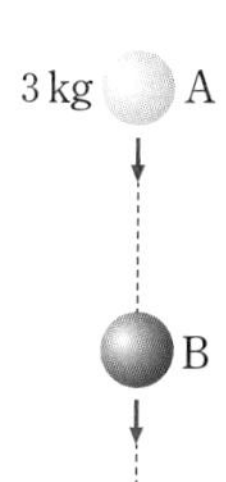

[주관식] 상 중 하

09 A점과 B점 사이의 높이 차는 몇 m인지 구하시오.

[주관식] 상 중 하

10 A점에서 물체의 역학적 에너지가 490 J일 때 B점의 지면으로부터 높이는 몇 m인지 구하시오.

자료 분석 | 정답과 해설 22쪽

[주관식] 상 중 하

11 다음은 무엇에 대한 설명인지 쓰시오.

> 코일 주위에서 자석을 움직여 코일을 통과하는 자기장을 변하게 하면 코일에 전류가 흐르게 된다.

상 중 하

12 그림은 검류계를 연결한 코일에 막대자석을 가까이 하거나 멀리 하는 모습을 나타낸 것이다. 이에 대한 설명으로 옳은 것을 〈보기〉에서 모두 고른 것은?

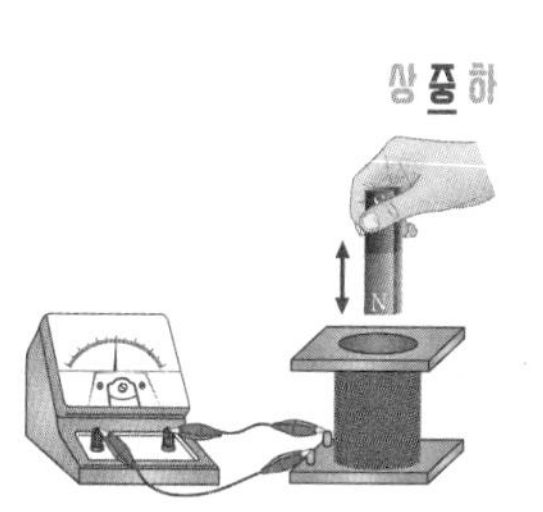

보기
ㄱ. 자석을 빠르게 움직일수록 검류계 바늘이 더 많이 움직인다.
ㄴ. 세기가 더 강한 자석을 움직이면 검류계 바늘이 더 많이 움직인다.
ㄷ. 코일의 감은 수가 더 많은 코일을 사용하면 검류계 바늘이 더 많이 움직인다.
ㄹ. 자석이 코일 속으로 들어갈 때보다 코일 속에서 나올 때 검류계 바늘이 더 많이 움직인다.

① ㄱ, ㄴ ② ㄱ, ㄹ ③ ㄷ, ㄹ
④ ㄱ, ㄴ, ㄷ ⑤ ㄴ, ㄷ, ㄹ

상 중 하

13 그림은 발전기의 구조를 나타낸 것이다. 발전기의 손잡이를 돌렸더니 전구에 불이 켜졌다. 이때 에너지 전환 과정을 옳게 나타낸 것은?

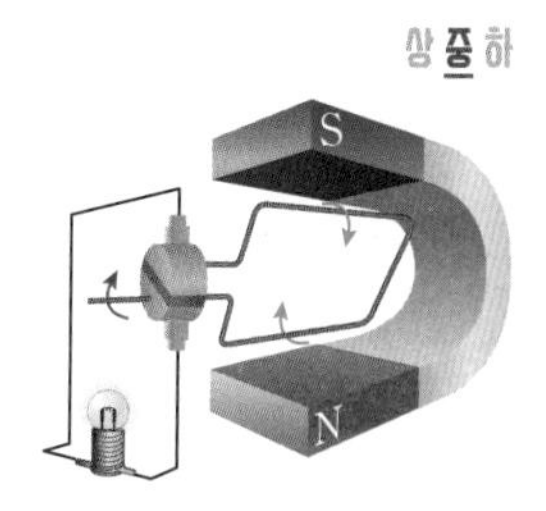

① 열에너지 → 운동 에너지 → 빛에너지
② 빛에너지 → 운동 에너지 → 전기 에너지
③ 운동 에너지 → 전기 에너지 → 빛에너지
④ 화학 에너지 → 전기 에너지 → 빛에너지
⑤ 운동 에너지 → 전기 에너지 → 화학 에너지

상중하

14 다음과 같은 풍력 발전에 대한 설명으로 옳지 않은 것은?

> 바람의 힘으로 터빈을 돌려 발전기에서 전기를 생산하는 방식이다.

① 전자기 유도를 이용한다.
② 바람의 역학적 에너지가 터빈을 돌린다.
③ 발전기는 영구 자석과 코일로 이루어져 있다.
④ 발전기에서 역학적 에너지가 전기 에너지로 전환된다.
⑤ 발전기의 발전 과정에서 바람의 에너지 중 일부가 없어진다.

[15~17] 그림은 220 V – 1500 W라고 쓰여 있는 전열기를 나타낸 것이다.

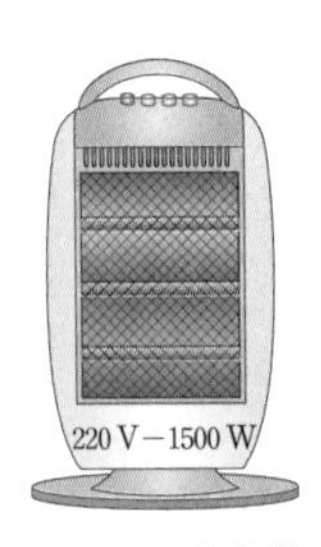

【주관식】 상중하

15 이 전열기에서 주로 일어나는 에너지 전환을 쓰시오.

상중하

16 이 전열기를 정격 전압에 연결하여 10분 동안 사용했을 때 소비한 전기 에너지는?

① 15000 J ② 90000 J ③ 150000 J
④ 300000 J ⑤ 900000 J

상중하

17 이 전열기를 정격 전압에 연결하여 120분 동안 사용했을 때 소비한 전력량은?

① 1500 Wh ② 3000 Wh ③ 4500 Wh
④ 18000 Wh ⑤ 180000 Wh

[18~19] 다음은 어느 가정에서 사용한 전기 기구와 사용 시간이다.

> (가) 220 V – 35 W인 형광등을 6시간 동안 사용하였다.
> (나) 220 V – 900 W인 진공청소기를 10분 동안 사용하였다.
> (다) 220 V – 1500 W인 헤어드라이어를 5분 동안 사용하였다.
> (라) 220 V – 500 W인 세탁기를 1시간 30분 동안 사용하였다.

【주관식】 상중하

18 (가)~(라) 중 정격 전압에 연결하여 사용할 때 1초 동안 소비하는 전기 에너지의 양이 가장 많은 것과 가장 적은 것을 각각 쓰시오.

상중하

19 각 전기 기구가 소비한 전력량을 옳게 비교한 것은?

① (가) > (나) > (다) > (라)
② (나) > (다) > (라) > (가)
③ (다) > (나) > (라) > (가)
④ (라) > (가) > (나) > (다)
⑤ (라) > (나) > (가) > (다)

상중하

20 그림은 밝기가 같은 두 전구 (가), (나)가 1초 동안 방출하는 빛에너지와 열에너지를 각각 나타낸 것이다.

빛에너지(12 J) 빛에너지(12 J)
(가) 열에너지(8 J) (나) 열에너지(5 J)

(가), (나)의 소비 전력과 효율이 더 좋은 전구를 옳게 짝지은 것은?

	(가)	(나)	효율이 더 좋은 전구
①	8 W	5 W	(나)
②	12 W	12 W	(나)
③	12 W	12 W	같다.
④	20 W	17 W	(가)
⑤	20 W	17 W	(나)

상 중 하

21 전기 에너지의 절약에 대한 설명으로 옳은 것을 〈보기〉에서 모두 고른 것은?

보기
ㄱ. 에너지 절약을 위해 에너지 소비 효율 등급 표시제를 시행하고 있다.
ㄴ. 에너지 소비 효율 등급은 5등급으로 갈수록 전기 에너지를 효율적으로 이용하는 것이다.
ㄷ. 에너지 효율이 뛰어나거나 대기 전력이 작은 가전제품에는 에너지 절약 표시를 하기도 한다.

① ㄱ ② ㄴ ③ ㄱ, ㄷ
④ ㄴ, ㄷ ⑤ ㄱ, ㄴ, ㄷ

상 중 하

22 다음의 여러 상황에서 주로 일어나는 에너지 전환으로 옳지 <u>않은</u> 것은?

① 광합성: 빛에너지 → 화학 에너지
② 손전등: 전기 에너지 → 빛에너지
③ 전지: 화학 에너지 → 전기 에너지
④ 모닥불: 화학 에너지 → 빛, 열에너지
⑤ 전동기: 역학적 에너지 → 전기 에너지

상 중 하

23 그림과 같이 높이 2 m인 미끄럼틀에서 질량이 50 kg인 사람이 가만히 출발하여 미끄럼틀을 타고 내려왔다. 바닥에서 이 사람의 속력이 5 m/s라고 할 때, 미끄럼틀을 타는 동안 미끄럼틀에서 발생한 열에너지는?

① 245 J ② 355 J ③ 490 J
④ 625 J ⑤ 780 J

서술형 문제

상 중 하

24 그림과 같이 롤러코스터가 정지 상태에서 A점을 출발하여 B점을 거쳐 C점으로 운동하고 있다. (단, 공기 저항과 모든 마찰은 무시한다.)

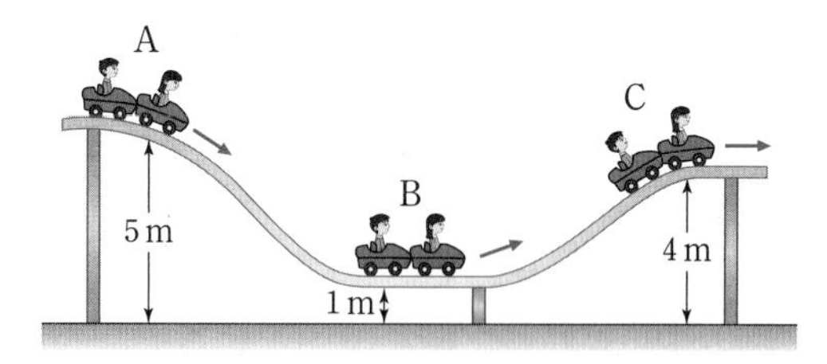

(1) 이 롤러코스터의 B점에서 위치 에너지와 운동 에너지의 비(위치 : 운동)를 풀이 과정과 함께 구하시오.

(2) 이 롤러코스터의 B점과 C점에서 속력의 비(B : C)를 풀이 과정과 함께 구하시오.

자료 분석 | 정답과 해설 23쪽
상 중 하

25 그림은 A점에서 옆으로 살짝 던진 공이 바닥면 B, C, D점에 차례로 충돌한 후 튀어오르는 높이가 점점 낮아지는 모습이다.

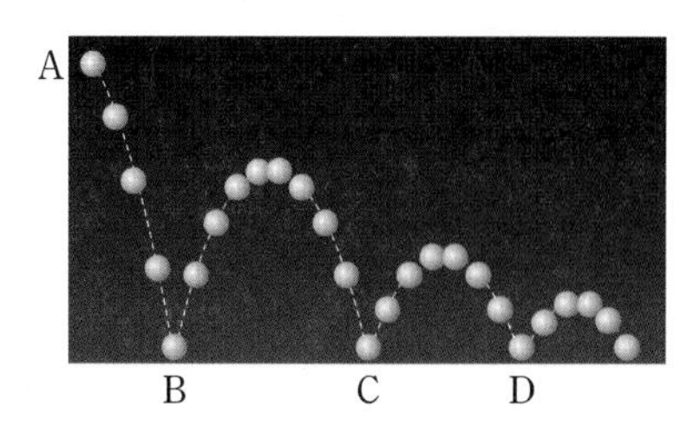

(1) A점에서 던진 공이 B점에 충돌하여 튀어오를 때의 에너지를 에너지 전환과 관련지어 서술하시오.

(2) 튀어오르는 공의 높이가 A점의 높이보다 점점 낮아지는 까닭을 역학적 에너지 보존과 관련지어 서술하시오.

별과 우주

제목으로 미리보기

01 별까지의 거리

82~87쪽

밤하늘에서 반짝이는 별들은 얼마나 먼 거리에 있을까요? 별은 매우 멀리 있기 때문에 별의 거리는 연주 시차를 이용하여 알아낸답니다. 이 단원에서는 연주 시차가 나타나는 까닭과 연주 시차를 이용하여 별의 거리를 측정하는 방법에 대해 알아본답니다.

02 별의 성질

88~97쪽

밤하늘에는 매우 밝은 별도 있고 어두운 별도 있어요. 또한 별마다 색깔도 달라요. 이 단원에서는 별의 밝기와 거리의 관계를 알아보고, 별의 밝기를 나타내는 방법인 등급에 대해 알아본답니다. 또한 별의 표면 온도에 따라 나타나는 색깔에 대해 알아본답니다.

03 은하와 우주

98~108쪽

은하를 이루는 요소들은 무엇일까요? 이 단원에서는 은하를 이루는 별, 성단, 성운, 성간 물질에 대해 알아본답니다. 또한 우주가 팽창하고 있는 것은 어떻게 알 수 있을까요? 이 단원에서는 빅뱅 이후 팽창하고 있는 우주와 우주를 탐사하는 방법, 우주 탐사의 역사에 대해 알아본답니다.

그림을 떠올려!

기억하기

이 단원을 학습하기 전에, 이전에 배운 내용 중 꼭 알아야 할 개념들을 그림과 함께 떠올려 봅시다.

1 | 우주의 구성원

>>> 초등학교 5학년 태양계와 별

(❶): 우주에 있는 별, 행성, 위성, 소행성, 혜성 등

(❷): 태양과 같이 빛을 내는 천체

(❸): 지구와 같이 태양 주위를 돌고 있는 천체

2 | 우주 탐사

>>> 초등학교 5학년 태양계와 별

(❹): 우주에 대한 호기심을 해결하고, 행성 등에 대한 정보를 얻기 위한 활동

(❺): 달이나 행성 등에 보내어 가까운 거리에서 사진을 찍거나 직접 탐사하는 기구

(❻): 행성의 표면에 착륙하여 표면을 자세하게 조사하는 로봇

3 | 별자리

>>> 초등학교 5학년 태양계와 별

(❼): 밤하늘에 무리 지어 있는 별들을 몇 개씩 연결하여 신화 속의 이름이나 동물 등의 이름을 붙인 것

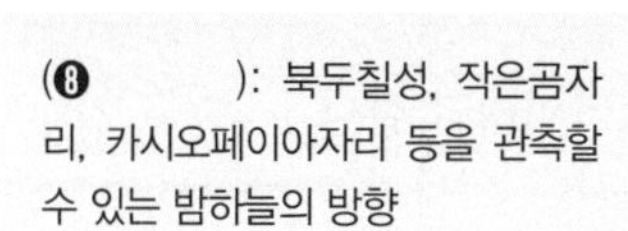

(❽): 북두칠성, 작은곰자리, 카시오페이아자리 등을 관측할 수 있는 밤하늘의 방향

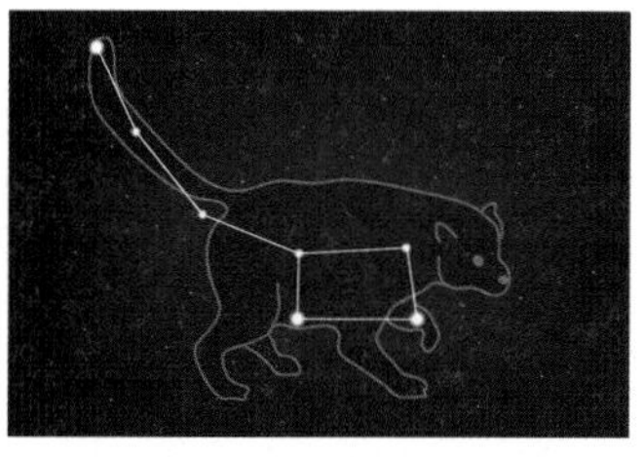

(❾): 북두칠성과 카시오페이아자리를 이용하여 찾을 수 있는 북쪽 하늘의 별

정답 ❶ 천체 ❷ 별(항성) ❸ 행성 ❹ 우주 탐사 ❺ 탐사선 ❻ 탐사 로봇 ❼ 별자리 ❽ 북쪽 하늘 ❾ 북극성

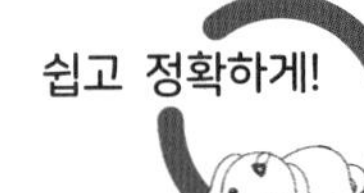

개념 학습

01 별까지의 거리

개념 더하기

Ⓐ 연주 시차와 별까지의 거리

1. 시차와 연주 시차 탐구 84쪽

탐구 84쪽

① 시차

- 시차는 관측자가 서로 다른 두 지점에서 같은 물체를 바라볼 때 두 관측 지점과 물체가 이루는 각도이다.
- 시차는 관측하는 두 위치가 일정할 때 관측 지점과 물체 사이의 거리가 가까울수록 커지고, 거리가 멀수록 작아진다.❶ 시차는 물체까지의 거리에 반비례한다.
- 시차를 알면 물체까지의 거리를 알 수 있다.
  ➡ 이와 같은 원리로 별의 시차를 알면 별까지의 거리를 구할 수 있다.

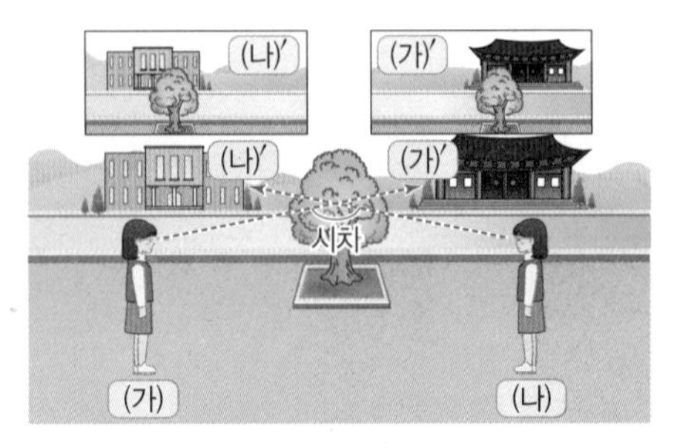

▲ 시차

② 연주 시차: 지구에서 6개월 간격으로 별을 관측할 때 나타나는 각도(시차)의 $\frac{1}{2}$

- 연주 시차가 나타나는 까닭: 지구가 태양 주위를 공전하기 때문이다.
- 연주 시차의 단위: ″(초) ➡ 1°(도)=60′(분)=3600″(초)

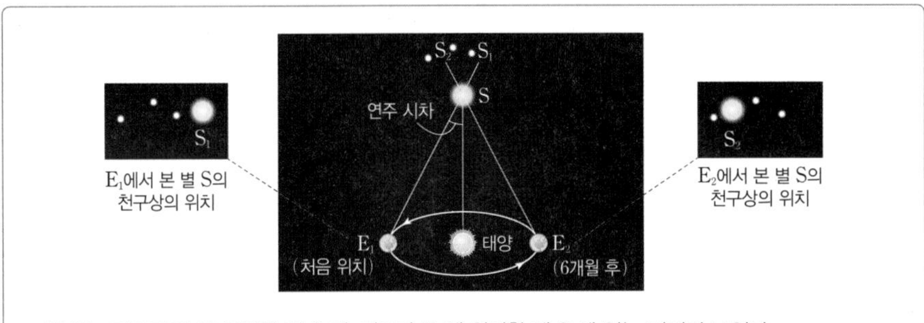

- 별 S는 지구가 E_1에 위치할 때 S_1에, 지구가 E_2에 위치할 때 S_2에 있는 것처럼 보인다.
- 별 S의 연주 시차: 시차($\angle E_1SE_2$)의 $\frac{1}{2}$

지구에서 6개월 간격으로 관측한 별의 *각거리가 0.04″인 경우 별의 연주 시차는 0.02″이다.

2. 연주 시차와 별까지의 거리 관계

① 연주 시차는 별까지의 거리가 가까울수록 크고, 멀수록 작다.❷ ➡ 연주 시차는 별까지의 거리와 반비례 관계이다.

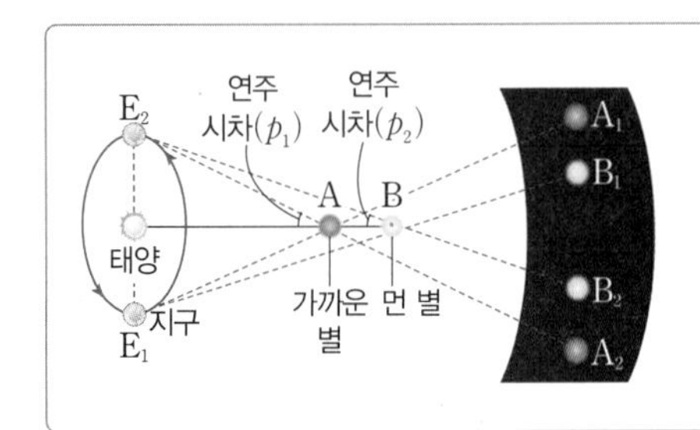

- 별 A는 B보다 지구로부터의 거리가 가깝다.
- 별 A는 B보다 연주 시차가 크다.
  ➡ $p_1 > p_2$

연주 시차를 측정하면 별까지의 거리를 알 수 있다.

② 연주 시차가 1″인 별까지의 거리를 1 pc(파섹)❸이라고 한다.

$$\text{별까지의 거리(pc)} = \frac{1}{\text{연주 시차(″)}}$$

③ 연주 시차 측정의 한계: 약 100 pc 이상 멀리 있는 별들은 연주 시차가 매우 작아서 측정하기 어렵다.❹ ➡ 연주 시차는 비교적 가까운 별까지의 거리를 구할 때 이용한다.

❶ 물체까지의 거리와 시차

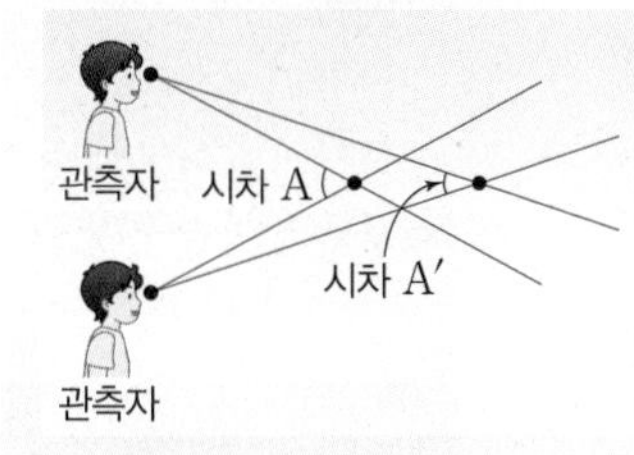

- 물체가 A에 있을 때의 시차가 A′에 있을 때의 시차보다 크다.
  ➡ 시차를 이용하면 물체까지의 거리를 구할 수 있다.
- 관측자의 위치 변화가 클수록 시차가 크다.

❷ 별의 연주 시차와 거리

별	연주 시차(″)	거리(pc)
프록시마 센타우리	0.77	약 1.3
시리우스	0.38	약 2.6
알타이르	0.19	약 5.3
베가	0.13	약 7.7

네 별 중 거리가 가장 먼 베가의 연주 시차가 가장 작다.

❸ 천체의 거리 단위

- 1 AU(천문단위)≒1.5×10^8 km
- 1 LY(광년)≒9.5×10^{12} km ≒63000 AU
- 1 pc(파섹)≒3×10^{13} km ≒206265 AU ≒3.26광년

❹ 연주 시차의 측정

별까지의 거리는 매우 멀어서 별의 연주 시차도 매우 작으므로 정밀한 측정 기술이 발달하기 전까지는 연주 시차를 측정할 수 없었다. 1838년에 독일의 천문학자 베셀이 최초로 백조자리 61의 연주 시차(0.314″)를 측정하였다.

용어 사전

*각거리(각도 角, 떨어질 距, 떼놓을 離)
각도로 표시한 두 점 사이의 거리

정답과 해설 24쪽 ⟩⟩⟩

핵심 Tip

- 시차: 관측자가 서로 다른 두 지점에서 같은 물체를 바라볼 때 두 관측 지점과 물체가 이루는 각도
- 연주 시차: 지구에서 6개월 간격으로 별을 관측할 때 나타나는 각도(시차)의 $\frac{1}{2}$
- 연주 시차가 나타나는 까닭: 지구가 공전하기 때문
- 연주 시차와 별까지의 거리의 관계: 반비례 관계
- 1 pc(파섹): 연주 시차가 1″인 별까지의 거리

1 다음은 시차에 대한 설명이다. 빈칸에 알맞은 말을 쓰시오.

> 시차는 관측자가 서로 다른 두 지점에서 같은 물체를 바라볼 때 두 관측 지점과 물체가 이루는 (㉠   )로, 관측 지점과 물체 사이의 거리가 멀수록 (㉡   ) 진다.

2 연주 시차에 대한 설명으로 옳은 것은 ○, 옳지 않은 것은 ×로 표시하시오.

(1) 지구에서 6개월 간격으로 별을 관측할 때 나타나는 각도가 0.06″인 별의 연주 시차는 0.03″이다. (   )

(2) 연주 시차는 지구가 자전하기 때문에 나타난다. (   )

(3) 연주 시차는 별까지의 거리가 가까울수록 크고, 멀수록 작다. (   )

(4) 거리가 10 pc인 별의 연주 시차가 0.01″이다. (   )

원리 Tip Ⓐ-1

별의 연주 시차

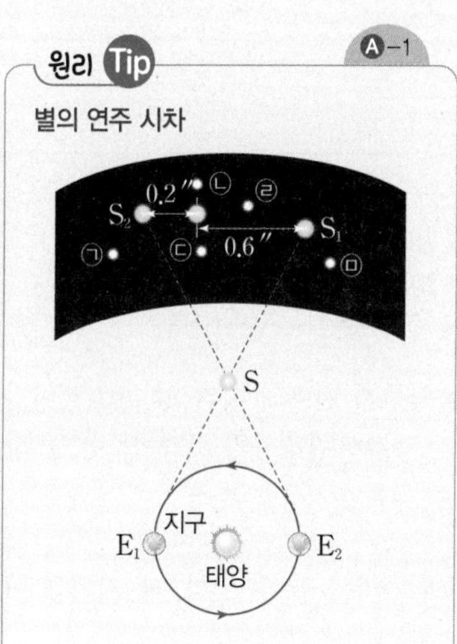

- 지구에서 6개월 간격으로 관측했을 때 별 ㉠~㉤은 위치 변화가 나타나지 않으므로 거리가 매우 먼 배경별이다.
- 별 S의 시차는 0.2″+0.6″=0.8″이므로, 연주 시차는 0.8″의 $\frac{1}{2}$인 0.4″이다.

3 그림은 지구에서 6개월 간격으로 별 A와 B를 관측한 모습을 나타낸 것이다.

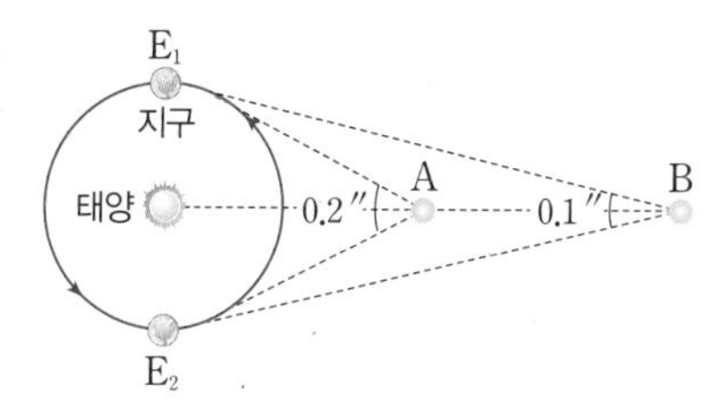

(1) 별 A의 시차를 쓰시오.

(2) 별 B의 연주 시차를 쓰시오.

(3) 별 A와 B의 거리를 각각 구하시오.

4 다음 별 중 지구로부터의 거리가 가장 먼 별을 고르시오.

> 연주 시차가 0.2″인 별   거리가 2 pc인 별   거리가 32.6광년인 별

5 그림은 지구에서 6개월 간격으로 별 A와 B를 관측한 모습을 나타낸 것이다.

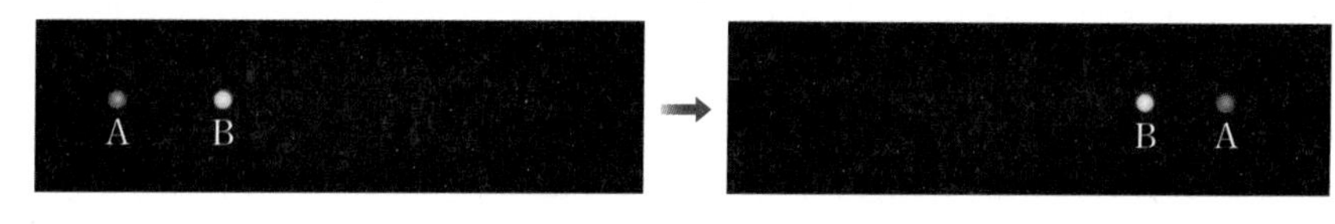

(1) 별 A와 B 중 연주 시차가 더 큰 별을 쓰시오.

(2) 별 A와 B 중 지구로부터의 거리가 더 먼 별을 쓰시오.

(3) 지구에서 6개월 간격으로 관측했을 때 별 A와 B의 위치가 변한 까닭은 지구가 태양 주위를 (   )하기 때문이다.

암기 Tip Ⓐ

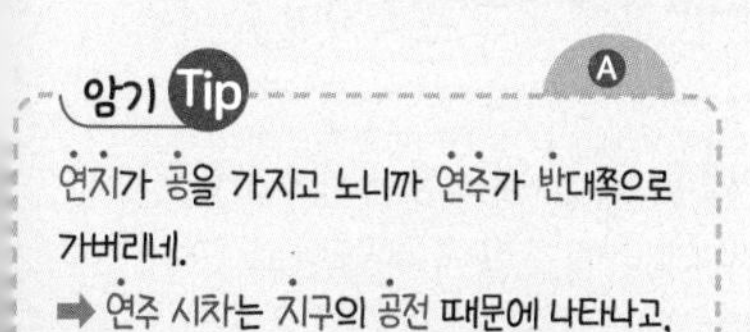

연지가 공을 가지고 노니까 연주가 반대쪽으로 가버리네.

➡ 연주 시차는 지구의 공전 때문에 나타나고, 연주 시차는 별까지의 거리에 반비례한다.

정답과 해설 24쪽

과학적 사고로!

탐구하기 • Ⓐ 시차 측정

목표 시차를 측정하는 실험을 통해 물체까지의 거리와 시차의 관계를 알아본다.

과정

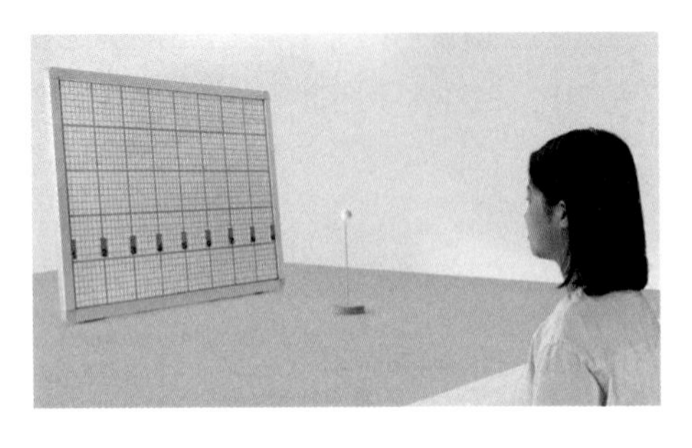

❶ 눈금이 그려진 화이트보드에 일정한 간격으로 붙임쪽지를 붙이고 1~9까지 번호를 적는다.
붙임쪽지는 거리가 먼 배경별에 해당한다.

❷ 화이트보드의 중앙을 향하도록 앉은 관측자로부터 40 cm 떨어진 위치에 스타이로폼 공을 고정한 막대를 세운다.
스타이로폼 공은 거리가 가까운 별에 해당한다.

[유의점]
관찰자의 눈높이가 화이트보드의 붙임쪽지 높이, 스타이로폼 공의 높이와 일치하도록 한다.

❸ 왼쪽 눈을 감고 스타이로폼 공이 보이는 위치의 붙임쪽지 번호를 적은 후 오른쪽 눈을 감고 스타이로폼 공이 보이는 위치의 붙임쪽지 번호를 적는다.
왼쪽 눈과 오른쪽 눈은 공전 궤도상에서 6개월 간격의 지구 위치에 해당한다.

❹ 관측자로부터 80 cm 떨어진 위치에 스타이로폼 공을 고정한 막대를 세우고 과정 ❸을 반복한다.

결과

구분	감은 눈	스타이로폼 공이 보이는 위치의 붙임쪽지 번호	붙임쪽지 번호의 차 시차에 해당한다.
과정 ❸	왼쪽	1	8
	오른쪽	9	
과정 ❹	왼쪽	3	4
	오른쪽	7	

실험 Tip
시차 측정 방법
관측자의 두 눈과 스타이로폼 공이 보이는 위치의 붙임쪽지를 각각 선으로 이었을 때, 두 선과 스타이로폼 공이 이루는 각을 재면 시차를 측정할 수 있다.

- 거리: 관측자로부터 40 cm 떨어진 위치의 스타이로폼 공<관측자로부터 80 cm 떨어진 위치의 스타이로폼 공
- 시차: 관측자로부터 40 cm 떨어진 위치의 스타이로폼 공>관측자로부터 80 cm 떨어진 위치의 스타이로폼 공

정리

- 관측자로부터 40 cm 떨어진 위치에 스타이로폼 공을 놓고 관측한 붙임쪽지 번호의 차가 80 cm 떨어진 위치에 스타이로폼 공을 놓고 관측한 붙임쪽지 번호의 차보다 (㉠   ). ➡ 관측자와 스타이로폼 공 사이의 거리가 가까울수록 시차가 (㉡   ).
- 시차와 물체까지의 거리는 (㉢   ) 관계이다.
- 물체까지의 거리를 직접 측정하지 않아도 시차를 이용하면 물체까지의 거리를 알 수 있다. ➡ 시차를 이용하면 별까지의 거리를 알 수 있다.

확인 문제

1 위 실험에 대한 설명으로 옳은 것은 ○, 옳지 않은 것은 ×로 표시하시오.

(1) 과정 ❸과 ❹는 물체까지의 거리에 따른 시차를 알아보기 위한 것이다. (   )

(2) 관측자로부터 60 cm 떨어진 위치에 스타이로폼 공을 놓고 관측할 경우 붙임쪽지 번호의 차는 4보다 작을 것이다. (   )

(3) 물체까지의 거리가 가까울수록 시차가 크다. (   )

(4) 관측자의 두 눈 사이의 거리가 더 멀 경우 붙임쪽지 번호의 차는 더 작을 것이다. (   )

(5) 태양 주위를 공전하는 지구에서 6개월 간격으로 거리가 가까운 별을 관측하면 별까지의 거리를 알 수 있다. (   )

실전 문제

2 그림은 종이에 2개의 구멍을 뚫고 두 구멍의 중심에서 30 cm 떨어진 곳에 주사위를 놓은 후 왼쪽 구멍과 오른쪽 구멍으로 주사위가 위치하는 번호를 관측하는 실험을 나타낸 것이다. 이에 대한 설명으로 옳은 것을 〈보기〉에서 모두 고르시오.

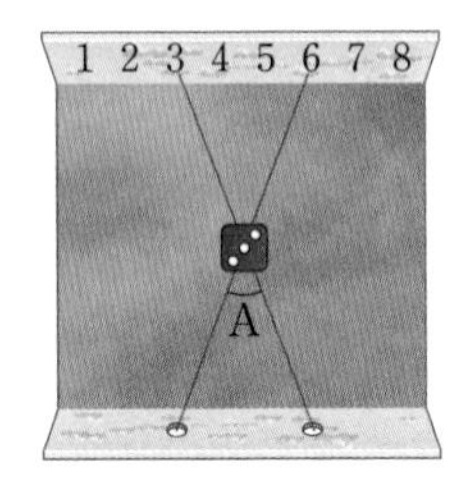

보기
ㄱ. A는 시차이다.
ㄴ. 주사위를 구멍에서 더 먼 곳에 놓고 관측하면 주사위가 위치하는 번호 차가 커질 것이다.
ㄷ. 이 실험에서 2개의 구멍은 공전 궤도상에서 6개월 간격의 지구 위치에, 주사위는 배경별에 해당한다.

정답과 해설 24쪽

A 연주 시차와 별까지의 거리

01 ㉠ 별의 연주 시차가 생기는 원인과 ㉡ 연주 시차로 구할 수 있는 것을 옳게 짝 지은 것은?

	㉠	㉡
①	별의 자전	별의 크기
②	지구의 자전	별까지의 거리
③	지구의 자전	별의 표면 온도
④	지구의 공전	별까지의 거리
⑤	지구의 공전	별의 표면 온도

[02~04] 그림 (가)와 (나)는 관측자가 양쪽 눈을 번갈아 감으면서 연필 끝의 위치 변화를 관찰하는 모습을 나타낸 것이다.

(가) 팔을 굽혔을 때

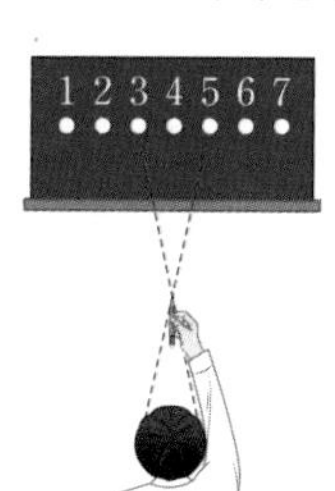

(나) 팔을 폈을 때

[주관식] 탐구 84쪽

02 이 실험은 무엇을 측정하기 위한 것인지 쓰시오.

탐구 84쪽

03 이 실험으로 알 수 있는 관측자와 물체 사이의 거리에 따른 시차를 그래프로 옳게 나타낸 것은?

①
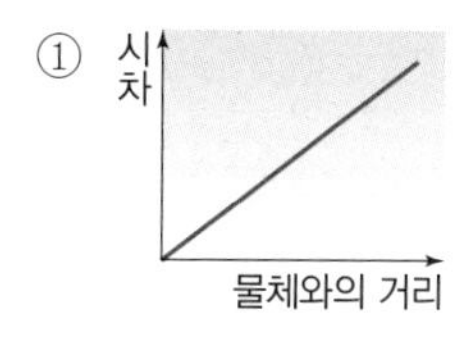

②
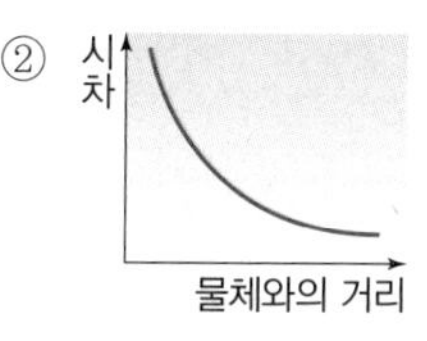

③
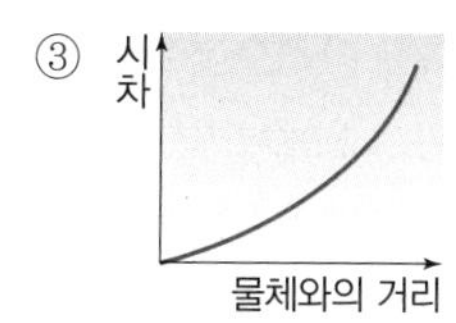

④
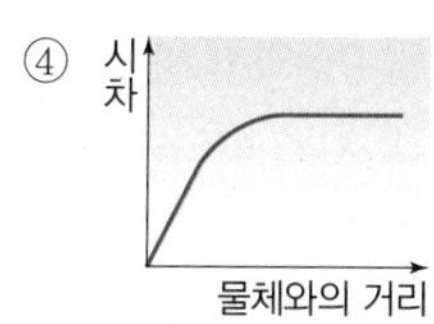

⑤
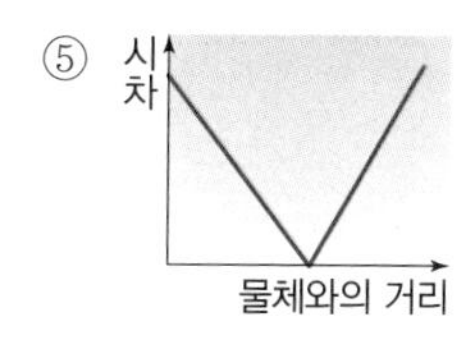

중요 탐구 84쪽

04 이 실험에 대한 설명으로 옳은 것을 〈보기〉에서 모두 고른 것은?

보기
ㄱ. (가)는 (나)보다 시차가 크다.
ㄴ. 두 눈과 연필 끝이 이루는 각도는 연주 시차이다.
ㄷ. 이를 이용하여 물체까지의 거리를 측정할 수 있다.
ㄹ. 관측자의 양쪽 눈은 12개월 간격의 지구 위치에 비유할 수 있다.

① ㄱ, ㄴ ② ㄱ, ㄷ ③ ㄴ, ㄷ ④ ㄴ, ㄹ ⑤ ㄷ, ㄹ

[05~06] 그림은 태양 주위를 공전하는 지구가 E_1, E_2 위치에 있을 때 별 S를 관측한 모습을 나타낸 것이다.

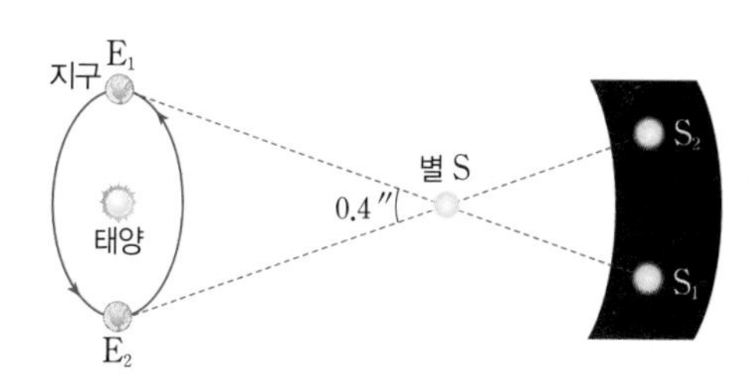

05 별 S의 연주 시차와 지구로부터의 거리를 옳게 짝 지은 것은?

	연주 시차	지구로부터의 거리
①	0.2″	5 pc
②	0.2″	10 pc
③	0.4″	5 pc
④	0.4″	10 pc
⑤	0.8″	15 pc

[주관식]

06 별 S보다 지구로부터 2배 멀리 떨어져 있는 별의 연주 시차를 구하시오.

07 지구로부터의 거리가 326광년인 별의 연주 시차는? (단, 1 pc≒3.26광년이다.)

① 0.001″ ② 0.01″ ③ 0.05″ ④ 0.1″ ⑤ 0.5″

중요

08 표는 별들의 연주 시차와 거리를 나타낸 것이다.

별	연주 시차(″)	거리(pc)
프록시마 센타우리	0.77	약 (　　)
시리우스	0.38	약 2.6
알타이르	0.19	약 5.3
베가	(　　)	약 7.7

이에 대한 설명으로 옳은 것을 〈보기〉에서 모두 고른 것은?

보기
ㄱ. 시리우스의 시차는 0.76″이다.
ㄴ. 베가는 알타이르보다 연주 시차가 클 것이다.
ㄷ. 지구로부터의 거리가 가장 가까운 별은 프록시마 센타우리이다.
ㄹ. 밤하늘의 모든 별들은 연주 시차를 이용하여 거리를 구할 수 있다.

① ㄱ, ㄴ　② ㄱ, ㄷ　③ ㄴ, ㄷ
④ ㄱ, ㄴ, ㄷ　⑤ ㄴ, ㄷ, ㄹ

중요

09 그림은 별 A와 B를 6개월 간격으로 찍은 세 장의 사진을 겹쳐 놓은 것으로, 별 A는 A → A′ → A로, 별 B는 B → B′ → B로 이동하였다.

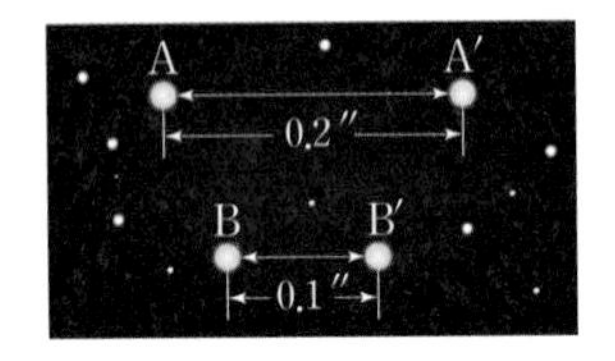

이에 대한 설명으로 옳지 않은 것은? (단, 1 pc≒3.26광년이다.)

① 별 A의 시차는 0.2″이다.
② 별 B의 연주 시차는 0.05″이다.
③ 지구에서 별 A까지의 거리는 10 pc이다.
④ 별 B는 별 A보다 지구로부터의 거리가 멀다.
⑤ 별 A의 빛이 지구에 도달하는 데 걸리는 시간은 약 3.26년이다.

10 지구로부터의 거리가 가장 먼 별은?

① 시차가 0.6″인 별
② 연주 시차가 6″인 별
③ 지구로부터의 거리가 6 pc인 별
④ 지구로부터의 거리가 0.326광년인 별
⑤ 지구로부터의 거리가 3×10^{13} km인 별

11 표는 지구에서 관측한 별 A~D의 연주 시차를 나타낸 것이다.

별	A	B	C	D
연주 시차(″)	0.8	0.02	0.1	4

지구로부터의 거리가 가장 가까운 별, 지구로부터의 거리가 가장 먼 별, 별 C와 D의 거리 비를 옳게 짝 지은 것은?

	거리가 가장 가까운 별	거리가 가장 먼 별	별 C와 D의 거리 비(C : D)
①	A	D	1 : 20
②	B	A	1 : 40
③	B	D	20 : 1
④	D	B	40 : 1
⑤	D	C	40 : 3

12 그림은 지구에서 6개월 간격으로 별 A와 B를 관측한 모습을 나타낸 것이다.

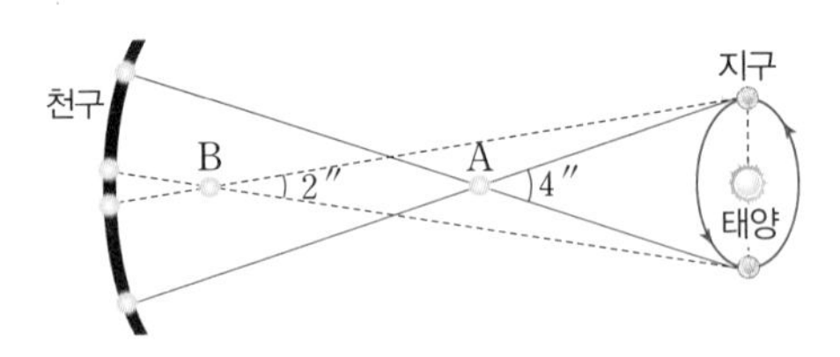

이에 대한 설명으로 옳은 것을 〈보기〉에서 모두 고른 것은?

보기
ㄱ. 별 A의 연주 시차는 별 B의 연주 시차의 2배이다.
ㄴ. 별 B는 별 A보다 지구로부터의 거리가 5배 멀다.
ㄷ. 연주 시차는 별까지의 거리에 비례한다.

① ㄱ　② ㄷ　③ ㄱ, ㄴ
④ ㄴ, ㄷ　⑤ ㄱ, ㄴ, ㄷ

[주관식]

13 그림 (가)와 (나)는 지구에서 6개월 간격으로 관측한 별 A의 위치를 나타낸 것으로, (가)와 (나)에서 별 A의 각거리는 0.08″이다. 지구로부터 별 A까지의 거리를 구하시오.

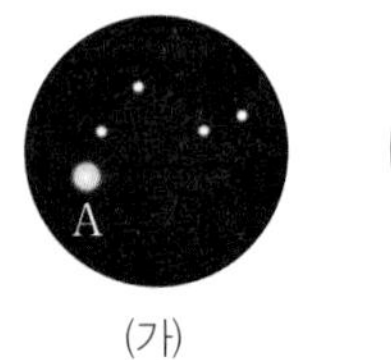

(가)

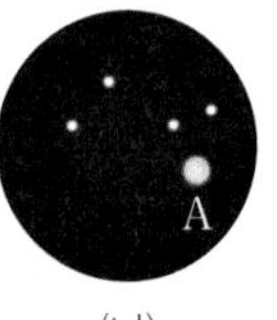

(나)

서술형 문제

정답과 해설 25쪽

단계별 서술형

1 그림은 관측자가 서로 다른 위치에서 나무를 바라보는 모습을 나타낸 것이다.

(1) 이는 무엇을 측정하기 위한 것인지 쓰시오.

(2) 관측자가 현재보다 가까운 두 위치에서 나무를 바라볼 경우 변하는 것은 무엇인지 서술하시오.

서술형

2 그림은 별 A와 B를 6개월 간격으로 관측하여 나타낸 것이다. 지구로부터의 거리가 더 먼 별을 쓰고, 6개월 동안 별 A와 B의 위치가 변한 까닭을 서술하시오.

서술형

3 그림은 6개월 간격으로 별 S를 관측한 모습을 나타낸 것이다. 별 S의 거리를 구하고, 지구로부터 별 S까지의 거리가 현재보다 2배로 멀어질 경우 별 S의 연주 시차를 구하는 과정을 서술하시오.

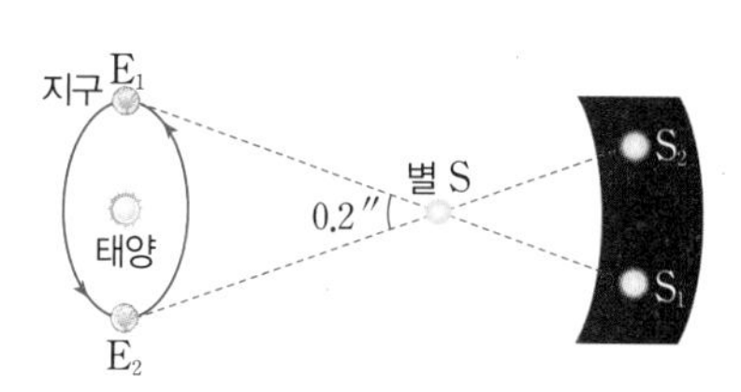

단어 제시형

4 연주 시차가 0.05″인 별의 빛이 지구에 도달하는 데 걸리는 시간을 구하는 과정을 다음 단어를 모두 포함하여 서술하시오. (단, 1 pc≒3.26광년이다.)

별까지의 거리, 연주 시차, 광년

서술형 Tip

1 (2) 현재보다 가까운 두 위치에 관측자를 그리고 관측자와 나무를 선으로 연결해 본다.
→ 필수 용어: 관측자의 두 위치와 나무가 이루는 각, 시차

Plus 문제 1-1
나무가 현재보다 더 먼 거리에 있을 경우 시차의 변화를 서술하시오.

2 별 A, B의 상대적인 연주 시차 크기를 이용하여 지구로부터의 거리를 비교한다.
→ 필수 용어: 지구, 공전

3 연주 시차는 별까지의 거리에 반비례하는 것을 이용하여 서술한다.
→ 필수 용어: 별 S의 거리, 연주 시차

Plus 문제 3-1
별 A의 연주 시차가 0.1″, 별 B의 연주 시차가 0.5″일 때 두 별의 거리 비(A : B)를 구하시오.

4 연주 시차를 이용하여 별까지의 거리를 구하고, pc 단위를 광년 단위로 바꾸어 빛이 지구에 도달하는 데 걸리는 시간을 구한다.

02 별의 성질

A 별의 밝기

Beyond 특강 93~94쪽 탐구 92쪽

1. 별의 밝기와 거리

별의 밝기는 별이 방출하는 빛의 양과 거리에 따라 다르게 보인다.

별까지의 거리가 같을 때	방출하는 빛의 양이 많은 별일수록 밝게 보인다.
별이 방출하는 빛의 양이 같을 때	거리가 가까운 별일수록 밝게 보인다.❶
별의 밝기와 거리의 관계	우리 눈에 보이는 별의 밝기는 별까지의 거리의 제곱에 반비례한다. $별의\ 밝기 \propto \frac{1}{(별까지의\ 거리)^2}$ 별 A, B가 방출하는 빛의 양이 같고 별 B가 A보다 지구로부터 2배 먼 거리에 있으면 별 A는 B보다 4배 밝게 보인다.

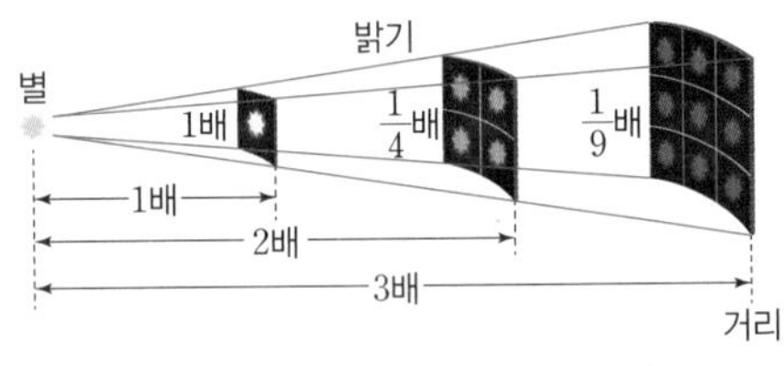

▲ 거리에 따른 별의 밝기 변화

별까지의 거리가 2배, 3배로 멀어지면 빛이 도달하는 면적은 4배, 9배가 된다. ➡ 동일한 면적에 도달하는 빛의 양은 $\frac{1}{4}$배, $\frac{1}{9}$배로 줄어들어 어둡게 보인다.

2. 별의 밝기와 등급

① 고대 그리스의 과학자 히파르코스❷는 맨눈으로 관측한 별들을 밝기에 따라 구분하여 가장 밝게 보이는 별을 1등급❸, 가장 어둡게 보이는 별을 6등급으로 정하였다.

② 그 후 빛의 밝기를 *정량적으로 측정하는 기술이 발달하여 별의 밝기를 정확하게 비교할 수 있게 되었다.

③ 별의 밝기를 등급으로 나타내는 방법

1등급보다 밝은 별	0등급, −1등급, −2등급, … 등으로 나타낸다. 등급이 작을수록 밝은 별이다.
6등급보다 어두운 별	7등급, 8등급, 9등급, … 등으로 나타낸다. 등급이 클수록 어두운 별이다.
각 등급 사이의 밝기인 별	소수점을 이용하여 −2.5등급, 1.3등급 등으로 나타낸다.

3. 별의 등급 차에 따른 밝기 차

① 1등급인 별은 6등급인 별보다 약 100배 밝다.

② 1등급 간의 밝기 차는 약 2.5배이다. ➡ 밝기 차(배)≒$2.5^{등급\ 차}$

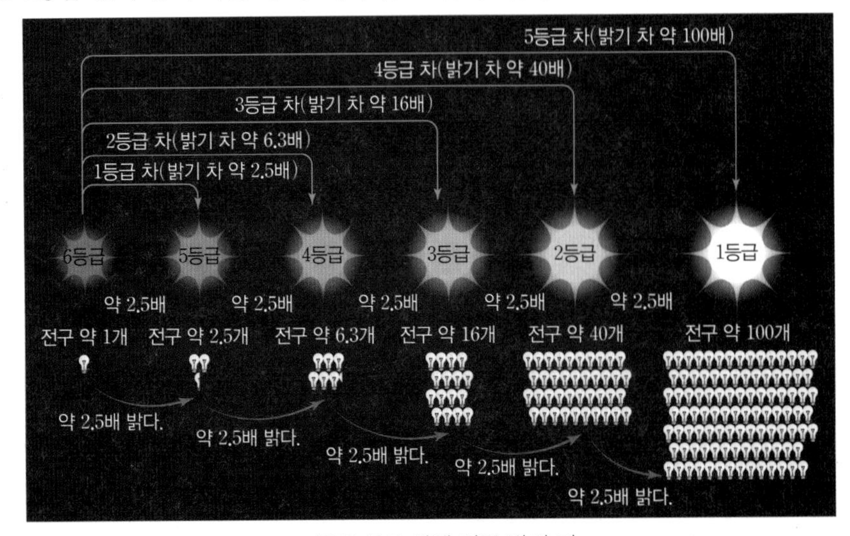

▲ 별의 등급 차에 따른 밝기 차

개념 더하기

❶ 별의 밝기와 거리

가로등의 밝기는 모두 같지만 관측자로부터 멀리 있는 가로등일수록 어둡게 보인다. 이와 같이 밝기가 같은 별도 지구로부터의 거리에 따라 밝기가 다르게 보인다. 즉, 별이 방출하는 빛의 양이 같을 때 거리가 가까운 별일수록 밝게 보이고, 거리가 먼 별일수록 어둡게 보인다.

❷ 히파르코스(Hipparchos, B.C. 190?~B.C. 120?)

고대 그리스의 과학자로, 별의 등급을 구분하고 위치를 측정하여 1000여 개 별의 위치와 밝기를 나타낸 표를 만들었다. 또한 일식을 이용하여 달까지의 거리를 측정하였다.

❸ 등급과 등성

일정한 범위의 별의 등급을 대표하는 값을 등성이라고 한다. 예를 들어 1.6~2.5등급의 별은 1등성, 2.6~3.5등급의 별은 2등성이다.

용어 사전

*정량(정할 定, 헤아릴 量)
일정한 분량

핵심 Tip

- **별의 밝기**: 별의 밝기는 별이 방출하는 빛의 양과 거리에 따라 다르게 보인다.
- **별의 밝기와 거리**: 별의 밝기는 별까지의 거리의 제곱에 반비례한다.
- **별의 밝기와 등급**: 밝은 별일수록 등급이 작고, 어두운 별일수록 등급이 크다.
- **별의 등급 차에 따른 밝기 차**: 1등급인 별은 6등급인 별보다 약 100배 밝고, 1등급 간의 밝기 차는 약 2.5배이다.

1 다음은 별의 밝기와 거리에 대한 설명이다. (　　) 안에 알맞은 말을 고르시오.

(1) 별까지의 거리가 같을 때 방출하는 빛의 양이 많은 별일수록 ㉠(밝게 , 어둡게) 보이고, 별이 방출하는 빛의 양이 같을 때 거리가 ㉡(가까운 , 먼) 별일수록 밝게 보인다.

(2) 우리 눈에 보이는 별의 밝기는 별까지의 거리의 제곱에 (비례, 반비례)한다.

(3) 지구로부터 10 pc 거리에 있는 별이 20 pc 거리로 멀어지면 빛이 도달하는 면적은 ㉠(2 , 4)배가 되므로, 동일한 면적에 도달하는 빛의 양은 ㉡($\frac{1}{2}$, $\frac{1}{4}$)배로 줄어들어 어둡게 보인다.

2 그림은 별의 등급 차에 따른 밝기 차를 나타낸 것이다. 빈칸에 알맞은 말을 쓰시오.

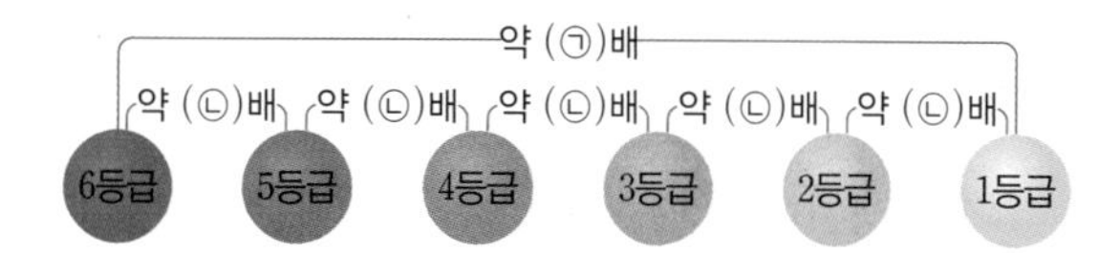

3 표는 별 A~D의 밝기를 등급으로 나타낸 것이다. 이에 대한 설명으로 옳은 것은 ○, 옳지 않은 것은 ×로 표시하시오.

별	A	B	C	D
등급	−2	0	2	3

(1) A~D 중 가장 밝은 별은 D이고, 가장 어두운 별은 A이다. (　　)

(2) A보다 밝은 별은 −1등급, 0등급, 1등급 등으로 나타낸다. (　　)

(3) B보다 약 100배 밝은 별의 등급은 −5등급이다. (　　)

(4) C는 D보다 약 2.5배 밝다. (　　)

적용 Tip Ⓐ-3

☆5등성

☆4등성

☆3등성

★2등성

2등성은 3등성보다 약 2.5배 밝고, 4등성보다 약 $2.5^2≒6.3$배 밝으며, 5등성보다 $2.5^3≒16$배 밝다.

➡ 5등성 16개가 모여 있으면 2등성 1개의 밝기와 비슷하다.

➡ 4등성 6개가 모여 있으면 2등성 1개의 밝기보다 어둡다.

➡ 3등성 3개가 모여 있으면 2등성 1개의 밝기보다 밝다.

4 다음은 별의 밝기와 등급에 대한 설명이다. (　　) 안에 알맞은 말을 고르시오.

(1) 별의 등급이 클수록 (밝은 , 어두운) 별이다.

(2) 등급 차가 클수록 밝기 차는 (커진다 , 작아진다).

(3) 2등급인 별은 7등급인 별보다 약 (10 , 100)배 밝다.

(4) 3등급보다 약 6.3배 밝은 별의 등급은 (1 , 5)등급이다.

5 그림은 사자자리를 관찰할 때 눈에 보이는 별 A~D의 밝기를 나타낸 것이다.

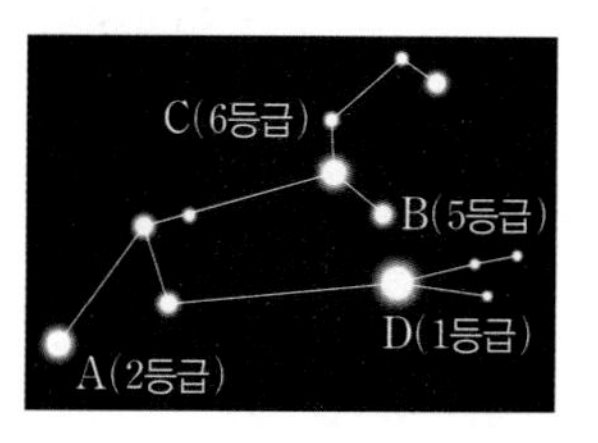

(1) A~D 중 가장 밝게 보이는 별을 쓰시오.

(2) B는 C보다 몇 배 밝게 보이는지 쓰시오.

(3) D보다 약 $\frac{1}{100}$배로 어둡게 보이는 별을 쓰시오.

B 별의 겉보기 등급과 절대 등급 Beyond 특강 93~94쪽

1. 겉보기 등급 우리 눈에 보이는 별의 밝기를 등급으로 나타낸 것이다.

① 별까지의 실제 거리는 생각하지 않고 지구에서 보이는 대로 정한 것이다.

② 겉보기 등급이 작은 별일수록 우리 눈에 밝게 보인다.

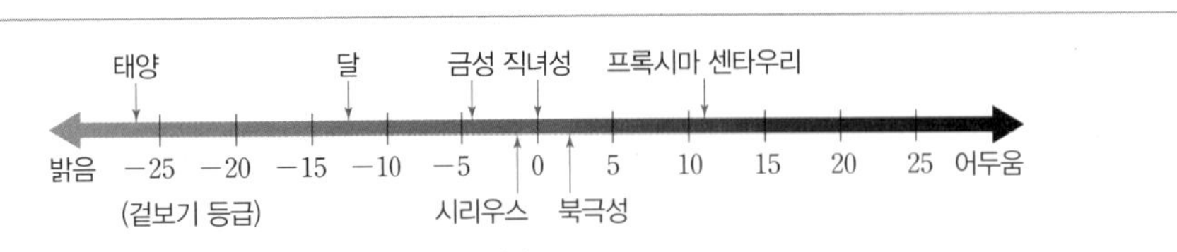

• 태양은 겉보기 등급이 가장 작다. ➡ 가장 밝게 보인다.
• 프록시마 센타우리는 북극성보다 겉보기 등급이 크다. ➡ 프록시마 센타우리는 북극성보다 어둡게 보인다.

직녀성은 겉보기 등급이 0등급이다. ➡ 직녀성보다 약 $\frac{1}{2.5}$배로 어둡게 보이는 별의 겉보기 등급은 1등급이고, 약 2.5배 밝게 보이는 별의 겉보기 등급은 −1등급이다.

2. 절대 등급❶ 별이 10 pc의 거리에 있다고 가정했을 때의 밝기를 등급으로 나타낸 것이다.

① 별의 실제 밝기를 비교할 수 있다.

② 절대 등급이 작은 별일수록 실제로 밝다.

3. 별까지의 거리 (겉보기 등급−절대 등급) 값이 작을수록 가까이 있는 별이고, 값이 클수록 멀리 있는 별이다.

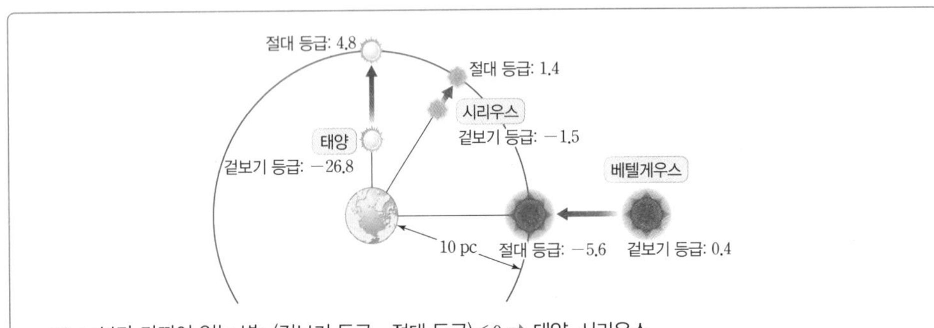

• 10 pc보다 가까이 있는 별: (겉보기 등급−절대 등급)<0 ➡ 태양, 시리우스
  절대 등급이 겉보기 등급보다 큰 별은 10 pc보다 가까이 있다.
• 10 pc 거리에 있는 별: (겉보기 등급−절대 등급)=0
• 10 pc보다 멀리 있는 별: (겉보기 등급−절대 등급)>0 ➡ 베텔게우스
  겉보기 등급이 절대 등급보다 큰 별은 10 pc보다 멀리 있다.

C 별의 색깔과 표면 온도

1. 별의 색깔 별의 표면 온도에 따라 별의 색깔이 달라진다. ➡ 표면 온도가 높은 별일수록 파란색을 띠고, 표면 온도가 낮은 별일수록 붉은색을 띤다.❷

2. 별의 색깔과 표면 온도❸ 별의 표면 온도는 직접 측정할 수 없으므로 별의 색깔 등을 통해 알아낸다.

별의 색깔	청색	청백색	백색	황백색	황색	주황색	적색
표면 온도	높다. ⟵⟶						낮다.
대표적인 별	나오스, 민타카	스피카, 리겔	견우성, 직녀성	프로키온, 북극성	태양, 카펠라	아크투르스, 알데바란	베텔게우스, 안타레스

개념 더하기

❶ 절대 등급
• 하늘에서 가장 밝게 보이는 별은 지구에서 가장 가까운 태양이지만, 태양이 실제로 우주에서 가장 밝은 별은 아니다. 별들의 실제 밝기를 비교하려면 지구로부터 같은 거리에 있을 때의 밝기를 알아야 한다.
• 별이 10 pc의 거리에 있다고 가정할 때의 등급을 절대 등급이라고 하며, 절대 등급은 별까지의 거리가 같다고 가정한 등급이므로 별의 실제 밝기를 비교할 수 있다.

❷ 물체의 색깔과 온도
스스로 빛을 내는 물체는 온도에 따라 특정한 색깔을 나타내는데, 온도가 높을수록 파란색으로 보이고 온도가 낮을수록 붉은색으로 보인다. 예를 들어 용광로에서 나온 쇳물은 노란색을 띠다가 식으면서 붉은색으로 보인다.

▲ 용광로에서 나온 쇳물의 색깔 변화

❸ 별의 색깔과 표면 온도

*오리온자리를 이루는 별들 중 베텔게우스는 붉은색을 띠고, 리겔은 청백색을 띤다. ➡ 표면 온도가 높은 별일수록 파란색을 띠고, 표면 온도가 낮은 별일수록 붉은색을 띠므로, 리겔은 베텔게우스보다 표면 온도가 높다.

용어 사전
***오리온자리**
겨울철의 대표적인 별자리로, 리겔과 베텔게우스 등 비교적 밝은 별들로 이루어져 있다.

핵심 Tip

- **겉보기 등급**: 우리 눈에 보이는 별의 밝기를 등급으로 나타낸 것이다.
- **절대 등급**: 별이 10 pc의 거리에 있다고 가정했을 때의 밝기를 등급으로 나타낸 것으로, 별의 실제 밝기를 비교할 수 있다.
- **별까지의 거리**: 10 pc보다 가까이 있는 별은 (겉보기 등급－절대 등급)이 0보다 작고, 10 pc보다 멀리 있는 별은 (겉보기 등급－절대 등급)이 0보다 크다.
- **별의 색깔과 표면 온도**: 별의 표면 온도에 따라 별의 색깔이 달라지며, 표면 온도가 높은 별일수록 파란색을 띤다.

6 그림은 태양과 북극성이 밝기와 관련하여 대화를 하는 모습이다. 이에 대한 설명으로 옳은 것은 ○, 옳지 않은 것은 ×로 표시하시오.

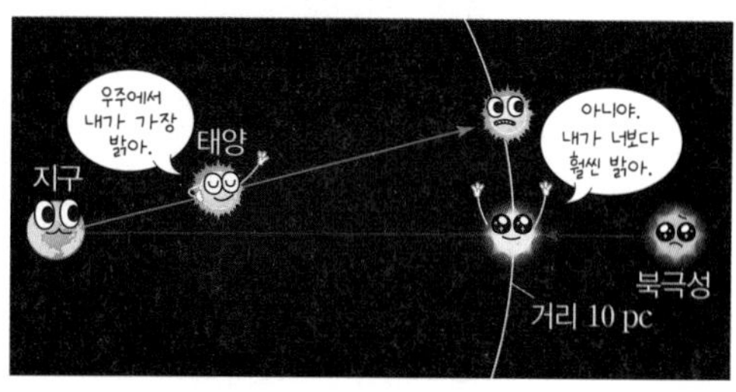

(1) 겉보기 등급은 태양이 북극성보다 작다. (　　)

(2) 북극성은 태양보다 절대 등급이 크다. (　　)

(3) 북극성은 (겉보기 등급－절대 등급)이 0보다 크다. (　　)

7 다음은 별의 겉보기 등급과 절대 등급에 대한 설명이다. (　　) 안에 알맞은 말을 고르시오.

(1) (겉보기 , 절대) 등급은 별까지의 거리는 고려하지 않는다.

(2) 절대 등급은 별을 (10 , 100) pc의 거리에 두고 정한 등급이다.

(3) (겉보기 , 절대) 등급은 별의 실제 밝기를 나타낸다.

(4) 10 pc의 거리에 있는 별은 겉보기 등급과 절대 등급이 (같다 , 다르다).

적용 Tip Ⓑ

별의 겉보기 등급과 절대 등급

별	겉보기 등급	절대 등급
시리우스	−1.5	1.4
데네브	1.3	−8.7

➡ 시리우스는 데네브보다 겉보기 등급이 작으므로 밝게 보인다.
➡ 시리우스는 데네브보다 절대 등급이 크므로 실제로 어두운 별이다.
➡ 시리우스는 (겉보기 등급－절대 등급)이 0보다 작으므로 10 pc보다 가까이 있고, 데네브는 (겉보기 등급－절대 등급)이 0보다 크므로 10 pc보다 멀리 있다.

8 표는 별 A~D의 겉보기 등급과 절대 등급을 나타낸 것이다. 빈칸에 알맞은 말을 쓰시오.

별	A	B	C	D
겉보기 등급	0.1	5.1	3.7	−6.2
절대 등급	0.1	5.1	−0.5	2.5

(1) A~D 중 가장 밝게 보이는 별은 (㉠　　)이고, 실제로 가장 밝은 별은 (㉡　　)이다.

(2) A~D 중 10 pc보다 가까이 있는 별은 (㉠　　)이고, 10 pc보다 멀리 있는 별은 (㉡　　)이다.

(3) A~D 중 10 pc 거리에 있는 별은 (　　)이다.

9 다음은 별의 색깔과 표면 온도에 대한 설명이다. 빈칸에 알맞은 말을 쓰시오.

> 별의 표면 온도는 별의 (㉠　　)을 통해 알아낼 수 있다. 청백색을 띠는 스피카는 주황색을 띠는 아크투르스보다 표면 온도가 (㉡　　).

10 그림은 별 A~E의 색깔과 절대 등급을 나타낸 것이다.

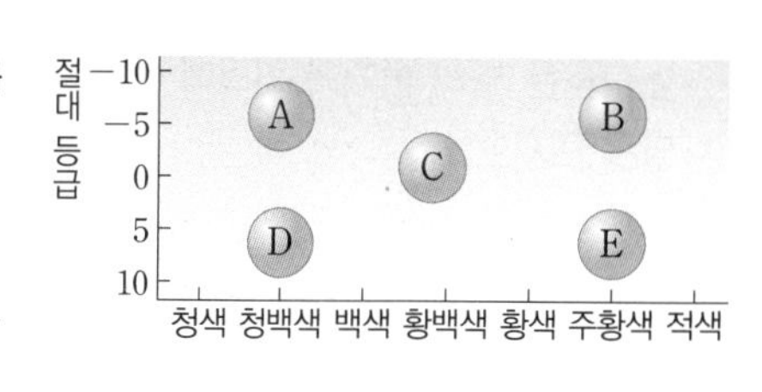

(1) 실제로 가장 밝은 별을 모두 쓰시오.

(2) 표면 온도가 가장 높은 별을 모두 쓰시오.

(3) 태양보다 표면 온도가 낮은 별을 모두 쓰시오.

암기 Tip Ⓒ

파란 하늘은 높고 붉은 노을은 낮다.
파란색 별은 표면 온도가 높고, 붉은색 별은 표면 온도가 낮다.

과학적 사고로!

탐구하기 • Ⓐ 별의 밝기 변화 실험

목표 별이 방출하는 빛의 양과 거리에 따른 눈에 보이는 별의 밝기 변화를 알아본다.

과 정

[유의점]
손전등은 밝기 차이가 큰 것 2개를 준비하고, 불빛의 밝기를 잘 관찰할 수 있도록 어두운 곳에서 실험한다.

❶ 방출하는 빛의 양이 다른 두 개의 손전등을 검은색 종이로부터 같은 거리에서 비춘다.

❷ 종이에 비친 두 불빛의 밝기를 비교한다.

방출하는 빛의 양이 많을수록 단위 면적당 도달하는 빛의 양이 더 많다.

$$\text{밝기} \propto \text{방출하는 빛의 양}$$

❸ 방출하는 빛의 양이 같은 두 개의 손전등을 검은색 종이로부터 서로 다른 거리에서 비춘다.

❹ 종이에 비친 두 불빛의 밝기를 비교한다.

거리가 가까울수록 단위 면적당 도달하는 빛의 양이 더 많다.

$$\text{밝기} \propto \frac{1}{\text{거리}^2}$$

결 과

- ❷에서 방출하는 빛의 양이 많은 큰 손전등의 불빛이 더 밝게 보인다.
- ❹에서 종이와의 거리가 가까운 손전등의 불빛이 더 밝게 보인다.

정 리

- 별까지의 거리가 같을 경우 별이 방출하는 빛의 양이 (㉠   )수록 더 밝게 보이고, 별이 방출하는 빛의 양이 같을 경우 별의 거리가 (㉡   )수록 더 밝게 보인다.
- 별의 밝기는 별이 방출하는 빛의 양과 별까지의 (㉢   )에 따라 달라진다.
- 손전등의 빛은 실제 밝기가 같더라도 거리가 가까우면 밝게 보인다. ➡ 손전등의 실제 밝기를 비교하려면 손전등을 같은 거리에 놓아야 한다.

확인 문제

1 위 실험에 대한 설명으로 옳은 것은 ○, 옳지 않은 것은 ×로 표시하시오.

(1) 같은 밝기로 보이는 모든 별은 방출하는 빛의 양이 같다. (   )

(2) 별의 거리가 멀어지면 단위 면적당 도달하는 빛의 양이 많아진다. (   )

(3) 별들의 밝기가 서로 다르게 보이는 것은 별이 생성된 시기가 다르기 때문이다. (   )

(4) 이 실험을 통해 별의 밝기는 별이 방출하는 빛의 양과 별까지의 거리에 따라 다르게 보이는 것을 알 수 있다. (   )

2 다음은 별의 밝기와 거리에 대한 설명이다. 빈칸에 알맞은 말을 쓰시오.

> 별까지의 거리가 4배로 멀어지면 빛이 도달하는 면적은 (㉠   )배가 되므로, 동일한 면적에 도달하는 빛의 양은 (㉡   )배로 줄어들어 어둡게 보인다.

실전 문제

3 그림 (가)와 (나)는 작은 손전등과 큰 손전등을 기준선에 놓고 스마트 기기를 이용하여 밝기를 측정하는 실험을 나타낸 것이다.

작은 손전등
큰 손전등
스마트 기기
(가) (나)

이 실험에 대한 설명으로 옳은 것을 <보기>에서 모두 고른 것은?

> 보기
> ㄱ. 단위 면적당 도달하는 빛의 양은 큰 손전등이 작은 손전등보다 많다.
> ㄴ. 별까지의 거리에 따라 별의 밝기가 다르게 보이는 것을 알아보기 위한 실험이다.
> ㄷ. 작은 손전등의 거리를 현재보다 멀리하고 실험하면 (가)와 (나)의 밝기 차이가 더 커질 것이다.

① ㄱ   ② ㄴ   ③ ㄱ, ㄷ   ④ ㄴ, ㄷ   ⑤ ㄱ, ㄴ, ㄷ

별의 밝기, 거리, 등급의 관계 쉽게 이해하기

정답과 해설 27쪽

[별의 밝기, 거리, 등급의 관계 파악하기]

우리 눈에 보이는 별의 밝기는 별까지의 거리의 제곱에 반비례하며, 1등급 간의 밝기 차는 약 2.5배이다.

$$\text{별의 밝기} \propto \frac{1}{(\text{별까지의 거리})^2} \qquad \text{밝기 차(배)} \fallingdotseq 2.5^{\text{등급 차}}$$

별까지의 거리 변화에 따른 별의 밝기 변화 구하기

- 별의 밝기는 별까지의 거리의 제곱에 반비례한다.
- 별의 거리가 가까워지면 밝게 보이고, 멀어지면 어둡게 보인다.

별까지의 거리 변화	별의 밝기 변화
$\frac{1}{10}$배로 가까워지는 경우	100배 밝게 보인다.
$\frac{1}{2}$배로 가까워지는 경우	4배 밝게 보인다.
2배 멀어지는 경우	$\frac{1}{4}$배로 어둡게 보인다.
10배 멀어지는 경우	$\frac{1}{100}$배로 어둡게 보인다.

[예제]

1 별의 거리가 $\frac{1}{3}$배로 가까워지면 별의 밝기는 어떻게 변하는지 쓰시오.

2 별의 거리가 3배 멀어지면 별의 밝기는 어떻게 변하는지 쓰시오.

별의 밝기 차로 등급 구하기

- 1등급의 별은 6등급의 별보다 약 100배 밝다.
- 1등급 간의 밝기 차는 약 2.5배이다.

별의 등급 차	별의 밝기 차
1	약 2.5배
2	$2.5^2 \fallingdotseq 6.3$배
3	$2.5^3 \fallingdotseq 16$배
4	$2.5^4 \fallingdotseq 40$배
5	$2.5^5 \fallingdotseq 100$배

[예제]

3 2등급인 별보다 약 100배 밝은 별의 등급을 쓰시오.

4 2등급인 별보다 약 $\frac{1}{100}$배로 어두운 별의 등급을 쓰시오.

5 5등급인 별의 밝기가 약 16배 밝아지면 이 별은 몇 등급이 되는지 쓰시오.

6 5등급인 별의 밝기가 약 $\frac{1}{16}$배로 어두워지면 이 별은 몇 등급이 되는지 쓰시오.

별들이 모여 있을 때 등급 구하기

- 밝기가 같은 별 A가 10개 모여 있으면 별 A 1개의 밝기보다 10배 밝다.

같은 밝기의 별이 모여 있는 개수	밝기와 등급 변화
16개	16배 밝아진다. ➡ 약 3등급 작아진다.
40개	40배 밝아진다. ➡ 약 4등급 작아진다.
100개	100배 밝아진다. ➡ 약 5등급 작아진다.

[예제]

7 4등급인 별 16개가 모여 있으면 약 몇 등급인 별 1개의 밝기와 같은지 쓰시오.

8 −2등급인 별 100개가 모여 있으면 약 몇 등급인 별 1개의 밝기와 같은지 쓰시오.

9 −1등급인 별 40개가 모여 있는 성단과 100개가 모여 있는 성단의 등급 차를 쓰시오.

별까지의 거리 변화에 따른 등급 구하기

- 별까지의 거리가 가까워지면 등급이 작아진다.
- 별까지의 거리가 멀어지면 등급이 커진다.

별까지의 거리 변화	밝기와 등급 변화
$\frac{1}{10}$배로 가까워지는 경우	100배 밝게 보인다. ➡ 약 5등급 작아진다.
$\frac{1}{4}$배로 가까워지는 경우	16배 밝게 보인다. ➡ 약 3등급 작아진다.
4배 멀어지는 경우	$\frac{1}{16}$배로 어둡게 보인다. ➡ 약 3등급 커진다.
10배 멀어지는 경우	$\frac{1}{100}$배로 어둡게 보인다. ➡ 약 5등급 커진다.

[예제]

10 겉보기 등급이 3등급인 별의 거리가 $\frac{1}{10}$배로 가까워지면 약 몇 등급으로 보이는지 쓰시오.

11 겉보기 등급이 −2등급인 별의 거리가 4배 멀어지면 약 몇 등급으로 보이는지 쓰시오.

[겉보기 등급과 절대 등급을 이용하여 별의 거리를 구하고, 별의 거리와 절대 등급(또는 겉보기 등급)을 이용하여 겉보기 등급(또는 절대 등급) 구하기]

별이 멀리 있을수록 (겉보기 등급−절대 등급) 값이 크다.

- 10 pc보다 가까이 있는 별: (겉보기 등급−절대 등급)<0
- 10 pc 거리에 있는 별: (겉보기 등급−절대 등급)=0
- 10 pc보다 멀리 있는 별: (겉보기 등급−절대 등급)>0

별의 겉보기 등급과 절대 등급을 이용하여 거리 비교하기

표는 별들의 겉보기 등급과 절대 등급을 나타낸 것이다.

별	겉보기 등급	절대 등급
리겔	0.1	−6.8
시리우스	−1.5	1.4
북극성	2.1	−3.7
태양	−26.8	4.8
베텔게우스	0.4	−5.6

[예제]

1 거리가 10 pc보다 가까운 별을 모두 쓰시오.

2 거리가 10 pc보다 먼 별을 모두 쓰시오.

3 거리가 가장 가까운 별을 쓰시오.

4 거리가 가장 먼 별을 쓰시오.

별의 거리와 절대 등급을 이용하여 겉보기 등급 구하기

[절대 등급이 7등급인 별의 거리가 2.5 pc일 때 겉보기 등급 구하기]

① 별의 거리를 기준으로 10 pc과 비교하여 얼마나 멀거나 가까운지 판단한다.

➡ 2.5 pc은 10 pc보다 $\frac{1}{4}$배 가까운 거리이다.

② 별의 거리 변화에 따른 밝기 차를 계산한다.

➡ 별의 거리가 $\frac{1}{4}$배로 가까워지면 밝기는 16($=4^2$)배 밝게 보인다.

③ 밝기 차에 따른 등급 차를 구한다.

➡ 16배의 밝기 차는 약 3등급 차이가 난다.

④ 별의 거리가 10 pc보다 가까우면 (절대 등급−등급 차), 10 pc보다 멀면 (절대 등급+등급 차)가 겉보기 등급이다.

➡ 별의 거리가 10 pc보다 가까우므로 겉보기 등급=(절대 등급−등급 차)=7등급−3등급=4등급이다.

[예제]

5 다음은 절대 등급이 −2등급인 별의 거리가 100 pc일 때 겉보기 등급을 구하는 과정을 나타낸 것이다. 빈칸에 알맞은 수를 쓰시오.

> 100 pc은 10 pc보다 10배 먼 거리이다. 별의 거리가 10배 멀어지면 밝기는 (㉠   )배로 어둡게 보인다. 100배의 밝기 차는 약 (㉡   )등급 차이가 나며, 별의 거리가 10 pc보다 멀면 (절대 등급+등급 차)가 겉보기 등급이다. 따라서 겉보기 등급=(절대 등급+등급 차)≒−2등급+(㉢   )등급≒3등급이다.

별의 거리와 겉보기 등급을 이용하여 절대 등급 구하기

[겉보기 등급이 5등급인 별의 거리가 100 pc일 때 절대 등급 구하기]

① 10 pc을 기준으로 별의 거리와 비교하여 얼마나 멀거나 가까운지 판단한다.

➡ 10 pc은 별의 거리인 100 pc보다 $\frac{1}{10}$배로 가까운 거리이다.

② 별을 10 pc의 거리로 옮겼을 때 거리 변화에 따른 밝기 차를 구한다.

➡ 별을 10 pc의 거리로 옮기면 거리가 $\frac{1}{10}$배로 가까워지므로 밝기는 100배 밝게 보인다.

③ 밝기 차에 따른 등급 차를 구한다.

➡ 100배의 밝기 차는 약 5등급 차이가 난다.

④ 별의 거리가 10 pc보다 가까우면 (겉보기 등급+등급 차), 10 pc보다 멀면 (겉보기 등급−등급 차)가 절대 등급이다.

➡ 별의 거리가 10 pc보다 멀므로 절대 등급=(겉보기 등급−등급 차)≒5등급−5등급≒0등급이다.

[예제]

6 다음은 겉보기 등급이 0등급인 별의 거리가 2.5 pc일 때 절대 등급을 구하는 과정을 나타낸 것이다. 빈칸에 알맞은 수를 쓰시오.

> 10 pc은 별의 거리인 2.5 pc보다 4배 먼 거리이다. 별을 10 pc의 거리로 옮기면 거리가 4배 멀어지므로 밝기는 (㉠   )배로 어둡게 보인다. 16배의 밝기 차는 약 (㉡   )등급 차이가 나며, 별의 거리가 10 pc보다 가까우면 (겉보기 등급+등급 차)가 절대 등급이다. 따라서 절대 등급=(겉보기 등급+등급 차)≒0등급+(㉢   )등급≒3등급이다.

A 별의 밝기

중요

01 별의 밝기와 등급에 대한 설명으로 옳은 것을 모두 고르면? (2개)

① 1등급인 별은 2등급인 별보다 어둡다.
② 2등급인 별과 −2등급인 별은 약 16배의 밝기 차이가 난다.
③ 1등급보다 밝은 별은 0등급, −1등급, −2등급 등으로 나타낸다.
④ 히파르코스는 별을 크기에 따라 1등급부터 6등급까지 구분하였다.
⑤ 별의 밝기가 5등급과 6등급 사이일 때는 소수점을 이용하여 나타낸다.

02 그림은 밤하늘에서 지구로부터의 거리가 같은 시리우스와 주변 별을 관측한 모습을 나타낸 것이다. 시리우스가 주변의 다른 별보다 매우 큰 것처럼 보이는 까닭으로 옳은 것은?

① 시리우스가 다른 별보다 밝기 때문이다.
② 시리우스가 다른 별보다 질량이 크기 때문이다.
③ 시리우스가 다른 별보다 색깔이 밝기 때문이다.
④ 시리우스가 다른 별보다 반지름이 크기 때문이다.
⑤ 시리우스가 다른 별보다 표면 온도가 높기 때문이다.

[주관식]

03 어떤 별의 겉보기 등급이 0.9등급이다. 이 별보다 약 16배 밝게 보이는 별의 겉보기 등급은 몇 등급인지 쓰시오.

04 태양의 겉보기 등급은 −26.8등급이다. 태양보다 $\frac{1}{10000}$배로 어둡게 보이는 별의 겉보기 등급은?

① −36.8등급 ② −31.8등급 ③ −27.8등급
④ −21.8등급 ⑤ −16.8등급

중요

05 그림은 별의 거리에 따른 밝기 변화를 나타낸 것이다. 이에 대한 설명으로 옳지 않은 것은?

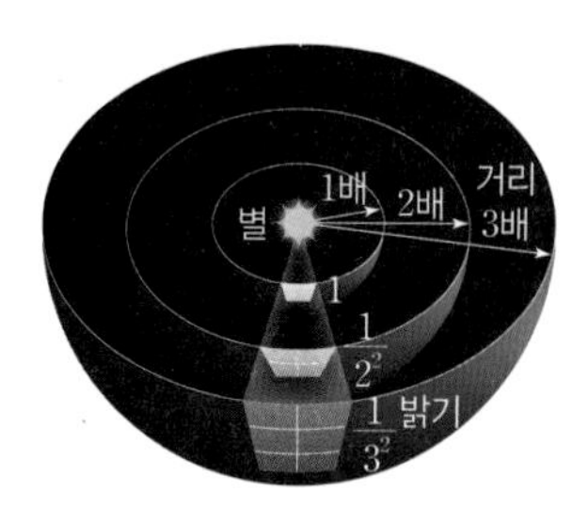

① 별의 밝기는 별까지의 거리의 제곱에 반비례한다.
② 별의 거리가 2배로 멀어지면 별빛이 비치는 면적은 4배가 된다.
③ 별이 방출하는 빛의 양이 같다면 거리가 먼 별일수록 어둡게 보인다.
④ 별이 방출하는 빛의 양이 같아도 거리가 다르면 밝기가 다르게 보인다.
⑤ 별의 거리가 3배로 멀어지면 단위 면적당 도달하는 별빛의 양은 9배가 된다.

탐구 92쪽

06 그림 (가)와 (나)는 별의 밝기에 영향을 미치는 요인을 알아보기 위한 실험을 나타낸 것이다.

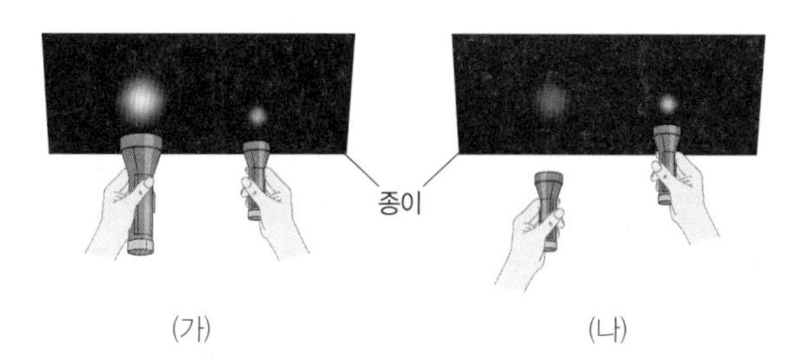

(가) (나)

이 실험을 통해 알 수 있는 눈에 보이는 별의 밝기에 영향을 미치는 요인을 옳게 짝 지은 것은?

① 별의 색깔, 별의 크기
② 별의 색깔, 별까지의 거리
③ 별의 표면 온도, 별의 크기
④ 별까지의 거리, 별의 표면 온도
⑤ 별까지의 거리, 별이 방출하는 빛의 양

07 표는 별의 등급 차에 따른 밝기 차를 나타낸 것이다.

등급 차	1	2	3	4	5
밝기 차(배)	약 2.5	약 6.3	약 16	약 40	약 100

겉보기 등급이 −9등급인 별의 거리가 $\frac{1}{4}$배로 가까워질 때 이 별의 겉보기 등급은 몇 등급이 되겠는가?

① −13등급 ② −12등급 ③ −10등급
④ −8등급 ⑤ −6등급

B 별의 겉보기 등급과 절대 등급

중요

08 별의 밝기를 나타내는 겉보기 등급과 절대 등급에 대한 설명으로 옳은 것을 모두 고르면? (2개)

① 겉보기 등급으로 별의 실제 밝기를 비교할 수 있다.
② 절대 등급은 눈에 보이는 별의 밝기를 등급으로 나타낸 것이다.
③ 지구로부터 10 pc의 거리에 있는 별은 겉보기 등급과 절대 등급이 같다.
④ 겉보기 등급과 절대 등급을 이용하여 별까지의 거리를 비교할 수 있다.
⑤ (겉보기 등급−절대 등급) 값이 클수록 지구로부터의 거리가 가까운 별이다.

09 표는 별들의 겉보기 등급과 절대 등급을 나타낸 것이다.

별	겉보기 등급	절대 등급
리겔	0.1	−6.8
시리우스	−1.5	1.4
북극성	2.1	−3.7
태양	−26.8	4.8
베텔게우스	0.4	−5.6

㉠ 실제로 가장 밝은 별과 ㉡ 지구로부터의 거리가 가장 먼 별을 옳게 짝 지은 것은?

	㉠	㉡
①	태양	리겔
②	리겔	리겔
③	북극성	시리우스
④	시리우스	북극성
⑤	베텔게우스	시리우스

[10~11] 표는 별 A~D의 겉보기 등급과 절대 등급을 나타낸 것이다.

별	A	B	C	D
겉보기 등급	0.1	5.1	1.7	−6.0
절대 등급	0.3	−2.1	−0.5	2.5

[주관식]

10 맨눈으로 볼 때 가장 어둡게 보이는 별을 쓰시오.

11 10 pc보다 가까이 있는 별을 모두 고른 것은?

① A, B　② A, D　③ B, C
④ A, B, C　⑤ B, C, D

C 별의 색깔과 표면 온도

[12~13] 표는 별들의 색깔을 나타낸 것이다.

별	안타레스	나오스	직녀성	알데바란
별의 색깔				

[주관식]

12 태양보다 표면 온도가 낮은 별을 모두 쓰시오.

13 표면 온도가 가장 높은 별과 표면 온도가 가장 낮은 별을 순서대로 옳게 나타낸 것은?

① 나오스, 직녀성　② 안타레스, 직녀성
③ 나오스, 안타레스　④ 안타레스, 나오스
⑤ 안타레스, 알데바란

중요

14 별의 표면 온도에 대한 설명으로 옳은 것을 보기에서 모두 고른 것은?

보기
ㄱ. 별의 표면 온도는 직접 측정한다.
ㄴ. 거리가 먼 별일수록 표면 온도가 낮다.
ㄷ. 별의 표면 온도에 따라 색깔이 달라진다.
ㄹ. 청백색을 띠는 별은 황백색을 띠는 별보다 표면 온도가 높다.

① ㄱ, ㄴ　② ㄱ, ㄷ　③ ㄴ, ㄷ
④ ㄴ, ㄹ　⑤ ㄷ, ㄹ

15 표는 오리온자리의 베텔게우스와 리겔의 겉보기 등급, 절대 등급, 색깔을 나타낸 것이다.

구분	겉보기 등급	절대 등급	색깔
리겔	0.1	−6.8	청백색
베텔게우스	0.4	−5.6	적색

이에 대한 설명으로 옳지 않은 것을 모두 고르면? (2개)

① 리겔은 10 pc보다 거리가 가깝다.
② 베텔게우스는 10 pc보다 거리가 멀다.
③ 베텔게우스보다 리겔이 더 어둡게 보인다.
④ 베텔게우스보다 리겔의 표면 온도가 더 높다.
⑤ 백색을 띠는 별은 베텔게우스보다 표면 온도가 높다.

서술형 문제

정답과 해설 29쪽

단계별 서술형

1 그림은 사자자리를 관찰할 때 눈에 보이는 별 A~D의 밝기를 나타낸 것이다.

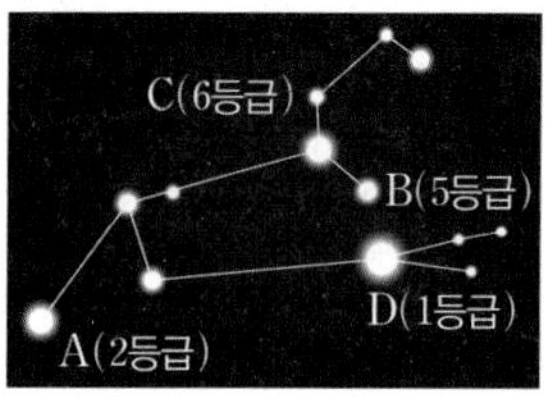

(1) A와 B의 눈에 보이는 밝기 차이를 쓰시오.

____

(2) C와 밝기가 같은 별 몇 개가 모여 있으면 D 1개와 밝기가 같아 보일지 등급 차를 포함하여 서술하시오.

____

____

서술형

2 표는 별 A~D의 겉보기 등급과 절대 등급을 나타낸 것이다. 지구로부터의 거리가 가장 먼 별을 고르고, 그렇게 판단한 근거를 서술하시오.

별	A	B	C	D
겉보기 등급	0.6	5.1	3.7	−6.2
절대 등급	0.1	3.1	−0.5	2.5

____

____

단어 제시형

3 겉보기 등급과 절대 등급의 정의를 다음 단어를 모두 포함하여 서술하시오.

> 우리 눈, 별의 밝기, 10 pc

____

____

서술형

4 그림은 세 별을 관측한 모습을 나타낸 것이다. 표면 온도가 가장 높은 별을 쓰고, 그렇게 판단한 근거를 서술하시오.

스피카

안타레스

아크투르스

____

____

서술형 Tip

1 (3) C와 D는 5등급 차이가 나므로 밝기 차가 100배인 것을 이용하여 서술한다.
→ 필수 용어: 5등급, $\frac{1}{100}$배, 100개

Plus 문제 1-1
A의 거리가 4배 멀어지면 몇 등급으로 보일지 서술하시오.

____

____

____

2 겉보기 등급과 절대 등급을 이용하여 별까지의 거리를 판단하는 방법을 생각해 본다.
→ 필수 용어: (겉보기 등급−절대 등급) 값

3 절대 등급으로 별의 실제 밝기를 비교할 수 있는 까닭을 생각해 본다.

4 별의 표면 온도에 따라 색깔이 달라지는 것을 이용하여 서술한다.
→ 필수 용어: 표면 온도, 파란색, 붉은색

Plus 문제 4-1
태양보다 표면 온도가 높은 별을 모두 쓰시오.

____

____

03 은하와 우주

Ⓐ 우리은하 은하는 우주 공간에 수많은 별들로 이루어진 거대한 천체 집단이다.

1. 우리은하 태양계가 속해 있는 은하

모양	• 위에서 본 모습: 막대 모양의 중심부를 나선팔이 휘감은 모양이다. 우리은하는 막대 나선 은하에 속한다. • 옆에서 본 모습: 중심부가 약간 볼록한 납작한 원반 모양이다.
지름	약 30 kpc(10만 광년)
포함된 별의 수	약 2000억 개
태양계의 위치	우리은하의 중심에서 약 8.5 kpc(3만 광년) 떨어진 나선팔에 위치한다.

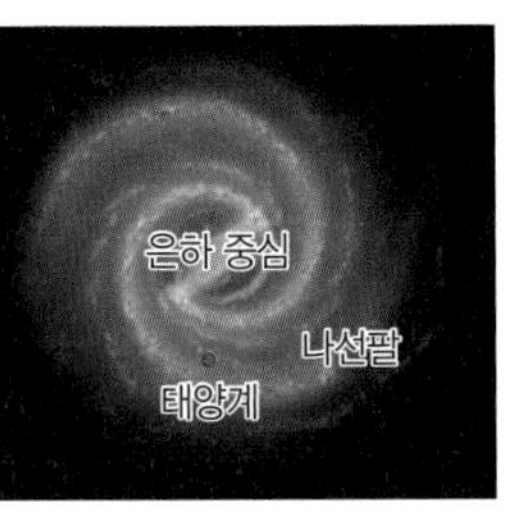

▲ 위에서 본 모습

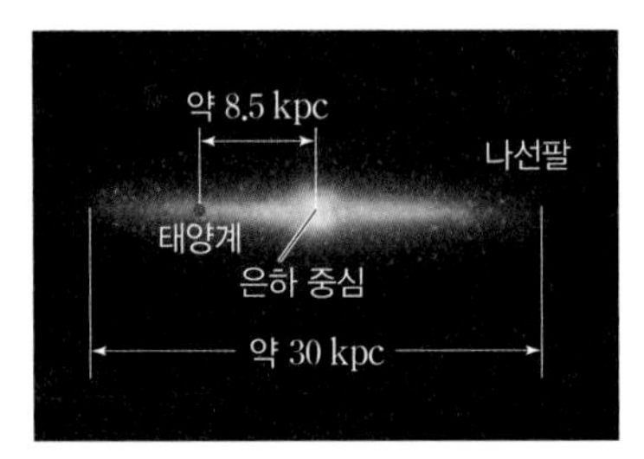

▲ 옆에서 본 모습

2. 은하수 은하수는 북반구와 남반구에서 모두 관측할 수 있다.

① 은하수는 지구에서 우리은하의 일부를 바라본 모습으로, 희뿌연 띠 모양으로 보인다.

② 은하 중심 방향인 궁수자리 방향에서 가장 밝고 두껍게 보인다.

③ 우리나라에서는 여름철에 가장 뚜렷하게 보이고, 겨울철에는 희미하게 보인다.❶

Ⓑ 성단과 성운

1. 성단 많은 별이 모여 있는 집단 별들이 모여 있는 모양에 따라 구상 성단과 산개 성단으로 구분한다.

종류	모습	특징	별의 나이	별의 온도	별의 색
구상 성단		수만~수십만 개의 별들이 빽빽하게 공 모양으로 모여 있다.	많다.	낮다.	붉은색
산개 성단		수십~수만 개의 별들이 비교적 엉성하게 모여 있다.	적다.	높다.	파란색

구상 성단은 주로 우리은하의 중심부와 은하 원반을 둘러싼 구형의 공간에 분포하고, 산개 성단은 주로 우리은하의 나선팔에 분포한다.

2. 성운 별과 별 사이에 성간 물질이 많이 모여 있어 구름처럼 보이는 것

종류	모습	특징
방출 성운❷		*성간 물질이 주변의 별빛을 흡수하여 가열되면서 스스로 빛을 낸다. 주로 붉은색을 띤다.
반사 성운❸		성간 물질이 주변의 별빛을 반사하여 밝게 보인다. 주로 파란색을 띤다.
암흑 성운❹		성간 물질이 뒤쪽에서 오는 별빛을 가로막아 어둡게 보인다. 주로 검은색을 띤다.

개념 더하기

❶ 여름철 은하수

우리나라에서는 여름철에 밤하늘이 은하 중심 방향인 궁수자리 방향을 향하므로 은하수의 폭이 가장 두껍고 밝게 보인다.

❷ 방출 성운이 보이는 원리

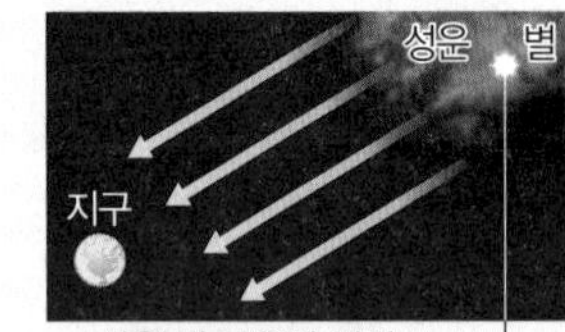

성운 내 고온의 별이 기체(성운)를 가열시켜 성운이 스스로 빛을 낸다.

❸ 반사 성운이 보이는 원리

성운이 주위의 별빛을 반사하여 밝게 보인다.

❹ 암흑 성운이 보이는 원리

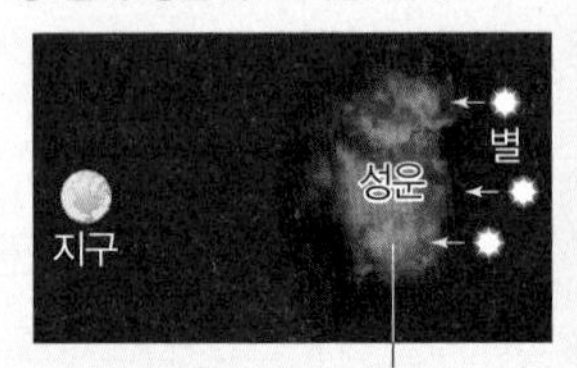

성운이 뒤쪽에서 오는 별빛을 차단하여 어둡게 보인다.

용어 사전

＊성간 물질(별 星, 틈 間, 만물 物, 바탕 質)
별과 별 사이에 떠 있는 가스나 작은 티끌

기초를 튼튼히! 개념 잡기

핵심 Tip

- 우리은하를 **위에서 본 모습**: 막대 모양의 중심부를 나선팔이 휘감은 모양
- 우리은하를 **옆에서 본 모습**: 중심부가 약간 볼록한 납작한 원반 모양
- **은하수**: 지구에서 우리은하의 일부를 바라본 모습
- **구상 성단**: 수만~수십만 개의 별들이 빽빽하게 공 모양으로 모여 있는 성단
- **산개 성단**: 수십~수만 개의 별들이 비교적 엉성하게 모여 있는 성단
- **방출 성운**: 성간 물질이 주변의 별빛을 흡수하여 가열되면서 스스로 빛을 내는 성운
- **반사 성운**: 성간 물질이 주변의 별빛을 반사하여 밝게 보이는 성운
- **암흑 성운**: 성간 물질이 뒤쪽에서 오는 별빛을 가로막아 어둡게 보이는 성운

원리 Tip B-1

성단을 이루는 별의 특징
- 구상 성단의 별들은 생성된 지 오래되어 에너지를 많이 소모하였다.
  ➡ 별의 온도가 낮아 주로 붉은색을 띤다.
- 산개 성단의 별들은 비교적 최근에 생성되어 에너지를 많이 방출한다.
  ➡ 별의 온도가 높아 주로 파란색을 띤다.

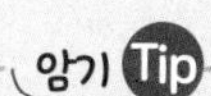

B-1

산은 높고 파란색! 구름은 낮고 붉은색!
산개 성단은 별의 온도가 높아 파란색을 띠고,
구상 성단은 별의 온도가 낮아 붉은색을 띤다.

1 그림 (가)와 (나)는 우리은하의 모습을 나타낸 것이다.

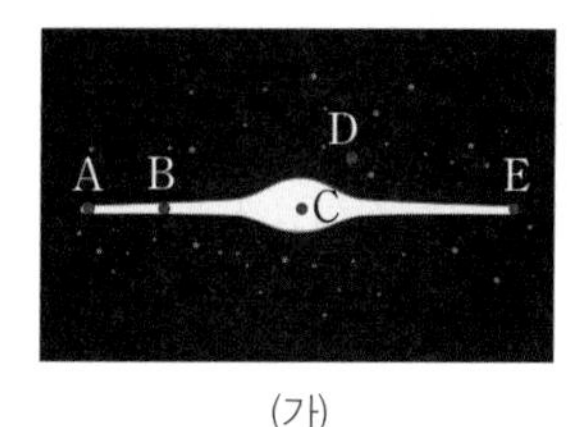

(가)

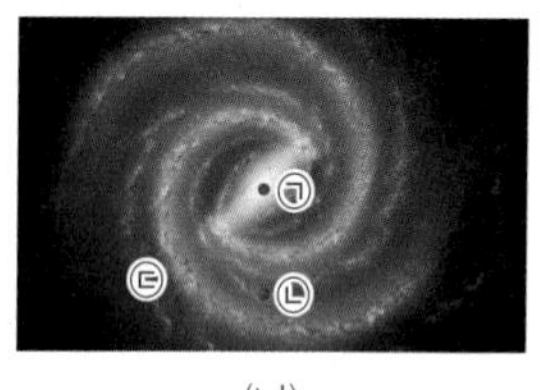

(나)

이에 대한 설명으로 옳은 것은 ○, 옳지 않은 것은 ×로 표시하시오.

(1) (가)는 우리은하를 위에서 본 모습이고, (나)는 우리은하를 옆에서 본 모습이다. (　　)
(2) 태양계는 (가)의 B에, (나)의 ㉡에 위치한다. (　　)
(3) A에서 E까지의 거리는 약 30 kpc이다. (　　)
(4) 구상 성단은 주로 B에 분포한다. (　　)

2 다음은 은하수에 대한 설명이다. (　　) 안에 알맞은 말을 고르시오.

(1) 은하수는 지구에서 (우리은하 , 외부 은하)의 일부를 바라본 모습으로, 희뿌연 띠 모양으로 보인다.
(2) 은하수는 은하 (중심 , 중심의 반대) 방향인 궁수자리 방향에서 가장 밝고 두껍게 보인다.
(3) 우리나라에서는 (여름철 , 겨울철)에 은하수가 가장 뚜렷하게 보인다.

3 그림 (가)와 (나)는 성단의 모습을 나타낸 것이다. 빈칸에 알맞은 말을 쓰시오.

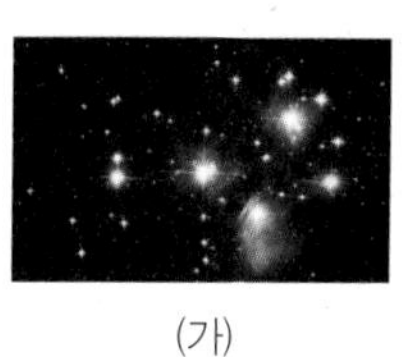
(가)

(나)

(1) (가)는 (㉠　　　　) 성단으로, 별들이 비교적 (㉡　　　　)에 생성되어 에너지를 많이 방출한다.
(2) (가)의 별들은 (나)의 별들보다 온도가 (　　　　).
(3) (가)의 별들은 주로 (㉠　　　　)을 띠고, (나)의 별들은 주로 (㉡　　　　)을 띤다.
(4) (가)는 주로 우리은하의 (　　　　)에 분포한다.

4 그림 (가)~(다)는 성운의 모습을 나타낸 것이다.

(가)　　(나)

(다)

(1) 밝게 보이는 성운의 기호와 이름을 모두 쓰시오.
(2) 성간 물질이 뒤쪽에서 오는 별빛을 가로막아 어둡게 보이는 성운의 기호와 이름을 쓰시오.
(3) 성간 물질이 주변의 별빛을 반사하여 우리 눈에 보이는 성운의 기호와 이름을 쓰시오.

C 우주 팽창

1. 외부 은하

① 외부 은하[1]: 우리은하 밖에 존재하는 또 다른 은하 ➡ 우리은하와 같이 수많은 별과 성단, 성운, 성간 물질들로 이루어져 있다. 외부 은하에는 안드로메다은하, 마젤란은하 등이 있다.

② 외부 은하의 발견: *허블이 최초로 발견하였다.

③ 외부 은하의 분포: 우주 공간에 불균질하게 분포한다.

2. 외부 은하의 분류

허블은 외부 은하를 모양에 따라 타원 은하, 나선 은하(정상 나선 은하, 막대 나선 은하)[2], 불규칙 은하로 분류하였다. 우리은하는 막대 나선 은하에 속한다.

① 타원 은하: 나선팔이 없고 구형에 가깝거나 납작한 타원체 모양이다.

② 정상 나선 은하: 은하 중심에서 나선팔이 휘어져 나온 모양이다.

③ 막대 나선 은하: 은하 중심을 가로지르는 막대 모양의 구조 끝에서 나선팔이 휘어져 나온 모양이다.

④ 불규칙 은하: 비대칭적이거나 규칙적인 형태가 없는 모양이다.

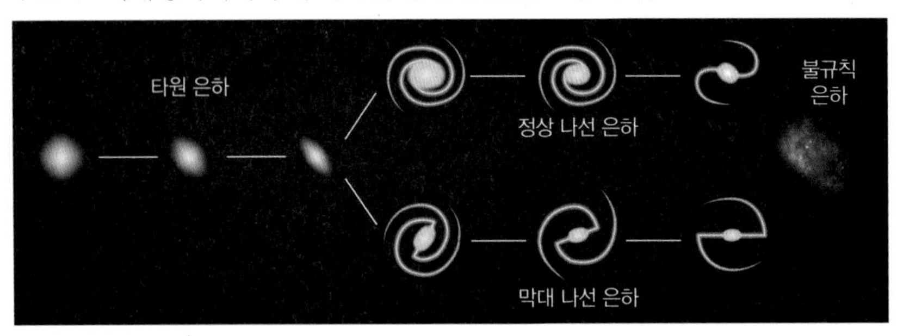

▲ 모양에 따른 외부 은하의 분류

3. 우주 팽창

우주는 시작부터 현재까지 팽창하고 있다.

① 우주: 우리은하를 비롯하여 외부 은하 전체가 차지하는 거대한 공간

② 우주 팽창: 허블은 외부 은하들이 우리은하로부터 멀어지고 있는 것을 발견하였다. ➡ 우주가 팽창하고 있기 때문이다. 거리가 먼 은하일수록 더 빠른 속도로 멀어지고 있다.

③ 우주 팽창의 중심: 우주는 특별한 중심 없이 모든 방향으로 균일하게 팽창하고 있다. ➡ 우주의 어느 지점에서 보더라도 은하들이 서로 멀어지고 있기 때문이다.

④ 팽창하는 우주의 시간을 거꾸로 돌리면 우주는 점점 수축하면서 뜨거워진다. ➡ 우주의 처음 상태는 한 점에 모여 있었다고 추측할 수 있다.

4. 대폭발 우주론(빅뱅 우주론)

① 대폭발 우주론: 약 138억 년 전 매우 뜨겁고 밀도가 큰 한 점에서 대폭발(빅뱅)을 일으켜 계속 팽창하여 현재와 같은 우주가 되었다고 설명하는 이론이다.

② 대폭발로 시작된 우주는 점차 식어서 별과 은하가 만들어졌고, 현재와 같은 분포를 보이게 되었다.[3] 우주의 온도는 점점 낮아지고 있다.

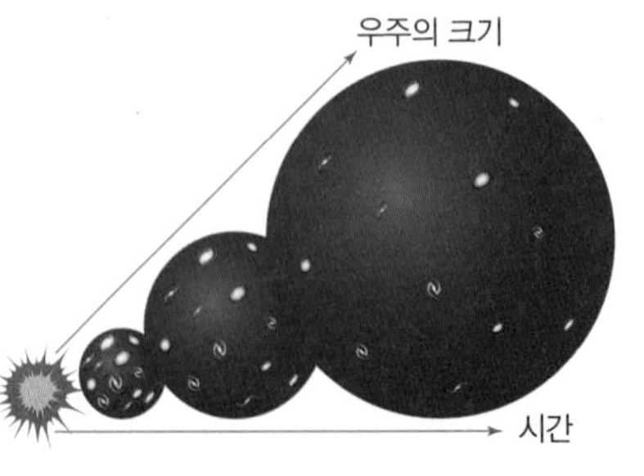

▲ 우주 팽창

개념 더하기

1 외부 은하
우주에는 약 1000억 개의 외부 은하들이 존재한다.

▲ 안드로메다은하

2 나선 은하
나선 은하는 중심부에 있는 막대 모양 구조의 유무에 따라 정상 나선 은하와 막대 나선 은하로 분류한다.

▲ 정상 나선 은하

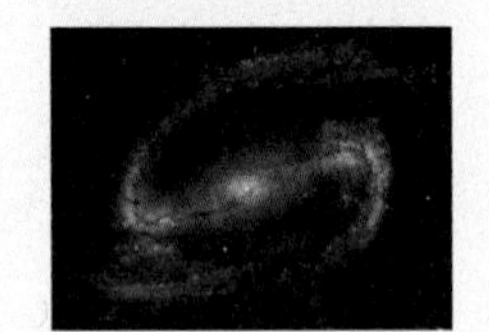

▲ 막대 나선 은하

3 우주의 밀도와 온도 변화

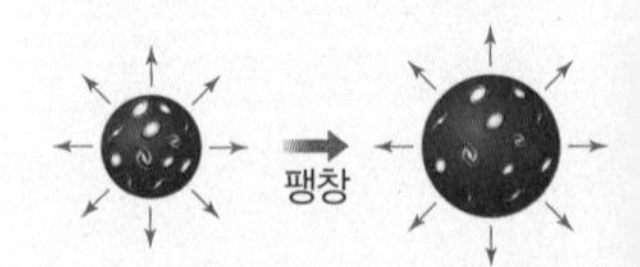

팽창하는 우주의 총 질량은 변하지 않으므로 우주가 팽창함에 따라 우주의 밀도는 작아지고, 온도는 낮아진다.

용어 사전

＊허블(Hubble, E. P.: 1889~1953)
외부 은하를 처음 발견하고, 우주가 팽창한다는 사실을 밝혀낸 천문학자

핵심 Tip

- **외부 은하**: 우리은하 밖에 존재하는 은하로, 은하의 모양을 기준으로 분류한다.
- **우주 팽창**: 외부 은하들이 우리은하로부터 멀어지고 있는 것을 통해 우주가 팽창하고 있음을 알 수 있다.
- **우주 팽창의 중심**: 우주는 특별한 중심 없이 모든 방향으로 균일하게 팽창하고 있다.
- **대폭발 우주론**: 약 138억 년 전 매우 뜨겁고 밀도가 큰 한 점에서 대폭발(빅뱅)을 일으켜 계속 팽창하여 현재와 같은 우주가 되었다고 설명하는 이론이다.

5 다음은 외부 은하에 대한 설명이다. ( ) 안에 알맞은 말을 고르시오.

(1) 외부 은하는 우리은하 밖에 존재하는 은하로, 은하의 (크기 , 질량 , 모양)을 기준으로 분류한다.

(2) 외부 은하는 허블이 최초로 발견하였으며, 우주에는 약 (100 , 1000)억 개의 외부 은하들이 존재한다.

(3) 외부 은하는 우주 공간에 (균질, 불균질)하게 분포한다.

6 그림 (가)~(다)는 외부 은하를 모양에 따라 분류하여 나타낸 것이다.

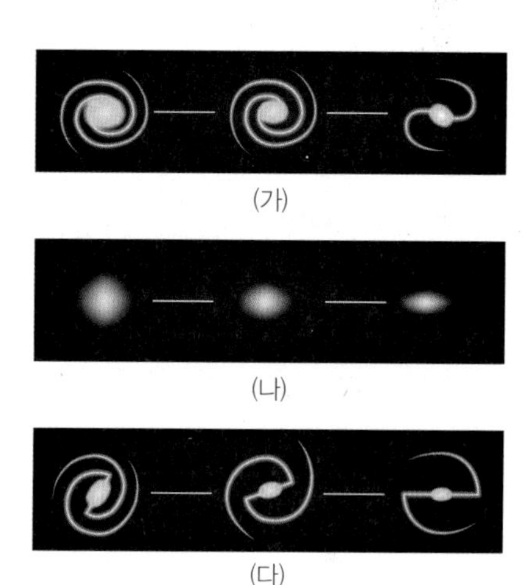

(1) 나선팔이 없고 구형에 가깝거나 납작한 타원체 모양인 은하의 기호와 이름을 쓰시오.

(2) 우리은하가 속하는 은하의 기호와 이름을 쓰시오.

(3) 은하 중심에서 나선팔이 휘어져 나온 모양인 은하의 기호와 이름을 쓰시오.

7 우주 팽창에 대한 설명으로 옳은 것은 ○, 옳지 않은 것은 ×로 표시하시오.

(1) 대부분의 외부 은하는 우리은하와 멀어지고 있다. ( )

(2) 은하들이 멀어지는 속도는 모두 같다. ( )

(3) 우주의 어느 지점에서 보더라도 은하들이 서로 멀어지고 있다. ( )

(4) 우주는 특별한 중심 없이 한 방향으로 균일하게 팽창하고 있다. ( )

8 그림은 풍선 표면에 동전을 붙이고 풍선을 크게 불어 각 동전의 위치 변화를 관찰하는 실험을 나타낸 것이다. 빈칸에 알맞은 말을 쓰시오.

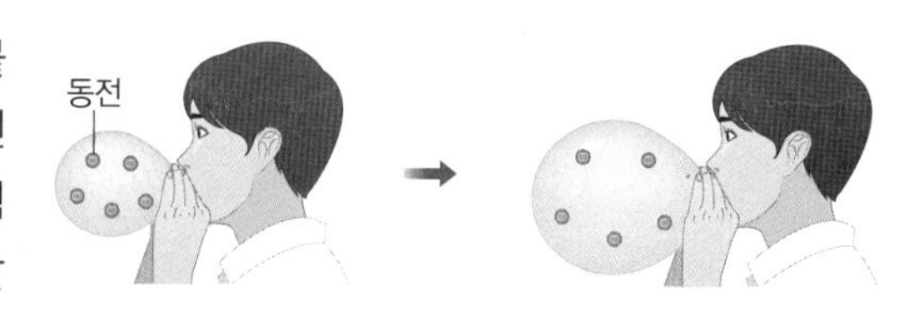

(1) 이 실험에서 동전은 (㉠)에, 풍선 표면은 (㉡)에 해당한다.

(2) 이 실험은 우주 ( )의 원리를 알아보기 위한 것이다.

(3) (㉠)이 팽창하여 동전 사이의 거리가 멀어지며, 거리가 먼 동전일수록 더 (㉡) 멀어진다.

(4) 모든 동전이 서로 멀어지므로 팽창의 중심을 정할 수 ( ).

적용 Tip Ⓒ-3

우주 팽창 모형 실험

A •C •B → A •C •B

➡ 풍선 표면은 우주, 스티커는 은하를 의미한다.
➡ 풍선 표면(우주)이 팽창하여 스티커(은하) 사이의 거리가 멀어진다.
➡ A와 B 사이보다 A와 C 사이의 거리가 더 많이 멀어진다.
➡ 거리가 먼 은하일수록 더 빨리 멀어진다.
➡ 모든 스티커(은하)가 서로 멀어지므로 팽창의 중심을 정할 수 없다.

9 다음은 대폭발 우주론에 대한 설명이다. ( ) 안에 알맞은 말을 고르시오.

(1) 팽창하는 우주의 시간을 거꾸로 돌리면 우주는 점차 (커 , 작아)지다가 결국 한 점에 모일 것이다.

(2) 우주는 매우 ㉠ (뜨겁고 , 차갑고) 밀도가 큰 한 점에서 대폭발로 시작하였으며 지금도 계속 ㉡ (팽창 , 수축)하고 있다.

(3) 우주는 팽창하면서 온도가 (높아 , 낮아)지고 있다.

D 우주 탐사

1. 우주 탐사 우주를 이해하기 위해 우주를 탐색하고 조사하는 활동

우주 탐사의 목적	• 우주에 대한 이해의 폭을 넓힐 수 있다. 태양계를 비롯한 우주를 탐사함으로써 지구의 과거와 미래, 우주 환경을 이해한다. • 지구 이외의 다른 천체에 생명체가 살고 있는지 호기심을 충족시킬 수 있다. 외계 행성의 존재를 탐사할 수 있다. • 지구에서 얻기 어렵거나 고갈되어 가는 자원을 채취할 수 있다.
우주 탐사의 의의	• 우주 탐사를 통해 습득된 정보로부터 지구 환경과 생명에 대해 이해할 수 있다. • 우주 탐사 과정에서 개발된 첨단 기술을 여러 산업 분야와 실생활에 이용할 수 있다.

2. 우주 탐사 장비

우주 정거장 내부는 무중력 상태이므로 중력의 영향을 받는 지상에서는 하기 어려운 과학 실험, 신약 개발, 신소재 개발 등을 할 수 있다.

인공위성	우주 탐사선❷	우주 정거장	*전파 망원경
천체 주위를 일정한 궤도를 따라 공전하도록 만든 장치 ➡ 다양한 목적으로 발사되며, 천체 관측을 위한 우주 망원경❶도 있다.	지구 이외의 다른 천체를 탐사하기 위해 쏘아 올리는 물체 ➡ 천체의 주위를 돌거나 천체 표면에 착륙하여 탐사한다.	사람들이 우주에 머무르면서 임무를 수행하도록 만든 인공 구조물 ➡ 지상에서 하기 어려운 실험이나 우주 환경 등을 연구한다.	지상에 설치하여 천체가 방출하는 전파를 관측하기 위한 장치이다.

3. 우주 탐사 역사❸

1950년대	• 스푸트니크 1호(1957): 구소련에서 발사한 인류 최초의 인공위성이다.
1960년대 달 탐사	• 아폴로 11호(1969): 인류 최초로 달에 착륙하였다.
1970년대 주로 행성 탐사	• 보이저 1호(1977): 태양계 탐사를 위해 발사되었다. • 보이저 2호(1977): 목성형 행성 탐사를 위해 발사되었으며, 1989년에 해왕성을 근접 통과하였다.
1990년대 이후	• 허블 우주 망원경: 1990년에 발사되었다. • 뉴호라이즌스호(2006): 명왕성 탐사를 위해 발사되었으며, 2015년에 명왕성을 근접 통과하였다. • 주노호(2011): 목성 탐사를 위해 발사되었으며, 2016년에 목성에 도착하였다. • 큐리오시티(2011): 화성 탐사를 위해 발사된 탐사 로봇으로, 2012년에 화성 표면에 착륙하였다. • 파커 탐사선(2018): 태양의 대기권에 진입하였다.

4. 우주 탐사의 영향❹

① 우주 탐사 기술이 실생활에 이용된 사례: GPS, 형상 기억 합금, 타이타늄 합금, 자기 공명 영상(MRI), 컴퓨터 단층 촬영(CT), 기능성 옷감, 전자레인지, 정수기, 공기 청정기, 에어쿠션 운동화, 화재 경보기, 진공 청소기 등

② 인공위성의 이용

- 기상 위성 이용: 일기 예보를 하고, 태풍의 경로를 예측하여 피해를 줄일 수 있다.
- 방송 통신 위성 이용: 외국에 사는 사람과 쉽게 전화 통화를 할 수 있고, 다른 나라의 방송을 실시간으로 볼 수 있다.
- 방송 통신 위성과 항법 위성 이용: 자신의 위치를 파악하고 길을 찾아갈 수 있다.

개념 더하기

❶ 우주 망원경

우주 망원경은 지구 대기 밖 우주에서 관측을 수행하므로 대기의 영향을 받지 않아 지상에 있는 망원경보다 선명한 상을 얻을 수 있다.

❷ 우주 탐사선

천체에 접근하거나 천체 표면에 착륙하여 탐사하므로 천체를 자세하게 관측할 수 있다.

❸ 우리나라의 우주 탐사
- 1992년: 우리나라 최초의 인공위성(우리별 1호) 발사
- 2003년: 과학 실험 위성(과학 기술 위성 1호) 발사
- 2009년: 인공위성을 발사할 수 있는 나로 우주 센터 완공
- 2010년: 통신 해양 기상 위성(천리안 위성) 발사
- 2013년: 나로 우주 센터에서 나로호 로켓 발사
- 2021년: 나로 우주 센터에서 누리호 로켓 발사

❹ 우주 탐사의 부정적 영향-우주 쓰레기

우주 쓰레기는 로켓의 하단부, 인공위성의 발사나 폐기 과정 등에서 나온 파편 등으로, 매우 빠른 속도로 떠돌면서 인공위성이나 우주 탐사선에 피해를 줄 수 있다.

용어 사전

*전파(번개 電, 물결 波)
적외선보다 파장이 긴 전자기파

핵심 Tip

- **인공위성**: 천체 주위를 일정한 궤도를 따라 공전하도록 만든 장치이다.
- **우주 탐사선**: 천체의 주위를 돌거나 천체 표면에 착륙하여 탐사한다.
- **우주 정거장**: 사람들이 우주에 머무르면서 임무를 수행하도록 만든 인공 구조물이다.
- **아폴로 11호**: 인류 최초로 달에 착륙하였다.
- **보이저 2호**: 목성형 행성을 탐사하였다.

10 다음은 우주 탐사의 목적과 의의에 대한 설명이다. 빈칸에 알맞은 말을 쓰시오.

(1) 지구 이외의 다른 천체에 (　　　　)가 살고 있는지 호기심을 충족시킬 수 있다.

(2) 지구에서 얻기 어렵거나 고갈되어 가는 (　　　　)을 채취할 수 있다.

(3) 우주 탐사 과정에서 개발된 (　　　　)을 여러 산업 분야와 실생활에 이용할 수 있다.

11 우주 탐사 장비에 해당하는 설명을 선으로 연결하시오.

(1) 인공위성 • 　　　• ㉠ 지상에서 하기 어려운 실험이나 우주 환경 등을 연구한다.

(2) 우주 탐사선 • 　　　• ㉡ 지상에 설치하여 천체가 방출하는 전파를 관측하기 위한 장치이다.

(3) 우주 정거장 • 　　　• ㉢ 지구 주위를 일정한 주기로 공전하며, 천체 관측을 위한 우주 망원경도 있다.

(4) 전파 망원경 • 　　　• ㉣ 지구 이외의 천체를 탐사하기 위해 쏘아 올리는 물체로, 천체 표면에 착륙하기도 한다.

적용 Tip D-4

우주 탐사 기술의 이용

주변에서 볼 수 있는 물건 중 우주 탐사를 위해 개발된 기술이 적용된 사례는 매우 흔하다. 우주인의 생활 편의를 돕기 위해 개발된 정수기, 전자레인지 등도 우주 탐사를 위해 개발된 기술이 실생활에 사용되는 사례이다.

12 우주 탐사의 역사에 대한 설명으로 옳은 것은 ○, 옳지 않은 것은 ×로 표시하시오.

(1) 아폴로 11호는 인류 최초의 인공위성이다. (　　)

(2) 1970년대에는 주로 행성 탐사가 이루어졌다. (　　)

(3) 보이저 2호는 지구형 행성 탐사를 위해 발사되었다. (　　)

(4) 허블 우주 망원경은 1990년에 발사되었으며, 대기의 영향을 받지 않아 지상에 있는 망원경보다 선명한 상을 얻을 수 있다. (　　)

13 다음은 우주 탐사의 영향에 대한 설명이다. (　　) 안에 알맞은 말을 고르시오.

(1) 정수기, (식기 세척기 , 전자레인지) 등은 우주 탐사를 위해 개발된 기술이 실생활에 사용되는 사례이다.

(2) (기상 , 방송 통신) 위성을 이용하여 다른 나라의 방송을 실시간으로 볼 수 있다.

(3) 방송 통신 위성과 (기상, 항법) 위성을 이용하여 자신의 위치를 파악하고 길을 찾아갈 수 있다.

적용 Tip D-4

우주 과학과 관련된 직업

우주 과학 분야는 기초 학문과 첨단 기술이 융합된 영역으로, 전문 지식이 필요하고 종류가 매우 다양하다. ➡ 우주 탐사를 위한 연구를 계속하는 과정에서 인공위성 개발자, 위성 관제 센터 연구원, 우주 식품 개발자 등 우주 과학과 관련된 여러 전문 직업이 생겨나기도 한다.

14 그림은 우주 쓰레기를 나타낸 것이다. 빈칸에 알맞은 말을 쓰시오.

(1) 우주 쓰레기는 우주 개발 과정에서 폐기된 인공위성, (　　　　) 발사체, 우주 임무 수행 중 발생한 부산물 등을 말한다.

(2) 우주 쓰레기는 매우 (　　　　) 속도로 떠돌면서 인공위성이나 우주 탐사선에 피해를 줄 수 있다.

A 우리은하

중요

01 우리은하에 대한 설명으로 옳지 않은 것을 모두 고르면? (2개)

① 나선팔을 가지고 있다.
② 지름은 약 70 kpc이다.
③ 태양계는 우리은하의 중심에 있다.
④ 은하 중심부에 막대 모양의 구조가 있다.
⑤ 옆에서 보면 가운데가 볼록한 원반 모양이다.

02 그림 (가)와 (나)는 우리나라의 여름철과 겨울철에 관측한 은하수를 나타낸 것으로, 여름철에는 겨울철보다 은하수의 폭이 넓고 밝게 보인다.

(가) 여름철

(나) 겨울철

태양계가 우리은하의 중심에 있을 경우 밤하늘에서 은하수는 어떤 모습으로 보이겠는가?

① 여름철에만 보일 것이다.
② 계절에 관계없이 보이지 않을 것이다.
③ 여름철보다 겨울철에 폭이 넓고 밝게 보일 것이다.
④ 계절에 관계없이 모든 방향에서 은하수의 폭이 넓고 밝게 보일 것이다.
⑤ 계절에 관계없이 모든 방향에서 은하수의 폭이 좁고 어둡게 보일 것이다.

03 우리은하에 포함되어 있는 천체를 〈보기〉에서 모두 고른 것은?

보기
ㄱ. 금성
ㄴ. 태양계
ㄷ. 산개 성단
ㄹ. 암흑 성운
ㅁ. 마젤란은하
ㅂ. 안드로메다은하

① ㄱ, ㄴ, ㄷ
② ㄱ, ㄷ, ㄹ
③ ㄴ, ㄷ, ㅁ
④ ㄱ, ㄴ, ㄷ, ㄹ
⑤ ㄷ, ㄹ, ㅁ, ㅂ

04 그림은 위에서 본 우리은하의 모습을 나타낸 것이다. 우리은하의 중심에서 출발한 빛이 지구까지 도달하는 데 걸리는 시간으로 옳은 것은?

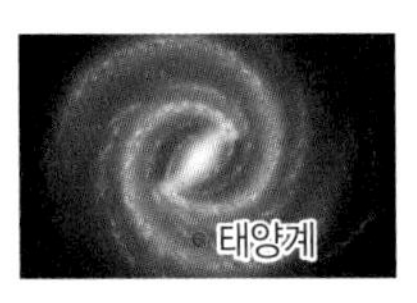

① 약 3만 년
② 약 8.5만 년
③ 약 10만 년
④ 약 30만 년
⑤ 약 100만 년

B 성단과 성운

[05~06] 그림은 옆에서 본 우리은하의 모습을 나타낸 것이다.

05 A 위치에 주로 분포하는 성단의 종류와 그 성단을 이루는 별의 색을 옳게 짝 지은 것은?

① 산개 성단－흰색
② 산개 성단－붉은색
③ 산개 성단－파란색
④ 구상 성단－파란색
⑤ 구상 성단－붉은색

중요

06 B 위치에 주로 분포하는 성단의 특징에 대한 설명으로 옳은 것은?

① 붉은색의 별들로 구성되어 있다.
② 온도가 낮은 별들로 구성되어 있다.
③ 성단을 이루는 별들의 나이가 비교적 많다.
④ 수십~수만 개의 별들이 엉성하게 모여 있다.
⑤ 성간 물질이 주변의 별빛을 흡수하여 가열되면서 스스로 빛을 낸다.

07 성운을 이루고 있는 물질들은 주로 무엇인가?

① 별
② 은하
③ 행성
④ 가스와 티끌
⑤ 암석과 얼음

[08~10] 그림 (가)~(라)는 우리은하를 구성하는 성단과 성운을 나타낸 것이다.

(가) (나) (다) (라)

08 (가)~(라) 중 ㉠ 성간 물질이 구름처럼 모여 있는 천체와 ㉡ 수많은 별들이 모여 집단을 이루고 있는 천체를 옳게 짝 지은 것은?

	㉠	㉡
①	(가), (나)	(다), (라)
②	(가), (다)	(나), (라)
③	(나), (다)	(가), (라)
④	(나)	(가), (다), (라)
⑤	(라)	(가), (나), (다)

[주관식]

09 다음과 같은 특징을 나타내는 천체의 기호와 이름을 쓰시오.

- 성간 물질이 주변의 별빛을 흡수하여 가열되면서 스스로 빛을 낸다.
- 주로 붉은색을 띤다.

10 (나)의 특징에 대한 설명으로 옳지 않은 것은?

① 별과 별 사이의 공간에 분포한다.
② 별이나 성간 물질이 없는 공간이다.
③ 수소, 헬륨 등의 가스나 작은 티끌로 이루어져 있다.
④ 성간 물질이 뒤쪽에서 오는 별빛을 가로막아 어둡게 보인다.
⑤ 은하수의 군데군데가 검게 보이는 것과 같은 원리로 우리 눈에 보인다.

11 그림과 같이 장치하고 셀로판지의 색을 달리하면서 비커 안 향 연기의 색을 관찰하였다. 이 실험에 대한 설명으로 옳은 것을 〈보기〉에서 모두 고른 것은?

비커
향 연기
셀로판지

보기
ㄱ. 향 연기의 색은 셀로판지의 색에 따라 달라진다.
ㄴ. 향 연기는 성간 물질, 손전등의 불빛은 성운에 해당한다.
ㄷ. 이 실험은 방출 성운이 우리 눈에 보이는 원리를 알아보기 위한 것이다.
ㄹ. 향 연기는 셀로판지를 통과하여 나오는 손전등의 불빛을 반사시켜 우리 눈에 보인다.

① ㄱ, ㄴ ② ㄱ, ㄹ ③ ㄴ, ㄷ
④ ㄱ, ㄷ, ㄹ ⑤ ㄴ, ㄷ, ㄹ

중요

12 구상 성단과 산개 성단의 특징을 옳게 나타낸 것은?

	구상 성단	산개 성단
①	별의 나이가 적다.	별의 나이가 많다.
②	별의 온도가 낮다.	별의 온도가 높다.
③	별이 파란색을 띤다.	별이 붉은색을 띤다.
④	성간 물질로 이루어져 있다.	수만~수십만 개의 별들로 이루어져 있다.
⑤	별들이 비교적 엉성하게 모여 있다.	별들이 빽빽하게 공 모양으로 모여 있다.

C 우주 팽창

중요

13 외부 은하에 대한 설명으로 옳지 않은 것은?

① 우리은하 밖에 존재하는 은하이다.
② 우주 공간에 균질하게 분포한다.
③ 안드로메다은하는 외부 은하이다.
④ 우주에는 약 1000억 개의 외부 은하가 존재한다.
⑤ 모양에 따라 타원 은하, 정상 나선 은하, 막대 나선 은하, 불규칙 은하로 분류한다.

14 그림 (가)~(다)는 우주를 구성하는 천체의 종류를 나타낸 것이다.

세 천체의 규모를 부등호를 이용하여 옳게 비교한 것은?

① (가) > (나) > (다) ② (나) > (가) > (다)
③ (나) > (다) > (가) ④ (다) > (가) > (나)
⑤ (다) > (나) > (가)

중요

15 그림은 풍선 표면에 동전을 붙이고 풍선을 크게 불어 각 동전의 위치 변화를 관찰하는 실험을 나타낸 것이다.

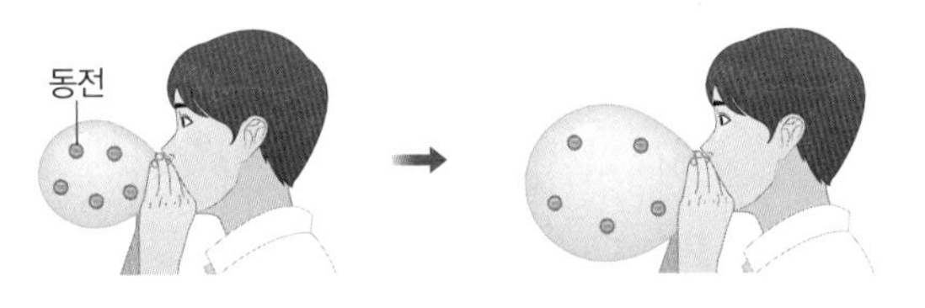

이 실험에 대한 설명으로 옳지 않은 것은?

① 동전은 은하에, 풍선 표면은 우주에 해당한다.
② 풍선 표면이 팽창하여 동전 사이의 거리가 멀어진다.
③ 동전이 서로 멀어지므로 팽창의 중심을 정할 수 없다.
④ 이 실험을 통해 우주는 우리은하를 중심으로 팽창하고 있는 것을 알 수 있다.
⑤ 이 실험을 통해 멀리 있는 은하일수록 멀어지는 속도가 빠른 것을 알 수 있다.

16 그림은 외부 은하를 나타낸 것이다. 이에 대한 설명으로 옳지 않은 것을 모두 고르면? (2개)

① 나선팔이 존재한다.
② 정상 나선 은하이다.
③ 우리은하는 이 은하의 종류에 속한다.
④ 우리은하의 중심부에 주로 분포한다.
⑤ 은하 중심부를 가로지르는 막대 모양의 구조가 있다.

17 그림은 우주를 구성하고 있는 은하들의 모습을 나타낸 것이다.

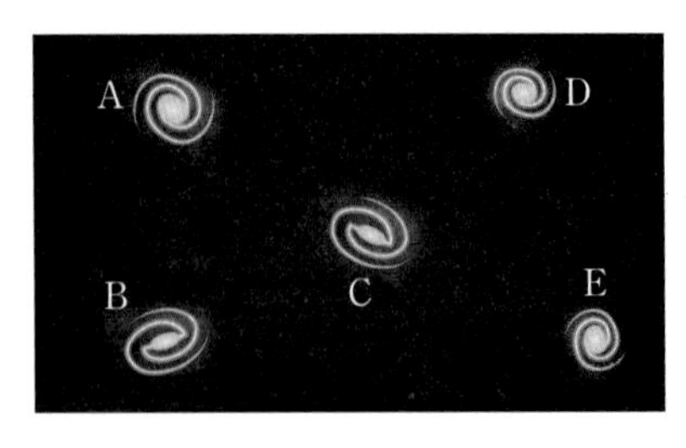

은하 A~E에 대한 설명으로 옳은 것을 〈보기〉에서 모두 고른 것은?

보기
ㄱ. 우주는 C를 중심으로 팽창한다.
ㄴ. E에서 보면 A~D가 모두 멀어진다.
ㄷ. A에서 보면 E가 가장 빠른 속도로 멀어진다.
ㄹ. 과거에 B와 C 사이의 거리는 현재보다 멀었다.

① ㄱ, ㄴ ② ㄱ, ㄷ ③ ㄴ, ㄷ
④ ㄴ, ㄹ ⑤ ㄷ, ㄹ

[18~19] 그림은 우주의 생성을 설명하는 이론을 나타낸 것이다.

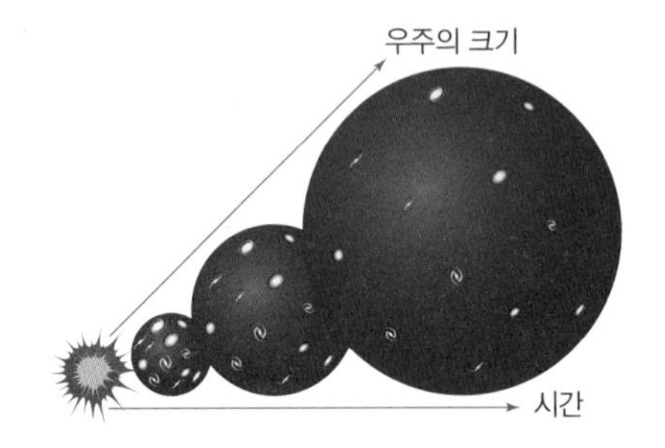

[주관식]

18 이 우주론의 이름을 쓰시오.

중요

19 이 우주론에 대한 설명으로 옳지 않은 것은?

① 대부분의 은하는 서로 멀어지고 있다.
② 과거에는 현재보다 은하의 크기가 작았다.
③ 과거에는 현재보다 우주의 온도가 높았다.
④ 우주의 온도가 낮아지면서 별과 은하가 만들어졌다.
⑤ 우주의 모든 물질과 에너지가 한 점에 모여 있다가 폭발하여 우주가 생성되었다.

D 우주 탐사

20 우주 탐사의 목적과 의의에 대한 설명으로 옳은 것을 보기에서 모두 고른 것은?

보기
ㄱ. 첨단 과학 기술을 실생활에 이용할 수 있다.
ㄴ. 지구에서 고갈되어 가는 자원을 채취할 수 있다.
ㄷ. 우주 탐사를 통해 습득된 정보로부터 지구 환경에 대해 이해할 수 있다.

① ㄱ ② ㄴ ③ ㄱ, ㄷ
④ ㄴ, ㄷ ⑤ ㄱ, ㄴ, ㄷ

[21~23] 그림 (가)~(다)는 우주 탐사 장비를 나타낸 것이다.

(가)

(나)

(다)

【주관식】
21 다음 설명에 해당하는 탐사 장비의 기호와 이름을 쓰시오.

• 우주 공간에 있는 천체로부터 복사되는 전파를 관측하기 위한 탐사 장비이다.
• 전파를 발생하는 천체를 광학 망원경으로 관측하는 것보다 더 정확하게 관측할 수 있다.

22 탐사 장비 (다)에 대한 설명으로 옳지 않은 것은?

① 보이저 1호와 2호는 (다)에 해당한다.
② 한 번 발사되면 회수하여 다시 사용하기 어렵다.
③ 지상에서 하기 어려운 실험이나 우주 환경 등을 연구한다.
④ 지구 이외의 다른 천체를 탐사하기 위해 쏘아 올린 탐사 장비이다.
⑤ 탐사하고자 하는 천체까지 비행하여 그 주위를 공전하거나 표면에 착륙하여 탐사한다.

【주관식】
23 1990년에 발사된 이후 현재까지 이용하고 있으며, 우주 비행사를 통해 우주에서 정비할 수 있도록 설계된 탐사 장비의 기호와 이름을 쓰시오.

【주관식】
24 표는 우주 탐사선의 종류와 임무를 나타낸 것이다. 우주 탐사 활동 시작 시기가 오래된 탐사선부터 순서대로 쓰시오.

탐사선	임무
보이저 2호	목성형 행성 탐사를 위해 발사되었다.
큐리오시티	화성 탐사를 위해 발사되었다.
스푸트니크 1호	지구 주위를 돌면서 지구를 관측하기 위해 발사되었다.

25 우주 탐사 과정에서 얻을 수 있는 첨단 기술로 옳지 않은 것은?

① 생활의 편의를 돕는 오븐기
② 우주복과 관련된 기능성 옷감
③ 형상 기억 합금 소재의 안경테
④ 화재를 미리 감지하기 위한 화재 경보기
⑤ 병원에서 사용하는 자기 공명 영상 장치

26 인공위성이 이용되는 경우로 옳은 것을 〈보기〉에서 모두 고른 것은?

보기
ㄱ. 내비게이션 ㄴ. 태풍의 경로 예측
ㄷ. 우주 탐사선 발사 ㄹ. 위성 위치 확인 시스템

① ㄱ, ㄴ ② ㄱ, ㄷ ③ ㄷ, ㄹ
④ ㄱ, ㄴ, ㄹ ⑤ ㄴ, ㄷ, ㄹ

27 우주 탐사의 부정적 영향에 대한 설명으로 옳은 것을 모두 고르면? (2개)

① 정수기, 진공 청소기 등을 이용할 수 있다.
② 수명이 다한 인공위성이 지구로 떨어지기도 한다.
③ 인공위성으로 인해 대부분 난시청 지역 없이 방송을 볼 수 있다.
④ 인공위성으로 인해 자신의 위치를 파악하고 길을 찾아갈 수 있다.
⑤ 인공위성의 잔해가 지구 주위를 도는 다른 위성체와 충돌하기도 한다.

서술형 문제

정답과 해설 32쪽

단어 제시형

1 우리은하를 위에서 본 모습과 옆에서 본 모습을 다음 단어를 모두 포함하여 서술하시오.

막대 모양, 나선팔, 원반

단계별 서술형

2 그림은 은하수의 모습을 나타낸 것이다.

(1) 우리나라에서 은하수가 가장 밝고 두껍게 보이는 계절을 쓰시오.

(2) (1)과 같이 판단한 까닭을 서술하시오.

서술형

3 그림은 성단과 성운의 모습을 나타낸 것이다. 성단과 성운의 차이점을 서술하시오.

성단

성운

서술형

4 그림은 우주 정거장을 나타낸 것이다. 이 우주 탐사 장비의 특징을 2가지 서술하시오.

서술형 Tip

1 우리은하는 막대 나선 은하인 것을 이용하여 서술한다.

2 (2) 우리은하에서 별이 많은 곳에 대해 생각해 본다.
→ 필수 용어: 밤하늘, 은하 중심 방향

Plus 문제 2-1
우리나라에서 은하수가 가장 밝고 두껍게 보이는 방향에 있는 별자리를 쓰시오.

3 성단과 성운이 무엇으로 이루어져 있는지 생각해 본다.
→ 필수 용어: 별, 성간 물질

4 우주 정거장에서는 지구 중력의 영향을 받지 않는 것을 이용하여 서술한다.
→ 필수 용어: 인공 구조물, 실험

Plus 문제 4-1
천체 주위를 일정한 궤도를 따라 공전하도록 만든 장치는 무엇인지 쓰시오.

핵심만 모아모아!

단원 정리하기

정답과 해설 33쪽

이 단원에서 학습한 내용을 확실히 이해했나요?
다음 내용을 잘 알고 있는지 확인해 보세요.

1 연주 시차와 별까지의 거리

- ❶□□: 관측자가 서로 다른 두 지점에서 같은 물체를 바라볼 때 두 관측 지점과 물체가 이루는 각도
- ❷□□ □□: 지구에서 6개월 간격으로 별을 관측할 때 나타나는 각도(시차)의 $\frac{1}{2}$
- 연주 시차가 나타나는 까닭: 지구가 태양 주위를 ❸□□하기 때문이다.
- 연주 시차와 별까지의 거리의 관계: 연주 시차는 별까지의 거리가 가까울수록 ❹□□.
- 1 pc(파섹): 연주 시차가 ❺□″인 별까지의 거리

2 별의 밝기와 거리

- 별의 밝기를 변화시키는 요인: 별의 밝기는 별이 방출하는 빛의 양과 ❶□□에 따라 다르게 보인다.
- 별의 밝기와 거리: 우리 눈에 보이는 별의 밝기는 별까지의 거리의 제곱에 ❷□□□한다.

$$\text{별의 밝기} \propto \frac{1}{(\text{별까지의 거리})^2}$$

- 별의 밝기와 등급: 밝은 별일수록 등급이 ❸□□, 어두운 별일수록 등급이 ❹□□.
- 별의 등급 차에 따른 밝기 차: 1등급인 별은 6등급인 별보다 약 ❺□□□배 밝고, 1등급 간의 밝기 차는 약 2.5배이다.

$$\text{밝기 차(배)} \fallingdotseq 2.5^{\text{등급 차}}$$

3 별의 등급과 거리, 색깔

- ❶□□□ 등급: 우리 눈에 보이는 별의 밝기를 등급으로 나타낸 것으로, 등급 값이 작을수록 밝게 보이는 별이다.
- ❷□□ 등급: 별이 10 pc의 거리에 있다고 가정했을 때의 밝기를 등급으로 나타낸 것으로, 별의 실제 밝기를 비교할 수 있다. 등급 값이 작을수록 실제로 밝은 별이다.
- 별까지의 거리: 10 pc보다 ❸□□□ 있는 별은 (겉보기 등급−절대 등급)이 0보다 작고, 10 pc보다 ❹□□ 있는 별은 (겉보기 등급−절대 등급)이 0보다 크다.
- 별의 색깔과 표면 온도: 별의 표면 온도에 따라 색깔이 달라지며, 청색, 청백색, 백색, 황백색, 황색, 주황색, 적색으로 갈수록 표면 온도가 ❺□□진다.

4 우리은하

- 우리은하를 위에서 본 모습: 막대 모양의 중심부를 ❶□□□이 휘감은 모양
- 우리은하를 옆에서 본 모습: 중심부가 약간 볼록한 납작한 ❷□□ 모양
- 은하수: 지구에서 우리은하의 일부를 바라본 모습으로, 은하 ❸□□ 방향인 궁수자리 방향에서 가장 밝고 두껍게 보인다.

5 성단과 성운

- ❶□□ 성단: 수십~수만 개의 별들이 비교적 엉성하게 모여 있는 성단
- ❷□□ 성단: 수만~수십만 개의 별들이 빽빽하게 공 모양으로 모여 있는 성단
- ❸□□ 성운: 성간 물질이 주변의 별빛을 흡수하여 가열되면서 스스로 빛을 내는 성운
- 반사 성운: 성간 물질이 주변의 별빛을 반사하여 밝게 보이는 성운
- ❹□□ 성운: 성간 물질이 뒤쪽에서 오는 별빛을 가로막아 어둡게 보이는 성운

6 우주 팽창

- 우주 팽창: 우주는 특별한 중심 없이 모든 방향으로 균일하게 ❶□□하고 있다.
- ❷□□□ 우주론(빅뱅 우주론): 약 138억 년 전 매우 뜨겁고 밀도가 큰 한 점에서 대폭발(빅뱅)을 일으켜 계속 ❸□□하여 현재와 같은 우주가 되었다고 설명하는 이론

7 우주 탐사

- ❶□□□□: 천체 주위를 일정한 궤도를 따라 공전하도록 만든 장치
- 우주 탐사선: 지구 이외의 다른 천체를 탐사하기 위해 쏘아 올리는 물체로, 천체의 주위를 돌거나 천체 표면에 착륙하여 탐사한다.
- ❷□□ □□□: 사람들이 우주에 머무르면서 임무를 수행하도록 만든 인공 구조물

실전에 도전!

단원 평가하기

[내 실력 진단하기]

각 중단원별로 어느 부분이 부족한지 진단해 보고, 부족한 단원은 다시 복습합시다.

중단원										
01. 별까지의 거리	01	02	03							
02. 별의 성질	04	05	06	07	08	09	10	11	12	13
	24	25								
03. 은하와 우주	14	15	16	17	18	19	20	21	22	23
	26	27								

상 중 하

01 시차와 연주 시차에 대한 설명으로 옳지 않은 것을 모두 고르면? (2개)

① 시차가 0.1″인 별의 연주 시차는 0.05″이다.
② 연주 시차는 별까지의 거리와 비례 관계이다.
③ 연주 시차가 1″인 별까지의 거리를 1 pc이라고 한다.
④ 연주 시차는 지구가 공전하기 때문에 나타난다.
⑤ 시차는 관측자와 물체 사이의 거리가 멀수록 크게 나타난다.

[주관식] 상 중 하

02 그림은 지구에서 6개월 간격으로 관측한 별 A와 B의 시차를 나타낸 것이다. 지구에서 별 A, B까지의 거리를 각각 구하시오.

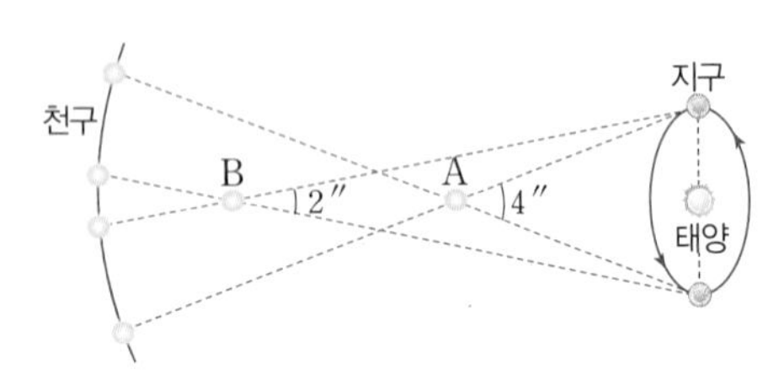

[주관식] 상 중 하

03 그림 (가)와 (나)는 종이에 2개의 구멍을 뚫고 A, B에 주사위를 놓은 후 왼쪽 구멍과 오른쪽 구멍으로 주사위를 관찰하는 실험을 나타낸 것이다.

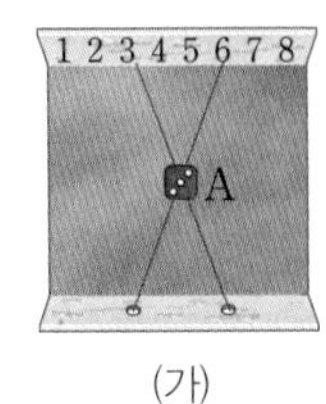

(가)

1 2 3 4 5 6 7 8
B

(나)

이에 대한 설명으로 옳은 것을 〈보기〉에서 모두 고르시오.

보기
ㄱ. 주사위는 상대적으로 거리가 가까운 별에 해당한다.
ㄴ. 주사위가 A에 있을 때의 시차가 B에 있을 때의 시차보다 작다.
ㄷ. 왼쪽 구멍과 오른쪽 구멍의 거리를 더 멀게 하면 시차가 작게 측정된다.
ㄹ. 주사위를 A와 B에 놓은 까닭은 물체의 거리에 따른 시차의 변화를 알아보기 위한 것이다.

상 중 하

04 별의 밝기와 등급에 대한 설명으로 옳은 것을 〈보기〉에서 모두 고른 것은?

보기
ㄱ. 4등급인 별은 6등급인 별보다 약 6.3배 밝다.
ㄴ. 우리 눈에 보이는 별의 밝기는 별까지의 거리의 제곱에 비례한다.
ㄷ. 6등급보다 어두운 별은 7등급, 8등급, 9등급 등으로 나타낸다.
ㄹ. 별까지의 거리가 같을 때 방출하는 빛의 양이 많은 별일수록 어둡게 보인다.

① ㄱ, ㄴ ② ㄱ, ㄷ ③ ㄷ, ㄹ
④ ㄱ, ㄴ, ㄹ ⑤ ㄴ, ㄷ, ㄹ

상 중 하

05 표는 별 A~D의 겉보기 등급과 절대 등급을 나타낸 것이다.

별	A	B	C	D
겉보기 등급	0.3	5.1	1.7	−6.0
절대 등급	0.1	5.1	−0.5	5.5

이에 대한 설명으로 옳은 것을 〈보기〉에서 모두 고른 것은?

보기
ㄱ. 연주 시차가 가장 작은 별은 D이다.
ㄴ. 실제 밝기가 가장 어두운 별은 B이다.
ㄷ. 우리 눈에 가장 밝게 보이는 별은 D이다.
ㄹ. 10 pc보다 먼 거리에 있는 별은 A와 C이다.

① ㄱ, ㄴ ② ㄱ, ㄷ ③ ㄴ, ㄷ
④ ㄴ, ㄹ ⑤ ㄷ, ㄹ

상 중 하

06 별까지의 거리가 가까워질 때 나타나는 변화에 대한 설명으로 옳은 것은?

① 절대 등급이 작아진다.
② 표면 온도가 높아진다.
③ 연주 시차가 작아진다.
④ 겉보기 등급이 작아진다.
⑤ 색깔이 붉은색으로 변한다.

상중하

07 그림 (가)와 (나)는 눈에 보이는 별의 밝기에 영향을 미치는 요인을 알아보기 위한 실험을 나타낸 것이다.

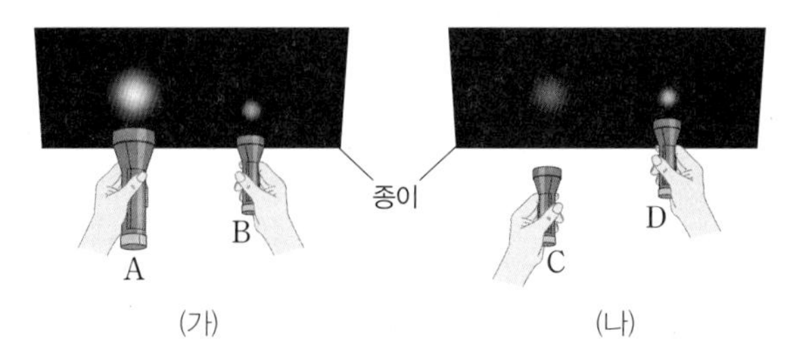

이 실험에 대한 설명으로 옳지 않은 것을 모두 고르면? (2개)

① A는 B보다 단위 면적당 도달하는 빛의 양이 많다.
② D는 C보다 단위 면적당 도달하는 빛의 양이 적다.
③ 단위 면적당 도달하는 빛의 양은 C가 가장 적다.
④ 큰 손전등은 작은 손전등보다 거리가 먼 별에 해당한다.
⑤ 눈에 보이는 별의 밝기에 영향을 미치는 요인은 별이 방출하는 빛의 양과 별의 거리이다.

상중하

08 별의 등급과 색깔에 대한 설명으로 옳은 것은?

① 별의 크기에 따라 표면 온도가 달라진다.
② 우리 눈에 같은 밝기로 보이는 별은 절대 등급이 같다.
③ 겉보기 등급은 별의 실제 밝기를 등급으로 나타낸 것이다.
④ (절대 등급−겉보기 등급) 값이 클수록 지구로부터의 거리가 먼 별이다.
⑤ 지구로부터 10 pc보다 가까운 거리에 있는 별은 겉보기 등급이 절대 등급보다 작다.

상중하

09 그림은 겉보기 등급이 5등급인 별 A와 B의 거리를 나타낸 것이다. 실제 밝기가 더 밝은 별, 절대 등급이 5등급인 별, 연주 시차가 더 큰 별을 옳게 짝 지은 것은?

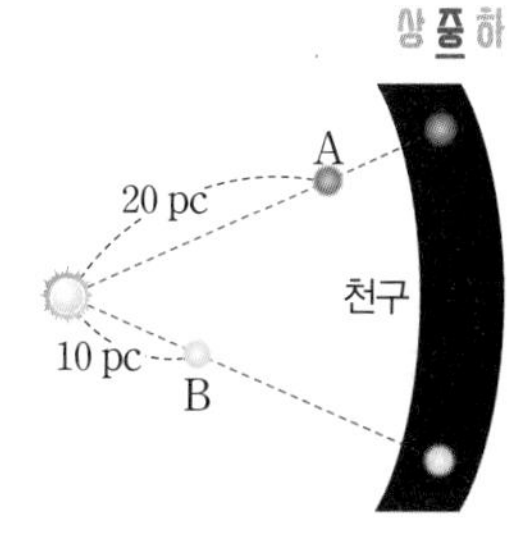

	실제 밝기가 더 밝은 별	절대 등급이 5등급인 별	연주 시차가 더 큰 별
①	A	A	B
②	A	B	A
③	A	B	B
④	B	A	B
⑤	B	B	A

상중하

10 다음은 별 A의 겉보기 등급과 연주 시차를 나타낸 것이다.

• 겉보기 등급: 1.4등급 • 연주 시차: 0.01″

별 A의 거리와 절대 등급을 옳게 짝 지은 것은?

	거리	절대 등급
①	1 pc	−3.6등급
②	1 pc	6.3등급
③	10 pc	−3.6등급
④	100 pc	−3.6등급
⑤	100 pc	6.3등급

상중하

11 그림은 별 A~D의 겉보기 등급과 절대 등급을 나타낸 것이다.

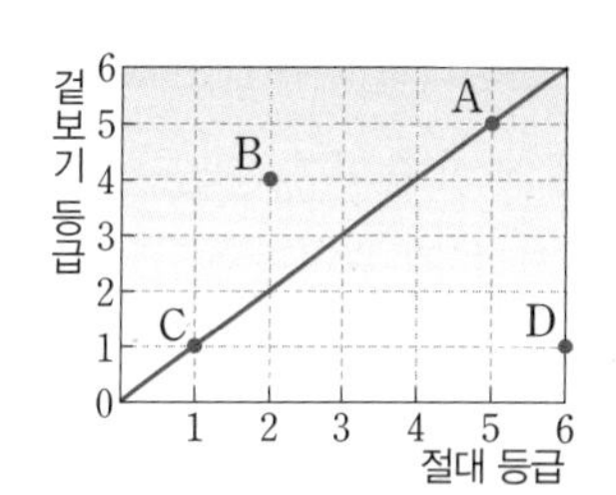

이에 대한 설명으로 옳지 않은 것을 모두 고르면? (2개)

① A는 C보다 지구로부터 5배 먼 거리에 있다.
② 지구로부터 가장 가까운 거리에 있는 별은 D이다.
③ 같은 거리에 두었을 때 가장 밝게 보이는 별은 C이다.
④ D의 거리가 4배 멀어지면 겉보기 등급이 절대 등급보다 커진다.
⑤ 맨눈으로 보았을 때 가장 어둡게 보이는 별은 A이고, 실제 밝기가 가장 어두운 별은 D이다.

자료 분석 | 정답과 해설 34쪽

[12~13] 표는 별 A~C의 등급과 색깔을 나타낸 것이다.

별	겉보기 등급	절대 등급	색깔
A	0.1	−6.8	청백색
B	−1.9	3.2	황색
C	0.4	−5.6	적색

[주관식] 상중하

12 우리 눈에 보이는 별 A와 B의 밝기 차이를 쓰시오.

[주관식] 상중하

13 별 A~C의 표면 온도를 부등호를 이용하여 비교하시오.

[14~15] 그림은 우리은하의 모습을 나타낸 것이다.

[주관식] 상중하

14 A에서 E까지의 거리를 쓰시오.

상중하

15 이에 대한 설명으로 옳지 않은 것은?

① 옆에서 본 모습이다.
② 태양계는 B에 위치한다.
③ D에는 산개 성단이 많이 분포한다.
④ 우리나라는 여름철에 밤하늘이 C 방향을 향한다.
⑤ 우리은하의 중심부에는 막대 모양의 구조가 있다.

상중하

16 다음은 우리은하를 이루는 천체에 대한 설명이다.

> (가) 성간 물질이 주변의 별빛을 흡수하여 가열되면서 스스로 빛을 내는 천체이다.
> (나) 수만~수십만 개의 별들이 빽빽하게 공 모양으로 모여 있는 천체이다.
> (다) 성간 물질이 뒤쪽에서 오는 별빛을 가로막아 어둡게 보이는 천체이다.

(가)~(다)에 해당하는 천체를 옳게 짝 지은 것은?

	(가)	(나)	(다)
①	반사 성운	구상 성단	암흑 성운
②	반사 성운	산개 성단	암흑 성운
③	방출 성운	암흑 성운	반사 성운
④	방출 성운	구상 성단	암흑 성운
⑤	암흑 성운	산개 성단	방출 성운

상중하

17 다음 중 가장 많은 별을 포함하고 있는 천체는?

① 태양계 ② 방출 성운 ③ 구상 성단
④ 우리은하 ⑤ 산개 성단

상중하

18 그림 (가)는 구상 성단을, (나)는 산개 성단을 나타낸 것이다.

(가)

(나)

구상 성단과 산개 성단을 이루는 별의 색깔이 다른 까닭으로 옳은 것은?

① 구상 성단이 산개 성단보다 크기가 크기 때문이다.
② 산개 성단이 구상 성단보다 거리가 멀기 때문이다.
③ 구상 성단이 산개 성단보다 별의 수가 많기 때문이다.
④ 구상 성단이 산개 성단보다 오래 전에 생성되었기 때문이다.
⑤ 구상 성단이 산개 성단보다 별들이 빽빽하게 모여 있기 때문이다.

상중하

19 그림은 풍선 표면에 스티커를 붙이고 풍선을 크게 불어 각 스티커의 위치 변화를 관찰하는 실험을 나타낸 것이다.

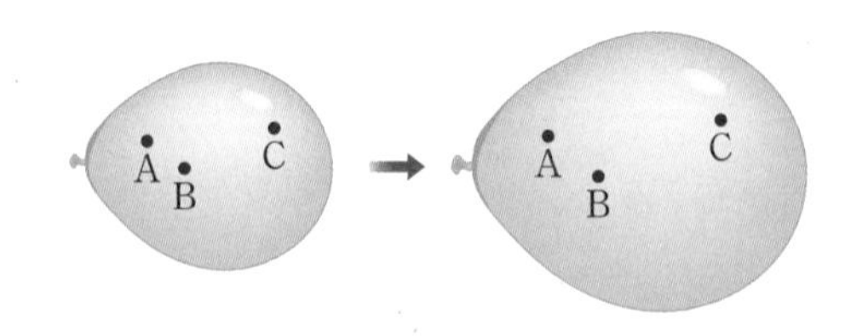

이 실험에 대한 설명으로 옳은 것을 〈보기〉에서 모두 고른 것은?

> 보기
> ㄱ. 스티커는 은하에 해당한다.
> ㄴ. 풍선 표면은 우주에 해당한다.
> ㄷ. 스티커 A와 B, B와 C는 같은 속도로 멀어진다.
> ㄹ. 고무풍선을 크게 불었을 때 스티커 사이의 거리는 모두 멀어진다.

① ㄱ, ㄴ ② ㄱ, ㄷ ③ ㄷ, ㄹ
④ ㄱ, ㄴ, ㄹ ⑤ ㄴ, ㄷ, ㄹ

상중하

20 빅뱅 우주론에 대한 설명으로 옳은 것을 모두 고르면? (2개)

① 우주는 한 점에서 시작되었다.
② 우주는 현재 팽창을 멈추었다.
③ 팽창하는 우주의 중심은 우리은하이다.
④ 팽창하는 우주의 온도는 점차 낮아졌다.
⑤ 과거의 우주 크기는 현재보다 훨씬 컸다.

상중하

21 우주 탐사의 목적과 의의에 대한 설명으로 옳지 않은 것은?

① 우주에 대한 이해의 폭을 넓힐 수 있다.
② 지구에서 발생하는 쓰레기를 처리할 수 있다.
③ 지구에서 부족하거나 고갈되어 가는 자원을 채취할 수 있다.
④ 우주 탐사 과정에서 개발된 첨단 기술을 여러 산업 분야에 이용할 수 있다.
⑤ 지구 이외의 다른 천체에 생명체가 살고 있는지 호기심을 충족시킬 수 있다.

[주관식] 상중하

22 다음은 우주를 탐사하는 장비에 대한 설명이다. 이 탐사 장비의 이름을 쓰시오.

지상에서 하기 어려운 실험을 할 수 있으며, 우주 탐사를 위한 경유지로 이용될 수 있다.

상중하

23 우주 쓰레기에 대한 설명으로 옳은 것을 〈보기〉에서 모두 고른 것은?

보기
ㄱ. 매우 느린 속도로 떠돌고 있다.
ㄴ. 인공위성의 발사나 폐기 과정 등에서 나온 파편 등이다.
ㄷ. 운행 중인 인공위성이나 우주 탐사선과 충돌하여 피해를 줄 수 있다.

① ㄱ ② ㄴ ③ ㄱ, ㄷ
④ ㄴ, ㄷ ⑤ ㄱ, ㄴ, ㄷ

서술형 문제

상중하

24 표는 별들의 겉보기 등급과 절대 등급을 나타낸 것이다. 같은 거리에 있을 때 가장 밝게 보이는 별을 쓰고, 그 까닭을 서술하시오.

별	겉보기 등급	절대 등급
시리우스	−1.5	1.4
북극성	2.1	−3.7
베텔게우스	0.4	−5.6

상중하

25 그림은 별 A~D의 연주 시차와 겉보기 등급을 나타낸 것이다. 겉보기 등급이 절대 등급보다 큰 별을 모두 쓰고, 그 까닭을 서술하시오.

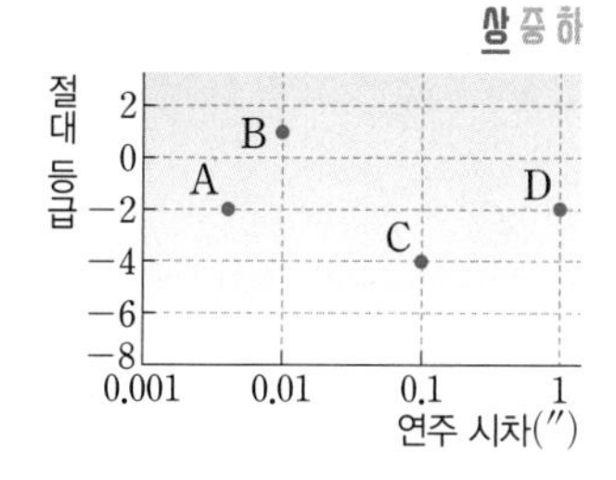

상중하

26 그림은 어느 성운의 모습을 나타낸 것이다. 이 성운의 종류를 쓰고, 이 성운이 밝게 보이는 까닭을 서술하시오.

상중하

27 대폭발 우주론(빅뱅 우주론)은 어떤 이론인지 다음에 제시된 단어를 모두 포함하여 서술하시오.

대폭발(빅뱅), 팽창

과학기술과 인류 문명

제목으로 미리보기

01 과학기술과 인류 문명

116~124쪽

과학기술의 발달은 인쇄, 교통, 농업, 의료, 정보 통신 등 다양한 분야에서 우리 생활에 영향을 주며, 과학기술의 활용으로 우리가 살아가는 사회는 하루가 다르게 변화하고 있음을 알고 있을 것입니다. 이 단원에서는 과학기술이 인류 문명의 발달에 어떤 기여를 했는지 이해하고, 앞으로 우리 생활에 과학을 어떻게 이용할 수 있을지 알아본답니다.

기억하기 이 단원을 학습하기 전에, 이전에 배운 내용 중 꼭 알아야 할 개념들을 그림과 함께 떠올려 봅시다.

과학과 관련된 직업 알아보기

〉〉〉 중등 1학년 과학과 나의 미래

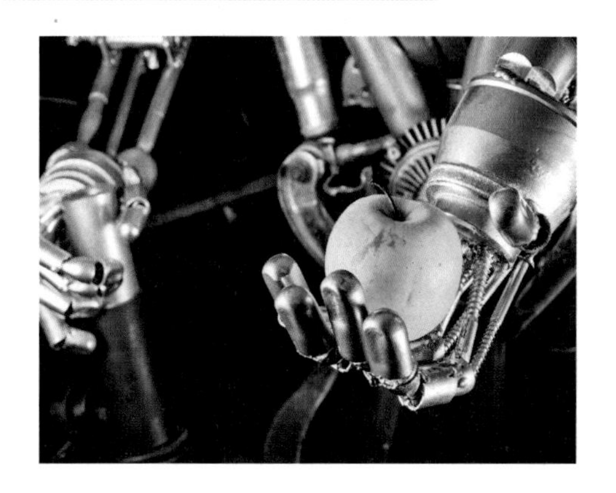

[로봇 연구원]

로봇 연구원은 생산 현장에서 이용되는 산업용 로봇이나 일상생활에서 이용할 수 있는 로봇을 연구하고 개발하는 일을 한다. 로봇을 연구하기 위해서는 다양한 분야의 전문가가 필요한데, 로봇의 형태와 움직임을 연구하는 전문가, 로봇의 회로와 시스템을 설계하는 전문가, 로봇의 동작을 조절하는 소프트웨어 개발 전문가, 로봇이 외부 자극을 인식할 수 있게 하는 센서 개발 전문가 등이 한 팀이 되어 연구를 수행한다.

[생명 과학 연구원]

생명 과학 연구원은 생명의 본질을 밝히고 생명 현상을 탐구하는 일을 한다. 연구 분야에 따라 인체 전문가, 동물 전문가, 미생물 전문가, 식물 전문가 등으로 구분한다. 생명 과학 연구원은 생물 표본을 연구하거나 생명체의 기원, 분포, 상호 관계 등을 조사하고, 획득한 자료를 의학, 농업, 약품 제조 등의 분야에 사용하기 위해 통계적으로 분석하여 보고서를 작성한다.

[환경 영향 평가사]

환경 영향 평가란 어떤 사업의 계획을 수립할 때 그 사업이 자연 환경, 생활 환경, 사회 경제 환경 등에 미칠 영향을 미리 파악하여 부정적인 영향을 사전에 제거하거나 최소화할 수 있는 방안을 찾는 것이다. 환경 영향 평가사는 이러한 환경 영향 평가를 하는 사람으로, 환경 현황 파악, 환경 영향의 예측 및 분석, 환경 보전 방안의 설정 및 대안 평가 등의 작업을 한다.

[인공 지능 전문가]

컴퓨터와 로봇 등이 인간처럼 생각하고 결정을 내리도록 하는 기술을 개발한다. 또, 기존 지식을 기계가 배우도록 한 뒤에 기계가 사람 대신 일하게 만드는 기술, 저장한 지식과 여러 지식을 연결해 새로운 지식을 발견하는 기술 등 지식을 학습하고 다른 지식을 이끌어내는 기술을 개발하기도 한다.

쉽고 정확하게! 개념 학습

01 과학기술과 인류 문명

Ⓐ 과학기술의 발달

1. 불의 발견 나무와 나무를 마찰하거나 돌과 돌을 부딪쳐 생긴 불로 인류가 불을 피울 수 있게 되면서 점점 다양한 용도로 불을 이용하게 되었고, 이를 통해 인류 문명이 발달하였다.

[불의 발견과 인류 생활의 변화]

인류가 불을 피울 수 있게 되었다. ➡ 조명, 난방, 음식의 조리 등에 불을 직접 이용하였다. ➡ 불을 이용해 토기를 만들어 음식을 저장하거나 조리하였다. ➡ 불을 이용하여 청동이나 철과 같은 금속을 얻고 가공하였다. ➡ 과학기술의 발달로 인류 문명이 발전하고 있다.

2. 과학 원리의 발견이 인류 문명 발달에 미친 영향 – 과학 원리의 발견은 인류가 합리적이고 실험적인 방법을 중요하게 생각하도록 하여 인류 문명이 발달하는 데 큰 역할을 하였다.

① **태양 중심설**: 망원경으로 천체를 관측하여 태양 중심설의 증거를 발견하면서 인류의 가치관을 변화시키는 계기가 되었다.❶

② **만유인력 법칙**: 뉴턴의 만유인력 법칙 발견은 자연 현상을 이해하고 그 변화를 예측할 수 있게 하였다.

③ **세포의 발견**: 훅이 현미경으로 세포를 발견하면서 생물체를 작은 세포들이 모여서 이루어진 존재로 인식하게 되었다. – 훅은 자신이 직접 설계하고 제작한 현미경으로 생물의 세포를 발견하였다. 하지만 당시 훅이 관찰한 것은 세포 자체가 아니라 식물의 세포벽이었다.

④ **전자기 유도 법칙**: 패러데이가 전자기 유도 법칙을 발견하여 전기를 생산하고 활용하게 되었다.❷

⑤ ***백신 개발**: 파스퇴르는 백신 접종을 통해 질병을 예방할 수 있다는 것을 입증하였으며, 이후 여러 가지 백신이 개발되어 인류의 평균 수명에 영향을 미쳤다.

⑥ **암모니아 합성**: 하버가 암모니아 합성법을 개발한 후 질소 비료를 대량으로 생산할 수 있게 되면서 식량 문제가 해결되었다.

3. 과학기술과 인류 문명 과학기술이 발달함에 따라 인류 문명은 크게 발달하였다.

구분	내용
인쇄 출판의 발달	• 구텐베르크는 금속 활자를 이용한 활판 인쇄술을 개발하였다. ➡ 책을 대량으로 만들 수 있게 되었으며, 종교 개혁, 과학 혁명 등에 영향을 주었다. • 인쇄 기술의 발달로 책을 통해 지식과 정보를 쉽게 접할 수 있게 되었다. ➡ 근대 과학 발전의 토대가 되었다.
교통 수단의 발달	• 증기 기관차와 증기선의 발명으로 인류는 더 많은 물건을 먼 곳까지 운반하게 되었으며, 내연 기관의 등장으로 자동차가 발달하였다.❸❹ • 증기 기관을 이용한 기계의 사용은 산업 혁명의 원동력이 되었다. ▲ 증기 기관차
농업의 발달	• 암모니아를 합성하는 기술이 개발되면서 합성한 암모니아로부터 질소 비료를 만들 수 있게 되었다. • 농산물의 생산력이 높아지면서 식량 생산이 증가하였다.
의료의 발달	• 종두법의 발견 이후 여러 가지 백신이 개발되어 소아마비와 같은 질병을 예방할 수 있게 되었다. • 페니실린의 발견으로 시작된 *항생제의 개발은 결핵과 같은 질병을 치료하게 되었다. • 여러 종류의 백신과 항생제는 인류의 평균 수명을 늘리는 데 큰 역할을 하였다.
정보 통신의 발달	• 전자기 유도 법칙이라는 과학적 원리와 소리를 전기 신호로 바꾸는 기술의 발달로 전화기를 발명하였다. ➡ 멀리 떨어져 있는 사람과 음성으로 소식을 주고받게 되었다. • 전화기에서부터 라디오, 텔레비전을 거쳐 컴퓨터에 이르기까지 정보 통신 기술이 빠르게 발달하였다. ➡ 인류 문명과 생활을 크게 변화시켰다.  ▲ 전화기

개념 더하기

❶ 태양 중심설
지구와 다른 행성들이 태양을 중심으로 돌고 있다는 우주관으로 코페르니쿠스가 주장하였다.

❷ 전자기 유도
코일 주위에서 자석을 움직일 때 코일 내부의 자기장이 변하여 코일에 전류가 흐르는 현상이다.

❸ 증기 기관
물을 끓여 만든 수증기가 피스톤을 움직이게 하는 장치로, 외부에서 연료를 연소시켜 얻은 증기의 압력을 이용하여 기계를 움직인다.

❹ 내연 기관
증기 기관 이후에 개발된 기관으로, 연료의 연소가 기관 내부에서 이루어지는 기관이다.

종두법은 천연두를 예방하기 위해 백신을 인체의 피부에 접종하는 방법이다.

용어 사전

***백신**
전염병에 대하여 인공적으로 면역을 주기 위해 생체에 투여하는 항원의 하나이다.

***항생제(겨룰 抗, 날 生, 약제 劑)**
미생물이 만들어 내는 항생 물질로 된 약제로, 다른 미생물이나 생물 세포를 선택적으로 억제하거나 죽인다.

정답과 해설 36쪽

핵심 Tip

- **불의 이용**: 인류가 직접 불을 피울 수 있게 되면서 인류 문명도 발달하였다.
- 코페르니쿠스가 주장한 **태양 중심설**은 인류의 가치를 변화시키는 계기가 되었다.
- 하버가 **암모니아를 합성**하는 기술을 개발하면서 식량 증대에 큰 역할을 하였다.
- 파스퇴르는 **백신 접종**을 통해 질병을 예방하여 인류의 수명 연장에 큰 영향을 미쳤다.
- **증기 기관**을 이용한 기계의 사용으로 제품의 대량 생산이 가능해지면서 산업 구조가 변화하였다.
- **전화기의 발명**으로 멀리 떨어져 있는 사람과 음성으로 소식을 주고받을 수 있게 되었다.

1 불이 인류에게 미친 영향으로 옳은 것은 ○, 옳지 않은 것은 ×로 표시하시오.

(1) 불을 이용하여 토기를 제작하게 되었다. (　　)

(2) 불을 이용하게 되면서 금속을 가공하게 되었다. (　　)

(3) 불을 이용하였으나 인류 문명의 발달에는 영향을 주지 않았다. (　　)

2 과학 원리의 발견이 인류 문명에 미친 영향에 대한 설명으로 옳은 것은 ○, 옳지 않은 것은 ×로 표시하시오.

(1) 훅은 현미경으로 세포를 관찰한 후 인간의 생명을 경시하게 되었다. (　　)

(2) 파스퇴르는 백신 접종을 통해 질병을 예방할 수 있다는 것을 입증하였다. (　　)

(3) 코페르니쿠스의 지구 중심설은 우주에 관한 인류의 가치관을 크게 변화시켰다. (　　)

3 다음은 어떤 법칙이 인류 문명 발달에 미친 영향에 대한 설명이다. 빈칸에 알맞은 과학자를 쓰시오.

> (　　　)은 질량을 가지고 있는 모든 물체는 서로 끌어당기는 힘이 작용한다는 법칙을 주장하였으며, 이는 자연 현상을 이해하고 그 변화를 예측할 수 있게 하여 과학 발전에 토대가 되었다.

적용 Tip Ⓐ-2

태양 중심설이 미친 영향

지구를 우주의 중심으로 생각하는 신 중심의 중세 사회는 코페르니쿠스의 태양 중심설이 등장하면서 변하기 시작했다. 이후 갈릴레오가 망원경으로 천체를 관측하여 태양 중심설의 정당함을 입증하면서 인간은 태양 주위를 도는 작은 행성 위에서 살아가는 존재임이 들어났다. 이렇게 태양 중심설은 중세의 우주관을 뒤엎었다.

4 다음은 인류 문명 발달에 영향을 미친 어떤 과학기술에 대한 설명이다. ㉠, ㉡에 알맞은 말을 쓰시오.

> 구텐베르크는 (㉠　　　)를 이용한 (㉡　　　)을 개발하였으며, 이 기술의 전파되면서 책의 대량 생산이 가능해졌고, 지식과 정보를 쉽게 접할 수 있게 되어 과학기술이 더욱 발전하게 되었다.

5 과학적인 발견이나 발명과 관련이 있는 과학기술 분야를 〈보기〉에서 골라 쓰시오.

> 보기
>
> ㄱ. 농업의 발달　　ㄴ. 의료의 발달
>
> ㄷ. 교통 수단의 발달　　ㄹ. 정보 통신의 발달

(1) 전화기의 발명 (　　)　　(2) 페니실린의 발견 (　　)

(3) 증기 기관의 발명 (　　)　　(4) 암모니아 합성법 발견 (　　)

쉽고 정확하게!

개념 학습

01 과학기술과 인류 문명

Ⓑ 오늘날 과학기술과 인류 문명의 발달

인쇄 출판 분야	전자 출판이 발달하여 다양한 정보를 포함한 출판물이 생산되고 저장되면서 자료의 검색이 편리해졌다.
교통 분야	고속 열차나 비행기를 이용하여 이전보다 더 빠르게 원하는 곳으로 이동하거나 물건을 운반한다.
농업 분야	• 생명 공학 기술을 이용하여 특정한 목적에 맞게 품종을 개량한다. • 지능형 농장에서 농작물의 품질과 생산량을 늘리고 있다.
의료 분야	• 자기 공명 영상 장치와 같은 첨단 의료 기기를 발명하고, 다양한 의약품을 개발하여 질병을 진단하고 치료한다. • 원격 의료 기술의 발달로 장소에 관계없이 의료 지원을 받을 수 있다.
정보 통신 분야	• 스마트 기기를 이용하여 어디서든 정보를 검색하거나 영상을 볼 수 있다. • 인공 지능을 이용한 스피커로 음악을 재생하거나 물건을 주문하는 등 일상생활이 더 편리해지고 있다. ❶

▲ 전자책

▲ 고속 열차

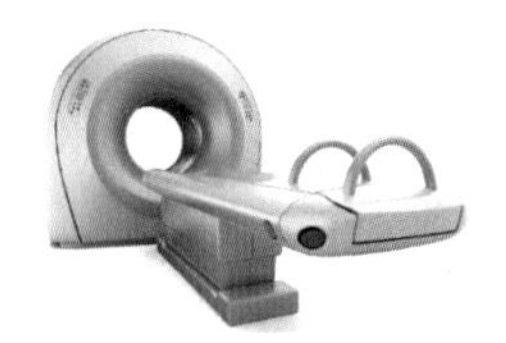
▲ 자기 공명 영상 장치

▲ 인공 지능 스피커

Ⓒ 과학기술의 활용

1. 미래 사회에 활용할 수 있는 과학기술

나노 기술	*나노미터 크기의 작은 물질을 이용하여 다양한 소재나 제품을 만드는 기술 ➡ 제품의 소량화, 경량화가 가능해져 전자, 의료, 기계 분야 등에서 다양한 제품이 개발되고 있다. 예 나노 반도체, 나노 로봇, 나노 표면 소재, 휘어지는 디스플레이 등
생명 공학 기술	생물체의 특성과 기능을 활용하거나 생물체를 인위적으로 조작하여 이용하는 기술 ➡ 식량 문제 해결, 유용한 의약품 개발, 질병 치료 방법 개발 등 • 유전자 재조합 기술: 특정 생물의 유용한 유전자를 다른 생물의 DNA에 재조합하는 기술 예 제초제에 내성을 가진 콩, 황금 쌀(바이타민 A 강화 쌀), 무르지 않는 토마토 등❷ • 세포 융합 기술: 서로 다른 특징을 가진 두 종류의 세포를 융합하여 하나의 세포로 만드는 기술 예 포마토(토마토+감자), 무추(무+배추), 오렌지+귤 등
정보 통신 기술	정보 기기의 하드웨어와 소프트웨어 기술 및 이 기술을 이용한 정보 수집, 생산, 가공, 보존, 전달, 활용하는 모든 방법 • 사물 인터넷(IoT): 모든 사물을 인터넷으로 연결하는 기술 • 빅데이터 기술: 방대한 정보를 분석하여 활용하는 기술 • 실감형 가상 현실(VR), *증강 현실(AR): 인간의 3차원 시각 인지 신호를 자극하는 실감 영상을 기반으로 하여 실제와 유사한 경험, 감성을 제공하는 기술❸

2. 공학적 설계

① 과학 원리나 기술을 적용하여 새로운 제품이나 시스템을 개발하거나 기존 제품을 개선하는 창의적인 설계 과정으로, 보통 새로운 제품은 공학적 설계 과정을 거쳐 만들어진다. ➡ 경제성, 안정성, 편리성, 환경적 요인, 외형적 요인을 고려하여 제품을 만든다.

② 공학적 설계 과정❹

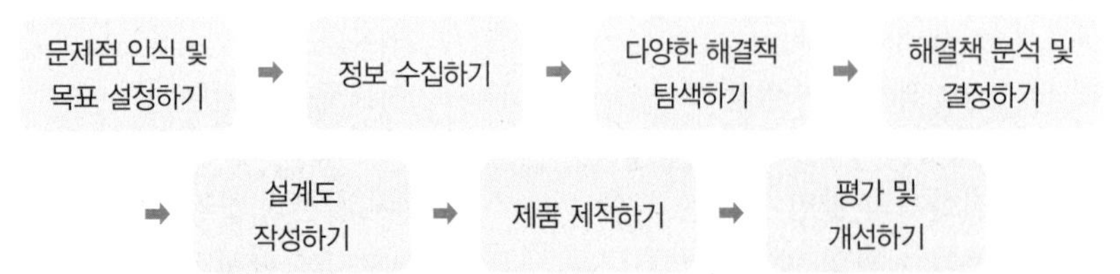

개념 더하기

❶ 인공 지능
컴퓨터나 전자 기술로 인간의 기억, 지각, 학습 이해 등 인간이 하는 지적 행위를 실현하고자 하는 기술이다.

❷ 유전자 재조합 기술로 만들어진 유전자 변형 작물(LMO)
생명 공학 기술을 활용하여 새롭게 조합된 유전 물질을 포함하는 생물을 말한다. 일상생활에서는 GMO라는 용어를 많이 사용하는데, 이는 유전자 변형 생물뿐만 아니라 이를 원료로한 식품이나 사료도 포함한 용어이다.
LMO는 생태계에 유입되어 돌연변이를 유발할 수 있고, 장기간 섭취했을 때 생길 수 있는 부작용이 밝혀지지 않았기 때문에 우리나라에서는 이용을 법으로 통제하며 안정성에 관한 연구를 지속적으로 진행하고 있다.

❸ 가상 현실(VR)과 증강 현실(AR)
• 가상 현실: 오감을 통해 가상의 세계를 현실처럼 체험하도록 하는 기술
• 증강 현실: 현실 세계에서 가상의 정보가 실제 존재하는 것처럼 보이게 하는 기술

❹ 전기 자동차를 개발하는 경우의 공학적 설계
• 경제성: 배터리 교체 비용을 줄이기 위해 수명이 긴 배터리를 사용한다.
• 안정성: 보행자의 접근을 알 수 있는 경보음 장치를 설치한다.
• 편리성: 한 번 충전으로 장거리 운전이 가능한 용량이 큰 배터리를 사용한다.
• 환경적 요인: 환경 오염을 유발하는 배기가스를 배출하지 않도록 전기 에너지를 이용하는 전동기를 사용한다.
• 외형적 요인: 소비자층의 취향을 고려한 아름다운 외형을 설계한다.

용어 사전

***나노미터**
1 nm(나노미터)는 10억분의 1 m의 길이이다.

***증강 현실(더할 增, 강할 强, 나타난 現, 열매 實)**
현재 실제로 존재하는 사물이나 환경에 가상의 사물이나 환경을 덧입혀서 마치 실제로 존재하는 것처럼 보여주는 컴퓨터 그래픽 기술

6 다음은 오늘날 우리 생활의 변화를 가져온 과학기술에 대한 설명이다. 각 설명에 적합한 과학기술을 〈보기〉에서 골라 쓰시오.

보기

ㄱ. 전자 출판　　ㄴ. 지능형 농장　　ㄷ. 원격 의료 기술

(1) 농작물의 품질을 높이고 생산량을 늘린다. (　　)

(2) 장소에 관계없이 의료 지원을 받을 수 있다. (　　)

(3) 다양한 정보를 포함한 출판물이 생산, 저장되므로 자료 검색이 편리하다. (　　)

7 다음은 어떤 과학기술에 대한 설명인지 쓰시오.

물질이 나노미터 크기로 작아지면 물질 고유의 성질이 바뀌어 새로운 특성을 가지게 되는데, 이를 이용하여 다양한 소재나 제품을 만들 수 있다. 이 기술의 발달로 제품의 소량화, 경량화가 가능해졌다.

8 다음의 설명과 관련된 정보 통신 기술을 각각 골라 쓰시오.

인공 지능, 사물 인터넷(IoT), 빅데이터, 가상 현실(VR), 증강 현실(AR)

(1) 모든 사물을 인터넷으로 연결하는 기술: (　　　　)

(2) 방대한 정보를 분석하여 활용하는 기술: (　　　　)

(3) 현실 세계에 가상의 정보가 실제 존재하는 것처럼 보이게 하는 기술: (　　　　)

(4) 가상의 세계를 시각, 청각, 촉각 등 오감을 통해 마치 현실처럼 체험하도록 하는 기술: (　　　　)

(5) 컴퓨터나 전자 기술로 인간의 기억, 지각, 학습 이해 등 인간이 하는 지적 행위를 실현하고자 하는 기술: (　　　　)

9 다음은 어떤 과학적 과정에 대한 설명인지 쓰시오.

과학 원리를 바탕으로 인간의 생활을 편리하게 만들기 위한 제품 개발 과정이다. 이 과정을 수행할 때는 과학 지식, 창의성, 분석력 등이 필요하며, 이를 바탕으로 여러 사람이 협력하여 아이디어를 도출하고 실행한다.

핵심 Tip

- 오늘날의 과학기술은 인쇄, 교통, 농업, 의료, 정보 통신 등 다양한 분야에 영향을 주어 인류 문명을 크게 변화시켰다.
  - 인쇄 출판 분야: 전자 출판
  - 교통 분야: 고속 열차, 비행기
  - 농업 분야: 생명 공학 기술, 지능형 공장
  - 의료 분야: 자기 공명 영상 장치와 같은 첨단 의료 기기와 다양한 의약품, 원격 진료
  - 정보 통신 분야: 스마트 기기, 인공 지능
- **나노 기술**: 나노 물질의 독특한 특성을 이용하여 다양한 소재나 제품을 만드는 기술
- **생명 공학 기술**: 생물의 특성과 생명 현상을 이해하고, 이를 인간에게 유용하게 이용하거나 인위적으로 조작하는 기술
- **정보 통신 기술**: 정보 기기의 하드웨어와 소프트웨어 기술 및 이 기술을 이용한 정보 수집, 생산, 가공, 보존, 전달, 활용하는 모든 방법
- **공학적 설계**: 과학 원리나 기술을 적용하여 새로운 제품이나 시스템을 개발하거나 기존 제품을 개선하는 창의적인 설계 과정

적용 Tip 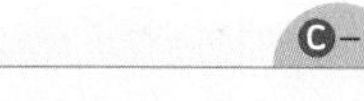 C-1

나노 기술과 정보 통신 기술의 활용

- 자율 주행 자동차: 사람이 직접 운전하지 않아도 차량에 부착되어 있는 다양한 감지기로 주변 도로 상황 정보를 인식하고 처리하면서 스스로 주행한다.
- 드론: 조종사가 탑승하지 않고 전파를 통해 원격 조종하는 항공기이다.

A 과학기술의 발달 B 오늘날 과학기술과 인류 문명의 발달

01 불의 발견이 인류 문명에 미친 영향으로 옳은 것을 〈보기〉에서 모두 고른 것은?

보기
ㄱ. 음식을 익혀서 먹게 되었다.
ㄴ. 추위를 피할 수 있게 되었다.
ㄷ. 질병을 예방하고 치료하게 되었다.

① ㄱ ② ㄴ ③ ㄱ, ㄴ
④ ㄱ, ㄷ ⑤ ㄴ, ㄷ

중요
02 인류 문명 발달에 영향을 미친 과학 원리에 대한 설명으로 옳은 것을 〈보기〉에서 모두 고른 것은?

보기
ㄱ. 파스퇴르는 백신 접종을 통해 질병을 예방할 수 있다는 것을 입증하였다.
ㄴ. 패러데이가 전자기 유도 법칙을 발견하여 전기를 생산하고 활용하게 되었다.
ㄷ. 코페르니쿠스가 주장한 태양 중심설은 우주에 관한 인류의 가치관에 변화를 가져왔다.
ㄹ. 훅이 망원경을 발명하여 세포를 발견하면서 생물체가 작은 세포로 이루어져 있다는 것을 알게 되었다.

① ㄱ, ㄴ ② ㄱ, ㄹ ③ ㄷ, ㄹ
④ ㄱ, ㄴ, ㄷ ⑤ ㄴ, ㄷ, ㄹ

[주관식]
03 다음은 인류 문명 발달에 영향을 미친 과학 원리의 발견에 대한 설명이다. ㉠, ㉡에 알맞은 말을 쓰시오.

산업 혁명 이후 인구가 증가하면서 인류는 더 많은 식량이 필요해졌다. 이때 하버가 (㉠) 합성법을 개발한 후 (㉡)를 대량으로 생산하게 되면서 식량 문제가 해결되었다.

04 인쇄 분야의 과학기술이 인류 문명의 발달에 미친 영향으로 옳은 것을 〈보기〉에서 모두 고른 것은?

보기
ㄱ. 활판 인쇄술은 개발되었으나 책의 대량 생산은 이루지 못했다.
ㄴ. 인쇄 기술의 발달로 책을 통해 지식과 정보를 쉽게 접할 수 있게 되었다.
ㄷ. 현재는 전자 출판이 발달하면서 많은 양의 책을 저장하거나 검색하기가 쉬워졌다.

① ㄱ ② ㄴ ③ ㄱ, ㄴ
④ ㄱ, ㄷ ⑤ ㄴ, ㄷ

중요
05 그림과 같은 증기 기관차나 증기 기관의 발명과 관련된 설명으로 옳지 않은 것은?

① 교통 수단이 발달하게 되었다.
② 많은 양의 물건이 이동하게 되었다.
③ 산업 혁명이 일어나는 원동력이 되었다.
④ 공업과 제조업의 발달로 도시가 쇠퇴하였다.
⑤ 증기 기관을 이용한 기계의 사용으로 제품을 대량으로 생산하게 되었다.

중요
06 다음과 같은 과학기술의 발달이 인류 문명에 미친 영향으로 옳은 것은?

• 종두법의 발견 • 페니실린의 발견

① 교통 수단이 발달했다.
② 식량의 대량 생산이 가능해졌다.
③ 항해술의 발전에 크게 영향을 미쳤다.
④ 지식과 정보를 쉽게 접할 수 있게 되었다.
⑤ 의료 기술이 발달하여 인간의 평균 수명이 늘었다.

07 과학기술의 발달이 인류 문명에 미친 영향으로 옳은 것을 〈보기〉에서 모두 고른 것은?

보기
ㄱ. 생활을 편리하게 해 주었다.
ㄴ. 물질적으로 풍족하게 해 주었다.
ㄷ. 건강한 삶을 살 수 있게 해 주었다.
ㄹ. 다양한 정보를 공유할 수 있게 해 주었다.

① ㄱ, ㄴ ② ㄱ, ㄹ ③ ㄴ, ㄷ
④ ㄷ, ㄹ ⑤ ㄱ, ㄴ, ㄷ, ㄹ

C 과학기술의 활용

08 나노 기술에 대한 설명으로 옳지 않은 것은?

① 1 m에서 수십 m 사이의 크기의 물질이나 구조를 다룬다.
② 물질이 나노미터 크기로 작아질 때 고유 성질이 바뀌는 것을 이용한다.
③ 나노 기술의 발달로 제품을 소량화하거나 경량화하는 것이 가능해졌다.
④ 나노 물질의 독특한 특성을 이용하여 다양한 소재나 제품을 만드는 기술이다.
⑤ 나노 기술의 발달로 전자 통신, 의료 등 다양한 분야에서 다양한 제품이 개발되고 있다.

중요 【주관식】

09 다음에서 설명하는 기술을 무엇이라고 하는지 쓰시오.

특정한 생물의 DNA를 인위적으로 잘라 다른 생물의 DNA와 연결하는 기술로, 제초제에 내성을 가진 콩, 황금 쌀(바이티민 A 강화 쌀), 무르지 않는 토마토 등을 생산하는 데 이용한다.

10 다음과 같은 과학기술이 우리 생활에 미칠 영향으로 가장 적절한 것은?

빅데이터 기술

① 제품의 소형화가 가능해진다.
② 농산물의 생산성이 높아진다.
③ 더 빠르고 편리하게 이동할 수 있다.
④ 방대한 정보를 분석하고 활용할 수 있다.
⑤ 장소에 관계없이 의료 지원을 받을 수 있다.

중요

11 공학적 설계에 대한 설명으로 옳은 것을 〈보기〉에서 모두 고른 것은?

보기
ㄱ. 공학적 설계는 일상생활에서 편한 점을 인식하는 것으로 시작한다.
ㄴ. 공학적 설계는 문제점을 해결하기 위한 최적의 방법을 생각하여 제품을 만든다.
ㄷ. 공학적 설계는 기존의 제품을 개선하거나 새로운 제품을 만드는 창의적 과정이다.
ㄹ. 제품을 만들 때 경제성, 안정성, 편리성, 환경적 요인, 외형적 요인 등은 고려하지 않는다.

① ㄱ ② ㄱ, ㄹ ③ ㄴ, ㄷ
④ ㄱ, ㄴ, ㄷ ⑤ ㄴ, ㄷ, ㄹ

12 과학 원리나 기술을 적용하여 새로운 제품이나 시스템을 개발할 때 고려해야 하는 사항으로 옳지 않은 것을 모두 고르면? (2개)

① 안정성 – 사용이 편리한가?
② 편리성 – 안전에 대비했는가?
③ 외형적 요인 – 외형이 아름다운가?
④ 경제성 – 경제적으로 이득이 있는가?
⑤ 환경적 요인 – 환경 오염을 유발하지 않는가?

서술형 문제

정답과 해설 37쪽

단어 제시형

1 다음은 불을 사용하면서 문명이 발달한 과정을 순서대로 나열한 것이다.

> (가) 불을 스스로 피우기 시작하였다.
> (나) 조명, 난방, 음식의 조리 등에 불을 직접 이용하였다.
> (다) 토기를 제작하고 토기에 음식을 저장하기 시작하였다.
> (라) ______________________________

인류 문명에 획기적인 변화를 가져온 과정 (라)에 대해 다음 단어를 모두 포함하여 서술하시오.

> 청동, 철

____

서술형

2 다음은 인류 문명에 영향을 준 과학 원리이다.

> (가) 뉴턴이 만유인력 법칙을 발견하였다.
> (나) 패러데이가 전자기 유도 법칙을 발견하였다.

(가), (나)의 발견이 인류 문명에 미친 영향을 각각 서술하시오.

____

____

서술형

3 증기 기관을 동력으로 하는 증기 기관차나 증기선이 인류 문명의 발달에 미친 영향을 사람의 이동과 물건의 운반과 관련지어 서술하시오.

____

____

단계별 서술형

4 그림은 첨단 생명 공학 기술을 이용하여 생산한 '포마토'이다.

(1) 이 포마토를 만드는 데 사용된 생명 공학 기술에 대해 서술하시오.

____

____

(2) 이 과학기술이 인류에게 주는 이로운 점을 서술하시오.

____

____

서술형 Tip

1 불을 사용하여 생활에 필요한 도구를 제작하면서 인류 문명이 발달하기 시작했다.

2 만유인력 법칙은 질량을 가진 물체 사이의 중력 끌림을 기술한 것이고, 전자기 유도 법칙은 코일 내부의 자기장이 변할 때 유도 전류가 흐르는 현상을 기술한 것이다.
→ 필수 용어: 자연 현상, 전기

3 증기 기관차와 증기선이 개발되어 교통 수단이 발달하였다.

Plus 문제 3-1

증기 기관을 이용한 기계의 사용이 원동력이 된 산업의 변화를 무엇이라고 하는지 쓰시오.

____

4 (1) 포마토는 토마토와 감자의 세포를 융합하여 만든 작물이다.
→ 필수 용어: 세포, 융합
(2) 생명 공학 기술은 생물체를 인간에게 유용하게 이용하거나 인위적으로 조작하는 기술이다.

[내 실력 진단하기]
각 중단원별로 어느 부분이 부족한지 진단해 보고, 부족한 단원은 다시 복습합시다.

01. 과학기술과 인류 문명	01		02		03		04		05		06		07		08	
	09		10		11											

【주관식】 상 중 **하**

01 다음은 인류가 불을 사용하면서 발달한 과정이다. ㉠, ㉡에 알맞은 말을 쓰시오.

> (가) 불을 스스로 피울 수 있게 되었다.
> (나) 조명, 난방, 음식의 조리에 불을 사용할 수 있게 되었다
> (다) 불을 이용해 제작한 (㉠)에 음식을 저장하거나 조리하기 시작하였다.
> (라) 불을 이용하여 청동이나 (㉡)과 같은 금속을 얻고 가공하였다.
> (마) 과학기술의 발달로 인류 문명이 발전하였다.

상 **중** 하

02 질병을 예방하여 인류의 평균 수명에 영향을 미친 과학 원리의 발견으로 옳은 것은?

① 세포의 발견
② 백신의 개발
③ 만유인력 법칙 발견
④ 전자기 유도 법칙 발견
⑤ 암모니아의 합성법 개발

상 **중** 하

03 교통 분야의 과학기술이 인류 문명의 발달에 미친 영향으로 옳은 것을 〈보기〉에서 모두 고른 것은?

> 보기
> ㄱ. 증기 기관의 발명으로 더 빠르게 움직일 수 있는 배를 만들게 되었다.
> ㄴ. 내연 기관은 수공업 중심에서 기계가 물건을 생산하는 산업 사회로의 변화를 가져왔다.
> ㄷ. 현재는 고속 열차와 비행기 등이 개발되어 더 빠르게 이동할 수 있게 되었다.

① ㄱ ② ㄴ ③ ㄱ, ㄴ
④ ㄱ, ㄷ ⑤ ㄴ, ㄷ

상 **중** 하

04 다음은 인류 문명 발달에 영향을 미친 어떤 발명품에 대한 설명이다.

> • 전자기 유도 법칙이라는 과학적 원리가 이용되었다.
> • 소리를 전기 신호로 바꾸는 기술이 이용되었다.
> • 멀리 있는 사람과 음성으로 소식을 주고받는 데 이용되었다.

이 발명품은 무엇인가?

① 전자책 ② 전화기 ③ 망원경
④ 증기 기관 ⑤ 내연 기관

상 중 **하**

05 다음은 생활을 편리하게 하는 과학기술에 대한 설명이다.

> (가) 나노 물질의 독특한 특성을 이용하여 다양한 소재나 제품을 만드는 기술
> (나) 정보 기기의 하드웨어와 소프트웨어 기술 및 이 기술을 이용한 정보 수집, 생산, 가공, 보존, 전달, 활용하는 모든 방법

(가), (나)에 해당하는 과학기술을 옳게 짝 지은 것은?

	(가)	(나)
①	나노 기술	생명 공학 기술
②	나노 기술	정보 통신 기술
③	생명 공학 기술	나노 기술
④	생명 공학 기술	정보 통신 기술
⑤	정보 통신 기술	나노 기술

【주관식】 상 **중** 하

06 다음은 어떤 과학기술에 대한 설명이다. 공통적으로 설명하고 있는 과학기술을 쓰시오.

> • 오렌지와 귤의 세포를 융합하여 당도가 높은 작물을 만드는 기술이다.
> • 제초제에 내성을 가진 콩이나 무르지 않는 토마토 등을 생산하는 데 이용한다.

상 중 하

07 과학기술이 미래 생활에 미치는 영향에 대한 설명으로 옳은 것을 〈보기〉에서 모두 고른 것은?

보기
ㄱ. 나노 기술의 발달로 제품의 소량화, 경량화가 가능해졌다.
ㄴ. 정보 통신 기술을 이용하여 휘어지는 디스플레이를 만들 수 있다.
ㄷ. 생명 공학 기술은 생물의 특성과 생명 현상을 이해하고, 이를 이용하여 인위적으로 조작하는 기술이다.

① ㄱ ② ㄴ ③ ㄱ, ㄷ
④ ㄴ, ㄷ ⑤ ㄱ, ㄴ, ㄷ

상 중 하

08 오늘날 정보 통신 분야의 발달에 대한 설명으로 옳지 않은 것은?

① 인공 지능을 이용한 스피커로 음악을 재생한다.
② 지능형 농장에서 농작물의 품질과 생산량을 늘린다.
③ 인공위성을 군사, 기상, 과학, 통신 등의 분야에 이용한다.
④ 학습 자료에 가상의 정보를 더하여 현실감 있게 학습한다.
⑤ 스마트 기기를 이용하여 어디서든 영상을 보는 것이 가능해졌다.

상 중 하

09 공학적 설계에 대한 설명으로 옳지 않은 것은?

① 과학 원리나 기술을 활용한다.
② 일상생활에서의 불편한 점을 고려한다.
③ 기존의 제품을 개선할 때는 적용되지 않는 과정이다.
④ 새로운 제품이나 시스템을 개발하는 창의적인 과정이다.
⑤ 경제성, 안정성, 편리성 등 여러 가지 조건을 고려하여 제품을 만들어야 한다.

서술형 문제

상 중 하

10 다음은 과학기술이 인류 문명에 영향을 미친 사례이다.

종두법의 발견 이후 (㉠)의 개발은 소아마비와 같은 질병을 예방할 수 있게 하였고, 페니실린의 발견으로 시작된 (㉡)의 개발은 결핵과 같은 질병을 치료하게 하였다.

(1) ㉠과 ㉡에 알맞은 말을 쓰시오.

(2) ㉠과 ㉡이 인류 문명에 어떤 영향을 미쳤는지 서술하시오.

상 중 하

11 그림은 어떤 생물의 유전자 중에서 유용한 유전자를 선택하여 다른 생물의 유전자와 조합하는 기술로 만든 바이타민 A가 풍부한 황금 쌀이다.

(1) 황금 쌀을 만들 때 적용된 첨단 과학기술을 쓰시오.

(2) 위와 같은 생물을 생산할 때에 대한 긍정적인 측면을 1가지 서술하시오.

(3) 위와 같은 생물을 생산하고 섭취할 때에 대한 부정적인 측면을 1가지 서술하시오.

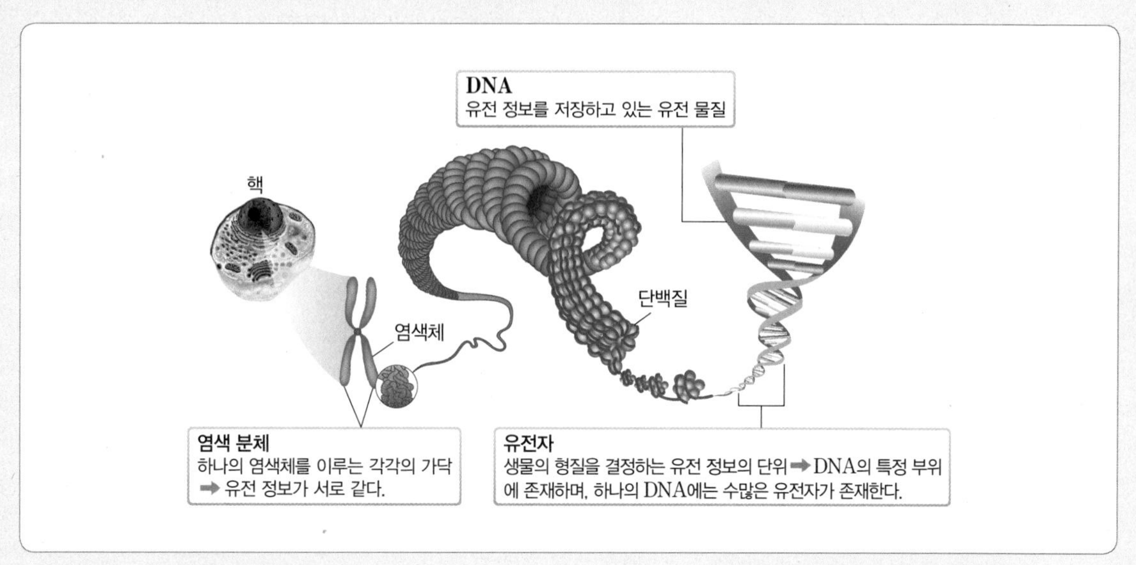

Ⅴ. 생식과 유전 – 염색체의 구성

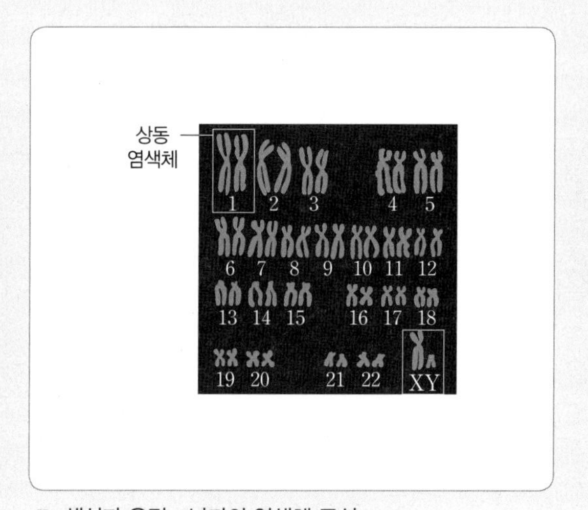

Ⅴ. 생식과 유전 – 남자의 염색체 구성

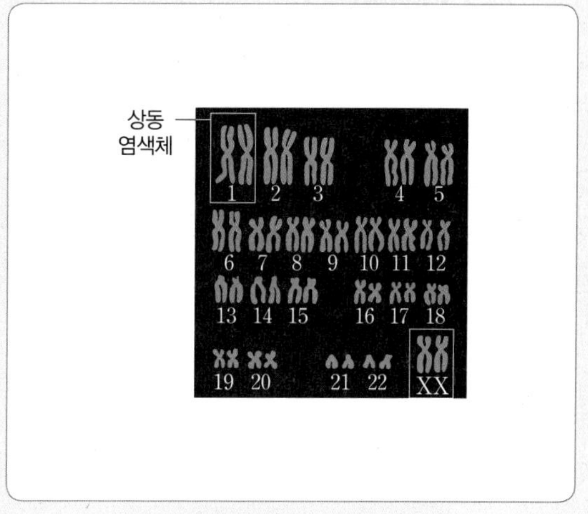

Ⅴ. 생식과 유전 – 여자의 염색체 구성

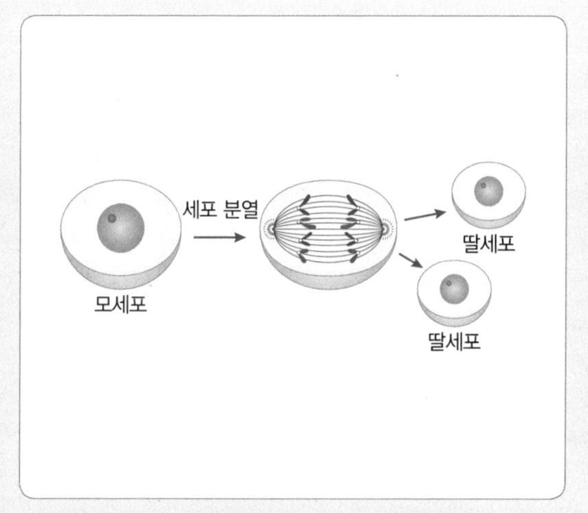

Ⅴ. 생식과 유전 – 체세포 분열 결과 생성된 딸세포

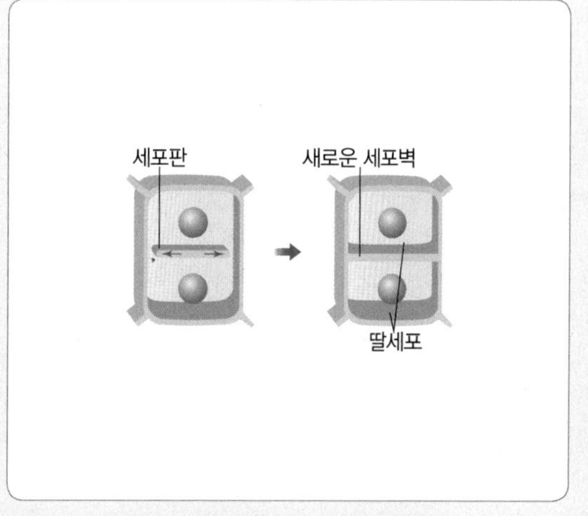

Ⅴ. 생식과 유전 – 식물 세포의 세포질 분열

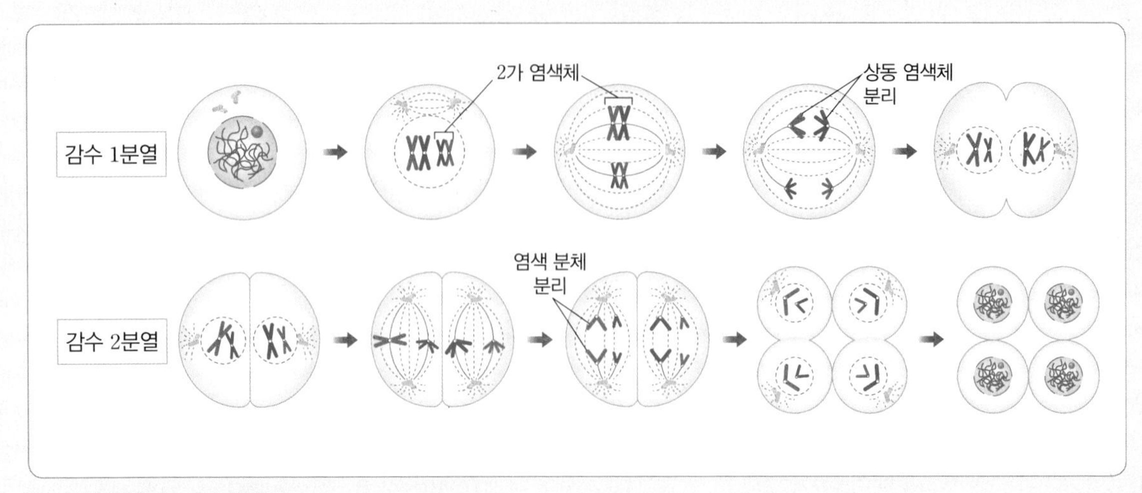

Ⅴ. 생식과 유전 – 감수 분열

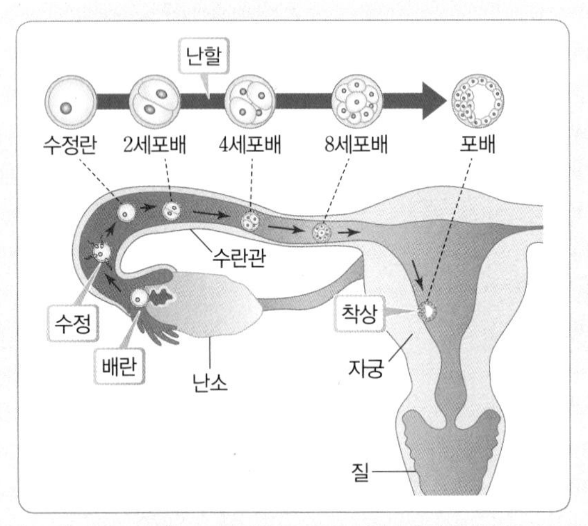

Ⅴ. 생식과 유전 – 배란에서 착상까지의 과정

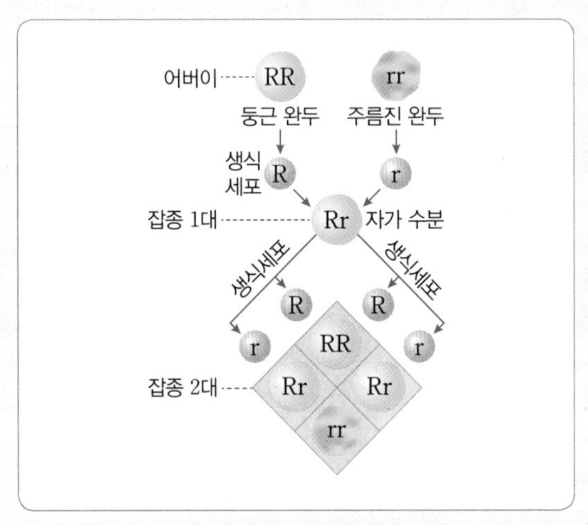

Ⅴ. 생식과 유전 – 한 쌍의 대립 형질 유전의 예

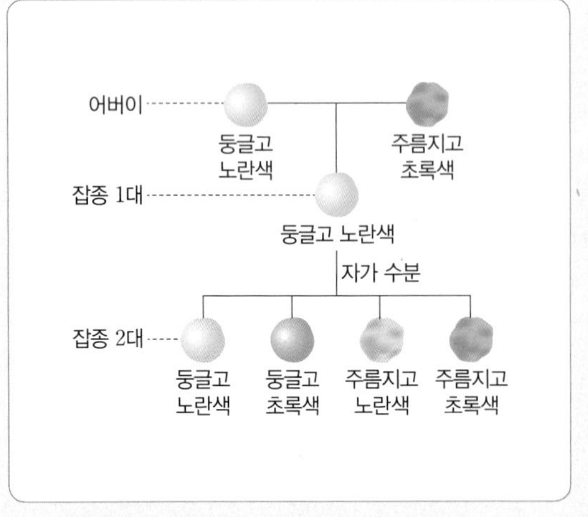

Ⅴ. 생식과 유전 – 두 쌍의 대립 형질 유전의 예

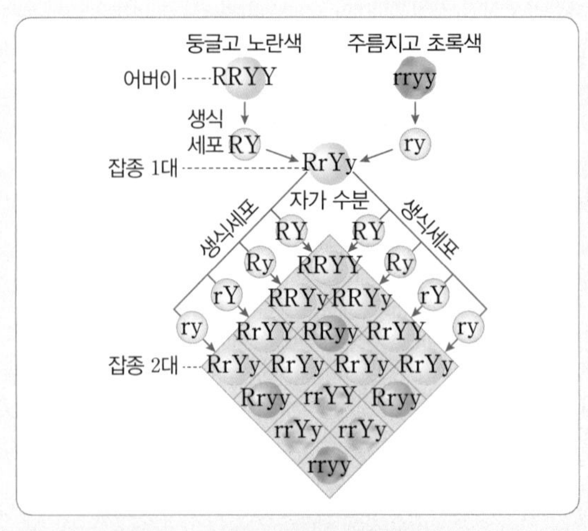

Ⅴ. 생식과 유전 – 두 쌍의 대립 형질 유전의 예

VISUAL CONTENTS — 시험에 자주 나오는 그림 자료 모아 보기

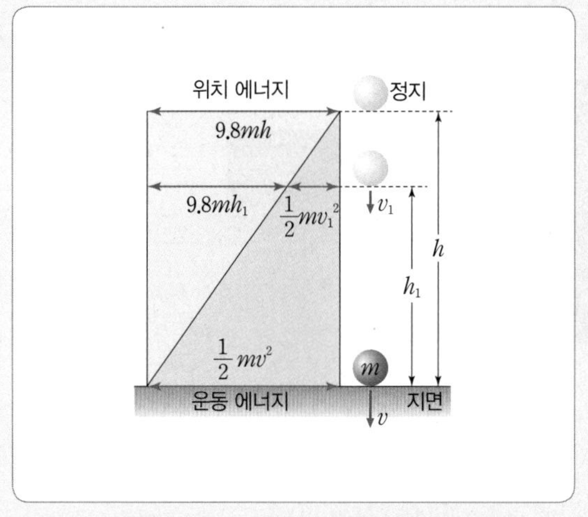

Ⅵ. 에너지 전환과 보존－자유 낙하 하는 물체의 역학적 에너지 보존

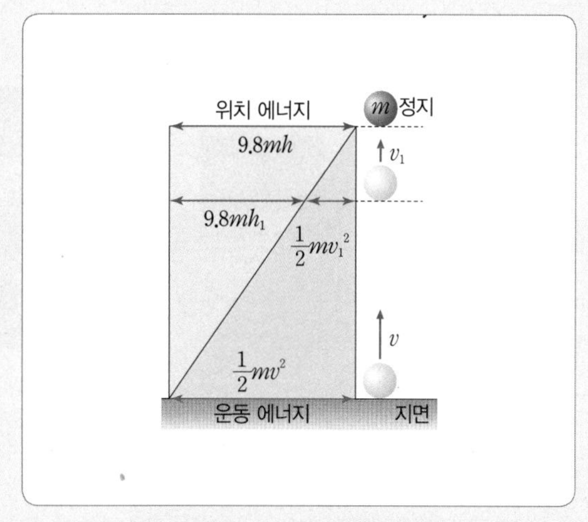

Ⅵ. 에너지 전환과 보존－위로 던져 올린 물체의 역학적 에너지 보존

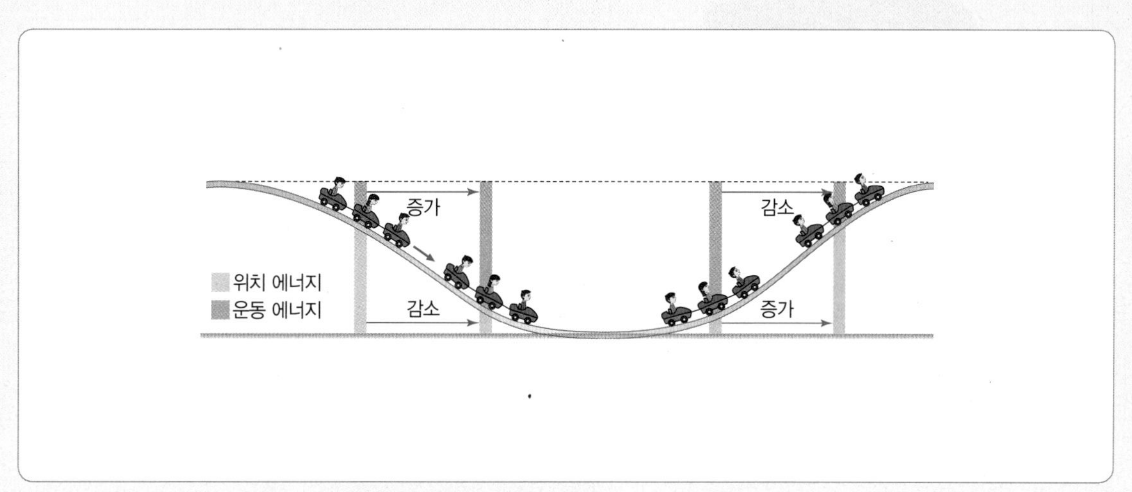

Ⅵ. 에너지 전환과 보존－롤러코스터의 운동에서 역학적 에너지 전환

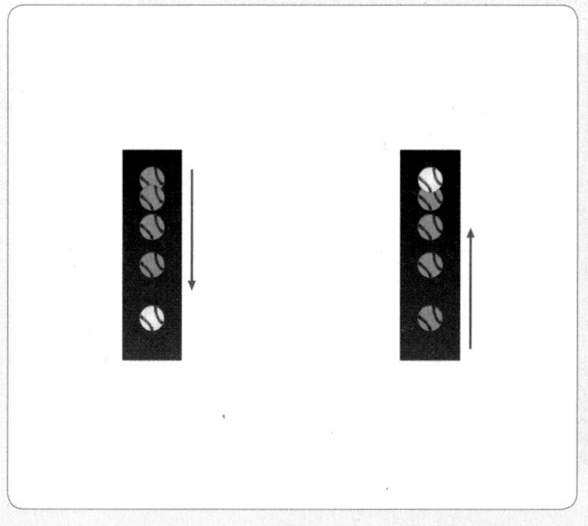

Ⅵ. 에너지 전환과 보존－자유 낙하 하는 물체와 위로 던져 올린 물체의 역학적 에너지 전환

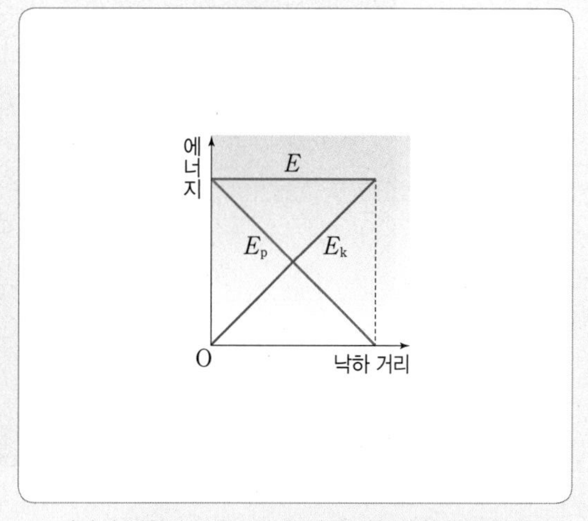

Ⅵ. 에너지 전환과 보존－자유 낙하 하는 물체의 역학적 에너지 보존 그래프

VISUAL CONTENTS — 시험에 자주 나오는 그림 자료 모아 보기

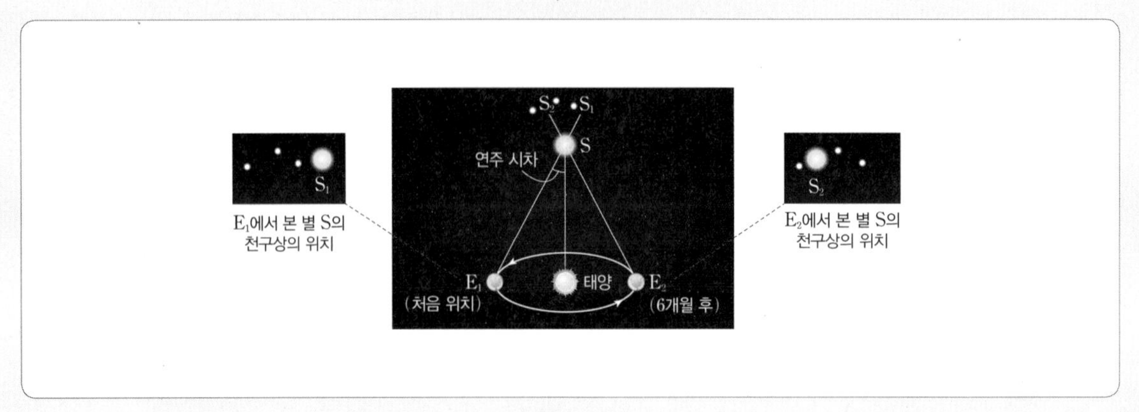

Ⅶ. 별과 우주 — 연주 시차

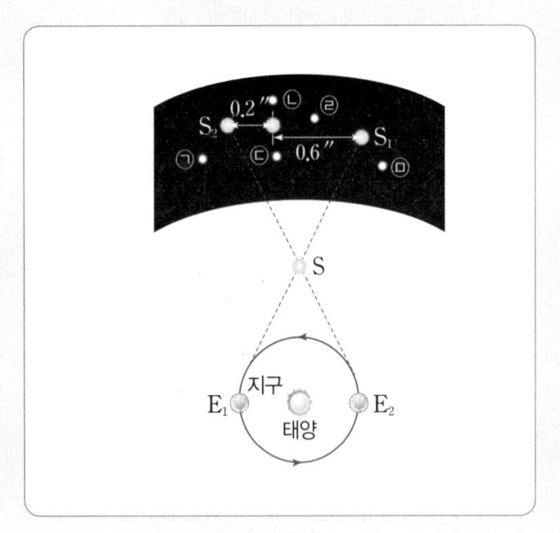

Ⅶ. 별과 우주 — 별의 연주 시차

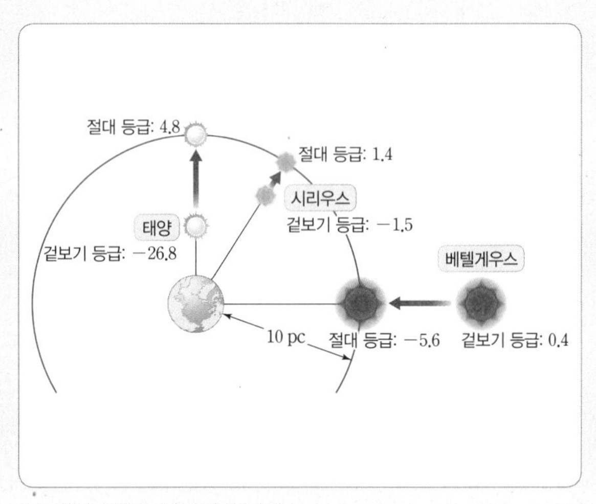

Ⅶ. 별과 우주 — 별까지의 거리

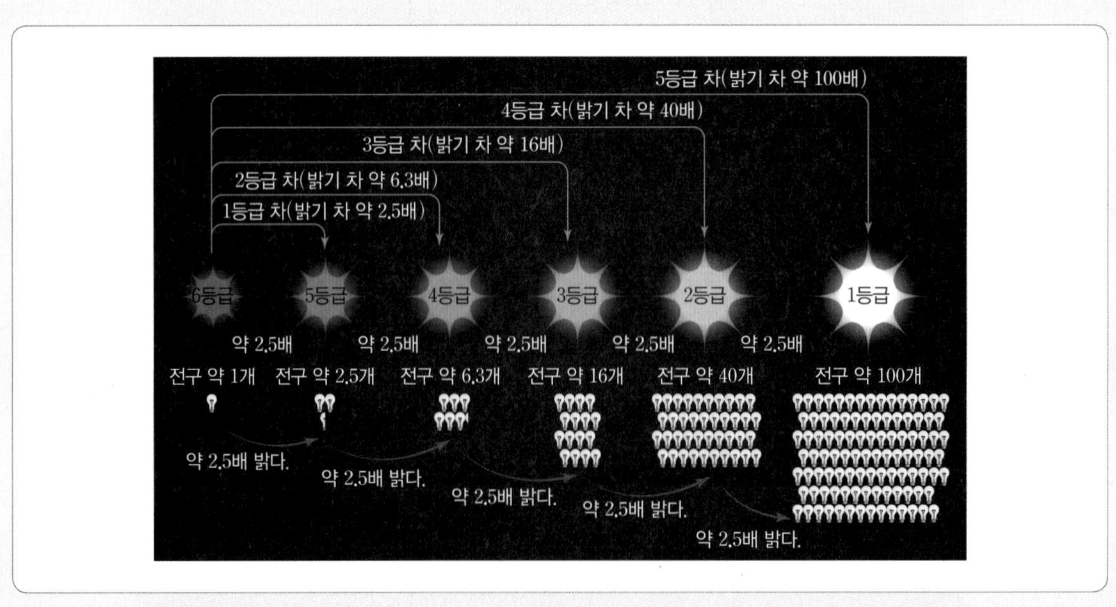

Ⅶ. 별과 우주 — 별의 등급 차에 따른 밝기 차

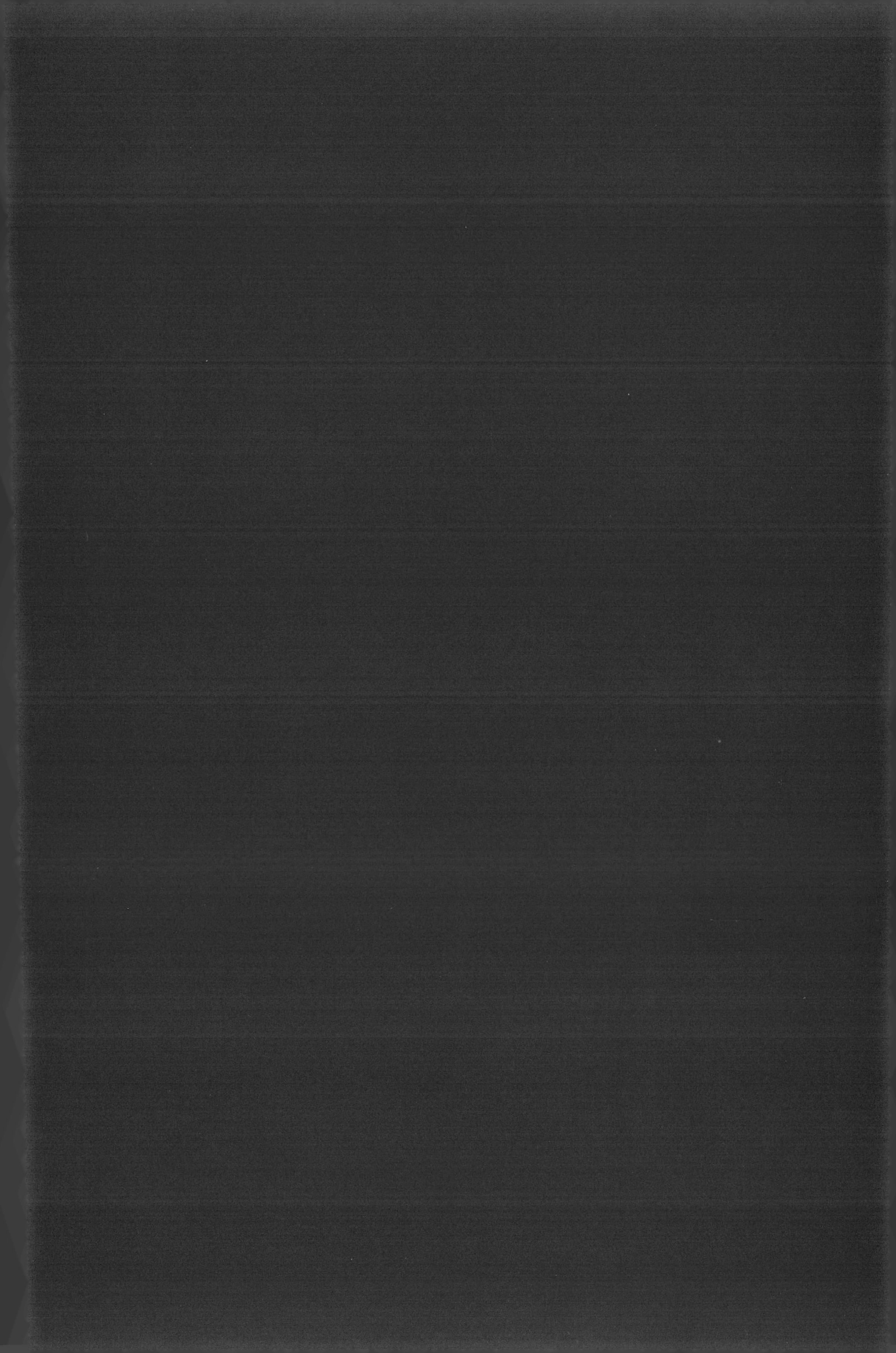

시험 대비 교재

V 생식과 유전

VI 에너지 전환과 보존

VII 별과 우주

VIII 과학기술과 인류 문명

정답과 해설 38쪽

1 세포 분열이 필요한 까닭

① 세포 분열이 필요한 까닭: 세포의 크기가 작을수록 부피에 대한 표면적이 커져 세포에서 ❶(　　　)이 효율적으로 일어나기 때문이다.

② 세포의 표면적과 부피 사이의 관계

한 변의 길이(cm)	1	2	3
표면적(cm^2)	6	24	54
부피(cm^3)	1	8	27
$\frac{표면적}{부피}$	$\frac{6}{1}=6$	$\frac{24}{8}=3$	$\frac{54}{27}=2$

➡ 세포가 커질수록 $\frac{표면적}{부피}$이 ❷(　　　).

2 염색체

① 염색체: 유전 물질인 DNA와 단백질로 구성
- ❸(　　): 유전 정보를 저장하고 있는 유전 물질
- ❹(　　): 생물의 형질을 결정하는 유전 정보의 단위로, DNA의 특정 부위에 존재
- ❺(　　　): 하나의 염색체를 이루는 각각의 가닥 ➡ 유전 정보가 서로 같다.

② 사람의 염색체
- ❻(　　　): 체세포에 있는 모양과 크기가 같은 한 쌍의 염색체 ➡ 하나는 어머니에게서, 다른 하나는 아버지에게서 물려받은 것이다.
- 상염색체: 남녀의 체세포에 공통으로 들어 있는 22쌍의 염색체
- ❼(　　　): 성을 결정하는 1쌍의 염색체
- 사람의 염색체 구성: 남자는 44(상염색체)+❽(　　)(성염색체), 여자는 44(상염색체)+XX(성염색체)

3 체세포 분열

<table>
<tr><td colspan="2">간기</td><td colspan="2">• 핵막이 뚜렷하게 보이며, 염색체가 핵 속에 실처럼 풀어져 있다.
• DNA가 복제되어 그 양이 2배로 늘어난다.</td></tr>
<tr><td rowspan="4">핵 분열</td><td>전기</td><td colspan="2">핵막이 사라지고, 막대 모양의 ❾(　　　)가 나타나며, 방추사가 형성된다.</td></tr>
<tr><td>중기</td><td colspan="2">염색체가 세포 중앙에 배열된다.</td></tr>
<tr><td>후기</td><td colspan="2">❿(　　　)가 분리되어 세포의 양쪽 끝으로 이동한다.</td></tr>
<tr><td>말기</td><td colspan="2">• 핵막이 나타나면서 2개의 핵이 만들어진다.
• 염색체가 풀어지고, 세포질 분열이 일어난다.</td></tr>
<tr><td rowspan="2" colspan="2">세포질 분열</td><td>동물 세포</td><td>세포막이 바깥쪽에서 안쪽으로 잘록하게 들어가면서 세포질이 나누어진다.</td></tr>
<tr><td>식물 세포</td><td>새로운 2개의 핵 사이에 안쪽에서 바깥쪽으로 ⓫(　　　)이 만들어지면서 세포질이 나누어진다.</td></tr>
</table>

➡ 체세포 분열 결과 1개의 모세포로부터 2개의 딸세포가 생성되며, 체세포 분열 후 염색체 수에는 변화가 없다.

4 감수 분열(생식세포 분열)

① 간기를 거친 후 감수 1분열과 감수 2분열이 연속해서 일어난다.

② 감수 1분열: 상동 염색체가 분리되므로 분열 후 염색체 수가 절반이 된다.

전기	• 핵막이 사라지고, 방추사가 나타난다. • 상동 염색체끼리 결합한 ⓬(　　　)가 나타난다.
중기	2가 염색체가 세포 중앙에 배열된다.
후기	⓭(　　　)가 분리되어 세포의 양쪽 끝으로 이동한다.
말기	핵막이 나타나고, 세포질이 나누어져 2개의 딸세포가 만들어진다.

③ 감수 2분열: 염색 분체가 분리되므로 분열 후 염색체 수가 변하지 않는다.

전기	• 간기 없이 바로 분열이 시작된다. • 핵막이 사라지고, 방추사가 나타난다.
중기	염색체가 세포 중앙에 배열된다.
후기	⓮(　　　)가 분리되어 세포의 양쪽 끝으로 이동한다.
말기	핵막이 나타나고, 세포질이 나누어져 4개의 딸세포가 만들어진다.

➡ 감수 분열 결과 1개의 모세포로부터 ⓯(　　)개의 딸세포가 생성되며, 감수 분열 후 염색체 수가 절반으로 줄어든다.

④ 감수 분열의 의의: 세대를 거듭해도 자손의 ⓰(　　　)가 항상 일정하게 유지되게 한다.

5 체세포 분열과 감수 분열 비교

문제 공략 4쪽

구분	체세포 분열	감수 분열
분열 횟수	1회	2회
딸세포 수	2개	4개
2가 염색체	형성되지 않음	형성됨
염색체 수의 변화	변화 없음	⓱(　　)으로 줄어듦
분열 결과	생장, 재생	⓲(　　　) 형성
일어나는 장소	• 동물: 몸 전체 • 식물: 생장점, 형성층	• 동물: 정소, 난소 • 식물: 꽃밥, 밑씨

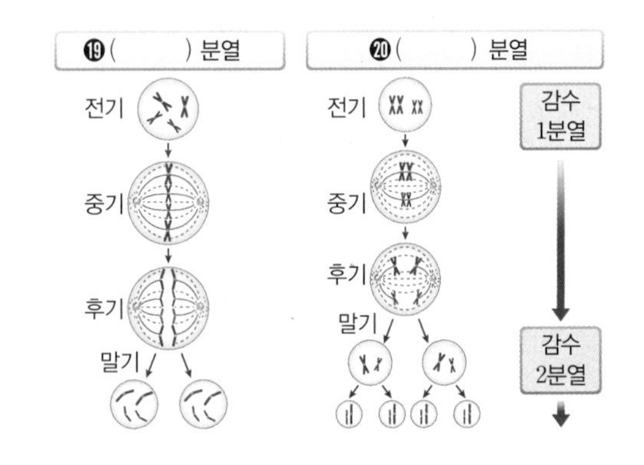

중단원 퀴즈

정답과 해설 38쪽

답안지

1 세포의 크기가 계속 커지는 것보다 어느 정도 커지면 나누어지는 것이 부피에 대한 표면적의 비가 상대적으로 (커 , 작아)서 물질 교환에 유리하다.

2 생물의 유전 물질인 (㉠)에는 유전 정보를 저장하고 있는 부위인 (㉡)이/가 있다.

3 하나의 염색체를 이루는 각각의 가닥을 (㉠)(이)라고 하며, 체세포에 들어 있는 모양과 크기가 같은 염색체를 (㉡)(이)라고 한다.

4 사람의 체세포에 있는 (㉠)쌍의 염색체 중 (㉡)쌍은 남녀에게 공통적으로 들어 있는 (㉢)염색체이고, (㉣)쌍은 성을 결정하는 (㉤)염색체이다.

5 체세포 분열은 ㉠(핵분열 , 세포질 분열)이 일어난 후, ㉡(핵분열 , 세포질 분열)이 일어난다.

6 체세포 분열 과정 중 핵분열은 (㉠) → (㉡) → (㉢) → (㉣) 순으로 일어난다.

7 체세포 분열 과정에서 (㉠)에는 핵막이 사라지고, 막대 모양의 (㉡)이/가 나타난다.

8 감수 1분열 전기에는 상동 염색체가 결합한 ( )이/가 형성된다.

9 감수 1분열 후기에는 ㉠(염색 분체 , 상동 염색체)가 분리되어 세포의 양쪽 끝으로 이동하며, 감수 2분열 후기에는 ㉡(염색 분체 , 상동 염색체)가 분리되어 세포의 양쪽 끝으로 이동한다.

10 체세포 분열에서는 세포 분열이 ㉠(1 , 2)회 일어나 ㉡(2 , 4)개의 딸세포가 만들어지며, 감수 분열에서는 세포 분열이 ㉢(1 , 2)회 일어나 ㉣(2 , 4)개의 딸세포가 만들어진다.

11 체세포 분열 결과 생긴 딸세포의 염색체 수는 모세포의 염색체 수 ㉠(와 같고 , 의 절반이고), 감수 분열 결과 생긴 딸세포의 염색체 수는 모세포의 염색체 수 ㉡(와 같다 , 의 절반이다).

암기 문제 공략 체세포 분열과 감수 분열 구분하기

정답과 해설 38쪽

• 세포 분열 형태를 통한 체세포 분열, 감수 1분열, 감수 2분열 구분하기

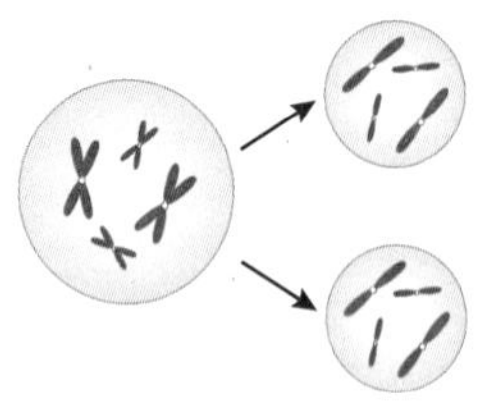
▲ 체세포 분열

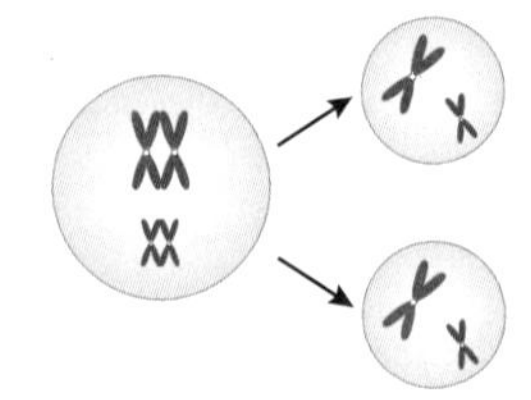
▲ 감수 1분열

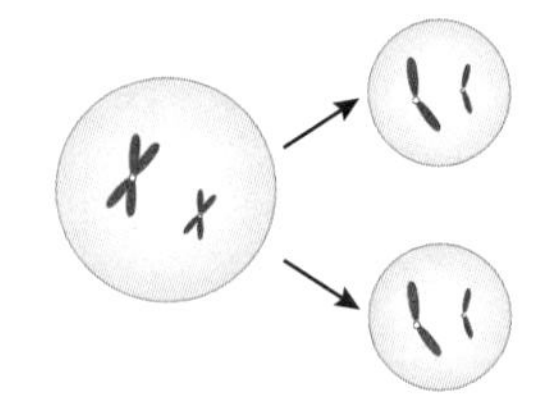
▲ 감수 2분열

• 세포 분열 중기 형태를 통한 체세포 분열, 감수 1분열, 감수 2분열 구분하기

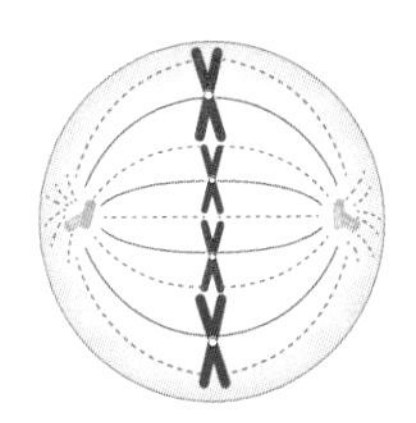

• 상동 염색체가 쌍으로 있으며, 염색체가 세포 중앙에 배열
• 염색체 수는 4개
➡ 체세포 분열 중기

• 상동 염색체가 결합한 2가 염색체가 세포 중앙에 배열
• 염색체 수는 4개
➡ 감수 1분열 중기

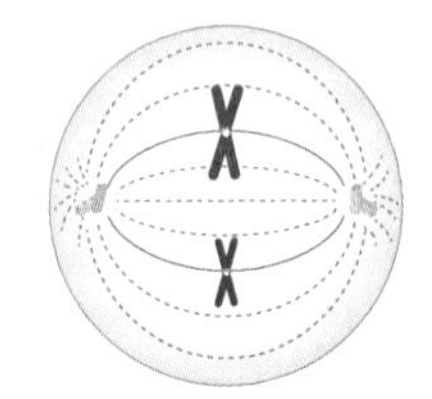

• 상동 염색체 중 하나만 있으며, 염색체가 세포 중앙에 배열
• 염색체 수는 2개
➡ 감수 2분열 중기

[1~2] 그림은 서로 다른 종류의 세포 분열 과정을 나타낸 것이다. 체세포 분열과 감수 분열 중 해당하는 세포 분열의 종류를 쓰시오.

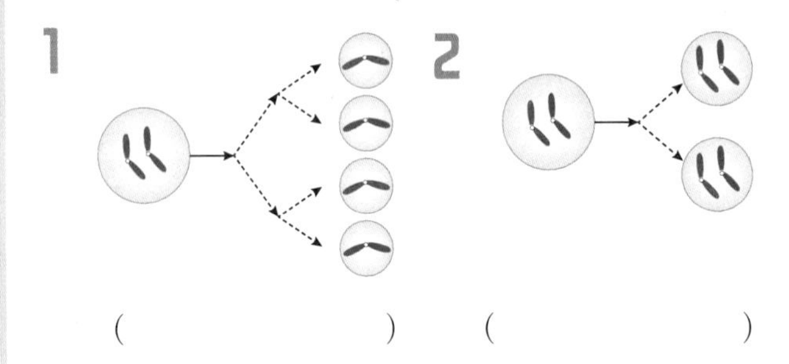

1 (　　　　　　　)　**2** (　　　　　　　)

[3~4] 그림은 감수 분열 과정 중 일부를 나타낸 것이다. 감수 1분열과 감수 2분열 중 해당하는 세포 분열 과정을 쓰시오.

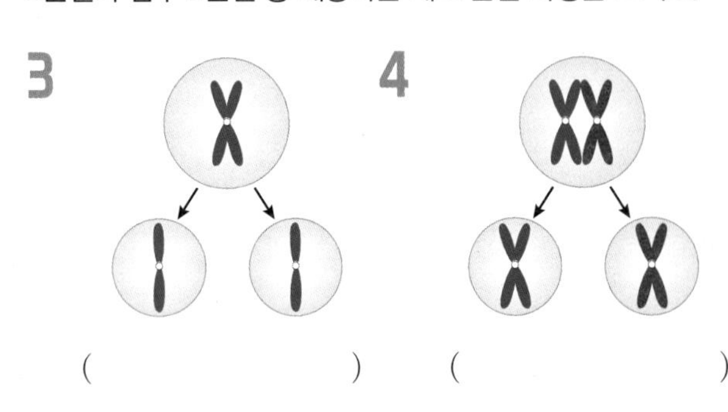

3 (　　　　　　　)　**4** (　　　　　　　)

[5~6] 그림은 서로 다른 종류의 세포 분열 과정 중 중기의 모습을 나타낸 것이다. 체세포 분열, 감수 1분열, 감수 2분열 중 해당하는 것을 쓰시오.

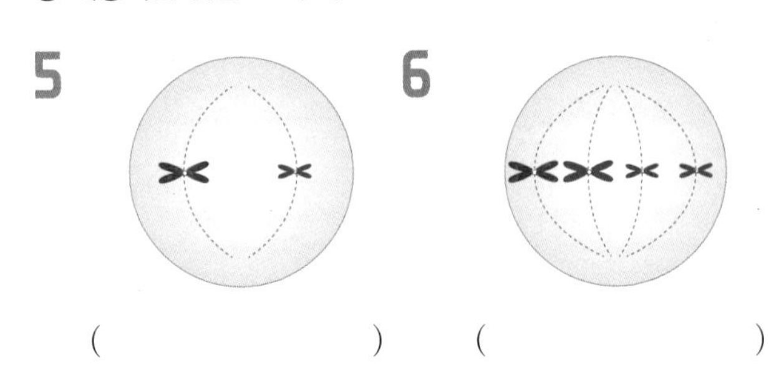

5 (　　　　　　　)　**6** (　　　　　　　)

[7~8] 그림은 어떤 생물에서 일어나는 세포 분열 과정 중 중기의 모습을 나타낸 것이다. (단, 염색체 구성을 모두 나타낸 것이다.)

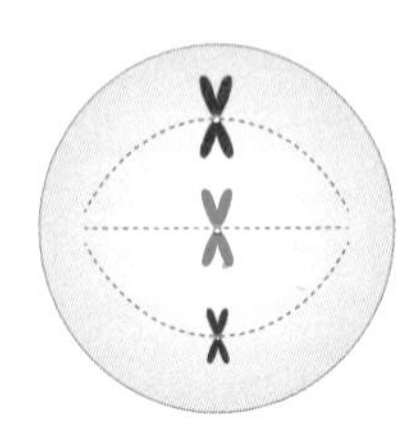

7 체세포의 염색체 수를 쓰시오. (　　　　　)

8 생식세포의 염색체 수를 쓰시오. (　　　　　)

정답과 해설 38쪽

[01~02] 페놀프탈레인이 들어 있는 정육면체의 한천 조각 A~C를 비커에 넣은 후 비눗물을 한천 조각이 잠길 정도로 붓는다. 10분 후 A~C의 가운데를 각각 잘라 붉은색으로 물든 부분을 관찰하여 표와 같이 기록하였다.

한천 조각	A	B	C
붉은색으로 물든 부분			
한 변의 길이(cm)	1	2	3
표면적(cm^2)	6	24	54
부피(cm^3)	1	8	27

[주관식]
01 A, B, C의 부피에 대한 표면적의 비를 각각 쓰시오.

출제율 99%
02 이 실험에서 정육면체를 세포라고 가정할 때 이에 대한 설명으로 옳은 것은?

① 세포가 커질수록 부피가 작아진다.
② 세포가 커질수록 표면적이 작아진다.
③ 세포가 커질수록 물질 교환이 효율적으로 일어난다.
④ 세포가 커질수록 부피에 대한 표면적의 비가 커진다.
⑤ 이 실험을 통해 세포가 분열하는 까닭을 설명할 수 있다.

03 염색체와 유전자에 대한 설명으로 옳은 것은?

① 하나의 DNA에는 수많은 유전자가 존재한다.
② 염색체는 세포가 분열할 때 나타나는 이중 나선 구조이다.
③ 유전 물질을 DNA라고 하며, 염색체와 단백질로 구성된다.
④ 단백질에는 생물의 특징을 결정하는 여러 유전 정보가 들어 있다.
⑤ 염색 분체는 부모님에게서 각각 물려받으며, 모양과 크기가 같은 염색체 쌍이다.

[주관식]
04 그림은 염색체의 구조를 나타낸 것이다.

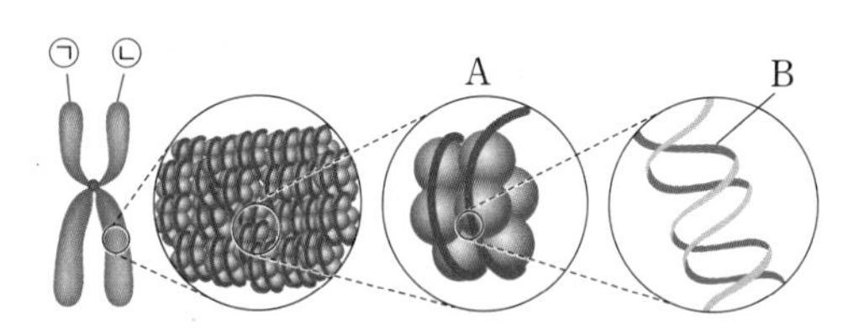

이에 대한 설명으로 옳은 것을 〈보기〉에서 모두 고르시오.

보기
ㄱ. ㉠과 ㉡은 분열하기 전에 복제되어 형성된다.
ㄴ. A는 세포 분열 시에만 존재한다.
ㄷ. B는 유전 정보를 갖고 있다.

05 표는 여러 생물의 염색체 수를 나타낸 것이다.

생물	염색체 수	생물	염색체 수
완두	14개	소나무	24개
감자	48개	초파리	8개
개	78개	침팬지	48개

이에 대한 설명으로 옳은 것을 모두 고르면? (2개)

① 몸집이 클수록 염색체 수가 많다.
② 동물이 식물보다 염색체 수가 많다.
③ 염색체 수가 같아도 다른 종일 수 있다.
④ 염색체 수와 모양은 생물의 종을 판단할 수 있는 고유한 특징이다.
⑤ 같은 종의 생물에서는 체세포에 들어 있는 염색체 수가 다르다.

출제율 99%
06 그림은 어떤 생물의 체세포에서 쌍을 이루고 있는 크기와 모양이 같은 2개의 염색체를 나타낸 것이다. 이에 대한 설명으로 옳은 것을 〈보기〉에서 모두 고른 것은?

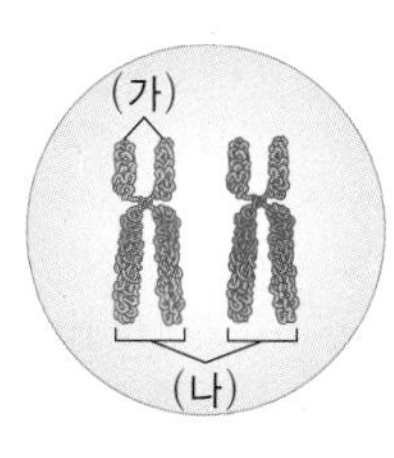

보기
ㄱ. (가)는 염색 분체이다.
ㄴ. (나)는 유전 정보가 서로 같다.
ㄷ. 세포 분열 시 (가)를 관찰할 수 있다.
ㄹ. (나)는 부모에게서 각각 하나씩 물려받은 것이다.

① ㄱ, ㄷ ② ㄴ, ㄷ ③ ㄴ, ㄹ
④ ㄱ, ㄴ, ㄷ ⑤ ㄱ, ㄷ, ㄹ

07 사람의 염색체에 대한 설명으로 옳지 않은 것은?

① 사람의 성염색체는 1쌍이다.
② 여자의 상동 염색체는 23쌍이다.
③ 1번부터 23번까지의 염색체는 상염색체이다.
④ 사람의 몸을 구성하는 세포에는 46개의 염색체가 있다.
⑤ 남자의 경우 X 염색체는 어머니로부터, Y 염색체는 아버지로부터 물려받았다.

08 체세포 분열에 대한 설명으로 옳은 것을 모두 고르면? (2개)

① 세포 분열이 연속해서 2회 일어난다.
② 세포질 분열 후 핵분열이 일어난다.
③ 1개의 모세포로부터 4개의 딸세포가 생성된다.
④ 손상된 부위의 조직을 재생할 때 체세포 분열이 일어난다.
⑤ 핵분열은 염색체의 모양과 행동에 따라 전기, 중기, 후기, 말기로 구분된다.

출제율 99%

09 그림은 동물의 체세포 분열 과정을 나타낸 것이다.

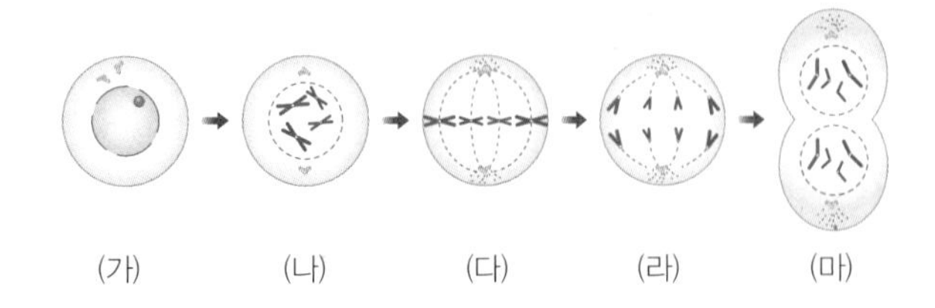

이에 대한 설명으로 옳지 않은 것은?

① (가) ─ 시간이 가장 길며, 유전 물질이 복제된다.
② (나) ─ 염색체가 사라지고, 방추사가 관찰된다.
③ (다) ─ 염색체의 수와 모양을 가장 잘 관찰할 수 있다.
④ (라) ─ 염색 분체가 방추사에 의해 세포의 양쪽 끝으로 이동한다.
⑤ (마) ─ 세포 바깥쪽에서 안쪽으로 잘록하게 들어가면서 세포질이 나누어진다.

10 그림은 어떤 세포의 세포 분열 과정 중 일부를 나타낸 것이다. 이에 대한 설명으로 옳은 것을 〈보기〉에서 모두 고른 것은?

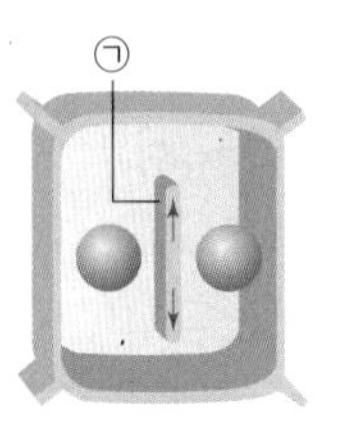

보기
ㄱ. 이 세포는 동물 세포이다.
ㄴ. ㉠은 세포판이다.
ㄷ. 핵분열 말기에 해당한다.

① ㄱ ② ㄴ ③ ㄷ
④ ㄱ, ㄷ ⑤ ㄴ, ㄷ

[11~12] 그림은 양파 뿌리에서 체세포 분열을 관찰하기 위한 실험 과정을 순서 없이 나타낸 것이다.

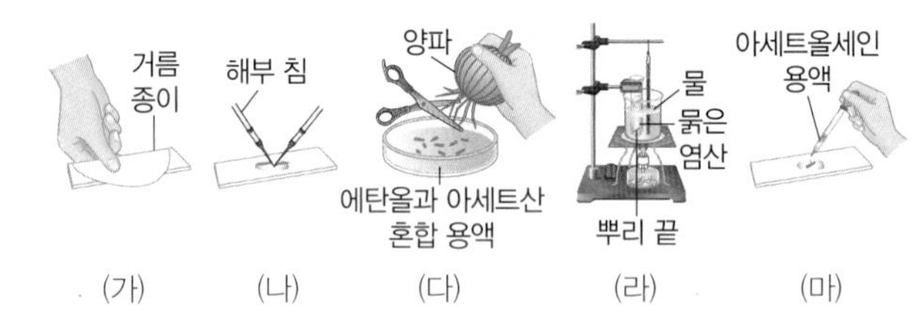

[주관식]

11 (가)~(마)에 해당하는 과정을 다음에서 골라 각각 쓰시오.

해리, 분리, 압착, 고정, 염색

출제율 99%

12 이에 대한 설명으로 옳지 않은 것은?

① (나)는 세포와 세포를 떼어 분리시키는 과정이다.
② (다)는 세포 분열을 계속 진행시켜 중기의 세포가 많아지도록 하는 과정이다.
③ (라)는 조직을 연하게 하는 과정이다.
④ (마)는 핵이나 염색체를 붉게 염색하는 과정이다.
⑤ 실험 과정은 (다) → (라) → (마) → (나) → (가) 순이다.

【주관식】

13 그림은 식물에서 체세포 분열이 일어나는 모습을 나타낸 것이다.

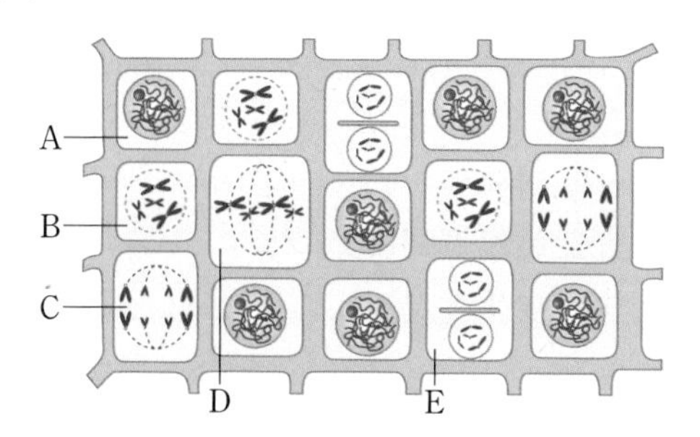

A~E 중 현미경으로 관찰했을 때 가장 많이 관찰되는 세포의 기호를 쓰시오.

14 그림은 체세포 분열 과정 중 일부를 나타낸 것이다. 이에 대한 설명으로 옳은 것을 〈보기〉에서 모두 고른 것은? (단, 세포의 염색체를 모두 나타낸 것이다.)

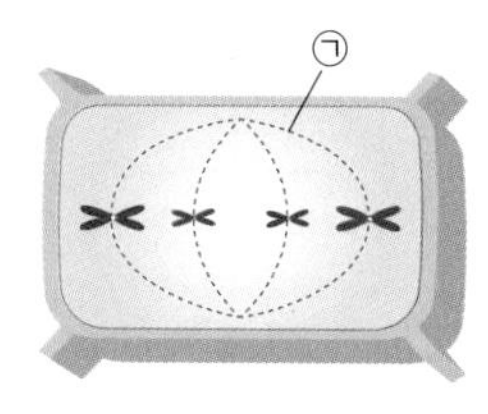

보기
ㄱ. ㉠은 방추사이다.
ㄴ. 체세포의 염색체 수는 8개이다.
ㄷ. 분열 결과 4개의 딸세포가 만들어진다.
ㄹ. 염색체는 2개의 염색 분체로 이루어져 있다.

① ㄱ, ㄷ ② ㄱ, ㄹ ③ ㄴ, ㄷ
④ ㄱ, ㄴ, ㄷ ⑤ ㄴ, ㄷ, ㄹ

15 어떤 식물의 생장점에서 분열하고 있는 체세포가 4개 있으며, 이 체세포 1개에 들어 있는 염색체 수는 10개이다. 이 4개의 세포가 2번 체세포 분열하여 ㉠ 생성되는 총 딸세포 수와 ㉡ 딸세포 각각의 염색체 수를 옳게 짝 지은 것은?

	㉠	㉡		㉠	㉡
①	8개	5개	②	8개	10개
③	16개	5개	④	16개	10개
⑤	32개	10개			

출제율 99%

16 감수 분열에 대한 설명으로 옳은 것을 모두 고르면? (2개)

① 생장점에서 일어나는 세포 분열이다.
② 연속해서 2회의 세포 분열이 일어난다.
③ 염색 분체가 결합한 2가 염색체가 나타난다.
④ 감수 2분열에서 염색체 수가 절반으로 줄어든다.
⑤ 감수 1분열과 2분열 사이에 DNA 복제는 일어나지 않는다.

[17~18] 그림은 감수 분열 과정을 나타낸 것이다.

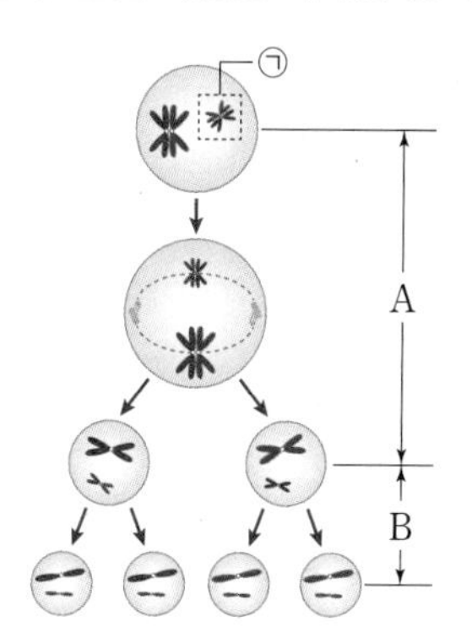

【주관식】

17 ㉠을 무엇이라고 하는지 쓰시오.

출제율 99%

18 이에 대한 설명으로 옳은 것을 〈보기〉에서 모두 고른 것은?

보기
ㄱ. 과정 A에서 염색체 수가 절반으로 줄어든다.
ㄴ. 과정 B에서 상동 염색체가 분리된다.
ㄷ. 정소에서 관찰할 수 있다.

① ㄱ ② ㄴ ③ ㄷ
④ ㄱ, ㄷ ⑤ ㄴ, ㄷ

[주관식]

19 그림은 체세포의 염색체 수가 4개인 어떤 동물의 감수 분열 과정을 나타낸 것이다.

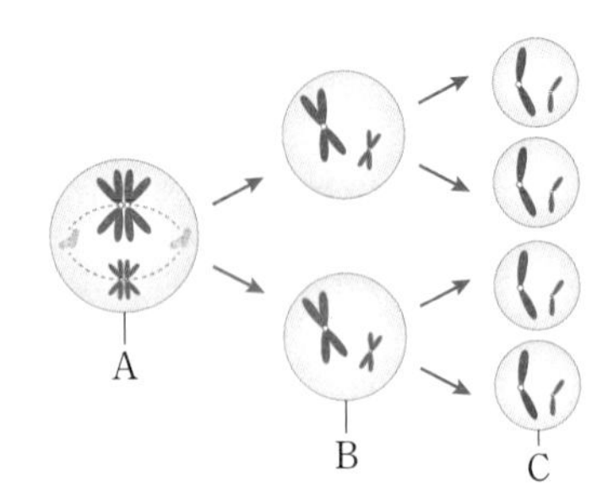

A~C의 염색체 수를 각각 쓰시오.

출제율 99%

20 그림 (가)와 (나)는 어떤 생물의 세포 분열 과정 중 일부를 나타낸 것이다.

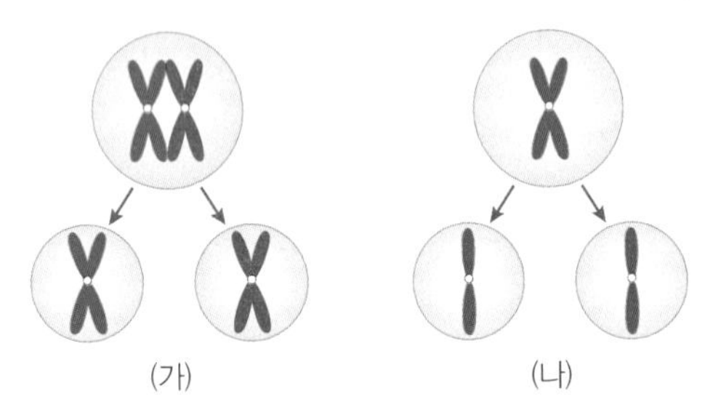

이에 대한 설명으로 옳은 것을 <보기>에서 모두 고른 것은?

보기
ㄱ. (가)는 체세포 분열, (나)는 감수 1분열이다.
ㄴ. (가)에서 염색체 수가 변하지 않는다.
ㄷ. (나)에서 염색 분체가 분리된다.

① ㄱ ② ㄴ ③ ㄷ
④ ㄱ, ㄷ ⑤ ㄴ, ㄷ

21 그림은 어떤 동물의 감수 2분열 중기 세포의 염색체 구성을 모두 나타낸 것이다. 이 동물의 체세포와 생식세포의 염색체 수를 옳게 짝 지은 것은?

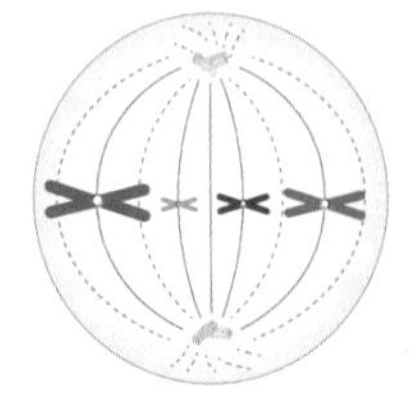

	체세포의 염색체 수	생식세포의 염색체 수
①	4개	8개
②	8개	4개
③	8개	8개
④	16개	6개
⑤	16개	24개

22 체세포 분열과 비교했을 때 감수 분열 과정에서만 관찰할 수 있는 것을 모두 고르면? (2개)

① 염색 분체
② 2가 염색체
③ 상동 염색체
④ 염색 분체 분리
⑤ 상동 염색체 분리

출제율 99%

23 체세포 분열과 감수 분열을 비교한 내용으로 옳지 않은 것은?

	구분	체세포 분열	감수 분열
①	분열 횟수	1회	2회
②	2가 염색체	형성 안 됨	형성됨
③	딸세포 수	2개	4개
④	염색체 수 변화	변화 없음	절반으로 줄어듦
⑤	분열 결과	생식세포 형성	생장, 재생

24 그림 (가)와 (나)는 어떤 생물에서 일어나는 서로 다른 종류의 세포 분열 과정 중 한 시기의 모습을 나타낸 것이다.

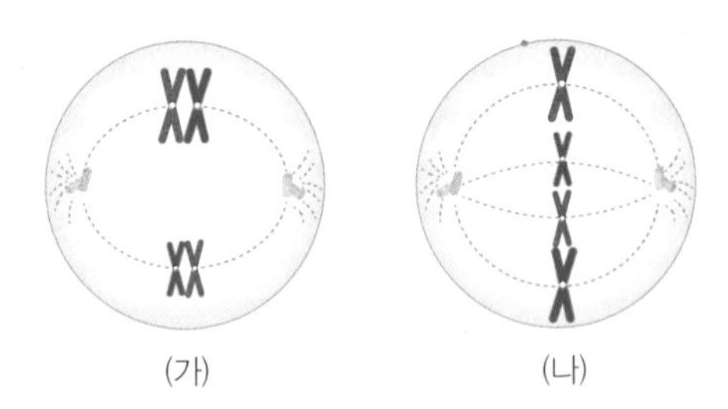

이에 대한 설명으로 옳은 것을 <보기>에서 모두 고른 것은?

보기
ㄱ. (가)는 감수 1분열 중기, (나)는 체세포 분열 중기이다.
ㄴ. (가)의 염색체 수는 (나)의 2배이다.
ㄷ. (가)와 (나)의 다음 단계에서 모두 염색 분체가 분리된다.

① ㄱ ② ㄴ ③ ㄷ
④ ㄱ, ㄷ ⑤ ㄴ, ㄷ

고난도 문제

25 그림 (가)와 (나)는 어떤 생물에서 일어나는 세포 분열 과정 중 서로 다른 시기의 모습을 나타낸 것이다.

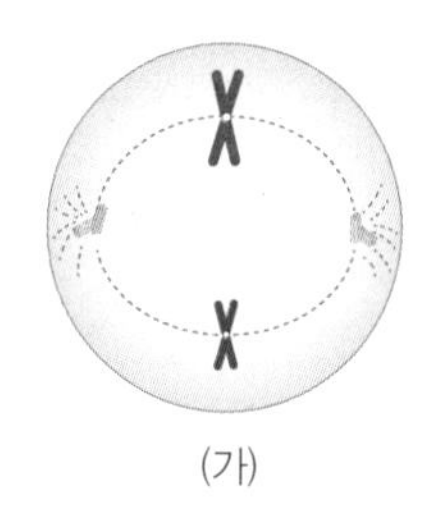
(가)

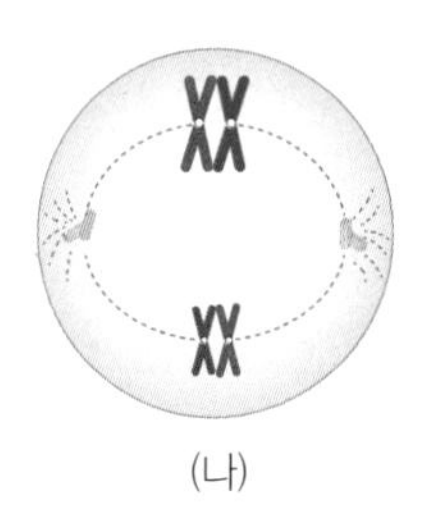
(나)

이에 대한 설명으로 옳은 것을 〈보기〉에서 모두 고른 것은?

> **보기**
> ㄱ. 분열 과정에서 (가)가 (나)보다 먼저 나타난다.
> ㄴ. 이 생물의 체세포 염색체 수는 (나)와 같다.
> ㄷ. (가)에서 유전 물질이 복제되어 (나)가 된다.
> ㄹ. (나)의 다음 단계에서 상동 염색체가 분리된다.

① ㄱ, ㄷ ② ㄱ, ㄹ ③ ㄴ, ㄹ
④ ㄱ, ㄴ, ㄷ ⑤ ㄴ, ㄷ, ㄹ

자료 분석 | 정답과 해설 39쪽

26 그림은 체세포 분열, 감수 1분열, 감수 2분열을 구분하는 과정을 나타낸 것이다.

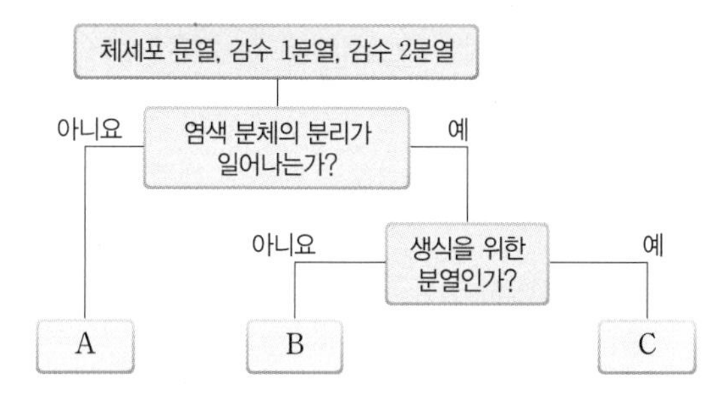

이에 대한 설명으로 옳은 것을 〈보기〉에서 모두 고른 것은?

> **보기**
> ㄱ. A의 결과 염색체 수가 절반으로 줄어든다.
> ㄴ. 상처를 아물게 할 때 B가 일어난다.
> ㄷ. C는 감수 1분열이다.
> ㄹ. A~C 중 상동 염색체가 쌍으로 있으며, 염색체가 세포 중앙에 배열되어 있는 상태를 볼 수 있는 것은 C이다.

① ㄱ, ㄴ ② ㄱ, ㄷ ③ ㄴ, ㄹ
④ ㄱ, ㄴ, ㄷ ⑤ ㄴ, ㄷ, ㄹ

자료 분석 | 정답과 해설 40쪽

서술형 문제

27 여자의 체세포 염색체 구성에 대해 서술하시오. (단, 총 염색체 수, 상염색체 수, 성염색체 수, 성염색체 구성을 모두 포함하여 서술한다.)

28 핵분열의 4단계를 쓰고, 단계를 구분하는 기준에 대해 서술하시오.

29 생물이 대를 거듭해도 염색체 수가 일정하게 유지되는 까닭을 서술하시오.

30 그림 (가)와 (나)는 서로 다른 종류의 세포 분열 과정을 나타낸 것이다.

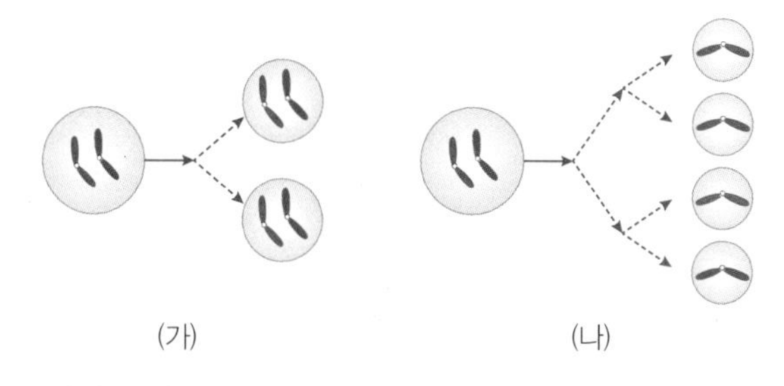
(가) (나)

(1) (가)와 (나)의 세포 분열 종류를 쓰시오.

(2) 분열 횟수, 2가 염색체의 형성 여부, 염색체 수 변화를 모두 포함하여 (가)와 (나)를 비교하여 서술하시오.

정답과 해설 41쪽

1 생식세포 형성

① 생식세포 형성: ❶(   ) 분열 과정을 통해 남자에서는 정자가, 여자에서는 난자가 만들어진다.

② 사람의 정자와 난자의 비교

구분	정자		난자	
구조	핵, 머리, 꼬리		세포질, 핵	
	핵	❷( )개의 염색체가 있다.	핵	23개의 염색체가 있다.
	꼬리	정자가 움직일 수 있도록 한다.	세포질	많은 ❸( )이 저장되어 있다
생성 장소	정소		난소	
크기	작다.		크다.	
운동성	❹( ).		❺( ).	

2 수정

정자와 난자가 만나 정자의 핵과 난자의 핵이 결합하는 과정 ➡ 수정 과정을 거치면 ❻(   )와 염색체 수가 같은 수정란이 된다.

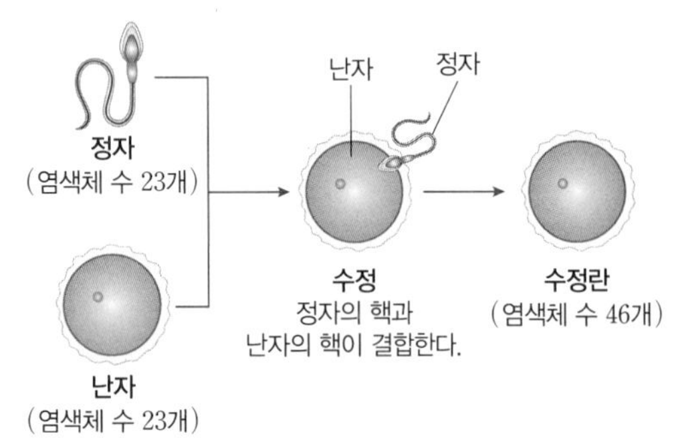

3 발생

① ❼(   ): 수정란의 초기 세포 분열로, 세포의 생장 없이 빠르게 분열한다. ➡ 세포 수는 늘어나지만 생장기가 없으므로 분열할수록 각 세포의 크기만 작아지며, 전체의 크기는 수정란과 비슷하다.

세포 수	세포 1개의 크기	세포 1개당 염색체 수	배아 전체의 크기
증가한다.	❽( ).	❾( ).	수정란과 비슷하다.

② 착상: 수정란이 난할을 하면서 수란관을 따라 자궁으로 이동하며, 수정 후 약 일주일이 지나면 ❿(   ) 상태가 되어 자궁 내막에 파고들어 가는 현상 ➡ 착상되었을 때부터 임신되었다고 한다.

③ 태반 형성: 착상 후 태아와 모체 사이에 태반이 형성되며, 발생 중인 태아는 탯줄을 통해 태반에서 ⓫(   )이 일어난다. ➡ 모체에 있는 해로운 물질이 태아에게 전달될 수 있으므로 임신 기간 중 흡연, 음주, 약물 복용은 태아에게 나쁜 영향을 미친다.

산소, 영양소
모체 ⇄ 태아
이산화 탄소, 노폐물

④ 기관 형성: 배아는 체세포 분열을 계속하여 조직과 기관을 만들고 하나의 개체로 성장한다.

- 배아와 태아: 수정란이 난할을 시작한 후 사람의 모습을 갖추기 전까지의 세포 덩어리 상태를 ⓬(   )라고 하며, 수정 8주 후 사람의 모습을 갖추기 시작한 상태를 ⓭(   )라고 한다.

4 출산

일반적으로 수정 후 약 ⓮(   )일(38주)이 지나면 출산 과정을 거쳐 태아가 모체 밖으로 나온다.

배란에서 출산까지의 과정

(1) 배란: 난자가 난소에서 ⓯(   )으로 나온다.
(2) 수정: 수란관에서 정자와 난자가 만나 수정한다.
(3) 난할: 수정란은 난할을 거듭하여 세포 수를 늘리면서 자궁으로 이동한다.
(4) 착상: 정자와 난자의 수정 후 약 일주일이 지나면 수정란이 포배 상태가 되어 ⓰(   ) 내막에 파고들어 간다.
(5) 태반 형성: 태반에서 모체와 태아 사이에 물질 교환이 일어난다.
(6) 기관 형성: 체세포 분열을 계속하여 조직과 기관을 만들고 수정 ⓱(   )주 후 사람의 모습을 갖춘 태아가 된다.
(7) ⓲(   ): 수정 후 약 266일(38주)이 지나면 태아가 모체 밖으로 나온다.

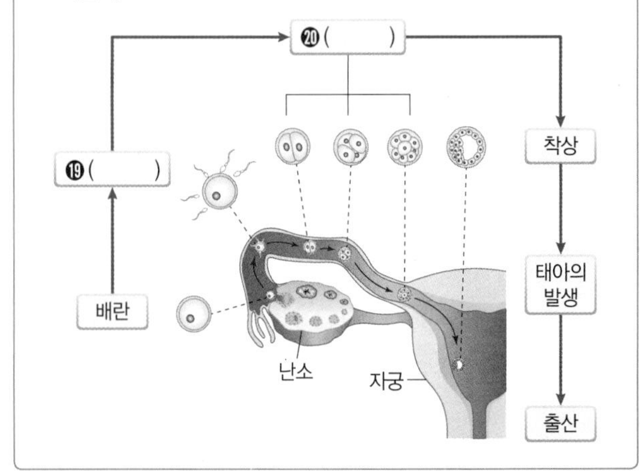

중단원 퀴즈

정답과 해설 41쪽

1 사람의 생식 기관에서 정자가 만들어지는 곳은 (㉠)이고, 난자가 만들어지는 곳은 (㉡)이다.

2 정자는 난자에 비해 크기가 ㉠ (크며 , 작으며), 긴 꼬리를 가지고 있어 운동성이 있다. 반면 난자는 세포질에 많은 양분을 저장하고 있어 정자보다 크기가 ㉡ (크며 , 작으며), 운동성이 없다.

3 정자의 염색체 수 (㉠)개 + 난자의 염색체 수 (㉡)개 ⟶ 수정란의 염색체 수 (㉢)개

4 수정란은 (체세포 , 생식세포)와 염색체 수가 같다.

5 ( )은/는 약 28일을 주기로 난소에서 난자가 배출되어 수란관으로 나오는 현상이다.

6 ( )은/는 수정란의 초기 세포 분열로, 세포의 생장 없이 빠르게 분열한다.

7 난할이 진행될수록 배아의 세포 수는 ㉠ (줄어들지만 , 늘어나지만) 각각의 세포 크기는 ㉡ (작아지며 , 변화 없으며), 배아 전체의 크기는 ㉢ (수정란과 비슷하다 , 수정란보다 크다).

8 착상은 수정란이 (㉠) 상태가 되어 (㉡) 내막에 파고들어 가는 현상이다.

9 태아는 모체와 연결된 태반을 통해 ㉠ (영양소 , 노폐물)와/과 ㉡ (이산화 탄소 , 산소)를 얻고, ㉢ (영양소 , 노폐물)와/과 ㉣ (이산화 탄소 , 산소)를 배출한다.

10 수정란이 사람의 모습을 갖추기 전까지의 세포 덩어리 상태를 ㉠ (태아 , 배아)라고 하며, 수정 ㉡ (1 , 8)주 후 사람의 모습을 갖추기 시작한 상태를 ㉢ (태아 , 배아)라고 한다.

11 배란에서 출산까지의 과정은 배란 → (㉠) → 난할 → (㉡) → 태반 형성 → 기관 형성 → 출산 순이다.

답안지

1 ______ ______
2 ______ ______
3 ______ ______
4 ______ ______
5 ______ ______
6 ______ ______
7 ______ ______
8 ______ ______
9 ______ ______
10 ______ ______
11 ______ ______

정답과 해설 41쪽

01 사람의 정자와 난자를 비교한 것으로 옳지 않은 것은?

	구분	정자	난자
①	생성 장소	정소	난소
②	크기	작다.	크다.
③	운동성	있다.	없다.
④	염색체 수	23개	23개
⑤	핵의 유무	없다.	있다.

[02~03] 그림은 사람의 생식세포 형성과 수정을 나타낸 것이다.

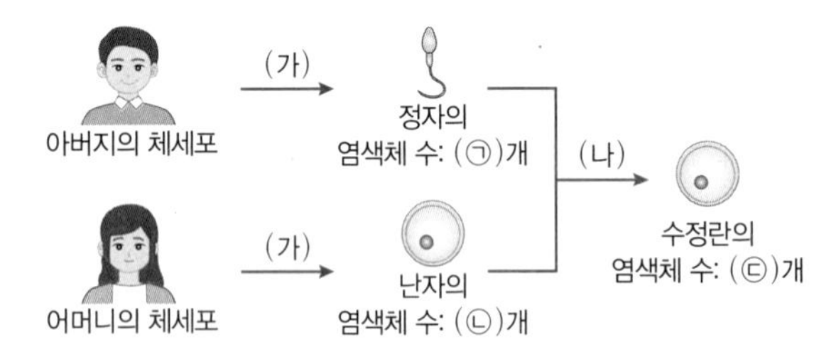

[주관식]

02 ㉠~㉢에 들어갈 염색체 수를 쓰시오.

출제율 99%

03 이에 대한 설명으로 옳은 것을 〈보기〉에서 모두 고른 것은?

보기
ㄱ. (가)는 체세포 분열이다.
ㄴ. (나)에서 정자의 핵과 난자의 핵이 결합된다.
ㄷ. 수정란에서는 이후에 감수 분열이 일어난다.

① ㄴ ② ㄷ ③ ㄱ, ㄴ
④ ㄱ, ㄷ ⑤ ㄴ, ㄷ

04 정자와 난자의 공통점으로 옳은 것을 〈보기〉에서 모두 고른 것은?

보기
ㄱ. 머리에 핵이 들어 있다.
ㄴ. 감수 분열을 통해 만들어진다.
ㄷ. 핵 속의 염색체 수는 체세포의 절반이다.
ㄹ. 발생에 필요한 양분을 많이 저장하고 있다.

① ㄱ, ㄴ ② ㄴ, ㄷ ③ ㄷ, ㄹ
④ ㄱ, ㄴ, ㄷ ⑤ ㄴ, ㄷ, ㄹ

05 그림은 여자의 생식 기관을 나타낸 것이다.

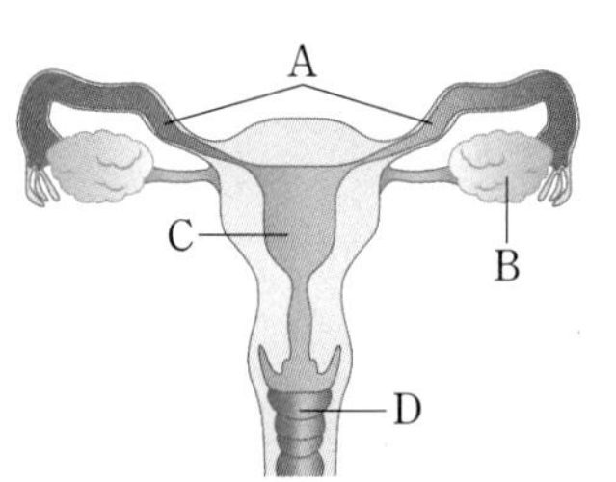

이에 대한 설명으로 옳은 것을 〈보기〉에서 모두 고른 것은?

보기
ㄱ. A에서 감수 분열이 일어난다.
ㄴ. B에서 난자가 만들어진다.
ㄷ. C에서 수정란이 형성된다.
ㄹ. D를 통해 태아가 모체 밖으로 나온다.

① ㄱ, ㄴ ② ㄴ, ㄹ ③ ㄷ, ㄹ
④ ㄱ, ㄴ, ㄷ ⑤ ㄴ, ㄷ, ㄹ

출제율 99%

06 난할이 일반적인 체세포 분열과 다른 점으로 옳은 것은?

① 딸세포의 염색체 수가 줄어든다.
② 분열이 일어날수록 세포 수가 증가한다.
③ 체세포 분열에 비해 분열 속도가 느리다.
④ 분열이 일어나도 세포 1개의 크기는 변하지 않는다.
⑤ 딸세포의 생장이 거의 없어 세포 분열이 빠르게 일어난다.

출제율 99%

07 난할이 진행될 때 세포 1개당 염색체 수, 세포 1개의 크기, 배아 전체의 크기 변화를 옳게 짝 지은 것은?

	세포 1개당 염색체 수	세포 1개의 크기	배아 전체의 크기
①	증가	감소	증가
②	증가	감소	변화 없음
③	변화 없음	감소	변화 없음
④	변화 없음	증가	증가
⑤	변화 없음	변화 없음	증가

[08~09] 그림은 수정란의 형성과 초기 발생 과정을 나타낸 것이다.

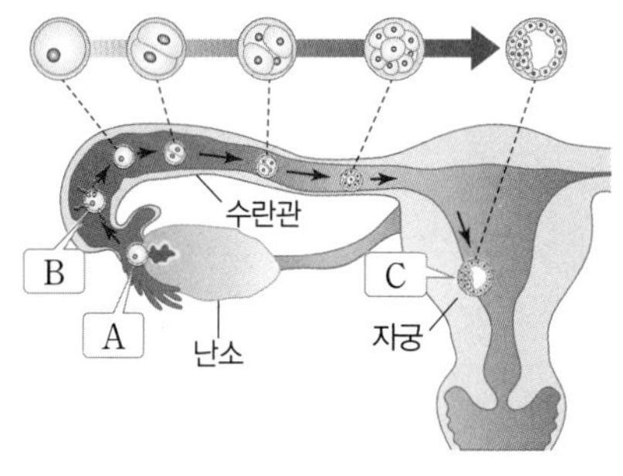

[주관식]

08 A~C 중 수란관 상단부에서 정자와 난자가 만나는 과정의 기호를 쓰시오.

출제율 99%

09 이에 대한 설명으로 옳은 것을 〈보기〉에서 모두 고른 것은?

보기
ㄱ. A는 정자와 만났을 때에만 일어난다.
ㄴ. B가 일어나면 이때부터 임신되었다고 한다.
ㄷ. C는 수정 후 약 일주일이 지나 포배 상태가 되어 일어난다.

① ㄴ ② ㄷ ③ ㄱ, ㄴ
④ ㄱ, ㄷ ⑤ ㄴ, ㄷ

10 그림은 사람의 초기 발생 과정을 나타낸 것이다.

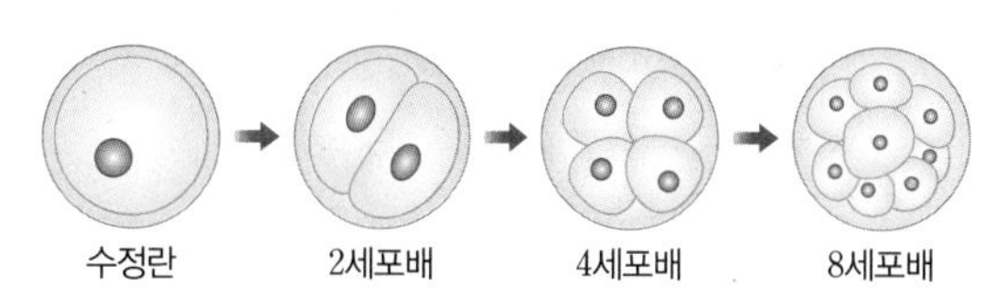

이에 대한 설명으로 옳은 것을 〈보기〉에서 모두 고른 것은?

보기
ㄱ. 체세포 분열에 해당한다.
ㄴ. 8세포배의 크기는 수정란의 크기와 비슷하다.
ㄷ. 2세포배에서 하나의 세포가 가지는 염색체 수는 수정란의 염색체 수의 2배이다.

① ㄴ ② ㄷ ③ ㄱ, ㄴ
④ ㄱ, ㄷ ⑤ ㄴ, ㄷ

[11~12] 다음은 사람의 수정과 발생 과정을 순서 없이 나타낸 것이다.

(가) 난자가 난소에서 (㉠)으로 나온다.
(나) 배아가 자궁 내막에 파고들어 간다.
(다) 정자의 핵과 난자의 핵이 결합한다.
(라) 기관이 형성되어 사람의 모습을 갖춘다.
(마) 수정란이 ㉡ 초기 세포 분열을 거쳐 포배 상태의 배아가 된다.

[주관식]

11 사람의 수정과 발생 과정을 순서대로 나열하시오.

12 이에 대한 설명으로 옳지 않은 것은?

① ㉠은 수란관이다.
② ㉡은 난할이다.
③ (나)가 일어나면 이때부터 임신되었다고 한다.
④ (다)는 자궁에서 일어난다.
⑤ (라)에서 수정 8주 후 사람의 모습을 갖추기 시작한다.

13 임신이 되었다고 할 수 있는 상태로 옳은 것은?

① 난자가 수란관으로 나왔다.
② 정자와 난자의 핵이 결합하였다.
③ 수정란이 세포의 생장 없이 빠르게 분열하였다.
④ 수정란이 포배 상태로 자궁 내막을 파고들어 갔다.
⑤ 난소에서 감수 분열이 일어나 난자가 만들어졌다.

출제율 99%

14 사람의 수정과 발생에 대한 설명으로 옳은 것을 〈보기〉에서 모두 고른 것은?

보기
ㄱ. 정자, 난자, 수정란의 염색체 수는 모두 같다.
ㄴ. 난할이 진행되는 동안 배아의 전체 크기는 거의 변화 없다.
ㄷ. 정자의 핵과 난자의 핵이 결합하는 과정을 수정이라고 한다.

① ㄴ ② ㄷ ③ ㄱ, ㄴ
④ ㄱ, ㄷ ⑤ ㄴ, ㄷ

15 태아와 모체 사이에서 일어나는 물질 교환에 대한 설명으로 옳은 것을 모두 고르면? (2개)

① 모체는 태아로부터 영양소를 받아들인다.
② 태아는 모체로부터 이산화 탄소를 공급받는다.
③ 태아와 모체 사이의 물질 교환은 태반을 통해 일어난다.
④ 모체가 섭취한 약물은 태반을 통해 태아로 전달될 수 없다.
⑤ 태반에서 태아의 혈액과 모체의 혈액은 서로 섞이지 않는다.

【주관식】

16 다음은 임신과 출산까지의 과정에 대한 설명이다. 옳지 않은 부분을 찾아 기호를 쓰고 옳게 고치시오.

㉠ 자궁에서 배아는 모체로부터 영양분을 공급받으며, ㉡ 체세포 분열을 계속하여 여러 가지 ㉢ 기관을 만들고 사람의 모습을 갖춘 ㉣ 태아가 된다. 태아는 ㉤ 착상 후 약 266일이 지나면 모체 밖으로 나온다.

17 그림은 사람의 발생 과정에서 여러 기관의 발달 시기를 나타낸 것이다.

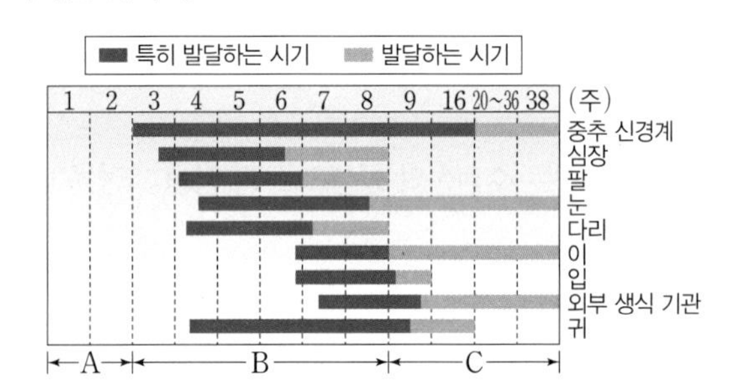

이에 대한 설명으로 옳은 것을 〈보기〉에서 모두 고른 것은?

보기
ㄱ. 수정 후 8주가 지나면 대부분의 기관이 완성된다.
ㄴ. A~C 중 착상이 일어나는 시기는 A이다.
ㄷ. A~C 중 약물 복용이 태아에게 가장 나쁜 영향을 미치는 시기는 C이다.

① ㄴ ② ㄷ ③ ㄱ, ㄴ
④ ㄱ, ㄷ ⑤ ㄴ, ㄷ

출제율 99%

18 사람의 발생에 대한 설명으로 옳은 것을 〈보기〉에서 모두 고른 것은?

보기
ㄱ. 태반이 만들어진 후 착상이 일어난다.
ㄴ. 수정 후 8주가 지난 후부터의 배아를 태아라고 한다.
ㄷ. 발생 과정이 일어날 때 세포 1개당 염색체 수는 변하지 않는다.

① ㄴ ② ㄷ ③ ㄱ, ㄴ
④ ㄱ, ㄷ ⑤ ㄴ, ㄷ

고난도 문제

19 그림은 사람의 생식과 초기 발생 과정을 나타낸 것이다.

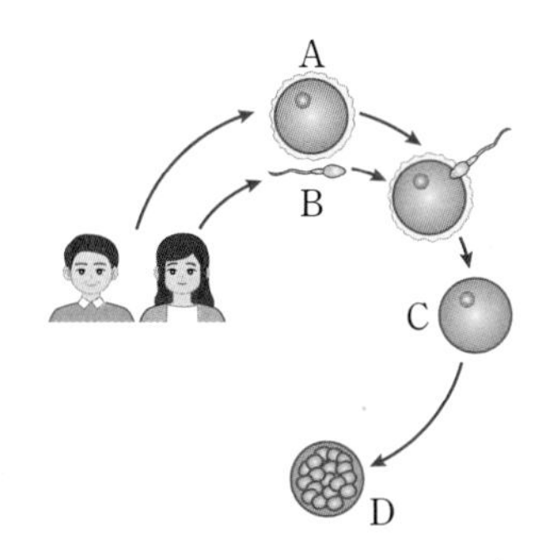

이에 대한 설명으로 옳은 것을 〈보기〉에서 모두 고른 것은?

보기
ㄱ. A와 B는 감수 분열에 의해 만들어진다.
ㄴ. A와 B의 염색체 수의 합은 C의 염색체 수와 같다.
ㄷ. C가 D로 되는 과정에서 체세포 분열이 일어난다.

① ㄴ ② ㄷ ③ ㄱ, ㄴ
④ ㄱ, ㄷ ⑤ ㄱ, ㄴ, ㄷ

자료 분석 | 정답과 해설 42쪽

20 그림 (가)와 (나)는 여러 세포의 염색체 수와 세포질의 양을 나타낸 것이다. A~D는 각각 2세포배를 구성하는 하나의 세포, 4세포배를 구성하는 하나의 세포, 정자, 수정란 중 하나이다.

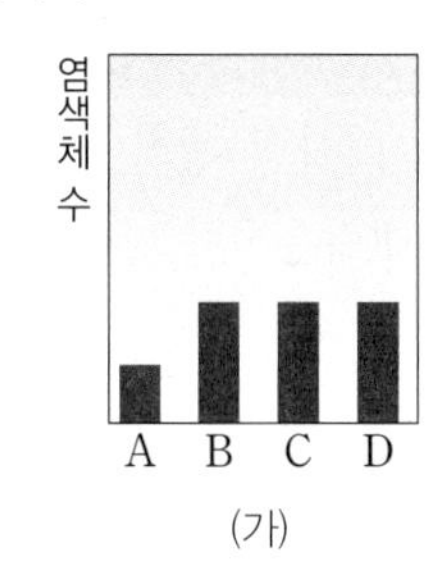

(가)

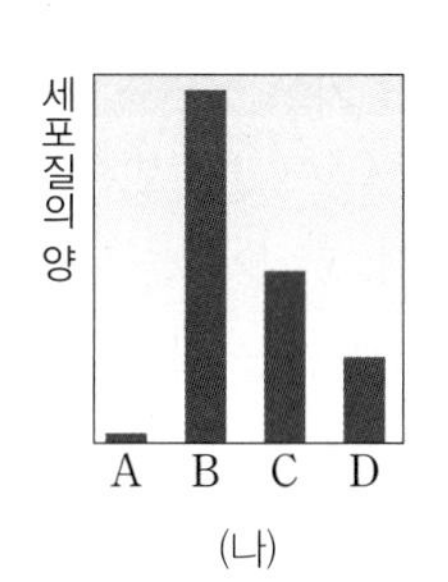

(나)

이에 대한 설명으로 옳은 것을 〈보기〉에서 모두 고른 것은?

보기
ㄱ. A와 난자의 염색체 수는 같다.
ㄴ. B의 세포질은 대부분 난자의 것이다.
ㄷ. C의 염색체 수는 체세포 염색체 수의 2배이다.
ㄹ. D는 4세포배를 구성하는 하나의 세포이다.

① ㄱ, ㄴ ② ㄱ, ㄷ ③ ㄴ, ㄹ
④ ㄱ, ㄴ, ㄹ ⑤ ㄴ, ㄷ, ㄹ

자료 분석 | 정답과 해설 42쪽

서술형 문제

21 그림 (가)는 세포 분열 과정 중 한 시기의 세포를, (나)는 여자의 생식 기관을 나타낸 것이다.

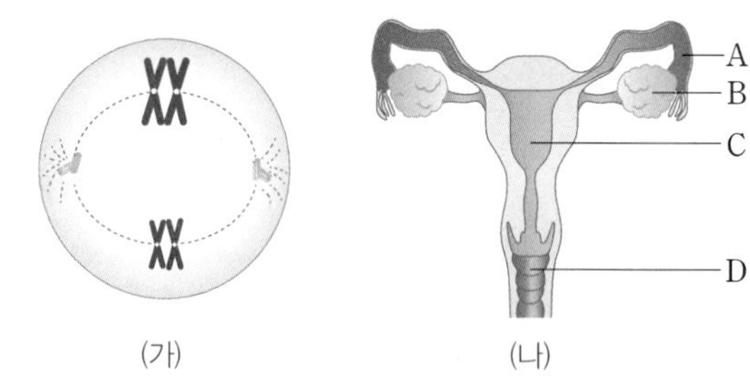

(가) (나)

(나)에서 (가)와 같은 세포를 관찰할 수 있는 곳의 기호를 쓰고, 그렇게 판단한 까닭을 서술하시오. (단, 세포에서 염색체의 일부만 나타낸 것이다.)

22 다음은 어떤 여자에게 일어나는 2가지 생명 현상이다.

(가) 이 여자는 자라면서 ㉠ 세포 분열이 일어나 키가 커졌다.
(나) 이 여자의 수란관에서는 수정란이 ㉡ 세포 분열을 하면서 자궁으로 이동하였다.

㉠과 ㉡의 공통점과 차이점을 각각 1가지씩 서술하시오.

23 배아와 태아의 의미를 다음 단어를 모두 포함하여 서술하시오.

사람, 세포 덩어리, 수정, 8주

정답과 해설 43쪽

1 유전 용어

유전	부모의 형질을 자손에게 물려주는 현상
형질	생물이 지니고 있는 여러 가지 특성 예 모양, 색깔, 성질 등
❶( )	1가지 특성에 대해 서로 뚜렷하게 대비되는 형질 예 둥근 완두 ↔ 주름진 완두, 노란색 완두 ↔ 초록색 완두
❷( )	유전자 구성에 따라 겉으로 드러나는 형질
유전자형	유전자 구성을 알파벳 기호로 나타낸 것 예 RR, Rr, rr
❸( )	한 형질을 나타내는 대립유전자 구성이 같은 개체 예 RR, rr, rrYY
❹( )	한 형질을 나타내는 대립유전자 구성이 다른 개체 예 Rr, Yy 등
우성	대립 형질의 순종끼리 교배하였을 때 잡종 1대에서 나타나는 형질
열성	대립 형질의 순종끼리 교배하였을 때 잡종 1대에서 나타나지 않는 형질

2 완두가 유전 실험의 재료로 적합한 까닭

① 재배가 쉽고, 한 세대가 ❺( ), 자손의 수가 많아서 통계적인 분석에 유리하다.

② 대립 형질의 차이가 뚜렷하여 교배 결과를 명확하게 해석할 수 있다.

③ ❻( )과 타가 수분이 모두 가능하여 의도한 대로 형질을 교배할 수 있다.

3 한 쌍의 대립 형질의 유전 문제 공략 18쪽

① 우열의 원리: 대립 형질이 다른 두 순종 개체를 교배하여 얻은 잡종 1대에는 대립 형질 중 1가지만 나타난다. ➡ 잡종 1대에서 표현되는 형질을 ❼( ), 표현되지 않는 형질을 ❽( )이라고 한다.

② ❾( )의 법칙: 생식세포가 만들어질 때 쌍으로 존재하던 대립유전자가 분리되어 서로 다른 생식세포로 하나씩 나뉘어 들어가는 현상이다. ➡ 잡종 1대를 자가 수분한 잡종 2대에서 우성 표현형 : 열성 표현형 =3 : 1로 나타난다.

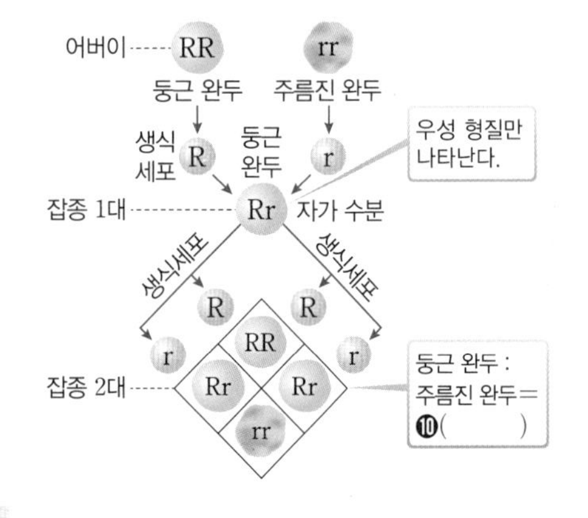

4 우열의 원리가 성립하지 않는 유전-분꽃의 꽃잎 색깔 유전

① 순종의 빨간색 꽃잎 분꽃(RR)과 순종의 흰색 꽃잎 분꽃(WW)을 교배하면 잡종 1대에서 ⓫( ) 꽃잎 분꽃(RW)만 나타난다. ➡ 빨간색 꽃잎 유전자(R)와 흰색 꽃잎 유전자(W) 사이의 우열 관계가 뚜렷하지 않다.

② 잡종 1대의 분홍색 꽃잎 분꽃을 자가 수분하면 잡종 2대에서 빨간색 꽃잎(RR), 분홍색 꽃잎(RW), 흰색 꽃잎(WW)이 ⓬( )의 비로 나타난다.

➡ ⓭( )의 법칙이 성립한다.

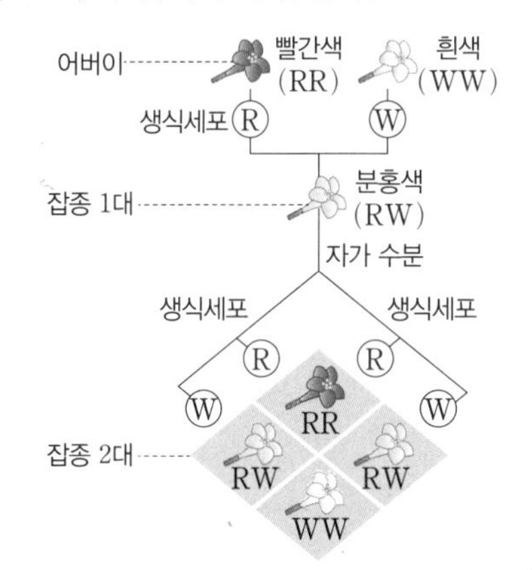

5 두 쌍의 대립 형질의 유전 문제 공략 18쪽

① 완두의 색깔과 모양이 동시에 유전되는 실험: 순종의 둥글고 노란색인 완두와 순종의 주름지고 초록색인 완두를 교배하여 얻은 잡종 1대를 자가 수분하였더니 잡종 2대에서 둥글고 노란색, 둥글고 초록색, 주름지고 노란색, 주름지고 초록색인 완두가 ⓮( )의 비로 나타났다.

② ⓯( )의 법칙: 2가지 이상의 형질이 함께 유전될 때, 한 형질을 나타내는 대립유전자 쌍은 다른 형질을 나타내는 대립유전자 쌍에 의해 영향을 받지 않고 독립적으로 분리되어 유전된다.

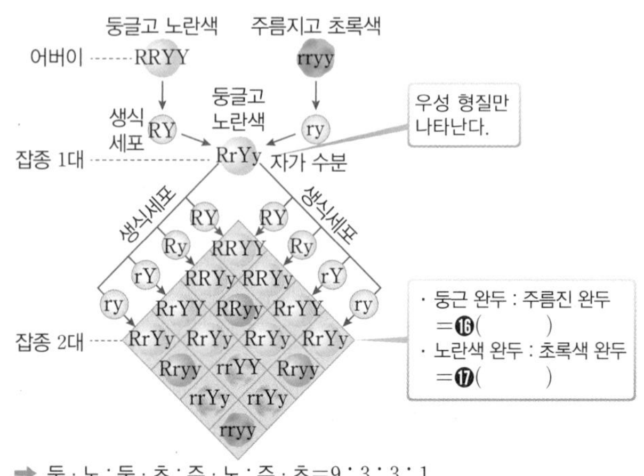

➡ 둥 · 노 : 둥 · 초 : 주 · 노 : 주 · 초=9 : 3 : 3 : 1

정답과 해설 43쪽

답안지

1 부모의 형질을 자손에게 물려주는 현상은 (㉠)이며, 생물이 지니고 있는 여러 가지 특성을 (㉡)(이)라고 한다.

2 완두의 모양이 '둥글다', '주름지다'처럼 1가지 특성에 대해 뚜렷하게 대비되는 형질을 ( )(이)라고 한다.

3 유전자 구성에 따라 겉으로 드러나는 형질을 ㉠(유전자형 , 표현형)이라고 하며, 유전자 구성을 알파벳 기호로 나타낸 것을 ㉡(유전자형 , 표현형)이라고 한다.

4 유전자형이 Rr인 개체가 만들 수 있는 생식세포의 유전자형은 (㉠)종류로, (㉡)와 r이다.

5 생식세포가 만들어질 때 쌍으로 존재하던 대립유전자가 분리되어 서로 다른 생식세포로 하나씩 나뉘어 들어가는 현상을 ( )의 법칙이라고 한다.

6 순종의 둥근 완두와 순종의 주름진 완두를 교배하여 둥근 완두만 얻은 경우, 우성 형질은 (㉠) 완두, 열성 형질은 (㉡) 완두이다.

7 씨의 색깔이 노란색인 순종 완두(YY)와 초록색인 순종 완두(yy)를 교배하여 얻은 잡종 1대의 ㉠ 표현형과 ㉡ 유전자형을 각각 쓰시오.

8 유전자형이 RrYy인 둥글고 노란색인 완두에서 만들어질 수 있는 생식세포의 유전자형은 ( )종류로, RY, Ry, rY, ry이다.

9 2가지 이상의 형질이 동시에 유전되는 경우 각 형질이 서로 영향을 받지 않고 독립적으로 유전되는 현상을 ( )의 법칙이라고 한다.

10 순종의 둥글고 노란색인 완두(RRYY)와 순종의 주름지고 초록색인 완두(rryy)를 교배하여 얻은 잡종 1대의 ㉠ 표현형과 ㉡ 유전자형을 각각 쓰시오.

1 ______
______

2 ______
______

3 ______
______

4 ______
______

5 ______
______

6 ______
______

7 ______
______

8 ______
______

9 ______
______

10 ______
______

계산 문제 공략 특정 형질의 완두가 나올 확률과 개수 파악하기

정답과 해설 43쪽

• 한 쌍의 대립 형질의 유전

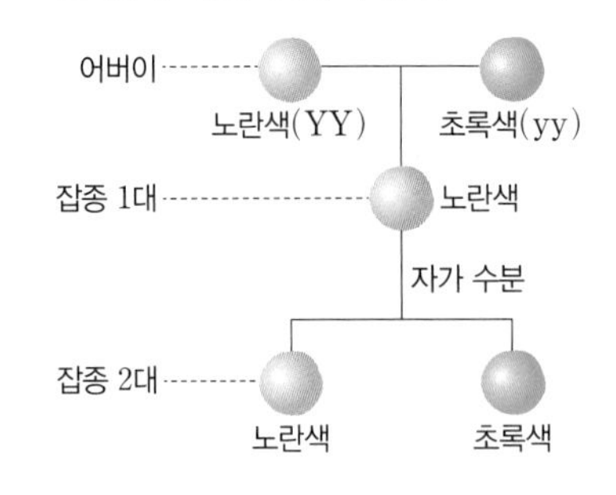

잡종 1대를 자가 수분했을 때, 잡종 2대에서 나올 수 있는 자손의 유전자형과 표현형의 비 구하기

생식세포	Y	y
Y	YY	Yy
y	Yy	yy

➡ 노란색(YY, Yy) : 초록색(yy)=3 : 1

• 두 쌍의 대립 형질의 유전

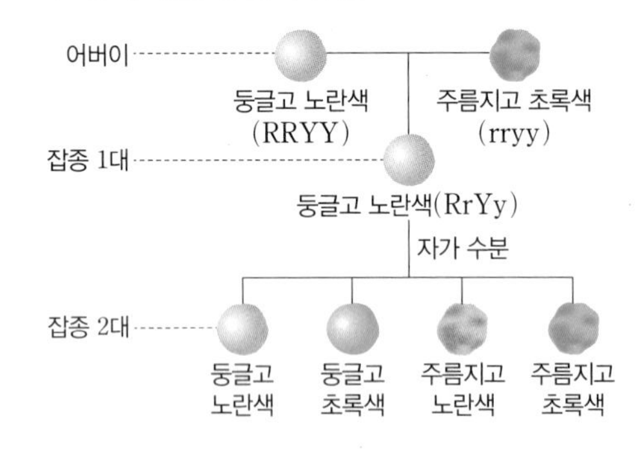

잡종 1대를 자가 수분했을 때, 잡종 2대에서 나올 수 있는 유전자형과 표현형의 비 구하기

생식세포	RY	Ry	rY	ry
RY	RRYY	RRYy	RrYY	RrYy
Ry	RRYy	RRyy	RrYy	Rryy
rY	RrYY	RrYy	rrYY	rrYy
ry	RrYy	Rryy	rrYy	rryy

➡ 둥글고 노란색(R_Y_) : 둥글고 초록색(R_yy) : 주름지고 노란색(rrY_) : 주름지고 초록색(rryy)=9 : 3 : 3 : 1

[1~3] 그림은 순종의 노란색 완두(YY)와 순종의 초록색 완두(yy)를 교배하여 얻은 잡종 1대를 자가 수분하여 잡종 2대를 얻는 과정을 나타낸 것이다.

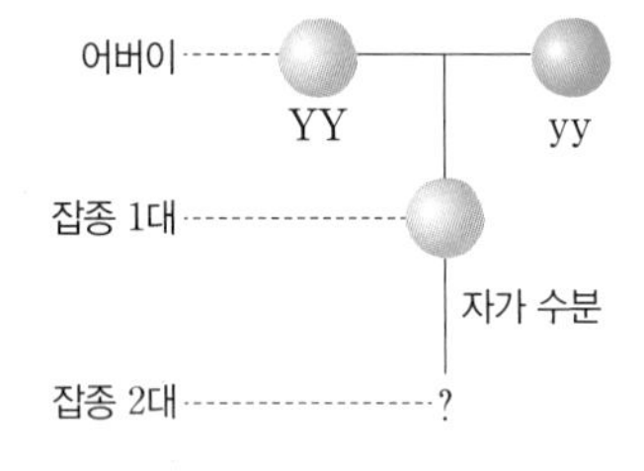

1 잡종 2대에서 노란색 완두가 나올 확률은 몇 %인지 쓰시오.

2 잡종 2대에서 유전자형이 Yy인 완두가 나올 확률은 몇 %인지 쓰시오.

3 잡종 2대에서 총 200개의 완두를 얻었을 때, 이 중 유전자형이 잡종 1대와 같은 것은 이론상 모두 몇 개인지 쓰시오.

[4~6] 그림은 둥글고 노란색인 완두(RRYY)와 주름지고 초록색인 완두(rryy)를 교배하여 얻은 잡종 1대를 자가 수분하여 잡종 2대를 얻는 과정을 나타낸 것이다.

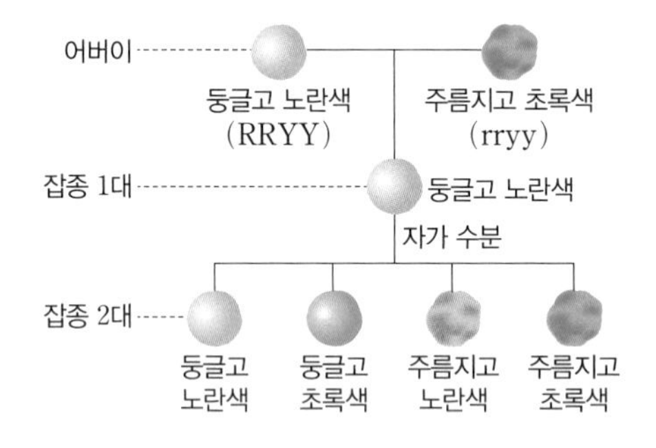

4 잡종 2대에서 주름지고 노란색인 완두가 나올 확률을 쓰시오.

5 잡종 2대에서 유전자형이 RrYy인 완두가 나올 확률은 몇 %인지 쓰시오.

6 잡종 2대에서 총 200개의 완두를 얻었을 때, 이 중 순종인 완두의 개수는 이론상 모두 몇 개인지 쓰시오.

정답과 해설 43쪽

출제율 99%

01 유전 용어에 대한 설명으로 옳지 않은 것은?

① 유전은 부모의 형질을 자손에게 물려주는 현상이다.
② 표현형은 유전자 구성을 알파벳 기호로 나타낸 것이다.
③ 순종은 형질을 나타내는 대립유전자 구성이 같은 개체이다.
④ 대립 형질은 1가지 형질에 대해 뚜렷하게 대비되는 형질이다.
⑤ 우성은 대립 형질의 순종끼리 교배하였을 때 잡종 1대에서 나타나는 형질이다.

02 순종인 것을 〈보기〉에서 모두 고른 것은?

보기
ㄱ. Yy　ㄴ. bb　ㄷ. RRyy
ㄹ. BBDd　ㅁ. RrYy　ㅂ. aabbdd

① ㄱ, ㄷ　② ㄴ, ㅁ　③ ㄱ, ㄴ, ㄹ
④ ㄴ, ㄷ, ㅂ　⑤ ㄴ, ㄷ, ㄹ, ㅁ, ㅂ

03 대립 형질에 대한 설명으로 옳은 것을 〈보기〉에서 모두 고른 것은?

보기
ㄱ. 대립유전자 구성이 같거나 다른 형질이다.
ㄴ. 완두의 보라색 꽃잎과 흰색 꽃잎은 대립 형질이다.
ㄷ. 완두의 초록색 꼬투리와 초록색 씨는 대립 형질이다.

① ㄱ　② ㄴ　③ ㄷ
④ ㄱ, ㄷ　⑤ ㄴ, ㄷ

04 완두가 유전 실험의 재료로 적합한 까닭을 모두 고르면? (2개)

① 재배하기 쉽다.
② 한 세대가 길다.
③ 자손의 수가 적다.
④ 대립 형질이 뚜렷하지 않다.
⑤ 자가 수분과 타가 수분이 모두 가능하다.

05 멘델의 가설에 대한 설명으로 옳은 것을 〈보기〉에서 모두 고른 것은?

보기
ㄱ. 1가지 형질을 결정하는 한 쌍의 유전 인자가 있다.
ㄴ. 한 쌍을 이루는 유전 인자는 생식세포가 만들어질 때 같이 이동한다.
ㄷ. 한 쌍을 이루는 유전 인자가 서로 다를 때 하나의 유전 인자만 형질로 표현된다.

① ㄱ　② ㄴ　③ ㄷ
④ ㄱ, ㄷ　⑤ ㄴ, ㄷ

출제율 99%

06 그림은 순종의 둥근 완두(RR)와 순종의 주름진 완두(rr)를 교배하여 얻은 잡종 1대를 자가 수분하여 잡종 2대를 얻는 과정을 나타낸 것이다.

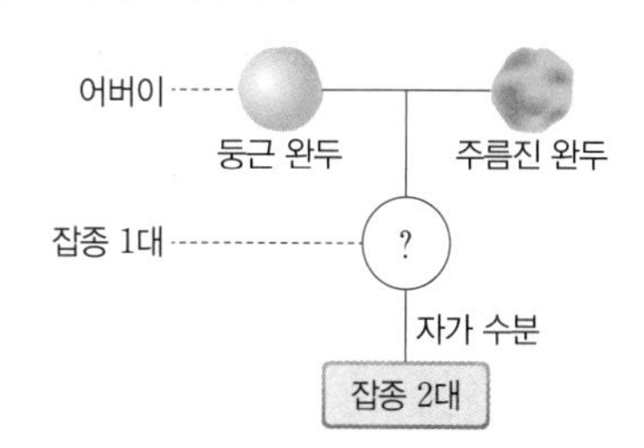

이에 대한 설명으로 옳은 것은?

① 잡종 1대는 순종이다.
② 완두 씨의 모양은 둥근 것이 열성이다.
③ 잡종 2대에서 순종과 잡종의 비는 1 : 1이다.
④ 잡종 2대의 표현형의 분리비는 1 : 2 : 1이다.
⑤ 잡종 2대에서 총 400개의 완두를 얻었을 때, 이 중 유전자형이 잡종 1대와 같은 완두는 이론상 100개이다.

[07~09] 그림은 노란색 완두와 초록색 완두를 교배하여 얻은 잡종 1대를 자가 수분하여 잡종 2대를 얻는 과정을 나타낸 것이다.

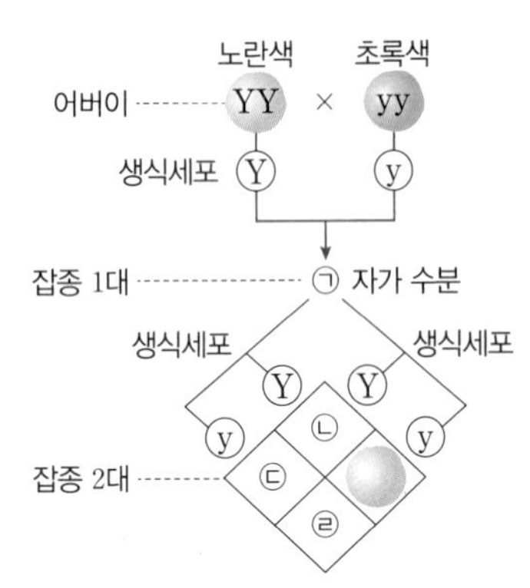

출제율 99%

07 이에 대한 설명으로 옳지 않은 것은?

① 잡종 1대는 노란색 완두이다.
② 잡종 1대의 완두는 2종류의 생식세포를 만든다.
③ ㉡과 ㉢의 표현형은 같다.
④ ㉠~㉣ 중 잡종은 ㉡과 ㉣이다.
⑤ 잡종 2대에서 노란색 완두와 초록색 완두의 분리비는 3 : 1이다.

08 잡종 2대에서 총 800개의 완두를 얻었을 때, 노란색 완두는 이론상 모두 몇 개인가?

① 100개 ② 200개 ③ 400개
④ 600개 ⑤ 800개

09 잡종 2대에서 총 400개의 완두를 얻었을 때, 초록색 완두는 이론상 모두 몇 개인가?

① 50개 ② 100개 ③ 200개
④ 300개 ⑤ 400개

10 순종의 ㉠ 보라색 꽃잎 완두와 순종의 흰색 꽃잎 완두를 교배한 결과 잡종 1대에서 ㉡ 보라색 꽃잎 완두를 얻었다. 이에 대한 설명으로 옳은 것을 〈보기〉에서 모두 고른 것은?

보기
ㄱ. 완두의 꽃잎 색깔은 흰색이 우성이다.
ㄴ. ㉠에서 생성되는 생식세포는 2종류이다.
ㄷ. ㉡을 자가 수분하면 잡종 2대에서 흰색 꽃잎 완두가 나온다.

① ㄱ ② ㄴ ③ ㄷ
④ ㄱ, ㄷ ⑤ ㄴ, ㄷ

[주관식]

11 그림과 같이 키 큰 완두 (가)와 키 작은 완두 (나)를 교배하였더니 자손에서 키 큰 완두와 키 작은 완두가 1 : 1의 비로 나타났다.

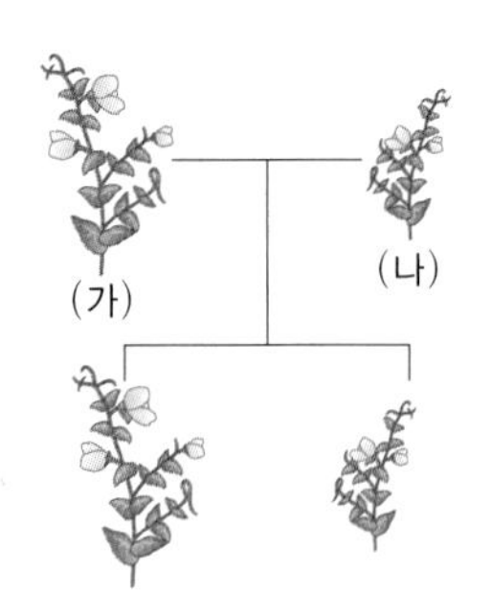

(가)와 (나)의 유전자형을 각각 쓰시오. (단, 키 큰 완두가 키 작은 완두에 대해 우성이며, 큰 키 유전자는 T, 작은 키 유전자는 t로 표시한다.)

12 다음과 같은 유전자형을 가진 개체가 만들 수 있는 생식세포의 종류를 옳게 짝 지은 것은?

	개체의 유전자형	생식세포의 종류
①	Yy	Y
②	RR	RR
③	RRYy	RR, Yy
④	rrYy	rY, ry
⑤	RrYy	R, r, Y, y

[13~14] 그림은 순종의 빨간색 꽃잎 분꽃(RR)과 순종의 흰색 꽃잎 분꽃(WW)을 교배하여 얻은 잡종 1대를 자가 수분하여 잡종 2대를 얻는 과정을 나타낸 것이다.

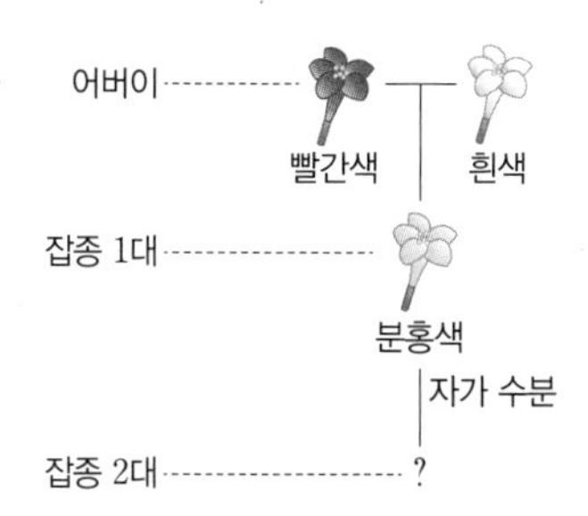

13 이에 대한 설명으로 옳은 것을 〈보기〉에서 모두 고른 것은?

보기
ㄱ. 분리의 법칙이 성립한다.
ㄴ. 잡종 2대에서 나타나는 꽃잎 색깔의 종류는 2종류이다.
ㄷ. 빨간색 꽃잎 유전자와 흰색 꽃잎 유전자 사이의 우열 관계가 뚜렷하지 않다.

① ㄱ ② ㄴ ③ ㄷ
④ ㄱ, ㄷ ⑤ ㄴ, ㄷ

[주관식]

14 잡종 1대를 흰색 꽃잎 분꽃과 교배하였을 때 나타날 수 있는 분꽃의 색깔을 모두 쓰시오.

15 표는 둥글고 노란색인 완두 (가)를 자가 수분시켜 얻은 자손의 표현형에 따른 개체 수를 나타낸 것이다.

둥글고 노란색	둥글고 초록색	주름지고 노란색	(나) 주름지고 초록색
90	30	30	10

이에 대한 설명으로 옳은 것을 〈보기〉에서 모두 고른 것은? (단, 완두 씨의 모양이 둥근 유전자는 R, 주름진 유전자는 r, 완두 씨의 색깔이 노란색 유전자는 Y, 초록색 유전자는 y로 표시한다.)

보기
ㄱ. (가)의 유전자형은 RrYy이다.
ㄴ. (나)에서 만들 수 있는 생식세포는 1종류이다.
ㄷ. 완두 씨 모양 유전자와 색깔 유전자는 같은 염색체에 있다.

① ㄱ ② ㄴ ③ ㄷ
④ ㄱ, ㄴ ⑤ ㄱ, ㄴ, ㄷ

[16~18] 그림은 순종의 둥글고 노란색인 완두(RRYY)와 순종의 주름지고 초록색인 완두(rryy)를 교배하여 얻은 잡종 1대를 자가 수분하여 잡종 2대를 얻는 과정을 나타낸 것이다. 완두 씨의 모양을 나타내는 유전자와 색깔을 나타내는 유전자는 서로 다른 상동 염색체에 있다.

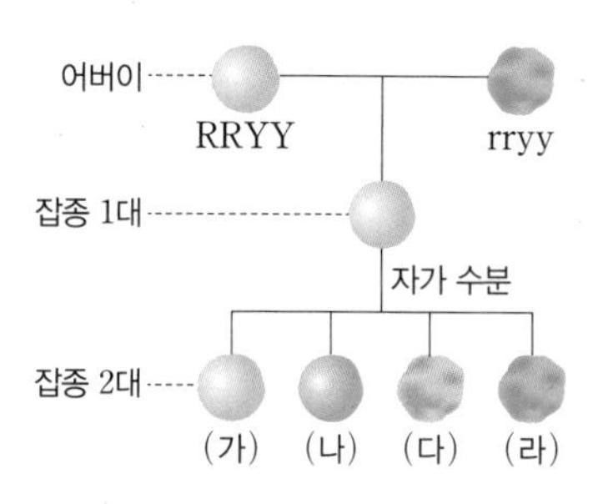

16 잡종 1대에서 대립유전자의 위치를 염색체에 옳게 나타낸 것은?

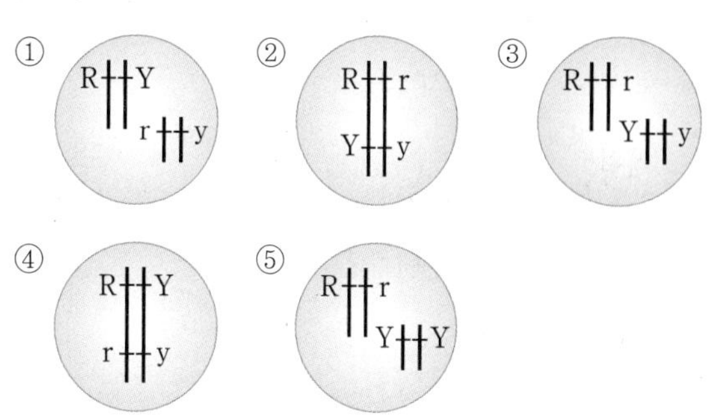

출제율 99%

17 이에 대한 설명으로 옳은 것을 모두 고르면? (2개)

① (가)는 순종, (라)는 잡종이다.
② (나)의 유전자형은 1가지이다.
③ (가) : (나) : (다) : (라)=9 : 3 : 3 : 1의 비로 나온다.
④ 잡종 2대에서 주름진 완두와 초록색 완두의 비는 3 : 1이다.
⑤ 잡종 1대에서 만들어지는 생식세포의 분리비는 RY : Ry : rY : ry=1 : 1 : 1 : 1이다.

18 잡종 2대에서 총 1600개의 완두를 얻었을 때, 이 중 노란색 완두는 이론상 모두 몇 개인가?

① 200개 ② 400개 ③ 800개
④ 1200개 ⑤ 1600개

출제율 99%

19 그림은 순종의 둥글고 노란색인 완두와 순종의 주름지고 초록색인 완두를 교배하여 얻은 잡종 1대를 자가 수분하여 잡종 2대를 얻는 과정을 나타낸 것이다.

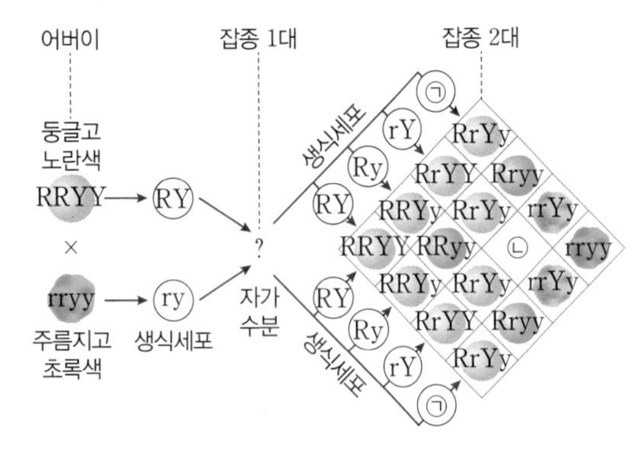

이에 대한 설명으로 옳지 않은 것은?

① 잡종 1대의 표현형은 둥글고 노란색이다.
② ㉠은 ry이다.
③ ㉡의 표현형은 주름지고 노란색이다.
④ 잡종 2대에서 둥근 완두 : 주름진 완두=9 : 1이다.
⑤ 잡종 2대에서 총 1600개의 완두를 얻었을 때, 잡종 1대와 유전자형이 같은 완두는 이론상 400개이다.

[주관식]

20 완두의 교배 실험에서 표현형이 둥글고 노란색인 개체 중 그림과 같이 유전자형이 RrYY인 개체가 만들 수 있는 생식세포의 종류를 모두 쓰시오.

21 다음 중 자손에서 둥글고 초록색인 완두가 나올 수 있는 경우를 모두 고르면? (단, 완두 씨의 모양이 둥근 유전자는 R, 주름진 유전자는 r, 완두 씨의 색깔이 노란색 유전자는 Y, 초록색 유전자는 y로 표시한다.) (2개)

① RrYy×RrYy
② RRYY×RRYY
③ RRyy×rrYY
④ RRYY×rryy
⑤ RrYy×Rryy

[22~23] 그림은 둥글고 초록색인 완두(RRyy)와 주름지고 노란색인 완두(rrYY)를 교배하여 얻은 잡종 1대를 자가 수분하여 잡종 2대를 얻는 과정을 나타낸 것이다.

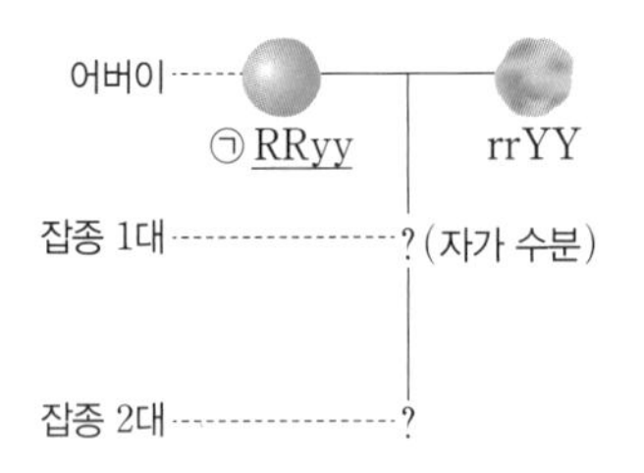

22 이에 대한 설명으로 옳은 것을 〈보기〉에서 모두 고른 것은?

보기
ㄱ. ㉠에서 만들 수 있는 생식세포는 2종류이다.
ㄴ. 잡종 1대의 유전자형은 RrYy이다.
ㄷ. 잡종 2대에서 나타나는 표현형의 종류는 4가지이다.

① ㄱ ② ㄴ ③ ㄷ
④ ㄱ, ㄴ ⑤ ㄴ, ㄷ

23 잡종 2대에서 총 4800개의 완두를 얻었을 때, 이 중 주름지고 노란색인 완두는 이론상 모두 몇 개인가?

① 300개 ② 900개 ③ 1800개
④ 2700개 ⑤ 4800개

출제율 99%

24 (가) 둥글고 노란색인 완두와 주름지고 초록색인 완두를 교배하였더니, 잡종 1대에서 둥근 완두 : 주름진 완두=1 : 1의 비로 나타났고, 색깔은 노란색만 나타났다. (가)의 유전자형으로 옳은 것은? (단, 완두 씨의 모양이 둥근 유전자는 R, 주름진 유전자는 r, 완두 씨의 색깔이 노란색 유전자는 Y, 초록색 유전자는 y로 표시한다.)

① RRYY ② RrYy ③ rrYY
④ RRYy ⑤ RrYY

고난도 문제

25 표는 완두를 재료로 하여 여러 가지 교배 실험을 한 결과를 나타낸 것이다.

실험	어버이	잡종 1대	
		둥근 완두	주름진 완두
(가)	㉠ 둥근 완두×㉡ 둥근 완두	301	102
(나)	㉢ 둥근 완두×주름진 완두	401	0
(다)	㉣ 둥근 완두×주름진 완두	199	202

㉠~㉣ 중 잡종인 것을 모두 고른 것은?

① ㉠, ㉡ ② ㉠, ㉢ ③ ㉠, ㉡, ㉢
④ ㉠, ㉡, ㉣ ⑤ ㉡, ㉢, ㉣

자료 분석 | 정답과 해설 45쪽

26 그림은 둥글고 노란색인 완두와 주름지고 초록색인 완두를 교배한 결과를 나타낸 것이다.

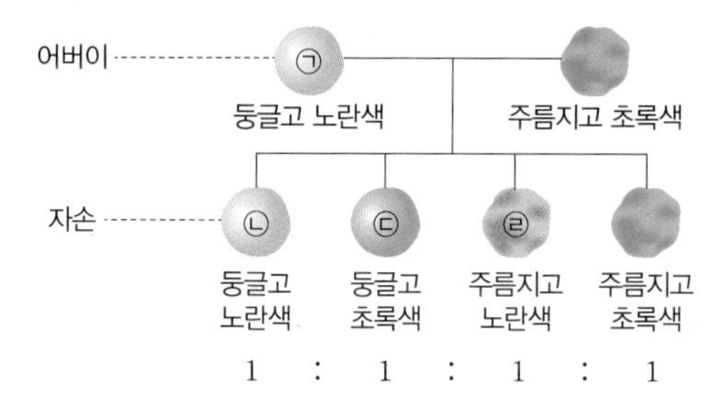

이에 대한 설명으로 옳은 것을 〈보기〉에서 모두 고른 것은? (단, 완두 씨의 모양이 둥근 유전자는 R, 주름진 유전자는 r, 완두 씨의 색깔이 노란색 유전자는 Y, 초록색 유전자는 y로 표시한다.)

보기
ㄱ. ㉠와 ㉡의 유전자형은 같다.
ㄴ. ㉡에서 유전자형이 서로 다른 4종류의 생식세포가 만들어진다.
ㄷ. ㉢의 유전자형은 RRyy이다.
ㄹ. ㉣은 r와 y를 모두 가진다.

① ㄱ, ㄴ ② ㄱ, ㄷ ③ ㄴ, ㄷ
④ ㄱ, ㄴ, ㄹ ⑤ ㄴ, ㄷ, ㄹ

자료 분석 | 정답과 해설 45쪽

서술형 문제

27 순종과 잡종의 의미를 각각 서술하시오.

28 우열의 원리에 대해 다음 단어를 모두 포함하여 서술하시오.

대립 형질, 순종, 잡종 1대

29 그림은 순종의 둥근 완두와 주름진 완두를 교배하여 얻은 잡종 1대를 주름진 완두와 교배하여 잡종 2대를 얻는 과정을 나타낸 것이다. (단, 완두 씨의 모양이 둥근 유전자는 R, 주름진 유전자는 r로 표시한다.)

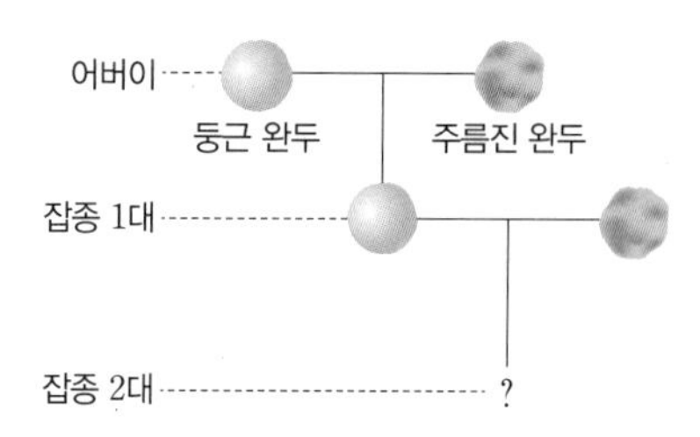

(1) 잡종 2대에서 둥근 완두와 주름진 완두의 표현형 비를 쓰시오.

(2) (1)과 같이 나오는 과정을 서술하시오.

30 유전자형이 RrYy인 둥글고 노란색인 완두에서 유전자형이 Rr, Yy인 생식세포가 만들어지지 않는 까닭을 서술하시오.

정답과 해설 46쪽

1 사람의 유전 연구가 어려운 까닭

① 한 세대가 ❶(　　), 자손의 수가 적다.

② 자유로운 교배 실험을 할 수가 없다.

③ 환경의 영향을 많이 받고, ❷(　　)이 복잡하다.

2 사람의 유전 연구 방법

연구 방법		특징
❸(　　)		특정 형질을 가지고 있는 집안에서 여러 세대에 걸쳐 이 형질이 어떻게 유전되는지를 알아보는 방법
쌍둥이 연구 (쌍둥이 조사)		쌍둥이의 성장 환경과 특정 형질의 발현이 어느 정도 일치하는지 조사하는 방법 ➡ ❹(　　)과 환경이 특정 형질에 끼치는 영향을 알아보는 데 이용된다.
	1란성 쌍둥이	유전자 구성이 서로 같으며, 이들의 형질 차이는 ❺(　　)의 영향으로 나타날 가능성이 높다.
	2란성 쌍둥이	유전자 구성이 서로 다르며, 이들의 형질 차이는 유전과 환경의 영향으로 나타난다.
❻(　　)		특정 형질이 나타난 사례를 많이 수집하여 자료를 통계적으로 분석하는 방법 ➡ 형질이 유전되는 특징과 유전자의 분포 등을 예측할 수 있다.
염색체와 유전자 분석		• 염색체 수와 모양 분석 ➡ 염색체 이상에 의한 유전병을 진단할 수 있다. • DNA 또는 유전자 분석 ➡ 특정 형질에 관여하는 유전자의 정보를 알아낼 수 있다.

3 상염색체 유전

① 유전자가 상염색체에 존재하고 한 쌍의 대립유전자에 의해 결정되는 형질은 멘델의 분리의 법칙에 따라 유전되며, 남녀에 따라 형질이 나타나는 빈도에 차이가 ❼(　　).

② 상염색체에 있는 한 쌍의 대립유전자에 의해 결정되는 유전 형질

형질	눈꺼풀	이마 모양	귓불 모양	혀 말기	엄지 모양	보조개
우성	쌍꺼풀	V자형	분리형	가능	굽음	있음
열성	외까풀	일자형	부착형	불가능	굽지 않음	없음

[혀 말기 유전 가계도의 예] 문제 공략 26쪽

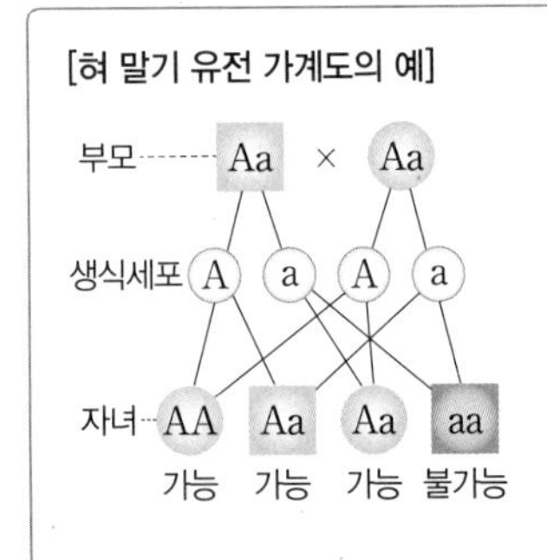

• 혀 말기가 가능한 부모 사이에서 혀 말기가 불가능한 자녀가 나왔으므로 혀 말기가 가능한 것이 ❽(　　), 혀 말기가 불가능한 것이 ❾(　　)이다.
➡ 이 경우 부모의 혀 말기 유전자형은 모두 ❿(　　)이다.

4 ABO식 혈액형 유전

① 대립유전자는 A, B, O 3가지가 있으며, A와 B는 O에 대해 각각 ⓫(　　)이고, A와 B 사이에는 우열 관계가 없다. ➡ A=B>O

② 표현형과 유전자형: 표현형은 ⓬(　　)가지, 유전자형은 ⓭(　　)가지이다.

표현형	A형	B형	AB형	O형
유전자형	AA 또는 AO	BB 또는 BO	AB	OO
상동 염색체 상의 대립 유전자 위치	A A 또는 A O	B B 또는 B O	A B	O O

[ABO식 혈액형 가계도의 예] 문제 공략 26쪽

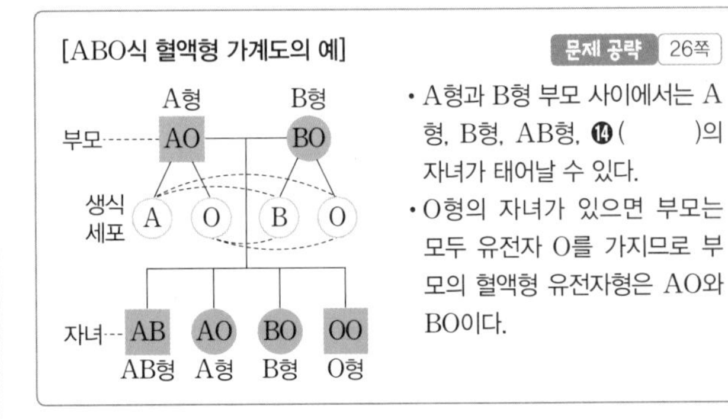

• A형과 B형 부모 사이에서는 A형, B형, AB형, ⓮(　　)의 자녀가 태어날 수 있다.
• O형의 자녀가 있으면 부모는 모두 유전자 O를 가지므로 부모의 혈액형 유전자형은 AO와 BO이다.

5 성염색체 유전

① ⓯(　　)유전: 유전자가 성염색체에 있어 유전 형질이 나타나는 빈도가 남녀에 따라 차이가 나는 유전 현상
예 적록 색맹, 혈우병

② 적록 색맹 유전

• 형질을 결정하는 유전자가 성염색체인 X 염색체에 있다.
• 적록 색맹 대립유전자(X′)는 정상 대립유전자(X)에 대해 열성이다.
• 적록 색맹은 여자보다 남자에게 더 많이 나타난다.
➡ 성염색체 구성이 XY인 남자는 적록 색맹 대립유전자가 ⓰(　　)개만 있어도 적록 색맹이 되지만, 성염색체 구성이 XX인 여자는 2개의 X 염색체에 모두 적록 색맹 대립유전자가 있어야 적록 색맹이 되기 때문이다.

[적록 색맹 가계도의 예] 문제 공략 26쪽

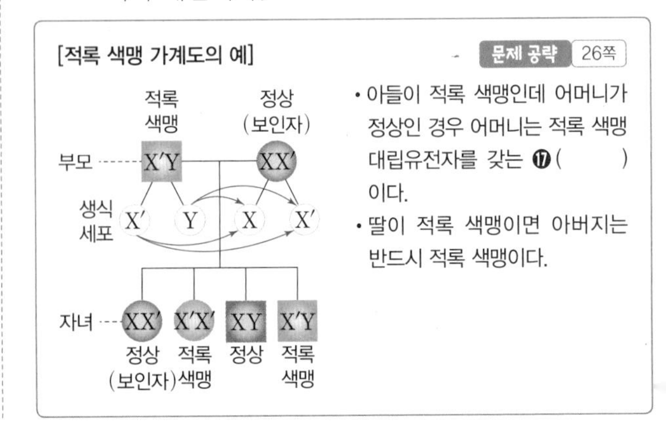

• 아들이 적록 색맹인데 어머니가 정상인 경우 어머니는 적록 색맹 대립유전자를 갖는 ⓱(　　)이다.
• 딸이 적록 색맹이면 아버지는 반드시 적록 색맹이다.

정답과 해설 46쪽

답안지

1 사람의 유전 연구가 어려운 까닭은 한 세대가 ㉠(길고 , 짧고), 자손의 수가 ㉡(많으며 , 적으며), 대립 형질이 ㉢(뚜렷하기 , 복잡하기) 때문이다.

2 사람의 유전 현상을 연구하는 방법 중 특정 형질의 우열 관계를 판단할 수 있고, 가족 구성원의 유전자형을 알 수 있는 연구 방법을 쓰시오.

3 쌍둥이 연구를 하면 유전과 ( )이/가 특정 형질에 미치는 영향을 알 수 있다.

4 혀 말기 유전 형질은 유전자가 ㉠(상염색체 , 성염색체)에 있어서 남녀에 따라 형질이 나타나는 빈도에 차이가 ㉡(있다 , 없다).

5 부모에 없는 형질이 자손에게 나타났다면 자손에 나타난 형질이 ㉠(우성 , 열성), 부모의 형질이 ㉡(우성 , 열성)이다.

6 ABO식 혈액형을 결정하는 대립유전자는 ㉠(3 , 4)가지이지만, 형질은 ㉡(1 , 2)쌍의 대립유전자에 의해 결정된다.

7 A형과 B형의 유전자형은 각각 (㉠)가지이고, AB형과 O형의 유전자형은 각각 (㉡)가지이다.

8 부모의 ABO식 혈액형이 AB형과 O형일 때 자녀에게서 나올 수 있는 ABO식 혈액형을 모두 쓰시오.

9 적록 색맹 유전 형질은 유전자가 ㉠(상염색체 , 성염색체)에 있어서 남녀에 따라 형질이 나타나는 빈도에 차이가 ㉡(있다 , 없다).

10 어머니가 적록 색맹이면 ㉠(딸 , 아들)은 반드시 적록 색맹이고, ㉡(딸 , 아들)이 적록 색맹이면 아버지는 반드시 적록 색맹이다.

11 성염색체 구성이 ㉠(XX , XY)인 남자는 적록 색맹 대립유전자가 ㉡(1 , 2)개만 있어도 적록 색맹이 되지만, 성염색체 구성이 ㉢(XX , XY)인 여자는 적록 색맹 대립유전자가 ㉣(1 , 2)개가 있어야 적록 색맹이 된다.

1 ______
2 ______
3 ______
4 ______
5 ______
6 ______
7 ______
8 ______
9 ______
10 ______
11 ______

계산 문제 공략 가계도 분석하기

정답과 해설 46쪽

〈혀 말기 유전〉

- 부모 모두 혀 말기가 가능한데 자녀 중 혀 말기가 불가능한 자녀가 있다면 혀 말기가 가능한 형질이 우성, 혀 말기가 불가능한 형질이 열성이다.
- 부모는 모두 열성 대립유전자를 가진다.
- 혀 말기 가능 대립유전자를 A, 혀 말기 불가능 대립유전자를 a라고 표시하면, 부모의 유전자형은 모두 Aa이다.

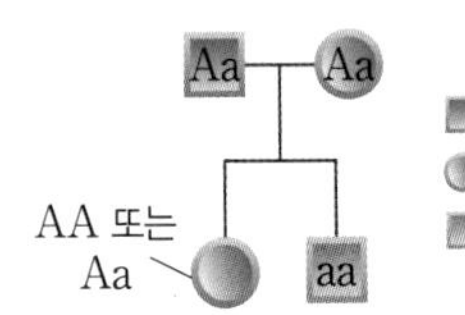

■ 혀 말기 가능 남자 ● 혀 말기 가능 여자 ■ 혀 말기 불가능 남자

〈ABO식 혈액형 유전〉

- O형과 AB형인 부모 사이에서는 부모와 같은 혈액형인 자녀가 태어날 수 없다.
- B형과 A형인 부모 사이에서는 A형, B형, AB형, O형의 자녀가 태어날 수 있다.

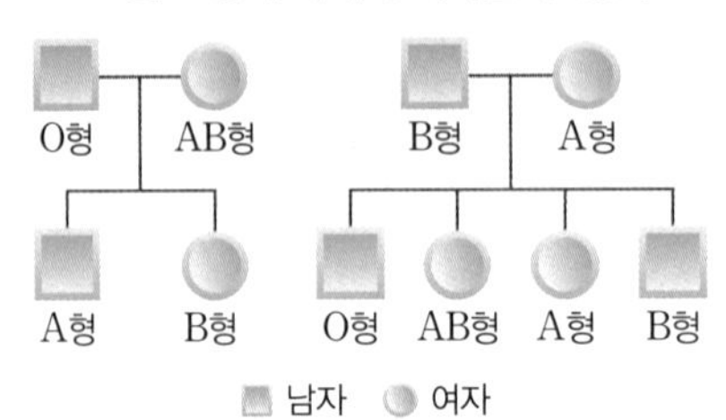

〈적록 색맹 유전〉

- 남자는 표현형이 유전자형이다. ➡ 남자가 적록 색맹이면 유전자형이 X′Y이다.
- 아들의 표현형을 보면 어머니의 유전자형을 알 수 있다. ➡ 아들 중 한 명이 적록 색맹이고, 다른 한 명이 정상이면 정상인 어머니의 유전자형은 XX′이다.

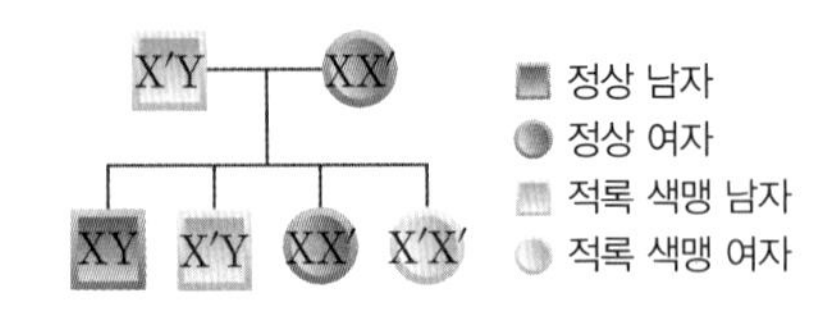

혀 말기 유전

1 표는 민수네 가족의 혀 말기 여부를 나타낸 것이다. (단, 우성 대립유전자는 A, 열성 대립유전자는 a로 표시한다.)

구분	혀 말기
아버지	가능
어머니	가능
누나	불가능
민수	가능

(1) 아버지와 누나의 혀 말기 유전자형을 각각 쓰시오.

(2) 혀 말기 유전자형을 확실히 알 수 <u>없는</u> 사람을 쓰시오.

ABO식 혈액형 유전

2 표는 민수네 가족의 ABO식 혈액형을 나타낸 것이다.

구분	ABO식 혈액형
아버지	B형
어머니	A형
누나	A형
민수	O형

(1) 어머니와 누나의 ABO식 혈액형 유전자형을 각각 쓰시오.

(2) 민수의 동생이 태어날 때, 이 아이의 ABO식 혈액형이 아버지와 같을 확률은 몇 %인지 쓰시오.

적록 색맹 유전

3 다음은 민수네 집안의 적록 색맹 유전에 대한 설명이다. (단, 정상 대립유전자는 X, 적록 색맹 대립유전자는 X′으로 표시한다.)

- 민수는 적록 색맹이다.
- 민수의 누나는 정상이다.
- 민수의 아버지는 적록 색맹이다.

(1) 민수 어머니의 적록 색맹에 대한 표현형을 쓰시오.

(2) 누나의 적록 색맹 유전자형을 쓰시오.

정답과 해설 46쪽

출제율 99%

01 사람의 유전 연구가 어려운 까닭으로 옳지 않은 것은?

① 자손의 수가 적다.
② 한 세대가 너무 길다.
③ 대립 형질이 뚜렷하다.
④ 환경의 영향을 많이 받는다.
⑤ 자유로운 교배 실험이 불가능하다.

02 특정 형질에 대해 유전과 환경이 미치는 영향을 알아보기 위한 사람의 유전 연구 방법으로 옳은 것은?

① 통계 조사
② 유전자 분석
③ 쌍둥이 연구
④ 가계도 조사
⑤ 염색체 분석

03 다음은 사람의 유전 연구 방법에 대한 설명이다.

(가) 한 집안에서 특정 형질의 유전자가 어떤 경로로 유전되는지 연구한다.
(나) 어느 집단의 유전병 발생 빈도가 지역과 시간에 따라 어떻게 변하는지 연구한다.
(다) 염색체 이상에 따른 유전병 여부를 연구한다.

(가)~(다)의 연구 방법을 옳게 짝 지은 것은?

	(가)	(나)	(다)
①	통계 조사	가계도 조사	염색체 분석
②	통계 조사	쌍둥이 연구	가계도 조사
③	쌍둥이 연구	통계 조사	가계도 조사
④	가계도 조사	통계 조사	염색체 분석
⑤	가계도 조사	염색체 분석	통계 조사

[주관식]

04 다음은 쌍둥이에 대한 설명이다.

(㉠) 쌍둥이는 하나의 수정란이 발생 초기에 둘로 나누어져 각각 다른 개체로 발생한 것으로, 유전자 구성이 서로 같다. 따라서 (㉠) 쌍둥이가 서로 다른 환경에서 자랐을 때 형질 차이를 보이면 이것은 (㉡)에 의한 영향이라고 할 수 있다.

㉠과 ㉡에 알맞은 말을 쓰시오.

출제율 99%

05 사람의 형질 중 혀 말기와 귓불 모양에 대한 설명으로 옳은 것을 〈보기〉에서 모두 고른 것은?

보기
ㄱ. 멘델의 유전 원리에 따라 유전된다.
ㄴ. 우성과 열성이 뚜렷하게 구분된다.
ㄷ. 남녀에 따라 형질이 나타나는 빈도에 차이가 있다.
ㄹ. 상염색체에 있는 한 쌍의 대립유전자에 의해 형질이 결정된다.

① ㄱ, ㄷ ② ㄴ, ㄷ ③ ㄱ, ㄴ, ㄹ
④ ㄱ, ㄷ, ㄹ ⑤ ㄴ, ㄷ, ㄹ

06 표는 진희네 가족의 귓불 모양을 나타낸 것이다.

구분	아버지	어머니	진희	남동생
귓불 모양	분리형	분리형	부착형	분리형

이에 대한 설명으로 옳은 것을 〈보기〉에서 모두 고른 것은?

보기
ㄱ. 분리형이 우성이다.
ㄴ. 아버지와 어머니의 귓불 모양 유전자형은 같다.
ㄷ. 진희는 아버지와 어머니로부터 부착형 대립유전자를 물려받았다.

① ㄱ ② ㄷ ③ ㄱ, ㄴ
④ ㄴ, ㄷ ⑤ ㄱ, ㄴ, ㄷ

[07~08] 그림은 어떤 집안의 혀 말기 가계도를 나타낸 것이다.

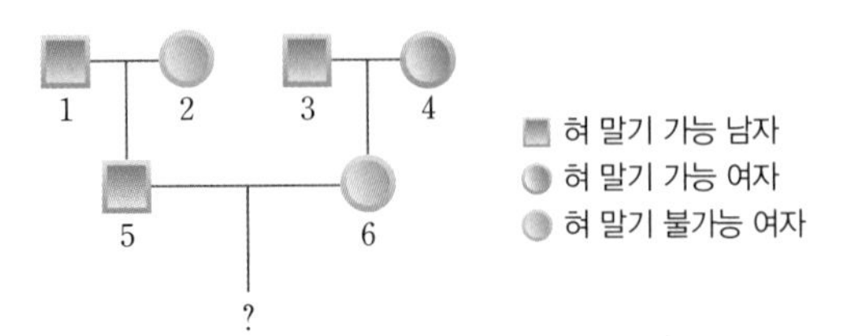

[주관식]

07 3과 4의 혀 말기 유전자형을 각각 쓰시오. (단, 우성 대립유전자는 A, 열성 대립유전자는 a로 표시한다.)

08 5와 6 사이에서 아이가 태어날 때, 이 아이가 혀 말기가 불가능할 확률로 옳은 것은?

① 0 %　② 25 %　③ 50 %
④ 75 %　⑤ 100 %

09 그림은 어떤 집안의 미맹 가계도를 나타낸 것이다.

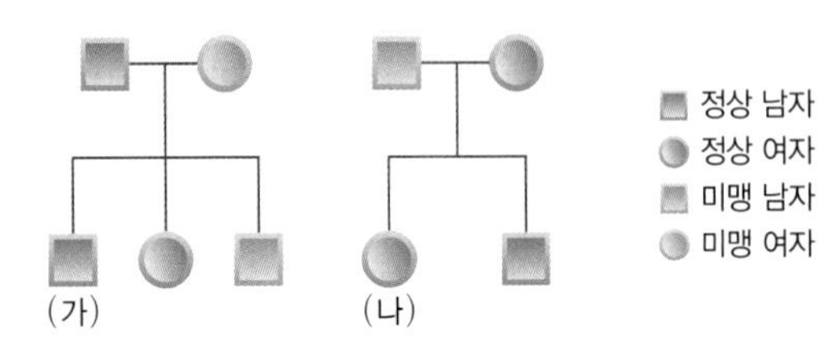

(가)와 (나)가 결혼하여 아이가 태어났을 때, 이 아이가 미맹일 확률로 옳은 것은?

① 0 %　② 25 %　③ 50 %
④ 75 %　⑤ 100 %

[10~11] 그림은 어떤 집안의 유전병 가계도를 나타낸 것이다.

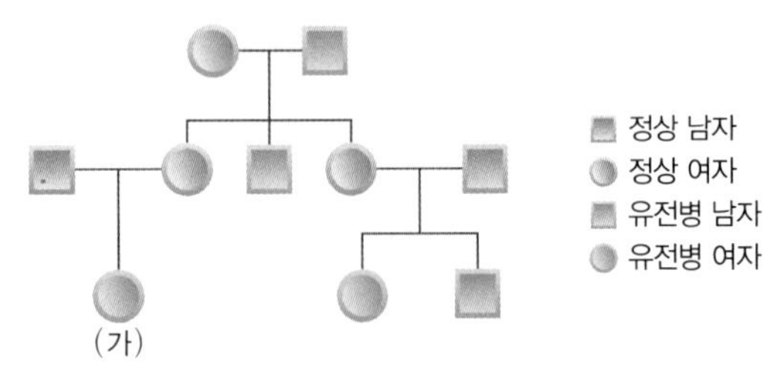

출제율 99%

10 이에 대한 설명으로 옳은 것을 <보기>에서 모두 고른 것은?

보기

ㄱ. 유전병은 정상에 대해 열성이다.
ㄴ. 유전병을 결정하는 유전자는 상염색체에 있다.
ㄷ. (가)는 부모에게서 유전병 대립유전자를 각각 하나씩 물려받았다.
ㄹ. (가)의 동생이 태어날 때, 이 아이가 유전병일 확률은 50 %이다.

① ㄱ, ㄷ　② ㄴ, ㄹ　③ ㄱ, ㄴ, ㄷ
④ ㄱ, ㄷ, ㄹ　⑤ ㄴ, ㄷ, ㄹ

[주관식]

11 이 가계도에서 유전병 대립유전자를 확실히 가지고 있는 구성원은 모두 몇 명인지 쓰시오.

12 ABO식 혈액형 유전에 대한 설명으로 옳지 않은 것은?

① 표현형의 종류는 4가지이다.
② 유전자 A는 유전자 O에 대해 우성이다.
③ 혈액형을 결정하는 대립유전자의 종류는 3가지이다.
④ 부모가 모두 B형일 때 O형의 자녀가 태어날 수 있다.
⑤ AB형의 유전자형 종류는 2가지, B형의 유전자형 종류는 1가지이다.

13 다음은 어떤 유전 형질의 특징을 나타낸 것이다.

- 한 쌍의 대립유전자에 의해 결정된다.
- 대립유전자는 X, Y, Z이며, 우열 관계는 X=Y>Z이다.

이 유전 형질의 유전자형의 종류는 몇 가지인가?

① 3 ② 4 ③ 5 ④ 6 ⑤ 7

출제율 99%

14 부모의 ABO식 혈액형이 A형과 B형일 때 자녀에게서 나올 수 있는 혈액형을 모두 나타낸 것은?

① AB형 ② A형, B형
③ AB형, O형 ④ A형, B형, AB형
⑤ A형, B형, AB형, O형

[주관식]

15 그림은 어떤 집안의 ABO식 혈액형 가계도를 나타낸 것이다.

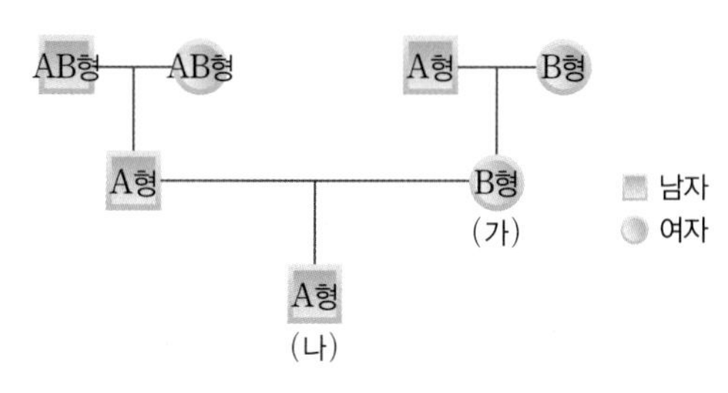

(가)와 (나)의 ABO식 혈액형 유전자형을 쓰시오.

16 그림은 어떤 집안의 미맹과 ABO식 혈액형 가계도를 나타낸 것이다.

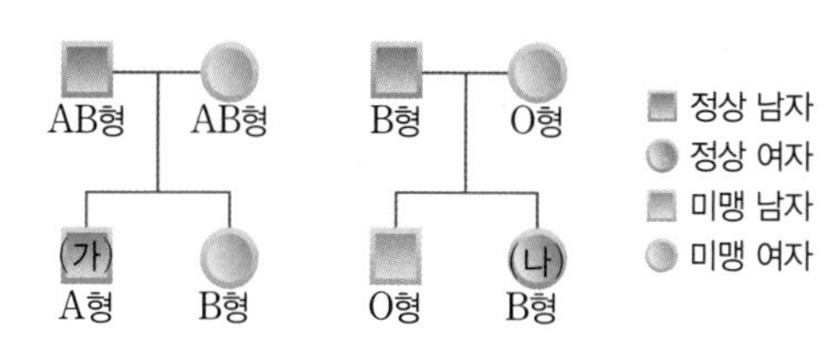

(가)와 (나)가 결혼하여 아이가 태어났을 때, 이 아이가 A형이면서 미맹일 확률로 옳은 것은?

① 75 % ② 50 % ③ 25 %
④ 12.5 % ⑤ 6.25 %

17 적록 색맹 유전에 대한 설명으로 옳은 것을 〈보기〉에서 모두 고른 것은?

보기
ㄱ. 반성유전에 해당한다.
ㄴ. 적록 색맹은 남자보다 여자에게 많이 나타난다.
ㄷ. 적록 색맹을 결정하는 유전자는 X 염색체에 있다.
ㄹ. 남자는 적록 색맹 대립유전자를 아버지로부터 물려받는다.

① ㄱ, ㄷ ② ㄴ, ㄷ ③ ㄴ, ㄹ
④ ㄱ, ㄴ, ㄷ ⑤ ㄴ, ㄷ, ㄹ

[주관식]

18 부모가 모두 정상인데 적록 색맹인 아들이 태어났다. 부모의 적록 색맹 유전자형을 쓰시오. (단, 정상 대립유전자는 X, 적록 색맹 대립유전자는 X′으로 표시한다.)

[19~20] 그림은 어떤 집안의 적록 색맹 가계도를 나타낸 것이다.

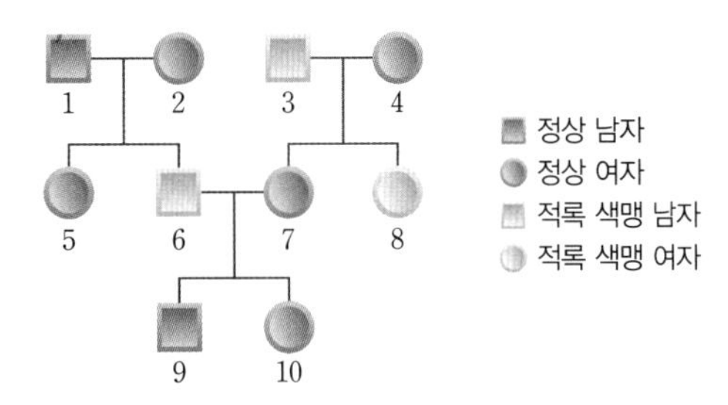

출제율 99%

19 이에 대한 설명으로 옳은 것을 〈보기〉에서 모두 고른 것은?

보기
ㄱ. 2와 4의 적록 색맹 유전자형은 같다.
ㄴ. 5는 정상 대립유전자만을 갖는다.
ㄷ. 7은 보인자이다.
ㄹ. 8은 3으로부터만 적록 색맹 대립유전자를 물려받았다.

① ㄱ, ㄷ ② ㄴ, ㄷ ③ ㄴ, ㄹ
④ ㄱ, ㄴ, ㄷ ⑤ ㄴ, ㄷ, ㄹ

20 10의 동생이 태어났을 때, 이 아이가 적록 색맹일 확률로 옳은 것은?

① 100 % ② 75 % ③ 50 %
④ 25 % ⑤ 0 %

21 그림은 어떤 두 집안의 적록 색맹과 ABO식 혈액형 가계도를 나타낸 것이다.

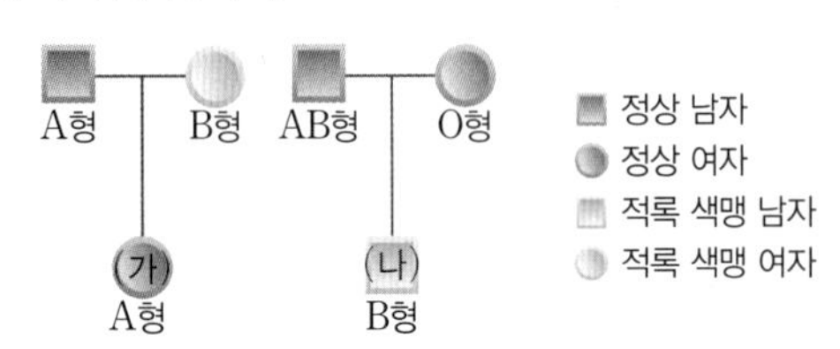

(가)와 (나)가 결혼하여 아이가 태어났을 때, 이 아이가 AB형이면서 적록 색맹일 확률로 옳은 것은?

① 75 % ② 50 % ③ 25 %
④ 12.5 % ⑤ 6.25 %

22 다음은 현서네 집안의 적록 색맹 유전에 대한 설명이다.

- 현서는 적록 색맹이다.
- 현서의 누나는 정상이다.
- 현서의 아버지는 적록 색맹 대립유전자를 가지고 있다.

이에 대한 설명으로 옳은 것을 〈보기〉에서 모두 고른 것은?

보기
ㄱ. 현서의 아버지는 적록 색맹이다.
ㄴ. 현서의 적록 색맹 대립유전자는 아버지로부터 물려받은 것이다.
ㄷ. 현서의 동생이 태어날 때, 이 아이가 적록 색맹일 확률은 50 %이다.

① ㄱ ② ㄴ ③ ㄱ, ㄴ
④ ㄱ, ㄷ ⑤ ㄱ, ㄴ, ㄷ

[23~24] 그림은 어떤 집안의 유전병 가계도를 나타낸 것이다. (단, 유전병에 대한 대립유전자는 X 염색체에 있으며, 정상 대립유전자는 X, 유전병 대립유전자는 X′으로 표시한다.)

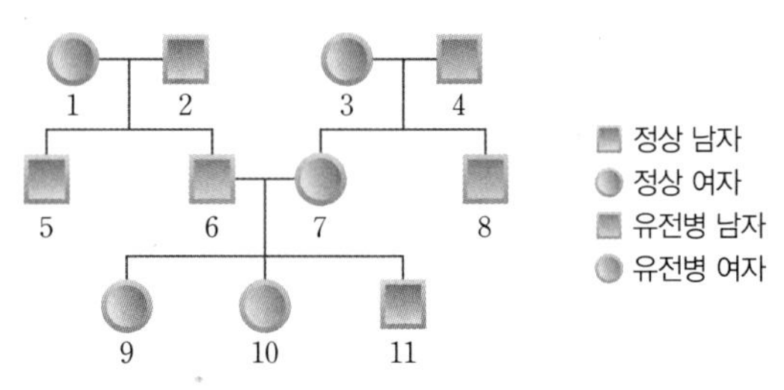

23 이에 대한 설명으로 옳은 것을 〈보기〉에서 모두 고른 것은?

보기
ㄱ. 유전병은 열성이다.
ㄴ. 1과 3의 유전병 유전자형은 서로 다르다.
ㄷ. 8은 4로부터 유전병 대립유전자를 물려받았다.
ㄹ. 10의 유전병 대립유전자는 1과 4로부터 물려받은 것이다.

① ㄱ, ㄴ ② ㄱ, ㄹ ③ ㄴ, ㄷ
④ ㄱ, ㄴ, ㄷ ⑤ ㄴ, ㄷ, ㄹ

[주관식]

24 이 가계도에서 유전병 대립유전자 X′을 가지고 있는 구성원은 모두 몇 명인지 쓰시오.

고난도 문제

25 표는 여러 부모 사이에서 태어난 자녀들의 눈꺼풀을 조사하여 기록한 것이다.

조사군	부모		자녀	
	부	모	외꺼풀	쌍꺼풀
1	㉠ 쌍꺼풀	외꺼풀	0	57
2	외꺼풀	㉡ 쌍꺼풀	47	51
3	㉢ 외꺼풀	㉣ 외꺼풀	47	0
4	㉤ 쌍꺼풀	쌍꺼풀	37	118

이에 대한 설명으로 옳은 것을 〈보기〉에서 모두 고른 것은?

보기
ㄱ. 쌍꺼풀이 외꺼풀에 대해 우성이다.
ㄴ. ㉠과 ㉡의 유전자형은 같다.
ㄷ. ㉢과 ㉣은 모두 열성 순종이다.
ㄹ. ㉤은 우성 순종이다.

① ㄱ, ㄷ ② ㄴ, ㄷ ③ ㄴ, ㄹ
④ ㄱ, ㄴ, ㄹ ⑤ ㄴ, ㄷ, ㄹ

자료 분석 | 정답과 해설 48쪽

26 그림은 어떤 집안의 ABO식 혈액형과 적록 색맹 유전에 대한 가계도를 나타낸 것이다.

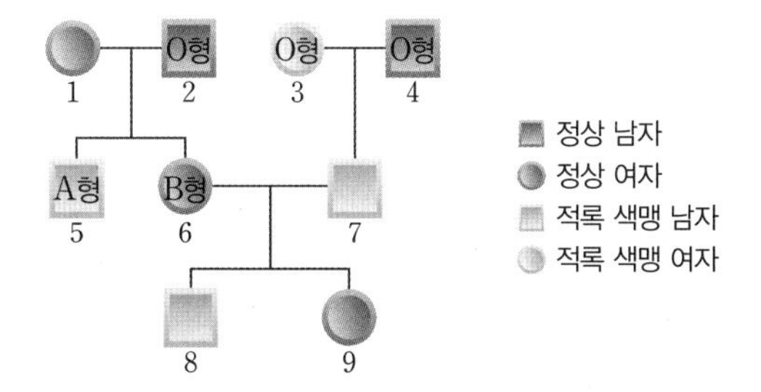

이에 대한 설명으로 옳은 것을 모두 고르면? (2개)

① 1의 ABO식 혈액형은 AB형이다.
② 4는 적록 색맹 대립유전자를 갖는다.
③ 6의 ABO식 혈액형 유전자형은 BB이다.
④ 8의 적록 색맹 대립유전자는 3으로부터 물려받은 것이다.
⑤ 9의 동생이 태어날 때, 이 아이가 O형이면서 적록 색맹일 확률은 25 %이다.

자료 분석 | 정답과 해설 48쪽

서술형 문제

27 다음은 어떤 유전병의 특징을 나타낸 것이다.

- 멘델의 분리의 법칙에 따라 유전된다.
- 남녀에 따라 형질이 나타나는 빈도에 차이가 없다.
- 자녀는 유전병을 나타내지만 부모 모두 정상 형질이다.

정상 형질에 대한 유전병의 우열 관계와 유전병 대립유전자가 위치하는 염색체에 대해 서술하시오.

28 적록 색맹이 여자보다 남자에게 더 많이 나타나는 까닭을 서술하시오.

29 그림은 어떤 가족의 적록 색맹 가계도를 나타낸 것이다. (단, 정상 대립유전자는 X로, 적록 색맹 대립유전자는 X′으로 표시한다.)

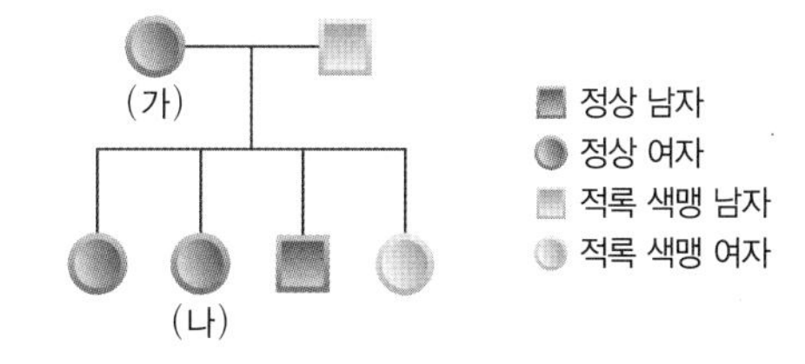

(1) (가)와 (나)의 적록 색맹 유전자형을 각각 쓰시오.

(2) (1)과 같은 결과가 나온 까닭을 유전자 전달 과정을 포함하여 서술하시오.

정답과 해설 49쪽

1 역학적 에너지 전환

① 역학적 에너지: 물체의 위치 에너지와 ❶(　　) 에너지를 합한 것

> 역학적 에너지=위치 에너지+운동 에너지

② 역학적 에너지 전환: 중력을 받아 운동하는 물체는 역학적 에너지 전환이 일어난다. ➡ 운동하는 물체의 ❷(　　)가 변할 때 위치 에너지와 운동 에너지가 서로 전환되어 그 크기가 달라진다.

구분	역학적 에너지 전환
자유 낙하 하는 물체	• 물체의 높이가 낮아진다. ➡ 위치 에너지가 ❸(　　)한다. • 물체의 속력이 빨라진다. ➡ 운동 에너지가 ❹(　　)한다. • 에너지 전환: 위치 에너지 → 운동 에너지
위로 던져 올린 물체	• 물체의 높이가 높아진다. ➡ 위치 에너지가 ❺(　　)한다. • 물체의 속력이 느려진다. ➡ 운동 에너지가 ❻(　　)한다. • 에너지 전환: 운동 에너지 → 위치 에너지

③ 롤러코스터의 운동에서 역학적 에너지 전환

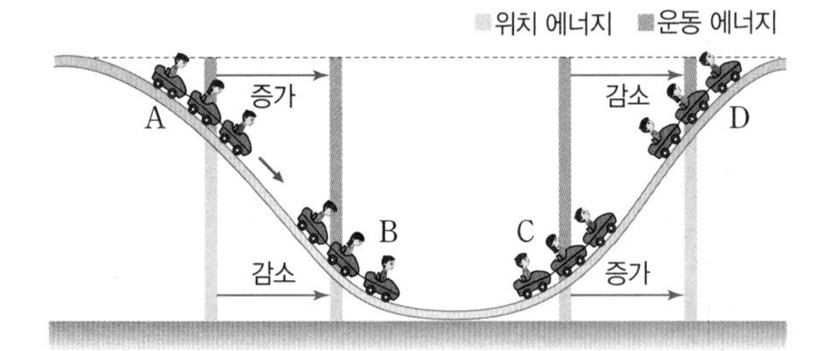

구간	A → B	C → D
위치 에너지	❼(　　)	증가
운동 에너지	❽(　　)	감소
역학적 에너지 전환	위치 에너지 → 운동 에너지	운동 에너지 → 위치 에너지

2 역학적 에너지 보존

문제 공략 34쪽

① 역학적 에너지 보존 법칙: 공기 저항이나 마찰이 없을 때 운동하는 물체의 역학적 에너지는 물체의 높이에 관계없이 항상 일정하게 보존된다.

> 역학적 에너지=위치 에너지+운동 에너지=일정

② 자유 낙하 하는 물체의 역학적 에너지 보존: 역학적 에너지는 항상 일정하므로 물체가 자유 낙하 하는 동안 감소한 ❾(　　) 에너지는 증가한 ❿(　　) 에너지와 같다.

[자유 낙하 하는 물체의 역학적 에너지 보존]

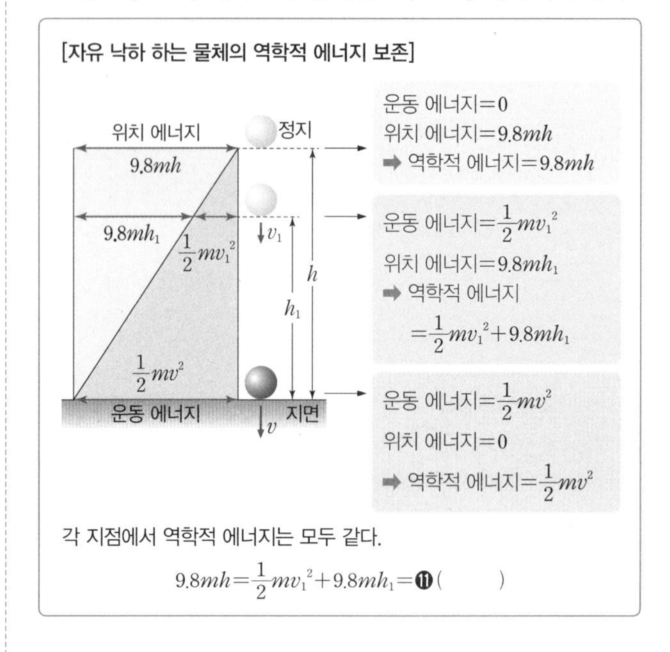

각 지점에서 역학적 에너지는 모두 같다.

$9.8mh=\frac{1}{2}mv_1^2+9.8mh_1=$ ⓫(　　)

③ 롤러코스터의 운동에서 역학적 에너지 보존: 롤러코스터가 운동할 때에도 에너지 전환이 일어나며, 공기 저항과 모든 마찰을 무시할 때 역학적 에너지는 일정하게 보존된다.

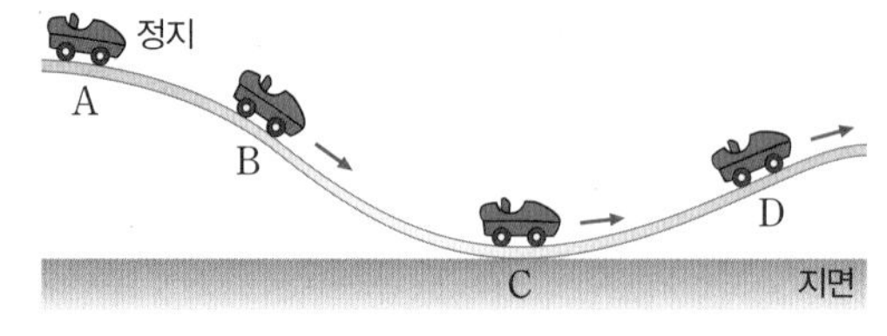

위치	A	B	C	D
운동 에너지	⓬(　　)	증가	최대	감소
위치 에너지	최대	감소	0	증가
역학적 에너지	모든 지점에서 같다.			

④ 왕복 운동(진자 운동) 하는 물체와 반원형 그릇 속에서 운동하는 물체의 역학적 에너지 보존: 공기 저항과 마찰을 무시할 때 역학적 에너지는 일정하게 보존된다.

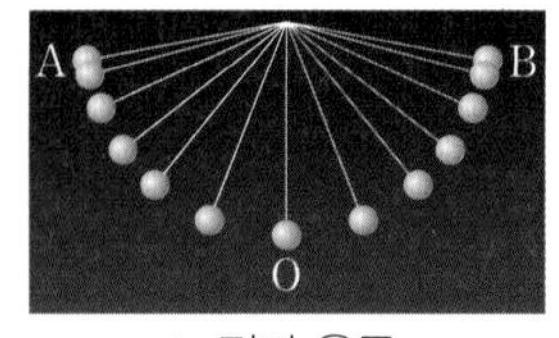

▲ 진자 운동

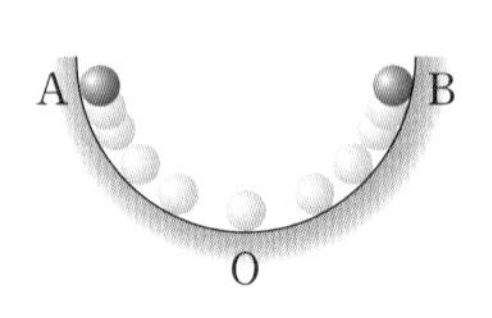

▲ 반원형 그릇 속 물체의 운동

위치	A	→	O	→	B
운동 에너지	0	증가	최대	감소	0
위치 에너지	최대	감소	0(최소)	증가	최대
역학적 에너지	모든 지점에서 ⓭(　　).				

정답과 해설 49쪽

답안지

1 물체의 역학적 에너지는 (　　　　) 에너지와 운동 에너지의 합이다.

2 다음은 뛰어 오던 장대높이뛰기 선수가 장대를 이용하여 높은 바를 넘을 때까지의 운동에서 역학적 에너지 전환을 나타낸 것이다. ㉠, ㉡에 알맞은 말을 쓰시오.

> (㉠　　　　) 에너지 → (㉡　　　　) 에너지

3 위치 에너지가 운동 에너지로 전환되는 경우를 〈보기〉에서 모두 고르시오.

> 보기
> ㄱ. 스키를 타고 경사면을 내려온다.
> ㄴ. 롤러코스터가 레일을 따라 올라간다.
> ㄷ. 스케이트 보드를 탄 선수가 빗면을 내려온다.

4 다음 물음에 해당하는 에너지 전환 구간을 〈보기〉에서 모두 골라 쓰시오.

> 보기
> ㄱ. A점에서 O점으로 운동할 때　　ㄴ. O점에서 A점으로 운동할 때
> ㄷ. B점에서 O점으로 운동할 때　　ㄹ. O점에서 B점으로 운동할 때

(1) 그림과 같은 진자 운동에서 운동 에너지가 위치 에너지로 전환되는 구간을 모두 고르시오.

(2) 그림과 같은 반원형 그릇 속에서 운동할 때 위치 에너지가 운동 에너지로 전환되는 구간을 모두 고르시오.

5 다음은 위로 던져 올린 물체의 역학적 에너지의 보존을 설명한 것이다. ㉠~㉣에 알맞은 말을 쓰시오.

> • 올라갈 때: 감소한 (㉠　　　　) 에너지=증가한 (㉡　　　　) 에너지
> • 내려갈 때: 감소한 (㉢　　　　) 에너지=증가한 (㉣　　　　) 에너지

6~7 그림은 레일 위에서 운동하는 롤러코스터를 나타낸 것이다. (단, 공기 저항과 모든 마찰은 무시하고, 기준면은 C점이다.)

6 위치 에너지가 최대인 점은 (㉠　　　　)이고, 운동 에너지가 최대인 점은 (㉡　　　　)이다.

7 A점에서 위치 에너지는 (　　　　)점에서의 운동 에너지와 같다.

계산 문제 공략 역학적 에너지 보존 법칙 적용하기

정답과 해설 49쪽

• 위로 던져 올린 물체의 역학적 에너지 보존

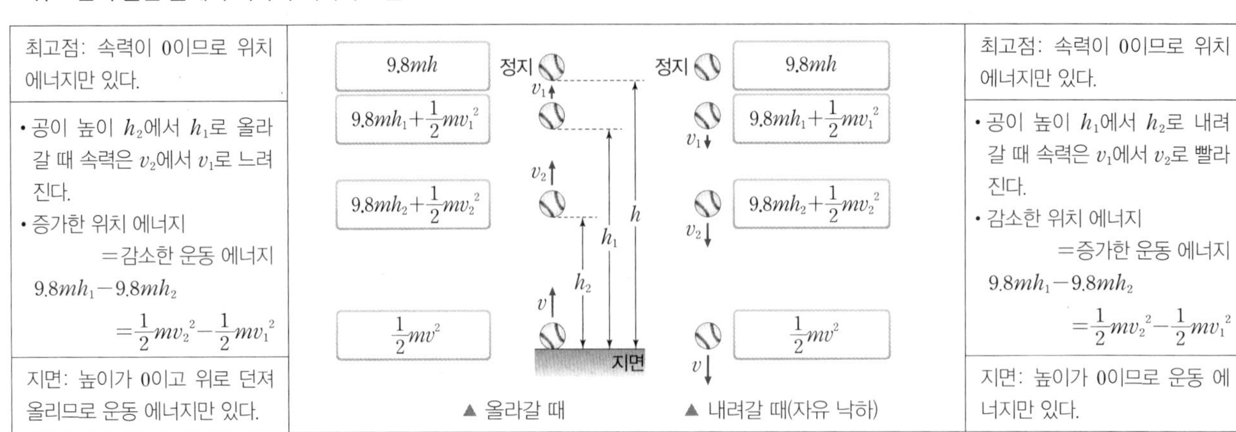

물체를 위로 던져 올린 경우

1 질량이 1 kg인 물체를 지면에서 위로 19.6 m/s의 속력으로 던져 올렸을 때, 이 물체가 올라갈 수 있는 최고 높이는 몇 m인지 구하시오. (단, 공기 저항은 무시한다.)

2 질량이 2 kg인 공을 지면에서 위로 던져 올렸더니 공이 올라간 최고 높이가 2.5 m였다. 이때 던져 올린 공의 속력은 몇 m/s인지 구하시오. (단, 공기 저항은 무시한다.)

3 투수가 야구공 A를 3 m/s의 속력으로 위로 던져 올렸고, 야구공 B를 9 m/s의 속력으로 위로 던져 올렸다. 이때 두 야구공이 올라가는 최고 높이의 비(A : B)를 구하시오. (단, 공기 저항은 무시한다.)

4 질량이 5 kg인 물체를 지면으로부터 높이가 4 m인 곳에서 4 m/s의 속력으로 위로 던져 올렸다. 지면에 도달할 때 이 물체의 역학적 에너지는 몇 J인지 구하시오. (단, 공기 저항은 무시한다.)

물체가 낙하하는 경우

5 지면으로부터 10 m 높이에서 질량이 3 kg인 물체를 가만히 놓아 떨어뜨렸을 때, 지면에 닿는 순간 물체의 속력은 몇 m/s인지 구하시오. (단, 공기 저항은 무시한다.)

6 지면으로부터 20 m 높이에서 정지해 있던 질량이 1 kg인 공을 가만히 놓아 낙하시켰다. 지면으로부터 5 m 높이인 곳을 지나는 순간 공의 운동 에너지는 몇 J인지 구하시오. (단, 공기 저항은 무시한다.)

7 질량이 10 kg인 물체를 지면으로부터 15 m 높이에서 자유 낙하 운동을 하게 하였다. 이 물체의 속력이 14 m/s가 되는 지점의 높이는 지면으로부터 몇 m인지 구하시오.

8 지면으로부터 5 m 높이에서 질량이 2 kg인 물체를 아래를 향해 2 m/s의 속력으로 던졌다. 이 물체가 지면에 도달했을 때의 운동 에너지는 몇 J인지 쓰시오. (단, 공기 저항은 무시한다.)

정답과 해설 49쪽

01 지면으로부터 20 m 높이에서 질량이 1 kg인 드론이 2 m/s의 속력으로 날고 있을 때, 드론의 역학적 에너지는?

① 9.8 J ② 151 J ③ 198 J
④ 200 J ⑤ 580 J

02 역학적 에너지 전환이 일어나지 않는 경우는?

① 야구공을 위로 던져 올린다.
② 옥상에서 고무공이 떨어진다.
③ 빗면을 따라 수레가 내려간다.
④ 다이빙 선수가 다이빙을 한다.
⑤ 장난감 자동차가 수평면 위에서 일정한 속력으로 운동한다.

[03~04] 그림은 위로 던져 올린 공의 운동을 나타낸 것이다. (단, 공기 저항은 무시한다.)

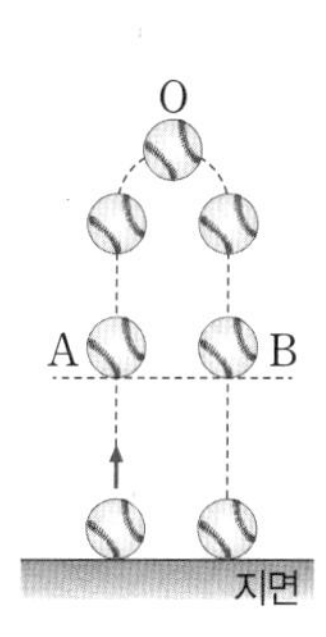

[주관식]

03 다음은 공이 지면에서 위로 올라가다가 최고점을 지난 후 다시 지면으로 떨어질 때까지 일어나는 역학적 에너지 전환을 나타낸 것이다. ( ) 안에 공통으로 들어가는 에너지를 쓰시오.

( ) → 위치 에너지 → ( )

출제율 99% **[주관식]**

04 지면으로부터 높이가 같은 A와 B 지점에서 같은 값을 갖는 것만을 〈보기〉에서 모두 고르시오.

보기
ㄱ. 공의 운동 에너지
ㄴ. 공의 위치 에너지
ㄷ. 공의 역학적 에너지

05 그림은 높이가 h인 곳에서 낙하하는 공의 위치 에너지와 운동 에너지를 상대적으로 나타낸 것이다.

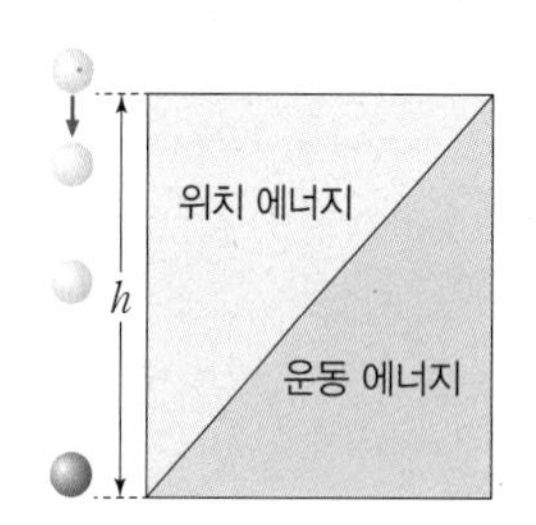

이 공의 높이에 따른 역학적 에너지를 나타낸 그래프로 가장 적절한 것은? (단, 공기 저항은 무시한다.)

① (역학적 에너지 - 높이 그래프: 0에서 시작하여 비례 증가하는 직선)
② (역학적 에너지 - 높이 그래프: 일정한 수평선)
③ (역학적 에너지 - 높이 그래프: 감소하는 직선)
④ (역학적 에너지 - 높이 그래프: 감소하는 곡선)
⑤ (역학적 에너지 - 높이 그래프: 증가하는 곡선)

06 그림은 지면으로부터 높이 h인 곳에서 가만히 놓은 질량이 m인 공이 자유 낙하 하는 모습을 나타낸 것이다. 공이 높이 h_1인 곳을 지날 때 속력은 v_1이고, 지면에 도달했을 때 속력은 v이다. 공이 낙하하는 동안 같은 값을 갖는 것을 〈보기〉에서 모두 고른 것은? (단, 공기 저항은 무시한다.)

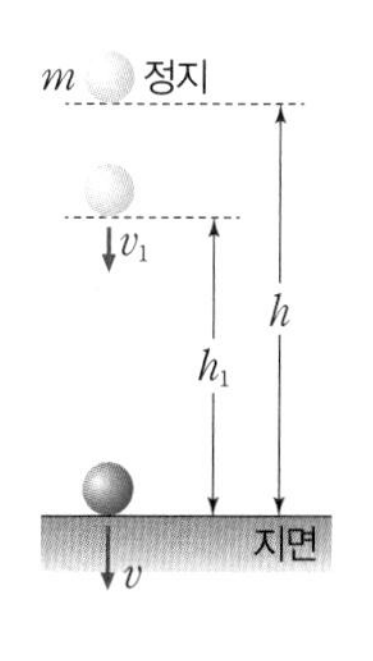

보기
ㄱ. $9.8mh$
ㄴ. $9.8mh_1$
ㄷ. $\frac{1}{2}mv^2$
ㄹ. $\frac{1}{2}mv_1^2$
ㅁ. $9.8mh_1+\frac{1}{2}mv_1^2$

① ㄱ, ㄷ ② ㄱ, ㅁ ③ ㄴ, ㄹ
④ ㄱ, ㄷ, ㅁ ⑤ ㄴ, ㄹ, ㅁ

출제율 99%

07 그림과 같이 물체가 A 지점에서 자유 낙하하였다. 이 물체의 역학적 에너지가 가장 큰 곳은?

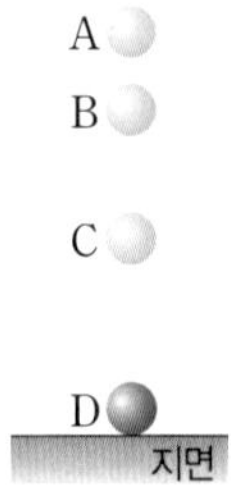

A
B
C
D
지면

① A ② B
③ C ④ D
⑤ 모두 같다.

08 그림은 진자 운동을 나타낸 것으로, A, B는 양 끝점이고 O는 가장 낮은 지점이다. 이에 대한 설명으로 옳은 것은? (단, 공기 저항과 모든 마찰은 무시하며, 위치 에너지는 O점을 기준면으로 한다.)

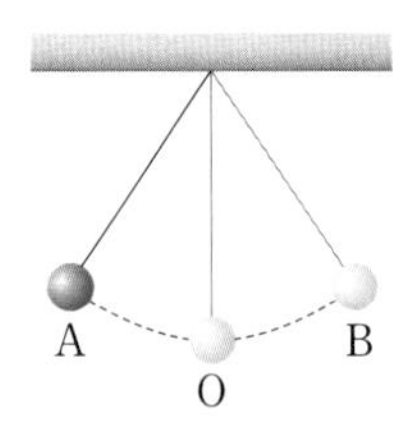

① A점에서 진자의 운동 에너지는 최대이다.
② B점에서 진자의 위치 에너지는 0이다.
③ O점에서 진자의 속력이 가장 느리다.
④ A점과 B점에서 역학적 에너지는 O점에서 역학적 에너지보다 크다.
⑤ A점에서 O점으로 가는 동안 위치 에너지가 운동 에너지로 전환된다.

출제율 99%

09 그림은 A점에서 출발한 어떤 스키 선수의 이동 경로를 나타낸 것이다.

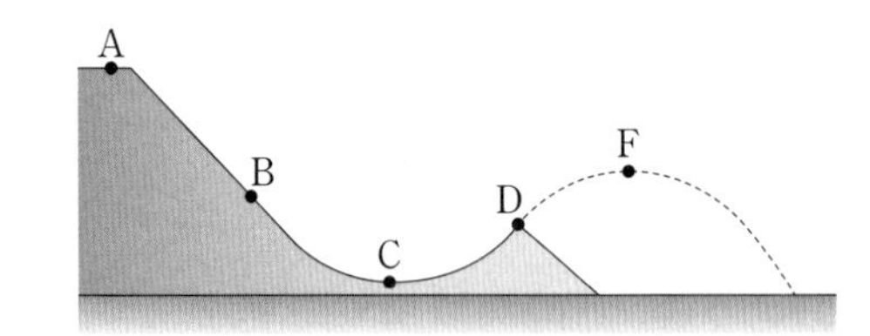

이 선수의 속력이 가장 빠른 지점은? (단, 공기 저항과 모든 마찰은 무시한다.)

① A ② B ③ C
④ D ⑤ E

[주관식]

10 그림은 A점에서 가만히 놓아 낙하하는 공의 모습을 나타낸 것이고, 표는 A, B, C, D 지점을 통과하는 공의 위치 에너지와 운동 에너지를 나타낸 것이다. ㉠, ㉡, ㉢에 알맞은 값을 쓰시오. (단, 공기 저항은 무시한다.)

A
B
C
D
지면

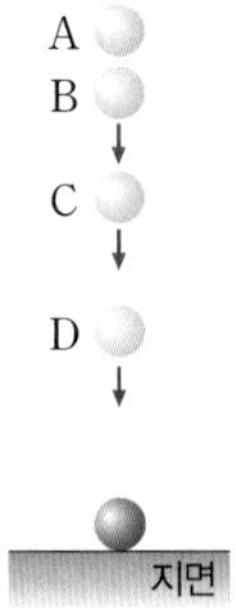

지점	위치 에너지(J)	운동 에너지(J)
A	㉠	㉡
B	90	8
C	69	29
D	㉢	58

[주관식]

11 그림과 같이 지면에서 질량이 1 kg인 물체를 10 m/s의 속력으로 위로 던졌더니 높이 h인 곳까지 올라갔다. 높이 $\frac{h}{2}$인 곳에서 이 물체의 역학적 에너지는 몇 J인지 구하시오. (단, 공기 저항은 무시한다.)

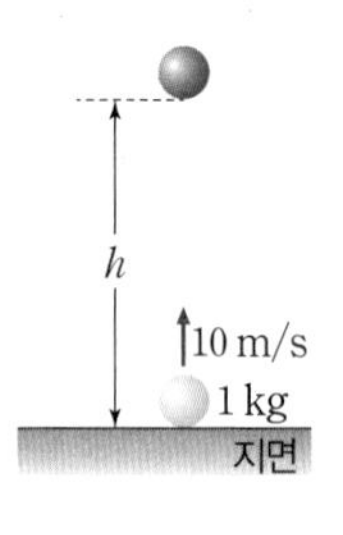

12 그림과 같이 질량이 4 kg인 물체를 공중에서 가만히 떨어뜨렸더니 A, B 지점을 각각 2 m/s, 3 m/s의 속력으로 운동하였다. 물체가 A 지점에서 B 지점까지 낙하하는 동안 물체의 위치 에너지 변화량은? (단, 공기 저항은 무시한다.)

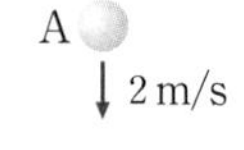

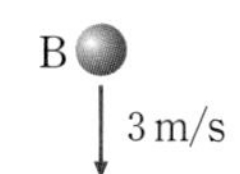

지면

① 1 J ② 2 J ③ 4 J
④ 5 J ⑤ 10 J

13 그림과 같이 지면으로부터 10 m 높이에서 위치 에너지가 600 J인 물체를 가만히 놓아 떨어뜨렸다. 이 물체가 높이 5 m 지점을 통과하는 순간 운동 에너지는? (단, 공기 저항은 무시한다.)

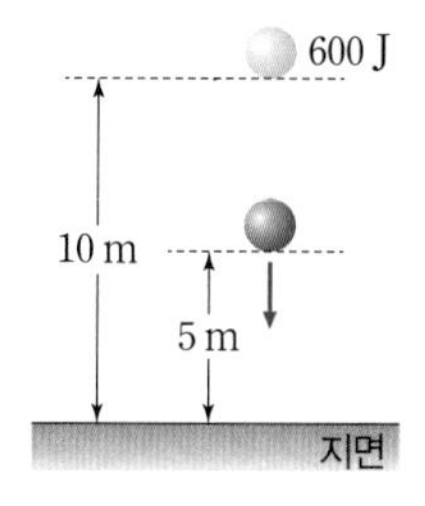

① 200 J ② 250 J ③ 300 J
④ 450 J ⑤ 500 J

출제율 99%

14 그림과 같이 지면으로부터 5 m 높이에서 질량이 2 kg인 물체를 가만히 놓아 떨어뜨렸다. 지면으로부터 높이가 3 m인 지점을 통과하는 순간 이 물체의 위치 에너지와 운동 에너지의 비(위치 : 운동)는? (단, 공기 저항은 무시한다.)

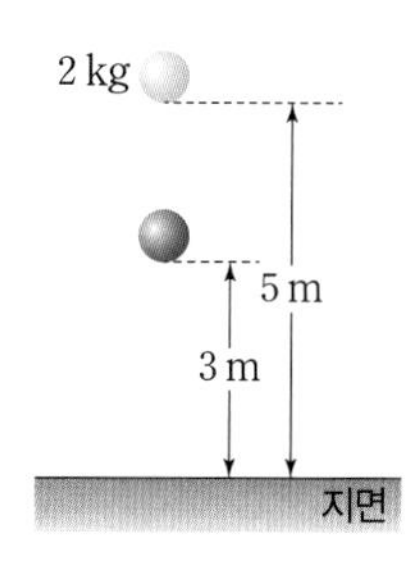

① 1 : 1 ② 2 : 3 ③ 2 : 5
④ 3 : 2 ⑤ 5 : 2

출제율 99%

15 그림과 같이 지면으로부터 높이가 10 m인 지점에서 질량이 2 kg인 물체를 가만히 놓아 떨어뜨렸다. 이 물체의 운동 에너지가 위치 에너지의 4배가 되는 높이 h는? (단, 공기 저항은 무시한다.)

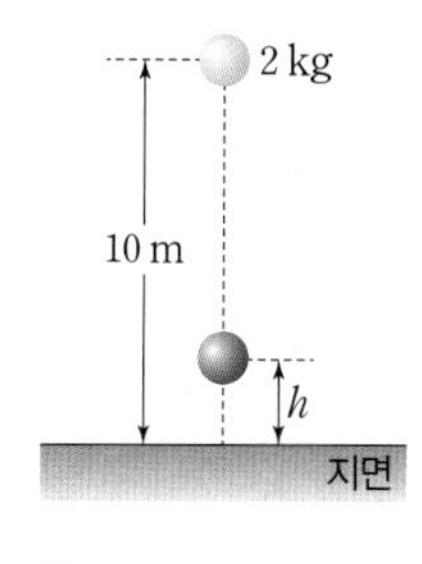

① 2 m ② 3 m ③ 4 m
④ 5 m ⑤ 6 m

16 그림은 질량이 50 kg인 스키 선수가 스키를 타고 언덕을 따라 내려오는 모습을 나타낸 것이다.

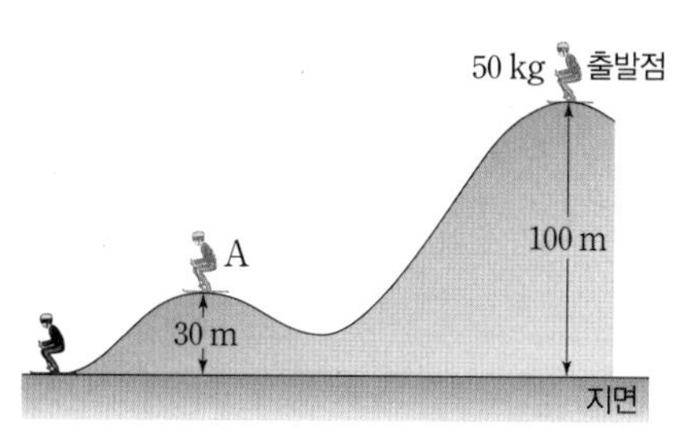

지면으로부터의 높이가 100 m인 출발점에서 선수의 역학적 에너지가 49000 J일 때, 30 m 높이인 A 지점에서 운동 에너지는? (단, 공기 저항과 모든 마찰은 무시한다.)

① 14700 J ② 19600 J ③ 24500 J
④ 29400 J ⑤ 34300 J

17 그림은 지면으로부터 높이 h인 지점에서 같은 속력으로 서로 다른 방향으로 운동하고 있는 질량이 같은 물체 A, B, C를 나타낸 것이다.

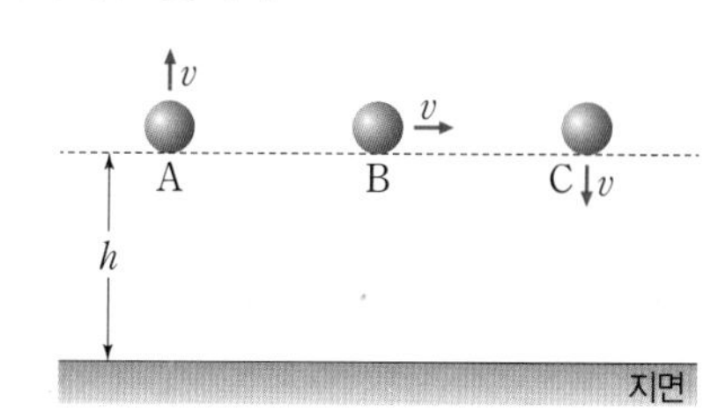

지면에 도달했을 때 A, B, C의 속력을 옳게 비교한 것은? (단, 공기 저항은 무시한다.)

① A=B=C ② A>B>C ③ A=B>C
④ A=B<C ⑤ A<B<C

18 그림과 같은 진자 운동에서 진자의 질량이 1 kg이고 O점에서 운동 에너지가 19.6 J이라면 A점과 O점 사이의 높이 차 h는? (단, 공기 저항은 무시한다.)

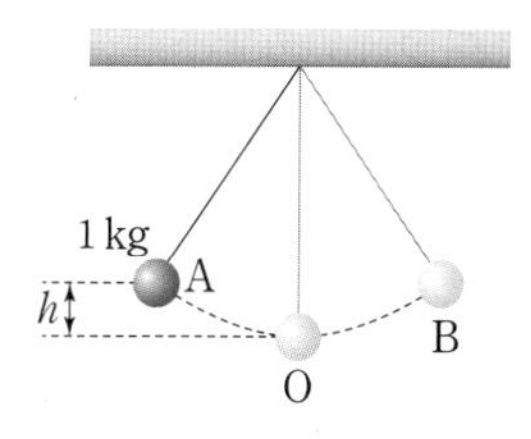

① 0.1 m ② 0.5 m ③ 1 m
④ 2 m ⑤ 3 m

출제율 99%

19 표는 지면으로부터 40 m 높이에서 질량이 1 kg인 물체를 가만히 놓아 떨어뜨렸을 때 낙하하는 동안 물체가 갖는 위치 에너지와 운동 에너지를 나타낸 것이다.

높이	위치 에너지	운동 에너지
40 m	392 J	0
30 m	294 J	98 J
20 m	196 J	196 J
10 m	98 J	294 J

이에 대한 설명으로 옳은 것을 〈보기〉에서 모두 고른 것은?

보기
ㄱ. 30 m 높이를 지날 때 물체의 속력은 10 m/s이다.
ㄴ. 지면에 도달하는 순간 물체의 속력은 28 m/s이다.
ㄷ. 지면에 도달하는 순간 물체의 역학적 에너지는 392 J이다.
ㄹ. 물체가 낙하하면서 감소한 위치 에너지는 증가한 운동 에너지와 같다.

① ㄱ, ㄷ ② ㄱ, ㄹ ③ ㄴ, ㄹ
④ ㄱ, ㄴ, ㄷ ⑤ ㄴ, ㄷ, ㄹ

20 그림과 같이 같은 구슬 2개를 같은 높이에서 가만히 놓아 기울기가 다른 곡면 A, B를 미끄러져 운동하게 하였다.

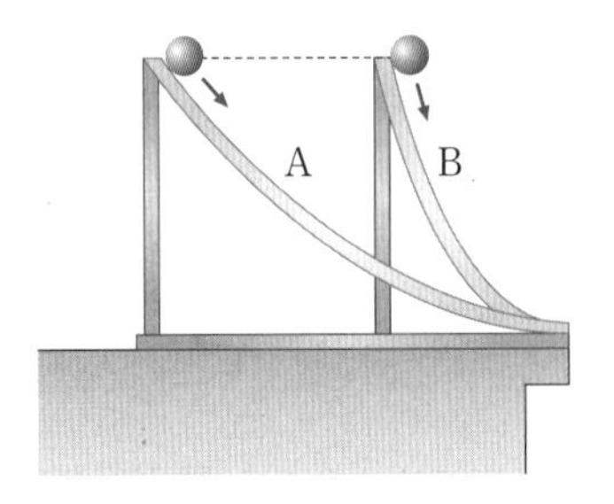

두 구슬의 운동에 대한 설명으로 옳지 않은 것은? (단, 공기 저항과 모든 마찰은 무시한다.)

① 처음 위치에서 두 구슬의 위치 에너지는 같다.
② 곡면의 끝에 도달한 순간 두 구슬의 속력은 같다.
③ 두 구슬의 역학적 에너지는 어느 지점에서나 같다.
④ 처음 위치에서 두 구슬의 운동 에너지는 모두 0이다.
⑤ 두 구슬이 곡면에서 운동하는 동안 운동 에너지가 위치 에너지로 전환된다.

출제율 99%

21 그림은 A점에 가만히 놓은 쇠구슬이 곡면의 B, C, D, E점을 지나 F점까지 운동하는 모습을 나타낸 것이다. C와 E의 높이는 같고, F에서 쇠구슬은 정지한다.

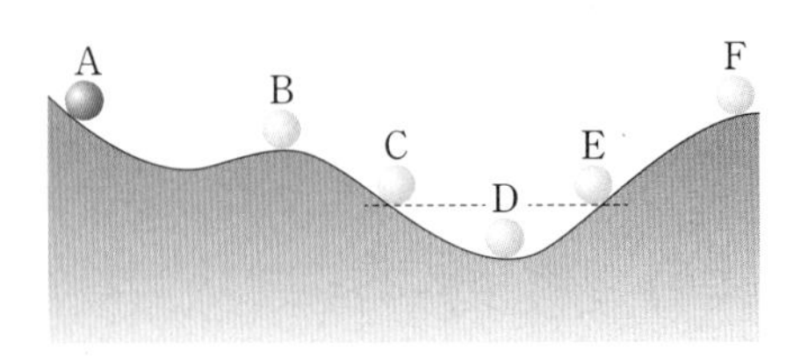

쇠구슬의 운동에 대한 설명으로 옳은 것은? (단, 공기 저항과 모든 마찰은 무시한다.)

① B에서 속력은 0이다.
② C와 E에서 속력이 같다.
③ A에서의 역학적 에너지가 가장 크다.
④ D에서 E로 가는 동안 운동 에너지가 증가한다.
⑤ F의 높이는 A의 높이보다 높다.

[주관식]

22 그림과 같이 지면으로부터 5 m 높이인 건물의 옥상에서 질량이 2 kg인 공을 5 m/s의 속력으로 던졌다. 이 공이 지면에 닿는 순간의 운동 에너지는 몇 J인지 구하시오. (단, 공기 저항은 무시한다.)

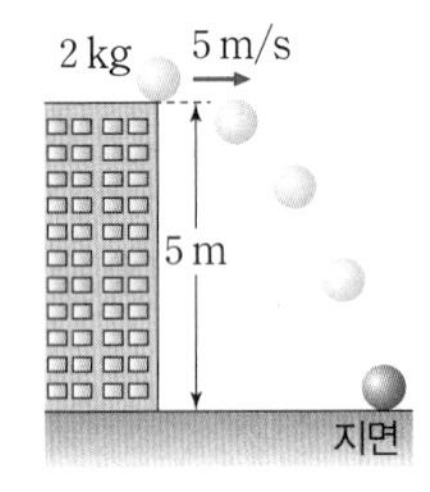

23 그림은 마찰이 없는 곡면에서 왕복 운동 하는 구슬의 모습을 나타낸 것이다. A → C 구간에서 감소한 위치 에너지가 98 J일 때 C에서 운동 에너지와 D에서 역학적 에너지를 옳게 짝 지은 것은? (단, C를 기준면으로 한다.)

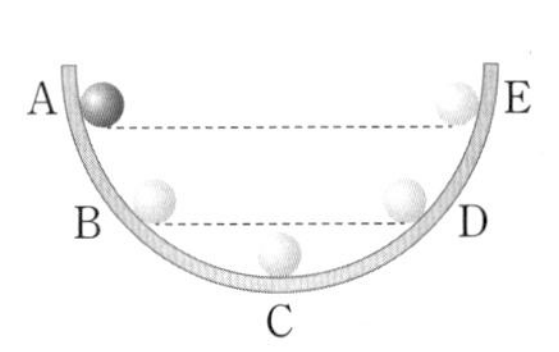

	C에서 운동 에너지	D에서 역학적 에너지
①	49 J	49 J
②	49 J	98 J
③	98 J	98 J
④	98 J	196 J
⑤	196 J	98 J

고난도 문제

24 그림과 같이 질량이 m인 물체를 지면으로부터 28 m 높이에서 가만히 놓아 떨어뜨렸다.

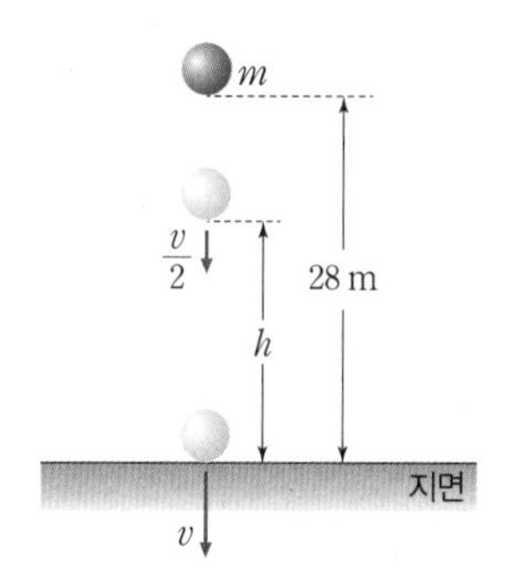

물체가 지면에 도달하는 순간의 속력이 v였다면, 속력이 $\frac{v}{2}$가 되는 지점의 높이 h는? (단, 공기 저항은 무시한다.)

① 7 m ② 10 m ③ 14 m
④ 18 m ⑤ 21 m

자료 분석 | 정답과 해설 51쪽

25 그림과 같이 쇠구슬을 수평면에서 속력 v로 출발시켰더니 지면으로부터 높이가 1 m인 비탈면의 A점에 도달하여 정지하였다.

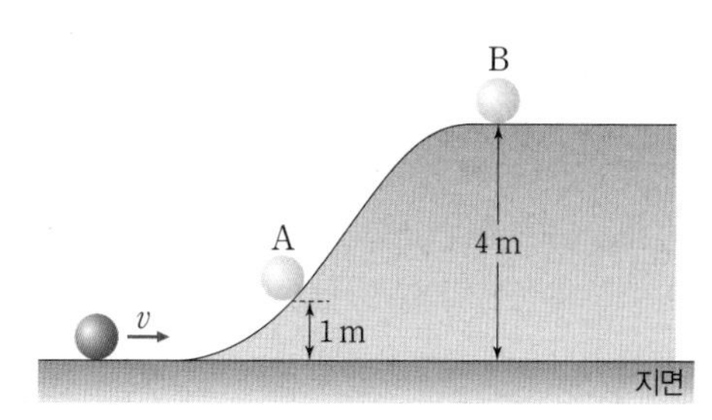

쇠구슬이 지면으로부터 높이가 4 m인 B점까지 올라가려면 쇠구슬의 최소 속력이 v의 몇 배가 되어야 하는가? (단, 공기 저항과 모든 마찰은 무시한다.)

① 1배 ② 2배 ③ 3배
④ 4배 ⑤ 16배

자료 분석 | 정답과 해설 51쪽

서술형 문제

26 그림과 같이 질량이 1 kg인 공을 지면에서 위로 14 m/s의 속력으로 던져 올렸다. 이 공이 지면으로부터 몇 m 높이까지 올라가는지를 풀이 과정과 함께 구하시오. (단, 공기 저항은 무시한다.)

27 그림과 같이 지면으로부터 높이가 2.5 m인 A점에서 속력 v로 운동하는 물체가 비탈면을 따라 올라가 높이가 5 m인 B점에 정지하였다.

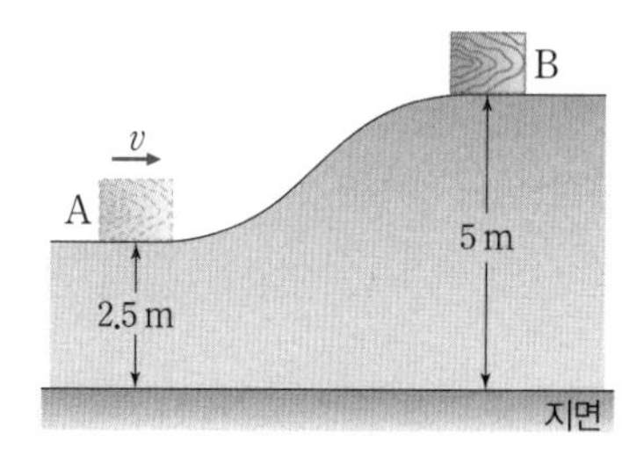

A점에서 물체의 속력 v를 다음 단어를 모두 포함하여 풀이 과정과 함께 구하시오. (단, 공기 저항과 모든 마찰은 무시한다.)

감소, 증가, 운동 에너지, 위치 에너지

28 그림은 장대높이뛰기 선수가 장대를 이용하여 뛰어오르는 모습을 나타낸 것이다.

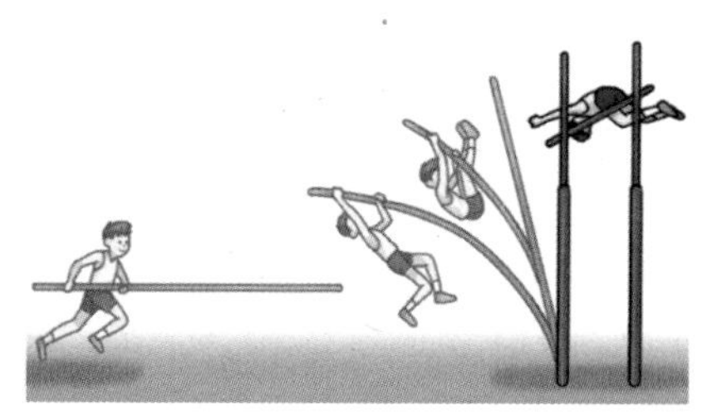

선수가 더 높이 뛰어오르기 위해 어떻게 해야 하는지를 그 까닭과 함께 서술하시오.

정답과 해설 52쪽

1 전기 에너지의 발생

① 전자기 유도: 코일 주위에서 자석을 움직이거나 자석 주위에서 코일을 움직일 때 코일을 통과하는 ❶ (　　) 이 변하면서 코일에 전류가 흐르는 현상

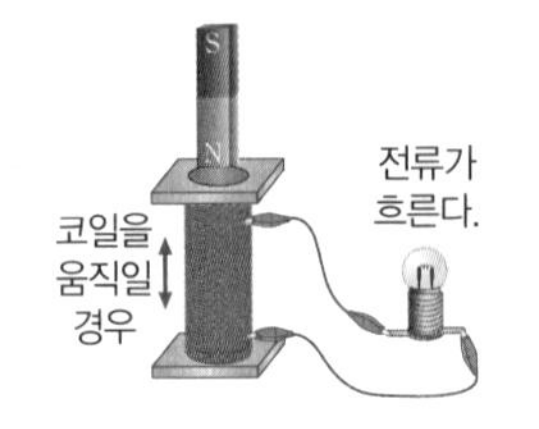

② 유도 전류: 전자기 유도에 의해 흐르는 전류

유도 전류의 세기	유도 전류의 방향
자석의 속력이 ❷ (　　)수록, 코일의 감은 수가 많을수록, 강한 자석을 움직일수록 유도 전류의 세기가 세다.	자석을 가까이 할 때와 멀리 할 때 코일에 흐르는 유도 전류의 방향은 ❸ (　　)이다.

2 전자기 유도의 이용

① 발전기: 영구 자석 사이에 놓인 코일이 회전하면 전자기 유도에 의해 유도 전류가 흐르게 된다.

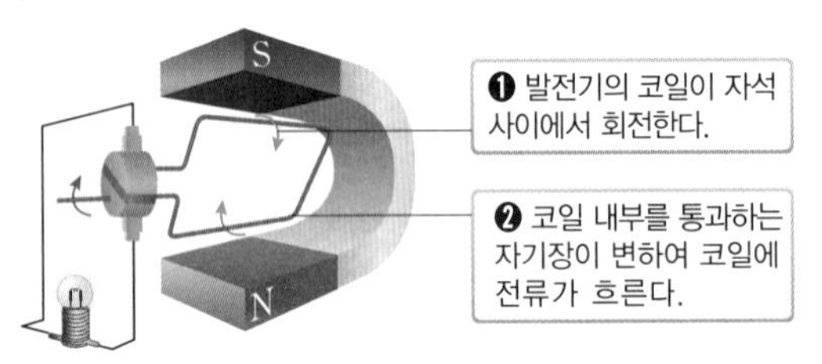

➡ 발전기에서는 ❹ (　　) 에너지가 ❺ (　　) 에너지로 전환된다.

② 여러 가지 발전소

구분	발전 원리와 에너지 전환
수력 발전소	• 댐에 있는 물을 흘려보내 터빈을 돌려 발전기에서 전기를 생산한다. • 물의 위치 에너지 → 물의 운동 에너지 → 발전기의 역학적 에너지 → 전기 에너지
화력 발전소	• 연료를 태워 물을 가열하여 생긴 수증기로 터빈을 돌려 발전기에서 전기를 생산한다. • 연료의 ❻ (　　) 에너지 → 수증기의 역학적 에너지 → 발전기의 역학적 에너지 → 전기 에너지
풍력 발전소	• 바람의 힘으로 터빈을 돌려 발전기에서 전기를 생산한다. • 바람의 ❼ (　　) 에너지 → 발전기의 역학적 에너지 → 전기 에너지

③ 전기 에너지의 전환

• 전류가 흐를 때 공급되는 에너지를 전기 에너지라고 한다.

• 전기 에너지는 다른 형태의 에너지로 쉽게 전환되기 때문에 우리 생활에 많이 이용된다.

3 소비 전력

① 소비 전력: 1초 동안 전기 기구가 소비하는 전기 에너지의 양 [단위: W(와트), kW(킬로와트)]

• 1 W: ❽ (　　) 동안 1 J의 전기 에너지를 사용할 때의 전력

$$\text{소비 전력(W)} = \frac{\text{전기 에너지(J)}}{\text{시간(s)}}$$

4 전력량

① 전력량: 전기 기구가 일정 시간 동안 사용한 전기 에너지의 양 [단위: Wh(와트시), kWh(킬로와트시)]

• 1 Wh: 소비 전력이 1 W인 전기 기구를 ❾ (　　) 동안 사용했을 때의 전력량

$$\text{전력량(Wh)} = \text{소비 전력(W)} \times \text{시간(h)}$$

② 전기 에너지의 효율적인 이용

• 에너지 소비 효율 등급 표시제: 전기 기구가 에너지를 효율적으로 이용하는 정도를 1등급에서 5등급으로 구분하여 표시한다. ➡ ❿ (　　)으로 갈수록 전기 에너지를 효율적으로 이용하는 전기 기구이다.

• 에너지 절약 표시: 에너지 효율이 뛰어나거나 대기 전력이 작은 가전제품에 표시한다.

5 에너지 전환과 보존

① 에너지 전환: 에너지는 한 형태에서 다른 형태로 전환된다.

예	에너지 전환	예	에너지 전환
자동차	화학 에너지→운동 에너지	전동기	전기 에너지→역학적 에너지
광합성	빛에너지→화학 에너지	형광등	전기 에너지→빛에너지
전지	화학 에너지→전기 에너지	화력 발전	화학 에너지→전기 에너지
불꽃놀이	화학 에너지→빛에너지	풍력 발전	역학적 에너지→전기 에너지

② 에너지 보존 법칙: 에너지는 전환 과정에서 새로 생겨나거나 없어지지 않고, 그 총량은 일정하게 ⓫ (　　) 된다.

예 자동차에 공급된 화학 에너지＝열에너지＋전기 에너지(빛에너지＋소리 에너지)＋역학적 에너지

정답과 해설 52쪽

1 코일 주위에서 자석을 움직이면 코일을 통과하는 (　　　　)이 변하면서 코일에 유도 전류가 흐른다.

2 검류계가 연결된 코일 속으로 막대자석을 넣는 경우와 빼는 경우 검류계의 바늘이 움직이는 방향이 (㉠　　　　)이다. 이로부터 (㉡　　　　)가 반대 방향으로 흐른다는 것을 알 수 있다.

3 코일 주위에서 자석을 빠르게 움직이는 경우가 느리게 움직이는 경우보다 유도 전류의 세기가 (세다 , 약하다).

4 전자기 유도를 이용한 장치를 〈보기〉에서 모두 고르시오.

보기

ㄱ. 발전기　　ㄴ. 전동기　　ㄷ. 금속 탐지기　　ㄹ. 도난 방지 장치

5 다음은 수력 발전소에서의 에너지 전환 과정이다. ㉠, ㉡에 알맞은 말을 쓰시오.

물의 (㉠　　　　) 에너지 → 물의 운동 에너지 → 발전기의 (㉡　　　　) 에너지 → 전기 에너지

6 1초 동안 전기 기구가 사용하는 전기 에너지의 양을 (㉠　　　　)이라 하고, 단위는 ㉡(W(와트) , Wh(와트시))를 사용한다.

7 소비 전력이 50 W인 전기 기구를 6초 동안 사용했을 때 소비한 전기 에너지는 몇 J인지 구하시오.

8 220 V－60 W라고 쓰여진 전등을 3시간 동안 켰을 때 전등이 소비한 전력량은 몇 Wh인지 구하시오.

9 다음은 에너지가 전환되는 여러 가지 예이다. (　　) 안에 공통으로 들어갈 에너지를 쓰시오.

- 광합성: 빛에너지 → (　　　　)
- 전지: (　　　　) → 전기 에너지
- 불꽃놀이: (　　　　) → 빛에너지
- 자동차: (　　　　) → 운동 에너지

10 다음 글이 설명하는 법칙이 무엇인지 쓰시오.

에너지는 한 형태에서 다른 형태로 전환되는데, 이러한 전환 과정에서 일부는 다시 사용할 수 없는 열에너지나 소리 에너지로 전환되기도 한다. 그러나 에너지의 총량은 항상 일정하게 보존된다.

답안지

1

2

3

4

5

6

7

8

9

10

정답과 해설 52쪽

출제율 99%

01 코일에 유도 전류가 발생하는 경우를 〈보기〉에서 모두 고른 것은?

보기
ㄱ. 정지해 있는 코일에 자석을 가까이 할 때
ㄴ. 정지해 있는 코일에 가까이 했던 자석을 멀리 할 때
ㄷ. 정지해 있는 자석에 가까이 했던 코일을 멀리 할 때
ㄹ. 정지해 있는 코일에 자석을 가까이 한 상태로 정지해 있을 때

① ㄱ, ㄴ ② ㄱ, ㄹ ③ ㄷ, ㄹ
④ ㄱ, ㄴ, ㄷ ⑤ ㄴ, ㄷ, ㄹ

[02~03] 그림과 같이 장치하고 자석의 N극을 코일에 가까이 하였더니 B 방향으로 전류가 흘렀다.

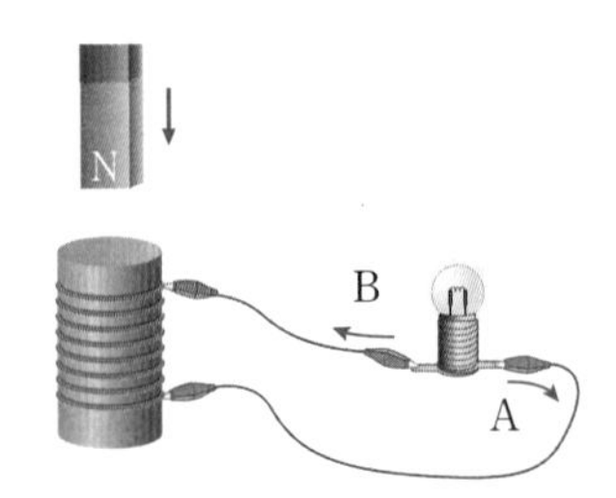

[주관식]
02 다음은 위 실험에서 일어난 에너지의 전환 과정을 나타낸 것이다. ㉠, ㉡에 알맞은 말을 쓰시오.

자석의 (㉠) 에너지 → (㉡) 에너지

03 전구에 흐르는 전류가 A 방향이 되는 경우를 모두 고르면? (2개)

① 자석의 N극을 코일에서 멀리 한다.
② 자석의 N극을 코일에 더 빠르게 가까이 한다.
③ 정지해 있는 자석의 N극에서 코일을 멀리 한다.
④ 정지해 있는 자석의 N극에 코일을 가까이 한다.
⑤ 정지해 있는 자석의 N극에 코일을 더 빠르게 가까이 한다.

04 다음은 동일한 자석을 검류계가 연결된 코일에 가까이 하는 상황을 나타낸 것이다.

(가) 감은 횟수가 10회인 코일에 자석을 천천히 넣는다.
(나) 감은 횟수가 20회인 코일에 자석을 천천히 넣는다.
(다) 감은 횟수가 20회인 코일에 자석을 빠르게 넣는다.
(라) 감은 횟수가 20회인 코일에서 자석을 빠르게 빼낸다.

이때 검류계의 바늘이 회전하는 정도를 옳게 비교한 것은?

① (가)>(나)>(다)>(라) ② (가)<(나)<(다)<(라)
③ (가)<(나)<(다)=(라) ④ (가)=(나)<(다)=(라)
⑤ (가)<(나)=(다)=(라)

05 전동기와 발전기에 대한 설명으로 옳지 않은 것은?

① 전동기는 전자기 유도를 이용한다.
② 전동기와 발전기는 구조가 유사하다.
③ 전동기에서는 전기 에너지가 역학적 에너지로 전환된다.
④ 발전기에서는 역학적 에너지가 전기 에너지로 전환된다.
⑤ 전동기는 자기장 속에서 전류가 흐르는 도선이 받는 힘을 이용한다.

[주관식]
06 그림과 같은 장치에 전류가 흐르게 하는 방법으로 옳은 것을 〈보기〉에서 모두 고르시오.

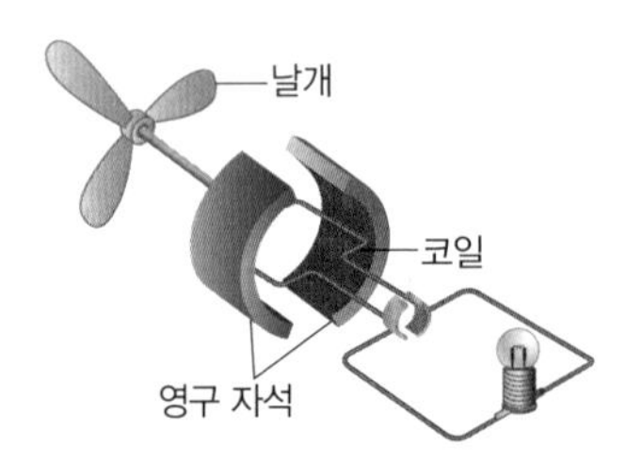

보기
ㄱ. 영구 자석을 회전시킨다.
ㄴ. 날개를 돌려 코일을 회전시킨다.
ㄷ. 영구 자석을 더 센 자석으로 바꾼다.
ㄹ. 영구 자석의 두 극을 모두 N극으로 바꾼다.

07 그림은 수력 발전소에서 전기 에너지를 생산하는 과정을 나타낸 것이다.

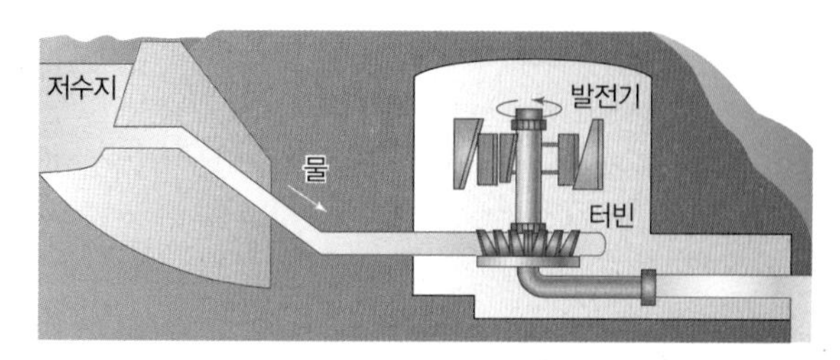

이에 대한 설명으로 옳은 것을 〈보기〉에서 모두 고른 것은?

보기
ㄱ. 저수지의 물이 아래로 흐르면 발전기의 터빈이 회전한다.
ㄴ. 역학적 에너지가 전기 에너지로 전환된다.
ㄷ. 풍력 발전소의 에너지 전환과 같은 전환이 일어난다.
ㄹ. 화력 발전소에서는 발전기의 터빈이 회전하지 않고 화석 연료의 화학 에너지가 바로 전기 에너지로 전환된다.

① ㄱ, ㄴ ② ㄱ, ㄹ ③ ㄷ, ㄹ
④ ㄱ, ㄴ, ㄷ ⑤ ㄴ, ㄷ, ㄹ

출제율 99%

08 그림은 가정에서 사용하는 전기다리미에 붙어 있는 제품 표시를 나타낸 것이다.

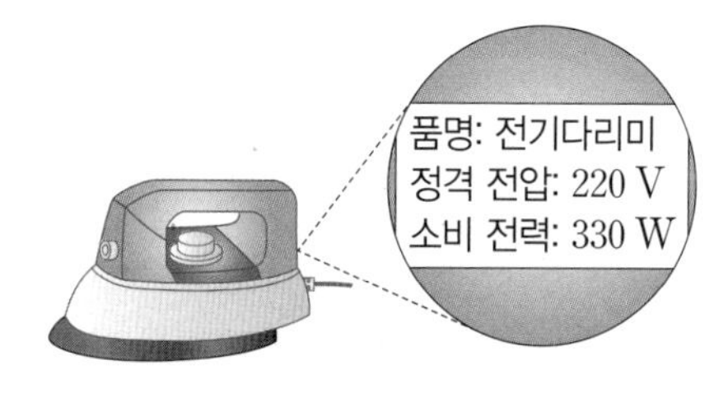

이에 대한 설명으로 옳은 것을 〈보기〉에서 모두 고른 것은?

보기
ㄱ. 220 V에 연결할 때 가장 잘 작동한다.
ㄴ. 220 V에 연결했을 때 소비 전력은 330 W이다.
ㄷ. 220 V에 연결했을 때 1초 동안 소비한 전기 에너지는 220 J이다.
ㄹ. 220 V에 연결하여 10분 동안 사용할 때 소비한 전력량은 3300 Wh이다.

① ㄱ, ㄴ ② ㄱ, ㄹ ③ ㄷ, ㄹ
④ ㄱ, ㄴ, ㄷ ⑤ ㄴ, ㄷ, ㄹ

[09~11] 다음은 텔레비전의 뒷면에 표시되어 있는 내용이다.

정격 전압: 220 V
정격 소비 전력: 110 W
제조년월일: 2021. ○. ○

출제율 99%

09 이 텔레비전을 220 V에 연결하여 10초 동안 사용했을 때 소비한 전기 에너지는?

① 110 J ② 220 J ③ 330 J
④ 1100 J ⑤ 2200 J

출제율 99%

10 이 텔레비전을 220 V에 연결하여 10시간 동안 켰을 때 소비한 전력량은?

① 110 Wh ② 220 Wh ③ 330 Wh
④ 1100 Wh ⑤ 2200 Wh

11 이 텔레비전의 시청 시간을 하루에 1시간씩 줄였을 때 하루 동안 절약되는 전력량은?

① 11 Wh ② 22 Wh ③ 33 Wh
④ 110 Wh ⑤ 220 Wh

12 다음은 여러 전기 기구의 정격 전압과 소비 전력을 나타낸 것이다.

- 백열등: 220 V - 60 W
- 형광등: 220 V - 45 W
- 전기다리미: 220 V - 600 W
- 전자레인지: 220 V - 1300 W
- 헤어드라이어: 220 V - 1000 W

220 V에 연결했을 때 1초 동안 소비하는 전기 에너지가 (가)가장 많은 것과 (나)가장 적은 것을 옳게 짝 지은 것은?

	(가)	(나)
①	백열등	헤어드라이어
②	형광등	전자레인지
③	전기다리미	형광등
④	전자레인지	형광등
⑤	헤어드라이어	백열등

[13~15] 그림은 어느 가정에서 사용하는 전기 기구를 나타낸 것이다. (단, 전기 기구의 정격 전압은 모두 220 V이다.)

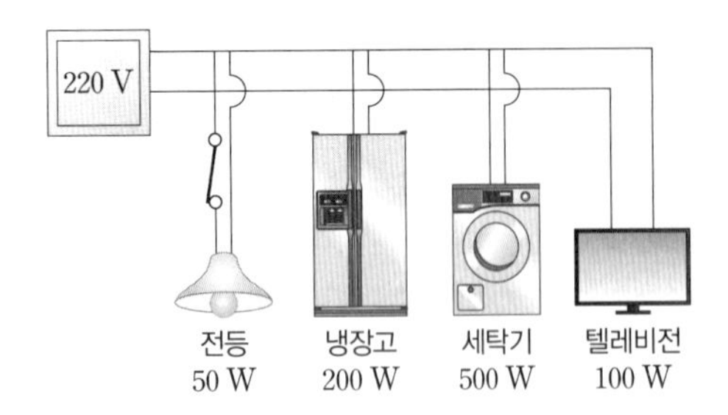

[주관식]

13 이에 대한 설명으로 옳은 것을 〈보기〉에서 모두 고르시오.

보기
ㄱ. 냉장고는 1초에 200 Wh의 전기 에너지를 사용한다.
ㄴ. 텔레비전을 1시간 동안 켰을 때 소비한 전력량은 360 kWh이다.
ㄷ. 세탁기를 30분 동안 사용했을 때 소비한 전력량은 250 Wh이다.
ㄹ. 같은 시간 동안 가장 많은 전기 에너지를 사용하는 것은 세탁기이다.

출제율 99%

14 표는 위 전기 기구의 하루 사용 시간을 나타낸 것이다.

전기 기구	전등	냉장고	세탁기	텔레비전
하루 사용 시간(h)	10	24	2	4

이 가정에서 하루 동안 사용한 전력량은?

① 1.2 kWh ② 3.5 kWh ③ 6.7 kWh
④ 7.8 kWh ⑤ 8.5 kWh

15 이 가정에서 위의 전기 기구를 **14**번의 표와 같이 한 달(30일) 동안 사용했을 때 전기 요금은? (단, 전기 요금은 1 kWh당 300원이고, 누진세는 적용하지 않는다.)

① 6030원 ② 12060원 ③ 24120원
④ 60300원 ⑤ 85000원

16 그림은 헤어드라이어가 작동할 때 일어나는 에너지 전환을 나타낸 것이다.

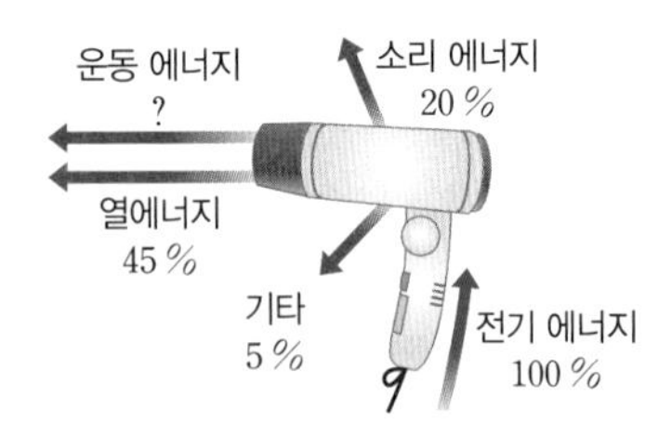

이에 대한 설명으로 옳은 것을 〈보기〉에서 모두 고른 것은?

보기
ㄱ. 전기 에너지가 운동 에너지, 열에너지, 소리 에너지 등으로 전환된다.
ㄴ. 공급된 전기 에너지가 100 J이라면 운동 에너지로 전환된 것은 30 J이다.
ㄷ. 공급된 전기 에너지 중 70 %의 에너지가 소멸된다.

① ㄱ ② ㄷ ③ ㄱ, ㄴ
④ ㄴ, ㄷ ⑤ ㄱ, ㄴ, ㄷ

17 그림은 바닥에 충돌해 위로 튀어오르던 공의 높이가 점점 낮아지는 현상을 나타낸 것이다.

이 현상과 가장 거리가 먼 것은?

① 흔들리는 진자의 진폭이 작아진다.
② 마룻바닥에서 공을 굴리면 공은 조금 굴러가다 멈춘다.
③ 미끄럼틀 표면과의 마찰에 의해 바닥에 도달하면 멈추게 된다.
④ 도로에서 달리던 자동차가 급정거를 하면 타이어에서 연기가 난다.
⑤ 달 표면에는 우주를 떠돌던 소행성들이 떨어지면서 부딪친 충격으로 웅덩이가 많이 있다.

고난도 문제

18 그림은 바퀴가 돌아갈 때 불빛이 깜박이는 킥보드 바퀴와 바퀴의 구조를 나타낸 것으로, 영구 자석은 고정되어 있다.

▲ 킥보드 바퀴

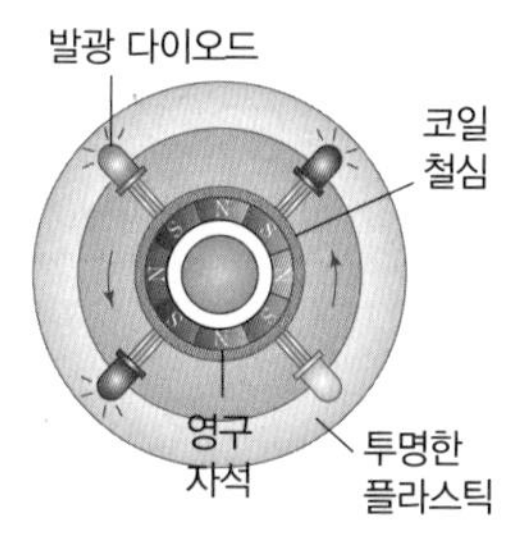

▲ 킥보드 바퀴의 구조

이에 대한 설명으로 옳은 것을 〈보기〉에서 모두 고른 것은?

보기
ㄱ. 운동 에너지를 전기 에너지로 전환하는 장치이다.
ㄴ. 바퀴가 회전하면 발광 다이오드에 불이 들어온다.
ㄷ. 바퀴가 빠르게 회전하면 코일을 통과하는 자기장이 일정하므로 불이 켜지지 않는다.

① ㄱ ② ㄴ ③ ㄱ, ㄴ
④ ㄱ, ㄷ ⑤ ㄱ, ㄴ, ㄷ

자료 분석 | 정답과 해설 53쪽

19 그림과 같이 질량이 30 kg인 상자를 높이가 3 m, 길이가 5 m인 빗면 끝까지 천천히 밀어 올렸다. 이때 해 준 일이 980 J이었다.

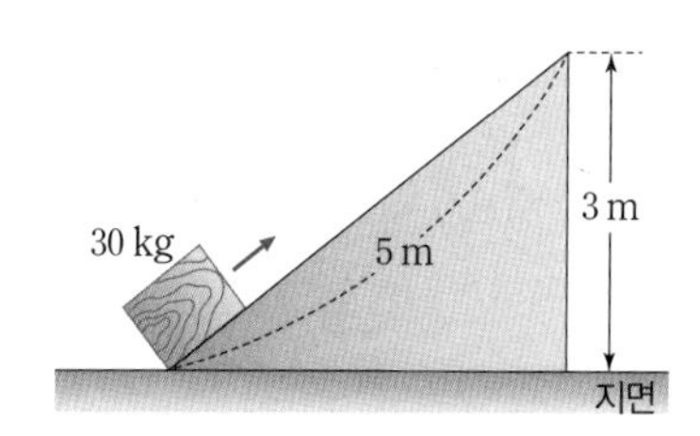

상자를 밀어 올리는 동안 마찰에 의해 발생한 열에너지는? (단, 물체의 크기는 무시한다.)

① 49 J ② 98 J ③ 196 J
④ 392 J ⑤ 490J

자료 분석 | 정답과 해설 53쪽

서술형 문제

20 그림과 같이 간이 발전기를 만들고 흔들었더니 발전기에 연결된 발광 다이오드에 불이 켜졌다.

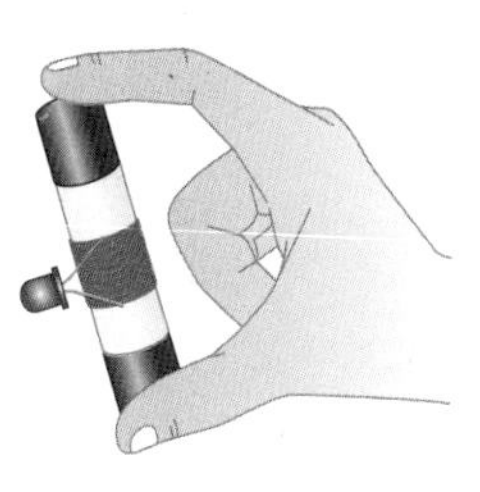

(1) 이 실험에서 발광 다이오드에 불이 켜지는 과정을 서술하시오.

(2) 간이 발전기를 흔들어 발광 다이오드에 불이 켜지는 과정에서의 에너지 전환을 서술하시오.

21 전기 에너지를 다음과 같이 전환하여 이용하는 기구를 각각 2가지씩 쓰시오.

(1) 전기 에너지 → 열에너지

(2) 전기 에너지 → 운동 에너지

(3) 전기 에너지 → 빛에너지

22 다음은 일상생활에서 역학적 에너지가 보존되지 않는 여러 가지 상황을 나타낸 것이다.

- 바닥에서 튀어오르는 공의 높이가 점점 낮아진다.
- 그네를 계속 밀어 주지 않으면 그네가 올라가는 높이가 낮아진다.
- 높은 곳에서 떨어지는 빗방울이 지면에 도달할 때 속력이 매우 크지는 않다.

역학적 에너지가 보존되지 않는 까닭을 다음 단어를 모두 포함하여 서술하시오.

공기 저항, 마찰, 전환

정답과 해설 54쪽

1 시차

① 시차: 관측자가 서로 다른 두 지점에서 같은 물체를 바라볼 때 두 관측 지점과 물체가 이루는 ❶(　　) 이다.

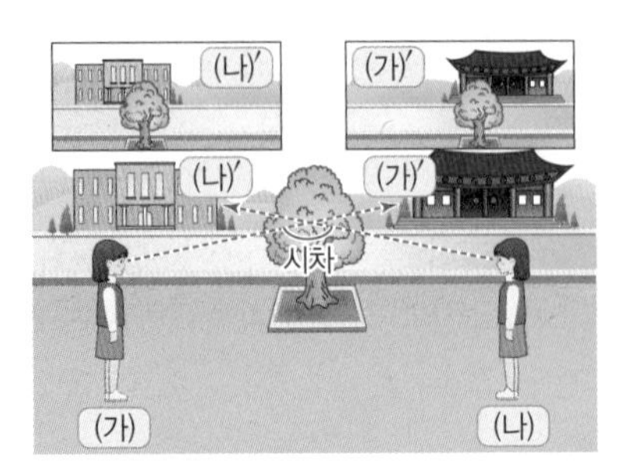

• 관측자가 (가)에 있을 때: 나무가 오른쪽 건물 앞에 있는 것처럼 보인다.
• 관측자가 (나)에 있을 때: 나무가 왼쪽 건물 앞에 있는 것처럼 보인다.

② 시차와 물체까지의 거리의 관계: 시차는 관측 지점과 물체 사이의 거리가 가까울수록 ❷(　　)지고, 거리가 멀수록 ❸(　　)진다.

종이에 2개의 구멍을 뚫고 A, B에 주사위를 놓은 후 왼쪽 구멍과 오른쪽 구멍으로 주사위를 관찰한다.

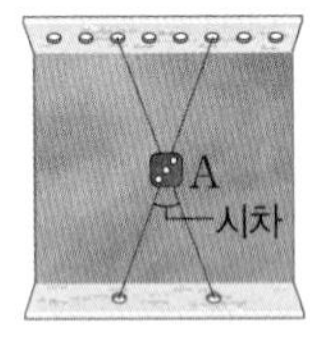

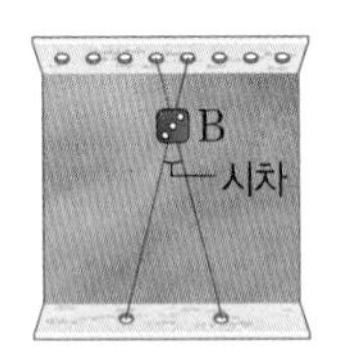

• 관측자와 주사위 사이의 거리: A<B
• 시차: 주사위가 A에 있을 때>주사위가 B에 있을 때
➡ 시차와 물체까지의 거리는 ❹(　　) 관계이다.

2 연주 시차

① 연주 시차: 지구에서 ❺(　　)개월 간격으로 별을 관측할 때 나타나는 각도(시차)의 $\frac{1}{2}$

② 연주 시차가 나타나는 까닭: 지구가 태양 주위를 ❻(　　) 하기 때문이다.

③ 연주 시차의 단위: ″(초) ➡ 1°(도)=60′(분)=3600″(초)

E_1에서 본 별 S의 천구상의 위치

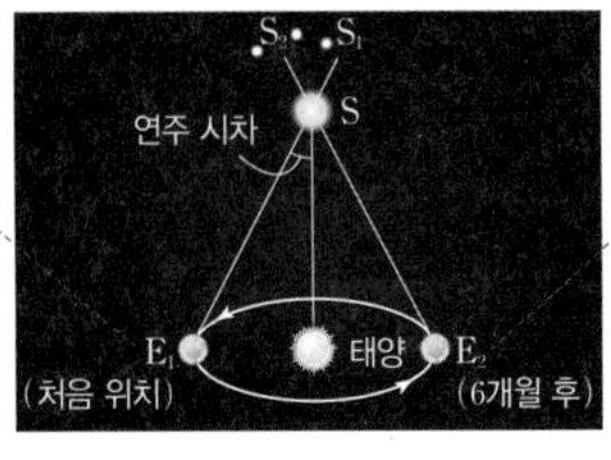

E_2에서 본 별 S의 천구상의 위치

• 별 S의 시차: $\angle E_1SE_2$
• 별 S의 연주 시차: $\angle E_1SE_2$의 $\frac{1}{2}$=$\angle E_1S$태양
• 지구보다 공전 궤도가 큰 행성에서 관측할 경우: 별 S의 연주 시차가 ❼(　　)진다.

3 연주 시차와 별까지의 거리

① 연주 시차와 별까지의 거리 관계: 연주 시차는 별까지의 거리가 가까울수록 크고, 멀수록 작다. ➡ 연주 시차는 별까지의 거리와 ❽(　　) 관계이다.

$$\text{별까지의 거리(pc)} = \frac{1}{\text{연주 시차}(″)}$$

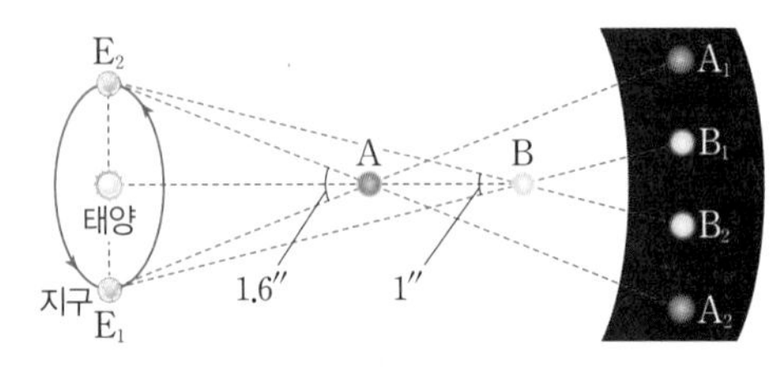

구분	별 A	별 B
시차	1.6″	1″
연주 시차	0.8″	0.5″
지구로부터의 거리	1.25 pc	2 pc

연주 시차가 클수록 별까지의 거리가 ❾(　　)다.

② 연주 시차 측정의 한계: 약 100 pc 이상 멀리 있는 별들은 연주 시차가 매우 ❿(　　)서 측정하기 어렵다. ➡ 연주 시차는 비교적 가까운 별까지의 거리를 구할 때 이용한다.

③ 비교적 가까운 별의 연주 시차와 거리

별	연주 시차(″)	거리(pc)
프록시마 센타우리	0.77	약 1.3
시리우스	0.38	약 2.6
알타이르	0.19	약 5.3
베가	0.13	약 7.7

• 네 별 중 연주 시차가 가장 ⓫(　　) 프록시마 센타우리의 거리가 가장 가깝고, 연주 시차가 가장 ⓬(　　) 베가의 거리가 가장 멀다.

4 별까지의 거리를 나타내는 단위

① 1 AU(천문단위)≒1.5×10^8 km

② 1 LY(광년)≒9.5×10^{12} km≒63000 AU

③ 1 pc(파섹)≒3×10^{13} km≒206265 AU≒3.26광년

구분	별 A	별 B
지구로부터의 거리	2 pc	약 32.6광년=10 pc
연주 시차	0.5″	0.1″

• 별 A와 B의 거리 비(A : B)=2 pc : 10 pc=1 : 5
• 별 A와 B의 연주 시차 비(A : B)=0.5″ : 0.1″=⓭(　　)

정답과 해설 54쪽

답안지

1~2 그림과 같이 칠판에 별을 그리고 번호를 쓴 후 관측자가 팔을 구부린 채로 연필을 들고, 양쪽 눈을 번갈아 감으면서 연필 끝을 관찰하였다.

1 관측자가 팔을 편 채로 연필을 들고 양쪽 눈을 번갈아 감으면서 연필 끝을 관찰하면 팔을 구부리고 관측할 때보다 두 별과 연필이 이루는 각도가 (커 , 작아)진다.

2 이 실험에서 두 눈과 연필 끝이 이루는 각도는 (   )이며, 관측자의 양쪽 눈은 6개월 간격의 (   ) 위치에 비유할 수 있다.

3~4 그림은 지구에서 6개월 간격으로 별 S를 관측한 모습을 나타낸 것이다.

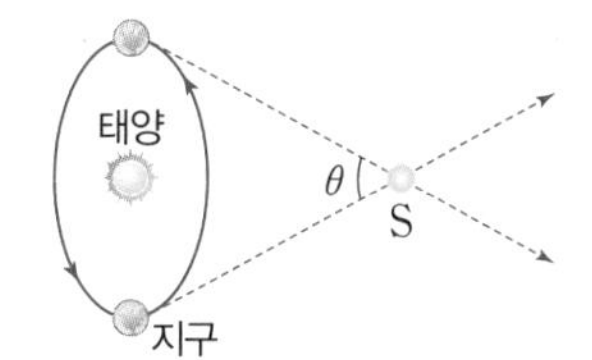

3 별 S의 연주 시차는 ($\frac{1}{2}\theta$, θ , 2θ)″이고, 지구로부터 별 S까지의 거리는 ($\frac{2}{\theta}$, θ , 2θ) pc이다.

4 연주 시차는 지구가 (자전 , 공전)하기 때문에 나타나며, 연주 시차를 측정하여 (별의 밝기 , 별의 크기 , 별까지의 거리)를 알 수 있다.

5 지구로부터의 거리가 같은 세 별을 〈보기〉에서 고르시오.

보기
ㄱ. 연주 시차가 0.1″인 별
ㄴ. 지구로부터의 거리가 10 pc인 별
ㄷ. 지구로부터의 거리가 32.6광년인 별
ㄹ. 지구로부터의 거리가 3×10^{13} km인 별

6~7 표는 지구에서 관측한 별 A~D의 연주 시차를 나타낸 것이다.

별	A	B	C	D
연주 시차(″)	0.5	0.1	0.25	0.04

6 지구로부터의 거리가 가장 가까운 별은 (   )이고, 지구로부터의 거리가 가장 먼 별은 (   )이다.

7 별 A와 B의 거리 비(A : B)는 (1 : 5 , 5 : 1 , 1 : 25 , 25 : 1)이다.

8~9 그림은 별 A와 B를 6개월 간격으로 찍은 세 장의 사진을 겹쳐 놓은 것으로, 별 A는 A → A′ → A로, 별 B는 B → B′ → B로 이동하였다.

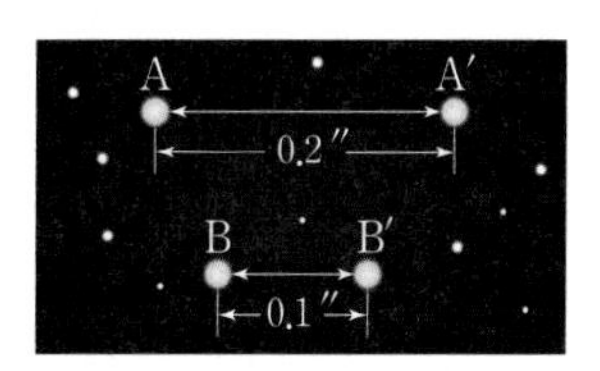

8 별 A의 연주 시차는 (   )″이고, 별 B의 연주 시차는 (   )″이다.

9 지구로부터의 거리는 별 B가 별 A보다 (   )배 멀다.

정답과 해설 54쪽

출제율 99%

01 시차와 연주 시차에 대한 설명으로 옳은 것을 〈보기〉에서 모두 고른 것은?

보기
ㄱ. 연주 시차의 단위는 주로 ″(초)를 사용한다.
ㄴ. 연주 시차는 지구가 자전한다는 증거가 된다.
ㄷ. 연주 시차는 별이 실제로 움직이기 때문에 나타난다.
ㄹ. 지구에서 6개월 간격으로 가까운 별을 관측하면 연주 시차를 측정할 수 있다.

① ㄱ, ㄴ ② ㄱ, ㄹ ③ ㄴ, ㄷ
④ ㄴ, ㄹ ⑤ ㄷ, ㄹ

[02~03] 그림은 지구에서 6개월 간격으로 별 A와 B를 관측하여 나타낸 것이다. (단, 별 B는 배경별에 대한 상대적인 위치 변화가 없다.)

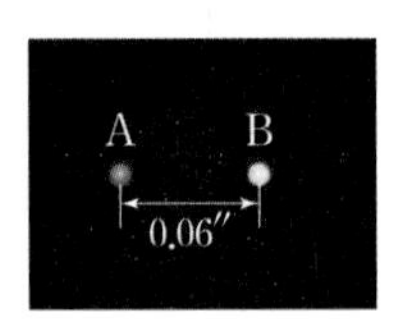

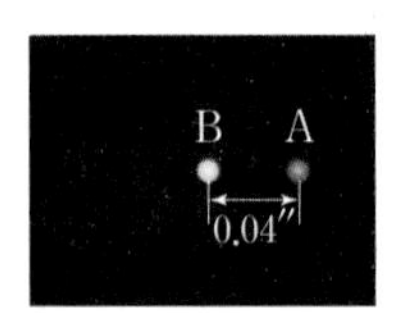

02 별 A의 연주 시차와 지구로부터의 거리를 옳게 짝 지은 것은?

	연주 시차	지구로부터의 거리
①	0.01″	20 pc
②	0.05″	10 pc
③	0.05″	20 pc
④	0.1″	10 pc
⑤	0.5″	20 pc

[주관식]

03 다음은 별 A의 거리 변화에 대한 설명이다. (   ) 안에 알맞은 말을 고르시오.

별 A가 현재보다 지구로부터 3배 먼 거리에 위치할 경우 별의 거리는 ㉠(40 , 60) pc이므로, 연주 시차는 약 ㉡(0.017″ , 0.15″)이다.

04 그림은 관측자 A와 B가 각각 나무를 바라보는 모습을 나타낸 것이다.

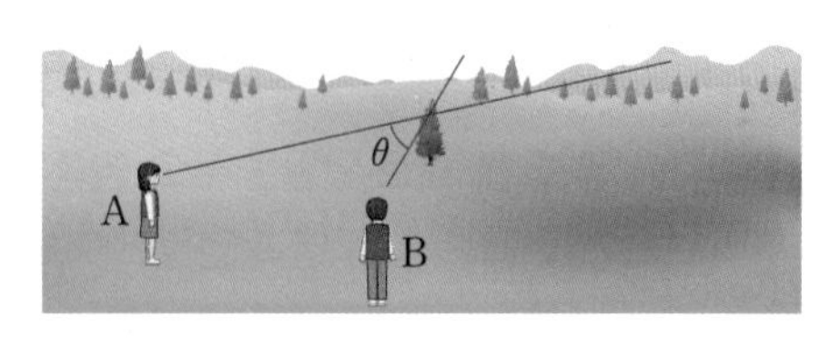

관측자 A와 B가 각각 나무를 바라볼 때 생기는 방향의 차(θ)는 무엇이며, 관측자 A, B와 나무 사이의 거리가 가까워질 때와 멀어질 때 θ의 변화를 옳게 짝 지은 것은?

	θ	가까워질 때 θ의 변화	멀어질 때 θ의 변화
①	시차	커진다.	작아진다.
②	시차	작아진다.	커진다.
③	연주 시차	커진다.	작아진다.
④	연주 시차	작아진다.	커진다.
⑤	각거리	작아진다.	커진다.

05 표는 별들의 연주 시차를 나타낸 것이다.

별	연주 시차(″)
프록시마 센타우리	0.77
시리우스	0.38
알타이르	0.19
베가	0.13

이에 대한 설명으로 옳지 않은 것을 모두 고르면? (2개)

① 지구에서 가장 먼 별은 베가이다.
② 알타이르까지의 거리는 약 10 pc이다.
③ 연주 시차는 별까지의 거리에 반비례한다.
④ 지구가 공전하기 때문에 별의 연주 시차가 나타난다.
⑤ 시리우스는 베가보다 지구로부터의 거리가 멀 것이다.

[주관식]

06 다음은 지구에서 별 A~C까지의 거리를 나타낸 것이다. 연주 시차가 크게 관측되는 별부터 작게 관측되는 별까지 순서대로 쓰시오.

• A: 15 pc • B: 0.5 pc • C: 2 pc

출제율 99%

07 그림은 지구에서 별 S를 관측한 모습을 나타낸 것이다.

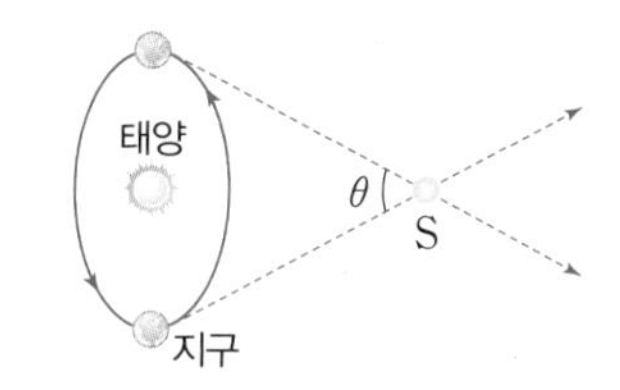

이에 대한 설명으로 옳은 것을 모두 고르면? (2개)

① 별 S의 연주 시차는 2θ이다.
② 별 S보다 거리가 먼 별의 시차는 θ보다 크다.
③ 지구가 공전하지 않는다면 θ가 나타나지 않을 것이다.
④ θ는 지구에서 별 S를 1년 간격으로 관측하여 측정한다.
⑤ 지구로부터의 거리가 약 100 pc 이상인 별은 θ를 이용하여 거리를 구하기 어렵다.

출제율 99%

08 그림은 화이트보드에 일정한 간격으로 1~9까지 번호를 적은 붙임쪽지를 붙이고 스타이로폼 공을 고정한 막대를 세운 후 양쪽 눈을 번갈아 감으면서 스타이로폼 공의 위치 변화를 관찰하는 모습을 나타낸 것이다.

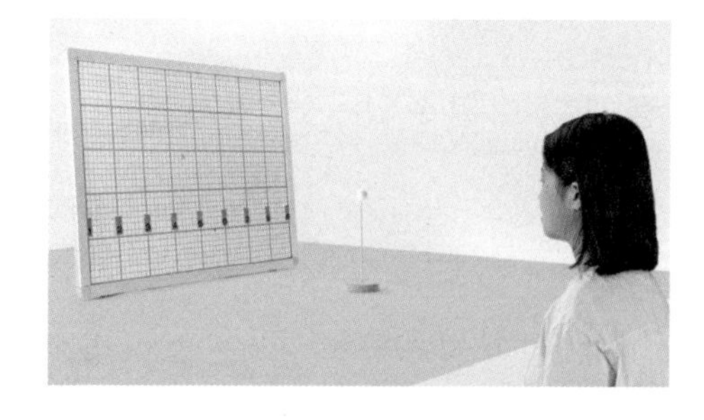

이 실험에 대한 설명으로 옳지 않은 것은?

① 시차를 이용하여 물체까지의 거리를 알 수 있다.
② 관측자와 스타이로폼 공의 거리가 가까울수록 시차가 크다.
③ 별의 연주 시차를 구하는 방법에 비교할 때 붙임쪽지는 배경별에 해당한다.
④ 관측자의 두 눈 사이의 거리가 더 가까울 경우 붙임쪽지 번호의 차는 더 클 것이다.
⑤ 별의 연주 시차를 구하는 방법에 비교할 때 관측자의 두 눈은 6개월 간격의 지구 위치에 해당한다.

[주관식]

09 표는 지구에서 관측한 별 A~D의 연주 시차를 나타낸 것이다. 지구로부터의 거리가 가장 가까운 별과 가장 먼 별의 거리를 각각 쓰시오.

별	A	B	C	D
연주 시차(″)	10	0.01	0.5	2

10 그림 (가)와 (나)는 지구에서 6개월 간격으로 관측한 별 A와 B의 위치를 나타낸 것이다. (가)와 (나)에서 별 A의 각거리는 0.3″이다.

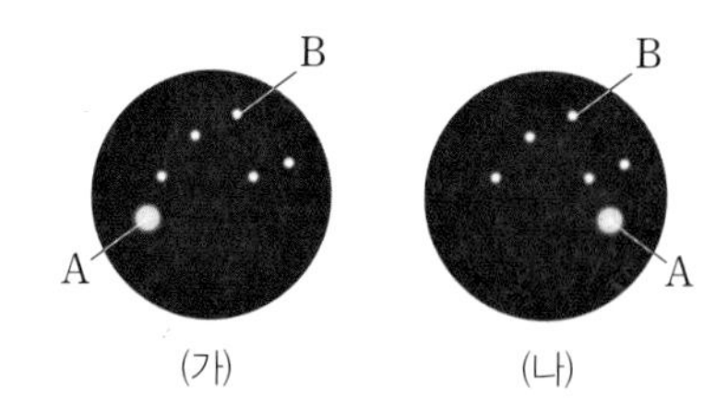

(가) (나)

이에 대한 설명으로 옳은 것을 〈보기〉에서 모두 고른 것은?

보기
ㄱ. 별 A의 거리는 10 pc보다 멀다.
ㄴ. 연주 시차는 별 A가 별 B보다 크다.
ㄷ. 지구로부터의 거리는 별 A가 별 B보다 가깝다.
ㄹ. 6개월 간격으로 관측한 별 A의 위치가 변하는 것은 지구가 공전하기 때문이다.

① ㄱ, ㄴ ② ㄴ, ㄷ ③ ㄷ, ㄹ
④ ㄱ, ㄴ, ㄷ ⑤ ㄴ, ㄷ, ㄹ

11 그림은 태양 주위를 공전하는 지구가 E_1, E_2 위치에 있을 때 별 S를 관측한 모습을 나타낸 것이다.

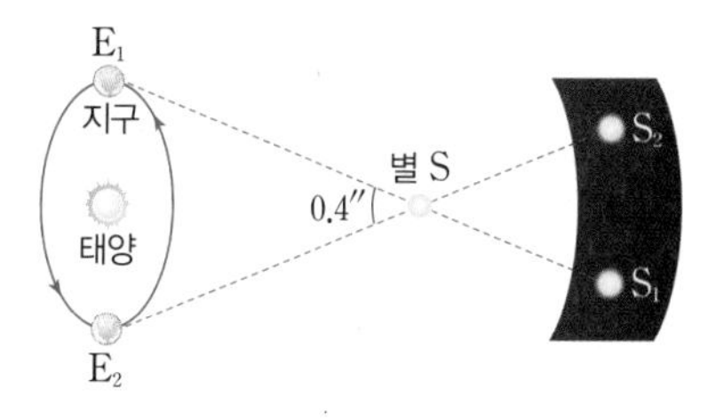

별 S의 빛이 지구에 도달하는 데 걸리는 시간은? (단, 1 pc은 약 3.26광년이다.)

① 약 8.15년 ② 약 16.3년 ③ 약 81.5년
④ 약 163년 ⑤ 약 815년

12 다음은 여러 별의 시차와 연주 시차, 지구로부터의 거리를 나타낸 것이다.

(가) 시차가 1″인 별
(나) 연주 시차가 4″인 별
(다) 지구로부터의 거리가 20 pc인 별
(라) 지구로부터의 거리가 3.26광년인 별
(마) 지구로부터의 거리가 3×10^{15} km인 별

지구로부터의 거리가 가장 가까운 별과 가장 먼 별을 순서대로 옳게 나타낸 것은?

① (가), (다) ② (가), (마) ③ (나), (마)
④ (다), (라) ⑤ (라), (마)

[13~14] 그림은 6개월 간격으로 1년 동안 관측한 별의 모습을 순서대로 나타낸 것이다.

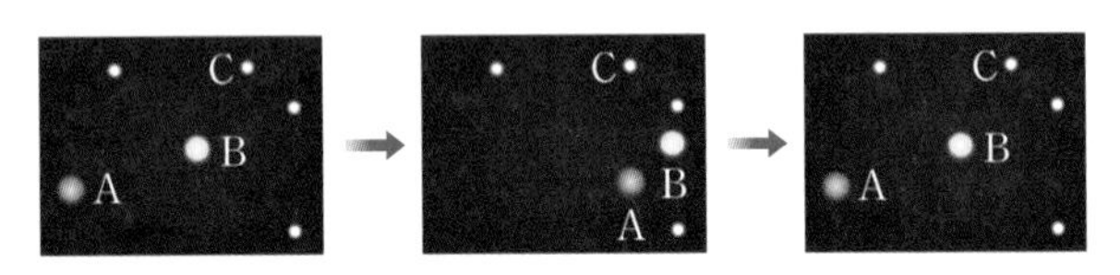

출제율 99%

13 별 A~C 중 지구로부터의 거리가 가장 가까운 별과 연주 시차가 가장 작은 별을 옳게 짝 지은 것은?

	지구로부터의 거리가 가장 가까운 별	연주 시차가 가장 작은 별
①	A	B
②	A	C
③	B	A
④	B	C
⑤	C	A

14 별 A와 B의 위치 변화가 나타나는 까닭에 대한 설명으로 옳은 것은?

① 지구가 자전하기 때문이다.
② 지구가 공전하기 때문이다.
③ 별 A와 B가 지구에 가까워지기 때문이다.
④ 별 A와 B의 표면 온도가 배경별에 비해 높기 때문이다.
⑤ 별 A와 B가 배경별에 비해 빠른 속도로 이동하기 때문이다.

15 (가) 물체의 거리와 시차의 관계, (나) 별의 거리와 연주 시차의 관계를 〈보기〉에서 골라 옳게 짝 지은 것은?

보기

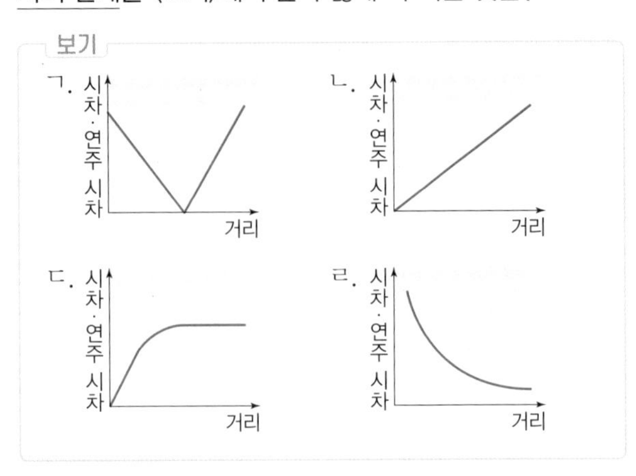

	(가)	(나)
①	ㄱ	ㄷ
②	ㄴ	ㄹ
③	ㄷ	ㄷ
④	ㄷ	ㄹ
⑤	ㄹ	ㄹ

[16~18] 그림은 태양 주위를 공전하는 지구에서 6개월 간격으로 별 S를 관측한 모습을 나타낸 것이다.

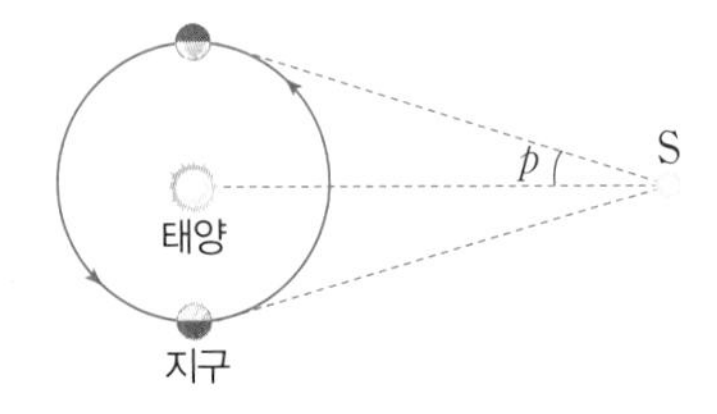

[주관식]

16 p를 관측하여 알 수 있는 것을 쓰시오.

17 p가 0.2″일 때 별 S까지의 거리는 몇 pc인가?

① 1 pc ② 2 pc ③ 5 pc
④ 20 pc ⑤ 50 pc

18 목성에서 별 S의 시차를 측정한다면 얼마이겠는가? (단, 지구의 공전 궤도 반지름은 1 AU이고, 목성의 공전 궤도 반지름은 5 AU라고 가정한다.)

① 약 $\frac{1}{2}p$ ② 약 $\frac{1}{5}p$ ③ 약 $\frac{2}{5}p$
④ 약 $5p$ ⑤ 약 $10p$

고난도 문제

19 그림은 태양 주위를 공전하는 지구가 E_1, E_2 위치에 있을 때 별 S와 별 ㉠~㉤을 관측한 모습을 나타낸 것이다.

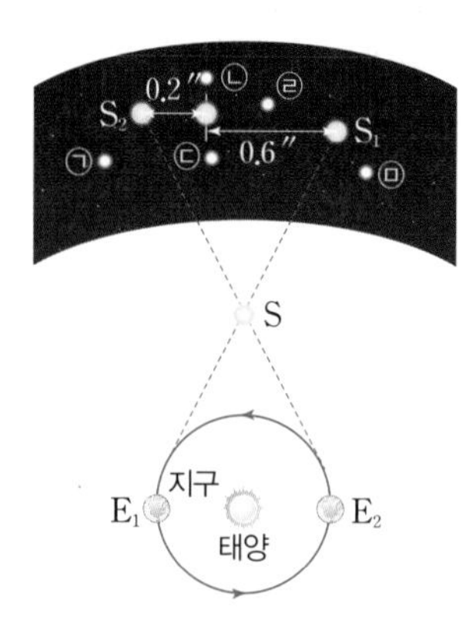

이에 대한 설명으로 옳은 것을 〈보기〉에서 모두 고른 것은?

보기

ㄱ. 별 S의 거리는 25 pc이다.
ㄴ. 별 S의 거리가 5배 멀어지면 시차는 0.16″가 된다.
ㄷ. 별 ㉠~㉤ 중 지구로부터의 거리가 가장 먼 별은 ㉡이다.
ㄹ. 별 S의 빛이 지구에 도달하는 데 걸리는 시간은 10년보다 짧다.

① ㄱ, ㄴ ② ㄱ, ㄷ ③ ㄴ, ㄷ
④ ㄴ, ㄹ ⑤ ㄷ, ㄹ

자료 분석 | 정답과 해설 55쪽

20 표는 별 A~D의 연주 시차와 거리를 나타낸 것이다.

별	연주 시차(″)	거리(pc)
A	0.24	약 4.17
B	(㉠)	0.2
C	0.19	(㉡)
D	0.12	(㉢)

이에 대한 설명으로 옳은 것을 〈보기〉에서 모두 고른 것은?

보기

ㄱ. ㉠은 5이다.
ㄴ. ㉡은 ㉢보다 크다.
ㄷ. 지구로부터의 거리가 가장 먼 별은 D이다.
ㄹ. 별 A의 빛이 지구에 도달하는 데 걸리는 시간은 별 D의 빛이 지구에 도달하는 데 걸리는 시간보다 2배 길다.

① ㄱ, ㄴ ② ㄱ, ㄷ ③ ㄴ, ㄹ
④ ㄱ, ㄴ, ㄷ ⑤ ㄴ, ㄷ, ㄹ

서술형 문제

21 그림은 관측자가 서로 다른 위치에서 건물을 바라보는 모습을 나타낸 것이다.

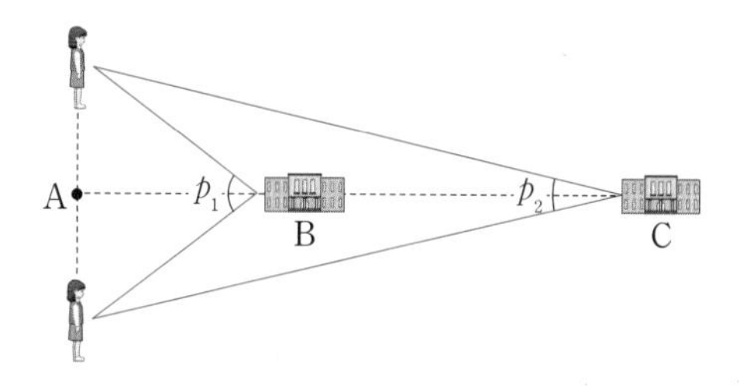

(1) p_1과 p_2의 크기를 부등호를 이용하여 비교하시오.

(2) 관측자로부터 건물까지의 거리와 시차의 관계를 서술하시오.

22 그림은 별 A와 B를 6개월 간격으로 관측하여 나타낸 것이다.

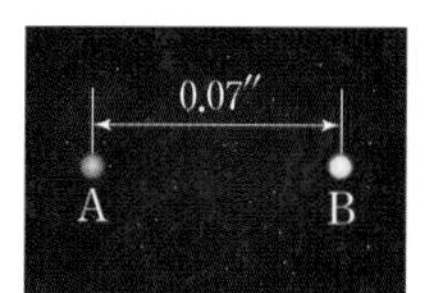

(가) 6개월 전

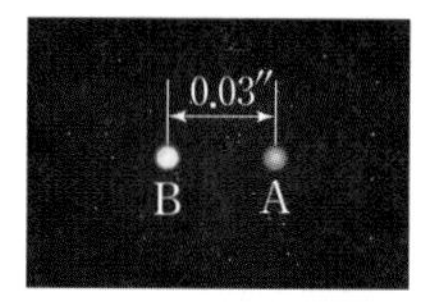

(나) 현재

지구로부터 별 A까지의 거리를 구하는 과정을 다음 단어를 모두 포함하여 서술하시오. (단, 별 B의 위치는 변하지 않았다.)

시차, 연주 시차, 거리

23 표는 별 A~D의 연주 시차와 거리를 나타낸 것이다.

별	연주 시차(″)	거리(pc)
A	20	0.05
B	2	0.5
C	10	( )
D	0.1	( )

(1) 별 C와 D의 거리 비(C : D)를 쓰시오.

(2) 별 A와 B의 빛이 각각 지구에 도달하는 데 걸리는 시간을 구하는 과정을 포함하여 서술하시오. (단, 1 pc은 약 3.26광년이다.)

정답과 해설 56쪽

1 별의 밝기
별의 밝기는 별이 방출하는 빛의 양과 거리에 따라 다르게 보인다.

별까지의 거리가 같을 때	방출하는 빛의 양이 ❶(　　) 별일수록 밝게 보인다.
별이 방출하는 빛의 양이 같을 때	거리가 ❷(　　) 별일수록 밝게 보인다.

2 별의 밝기와 거리
① 별까지의 거리가 2배, 3배로 멀어지면 빛이 도달하는 면적은 4배, 9배가 된다. ➡ 동일한 면적에 도달하는 빛의 양은 $\frac{1}{4}$배, $\frac{1}{9}$배로 줄어들어 ❸(　　) 보인다.

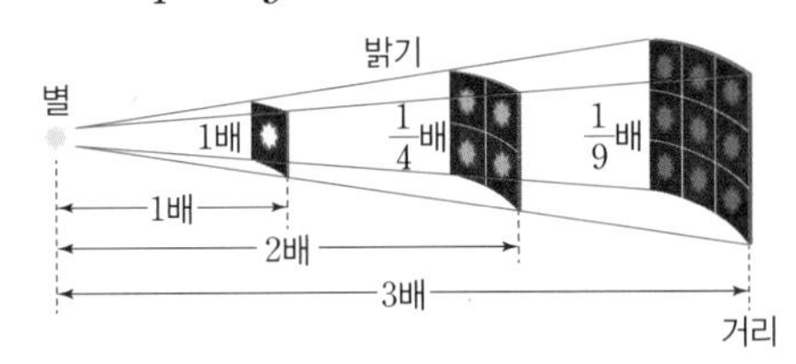

▲ 거리에 따른 별의 밝기 변화

② 우리 눈에 보이는 별의 밝기는 별까지의 ❹(　　)의 제곱에 반비례한다.

$$\text{별의 밝기} \propto \frac{1}{(\text{별까지의 거리})^2}$$

3 별의 밝기와 등급

1등급보다 밝은 별	• 0등급, −1등급, −2등급, … 등으로 나타낸다. • 등급이 작을수록 ❺(　　) 별이다.
6등급보다 어두운 별	• 7등급, 8등급, 9등급, … 등으로 나타낸다. • 등급이 클수록 ❻(　　) 별이다.
각 등급 사이의 밝기인 별	소수점을 이용하여 −2.5등급, 1.3등급 등으로 나타낸다.

4 별의 등급 차와 밝기 차
문제 공략 54쪽

① 1등급인 별은 6등급인 별보다 약 100배 밝다.

② 1등급 간의 밝기 차는 약 ❼(　　)배이다.

$$\text{밝기 차(배)} \fallingdotseq 2.5^{\text{등급 차}}$$

약 100배

약 2.5배 / 약 2.5배 / 약 2.5배 / 약 2.5배 / 약 2.5배

6등급 5등급 4등급 3등급 2등급 1등급

▲ 별의 등급 차와 밝기 차

③ 별의 등급 차와 밝기 차

별의 등급 차	별의 밝기 차	별의 등급 차	별의 밝기 차
1	약 2.5배	4	$2.5^4 \fallingdotseq 40$배
2	$2.5^2 \fallingdotseq 6.3$배	5	$2.5^5 \fallingdotseq$ ❽(　　)배
3	$2.5^3 \fallingdotseq 16$배		

5 별의 겉보기 등급과 절대 등급
문제 공략 55쪽

① 겉보기 등급: 우리 눈에 보이는 별의 밝기를 등급으로 나타낸 것이다.
- 별까지의 실제 거리는 생각하지 않고 지구에서 보이는 대로 정한 것이다.
- 겉보기 등급이 ❾(　　) 별일수록 우리 눈에 밝게 보인다.

② 절대 등급: 별이 10 pc의 거리에 있다고 가정했을 때의 밝기를 등급으로 나타낸 것이다.
- 별의 실제 밝기를 비교할 수 있다.
- 절대 등급이 ❿(　　) 별일수록 실제로 밝다.

6 겉보기 등급과 절대 등급을 이용한 별의 거리 판단
(겉보기 등급−절대 등급) 값이 작을수록 가까이 있는 별이고, 클수록 멀리 있는 별이다.

① 10 pc보다 ⓫(　　) 있는 별: (겉보기 등급−절대 등급)<0

② 10 pc 거리에 있는 별: (겉보기 등급−절대 등급)=0

③ 10 pc보다 ⓬(　　) 있는 별: (겉보기 등급−절대 등급)>0

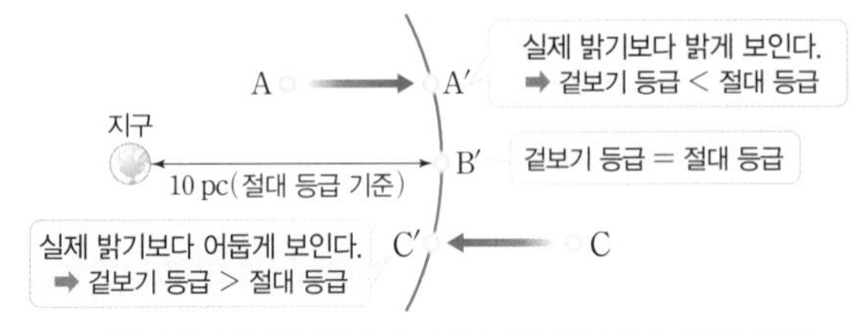

▲ 겉보기 등급과 절대 등급을 이용한 별의 거리 판단

7 별의 색깔과 표면 온도
① 별의 표면 온도에 따라 별의 ⓭(　　)이 달라진다.

② 표면 온도가 높은 별일수록 파란색을 띠고, 표면 온도가 낮은 별일수록 붉은색을 띤다.

③ 청색 → 청백색 → 백색 → 황백색 → 황색 → 주황색 → 적색으로 갈수록 표면 온도가 낮아진다.

- 베텔게우스는 적색을 띤다.
- 리겔은 청백색을 띤다.
- 리겔은 베텔게우스보다 표면 온도가 ⓮(　　).

중단원 퀴즈

정답과 해설 56쪽

답안지

1 눈에 보이는 별의 (   )에 영향을 미치는 요인은 별이 방출하는 (   )과 별까지의 거리이다.

2 별의 밝기는 별까지의 거리의 제곱에 (비례 , 반비례)하므로, 별의 거리가 $\frac{1}{3}$배로 가까워지는 경우 밝기는 (3 , 9)배 밝게 보인다.

3~5 표는 별의 등급 차에 따른 밝기 차를 나타낸 것이다.

별의 등급 차	별의 밝기 차
1	약 2.5배
2	2.5^2≒6.3배
3	2.5^3≒( )배
4	2.5^4≒( )배
5	2.5^5≒100배

3 1등급 차이는 약 2.5배의 밝기 차이가 나므로, 3등급 차이는 약 (16 , 40)배의 밝기 차이가 난다.

4 −5등급인 별은 −1등급인 별보다 약 (16 , 40)배 밝다.

5 6등급인 별 100개가 모여 있으면 (   )등급의 별 1개와 밝기가 같아 보이고, 6등급인 별 10000개가 모여 있으면 (   )등급의 별 1개와 밝기가 같아 보인다.

6 절대 등급과 관련된 내용을 〈보기〉에서 모두 고르시오.

보기
ㄱ. 별의 실제 밝기
ㄴ. 별이 우리 눈에 보이는 밝기
ㄷ. 별의 실제 밝기 비교 가능
ㄹ. 별의 실제 거리를 고려하지 않은 밝기
ㅁ. 별이 100 pc의 거리에 있다고 가정했을 때의 밝기

7~8 표는 별들의 겉보기 등급과 절대 등급을 나타낸 것이다.

별	겉보기 등급	절대 등급
리겔	0.1	−6.8
시리우스	−1.5	1.4
북극성	2.1	−3.7
태양	−26.8	4.8
베텔게우스	0.4	−5.6

7 가장 어둡게 보이는 별은 (   )이고, 거리가 가장 먼 별은 (   )이다.

8 베텔게우스는 거리가 10 pc보다 (   ), 시리우스는 거리가 10 pc보다 (   ).

9 어떤 별이 지구에서 멀어지면 겉보기 등급은 (커 , 작아)지고, 절대 등급은 (커진다 , 작아진다 , 변하지 않는다).

10 별의 (   )에 따라 별의 색깔이 달라진다. 청색, 청백색, 백색, 황백색, 황색, 주황색, 적색으로 갈수록 (   )가 낮아진다.

1 ____________
2 ____________
3 ____________
4 ____________
5 ____________
6 ____________
7 ____________
8 ____________
9 ____________
10 ____________

계산 문제 공략 별의 등급 차와 거리 변화에 따른 등급 변화 구하기

정답과 해설 56쪽

• 별의 밝기 $\propto \frac{1}{(\text{별까지의 거리})^2}$

• 밝기 차(배) $\fallingdotseq 2.5^{\text{등급 차}}$

별의 거리 변화에 따른 밝기 변화를 구하는 문제

1 별의 거리가 $\frac{1}{2}$배로 가까워지면 별의 밝기는 (　　　　) 배 밝게 보인다.

2 별의 거리가 $\frac{1}{10}$배로 가까워지면 별의 밝기는 (　　　　) 배 밝게 보인다.

3 별의 거리가 4배 멀어지면 별의 밝기는 (　　　　)배로 어둡게 보인다.

4 별의 거리가 5배 멀어지면 별의 밝기는 (　　　　)배로 어둡게 보인다.

5 별의 거리가 10배 멀어지면 별의 밝기는 (　　　　)배로 어둡게 보인다.

별의 등급 차를 이용하여 밝기 차를 구하는 문제

[6~10] 표는 별의 등급 차에 따른 밝기 차를 나타낸 것이다.

별의 등급 차	별의 밝기 차
1	약 2.5배
2	$2.5^2 \fallingdotseq 6.3$배
3	$2.5^3 \fallingdotseq 16$배
4	$2.5^4 \fallingdotseq 40$배
5	$2.5^5 \fallingdotseq 100$배

6 −2등급인 별은 0등급인 별보다 약 (㉠　　　　)배 ㉡(밝게 , 어둡게) 보인다.

7 4등급인 별은 7등급인 별보다 약 (㉠　　　　)배 ㉡(밝게 , 어둡게) 보인다.

8 10등급인 별은 9등급인 별보다 약 (㉠　　　　)배로 ㉡(밝게 , 어둡게) 보인다.

9 −1등급인 별은 −4등급인 별보다 약 (㉠　　　　)배로 ㉡(밝게 , 어둡게) 보인다.

10 −5등급인 별은 −10등급인 별보다 약 (㉠　　　　)배로 ㉡(밝게 , 어둡게) 보인다.

별의 밝기 차를 이용하여 등급을 구하는 문제

11 3등급인 별보다 약 2.5배 밝은 별은 몇 등급인지 쓰시오.

12 4등급인 별보다 약 $\frac{1}{16}$배로 어두운 별은 몇 등급인지 쓰시오.

[13~16] 표는 별 A~D의 겉보기 등급과 절대 등급을 나타낸 것이다.

별	A	B	C	D
겉보기 등급	0.1	5.1	1.7	−6.0
절대 등급	0.3	−2.1	−0.5	2.5

13 A보다 약 6.3배 밝게 보이는 별은 몇 등급으로 보이는지 쓰시오.

14 B보다 약 $\frac{1}{40}$배로 어둡게 보이는 별의 겉보기 등급을 쓰시오.

15 C보다 약 100배 밝은 별은 몇 등급인지 쓰시오.

16 D보다 약 $\frac{1}{100}$배로 어두운 별의 절대 등급을 쓰시오.

별이 여러 개 모여 있을 때의 밝기와 등급을 구하는 문제

17 0.5등급인 별 40개가 모여 있는 경우 몇 등급의 별 1개와 밝기가 같은지 쓰시오.

18 −2등급인 별 1개와 밝기가 같으려면 3등급인 별 몇 개가 모여야 하는지 쓰시오.

계 산 문제 공략 별의 겉보기 등급과 절대 등급 구하기

- 10 pc보다 가까이 있는 별: (겉보기 등급－절대 등급)<0
- 10 pc보다 멀리 있는 별: (겉보기 등급－절대 등급)>0
- 10 pc 거리에 있는 별: (겉보기 등급－절대 등급)=0

별의 거리 변화에 따른 등급 변화를 구하는 문제

1 겉보기 등급이 9등급인 별의 거리가 $\frac{1}{4}$배로 가까워지면 약 몇 등급으로 보이는지 쓰시오.

2 3등급으로 보이는 별의 거리가 10배 멀어질 때 겉보기 등급을 쓰시오.

[3~4] 표는 별 A와 B의 겉보기 등급과 절대 등급을 나타낸 것이다.

별	A	B
겉보기 등급	2.1	－5.1
절대 등급	1.3	－0.1

3 A의 거리가 4배 멀어지면 약 몇 등급으로 보이는지 쓰시오.

4 B의 거리가 $\frac{1}{10}$배로 가까워지면 절대 등급은 몇 등급이 되는지 쓰시오.

겉보기 등급과 절대 등급을 이용하여 별의 거리를 파악하는 문제

[5~8] 표는 별 A~E의 겉보기 등급과 절대 등급을 나타낸 것이다.

별	겉보기 등급	절대 등급
A	0.1	－6.8
B	－1.5	1.4
C	2.1	2.1
D	－6.8	4.8
E	0.4	－5.6

5 거리가 10 pc보다 가까운 별을 모두 쓰시오.

6 10 pc의 거리에 있는 별을 모두 쓰시오.

7 거리가 10 pc보다 먼 별을 모두 쓰시오.

8 거리가 가장 가까운 별과 가장 먼 별을 순서대로 쓰시오.

별의 거리와 겉보기 등급을 이용하여 절대 등급을 구하는 문제

9 10 pc의 거리에 있는 별의 겉보기 등급이 －3등급일 때, 이 별의 절대 등급을 쓰시오.

10 다음은 100 pc의 거리에 있는 별의 겉보기 등급이 2등급일 때, 이 별의 절대 등급을 구하는 과정을 나타낸 것이다. 빈칸에 알맞은 수를 쓰시오.

> 10 pc은 별의 거리인 100 pc보다 $\frac{1}{10}$배로 가까운 거리이다. 별을 10 pc의 거리로 옮기면 거리가 $\frac{1}{10}$배로 가까워지므로 밝기는 (㉠ 　　　)배 밝게 보인다. 100배의 밝기 차는 약 (㉡ 　　　)등급 차이가 나며, 별의 거리가 10 pc보다 멀면 (겉보기 등급－등급 차)가 절대 등급이다. 따라서 절대 등급=(겉보기 등급－등급 차)≒2등급－(㉢ 　　　)등급≒－3등급이다.

11 다음은 별 A의 거리와 겉보기 등급을 나타낸 것이다. 별 A의 절대 등급을 쓰시오.

> • 거리: 1 pc　　• 겉보기 등급: 3.2등급

별의 거리와 절대 등급을 이용하여 겉보기 등급을 구하는 문제

12 다음은 절대 등급이 4.5등급인 별의 거리가 40 pc일 때 겉보기 등급을 구하는 과정을 나타낸 것이다. 빈칸에 알맞은 수를 쓰시오.

> 40 pc은 10 pc보다 4배 먼 거리이다. 별의 거리가 4배 멀어지면 밝기는 (㉠ 　　　)배로 어둡게 보인다. 16배의 밝기 차는 약 (㉡ 　　　)등급 차이가 나며, 별의 거리가 10 pc보다 멀면 (절대 등급+등급 차)가 겉보기 등급이다. 따라서 겉보기 등급=(절대 등급+등급 차)≒4.5등급+(㉢ 　　　)등급≒7.5등급이다.

13 다음은 별 A의 거리와 절대 등급을 나타낸 것이다. 별 A의 겉보기 등급을 쓰시오.

> • 거리: 100 pc　　• 절대 등급: －0.6등급

정답과 해설 57쪽

출제율 99%

01 별의 밝기와 등급에 대한 설명으로 옳지 않은 것을 모두 고르면? (2개)

① 0등급인 별은 3등급인 별보다 약 16배 밝다.
② 별의 밝기는 숫자를 이용하여 등급으로 나타낸다.
③ −1등급인 별과 6등급인 별은 약 100배의 밝기 차이가 난다.
④ 별의 밝기가 2등급과 3등급 사이일 때는 2.5등급으로 나타낸다.
⑤ 히파르코스는 별을 밝기에 따라 1등급부터 6등급까지 구분하였다.

02 표는 별 A~D의 절대 등급을 나타낸 것이다.

별	A	B	C	D
절대 등급	0.3	−2.1	−0.5	1.9

별 A~D 중 가장 밝은 별은 가장 어두운 별보다 몇 배 밝은가?

① 약 2.5배 ② 약 6.3배 ③ 약 16배
④ 약 40배 ⑤ 약 100배

03 그림 (가)와 (나)는 별의 밝기에 영향을 미치는 요인을 알아보기 위한 실험을 나타낸 것이다.

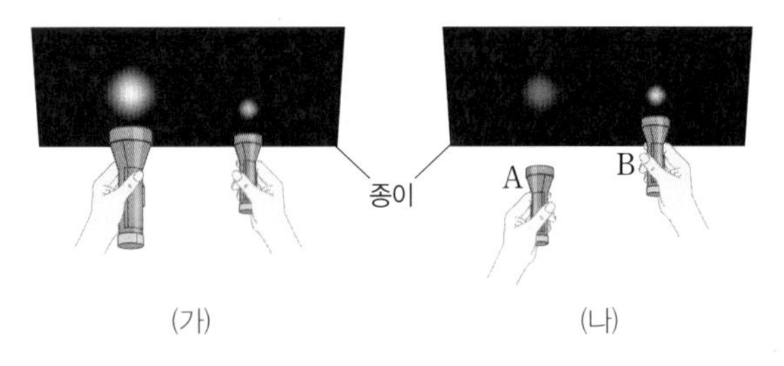

(가) (나)

이 실험에 대한 설명으로 옳은 것을 〈보기〉에서 모두 고른 것은?

보기
ㄱ. (가)는 별이 방출하는 빛의 양에 따른 눈에 보이는 별의 밝기를 알아보기 위한 실험이다.
ㄴ. (가)에서 큰 손전등과 작은 손전등은 단위 면적당 도달하는 빛의 양이 같다.
ㄷ. (나)에서 A는 B보다 단위 면적당 도달하는 빛의 양이 적다.
ㄹ. (나)는 별의 거리에 따라 밝기가 다르게 보이는 것을 알아보기 위한 실험이다.

① ㄱ, ㄴ ② ㄴ, ㄷ ③ ㄷ, ㄹ
④ ㄱ, ㄴ, ㄷ ⑤ ㄱ, ㄷ, ㄹ

04 겉보기 등급이 −4등급인 별이 100개 모여 있다면, 몇 등급의 별과 같은 밝기로 관측되는가?

① −10등급 ② −9등급 ③ −1등급
④ 1등급 ⑤ 9등급

05 그림은 별의 밝기와 거리의 관계를 나타낸 것이다.

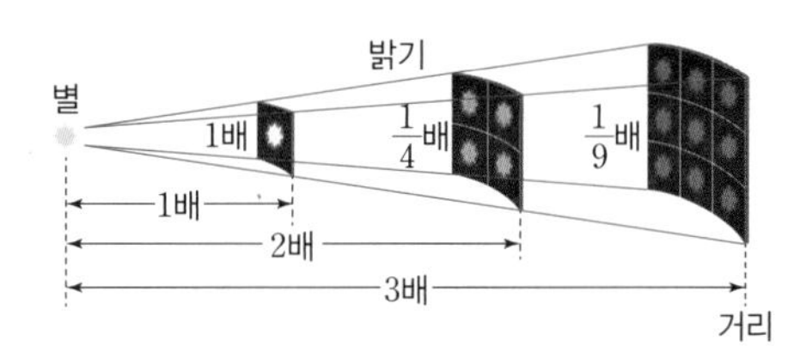

지구로부터 어떤 별까지의 거리가 $\frac{1}{6}$배로 가까워질 경우 이 별의 밝기 변화에 대한 설명으로 옳은 것은?

① 6배 밝게 보인다.
② 12배 밝게 보인다.
③ 36배 밝게 보인다.
④ $\frac{1}{6}$배로 어둡게 보인다.
⑤ $\frac{1}{12}$배로 어둡게 보인다.

06 표는 별의 등급 차에 따른 밝기 차를 나타낸 것이다.

등급 차	1	2	3	4	5
밝기 차(배)	약 2.5	약 6.3	약 16	약 40	약 100

겉보기 등급이 0등급, 절대 등급이 4.5등급인 별의 거리가 10배 멀어질 때 이 별의 겉보기 등급과 절대 등급을 옳게 짝 지은 것은?

	겉보기 등급	절대 등급
①	−5등급	−0.5등급
②	0등급	−0.5등급
③	5등급	0.5등급
④	5등급	4.5등급
⑤	10등급	9.5등급

[07~09] 표는 별들의 겉보기 등급과 절대 등급을 나타낸 것이다.

별	겉보기 등급	절대 등급
리겔	0.1	−6.8
시리우스	−1.5	1.4
북극성	2.1	−3.7
베텔게우스	0.4	−5.6

[주관식]

07 지구에서 맨눈으로 보았을 때 가장 밝게 보이는 별과 실제로 가장 밝은 별을 순서대로 쓰시오.

08 (가) 북극성이 현재 위치보다 $\frac{1}{4}$배로 가까워질 경우 겉보기 등급과 (나) 베텔게우스와 밝기가 같은 별 16개가 모여 있을 경우 절대 등급을 옳게 설명한 것은?

	(가)	(나)
①	−6.7등급으로 보인다.	변화가 없다.
②	−6.7등급으로 보인다.	−2.6등급이 된다.
③	−0.9등급으로 보인다.	−2.6등급이 된다.
④	−0.9등급으로 보인다.	−8.6등급이 된다.
⑤	변화가 없다.	−8.6등급이 된다.

09 지구로부터의 거리가 10 pc보다 먼 별들을 옳게 짝 지은 것은?

① 리겔, 북극성
② 리겔, 시리우스
③ 북극성, 시리우스
④ 리겔, 북극성, 베텔게우스
⑤ 북극성, 시리우스, 베텔게우스

10 절대 등급이 −12.5등급인 별은 절대 등급이 −2.5등급인 별에 비해 몇 배 더 밝은가?

① 약 25배 ② 약 100배 ③ 약 630배
④ 약 1000배 ⑤ 약 10000배

[주관식]

11 그림은 지구로부터 10 pc의 거리와 여러 별의 겉보기 등급, 절대 등급을 나타낸 것이다. 겉보기 등급이나 절대 등급이 잘못 표시된 별을 쓰시오.

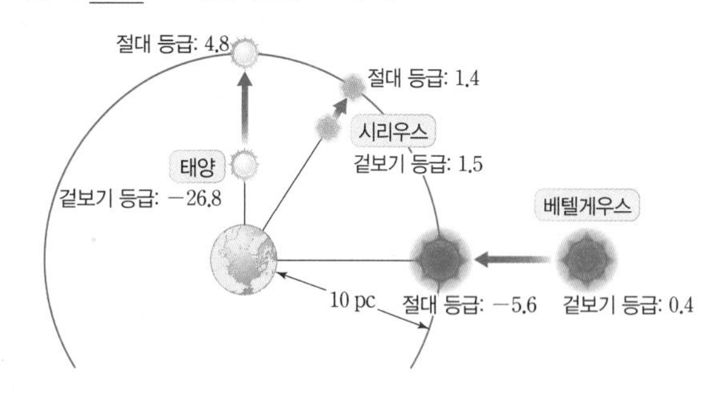

출제율 99%

12 표는 별 A~D의 겉보기 등급과 절대 등급을 나타낸 것이다.

별	A	B	C	D
겉보기 등급	0.1	5.1	1.7	−6.0
절대 등급	0.3	−5.1	−0.5	2.5

이에 대한 설명으로 옳지 않은 것을 모두 고르면? (2개)

① 연주 시차가 가장 큰 별은 D이다.
② 실제 밝기가 가장 밝은 별은 B이다.
③ B는 지구로부터 10 pc의 거리에 있다.
④ 지구로부터의 거리가 가장 먼 별은 D이다.
⑤ 10 pc보다 가까운 거리에 있는 별은 C이다.

출제율 99%

13 별의 등급과 색깔에 대한 설명으로 옳은 것을 <보기>에서 모두 고른 것은?

보기

ㄱ. 절대 등급으로 별의 실제 밝기를 비교할 수 있다.
ㄴ. 적색을 띠는 별은 황색을 띠는 별보다 표면 온도가 낮다.
ㄷ. 별의 절대 등급이 같은 경우 거리가 가까운 별일수록 겉보기 등급이 크다.
ㄹ. 지구로부터 10 pc보다 먼 거리에 있는 별은 겉보기 등급이 절대 등급보다 작다.

① ㄱ, ㄴ ② ㄱ, ㄷ ③ ㄴ, ㄷ
④ ㄴ, ㄹ ⑤ ㄷ, ㄹ

【주관식】

14 그림은 별 (가)~(라)의 색깔을 나타낸 것이다. 표면 온도가 높은 별부터 순서대로 쓰시오.

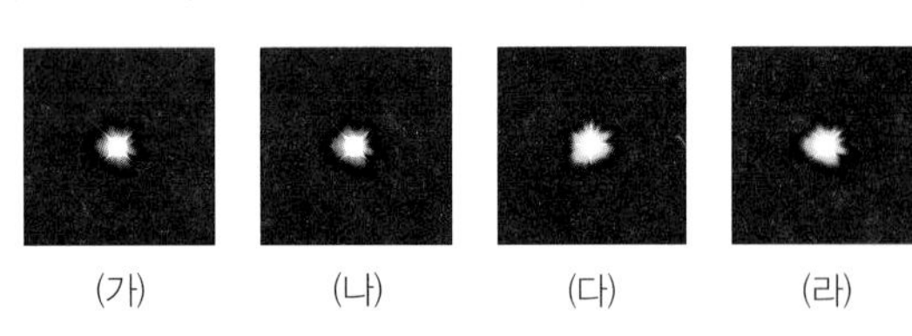

15 그림은 별 A~E의 색깔과 절대 등급을 나타낸 것이다.

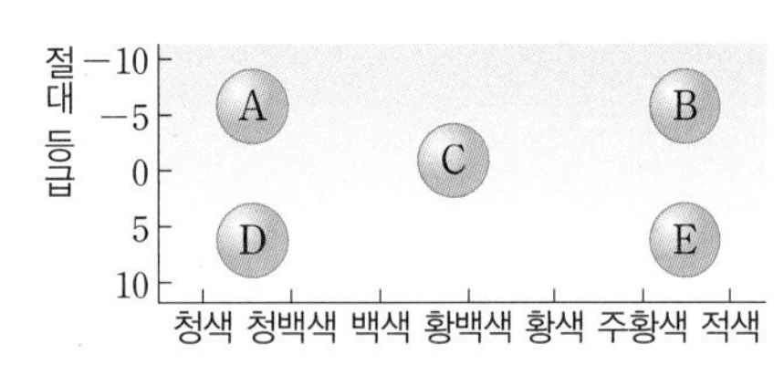

이에 대한 설명으로 옳은 것은?

① A는 D보다 우리 눈에 밝게 보인다.
② B는 C보다 표면 온도가 높다.
③ 실제 밝기는 B가 D보다 밝다.
④ C는 지구로부터 10 pc의 거리에 있다.
⑤ E의 거리가 2배 멀어지면 절대 등급은 커진다.

16 그림은 별 A~D의 겉보기 등급과 절대 등급을 나타낸 것이다.

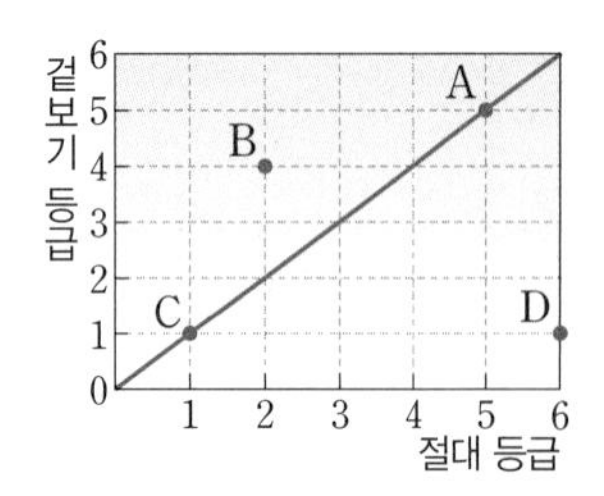

이에 대한 설명으로 옳은 것을 〈보기〉에서 모두 고른 것은?

보기
ㄱ. 가장 밝게 보이는 별은 A이다.
ㄴ. A와 C는 지구로부터 같은 거리에 있다.
ㄷ. B는 지구로부터 10 pc보다 가까운 거리에 있다.
ㄹ. 지구로부터 10 pc의 거리에 있을 때 가장 밝게 보이는 별은 C이다.

① ㄱ, ㄴ ② ㄱ, ㄷ ③ ㄴ, ㄹ
④ ㄱ, ㄷ, ㄹ ⑤ ㄴ, ㄷ, ㄹ

17 100 pc의 거리에 있는 별의 절대 등급이 −3.2등급일 때 연주 시차와 겉보기 등급을 옳게 짝 지은 것은?

	연주 시차	겉보기 등급
①	0.1″	−8.2등급
②	0.1″	1.8등급
③	0.01″	−4.2등급
④	0.01″	1.8등급
⑤	10″	−4.2등급

18 표는 오리온자리의 리겔과 베텔게우스의 겉보기 등급, 절대 등급, 색깔을 나타낸 것이다.

구분	겉보기 등급	절대 등급	색깔
리겔	0.1	−6.8	청백색
베텔게우스	0.4	−5.6	적색

실제 밝기가 더 밝은 별, 거리가 더 먼 별, 표면 온도가 더 낮은 별을 옳게 짝 지은 것은?

	실제 밝기가 더 밝은 별	거리가 더 먼 별	표면 온도가 더 낮은 별
①	리겔	리겔	리겔
②	리겔	리겔	베텔게우스
③	리겔	베텔게우스	리겔
④	베텔게우스	리겔	베텔게우스
⑤	베텔게우스	베텔게우스	리겔

【주관식】

19 연주 시차가 0.1″인 별의 겉보기 등급이 0.7등급일 때 절대 등급을 쓰시오.

출제율 99%

20 절대 등급이 4.7등급인 별이 10000개 모여 있는 성단은 몇 등급의 별 1개와 밝기가 같은가?

① −10.7등급 ② −5.3등급 ③ −4.7등급
④ −0.7등급 ⑤ 1.3등급

고난도 문제

21 표는 별 A~E의 겉보기 등급과 절대 등급을 나타낸 것이다.

별	겉보기 등급	절대 등급
A	3.0	−4.2
B	5.1	−2.9
C	−2.8	5.2
D	9.0	9.8
E	−1.7	−3.6

이에 대한 설명으로 옳지 않은 것을 모두 고르면? (2개)

① A는 D보다 3배 밝게 보인다.
② 10 pc보다 먼 거리에 있는 별은 3개이다.
③ 지구로부터 가장 먼 거리에 있는 별은 B이다.
④ 같은 거리에 있을 때 가장 어둡게 보이는 별은 C이다.
⑤ E의 거리가 $\frac{1}{10}$배로 가까워지면 겉보기 등급이 절대 등급보다 작아진다.

자료 분석 | 정답과 해설 59쪽

22 표는 별들의 겉보기 등급과 절대 등급, 색깔을 나타낸 것이다.

별	겉보기 등급	절대 등급	색깔
리겔	0.1	−6.8	청백색
북극성	2.1	−3.7	황백색
태양	−26.8	4.8	황색
베텔게우스	0.4	−5.6	적색

이에 대한 설명으로 옳은 것을 〈보기〉에서 모두 고른 것은?

보기
ㄱ. 북극성은 리겔보다 표면 온도가 높다.
ㄴ. 10 pc보다 가까운 거리에 있는 별은 태양이다.
ㄷ. 베텔게우스는 태양보다 10000배 이상 밝은 별이다.
ㄹ. 북극성과 밝기가 같은 별 16개가 모여 있으면 리겔 1개의 밝기와 같아 보인다.

① ㄱ, ㄴ ② ㄱ, ㄹ ③ ㄴ, ㄷ
④ ㄱ, ㄷ, ㄹ ⑤ ㄴ, ㄷ, ㄹ

서술형 문제

23 별의 거리가 멀어질 때 나타나는 변화를 다음에 제시된 단어를 모두 포함하여 서술하시오.

연주 시차, 겉보기 등급, 절대 등급

24 표는 별 A~D의 겉보기 등급과 절대 등급을 나타낸 것이다. 10 pc보다 거리가 가까운 별을 쓰고, 그 까닭을 서술하시오.

별	A	B	C	D
겉보기 등급	1.5	4.1	1.7	−6.0
절대 등급	0.3	−2.1	−0.5	2.5

25 그림은 별 A~D의 연주 시차와 겉보기 등급을 나타낸 것이다. 겉보기 등급과 절대 등급이 같은 별을 쓰고, 그 까닭을 서술하시오.

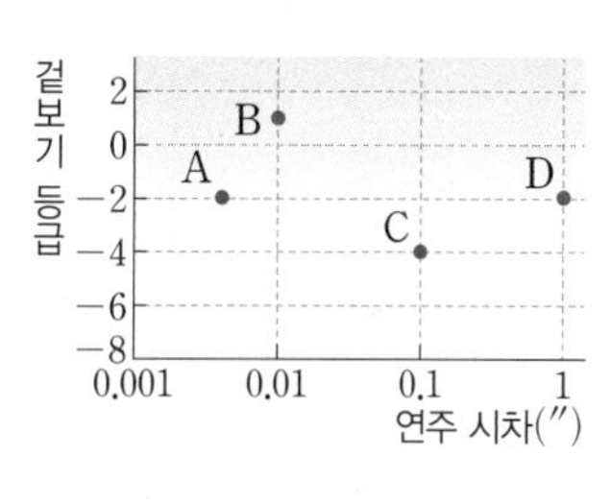

26 밤하늘에 보이는 별들은 색깔이 다양하다. 그 까닭을 서술하시오.

정답과 해설 60쪽

1 우리은하

① 우리은하: 태양계가 속해 있는 은하

모양	• 위에서 본 모습: ❶(　　　) 모양의 중심부를 나선팔이 휘감은 모양 • 옆에서 본 모습: 중심부가 약간 볼록한 납작한 원반 모양
지름	약 30 kpc(10만 광년)
포함된 별의 수	약 2000억 개
태양계의 위치	우리은하의 중심에서 약 8.5 kpc(3만 광년) 떨어진 나선팔

② 은하수: 지구에서 우리은하의 일부를 바라본 모습 ➡ 은하 중심 방향인 ❷(　　　)자리 방향에서 가장 밝고 두껍게 보인다.

2 성단과 성운

① 성단: 많은 별이 모여 있는 집단

구분	구상 성단	산개 성단
모습	수만~수십만 개의 별들이 빽빽하게 공 모양으로 모여 있는 성단	수십~수만 개의 별들이 비교적 엉성하게 모여 있는 성단
별의 나이	많다.	적다.
별의 온도	낮다.	높다.
별의 색	❸(　　　)	❹(　　　)

② 성운: 별과 별 사이에 성간 물질이 많이 모여 있어 구름처럼 보이는 것

방출 성운	성간 물질이 주변의 별빛을 흡수하여 가열되면서 스스로 빛을 내는 성운 ➡ 주로 붉은색을 띤다.
❺(　　　) 성운	성간 물질이 주변의 별빛을 반사하여 밝게 보이는 성운 ➡ 주로 파란색을 띤다.
❻(　　　) 성운	성간 물질이 뒤쪽에서 오는 별빛을 가로막아 어둡게 보이는 성운 ➡ 주로 검은색을 띤다.

3 외부 은하

우리은하 밖에 존재하는 은하 ➡ 은하의 ❼(　　　)을 기준으로 분류한다.

① 허블이 최초로 발견하였다.

② 우주에는 약 1000억 개의 외부 은하들이 존재하며, 외부 은하는 우주 공간에 불균질하게 분포한다.

4 우주 팽창

① 우주: 우리은하를 비롯하여 외부 은하 전체가 차지하는 거대한 공간

② 우주 팽창: 허블은 외부 은하들이 우리은하로부터 멀어지고 있는 것을 통해 우주가 ❽(　　　)하고 있음을 알아냈다.

③ 우주 팽창의 중심: 우주는 특별한 중심 없이 모든 방향으로 균일하게 팽창하고 있다. ➡ 우주의 어느 지점에서 보더라도 은하들이 서로 멀어지고 있기 때문이다.

5 대폭발 우주론(빅뱅 우주론)

① 대폭발 우주론(빅뱅 우주론): 약 138억 년 전 매우 뜨겁고 밀도가 큰 한 점에서 대폭발(빅뱅)을 일으켜 계속 팽창하여 현재와 같은 우주가 되었다고 설명하는 이론

② 대폭발로 시작된 우주는 점차 식어서 별과 은하가 만들어졌고, 현재와 같은 분포를 보이게 되었다.

③ 우주는 현재도 계속 ❾(　　　)하고 있다.

6 우주 탐사 장비

① 우주 탐사: 우주를 이해하기 위해 우주를 탐색하고 조사하는 활동

② 우주 탐사 장비

❿(　　　)	천체 주위를 일정한 궤도를 따라 공전하도록 만든 장치 ➡ 다양한 목적으로 발사되며, 천체 관측을 위한 우주 망원경도 있다.
우주 탐사선	지구 이외의 다른 천체를 탐사하기 위해 쏘아 올리는 물체 ➡ 천체의 주위를 돌거나 천체 표면에 ⓫(　　　)하여 탐사한다.
⓬(　　　)	사람들이 우주에 머무르면서 임무를 수행하도록 만든 인공 구조물 ➡ 지상에서 하기 어려운 실험을 하고 우주 환경 등을 연구한다.
전파 망원경	지상에 설치하여 천체가 방출하는 전파를 관측하기 위한 장치

7 우주 탐사 역사

1950년대	• 스푸트니크 1호(1957): 구소련에서 발사한 인류 최초의 인공위성
1960년대 (달 탐사)	• 아폴로 11호(1969): 인류 최초로 ⓭(　　　)에 착륙하였다.
1970년대 (행성 탐사)	• 보이저 1호(1977): 태양계 탐사를 위해 발사되었다. • 보이저 2호(1977): ⓮(　　　)형 행성 탐사를 위해 발사되었으며, 1989년에 해왕성을 근접 통과하였다.
1990년대 이후 (탐사 대상 확대)	• 허블 우주 망원경: 1990년에 발사된 이후 현재까지 이용하고 있다. • 뉴호라이즌스호(2006): 명왕성 탐사를 위해 발사되었으며, 2015년에 명왕성을 근접 통과하였다. • 주노호(2011): 목성 탐사를 위해 발사되었으며, 2016년에 목성에 도착하였다. • 큐리오시티(2011): 화성 탐사를 위해 발사된 탐사 로봇으로, 2012년에 화성 표면에 착륙하였다. • 파커 탐사선(2018): 태양의 대기권에 진입하였다.

정답과 해설 60쪽

1 우리은하를 위에서 보면 막대 모양의 중심부를 (　　　　)이 휘감은 모양이고, 옆에서 보면 중심부가 약간 볼록한 납작한 (　　　　) 모양이다.

2 (　　　　)는 지구에서 우리은하의 일부를 바라본 모습으로, 우리나라에서는 (　　　　)철에 가장 뚜렷하게 보인다.

3 구상 성단의 특징과 관련된 내용을 〈보기〉에서 모두 고르시오.

보기
ㄱ. 별의 나이가 많다.　　ㄴ. 별의 나이가 적다.
ㄷ. 별의 온도가 높다.　　ㄹ. 별의 온도가 낮다.
ㅁ. 별들이 엉성하게 모여 있다.　　ㅂ. 별들이 공 모양으로 모여 있다.

4 그림은 별과 별 사이에 성간 물질이 많이 모여 있어 구름처럼 보이는 (성단 , 성운)으로, 성간 물질이 주변의 별빛을 흡수하여 가열되면서 스스로 빛을 내는 (산개 성단 , 반사 성운 , 방출 성운)이다.

5 외부 은하는 우리은하 밖에 존재하는 은하로, (　　　　)이 최초로 발견하였으며, 은하의 (　　　　)을 기준으로 분류한다.

6 우주의 어느 지점에서 보더라도 은하들이 서로 (멀어 , 가까워)지고 있기 때문에 우주는 특별한 중심 없이 모든 방향으로 균일하게 (팽창 , 수축)하고 있다.

7 우주의 시간을 거꾸로 돌리면 우주는 점점 (팽창 , 수축)하면서 (뜨거워 , 차가워)지고, 우주의 처음 상태는 한 점에 모여 있었다고 추측할 수 있다.

8 (　　　　)은 지구 이외의 다른 천체를 탐사하기 위해 쏘아 올리는 물체로, 천체의 주위를 돌거나 천체 표면에 착륙하여 탐사한다.

9 1960년대에는 (행성 , 달 , 태양) 탐사가 이루어졌고, 1970년대에는 주로 (행성 , 달 , 태양) 탐사가 이루어졌다.

10 (기상 , 항법 , 방송 통신) 위성을 이용하여 태풍의 경로를 예측해 피해를 줄일 수 있고, (기상 , 항법 , 방송 통신) 위성을 이용하여 다른 나라의 방송을 실시간으로 볼 수 있다.

답안지

1 ＿＿＿＿＿＿

2 ＿＿＿＿＿＿

3 ＿＿＿＿＿＿

4 ＿＿＿＿＿＿

5 ＿＿＿＿＿＿

6 ＿＿＿＿＿＿

7 ＿＿＿＿＿＿

8 ＿＿＿＿＿＿

9 ＿＿＿＿＿＿

10 ＿＿＿＿＿＿

정답과 해설 60쪽

01 우리은하와 외부 은하에 대한 설명으로 옳지 않은 것은?

① 외부은하는 허블이 최초로 발견하였다.
② 우리은하는 약 2000개의 별을 포함한다.
③ 우리은하는 태양계가 속해 있는 은하이다.
④ 우주에는 약 1000억 개의 외부 은하들이 존재한다.
⑤ 은하는 우주 공간에 수많은 별로 이루어진 거대한 천체 집단이다.

[02~03] 그림 (가)와 (나)는 우리은하의 모습을 나타낸 것이다.

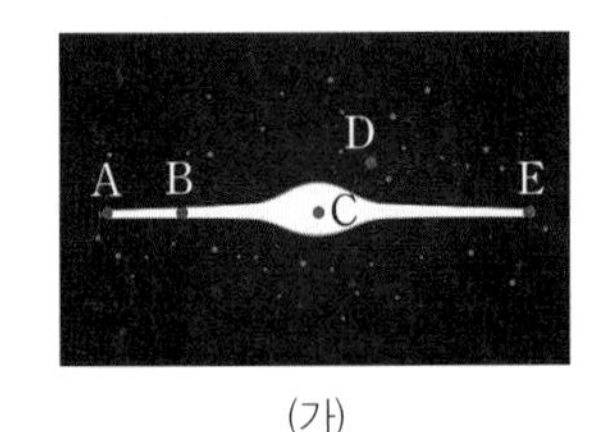

(가)

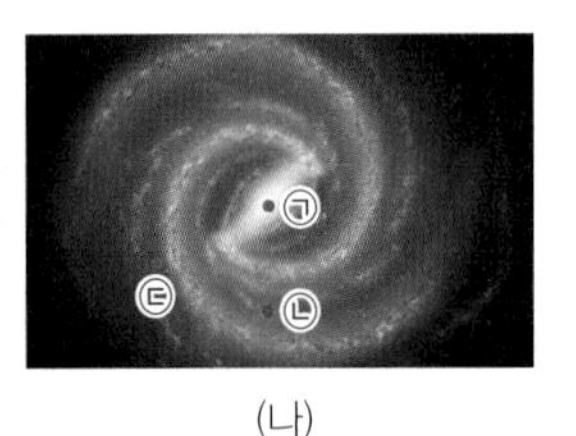

(나)

[주관식]

02 (가)와 (나)에서 태양계의 위치를 각각 쓰시오.

출제율 99%

03 이에 대한 설명으로 옳은 것을 모두 고르면? (2개)

① ㉠에는 주로 산개 성단이 분포한다.
② (가)는 우리은하를 위에서 본 모습이다.
③ (나)에는 막대 모양의 구조가 나타난다.
④ A에서 E까지의 거리는 약 10만 광년이다.
⑤ 지구에서 D 방향을 바라볼 때 은하수가 가장 밝고 두껍게 보인다.

04 은하수에 대한 설명으로 옳은 것을 〈보기〉에서 모두 고른 것은?

보기
ㄱ. 처녀자리 방향에서 가장 밝게 보인다.
ㄴ. 북반구와 남반구에서 모두 관측할 수 있다.
ㄷ. 지구에서 우리은하의 일부를 본 모습이다.

① ㄱ ② ㄷ ③ ㄱ, ㄴ
④ ㄴ, ㄷ ⑤ ㄱ, ㄴ, ㄷ

05 그림 (가)와 (나)는 우리나라의 여름철과 겨울철에 관측한 은하수를 순서 없이 나타낸 것이다.

(가)

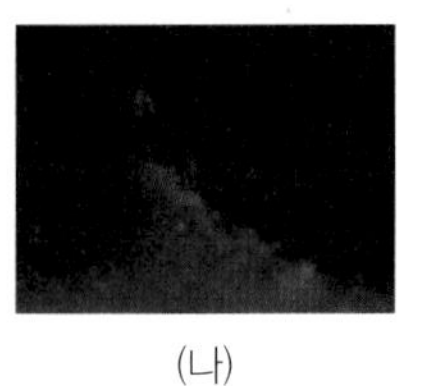
(나)

이에 대한 설명으로 옳은 것을 〈보기〉에서 모두 고른 것은?

보기
ㄱ. (가)는 겨울철에 관측한 모습이다.
ㄴ. (가)는 (나)보다 볼 수 있는 별의 수가 많다.
ㄷ. (가)의 계절에는 우리나라에서 밤하늘이 궁수자리 방향을 향한다.

① ㄱ ② ㄷ ③ ㄱ, ㄴ
④ ㄴ, ㄷ ⑤ ㄱ, ㄴ, ㄷ

06 그림은 어느 천체의 모습을 나타낸 것이다. 이 천체에 대한 설명으로 옳지 않은 것을 모두 고르면? (2개)

① 별의 나이가 적다.
② 별의 온도가 낮아 주로 붉은색을 띤다.
③ 별과 별 사이에 성간 물질이 많이 모여 있는 천체이다.
④ 수만~수십만 개의 별들이 빽빽하게 공 모양으로 모여 있는 천체이다.
⑤ 주로 우리은하의 중심부와 은하 원반을 둘러싼 구형의 공간에 분포한다.

출제율 99%

07 우리은하를 구성하는 천체에 대한 설명으로 옳은 것은?

① 성운은 모두 밝게 보인다.
② 우리은하는 별, 성운, 성단 등으로 이루어져 있다.
③ 구상 성단은 우리은하보다 많은 수의 별들을 포함한다.
④ 산개 성단은 구상 성단보다 온도가 낮은 별들로 이루어져 있다.
⑤ 비슷한 시기에 생성된 수많은 별들이 무리를 지어 모여 있는 것을 성운이라고 한다.

08 다음은 우리은하를 이루는 천체에 대한 설명이다.

(가) 성간 물질이 주변의 별빛을 흡수하여 가열되면서 스스로 빛을 내는 천체이다.
(나) 수십~수만 개의 별들이 비교적 엉성하게 모여 있는 천체이다.
(다) 성간 물질이 뒤쪽에서 오는 별빛을 가로막아 우리 눈에 보이는 천체이다.

이에 대한 설명으로 옳은 것을 〈보기〉에서 모두 고른 것은?

보기
ㄱ. (가)와 (나)는 주로 파란색을 띤다.
ㄴ. (다)는 주로 붉은색을 띤다.
ㄷ. (나)는 별의 온도가 높고 나이가 적다.
ㄹ. (가)와 (다)는 성운이고, (나)는 성단이다.

① ㄱ, ㄴ ② ㄱ, ㄷ ③ ㄴ, ㄷ
④ ㄴ, ㄹ ⑤ ㄷ, ㄹ

09 다음은 어떤 천체가 관측되는 원리를 알아보기 위한 실험을 나타낸 것이다.

(가) 그림과 같이 향을 피우고, 비커로 덮은 다음 실험실의 불을 끈다.

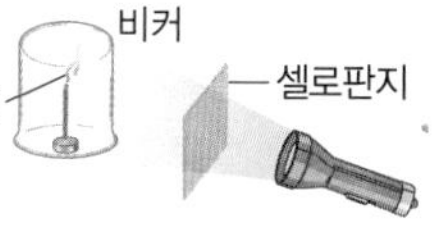

(나) 손전등의 불빛을 셀로판지에 대고 비춘다.
(다) 셀로판지의 색을 달리하면서 비커 안 향 연기의 색을 관찰한다.

이 실험에 대한 설명으로 옳지 않은 것을 모두 고르면? (2개)

① 향 연기는 성단에 해당한다.
② 손전등의 불빛은 주변 별빛에 해당한다.
③ (다)에서 셀로판지의 색에 관계없이 향 연기의 색은 같다.
④ 반사 성운이 우리 눈에 보이는 원리를 알아보기 위한 실험이다.
⑤ 이 실험을 통해 성운이 성운 주변에 있는 별에서 방출되어 나오는 별빛을 반사하는 것을 알 수 있다.

[주관식]
10 다음에서 설명하는 것은 무엇인지 쓰시오.

우주 공간에 불균질하게 분포하며, 모양에 따라 타원 은하, 나선 은하, 불규칙 은하로 분류한다.

11 우주를 구성하는 천체의 규모를 부등호를 이용하여 옳게 비교한 것은?

① 산개 성단>우리은하>태양계>북극성>목성
② 산개 성단>태양계>우리은하>목성>북극성
③ 우리은하>구상 성단>태양계>북극성>목성
④ 우리은하>구상 성단>북극성>태양계>목성
⑤ 우리은하>태양계>구상 성단>북극성>목성

[12~13] 그림은 우주 팽창의 원리를 알아보기 위해 풍선 표면에 스티커를 붙이고 풍선을 크게 불어 각 스티커의 위치 변화를 관찰한 실험을 나타낸 것이다.

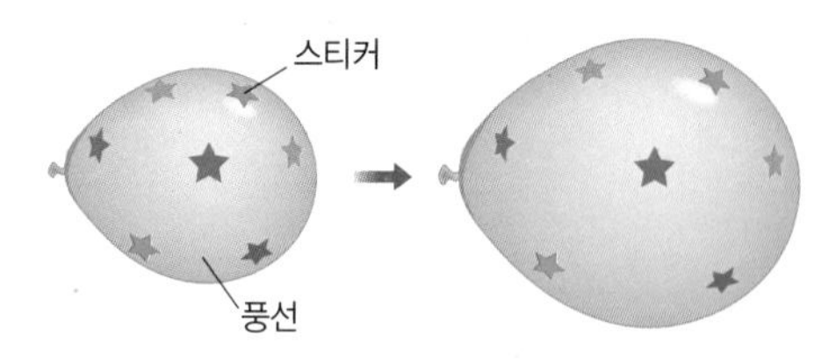

[주관식]
12 이 실험에서 풍선 표면과 스티커는 각각 무엇에 비유할 수 있는지 쓰시오.

출제율 99%
13 이 실험을 통해 우주에 대해 알 수 있는 것을 〈보기〉에서 모두 고른 것은?

보기
ㄱ. 우주가 팽창하여 은하들이 멀어지고 있다.
ㄴ. 우주가 팽창하여 은하들의 크기가 커지고 있다.
ㄷ. 멀리 있는 은하일수록 멀어지는 속도가 느리다.
ㄹ. 우주는 특별한 중심 없이 모든 방향으로 균일하게 팽창하고 있다.

① ㄱ, ㄴ ② ㄱ, ㄹ ③ ㄴ, ㄷ
④ ㄴ, ㄹ ⑤ ㄷ, ㄹ

[주관식]
14 다음과 같이 우주에 대해 설명하는 이론은 무엇인지 쓰시오.

대폭발로 시작된 우주는 점차 식어서 별과 은하가 만들어졌고, 현재와 같은 분포를 보이게 되었으며, 현재도 계속 팽창하고 있다.

15 그림은 허블이 외부 은하를 분류한 것을 나타낸 것이다.

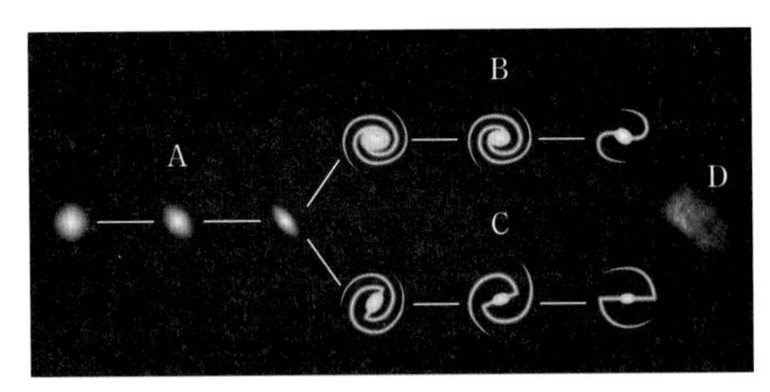

허블이 외부 은하를 분류한 기준과 A~D 중 우리은하가 속하는 곳을 옳게 짝 지은 것은?

	외부 은하를 분류한 기준	우리은하가 속하는 곳
①	은하의 크기	A
②	은하의 크기	C
③	은하의 모양	B
④	은하의 모양	C
⑤	은하까지의 거리	B

16 은하와 우주에 대한 설명으로 옳은 것을 〈보기〉에서 모두 고른 것은?

보기
ㄱ. 미래에 모든 은하는 한 점으로 모일 것이다.
ㄴ. 우주에는 수많은 은하가 존재하며, 은하의 모양은 다양하다.
ㄷ. 우리은하에서 멀리 있는 은하일수록 빠른 속도로 멀어진다.
ㄹ. 은하들 사이의 거리가 멀어져도 우주의 크기와 온도는 일정하게 유지된다.

① ㄱ, ㄴ ② ㄱ, ㄷ ③ ㄴ, ㄷ
④ ㄴ, ㄹ ⑤ ㄷ, ㄹ

17 그림은 우주 탐사 장비를 나타낸 것이다. 이에 대한 설명으로 옳은 것을 모두 고르면? (2개)

① 지상에 설치한다.
② 천체 표면에 착륙하여 탐사한다.
③ 천체가 방출하는 전파를 관측하기 위한 장치이다.
④ 지상에서 하기 어려운 실험을 하고 우주 환경 등을 연구한다.
⑤ 사람들이 우주에 머무르면서 임무를 수행하도록 만든 인공 구조물이다.

【주관식】

18 다음에서 설명하는 우주 탐사 장비의 이름을 쓰시오.

1990년에 발사되어 지구 대기 밖 우주에서 관측을 수행하는 망원경으로, 지상에 있는 망원경보다 선명한 상을 얻을 수 있다.

출제율 99%

19 다음은 우주 탐사와 관련된 사건을 시간 순서 없이 나타낸 것이다.

(가) 큐리오시티가 화성 표면에 착륙하였다.
(나) 뉴호라이즌스호가 명왕성에 도착하였다.
(다) 목성형 행성을 탐사하기 위해 보이저 2호가 발사되었다.
(라) 아폴로 11호를 이용하여 인류가 최초로 달에 착륙하였다.

(가)~(라)를 시간 순서대로 옳게 나타낸 것은?

① (나) → (라) → (다) → (가)
② (다) → (라) → (가) → (나)
③ (다) → (라) → (나) → (가)
④ (라) → (다) → (가) → (나)
⑤ (라) → (다) → (나) → (가)

20 그림은 우주 탐사의 영향으로 나타난 현상이다. 이에 대한 설명으로 옳지 않은 것을 모두 고르면? (2개)

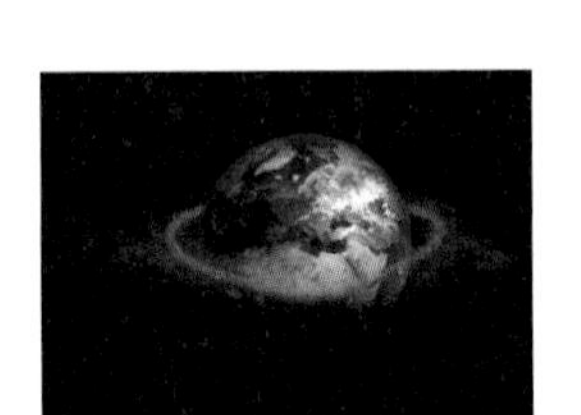

① 지구 주위를 떠도는 우주 쓰레기이다.
② 현재 지상에서 통제하여 제거하고 있다.
③ 매우 빠른 속도로 떠돌고 있다.
④ 우주 탐사 활동이 활발할수록 그 수가 감소할 것이다.
⑤ 인공위성 등의 탐사 장비로부터 떨어져 나온 파편 등이다.

고난도 문제

21 그림 (가)~(다)는 우주를 구성하는 천체의 종류를 나타낸 것이다.

(가)

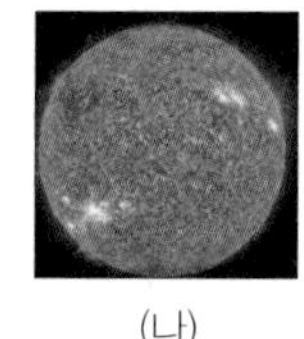
(나)

(다)

이에 대한 설명으로 옳지 않은 것을 모두 고르면? (2개)

① (가)는 (다)보다 규모가 크다.
② 우리은하 밖에 존재하는 천체는 (가)이다.
③ 우주에는 (가)와 같은 천체가 약 1000억 개 존재한다.
④ (나)는 우리은하의 원반을 둘러싼 구형의 공간에 위치한다.
⑤ (다)는 별과 별 사이에 성간 물질이 많이 모여 있어 구름처럼 보이는 천체이다.

자료 분석 | 정답과 해설 62쪽

22 그림은 우주의 생성을 설명하는 이론을 나타낸 것이다.

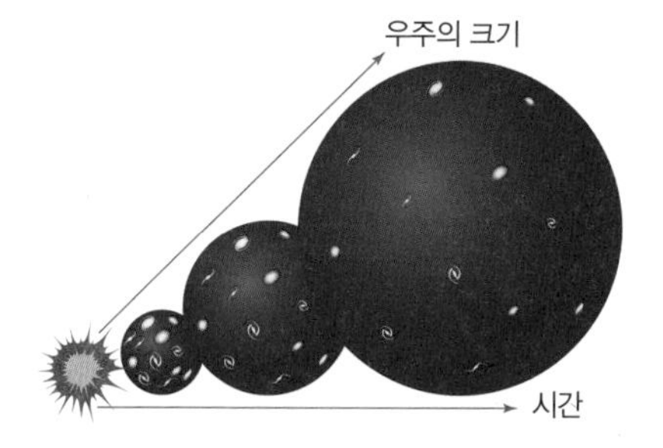

이 우주론에 대한 설명으로 옳은 것을 <보기>에서 모두 고른 것은?

보기
ㄱ. 과거의 우주 크기는 현재보다 훨씬 작았다.
ㄴ. 대부분의 외부 은하는 우리은하와 멀어지고 있으며, 우주의 중심은 우리은하이다.
ㄷ. 우주의 모든 물질과 에너지가 한 점에 모여 있다가 폭발하여 우주가 생성되었다.
ㄹ. 대폭발로 시작된 우주는 팽창하면서 점차 식어 별과 은하가 만들어졌고, 현재도 계속 팽창하고 있다.

① ㄱ, ㄴ　② ㄴ, ㄷ　③ ㄷ, ㄹ
④ ㄱ, ㄴ, ㄹ　⑤ ㄱ, ㄷ, ㄹ

서술형 문제

23 태양계가 우리은하의 중심에 있을 경우 밤하늘에서 은하수는 어떤 모습으로 보일지 다음 단어를 모두 포함하여 서술하시오.

계절, 방향, 은하수의 폭

24 그림은 오리온자리의 일부를 나타낸 것이다. 이 천체의 종류를 쓰고, 이 천체가 어둡게 보이는 까닭을 서술하시오.

25 그림은 우주 탐사선을 나타낸 것이다. 이 탐사 장비의 목적과 탐사 방법을 서술하시오.

26 인공위성 중 기상 위성과 방송 통신 위성이 이용되는 예를 1가지씩 서술하시오.

정답과 해설 63쪽

1 과학기술의 발달

① 불의 발견과 인류 생활의 변화

인류가 불을 피울 수 있게 되었다. ➡ 조명, 난방, 음식의 조리 등에 불을 직접 이용하였다. ➡ 불을 이용해 토기를 만들어 음식을 저장하거나 조리하였다. ➡ 불을 이용하여 청동이나 철과 같은 금속을 얻고 가공하였다. ➡ 과학기술의 발달로 인류 문명의 발전하였다.

② 과학 원리의 발견이 인류 문명 발달에 미친 영향

- 태양 중심설: 망원경으로 천체를 관측하여 태양 중심설의 증거를 발견하면서 인류의 가치관을 변화시키는 계기가 되었다.
- 만유인력 법칙: 뉴턴의 만유인력 법칙 발견은 자연 현상을 이해하고 그 변화를 예측할 수 있게 하였다.
- 세포의 발견: 훅이 ❶(　　)으로 세포를 발견하면서 생물체를 작은 세포들이 모여서 이루어진 존재로 인식하게 되었다.
- 전자기 유도 법칙: 패러데이가 전자기 유도 법칙을 발견하여 전기를 생산하고 활용하게 되었다.
- 백신 개발: 파스퇴르는 백신 접종을 통해 질병을 예방할 수 있다는 것을 입증하였으며, 이후 여러 가지 백신이 개발되어 인류의 평균 수명에 영향을 미쳤다.
- 암모니아 합성: 하버가 암모니아 합성법을 개발한 후 ❷(　　)를 대량으로 생산할 수 있게 되면서 식량 문제가 해결되었다.

③ 과학기술과 인류 문명

구분	내용
인쇄 출판의 발달	• 구텐베르크는 금속 활자를 이용한 활판 인쇄술을 개발하였다. ➡ 책을 대량으로 만들 수 있게 되었다. • 인쇄 기술의 발달로 책을 통해 지식과 정보를 쉽게 접할 수 있게 되었다. ➡ 근대 과학 발전의 토대가 되었다.
교통 수단의 발달	• 증기 기관차와 증기선의 발명으로 인류는 더 많은 물건을 먼 곳까지 운반하게 되었으며, 내연 기관의 등장으로 자동차가 발달하였다. • ❸(　　)을 이용한 기계의 사용은 산업 혁명의 원동력이 되었다.
농업의 발달	암모니아를 합성하는 기술이 개발되면서 합성한 암모니아로부터 질소 비료를 만들 수 있게 되었다. ➡ 농산물의 생산력이 높아지면서 식량 생산이 증가하였다.
의료의 발달	• 종두법의 발견 이후 여러 가지 ❹(　　)이 개발되어 소아마비와 같은 질병을 예방할 수 있게 되었다. • 페니실린의 발견으로 시작된 ❺(　　)의 개발은 결핵과 같은 질병을 치료하게 되었다. ➡ 여러 종류의 백신과 항생제는 인류의 평균 수명을 늘리는 데 큰 역할을 하였다.
정보 통신의 발달	• 전자기 유도 법칙이라는 과학적 원리와 소리를 전기 신호로 바꾸는 기술의 발달로 ❻(　　)를 발명하였다. ➡ 멀리 떨어져 있는 사람과 음성으로 소식을 주고받게 되었다. • 전화기에서 라디오, 텔레비전을 거쳐 컴퓨터에 이르기까지 빠르게 발달하였다. ➡ 인류 문명과 생활을 크게 변화시켰다.

2 오늘날 과학기술과 인류 문명의 발달

구분	내용
인쇄 출판 분야	전자 출판이 발달하면서 다양한 정보를 포함한 출판물이 생산되고, 저장되어 자료의 검색이 편리해졌다.
교통 분야	고속 열차나 비행기를 이용하여 이전보다 더 빠르게 원하는 곳으로 이동하거나 물건을 운반한다.
농업 분야	• 생명 공학 기술을 이용하여 특정한 목적에 맞게 품종을 개량한다. • ❼(　　)에서 농작물의 품질과 생산량을 늘리고 있다.
의료 분야	• 자기 공명 영상 장치와 같은 첨단 의료 기기를 발명하고, 다양한 의약품을 개발하여 질병을 진단하여 치료한다. • ❽(　　)의 발달로 장소에 관계없이 의료 지원을 받을 수 있다.
정보 통신 분야	• 스마트 기기를 이용하여 어디서든 정보를 검색하거나 영상을 볼 수 있다. • 인공 지능을 이용한 스피커로 음악을 재생하거나 물건을 주문하는 등 일상생활이 더 편리해지고 있다.

3 과학기술의 활용

① 미래 사회에 활용할 수 있는 과학기술

구분	내용
나노 기술	나노미터 크기의 작은 물질을 이용하여 다양한 소재나 제품을 만드는 기술 ➡ 나노 반도체, 나노 로봇, 나노 표면 소재, 휘어지는 디스플레이 등
생명 공학 기술	생물체의 특성과 기능을 활용하거나 생물체를 인위적으로 조작하여 이용하는 기술 • ❾(　　) 기술: 특정 생물의 유용한 유전자를 다른 생물의 DNA에 재조합하는 기술 • 세포 융합 기술: 서로 다른 특징을 가진 두 종류의 세포를 융합하여 하나의 세포로 만드는 기술
정보 통신 기술	정보 기기의 하드웨어와 소프트웨어 기술 및 이 기술을 이용한 정보 수집, 생산, 가공, 보존, 전달, 활용하는 모든 방법 • ❿(　　): 모든 사물을 인터넷으로 연결하는 기술 • 빅데이터 기술: 방대한 정보를 분석하여 활용하는 기술 • 실감형 가상 현실(VR), 증강 현실(AR): 인간의 3차원 시각 인지 신호를 자극하는 실감 영상을 기반으로 하여 실제와 유사한 경험, 감성을 제공하는 기술

② 공학적 설계

- 과학 원리나 기술을 적용하여 새로운 제품이나 시스템을 개발하거나 기존 제품을 개선하는 창의적인 설계 과정으로, 보통 새로운 제품은 공학적 설계 과정을 거쳐 만들어진다. ➡ 경제성, 안정성, 편리성, 환경적 요인, 외형적 요인을 고려하여 제품을 만든다.
- 공학적 설계 과정: 문제점 인식 및 설정하기 → 정보 수집하기 → 다양한 해결책 탐색하기 → 해결책 분석 및 결정하기 → 설계도 작성하기 → 제품 제작하기 → 평가 및 개선하기

중단원 퀴즈

정답과 해설 63쪽

1 빈칸에 공통으로 들어갈 말을 쓰시오.

> 인류는 처음에 조명, 난방, 음식의 조리 등에 (   )을 이용하였으나 차츰 이용 범위를 넓혀 (   )을 이용하여 도구를 만들었다.

2 망원경으로 천체를 관측하여 지구와 행성들이 (㉠   )을 중심으로 돌고 있다는 (㉡   )의 증거를 발견하면서 인류의 가치관을 변화시키는 계기가 되었다.

3 다음은 어떤 법칙에 대한 설명인지 쓰시오.

> 1831년 패러데이가 주장하였으며, 코일 속에서 자석이 움직이면 코일 내부의 자기장이 변하면서 코일에 전류가 흐른다는 법칙이다.

4 식량의 대량 생산을 위한 과학기술의 발전을 〈보기〉에서 모두 고르시오.

> 보기
> ㄱ. 백신의 발명　　　ㄴ. 생명 공학 기술
> ㄷ. 암모니아의 합성　　　ㄹ. 내연 기관의 발명

5 증기 기관을 동력으로 하는 증기 기관차와 증기선의 발명으로 인류는 수공업 중심 사회에서 (   ) 사회로 변화하게 되었다.

6 농산물이 성장하기 좋은 환경을 자동으로 유지하여 농산물의 생산량을 늘리고 품질도 높이는 농장을 무엇이라고 하는지 쓰시오.

7 다음은 인류 문명에 영향을 주는 어떤 과학기술 분야에 대한 설명인지 쓰시오.

> • 자기 공명 영상 장치와 같은 첨단 의료 기기를 발명하고, 다양한 의약품을 개발하여 질병을 진단하여 치료한다.
> • 원격 의료 기술의 발달로 장소에 관계없이 의료 지원을 받을 수 있다.

8 과학 원리나 기술을 적용하여 새로운 제품이나 시스템을 개발하거나 기존 제품을 개선하는 창의적인 설계 과정을 (   ) 과정이라고 한다.

답안지

1 ______

2 ______

3 ______

4 ______

5 ______

6 ______

7 ______

8 ______

정답과 해설 63쪽

01 과학 원리의 발견이 인류 문명에 미친 영향으로 옳은 것을 〈보기〉에서 모두 고른 것은?

보기
ㄱ. 과학기술 발달의 원동력이 되었다.
ㄴ. 사람들이 세상을 이해하는 방식을 변화시켰다.
ㄷ. 경험 중심의 과학적 사고를 중요시하게 되었다.

① ㄷ ② ㄴ ③ ㄱ, ㄴ
④ ㄱ, ㄷ ⑤ ㄱ, ㄴ, ㄷ

출제율 99%

02 태양 중심설에 대한 설명으로 옳지 않은 것은?

① 지구가 우주의 중심이라는 우주관이다.
② 사람들이 중세의 우주관을 바꾸는 계기가 되었다.
③ 지구가 태양의 주위를 도는 천체 중 하나라는 이론이다.
④ 망원경으로 천체를 관측하여 태양 중심설의 증거를 발견하였다.
⑤ 사람들이 경험 중심의 과학적 사고를 중요시하는 계기가 되었다.

[주관식]

03 다음은 어떤 과학기술의 발달이 인류 문명에 미친 영향에 대한 설명이다. ㉠~㉢에 알맞은 말을 쓰시오.

18세기 유럽에서는 증기의 압력을 이용하여 기계를 움직이는 (㉠)이 발명되었다. 이 발명으로 인해 먼 거리까지 많은 물건을 이동시킬 수 있는 (㉡)와 증기선이 발명되었고, 기계가 물건을 대량 생산할 수 있게 되었다. 이를 통해 수공업 중심에서 산업 사회로 변화되기 시작하였고, 이는 (㉢)이 일어나는 원동력이 되었다.

[주관식]

04 세포의 발견이 인류에게 미친 영향으로 옳은 것을 〈보기〉에서 모두 고르시오.

보기
ㄱ. 생물체를 인식하는 관점이 변화되었다.
ㄴ. 전기를 생산하고 활용할 수 있는 방법을 열었다.
ㄷ. 자연 현상을 이해하고 그 변화를 예측할 수 있게 하였다.

출제율 99%

05 인류 문명의 발달에 영향을 미친 과학기술에 대한 설명으로 옳지 않은 것은?

① 기계의 사용으로 물건의 대량 생산이 가능해졌다.
② 증기선이 발명되어 먼 대륙 간의 교역이 활발해졌다.
③ 백신과 항생제의 개발은 인류의 평균 수명을 감소시키는 역할을 했다.
④ 원거리 통신이나 인터넷을 통해 전 세계적으로 정보를 공유할 수 있게 되었다.
⑤ 첨단 의료 기기의 개발은 질병을 더 정밀하게 진단하고 치료할 수 있게 하였다.

06 ㉠~㉢에 알맞은 말을 옳게 짝 지은 것은?

(㉠)를 합성하는 기술을 통해 개발된 (㉡) 비료는 농산물의 생산량을 늘려 (㉢)을 증대하는 데 큰 역할을 하였다.

	㉠	㉡	㉢
①	질소	염소	식량
②	염소	암모니아	식량
③	염소	질소	약품
④	암모니아	염소	약품
⑤	암모니아	질소	식량

07 과학기술의 발전이 인류 문명에 미친 영향으로 옳은 것을 〈보기〉에서 모두 고른 것은?

보기
ㄱ. 생명 공학 기술로 해충에 강한 농산물을 재배한다.
ㄴ. 정보 통신망의 발달로 인해 정보가 한곳에 집중된다.
ㄷ. 원격 의료 기술의 발달로 장소에 관계없이 진료를 받을 수 있다.
ㄹ. 전자책으로 다양한 정보를 포함한 출판물이 제작되어 자료를 편리하게 검색할 수 있다.

① ㄱ ② ㄱ, ㄴ ③ ㄷ, ㄹ
④ ㄱ, ㄷ, ㄹ ⑤ ㄴ, ㄷ, ㄹ

출제율 99%

08 의료 분야의 과학기술이 인류 문명의 발달에 미친 영향으로 옳지 않은 것은? (2개)

① 종두법의 발견으로 천연두를 예방하게 되었다.
② 백신의 개발로 결핵과 같은 질병을 치료하게 되었다.
③ 항생제의 개발로 소아마비와 같은 질병을 예방하게 되었다.
④ 백신과 항생제의 개발은 인류의 평균 수명을 증가시키는 역할을 하였다.
⑤ 현재는 자기 공명 영상 장치와 같은 첨단 의료 기기가 발명되어 더 정밀하게 질병을 진단하고 있다.

출제율 99%

09 나노 기술이 사용되지 않은 제품은 무엇인가?

① 포마토 ② 나노 로봇
③ 나노 반도체 ④ 나노 표면 소재
⑤ 휘어지는 디스플레이

10 다음은 신소재인 그래핀에 대한 설명으로, 이러한 신소재는 물질을 나노 수준으로 나누게 되면서 개발된 것이다.

탄소로 이루어진 얇은 막으로 단단한 정도가 강철의 200배이며, 휘거나 구부려도 전기가 통한다.

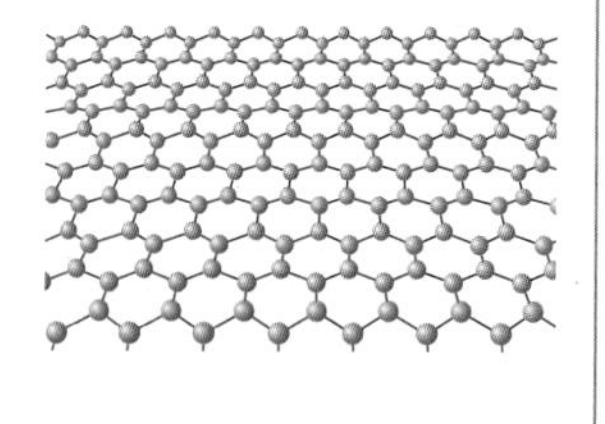

이 물질을 이용하여 만들 수 있는 제품으로 적절한 것은?

① 대부분의 빛을 통과시키는 유리
② 인체에 해가 없는 의료용 접착제
③ 저항을 최소화할 수 있는 수영복
④ 글라이더처럼 날아서 이동할 수 있는 윙 슈트
⑤ 접거나 말아서 간편하게 휴대할 수 있는 디스플레이

11 다음 설명에 해당하는 기술은?

모든 사물을 인터넷으로 연결하는 기술이다. 사람과 사물뿐만 아니라 사물과 사물 사이에도 정보를 주고 받을 수 있으므로 우리의 생활은 매우 편리해진다.

① 나노 반도체 ② 사물 인터넷
③ 빅데이터 기술 ④ 인공 지능 스피커
⑤ 원격 의료 기술

[주관식]

12 다음은 공학적 설계 과정을 순서 없이 나타낸 것이다. (가)~(사)를 순서대로 나열하시오.

(가) 제품 제작하기
(나) 정보 수집하기
(다) 설계도 작성하기
(라) 평가 및 개선하기
(마) 다양한 해결책 탐색하기
(바) 해결책 분석 및 결정하기
(사) 문제점 인식 및 목표 설정하기

고난도 문제

13 다음은 생명 공학 기술 중 하나를 설명한 것이다.

> 서로 다른 특징을 가진 두 종류의 세포를 융합하여 하나의 세포를 만드는 기술이다.

(가)위 생명 공학 기술의 명칭과 (나)이러한 과학기술로 생산된 작물을 〈보기〉에서 모두 골라 옳게 짝 지은 것은?

보기
ㄱ. 무추
ㄴ. 포마토
ㄷ. 황금 쌀
ㄹ. 무르지 않는 토마토
ㅁ. 제초제에 내성을 가진 콩

	(가)	(나)
①	나노 기술	ㄱ, ㄴ
②	세포 융합 기술	ㄱ, ㄴ
③	세포 융합 기술	ㄷ, ㄹ, ㅁ
④	유전자 재조합 기술	ㄴ, ㄹ
⑤	유전자 재조합 기술	ㄱ, ㄷ, ㄹ

14 공학적 설계에 따라 전기 자동차를 개발할 때 고려해야 하는 요인이 옳게 연결되지 않은 것을 모두 고르면? (2개)

① 편리성 – 보행자의 접근을 알 수 있는 경보음 장치를 설치한다.
② 안정성 – 한 번 충전으로 장거리 운전이 가능한 큰 배터리를 사용한다.
③ 경제성 – 배터리 교체 비용을 줄이기 위해 수명이 긴 배터리를 사용한다.
④ 외형적 요인 – 소비자층의 취향을 고려하여 아름다운 외형으로 설계한다.
⑤ 환경적 요인 – 환경 오염을 유발하는 배기가스를 배출하지 않도록 전기 에너지를 이용하는 전동기 사용하도록 설계한다.

서술형 문제

15 1655년 훅은 현미경을 직접 설계하고 제작하였다. 이 현미경을 이용하여 훅이 최초로 발견한 것은 인류의 사고에 어떤 영향을 주었는지 다음 단어를 모두 포함하여 서술하시오.

> 생물체, 세포

16 그림은 증기 기관의 작동 원리를 나타낸 것이다.

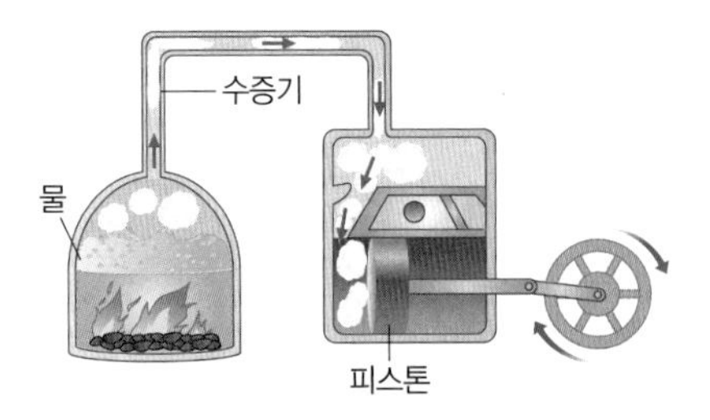

(1) 다음은 이 증기 기관의 작동 과정이다. 빈칸에 공통으로 들어갈 말을 쓰시오.

> 물을 끓여 (   )를 만들고, 이때 부피가 증가한 (   )가 피스톤을 움직여 기관을 작동시킨다.

(2) 이 증기 기관의 발명이 인류 문명에 어떤 영향을 미쳤는지를 산업 변화의 관점에서 서술하시오.

17 다음은 생활을 편리하게 하는 과학기술 중 어떤 기술에 대한 설명인지 쓰고, 그 예를 2가지만 서술하시오.

> 정보 기기의 하드웨어와 소프트웨어 기술로, 이 기술을 이용한 정보 수집, 생산, 가공, 보존, 전달, 활용하는 모든 방법이다.

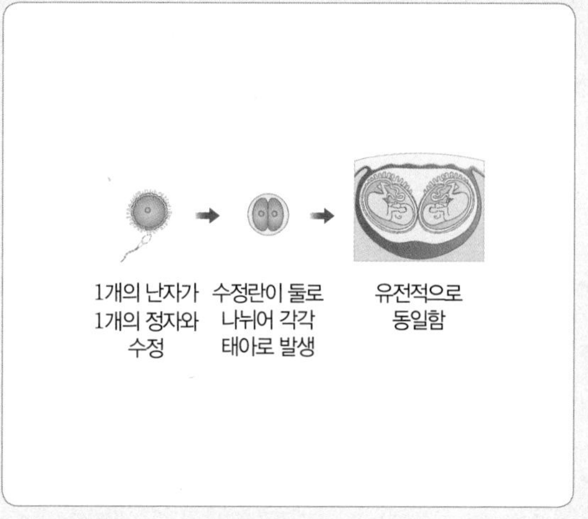

Ⅴ. 생식과 유전－1란성 쌍둥이

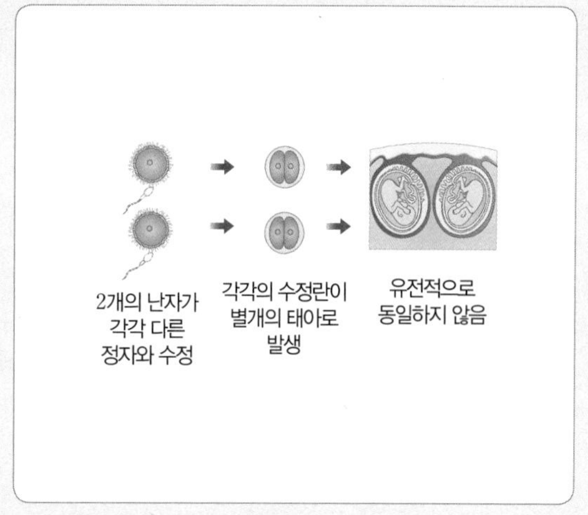

Ⅴ. 생식과 유전－2란성 쌍둥이

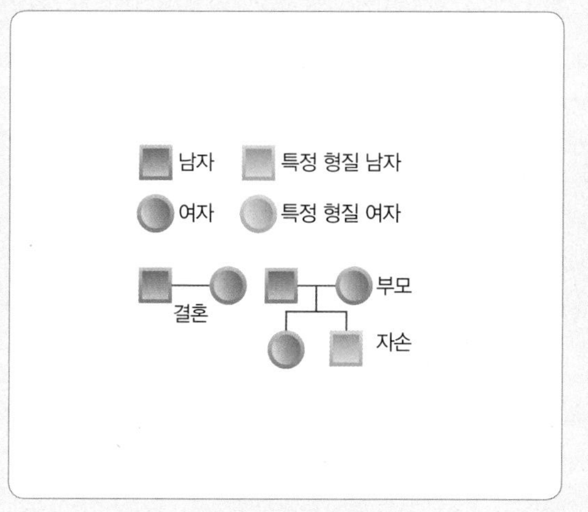

Ⅴ. 생식과 유전－가계도 작성에 사용되는 기호

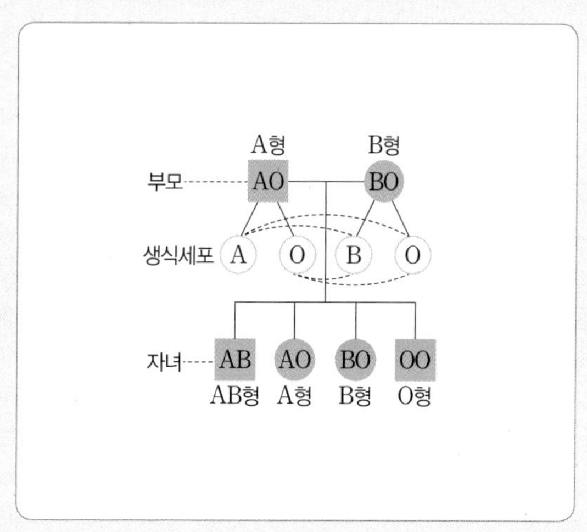

Ⅴ. 생식과 유전－ABO식 혈액형 가계도의 예

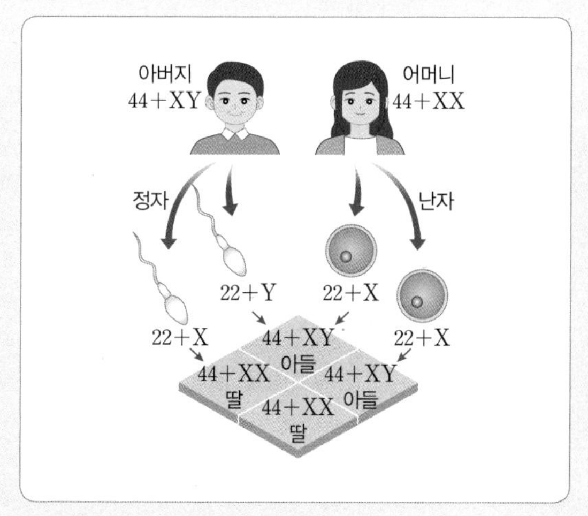

Ⅴ. 생식과 유전－성 결정 과정

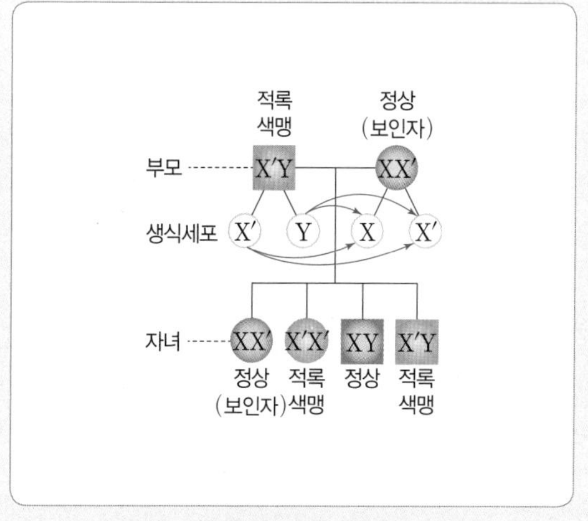

Ⅴ. 생식과 유전－적록 색맹 가계도의 예

VISUAL CONTENTS — 시험에 자주 나오는 그림 자료 모아 보기

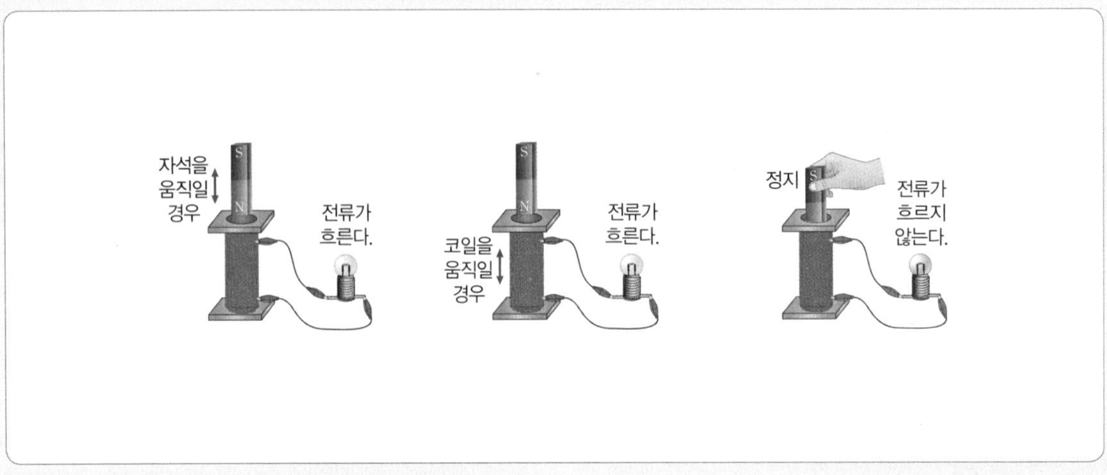

Ⅵ. 에너지 전환과 보존－전자기 유도 현상

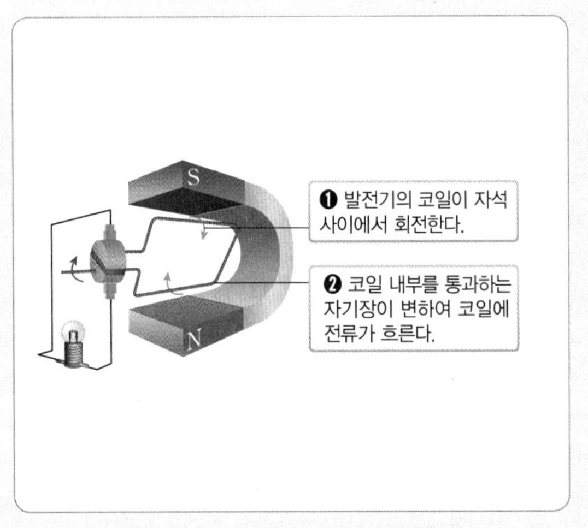

Ⅵ. 에너지 전환과 보존－발전기의 구조와 원리

Ⅵ. 에너지 전환과 보존－자동차에서의 에너지 전환과 보존

Ⅶ. 별과 우주－우주 팽창

Ⅶ. 별과 우주－우주 탐사 기술의 이용

필독 중학 국어로 수능 잡기 시리즈

문학 – 비문학 독해 – 문법 – 교과서 시 – 교과서 소설

중 | 학 | 도 | 역 | 시 EBS

원리 학습을 기반으로 하는 중학 과학의 새로운 패러다임

비욘드

정답과 해설

개념 탐구 적용 실전

체계적인 과학 실험 분석
모든 유형에 대한 적응

중학 과학 3·2

정답과 해설

V 생식과 유전

01 세포 분열

기초를 튼튼히! **개념 잡기** 개념 학습 교재 11, 13, 15쪽

1 (1) 수 (2) 세포 분열 (3) 생장 (4) 표면적 **2** A: 염색 분체, B: 유전자, C: DNA **3** (1) ○ (2) × (3) ○ (4) ○ (5) × **4** (1) ㉠ 남자, ㉡ 여자 (2) 23 (3) 상염색체 (4) 성염색체 (5) ㉠ XY, ㉡ XX **5** (1) 전기 (2) 말기 (3) 중기 (4) 후기 **6** (1) (나) → (라) → (가) → (다) → (마) (2) (나) (3) (가) **7** (1) 같다 (2) 모양 (3) 동물 세포 **8** (1) ○ (2) × (3) ○ (4) × (5) × **9** (1) 2가 염색체 (2) (나) → (가) → (라) → (다) → (마) **10** (1) ㉠ 감수 1분열, ㉡ 감수 2분열 (2) 상동 염색체 (3) 염색 분체 **11** (1) ○ (2) × (3) × (4) × **12** ㉠ 2회, ㉡ 4개, ㉢ 형성되지 않음, ㉣ 형성됨, ㉤ 염색체 수

1 (3) 생물의 몸을 이루는 세포인 체세포가 분열하면 세포의 수가 늘어나 생물의 몸집이 커지는 생장이 일어난다.
(4) 세포에서 물질 교환이 효율적으로 일어나기 위해서는 세포의 크기가 계속 커지는 것보다 하나의 세포가 여러 개의 작은 세포로 나누어져 표면적을 늘리는 것이 더 유리하다.

2 A는 하나의 염색체를 이루는 각각의 가닥인 염색 분체이고, C는 유전 정보를 저장하고 있는 유전 물질인 DNA이다. B는 DNA(C)의 특정 부위에 존재하는 유전 정보의 단위인 유전자이다.

3 **오답 피하기** | (2) 유전자는 DNA의 특정 부위에 존재하며, 하나의 DNA에는 수많은 유전자가 존재한다.
(5) 하나의 염색체를 이루는 염색 분체는 유전 물질이 복제되어 형성된 것이므로 유전 정보가 서로 같다.

4 (가)는 성염색체 구성이 XY이므로 남자의 염색체 구성이고, (나)는 성염색체 구성이 XX이므로 여자의 염색체 구성이다. 사람의 체세포에는 46개(23쌍)의 염색체가 들어 있다.

5 핵막이 사라지고, 막대 모양의 염색체가 나타나는 시기는 전기, 핵막이 나타나면서 2개의 핵이 만들어지며 세포질 분열이 일어나는 시기는 말기이다. 방추사가 부착된 염색체가 세포 중앙에 배열되어 있는 시기는 중기, 방추사에 의해 각 염색체의 염색 분체가 분리되어 세포의 양쪽 끝으로 이동하는 시기는 후기이다.

6 (1) 체세포 분열 과정은 간기(나) → 전기(라) → 중기(가) → 후기(다) → 말기(마) 순이다.
(2) 세포의 크기가 커지고 유전 물질(DNA)이 복제되며, 염색체가 핵 속에 실처럼 풀어져 있는 시기는 간기(나)이다.
(3) 염색체의 수와 모양을 가장 잘 관찰할 수 있는 시기는 염색체가 세포 중앙에 배열되어 있는 중기(가)이다.

7 (1) 체세포 분열 결과 모세포와 염색체 수, 유전 정보가 같은 2개의 딸세포가 만들어진다.
(2) 핵분열은 염색체의 모양과 행동에 따라 전기, 중기, 후기, 말기의 4단계로 구분된다.
(3) 식물 세포는 새로운 2개의 핵 사이에 안쪽에서 바깥쪽으로 세포판이 만들어지면서 세포질이 나누어진다.

8 **오답 피하기** | (2) 분열 결과 2개의 딸세포가 만들어진다.
(4) 핵분열이 일어난 후 핵분열 말기에 세포질 분열이 일어난다.
(5) 모세포의 염색 분체가 분리된 후 딸세포에 들어간다.

9 이 과정을 순서대로 나열하면 감수 1분열 전기(나) → 감수 1분열 후기(가) → 감수 2분열 전기(라) → 감수 2분열 중기(다) → 감수 2분열 말기(마) 순이다.

10 (가)는 상동 염색체가 분리되므로 감수 1분열이며, 분열 후 염색체 수가 절반으로 줄어든다. (나)는 염색 분체가 분리되므로 감수 2분열이며, 분열 후 염색체 수가 변하지 않는다.

11 **오답 피하기** | (2) 간기 없이 감수 2분열이 바로 시작된다.
(3) 감수 2분열 후기에는 염색 분체가 분리되어 세포의 양끝 쪽으로 이동한다.
(4) 감수 분열로 만들어진 생식세포의 염색체 수가 체세포의 절반이기 때문에 세대를 거듭해도 자손의 염색체 수가 항상 일정하게 유지될 수 있다.

12 표는 체세포 분열과 감수 분열을 비교한 것이다.

구분	체세포 분열	감수 분열
분열 횟수	1회	2회
딸세포 수	2개	4개
2가 염색체	형성되지 않음	형성됨
염색체 수 변화	변화 없음	절반으로 줄어듦

과학적 사고로! **탐구하기** 개념 학습 교재 16~17쪽

A ㉠ 작아져, ㉡ 어려워지므로
1 (1) ○ (2) ○ (3) × **2** (가) 6, (나) 3, (다) 6
B ㉠ 체세포, ㉡ 해리, ㉢ 염색
1 (1) × (2) ○ (3) × **2** (다) → (마) → (라) → (가) → (나)

A

1 **오답 피하기** | (3) 한천 조각을 세포라고 가정하였을 때 물질 교환이 가장 효율적으로 일어나는 것은 한천 조각의 크기가 가장 작

은 (가)이다.

2 (가) $\frac{표면적}{부피}=\frac{6}{1}=6$, (나) $\frac{표면적}{부피}=\frac{24}{8}=3$, (다) $\frac{표면적}{부피}=\frac{48}{8}=6$

B

1 **오답 피하기|** (1) 세포 분열 중 간기는 세포 주기에서 대부분을 차지하기 때문에 간기의 세포가 가장 많이 관찰된다.
(3) 핵과 염색체를 염색시키기 위해 아세트올세인 용액을 이용한다.

2 실험 과정은 고정(다) → 해리(마) → 염색(라) → 분리(가) → 압착(나) 순이다.

Beyond 특강

개념 학습 교재 18쪽

1 ⑤ **2** ①, ④ **3** ③ **4** ②, ⑤

1 그림은 상동 염색체 중 하나만 있으며, 염색체가 세포 중앙에 배열되어 있으므로 이 세포의 분열 단계는 감수 2분열 중기이다. 분열 결과 염색 분체가 분리되므로 딸세포의 염색체 수는 3개이다.

2 그림은 체세포 분열 중기 세포를 나타낸 것이다.
오답 피하기| ① 2가 염색체는 감수 1분열 전기와 중기 세포에 있다.
④ 분열 결과 생성되는 딸세포의 수는 2개이다.

3 체세포에 들어 있는 염색체 수가 6개이고, 체세포 분열 결과 염색체 수가 모세포와 같은 딸세포가 생성되므로 딸세포의 염색체 수는 6개이다. 감수 분열 결과 염색체 수가 모세포의 절반인 딸세포가 생성되므로 딸세포의 염색체 수는 3개이다.

4 ②, ⑤ 그림은 상동 염색체 중 하나만 있으므로, 생식세포에 들어 있는 염색체 구성을 나타낸 것이다.
오답 피하기| ①, ③ 생식세포에는 상동 염색체 중 하나만 있고 2가 염색체가 없다. 2가 염색체는 감수 1분열 전기와 중기 세포에서 관찰된다.
④ 체세포에는 상동 염색체가 쌍으로 있다.

실력을 키워! 내신 잡기

개념 학습 교재 19~22쪽

01 ⑤ **02** ③ **03** ⑤ **04** ③ **05** ⑤ **06** ④ **07** 상동 염색체, 23쌍 **08** ②, ③ **09** ⑤ **10** ③ **11** ③ **12** (마) **13** ④ **14** (나) → (라) → (다) → (마) → (가) **15** ④ **16** ③ **17** ④ **18** ① **19** ⑤ **20** ② **21** (라) **22** ① **23** ④ **24** ②

01 ⑤ 세포의 크기가 커지면 표면적이 증가하는 비율보다 부피가 증가하는 비율이 커서 세포가 생명 활동에 필요한 물질을 충분히 얻기 어려워진다. 따라서 (가)보다 세포의 크기가 작은 (나)가 생명 활동에 필요한 물질을 얻는 데 더 유리하다.
오답 피하기| ① 세포가 커질수록 부피가 커진다.
② 세포가 커질수록 표면적이 커진다.
③ (나)는 (가)보다 부피에 대한 표면적의 비가 크다.
④ (나)는 (가)보다 물질 교환이 효율적으로 일어난다.

02 ㄱ. 세포의 크기가 작을수록 단위 부피당 표면적이 커져 물질 교환이 효율적으로 일어나므로 A가 물질 교환에 가장 유리하다.
ㄴ. 부피에 대한 표면적의 비는 B($\frac{24}{8}=3$)가 C($\frac{54}{27}=2$)보다 크다.
오답 피하기| ㄷ. 세포가 작아질수록 필요한 물질을 세포 중심까지 빠르게 흡수할 수 있다.

03 ⑤ 하나의 염색체를 이루는 두 가닥의 염색 분체를 구성하는 유전 정보는 같다.
오답 피하기| ① 염색체는 세포 분열 시 굵게 뭉쳐져 막대 모양으로 나타난다.
② 유전자는 DNA의 특정 부위에 존재하며, 생물의 형질을 결정하는 유전 정보의 단위이다. 염색체가 DNA와 단백질로 구성되어 있다.
③ 유전자는 DNA의 특정 부위에 존재하며, 하나의 DNA에는 수많은 유전자가 존재한다.
④ DNA에서 유전 정보를 저장하고 있는 특정 부위는 유전자이다.

04 ㄱ, ㄴ. A는 DNA, B는 단백질, C와 D는 염색 분체이다.
오답 피하기| ㄷ. C와 D는 간기에 유전 물질이 복제되어 형성된 것이다. 부모에게서 하나씩 물려받은 것은 상동 염색체이다.

05 ① 염색체(㉠)는 염색액에 의해 염색된다.
②, ③ ㉠은 막대 모양의 염색체로, 분열하는 세포에서 관찰되며, 분열 전에는 가느다란 실 모양으로 풀어져 있다.
④ 체세포에 들어 있는 염색체 수와 모양은 생물의 종에 따라 다르다. 따라서 염색체(㉠)의 수와 모양은 생물의 종을 판단할 수 있는 고유한 특징이다.
오답 피하기| ⑤ 같은 종의 생물에서는 체세포에 들어 있는 염색체(㉠)의 수가 같다.

06 ㄱ. A와 B는 모양과 크기가 다른 한 쌍이므로 성염색체이다.
ㄷ. 모양과 크기가 같은 염색체 쌍으로 구성되어 있으므로 체세포의 염색체를 나타낸 것이다. 따라서 이 동물의 체세포 속에는 10개의 염색체가 들어 있다.
오답 피하기| ㄴ. C와 D는 모양과 크기가 같은 염색체이므로 상동 염색체이다.

07 ㉠은 체세포에 있는 모양과 크기가 같은 한 쌍의 염색체인 상동 염색체로, 사람의 체세포에 23쌍이 들어 있다.

08 ② 상염색체는 남녀의 체세포에 공통으로 들어 있는 22쌍의 염색체로, 1번에서 22번까지의 염색체이다.

③ 성염색체는 성을 결정하는 1쌍의 염색체로, X 염색체와 Y 염색체가 있다.

오답 피하기 | ① (가)는 남자의 염색체 구성, (나)는 여자의 염색체 구성이다.

④ 사람의 체세포 1개에는 46개(23쌍)의 염색체가 들어 있다.

⑤ (나)의 X 염색체는 어머니와 아버지에게서 각각 하나씩 물려받았다.

09 ㄷ. 체세포 분열은 몸을 구성하는 체세포가 분열하여 2개의 세포를 만드는 과정으로, 체세포 분열 결과 재생이나 생장이 일어난다.

ㄹ. 동물의 경우 몸 전체에서 체세포 분열이 일어나지만, 식물의 경우 생장점과 형성층에서 체세포 분열이 일어난다.

오답 피하기 | ㄱ. 체세포 분열 결과 염색체 수는 변화 없다.

ㄴ. 체세포 분열 결과 1개의 모세포로부터 2개의 딸세포가 생성된다.

10 체세포 분열 과정은 간기(나) → 전기(다) → 중기(마) → 후기(라) → 말기(가) 순이다.

11 **오답 피하기** | ③ 전기(다)에는 핵막이 사라지고, 막대 모양의 염색체가 나타난다. 핵막이 뚜렷하게 관찰되는 시기는 간기(나)이다.

12 염색체의 수와 모양을 가장 잘 관찰할 수 있는 시기는 염색체가 세포 중앙에 배열되는 중기(마)이다.

13 ㄱ, ㄷ. 식물 세포(가)에서는 2개의 핵 사이에 형성된 세포판이 안쪽에서 바깥쪽으로 성장하여 세포질이 분리된다. 동물 세포(나)에서는 세포막이 바깥쪽에서 안쪽으로 잘록하게 들어가면서 세포질이 분리된다.

오답 피하기 | ㄴ. 핵분열 말기에 세포질이 나누어지는 세포질 분열이 일어난다.

14 실험 과정은 고정(나) → 해리(라) → 염색(다) → 분리(마) → 압착(가) 순으로 진행된다.

15 ④ 아세트올세인(㉠) 용액으로 핵이나 염색체를 붉게 염색한다.

오답 피하기 | ① (나)는 세포의 생명 활동이 멈추고 살아 있을 때의 모습을 유지하게 하는 고정 과정이다.

② (라)는 세포가 잘 분리되도록 뿌리를 연하게 하는 해리 과정이다.

③ (마)는 세포들이 겹치지 않게 하는 분리 과정이다.

⑤ 양파의 뿌리 끝에서는 체세포 분열만 일어난다.

16 ①, ④ 감수 분열은 생물의 생식 기관에서 생식세포가 만들어지는 과정으로, 감수 1분열과 감수 2분열이 연속해서 일어난다.

②, ⑤ 감수 분열 결과 1개의 모세포에서 염색체 수가 절반으로 줄어든 4개의 딸세포가 생성된다.

오답 피하기 | ③ 감수 1분열 전기에 상동 염색체가 결합한 2가 염색체가 나타난다.

17 감수 분열 과정은 간기 → 감수 1분열 전기(다) → 감수 1분열 중기(마) → 감수 2분열 전기(라) → 감수 2분열 후기(나) → 감수 2분열 말기(가) 순이다.

18 그림은 식물에서 일어나는 감수 분열 과정을 나타낸 것이므로 감수 분열이 일어나는 장소는 밑씨와 꽃밥이다.

오답 피하기 | ③, ④ 양파의 뿌리 끝과 봉선화의 형성층은 식물에서 체세포 분열이 일어나는 곳이다.

19 ㄴ, ㄷ. 상동 염색체가 결합한 2가 염색체를 관찰할 수 있으며, 상동 염색체가 2쌍이므로 이 동물의 체세포 염색체 수는 4개이다.

오답 피하기 | ㄱ. 2가 염색체가 세포 중앙에 배열되어 있으므로 감수 1분열 중기 상태이다.

20 ㄱ. (가) → (나) 과정에서 하나의 염색체가 두 가닥의 염색 분체가 되므로, 이때 DNA가 복제된다.

ㄷ. (다) → (라) 과정에서 상동 염색체가 분리되어 염색체 수가 절반으로 줄어든다.

오답 피하기 | ㄴ. (나) → (다) 과정에서 상동 염색체가 결합하여 2가 염색체가 형성되며, 염색체 수는 변화 없다.

ㄹ. (라) → (마) 과정에서 염색 분체가 분리되므로 염색체 수는 변화 없다.

21 감수 2분열 과정에서 염색 분체가 분리되므로 염색체 수는 변화 없다. 따라서 (마)와 염색체 수가 같은 것은 (라)이다.

22 감수 분열 후 염색체 수가 절반으로 줄어들므로, 감수 분열이 일어난 결과 만들어지는 딸세포는 염색체 수가 3개이며, 상동 염색체 쌍이 없는 ①이다.

23 ㄴ. 감수 분열에 의해 형성된 다양한 생식세포의 조합에 의해 유전적 다양성이 증가한다.

ㄷ. 감수 분열로 만들어진 생식세포의 염색체 수가 체세포의 절반이기 때문에 세대를 거듭해도 자손의 염색체 수가 항상 일정하게 유지된다.

오답 피하기 | ㄱ. 상처를 아물게 하는 것은 체세포 분열의 의의에 해당한다.

24 (가)는 2개의 딸세포가 형성되며 염색체 수 변화가 없으므로 체세포 분열, (나)는 4개의 딸세포가 형성되며 염색체 수가 모세포의 절반으로 줄어들므로 감수 분열이다. 표는 체세포 분열(가)과 감수 분열(나)을 비교한 것이다.

구분	체세포 분열(가)	감수 분열(나)
분열 횟수	1회	2회
2가 염색체	형성 안 됨	형성됨
딸세포 수	2개	4개
염색체 수 변화	변화 없음	절반으로 줄어듦
분열 결과	생장, 재생	생식세포 형성

실력의 완성! **서술형 문제** 개념 학습 교재 23쪽

1 모범 답안 몸을 구성하는 세포의 수가 더 많기 때문이다.

채점 기준	배점
까닭을 옳게 서술한 경우	100 %
그 외의 경우	0 %

2 동물의 경우 몸 전체에서 체세포 분열이 일어나지만, 식물의 경우 생장점과 형성층에서만 체세포 분열이 일어난다.

모범 답안 양파 뿌리 끝에는 생장점이 있어 체세포 분열이 활발하게 일어나기 때문이다.

채점 기준	배점
'생장점'과 '체세포 분열'을 모두 포함하여 까닭을 옳게 서술한 경우	100 %
'생장점'과 '체세포 분열' 중 1가지만 포함하여 까닭을 옳게 서술한 경우	50 %

3 모범 답안 남자, 성염색체로 X 염색체와 Y 염색체를 1개씩 갖기 때문이다.

채점 기준	배점
남자라고 쓰고, 까닭을 옳게 서술한 경우	100 %
남자라고만 쓴 경우	30 %

4 (가)는 2가 염색체가 세포 중앙에 배열되어 있으므로 감수 1분열 중기이며, (나)는 상동 염색체가 쌍으로 있으며, 염색체가 세포 중앙에 배열되어 있으므로 체세포 분열 중기이다.

모범 답안 (1) (가) 감수 1분열 중기, (나) 체세포 분열 중기
(2) 감수 1분열 중기(가) 다음 단계인 후기에서는 상동 염색체가 분리되어 세포의 양쪽 끝으로 이동하며, 체세포 분열 중기(나) 다음 단계인 후기에서는 염색 분체가 분리되어 세포의 양쪽 끝으로 이동한다.

	채점 기준	배점
(1)	(가)와 (나)의 세포 분열 종류와 시기를 모두 옳게 쓴 경우	40 %
	(가)와 (나) 중 하나만 옳게 쓴 경우	20 %
(2)	(가)와 (나)의 다음 단계의 차이점을 옳게 서술한 경우	60 %
	그 외의 경우	0 %

4-1 모범 답안 (가)는 2가 염색체가 세포 중앙에 배열되어 있고, (나)는 상동 염색체가 쌍으로 있으며 염색체가 세포 중앙에 배열되어 있기 때문이다.

02 사람의 발생

기초를 튼튼히! **개념 잡기** 개념 학습 교재 25쪽

1 (1) × (2) ○ (3) ○ (4) × **2** ㉠ 46, ㉡ 46, ㉢ 23, ㉣ 23, ㉤ 46 **3** (1) A: 배란, B: 수정, C: 난할, D: 착상 (2) ㉠ 증가하고, ㉡ 작아지며, ㉢ 46 (3) 포배 **4** (1) × (2) × (3) ○ (4) ○ (5) ×

1 **오답 피하기** | (1) 난자와 정자에 모두 유전 물질이 들어 있는 핵이 있다.
(4) 정자는 정소에서, 난자는 난소에서 감수 분열을 통해 만들어진다.

2 정자와 난자는 감수 분열을 통해 체세포 염색체 수의 절반인 생식세포를 형성하며, 정자와 난자가 결합하는 수정 과정을 거치면 체세포와 염색체 수가 같은 수정란이 된다.

3 (2) C는 수정란의 초기 세포 분열인 난할로, 난할이 진행되면 세포 수는 증가하지만 생장기가 없으므로 분열할수록 세포 1개의 크기는 작아지며, 체세포 분열에 해당하므로 세포 1개당 염색체 수는 체세포와 같다.
(3) 착상(D)은 수정란이 포배 상태가 되어 자궁 내막에 파고들어 가는 현상이다.

4 (1) 착상이 일어난 후 태반이 형성된다.
(2) 착상되었을 때부터 임신되었다고 한다.
(5) 태반에서 물질 교환이 일어날 때 모체에서 태아로 이동하는 물질은 산소와 영양소이다.

Beyond 특강 개념 학습 교재 26쪽

1 (1) ㉢ (2) ㉣ (3) ㉠ (4) ㉡ **2** (가) → (다) → (라) → (나) **3** ㉠ 태반, ㉡ 태아 **4** ③, ④

1 배란은 난자가 난소에서 수란관으로 나오는 현상이며, 착상은 수정란이 자궁 내막을 파고들어 가는 현상이다. 수정은 정자와 난자가 결합하는 것이며, 난할은 수정란의 초기 세포 분열이다.

2 사람의 수정과 발생 과정은 배란(가) → 수정(다) → 난할(라) → 착상(나) 순으로 일어난다.

3 수정란이 난할을 시작한 후 사람의 모습을 갖추기 전까지의 세포 덩어리 상태를 배아라고 하며, 수정 8주 후 사람의 모습을 갖추기 시작한 상태를 태아라고 한다.

4 ③ 태반을 통해 태아는 모체로부터 산소와 영양소를 받고, 모체에게 이산화 탄소와 노폐물을 주는 물질 교환이 일어난다.
④ 태아는 수정 후 약 266일이 지나면 모체 밖으로 나오는 출산이

일어난다.

오답 피하기 | ① 수정 8주 후에 대부분의 기관이 형성된다. 완성되는 시기는 기관마다 다르다.

② 착상되었을 때의 배아 상태는 포배이다.

⑤ 사람의 배란부터 출산까지의 과정은 배란 → 수정 → 난할 → 착상 → 태반 형성 → 기관 형성 → 출산 순으로 일어난다.

실력을 키워! 내신 잡기

개념 학습 교재 27~28쪽

01 ② **02** ④ **03** C **04** ① **05** ③ **06** ⑤ **07** (가) 배란, (나) 발생 **08** ⑤ **09** ③ **10** ⑤ **11** ① **12** ⑤

01 (가)는 정자, (나)는 난자이다. 정자(가)는 정소에서, 난자(나)는 난소에서 감수 분열을 통해 만들어진다.

오답 피하기 | ② 정자(가)와 난자(나)는 각각 23개의 염색체를 가진다.

02 ㄱ, ㄷ. 수정은 정자와 난자가 수란관에서 만나 정자의 핵과 난자의 핵이 결합하는 과정이다.

오답 피하기 | ㄴ. 염색체 수가 체세포의 절반인 정자와 난자가 수정하여 만들어진 수정란은 체세포와 염색체 수가 같다.

03 A는 수정관, B는 부정소, C는 정소이다.

(가)는 2가 염색체가 세포 중앙에 배열되어 있으므로 감수 1분열 중기 세포이다. 정소에서 감수 분열을 통해 정자가 형성되므로 감수 1분열 중기 세포를 관찰할 수 있는 곳은 정소(C)이다.

04 ② 수정란은 포배 상태로 자궁 내막에 착상한다.

③ 난소에서 감수 분열이 일어나 난자가 형성된다.

④ 수란관에서 정자와 난자의 수정이 일어나 수정란이 형성되며, 수정란은 초기 세포 분열인 난할을 한다.

⑤ 난자는 난소에서 생성되고 수란관으로 배란되어 자궁을 지나 질을 거쳐 몸 밖으로 나가게 된다.

오답 피하기 | ① 질은 난자나 태아가 나오는 통로이다. 난소에서 수란관으로 배란이 일어난다.

05 난할은 수정란의 초기 세포 분열로, 세포의 생장 없이 빠르게 분열하므로 분열할수록 각 세포의 크기는 작아지며, 배아 전체의 크기는 수정란과 비슷하다.

오답 피하기 | ③ 난할은 세포의 생장 없이 빠르게 분열하는 체세포 분열이다.

06 A는 수정란, B는 2세포배, C는 4세포배, D는 8세포배, E는 16세포배이다. 난할이 진행될수록 세포 1개당 크기는 감소하고, 세포 1개당 염색체 수는 변화 없다.

07 난자가 난소에서 배출되어 수란관으로 나오는 것은 배란이고, 수정란이 세포 분열을 거쳐 하나의 개체로 되기까지의 과정은 발생이다.

08 ① A 과정은 약 28일을 간격으로 난자가 난소에서 수란관으로 나오는 배란이다.

② B 과정은 정자와 난자가 만나는 수정이다.

③, ④ C 과정은 수정 후 약 일주일이 지나면 수정란이 포배 상태가 되어 자궁 내막을 파고들어 가는 착상이며, 착상(C)되었을 때부터 임신되었다고 한다.

오답 피하기 | ⑤ 수정(B) 결과 수정란의 염색체 수는 착상(C)이 일어난 배아를 구성하는 세포 1개의 염색체 수와 같다.

09 ㄱ. (가) 과정은 난할로, 체세포 분열에 해당한다.

ㄴ. 난할(가)이 일어날 때 세포의 생장기가 거의 없어 빠르게 분열한다.

오답 피하기 | ㄷ. 난할(가)은 체세포 분열이므로, 세포 1개당 염색체 수는 변화 없다.

10 사람의 수정과 발생 과정은 배란(라) → 수정(나) → 난할(마) → 착상(다) → 태반 형성(가) 순이다.

11 ㄴ. 태반을 통해 영양소와 산소 이외에도 모체가 섭취한 알코올과 같은 물질이 태아에게로 전달된다.

오답 피하기 | ㄱ, ㄷ. 태반을 통해 태아는 모체로부터 영양소와 산소를 공급받고, 모체는 태아로부터 이산화 탄소와 노폐물을 받아들인다.

12 수정 8주 후 사람의 모습을 갖추기 시작한 상태인 태아 시기에 대부분의 중요 기관이 형성된다.

오답 피하기 | ⑤ 자궁에서 배아는 체세포 분열을 계속하여 기관을 만들고 하나의 개체로 성장한다.

실력의 완성! 서술형 문제

개념 학습 교재 29쪽

1 **모범 답안** 난자는 세포질에 많은 양분을 저장하고 있기 때문이다.

채점 기준	배점
까닭을 옳게 서술한 경우	100 %
그 외의 경우	0 %

2 정자와 난자의 수정 과정을 거쳐 체세포와 염색체 수가 같은 수정란이 된다.

모범 답안 A는 난자로 염색체 수가 23개, B는 정자로 염색체 수가 23개, C는 수정란으로 염색체 수가 46개이다.

채점 기준	배점
염색체 수를 옳게 비교하여 서술한 경우	100 %
그 외의 경우	0 %

3 (가)는 8세포배, (나)는 4세포배, (다)는 수정란, (라)는 2세포배, (마)는 포배이다.

모범 답안 (1) (다) → (라) → (나) → (가) → (마)

(2) 분열이 일어날수록 세포 수는 많아지고, 세포 1개의 크기는 작아지며, 세포 1개당 염색체 수는 변화 없다.

	채점 기준	배점
(1)	순서대로 옳게 쓴 경우	30 %
(2)	세포 수, 세포 1개의 크기, 세포 1개당 염색체 수 변화를 모두 포함하여 옳게 서술한 경우	70 %
	세포 수, 세포 1개의 크기, 세포 1개당 염색체 수 변화 중 1가지만 포함하여 옳게 서술한 경우	20 %

3-1 **모범 답안** 배아 전체의 크기는 변화 없이 수정란의 크기와 비슷하다.

4 **모범 답안** 수정 후 약 일주일이 지난 수정란이 포배 상태가 되어 자궁 내막에 파고들어 가는 현상이다.

채점 기준	배점
제시된 단어를 모두 포함하여 옳게 서술한 경우	100 %
제시된 단어 중 1가지만 포함하여 옳게 서술한 경우	30 %

03 멘델의 유전 원리

기초를 튼튼히! **개념 잡기** 개념 학습 교재 31, 33쪽

1 (1) ○ (2) ○ (3) ○ (4) × (5) × **2** ㄱ, ㅁ **3** ㄱ, ㄴ, ㄹ **4** (1) 노란색 (2) ㉡ YY, ㉢ Yy, ㉣ yy (3) 3 : 1 **5** ㉠ 대립유전자, ㉡ 생식세포 **6** ㄱ, ㄷ **7** (1) × (2) ○ (3) ○ (4) × **8** (1) ㉠ 둥글고 노란색, ㉢ 둥글고 노란색, ㉣ 주름지고 초록색 (2) RY (3) 9 : 3 : 3 : 1 (4) 3 : 1 (5) 독립의 법칙

1 **오답 피하기** | (4) 순종은 여러 세대를 자가 수분하여도 계속 같은 형질의 자손만 나오는 개체이므로, 순종은 자가 수분을 통해 얻는다.
(5) 둥근 모양, 노란색 등과 같이 겉으로 드러나는 형질을 표현형이라고 한다.

2 순종은 한 형질을 나타내는 대립유전자의 구성이 같은 개체이다.
오답 피하기 | RRYy와 같이 두 쌍의 대립유전자 중 한 쌍이라도 대립유전자 구성이 다르면 잡종이다.

3 ㄱ, ㄴ. 완두는 자손의 수가 많아서 통계적인 분석에 유리하며, 대립 형질의 차이가 뚜렷하여 교배 결과를 명확하게 해석할 수 있다.
ㄹ. 완두는 자가 수분과 타가 수분이 모두 가능하여 의도한 대로 형질을 교배할 수 있다.
오답 피하기 | ㄷ. 완두는 재배가 쉽고, 한 세대가 짧다.

4 (1) 어버이에서 Y를 지닌 생식세포와 y를 지닌 생식세포가 만들어진 후 생식세포가 수정되면서 대립유전자는 다시 쌍을 이루므로 잡종 1대의 유전자형은 Yy이며, 표현형은 노란색이다.
(2) ㉡은 Y를 지닌 생식세포와 Y를 지닌 생식세포가 수정된 것이므로 유전자형은 YY이다. ㉢은 Y를 지닌 생식세포와 y를 지닌 생식세포가 수정된 것이므로 유전자형은 Yy이다. ㉣은 y를 지닌 생식세포와 y를 지닌 생식세포가 수정된 것이므로 유전자형은 yy이다.
(3) 잡종 1대를 자가 수분한 결과 잡종 2대에서 우성 형질 : 열성 형질=3 : 1의 비로 나타난다.

5 분리의 법칙은 생식세포가 만들어질 때 쌍으로 존재하던 대립유전자가 분리되어 서로 다른 생식세포로 하나씩 나뉘어 들어가는 현상이다. 잡종 1대를 자가 수분한 결과 잡종 2대에서 우성 표현형 : 열성 표현형=3 : 1의 비로 나타난다.

6 ㄱ. 멘델은 유전 인자가 부모에게서 자손으로 전달된다고 하였다. 유전 인자는 현재의 대립유전자에 해당한다.
ㄷ. 한 쌍을 이루는 유전 인자가 서로 다를 때 하나의 유전 인자만 형질로 표현되며, 나머지 유전 인자는 표현되지 않는다.
오답 피하기 | ㄴ. 1가지 형질을 결정하는 한 쌍의 유전 인자가 있다.

ㄹ. 한 쌍을 이루는 유전 인자는 생식세포가 만들어질 때 서로 다른 생식세포로 들어간다.

7 **오답 피하기** | (1) 빨간색 꽃잎 유전자(R)와 흰색 꽃잎 유전자(W) 사이의 우열 관계가 뚜렷하지 않다.
(4) 잡종 2대에서 빨간색 꽃잎 분꽃(RR), 분홍색 꽃잎 분꽃(RW), 흰색 꽃잎 분꽃(WW)이 1 : 2 : 1의 비로 나타나므로 잡종 2대의 표현형 비와 유전자형 비는 모두 1 : 2 : 1이다.

8 (1) ㉠은 RY를 지닌 생식세포와 ry를 지닌 생식세포가 수정된 것이므로 유전자형은 RrYy이며, 표현형은 둥글고 노란색이다. ㉢은 RY를 지닌 생식세포와 RY를 지닌 생식세포가 수정된 것이므로 유전자형은 RRYY이며, 표현형은 둥글고 노란색이다. ㉣은 ry를 지닌 생식세포와 ry를 지닌 생식세포가 수정된 것이므로 유전자형은 rryy이며, 표현형은 주름지고 초록색이다.
(2) 대립유전자 R와 r, Y와 y가 각각 분리되어 서로 다른 생식세포로 들어가므로 생식세포는 RY : Ry : rY : ry=1 : 1 : 1 : 1로 생성된다. 따라서 ㉡은 RY이다.
(3) 잡종 2대에서 둥글고 노란색, 둥글고 초록색, 주름지고 노란색, 주름지고 초록색인 완두가 9 : 3 : 3 : 1의 비로 나타난다.
(4) 잡종 2대에서 노란색 완두 : 초록색 완두=12(9+3) : 4(3+1)=3 : 1이다.
(5) 2가지 이상의 형질이 함께 유전될 때, 한 형질을 나타내는 대립유전자 쌍이 다른 형질을 나타내는 대립유전자 쌍에 의해 영향을 받지 않고 각각 분리되어 유전되는 것을 독립의 법칙이라고 한다.

Beyond 특강

개념 학습 교재 34~35쪽

1 (1) 150개 (2) 50개 (3) 100개 **2** 노란색 완두: 200개, 초록색 완두: 200개 **3** ③, ④ **4** (1) 150개 (2) 200개 (3) 200개 **5** 300개 **6** ②, ④

1 (1) 이론상 잡종 2대에서 나올 수 있는 둥근 완두의 개수는 $200\times\frac{3}{4}=150$개이다.
(2) 이론상 잡종 2대에서 나올 수 있는 유전자형이 rr인 완두의 개수는 $200\times\frac{1}{4}=50$개이다.
(3) 이론상 잡종 2대에서 나올 수 있는 순종(YY, yy)인 완두의 개수는 $200\times\frac{1}{2}=100$개이다.

2 Yy×yy → Yy, yy이므로 잡종 1대에서는 노란색 완두와 초록색 완두가 1 : 1의 비로 나온다. 그러므로 노란색 완두와 초록색 완두는 이론상 각각 200개씩 나온다.

3 ③ ㉠의 유전자형은 YY, ㉡의 유전자형은 Yy, ㉢의 유전자형은 yy이다.
④ 잡종 2대에서 총 400개의 완두를 얻었을 때, 이 중 노란색 완두는 이론상 $400\times\frac{3}{4}=300$개이다.
오답 피하기 | ① ㉠~㉢ 중 순종은 ㉠(YY)과 ㉢(yy)이다.
② ㉠과 ㉡의 표현형은 노란색 완두로 서로 같다.
⑤ 잡종 2대에서 총 800개의 완두를 얻었을 때, 이 중 유전자형이 Yy인 완두는 이론상 $800\times\frac{1}{2}=400$개이다.

4 (1) 이론상 잡종 2대에서 나올 수 있는 둥글고 초록색인 완두의 개수는 $800\times\frac{3}{16}=150$개이다.
(2) 이론상 잡종 2대에서 나올 수 있는 유전자형이 RrYy인 완두의 개수는 $800\times\frac{4}{16}=200$개이다.
(3) 이론상 잡종 2대에서 나올 수 있는 순종(RRYY, RRyy, rrYY, rryy)인 완두의 개수는 $800\times\frac{4}{16}=200$개이다.

5 둥글고 노란색인 완두(RrYy)에서 생성되는 생식세포는 RY, Ry, rY, ry로 4가지이다. 둥글고 노란색인 완두(RrYy)를 주름지고 초록색인 완두(rryy)와 교배하면 잡종 1대에서 RrYy, Rryy, rrYy, rryy가 1 : 1 : 1 : 1의 비로 나온다. 따라서 잡종 1대에서 총 600개의 완두를 얻었다면 잡종 1대에서 얻은 노란색 완두는 이론상 300개이다.

6 ② 대립유전자 R와 r, Y와 y가 각각 분리되어 서로 다른 생식세포로 들어가므로 생식세포는 RY : Ry : rY : ry=1 : 1 : 1 : 1의 비로 생성된다. 따라서 ㉠은 ry이다.
④ 잡종 2대에서 총 1600개의 완두를 얻었을 때, 잡종 1대와 유전자형이 같은 완두는 $1600\times\frac{1}{4}=400$개이다.
오답 피하기 | ① 잡종 1대의 표현형은 둥글고 노란색이다.
③ ㉡의 유전자형은 rrYY이므로 순종이며, 표현형은 주름지고 노란색이다.
⑤ 잡종 2대에서 총 1600개의 완두를 얻었을 때, 이 중 주름지고 노란색인 완두는 $1600\times\frac{3}{16}=300$개이다.

실력을 키워! 내신 잡기

개념 학습 교재 36~38쪽

01 ⑤ **02** ① **03** ⑤ **04** ① **05** ④ **06** ④ **07** ㉠ YY, ㉡ Yy, ㉢ Yy, ㉣ yy **08** ③ **09** ② **10** ⑤ **11** ① **12** 우열의 원리 **13** ⑤ **14** ① **15** ② **16** ④ **17** ⑤

01 ⑤ 자가 수분은 수술의 꽃가루가 같은 그루의 꽃에 있는 암술에 붙는 현상으로, 여러 세대를 자가 수분하여 순종을 얻을 수 있다.
오답 피하기 | ① 둥근 완두의 대립 형질은 주름진 완두이다.
② 우성은 대립 형질의 순종끼리 교배하였을 때 잡종 1대에서 나타나는 형질이다.

③ 표현형은 유전자 구성에 따라 겉으로 드러나는 형질이다.
④ 잡종은 한 형질을 나타내는 대립유전자의 구성이 다른 개체이다.

02 순종은 한 형질을 나타내는 대립유전자의 구성이 같은 개체이다. YY, RRtt가 순종이다.

03 완두가 유전 연구의 재료로 적합한 까닭은 대립 형질이 뚜렷하며, 재배가 쉽고, 한 세대가 짧으며, 자가 수분과 타가 수분이 모두 가능하여 자유로운 교배가 가능한 것 등이 있다.
오답 피하기 | ⑤ 완두는 자손의 수가 많아 통계적인 분석에 유리하다.

04 ㄱ, ㄷ. 멘델은 생물에 1가지 형질을 결정하는 한 쌍의 유전 인자가 있으며, 유전 인자는 부모에서 자손으로 전달되고, 한 쌍을 이루는 유전 인자는 생식세포가 만들어질 때 분리된다고 하였다.
오답 피하기 | ㄴ. 1가지 형질을 결정하는 한 쌍의 유전 인자가 있다.
ㄹ. 우열의 원리에 의해 한 쌍을 이루는 유전 인자가 서로 다를 때 1가지의 유전 인자만 형질로 표현된다.

05 ① 잡종 1대의 유전자형은 모두 Rr로 잡종이다.
② 잡종 1대에서 둥근 완두가 나왔으므로 완두 씨의 모양이 둥근 것이 우성, 주름진 것이 열성이다.
③, ⑤ 잡종 1대에서 생식세포가 만들어질 때 R와 r가 분리되어 서로 다른 생식세포로 하나씩 나뉘어 들어가므로 분리의 법칙을 따르며, 2종류의 생식세포가 만들어진다.
오답 피하기 | ④ 잡종 2대에서 둥근 완두의 유전자형은 RR나 Rr가 가능하다.

06 잡종 2대에서 둥근 완두는 이론상 200개$\times\frac{3}{4}=$150개이다.

07 ㉠은 Y를 지닌 생식세포와 Y를 지닌 생식세포가 수정된 것이므로 유전자형은 YY이다. ㉡과 ㉢은 Y를 지닌 생식세포와 y를 지닌 생식세포가 수정된 것이므로 유전자형은 Yy이다. ㉣은 y를 지닌 생식세포와 y를 지닌 생식세포가 수정된 것이므로 유전자형은 yy이다.

08 유전자형이 잡종 1대(Yy)와 같은 것은 이론상 400개$\times\frac{1}{2}=$200개이다.

09 ㄱ. 잡종 1대에서 나타나지 않았던 형질인 주름진 완두가 잡종 2대에서 나타났으며, 주름진 완두는 순종이다.
ㄹ. 생식세포가 만들어질 때 쌍으로 존재하던 대립유전자가 분리되어 서로 다른 생식세포로 하나씩 나뉘어 들어가므로 잡종 1대를 자가 수분한 잡종 2대에서 우성 형질 : 열성 형질=3 : 1의 비로 나타난다. 따라서 잡종 1대에서 나타나지 않던 형질이 잡종 2대에서 나타난 것은 분리의 법칙이 적용되었기 때문이다.
오답 피하기 | ㄴ. 어버이 완두끼리 타가 수분을 실시하여 잡종 1대가 만들어진 것이다.
ㄷ. 잡종 2대에서 열성 형질과 우성 형질은 1 : 3의 비로 나타난다.

10 ⑤ 자손에서 우성과 열성이 1 : 1의 비로 나타나는 경우는 부모에서 잡종(Pp)인 우성 형질과 열성 형질(pp)을 교배했을 경우이다.
오답 피하기 | ① PP × pp → Pp(우성)
② PP × PP → PP(우성)
③ PP × Pp → PP(우성), Pp(우성)
④ Pp × Pp → PP(우성), 2Pp(우성), pp(열성)

11 ㄴ. 잡종 2대에서 나타나는 꽃잎 색깔의 종류는 빨간색, 분홍색, 흰색으로 3종류이다.
오답 피하기 | ㄱ. 잡종 2대에서 표현형의 분리비는 빨간색 : 분홍색 : 흰색=1 : 2 : 1이다.
ㄷ. 빨간색 꽃잎 유전자(R)와 흰색 꽃잎 유전자(W) 사이의 우열 관계가 뚜렷하지 않다.

12 빨간색 꽃잎 유전자(R)와 흰색 꽃잎 유전자(W) 사이의 우열 관계가 뚜렷하지 않아 잡종 1대에서 분홍색 꽃잎 분꽃이 나타났으므로 우열의 원리가 성립되지 않는다.

13 ① 둥글고 노란색인 완두에서 생성되는 생식세포(RY)와 주름지고 초록색인 완두에서 생성되는 생식세포(ry)가 만나 생성된 잡종 1대의 유전자형은 RrYy 한 종류이다.
② ㉡은 생식세포의 유전자형 중 RY이다.
③ ㉣의 유전자형은 rryy로 순종이다.
④ 잡종 1대의 둥글고 노란색인 완두는 4종류의 생식세포 RY, Ry, rY, ry를 1 : 1 : 1 : 1의 비로 만든다.
오답 피하기 | ⑤ 잡종 2대에서 둥근 완두 : 주름진 완두=12 : 4=3 : 1의 비로, 노란색 완두 : 초록색 완두=12 : 4=3 : 1의 비로 나타난다.

14 ㉢의 유전자형은 RRYY이며, 유전자형이 ㉢과 같은 완두가 나올 확률은 $\frac{1}{16}$이므로 이론상 3200개$\times\frac{1}{16}=$200개이다.

15 대립유전자 R와 r, y와 y가 각각 분리되어 서로 다른 생식세포로 들어가므로 생식세포 Ry, ry가 1 : 1의 비로 만들어진다.

16 ㄴ. 완두 씨의 모양과 색깔은 각각 우열의 원리와 분리의 법칙에 따라 유전되며, 완두 씨의 모양과 색깔에 대한 대립유전자 쌍이 서로 영향을 미치지 않고 유전되는 독립의 법칙이 성립한다.
ㄹ. 잡종 2대에서 색깔과 관계없이 둥근 완두 : 주름진 완두=12(9+3) : 4(3+1)=3 : 1의 비로 나타난다.
오답 피하기 | ㄱ. 잡종 2대에서 잡종 1대의 유전자형과 같은 완두는 $\frac{1}{4}$의 비율로 나타난다.
ㄷ. 완두 씨의 모양과 색깔을 결정하는 각각의 유전자가 서로 다른 염색체에 있다.

17 ㄷ. (가)와 (나)의 유전자형은 RrYy로 같다.
ㄹ. (라)의 유전자형은 rrYy이므로 대립유전자 r와 r, Y와 y가

각각 분리되어 서로 다른 생식세포로 들어가므로 생식세포 rY, ry가 1 : 1의 비로 만들어진다.

오답 피하기 | ㄱ. (가)의 유전자형은 RrYy로 잡종이다.

ㄴ. (다)의 유전자형은 Rryy이다.

실력의 완성! **서술형 문제** 개념 학습 교재 39쪽

1 **모범 답안** 우성은 대립 형질의 순종끼리 교배하였을 때 잡종 1대에서 나타나는 형질이고, 열성은 대립 형질의 순종끼리 교배하였을 때 잡종 1대에서 나타나지 않는 형질이다.

채점 기준	배점
제시된 단어를 모두 포함하여 우성과 열성의 의미를 모두 옳게 서술한 경우	100 %
제시된 단어를 모두 포함하여 우성과 열성 중 1가지의 의미만 옳게 서술한 경우	50 %

2 A와 흰색 꽃잎 완두를 교배하였더니, 모두 보라색 꽃잎 완두만 나왔으므로 A는 순종이다. B와 흰색 꽃잎 완두를 교배하였더니, 보라색 꽃잎 완두와 흰색 꽃잎 완두가 비슷한 비율로 나왔으므로 B는 잡종이다.

모범 답안 A의 유전자형은 PP이고, B의 유전자형은 Pp이다.

채점 기준	배점
A와 B의 유전자형을 모두 옳게 서술한 경우	100 %
A의 유전자형과 B의 유전자형 중 1가지만 옳게 서술한 경우	50 %

3 **모범 답안** 어버이인 둥근 완두가 생식세포를 형성할 때 R와 r가 분리되어 서로 다른 생식세포로 들어가기 때문이다.

채점 기준	배점
까닭을 어버이의 생식세포 형성 과정에서의 유전자 행동과 관련지어 옳게 서술한 경우	100 %
R와 r가 분리되기 때문이라고만 서술한 경우	50 %

3-1 **모범 답안** 표현형의 분리비는 둥근 완두 : 주름진 완두=3 : 1이고, 유전자형의 분리비는 RR : Rr : rr=1 : 2 : 1이다.

4 빨간색 꽃잎 유전자(R)와 흰색 꽃잎 유전자(W) 사이의 우열 관계가 뚜렷하지 않아 잡종 1대에서 분홍색 꽃잎 분꽃이 나타났다.

모범 답안 빨간색 꽃잎 유전자(R)와 흰색 꽃잎 유전자(W) 사이의 우열 관계가 뚜렷하지 않기 때문이다.

채점 기준	배점
'유전자'와 '우열 관계가 뚜렷하지 않음'을 모두 포함하여 까닭을 옳게 서술한 경우	100 %
우열 관계가 뚜렷하지 않기 때문이라고만 서술한 경우	50 %

04 사람의 유전

기초를 튼튼히! **개념 잡기** 개념 학습 교재 41, 43쪽

1 ㄱ, ㄹ **2** (1) 가계도 조사 (2) 쌍둥이 연구(쌍둥이 조사) (3) 염색체와 유전자 분석 (4) 통계 조사(집단 조사) **3** (1) ○ (2) × (3) ○ (4) × **4** (1) 혀 말기가 불가능한 것 (2) ㉠ Aa, ㉡ aa (3) 2명 **5** (1) ○ (2) × (3) ○ (4) × **6** (1) B형, BO (2) AO (3) 25 % **7** (1) × (2) × (3) ○ (4) ○ **8** (1) ㉠ X′Y, ㉡ XX′ (2) ㉢ XY, ㉣ XX′ (3) 50 %

1 **오답 피하기** | ㄴ, ㄷ. 사람의 유전 연구가 어려운 까닭은 자손의 수가 적고, 환경의 영향을 많이 받으며, 대립 형질이 복잡하기 때문이다.

2 (1) 가계도 조사는 특정 형질을 가지고 있는 집안에서 여러 세대에 걸쳐 이 형질이 어떻게 유전되는지를 알아보는 방법이다.

(2) 쌍둥이 연구(쌍둥이 조사)는 쌍둥이의 성장 환경과 특정 형질의 발현이 어느 정도 일치하는지 조사하는 방법이다.

(3) 염색체와 유전자 분석은 염색체 수와 모양 및 DNA나 유전자를 분석하는 방법이다.

(4) 통계 조사(집단 조사)는 특정 형질이 나타난 사례를 많이 수집하여 자료를 통계적으로 분석하는 방법이다.

3 **오답 피하기** | (2) 유전자가 상염색체에 존재하고 한 쌍의 대립유전자에 의해 결정되는 형질은 남녀에 따라 형질이 나타나는 빈도에 차이가 없다.

(4) 우성 형질을 가진 부모 사이에서 열성 형질을 가진 자녀가 태어날 수도 있다.

4 (1) 부모에게서 없던 형질이 자녀에게서 나타나면 자녀에 나타난 형질이 열성 형질이고, 부모의 형질이 우성 형질이다. 부모 모두 혀 말기가 가능한데 혀 말기가 불가능한 자녀가 있으므로 혀 말기가 가능한 형질이 우성, 혀 말기가 불가능한 형질이 열성이다.

(2) ㉠은 혀 말기가 가능한 남자인데 자녀 중에 혀 말기가 불가능한 자녀가 있으므로 열성 대립유전자 a를 갖는다. 따라서 ㉠의 혀 말기 유전자형은 Aa이다. ㉡은 혀 말기가 불가능한 남자이므로 열성 대립유전자 a만을 갖는다. 따라서 ㉡의 혀 말기 유전자형은 aa이다.

(3) 부모의 혀 말기 유전자형은 모두 Aa이므로 자녀 중에 우성 형질인 혀 말기가 가능한 사람의 경우 유전자형이 AA인지 Aa인지 확실히 알 수 없다.

5 **오답 피하기** | (2) 표현형은 A형, B형, AB형, O형으로 4가지이며, 유전자형은 AA, AO, BB, BO, AB, OO로 6가지이다.

(4) ABO식 혈액형 유전자는 상염색체에 있으며, 한 쌍의 대립유전자에 의해 형질이 결정된다.

6 (1) 자녀 중에 B형과 O형이 있으므로 어머니의 ABO식 혈액형은 B형이며, ABO식 혈액형 유전자형은 BO이다.

(2) 여동생은 아버지로부터 유전자 A를, 어머니로부터 유전자 O를 물려받아 ABO식 혈액형 유전자형은 AO이다.
(3) 어머니의 ABO식 혈액형 유전자형은 BO이고, 아버지의 ABO식 혈액형 유전자형은 AO이다. 이 둘 사이에서 태어날 수 있는 자녀의 ABO식 혈액형은 A형, B형, AB형, O형이다. 따라서 태어날 아이가 O형일 확률은 25 %이다.

7 **오답 피하기** | (1) 적록 색맹은 여자보다 남자에게 더 많이 나타난다.
(2) 성염색체 구성이 XY인 남자는 적록 색맹 대립유전자가 1개만 있어도 적록 색맹이 되지만, 성염색체 구성이 XX인 여자는 2개의 X 염색체에 모두 적록 색맹 대립유전자가 있어야 적록 색맹이 되기 때문에 보인자는 여자에게만 있다.

8 (1) ㉠은 적록 색맹 남자이므로 적록 색맹 유전자형은 X′Y이다. ㉡은 정상 여자인데 자녀 중에 적록 색맹인 딸이 있으므로 적록 색맹 유전자형은 XX′이다.
(2) ㉢은 정상 남자이므로 적록 색맹 유전자형은 XY이다. ㉣은 정상 여자인데 아버지로부터 적록 색맹 대립유전자 X′을 물려받으므로 적록 색맹 유전자형은 XX′이다.
(3) ㉠(X′Y)과 ㉡(XX′) 사이에서 태어날 수 있는 자녀의 적록 색맹 유전자형은 XX′(정상 여자), X′X′(적록 색맹 여자), XY(정상 남자), X′Y(적록 색맹 남자)이다. 따라서 ㉠과 ㉡ 사이에 태어날 아이가 적록 색맹일 확률은 50 %이다.

Beyond 특강

개념 학습 교재 44~45쪽

1 10 **2** 75 % **3** Tt **4** 8 **5** 25 % **6** 50 % **7** 2, 6 **8** 50 %
9 6명 **10** 25 %

1 6과 7의 혀 말기 유전자형이 모두 Aa이므로 이 둘 사이에서 태어난 10은 혀 말기 유전자형이 AA인지 Aa인지 확실히 알 수 없다.

2 Aa(6)×Aa(7) → AA, Aa, aa가 1 : 2 : 1의 비로 나오므로 태어나는 아이가 혀 말기가 가능할 확률은 $\frac{3}{4}\times100=75$ %이다.

3 정상인 자녀와 미맹인 자녀가 모두 나타나므로 (가)는 대립유전자 T와 t를 모두 가지고 있어야 한다.

4 3과 4의 ABO식 혈액형 유전자형은 각각 BO와 AB이므로 이 둘 사이에서 태어난 8은 ABO식 혈액형 유전자형이 BB인지 BO인지 확실히 알 수 없다.

5 BO(3)×AB(4) → AB, BB, AO, BO이므로 태어나는 아이가 A형일 확률은 $\frac{1}{4}\times100=25$ %이다.

6 AO×AB → AA, AB, AO, BO이므로 (가)의 ABO식 혈액형 유전자형은 BO이다. AB×AB → AA, AB, BB이므로 (나)의 ABO식 혈액형 유전자형은 AA이다. (가)와 (나)가 결혼하여 자녀가 태어날 때 BO×AA → AB, AO이므로 (가)와 (나) 사이에 태어나는 아이가 AB형일 확률은 50 %이다.

7 정상인 딸인 10은 아버지인 6에게서 적록 색맹 대립유전자를 물려받았으며, 6은 어머니인 2에게서 적록 색맹 대립유전자를 물려받았다.

8 X′Y(6)×XX′(7) → XX′(정상 여자), X′X′(적록 색맹 여자), XY(정상 남자), X′Y(적록 색맹 남자)이므로 태어나는 아이가 정상일 확률은 $\frac{2}{4}\times100=50$ %이다.

9 유전병을 가지는 4, 5, 6, 8, 10을 제외한 나머지 6명은 정상이므로 정상 대립유전자를 가지고 있다.

10 bb(6)×Bb(7) → Bb, bb이므로 태어나는 아이가 유전병일 확률은 $\frac{1}{2}$이고, 아들일 확률은 $\frac{1}{2}$이므로 $\frac{1}{2}\times\frac{1}{2}\times100=25$ %이다.

실력을 키워! 내신 잡기

개념 학습 교재 46~48쪽

01 ② **02** 가계도 조사 **03** ②, ⑤ **04** ⑤ **05** ③ **06** ㉠ 열성, ㉡ 상염색체 **07** ④ **08** ②, ⑤ **09** 6명 **10** ① **11** ③ **12** ⑤ **13** ① **14** (가) AB형, (나) A형 **15** ⑤ **16** ② **17** 100 % **18** ②, ⑤

01 **오답 피하기** | 사람의 유전 연구가 어려운 까닭은 한 세대가 길고, 자손의 수가 적으며, 대립 형질이 복잡하고, 환경의 영향을 많이 받으며, 자유로운 교배 실험을 할 수 없기 때문이다.

02 가계도 조사는 특정 형질을 가지고 있는 집안에서 여러 세대에 걸쳐 이 형질이 어떻게 유전되는지를 알아보는 방법이다. 따라서 유럽 왕실의 혈우병 유전을 연구하는 데 가장 적합한 연구 방법은 가계도 조사이다.

03 ②, ⑤ 1란성 쌍둥이(가)는 유전자 구성이 같으므로 1란성 쌍둥이(가)에서의 형질 차이는 환경의 영향이다. (나)는 2란성 쌍둥이이다.
오답 피하기 | ① 1란성 쌍둥이(가)는 항상 성별이 같다.
③ 2란성 쌍둥이(나)는 성별이 같을 수도 있고 다를 수도 있다.
④ 2란성 쌍둥이(나)는 유전자 구성이 서로 다르며, 이들의 형질 차이는 유전과 환경의 영향으로 나타난다.

04 ㄱ. 키는 1란성 쌍둥이가 함께 자란 경우와 따로 자란 경우에 형질의 일치 정도가 다르므로 환경의 영향을 받는 형질이다.

ㄴ. ABO식 혈액형은 유전자에 의해 결정되므로 환경의 영향을 받지 않는다.
ㄷ. 1란성 쌍둥이가 따로 자란 경우(나)의 형질의 일치 정도가 높을수록 유전의 영향을 많이 받는 형질이다.

05 혀 말기, 눈꺼풀, 귓불 모양은 유전자가 상염색체에 존재하고, 한 쌍의 대립유전자에 의해 결정되는 형질로, 멘델의 분리의 법칙에 따라 유전되며, 남녀에 따라 형질이 나타나는 빈도에 차이가 없다.
오답 피하기 | ③ 혀 말기, 눈꺼풀, 귓불 모양은 대립 형질이 명확하게 구분된다.

06 유전 형질이 나타나는 빈도는 성별에 관계없으므로 상염색체에 유전자가 있는 상염색체 유전 형질임을 알 수 있다. 부모에게 없는 형질이 자녀에게 나타나면 자녀에게 나타난 형질이 열성, 부모의 형질이 우성이므로 형질 A는 열성임을 알 수 있다.

07 ㄱ. 아버지와 어머니 모두 혀 말기가 가능한데 자녀 중 혀 말기가 불가능한 자녀가 있으므로 혀 말기가 가능한 형질이 우성, 혀 말기가 불가능한 형질이 열성이다.
ㄷ. 누나는 아버지와 어머니로부터 열성 대립유전자를 물려받아 혀 말기가 불가능한 열성이다.
오답 피하기 | ㄴ. 아버지와 어머니 모두 열성 대립유전자를 갖는 잡종이므로 아버지와 어머니의 혀 말기 유전자형은 같다.

08 ② 미맹은 정상에 대해 열성이므로 미맹인 사람의 유전자형은 tt이다.
⑤ 6과 7의 미맹 유전자형이 모두 Tt이므로 이 둘 사이에서 태어난 정상인 10은 미맹 유전자형이 TT인지 Tt인지 확실히 알 수 없다.
오답 피하기 | ① 정상인 1과 2 사이에서 미맹인 자녀 5가 태어났으므로 미맹은 정상에 대해 열성이며, 1과 2의 미맹 유전자형은 Tt이다.
③ 4의 자녀 중에 미맹인 자녀 8이 태어났으므로 4는 우성 대립유전자 T와 열성 대립유전자 t를 모두 가지고 있다.
④ 9는 6과 7로부터 모두 열성 대립유전자 t를 물려받았다.

09 분리형 귓불 모양이 부착형 귓불 모양에 대해 우성이므로 부모 중 어머니는 분리형 대립유전자와 부착형 대립유전자를 모두 가지고 있는 잡종이다. 분리형 귓불을 가진 어머니와 부착형 귓불을 가진 아버지 사이에서 태어난 분리형 귓불을 가진 자녀는 모두 분리형 대립유전자와 부착형 대립유전자를 둘 다 가지고 있는 잡종이다. 따라서 이 가족에서 부착형 대립유전자를 가지고 있는 사람은 모두 6명이다.

10 정상인 (나)에게서 유전병인 딸이 태어났으므로 이 유전병은 상염색체 유전이다.
ㄱ. 정상인 부모 (가)와 (나) 사이에서 유전병인 자녀가 태어났으므로 정상은 우성 형질, 유전병은 열성 형질이다.
오답 피하기 | ㄴ. (가)와 (나)는 유전병 대립유전자를 갖는 잡종이다.
ㄷ. 정상 대립유전자를 D, 유전병 대립유전자를 d라고 했을 때 Dd(가)×Dd(나) → DD(정상) : Dd(정상) : dd(유전병)=1 : 2 : 1이므로 (가)와 (나) 사이에서 태어나는 아이가 유전병(dd)일 확률은 $\frac{1}{4}\times100=25$ %이다.

11 ③ 유전자 A와 B 사이에는 우열 관계가 없으며, A와 B는 O에 대해 각각 우성이다.
오답 피하기 | ① 표현형의 종류는 A형, B형, AB형, O형으로 4가지이다.
② 유전자형의 종류는 AA, AO, BB, BO, AB, OO로 6가지이다.
④ 혈액형을 결정하는 대립유전자의 종류는 A, B, O로 3가지이다.
⑤ 부모의 ABO식 혈액형 유전자형이 모두 AO일 경우 O형인 자녀가 태어날 수 있다.

12 ⑤ AB형×O형 → A형, B형
오답 피하기 | ① A형×B형 → A형, B형, AB형, O형
② A형×O형 → A형, O형
③ A형×A형 → A형, O형
④ B형×O형 → B형, O형

13 ㄱ. O형인 누나와 B형인 선우가 태어났으므로 아버지와 어머니의 ABO식 혈액형 유전자형은 각각 BO와 AO이다.
오답 피하기 | ㄴ. 선우는 아버지로부터 유전자 B를, 어머니로부터 유전자 O를 물려받았으므로 ABO식 혈액형 유전자형은 BO이며, 아버지의 ABO식 혈액형 유전자형도 BO이므로 서로 같다.
ㄷ. BO(아버지)×AO(어머니) → AO, BO, OO, AB이므로 태어나는 아이가 누나와 ABO식 혈액형이 O형으로 같을 확률은 $\frac{1}{4}\times100=25$ %이다.

14 (가)는 자녀에게 유전자 A와 B를 각각 물려주었으므로 (가)의 ABO식 혈액형 유전자형은 AB이다. (나)는 자녀에게 유전자 A와 O를 각각 물려주었으므로 (나)의 ABO식 혈액형 유전자형은 AO이다.

15 ①, ③ 적록 색맹을 결정하는 유전자는 X 염색체에 있으므로 적록 색맹 유전은 반성유전의 예이다.
② 남자는 적록 색맹 대립유전자가 1개만 있어도 적록 색맹이 되지만, 여자는 2개의 X 염색체 모두에 적록 색맹 대립유전자가 있어야 적록 색맹이 되기 때문에 여자보다 남자에게 많이 나타난다.
④ 어머니가 적록 색맹이면 아들은 어머니로부터 적록 색맹 대립유전자를 물려받으므로 항상 적록 색맹이다.
오답 피하기 | ⑤ 남자는 X 염색체를 어머니로부터 물려받으므로 적록 색맹 대립유전자를 어머니로부터 물려받는다.

16 ㄱ. 1은 6에게 적록 색맹 대립유전자를 물려주었으므로 1의 적록 색맹 유전자형은 XX′이고, 3은 2로부터 적록 색맹 대립유전

자를 물려받았으므로 3의 적록 색맹 유전자형은 XX′이다.
ㄹ. 6은 1과 2로부터 적록 색맹 대립유전자를 물려받아 6의 적록 색맹 유전자형은 X′X′이다.
오답 피하기 | ㄴ. 4는 2로부터 적록 색맹 대립유전자를 물려받았으므로 4의 적록 색맹 유전자형은 XX′이다. XX′(4)×XY(정상 남자) → XX(정상 여자), XY(정상 남자), XX′(정상 여자), X′Y(적록 색맹 남자)이므로 태어날 아이가 적록 색맹인 아들일 확률은 25 %이다.
ㄷ. 5는 1로부터 정상 대립유전자를 물려받았다. 2로부터는 Y 염색체만 물려받으므로 정상 대립유전자를 물려받지 않았다.

17 정상인 남자(XY)와 적록 색맹인 여자(X′X′)가 결혼하여 이 둘 사이에서 태어날 수 있는 자녀의 적록 색맹 유전자형은 X′Y(적록 색맹 남자), XX′(정상 여자)이다. 따라서 아들이 태어났을 때, 이 아이가 적록 색맹일 확률은 100 %이다.

18 ② 4는 적록 색맹인 아들 6에게 적록 색맹 대립유전자를 물려주었다.
⑤ XX′(5)×X′Y(6) → XX′(정상 여자), XY(정상 남자), X′X′(적록 색맹 여자), X′Y(적록 색맹 남자)이므로 태어날 아이가 적록 색맹인 딸일 확률은 25 %이다.
오답 피하기 | ① 5는 8에게 적록 색맹 대립유전자 X′을 물려주었으므로 5의 적록 색맹 유전자형은 XX′이고, 2는 5에게 적록 색맹 대립유전자 X′을 물려주었으므로 2의 적록 색맹 유전자형은 XX′이다. 따라서 2와 5의 적록 색맹 유전자형은 서로 같다.
③ 7은 3에게서 적록 색맹 대립유전자를 물려받아 적록 색맹 유전자형이 XX′이다.
④ 8은 5에게서, 5는 2에게서 적록 색맹 대립유전자 X′을 물려받았다.

실력의 완성! 서술형 문제

개념 학습 교재 49쪽

1 모범 답안 (가)는 형질을 결정하는 유전자가 상염색체에 있어 남녀에 따라 형질이 나타나는 빈도에 차이가 없으며, (나)는 형질을 결정하는 유전자가 성염색체에 있어 남녀에 따라 형질이 나타나는 빈도에 차이가 있다.

채점 기준	배점
(가)와 (나)의 유전 형질의 차이점을 제시된 단어를 모두 포함하여 옳게 서술한 경우	100 %
(가)와 (나)의 유전 형질의 차이점을 제시된 단어 중 3가지만 포함하여 옳게 서술한 경우	50 %

2 모범 답안 A형, AB형, B형, 철수 아버지의 ABO식 혈액형 유전자형은 AO이고, 어머니의 ABO식 혈액형 유전자형은 AB이므로 이 둘 사이에서 태어나는 아이가 가질 수 있는 ABO식 혈액형은 A형, AB형, B형이다.

채점 기준	배점
ABO식 혈액형을 모두 쓰고, 그 까닭을 옳게 서술한 경우	100 %
ABO식 혈액형만 모두 쓴 경우	50 %

3 모범 답안 (1) (가) XX′, (나) XX′
(2) (가)는 아버지로부터 적록 색맹 대립유전자 X′을 물려받고 어머니로부터 정상 대립유전자 X를 물려받았다. (나)는 어머니로부터 적록 색맹 대립유전자 X′을 물려받고 아버지로부터 정상 대립유전자 X를 물려받았다.

	채점 기준	배점
(1)	(가)와 (나)의 적록 색맹 유전자형을 모두 옳게 쓴 경우	30 %
(2)	(가)와 (나)에게 적록 색맹을 결정하는 대립유전자가 전달되는 경로를 모두 옳게 서술한 경우	70 %
	(가)와 (나)에게 적록 색맹을 결정하는 대립유전자가 전달되는 경로 중 1가지만 옳게 서술한 경우	30 %

3-1 (나)의 어머니는 적록 색맹이므로 적록 색맹 유전자형은 X′X′이고, 아버지는 정상이므로 적록 색맹 유전자형은 XY이다. X′X′×XY → XX′(정상 여자), X′Y(적록 색맹 남자)이므로 태어나는 아이가 적록 색맹일 확률은 50 %이다.
모범 답안 50 %

4 모범 답안 아버지의 적록 색맹 유전자형은 XY이고, 어머니의 적록 색맹 유전자형은 XX′이며, 아들은 어머니로부터 적록 색맹 대립유전자 X′을 물려받아 적록 색맹이다.

채점 기준	배점
부모의 적록 색맹 유전자형을 포함하여 아들이 적록 색맹인 까닭을 옳게 서술한 경우	100 %
부모의 적록 색맹 유전자형을 포함시키지 않고 까닭을 서술한 경우	50 %

핵심만 모아모아! **단원 정리하기** 개념 학습 교재 50쪽

1 ❶ 상동 염색체 ❷ 상 ❸ 성 ❹ XY
2 ❶ 2 ❷ 전기 ❸ 중기 ❹ 염색 분체 ❺ 세포질
3 ❶ 4 ❷ 상동 염색체 ❸ 염색 분체 ❹ 염색체 수
4 ❶ 발생 ❷ 난할 ❸ 포배
5 ❶ 대립 형질 ❷ 표현형 ❸ 유전자형 ❹ 순종 ❺ 잡종
6 ❶ 우성 ❷ 열성 ❸ 분리 ❹ 독립
7 ❶ 쌍둥이 ❷ 없다 ❸ 우성 ❹ 4 ❺ 6 ❻ 반성

실전에 도전! **단원 평가하기** 개념 학습 교재 51~55쪽

01 ④ **02** ㄱ, ㄷ **03** ② **04** ② **05** ① **06** ⑤ **07** (가) 감수 1분열, (나) 체세포 분열, (다) 감수 2분열 **08** ③ **09** ③ **10** ④ **11** ② **12** ④ **13** ④ **14** ㉠ TT, ㉡ Tt **15** RY : Ry : rY : ry=1 : 1 : 1 : 1 **16** ④, ⑤ **17** ③ **18** ④ **19** ②, ④ **20** ④ **21** ⑤ **22** ④ **23** ③ **24** 해설 참조 **25** 해설 참조 **26** 해설 참조

01 ① 염색체는 DNA(A)와 단백질(B)로 되어 있다.
② 유전자는 DNA(A)의 특정 부위에 존재하며, 하나의 DNA에는 수많은 유전자가 존재한다.
③ 막대 모양인 염색체(C)는 분열하는 세포에서 관찰된다.
⑤ 염색 분체인 ㉠과 ㉡의 유전 정보는 같다.
오답 피하기 | ④ 염색체(C)의 수가 같다고 반드시 같은 종의 생물인 것은 아니다. 다른 종 사이에서도 염색체 수가 같은 경우가 있다.

02 ㄱ. ㉠은 모양과 크기가 같은 한 쌍의 염색체인 상동 염색체이다.
ㄷ. X 염색체(㉡)는 어머니로부터, Y 염색체(㉢)는 아버지로부터 물려받았다.
오답 피하기 | ㄴ. 이 사람의 생식세포 1개에는 23개의 염색체가 있다.

03 ① 염색체를 가장 잘 관찰할 수 있는 시기는 중기(가)이다.
③ 후기(다)에서는 염색 분체가 분리되어 세포의 양쪽 끝으로 이동한다.
④ 전기(라)에서는 방추사가 나타난다.
⑤ 간기부터 나열하면 간기(나) → 전기(라) → 중기(가) → 후기(다) 순이다.
오답 피하기 | ② 간기(나)에서는 DNA가 복제되고, 핵막이 뚜렷하게 보인다.

04 ㄴ. 염색(라)은 아세트올세인 용액으로 핵이나 염색체를 붉게 염색하는 과정이다.
ㄹ. 실험 과정은 고정(다) → 해리(마) → 염색(라) → 분리(가) → 압착(나) 순으로 진행된다.
오답 피하기 | ㄱ. 고정(다)은 세포의 생명 활동이 멈추고 살아 있을 때의 모습을 유지하도록 하는 과정이다.
ㄷ. 해리(마)는 세포 간의 결합력을 약화시켜 세포가 잘 분리되도록 뿌리를 연하게 하는 과정이다.

05 ㄱ. A는 상동 염색체가 결합한 2가 염색체이다.
ㄴ. (다) → (라) 과정에서 상동 염색체가 분리되어 염색체 수가 절반으로 줄어든다.
오답 피하기 | ㄷ. (라) → (마) 과정에서 염색 분체가 분리되므로 염색체 수는 변화 없다.
ㄹ. 감수 분열 결과 염색체 수가 모세포의 절반인 딸세포가 생성되므로 (가)의 염색체 수는 (마)의 염색체 수의 2배이다.

06 ⑤ 도마뱀의 잘려진 꼬리가 다시 생겨나는 것은 재생으로, 체세포 분열 결과 생장과 재생이 일어난다.
오답 피하기 | ① 체세포 분열은 1회, 감수 분열은 2회 분열한다.
② 다세포 생물은 체세포 분열을 통해 생장한다.
③ 생식세포의 염색체 수가 체세포의 염색체 수의 절반이다.
④ 감수 분열이 일어날 때 상동 염색체가 서로 결합했다가 분리된다.

07 세포 분열 중 상동 염색체가 쌍으로 있는 것은 체세포 분열과 감수 1분열인데, 2가 염색체가 있는 것은 감수 1분열이므로 (가)는 감수 1분열, (나)는 체세포 분열이다. 나머지 (다)는 상동 염색체 중 하나만 있는 것이므로 감수 2분열이다.

08 ①, ②, ④ 난자(A)는 핵이 있으며, 난소에서 만들어지고, 스스로 움직이지 못한다. 정자(B)는 핵이 있으며, 정소에서 만들어지고, 스스로 움직일 수 있다.
⑤ A의 염색체 수는 23개, B의 염색체 수는 23개로 같다.
오답 피하기 | ③ C는 수정란으로, 46개의 염색체가 들어 있다.

09 ①, ② A는 배란, B는 수정이다. 수정(B) 과정으로 체세포와 염색체 수가 같은 수정란이 형성된다.
④ 난할(C)은 체세포 분열의 일종이므로, 세포 1개당 염색체 수는 변화 없다.
⑤ 착상(D)은 수정 후 약 일주일이 지나면 수정란이 포배 상태가 되어 자궁 내막에 파고들어 가는 현상이다.
오답 피하기 | ③ 난할(C)이 진행될 때 세포 1개의 크기는 작아지며, 배아 전체의 크기는 변화 없다.

10 ① 수정란이 포배 상태로 자궁 내막에 파고들어 가는 것을 착상이라고 한다. 배아가 착상하면 임신이 되었다고 한다.
② 수정은 정자와 난자가 수란관에서 결합하는 과정이다.
③ 수정란은 초기 세포 분열 과정인 난할을 계속하며 자궁으로 이동한다.
⑤ 태아는 수정 후 약 266일이 지나면 출산 과정을 통해 모체 밖으로 나온다.
오답 피하기 | ④ 수정 후 8주가 지나면 대부분의 기관이 형성되며, 완성되는 시기는 기관마다 다르다.

11 ② 대립유전자 쌍이 한 쌍이라도 잡종이 있으면 잡종이다. 따라서 유전자형이 RRYy인 개체는 잡종이다.

오답 피하기 | ① 표현형이 둥근 완두의 경우 유전자형이 RR거나 Rr일 수 있으므로 표현형이 같아도 유전자형이 다를 수 있다.
③ 완두의 초록색 꼬투리와 노란색 꼬투리가 대립 형질이다.
④ 대립 형질은 1가지 특성에 대해 서로 뚜렷하게 대비되는 형질이다.
⑤ 우성은 대립 형질의 순종끼리 교배하였을 때 잡종 1대에서 나타나는 형질이다.

12 ① 잡종 1대의 유전자형은 Yy이다.
② 잡종 1대의 완두는 Y를 갖는 생식세포와 y를 갖는 생식세포를 만든다.
③ 잡종 2대에서 순종(YY, yy)과 잡종(Yy)의 비는 1 : 1이다.
⑤ 잡종 2대에서 유전자형의 분리비가 YY : Yy : yy=1 : 2 : 1이다. 따라서 유전자형이 잡종 1대와 같은 것이 나올 확률은 $\frac{1}{2}$이므로 유전자형이 잡종 1대와 같은 완두는 이론상 800개$\times\frac{1}{2}$=400개이다.
오답 피하기 | ④ 잡종 2대에서 유전자형의 분리비는 YY : Yy : yy=1 : 2 : 1이다.

13 ④ 잡종 2대에서 표현형의 분리비는 빨간색 : 분홍색 : 흰색=1 : 2 : 1이고, 유전자형의 분리비는 RR : RW : WW=1 : 2 : 1이다.
오답 피하기 | ① 생식세포가 형성될 때 유전 인자(대립유전자)는 분리되어 각각 다른 생식세포로 들어가므로 분리의 법칙이 성립한다.
② 빨간색 꽃잎 유전자(R)와 흰색 꽃잎 유전자(W) 사이의 우열 관계가 뚜렷하지 않다.
③ 잡종 2대에서 나타나는 꽃잎 색깔의 종류는 빨간색, 분홍색, 흰색으로 3종류이다.
⑤ 잡종 2대에서 표현형의 분리비는 빨간색 : 분홍색 : 흰색=1 : 2 : 1이다. 따라서 분홍색 꽃잎 분꽃이 나올 확률은 $\frac{1}{2}$이므로 분홍색 꽃잎 분꽃은 이론상 400개$\times\frac{1}{2}$=200개이다.

14 ㉠과 키가 작은 완두를 교배하였더니, 모두 키가 큰 완두만 나왔으므로 ㉠은 순종(TT)이다. ㉡과 키가 작은 완두를 교배하였더니, 키가 큰 완두와 키가 작은 완두가 비슷한 비율로 나왔으므로 ㉡은 잡종(Tt)이다.

15 완두의 모양과 색깔을 결정하는 각 유전자 쌍은 서로 다른 염색체에 있기 때문에 잡종 1대인 둥글고 노란색인 완두는 4종류의 생식세포 RY, Ry, rY, ry를 1 : 1 : 1 : 1의 비로 만든다.

16 ④ 잡종 2대에서 잡종 1대(RrYy)와 유전자형이 같은 완두가 나타날 확률은 $\frac{4}{16}\times100=25$ %이다.
⑤ 주름지고 노란색인 완두(다)가 나올 확률은 $\frac{3}{16}$이므로 주름지고 노란색인 완두는 이론상 400개$\times\frac{3}{16}$=75개이다.
오답 피하기 | ① (가)는 순종(RRYY) 또는 잡종(RrYy, RRYy, RrYY)이다.
② (나)의 유전자형은 RRyy 또는 Rryy이다.
③ 잡종 2대에서 둥근 완두 : 주름진 완두=3 : 1이다.

17 사람의 유전 연구 방법에는 가계도 조사, 쌍둥이 연구, 통계 조사, 염색체와 유전자 분석 등이 있다.
오답 피하기 | ③ 사람은 임의로 교배할 수 없다.

18 미맹, 혀 말기, 눈꺼풀, 귓불 모양처럼 상염색체에 존재하고 한 쌍의 대립유전자에 의해 결정되는 형질은 멘델의 분리의 법칙에 따라 유전되며, 남녀에 따라 형질이 나타나는 빈도에 차이가 없다.
오답 피하기 | ④ 적록 색맹은 유전자가 성염색체에 있어 유전 형질이 나타나는 빈도가 남녀에 따라 차이가 있다.

19 ② 부모는 모두 정상인데 유전병 딸인 (가)가 태어난 것으로 보아 유전병은 정상에 대해 열성이다.
④ 부모는 둘 다 유전병 대립유전자와 정상 대립유전자를 모두 가지고 있는 잡종이다.
오답 피하기 | ① (가)는 부모로부터 유전병 대립유전자를 각각 하나씩 물려받아 (가)의 유전자형은 순종이다.
③ 유전병 대립유전자가 X 염색체에 존재한다면 (가)가 유전병 여자이므로 아버지는 반드시 유전병 남자이어야 하는데 정상 남자이다. 따라서 유전병 대립유전자는 상염색체에 존재한다.
⑤ 상염색체 유전의 경우 유전병은 남녀에 관계없이 같은 비율로 나타난다.

20 (가)의 자녀가 A형이므로 (가)는 자녀에게 유전자 O를 물려주었다. 따라서 (가)의 ABO식 혈액형 유전자형은 BO이다. 대립유전자는 상동 염색체의 같은 위치에 있으므로 염색체에 유전자가 배열되어 있는 모습으로 옳은 것은 유전자 B와 유전자 O가 마주 보며 위치하는 ④이다.

21 자료 분석

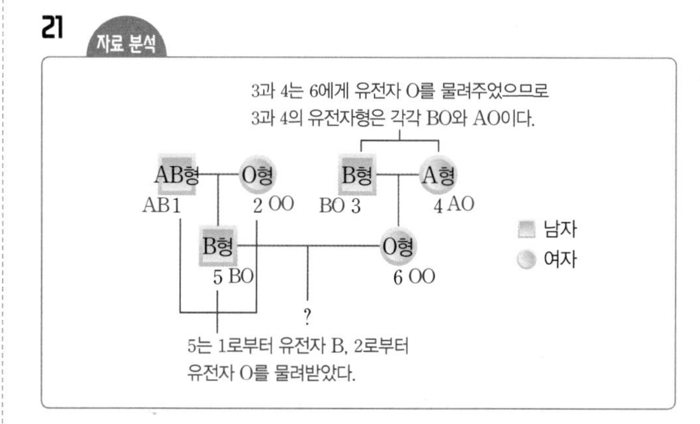

ㄱ. 3과 4의 딸인 6이 O형이므로 3의 ABO식 혈액형 유전자형은 BO이고 4의 ABO식 혈액형 유전자형은 AO이다.
ㄴ. 5는 1로부터 유전자 B를, 2로부터 유전자 O를 물려받았다.
ㄷ. 5의 ABO식 혈액형 유전자형은 BO이고 6의 ABO식 혈액형 유전자형은 OO이므로 이 둘 사이에서 태어날 수 있는 아이의

ABO식 혈액형 유전자형은 BO 또는 OO이다. 따라서 태어나는 아이의 ABO식 혈액형이 B형일 확률은 50 %이다.

22 자료 분석

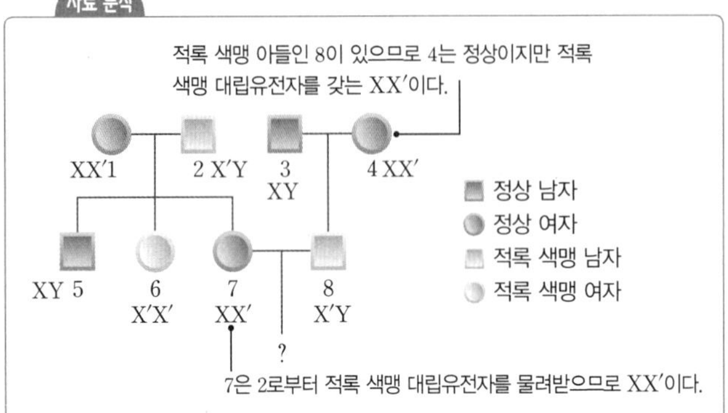

ㄱ. 1의 자녀 중에 적록 색맹인 딸 6이 있으므로 1은 적록 색맹 대립유전자와 정상 대립유전자를 모두 갖는 보인자이다.

ㄴ. 정상인 4는 적록 색맹인 아들 8이 있으므로 4는 적록 색맹 대립유전자와 정상 대립유전자를 모두 갖는 보인자이다. 따라서 4의 적록 색맹 유전자형은 XX′이다.

ㄹ. 7은 아버지인 2로부터 적록 색맹 대립유전자를 물려받으므로 7의 적록 색맹 유전자형은 XX′이고, 8은 적록 색맹 남자이므로 8의 적록 색맹 유전자형은 X′Y이다. 7과 8 사이에서 태어날 수 있는 아이의 유전자형은 XX′(정상 여자), X′X′(적록 색맹 여자), XY(정상 남자), X′Y(적록 색맹 남자)이다. 따라서 아이가 적록 색맹일 확률은 50 %이다.

오답 피하기 ㄷ. 6은 어머니인 1과 아버지인 2로부터 각각 적록 색맹 대립유전자를 물려받았다.

23 자료 분석

1은 3에게 유전자 B, 4에게 유전자 O를 주었으므로 ABO식 혈액형 유전자형이 BO이다.

4는 1로부터 유전병 (가) 대립유전자를 물려받으므로 1은 유전병 (가) 유전자형이 XX′이다.

BO XX′ 1 / A형 AO 2 X′Y / AB형 3 AB XX′ / O형 4 OO X′Y / 5 AB, AO, BO, OO 중 1가지 가능 XY

정상 남자 / 정상 여자 / 유전병 (가) 남자

ㄱ. 1의 자녀 중에 AB형인 3과 O형인 4가 있으므로 1의 ABO식 혈액형 유전자형은 BO이다.

ㄷ. ABO식 혈액형의 경우 1의 ABO식 혈액형 유전자형이 BO이고, 2의 ABO식 혈액형 유전자형이 AO이므로 이 둘 사이에서 태어날 수 있는 아이의 ABO식 혈액형 유전자형은 AB, AO, BO, OO가 모두 가능하다. 유전병 (가)의 경우 1의 유전자형은 XX′이고, 2의 유전자형은 X′Y이므로 이 둘 사이에서 태어날 수 있는 아이의 유전병 (가) 유전자형은 XX′(정상 여자), X′X′(유전병 (가) 여자), X′Y(유전병 (가) 남자), XY(정상 남자)가 모두 가능하다. 따라서 5의 동생이 태어날 때, 이 아이가 A형이고 유전병 (가)일 확률은 A형일 확률 $(\frac{1}{4})$ × 유전병 (가)일 확률$(\frac{1}{2}) = \frac{1}{8} \times 100 = 12.5$ %이다.

오답 피하기 ㄴ. 4는 어머니인 1로부터 유전병 (가) 대립유전자를 물려받았다.

24 체세포 분열 결과 재생이 일어나며, 난할은 체세포 분열에 해당한다.

모범 답안 체세포 분열이 일어난 것이다.

채점 기준	배점
공통점을 옳게 서술한 경우	100 %
세포 분열이 일어났다고만 서술한 경우	50 %

25 **모범 답안** 상염색체, 만약 유전병 대립유전자가 성염색체인 X 염색체에 있다면 유전병 여자인 7의 아버지인 1은 유전병이어야 하는데 정상이므로 유전병 대립유전자는 상염색체에 있다.

채점 기준	배점
상염색체라고 쓰고, 그 까닭을 옳게 서술한 경우	100 %
상염색체라고만 쓴 경우	30 %

26 **모범 답안** 1, (가)는 어머니에게서 적록 색맹 대립유전자를 물려받았고, 어머니는 1에게서 적록 색맹 대립유전자를 물려받았기 때문이다.

채점 기준	배점
1이라고 쓰고, 그 까닭을 옳게 서술한 경우	100 %
1이라고만 쓴 경우	30 %

VI 에너지 전환과 보존

01 역학적 에너지 전환과 보존

기초를 튼튼히! **개념 잡기** 개념 학습 교재 59쪽

1 (1) ○ (2) ○ (3) × **2** (1) ㉠ 위치 에너지, ㉡ 운동 에너지 (2) ㉠ 위치 에너지, ㉡ 운동 에너지 (3) ㉠ 운동 에너지, ㉡ 위치 에너지 **3** (1) 0 (2) 100 J (3) 100 J (4) 100 J **4** (1) A, B (2) O (3) A, O, B

1 **오답 피하기** | (3) 감소한 위치 에너지가 운동 에너지로 전환된 것이다.

2 A점에서 C점으로 롤러코스터가 내려가는 동안은 위치 에너지가 운동 에너지로 전환되고, C점에서 D점으로 롤러코스터가 올라가는 동안은 운동 에너지가 위치 에너지로 전환된다.

3 (1) A점에서 물체를 가만히 놓았으므로 A점에서 운동 에너지는 0이다.
(2) 역학적 에너지는 보존되므로 B점에서 역학적 에너지는 A점에서 위치 에너지와 같다.
(3), (4) 역학적 에너지가 보존되므로 A점에서의 위치 에너지가 C점에서의 운동 에너지로 모두 전환된다. 따라서 C점에서의 역학적 에너지는 운동 에너지와 같다.

4 (1) 위치 에너지가 최대인 지점은 실에 매달린 물체가 가장 높이 올라간 A와 B이다.
(2) 운동 에너지가 최대인 지점은 실에 매달린 물체의 속력이 가장 빠른 O이다.
(3) 공기 저항과 마찰을 무시할 때 역학적 에너지는 보존되므로 A, O, B에서 역학적 에너지가 같다. 즉, 역학적 에너지가 최대인 지점은 A, O, B이다.

과학적 사고로! **탐구하기** 개념 학습 교재 60쪽

A ㉠ 감소, ㉡ 증가, ㉢ 역학적, ㉣ 일정하다
1 (1) ○ (2) ○ (3) × (4) × (5) ○ **2** ④

A

1 **오답 피하기** | (3) O점에서 B점으로 낙하하는 동안 위치 에너지가 운동 에너지로 모두 전환되므로 B점에서 위치 에너지는 0이다.
(4) 각 지점에서 역학적 에너지는 모두 같다.

2 ④ 쇠구슬이 낙하할 때 역학적 에너지는 보존되므로 5 m 높이를 지날 때의 역학적 에너지는 15 m 높이에서 위치 에너지와 같다. 즉, $9.8\times1\times15=147$(J)이다.
오답 피하기 | ①, ⑤ 15 m 높이에서 운동 에너지와 지면에 도달하는 순간 위치 에너지는 0이다.
② 10 m 높이를 지날 때 운동 에너지는 낙하하는 동안 감소한 위치 에너지와 같으므로 $9.8\times1\times(15-10)=49$(J)이다.
③ 10 m 높이를 지날 때 위치 에너지는 $9.8\times1\times10=98$(J)이다.

Beyond 특강 개념 학습 교재 61쪽

1 7 m/s **2** 14 m/s **3** 294 J **4** 245 J **5** 2 : 1 **6** 2배 **7** 4 m **8** 20 m

1 2.5 m 높이에서 공의 위치 에너지는 지면에 닿는 순간 공의 운동 에너지와 같으므로 $v^2=2\times9.8\times2.5=49$에서 $v=7$ m/s이다.

2 10 m 높이에서 물체의 위치 에너지는 지면에 닿는 순간 물체의 운동 에너지와 같으므로 $v^2=2\times9.8\times10=196$에서 $v=14$ m/s이다.

3 4 m 높이를 지날 때 운동 에너지는 10 m 높이에서 4 m 높이까지 낙하하는 동안 감소한 위치 에너지와 같다. 따라서 4 m 높이에서 운동 에너지$=9.8\times5\times(10-4)=294$(J)이다.

4 5 m 낙하하는 동안 감소한 위치 에너지만큼 운동 에너지가 증가하므로 B 지점을 지날 때 운동 에너지$=9.8\times5\times5=245$(J)이다.

5 4 m 높이를 지날 때 물체의 운동 에너지는 12 m−4 m =8 m만큼 낙하하는 동안 감소한 위치 에너지와 같다. 따라서 4 m 높이에서 운동 에너지와 위치 에너지의 비는 8 m : 4 m= 2 : 1이다.

6 B점을 지날 때 공의 운동 에너지는 10 m만큼 낙하하는 동안 감소한 위치 에너지와 같으므로 5 m 높이에서 위치 에너지의 2배이다.

7 운동 에너지=감소한 위치 에너지이므로 물체의 질량을 m이라고 하면 운동 에너지 : 위치 에너지$=9.8m\times(20-h):9.8mh=4:1$에서 $h=4$ m이다.

8 운동 에너지와 위치 에너지의 비가 1 : 2인 곳의 높이를 h라고 하면 $(30-h):h=1:2$이므로 $h=20$ m이다.

실력을 키워! **내신 잡기** 개념 학습 교재 62~64쪽

01 ⑤ **02** ① **03** ④ **04** ③ **05** ①, ② **06** ④ **07** ④ **08** 196 **09** 4 m **10** 2 m **11** ① **12** ② **13** ① **14** 2 : 3 **15** ③ **16** ③ **17** ② **18** ① **19** 9.9 m

01 ①, ② 높이가 낮아지면서 속력이 빨라지므로 위치 에너지가 운동 에너지로 전환된다.
③, ④ 높이가 높아지면서 속력이 느려지므로 운동 에너지가 위치 에너지로 전환된다.
오답 피하기 | ⑤ 수평면에서 장난감 자동차가 일정한 속력으로 운동하면 높이 변화가 없으므로 위치 에너지가 일정하고, 속력이 일정하므로 운동 에너지가 일정하다. 즉, 역학적 에너지 전환은 일어나지 않는다.

02 ㄱ, ㄴ. 야구공의 높이가 낮아지므로 위치 에너지는 감소하고, 속력이 빨라지므로 운동 에너지는 증가한다.
오답 피하기 | ㄷ, ㄹ. 야구공이 아래로 낙하하므로 위치 에너지가 운동 에너지로 전환된다. 이때 B에서 야구공이 위치 에너지를 가지므로 A에서의 위치 에너지가 전부 운동 에너지로 전환된 것은 아니다.

03 위로 던져 올린 물체의 경우 속력은 점점 느려지고, 높이는 점점 높아진다. 따라서 운동 에너지는 점점 감소하고, 위치 에너지는 점점 증가한다.

04 ㄴ, ㄷ. 스케이트보드 선수가 운동하는 동안 운동 에너지가 위치 에너지로 전환되는 구간은 아래에서 위로 올라가는 구간이다. 즉, B → A 구간과 B → C 구간이다.
오답 피하기 | ㄱ, ㄹ. 위에서 아래로 내려가는 A → B 구간과 C → B 구간에서는 위치 에너지가 운동 에너지로 전환된다.

05 롤러코스터의 높이가 낮아지는 구간에서 위치 에너지가 운동 에너지로 전환된다. 따라서 A → B 구간과 B → C 구간에서 위치 에너지가 운동 에너지로 전환된다.

06 높이 변화가 없으면 역학적 에너지 전환이 일어나지 않는다. 따라서 D → E 구간과 같이 수평한 레일 위에서 운동할 때 역학적 에너지 전환이 일어나지 않는다.

07 공기 저항을 무시하면 역학적 에너지는 일정하게 보존된다. 따라서 낙하하는 순간인 A 지점에서 위치 에너지와 D 지점에서 역학적 에너지, 지면에 도달한 순간인 E 지점에서 운동 에너지는 같다.

08 역학적 에너지가 보존되므로 C 지점에서의 운동 에너지 ㉠은 196(J)이다.

09 A 지점의 높이를 h라고 하면 A 지점에서의 위치 에너지가 196 J이므로 $9.8 \times 5 \times h = 196$에서 $h = 4$ m이다.

10 B 지점에서 운동 에너지와 위치 에너지의 비가 1 : 1이므로 물체가 낙하한 높이와 B 지점의 높이가 같다. A 지점의 높이가 4 m이므로 B 지점의 높이는 2 m이다.

11 B 지점에서 물체의 운동 에너지가 98 J이므로 A 지점과 B 지점 사이의 높이 차를 h라고 하면 $98 = 9.8 \times 2 \times h$에서 $h = 5$ m이다.

12 ①, ③ 야구공이 위로 올라가는 동안 높이는 높아지고 속력이 느려지므로 운동 에너지가 위치 에너지로 전환된다. 이때 역학적 에너지는 보존되므로 위치 에너지가 증가한 만큼 운동 에너지가 감소한다.
④ 가장 높은 지점에 도달한 순간 야구공의 속력이 0이 되므로 운동 에너지는 0이 된다.
⑤ 위치 에너지는 야구공의 높이에 비례하므로 야구공이 올라간 거리에 비례하여 증가한다.
오답 피하기 | ② 공기 저항을 무시하면 야구공이 위로 올라가는 동안 역학적 에너지가 일정하게 보존된다. 따라서 모든 지점에서 역학적 에너지는 같다.

13 역학적 에너지가 보존되므로 던지는 순간 운동 에너지는 최고점에서의 위치 에너지와 같다. 따라서 $\frac{1}{2} \times 2 \times 7^2 = 9.8 \times 2 \times h$에서 $h = 2.5$ m이다.

14 높이가 6 m인 지점을 지나는 순간 운동 에너지는 4 m만큼 낙하하면서 감소한 위치 에너지와 같으므로 운동 에너지 : 위치 에너지 = 4 m : 6 m = 2 : 3이다.

15 ①, ② A, B, C점에서 역학적 에너지가 보존되므로 'A점에서 위치 에너지 = A, B, C점에서 역학적 에너지 = C점에서 운동 에너지'이다.
④ A점에서의 위치 에너지가 C점에서 운동 에너지로 모두 전환되므로 C점에서 물체의 속력이 가장 빠르다.
⑤ B점에서 운동 에너지는 $9.8 \times 2 \times \frac{h}{2}$이고, C점에서 운동 에너지는 $9.8 \times 2 \times h$이다. 따라서 C점에서 운동 에너지는 B점에서 운동 에너지의 2배이다.
오답 피하기 | ③ B점에서 운동 에너지는 물체가 $\frac{h}{2}$만큼 떨어지는 동안 감소한 위치 에너지와 같으므로 B점에서 운동 에너지 : 위치 에너지 $= 9.8 \times 2 \times \frac{h}{2} : 9.8 \times 2 \times \frac{h}{2} = 1 : 1$이다.

16 ㄴ. 공기 저항과 모든 마찰을 무시하면 쇠구슬이 레일 위에서 운동할 때 각 점에서 역학적 에너지는 모두 같다.
ㄹ. E점에서는 쇠구슬이 정지하므로 운동 에너지는 0이다. 따라서 역학적 에너지는 위치 에너지와 같다.
오답 피하기 | ㄱ. A점에서 쇠구슬의 역학적 에너지는 위치 에너지와 운동 에너지의 합과 같다.
ㄷ. 역학적 에너지가 보존되므로 D점에서의 역학적 에너지도 다른 점에서의 역학적 에너지와 같다.

17 지면에서 위로 던져 올릴 때 공의 운동 에너지는 $\frac{1}{2} \times 4$ kg $\times$ $(10$ m/s$)^2 = 200$ J이고, 5 m 높이에서 공의 위치 에너지는 (9.8×4) N $\times 5$ m $= 196$ J이다. 역학적 에너지가 보존되므로 5 m 높이에서 공의 운동 에너지는 200 J − 196 J = 4 J이다.

18 공기 저항과 모든 마찰을 무시하면 곡면에서 운동하는 구슬의

역학적 에너지는 항상 일정하게 보존된다.

19 공기 저항과 모든 마찰을 무시하므로 역학적 에너지가 보존된다. 따라서 5 m 높이에서 운동 에너지와 위치 에너지의 합은 최대 높이에서 위치 에너지와 같다. 롤러코스터의 질량을 m이라고 하면 $\frac{1}{2}\times m\times 9.8^2+9.8\times m\times 5=9.8\times m\times h$에서 $h=9.9$ m이다.

실력의 완성! **서술형 문제** 개념 학습 교재 65쪽

1 모범 답안 높이가 낮아지므로 위치 에너지는 감소하고, 속력이 빨라지므로 운동 에너지는 증가한다.

채점 기준	배점
에너지의 변화를 제시된 단어를 모두 포함하여 옳게 서술한 경우	100 %
위치 에너지와 운동 에너지 중 1가지만 옳게 서술한 경우	50 %

1-1 모범 답안 위치 에너지가 운동 에너지로 전환된다.

2 모범 답안 역학적 에너지가 보존되므로 물체가 가질 수 있는 최대 운동 에너지는 A점에서의 위치 에너지와 같다. 따라서 $(9.8\times 4)\text{ N}\times 2.5\text{ m}=\frac{1}{2}\times 4\text{ kg}\times v^2$에서 $v=7$ m/s이다.

채점 기준	배점
최대 속력을 풀이 과정과 함께 옳게 구한 경우	100 %
속력만 옳게 쓴 경우	40 %

3 모범 답안 A: 위치 에너지, B: 운동 에너지, C: 역학적 에너지, 물체가 자유 낙하 할 때 위치 에너지는 감소하고 운동 에너지는 증가하며, 역학적 에너지는 일정하기 때문이다.

채점 기준	배점
A, B, C에 해당하는 에너지의 종류를 옳게 쓰고, 물체가 자유 낙하 할 때의 에너지 변화로 까닭을 옳게 서술한 경우	100 %
A, B, C에 해당하는 에너지의 종류만 옳게 쓴 경우	40 %

4 모범 답안 (1) A와 B의 역학적 에너지는 같다. A, B가 같은 높이에 있으므로 위치 에너지가 같고, 두 공의 속력이 같으므로 운동 에너지도 같아 역학적 에너지도 같다.
(2) A와 B의 속력은 같다. A와 B의 역학적 에너지가 같으며, 역학적 에너지 보존에 의해 역학적 에너지가 지면에서 모두 운동 에너지로 전환되므로 속력이 같다.

	채점 기준	배점
(1)	역학적 에너지를 옳게 비교하고, 그 까닭을 옳게 서술한 경우	50 %
	역학적 에너지 비교만 옳게 쓴 경우	20 %
(2)	속력을 옳게 비교하고, 그 까닭을 옳게 서술한 경우	50 %
	속력 비교만 옳게 쓴 경우	20 %

02 전기 에너지의 발생과 전환

기초를 튼튼히! **개념 잡기** 개념 학습 교재 67, 69쪽

1 ㉠ 전자기 유도, ㉡ 유도 전류 **2** (1) ○ (2) ○ (3) ○ (4) × (5) ○ **3** (1) ㉠ 빠를, ㉡ 많을, ㉢ 강할 (2) 반대 **4** ㉠ 전자기 유도, ㉡ 전기 **5** (1) 빛 (2) 운동 (3) 열 (4) 화학 **6** (1) B (2) A (3) A (4) A (5) B **7** (1) 220 V (2) 44 W (3) 44 J (4) 44 Wh **8** (1) (가) 14 J, (나) 11 J (2) (가) (3) (나) **9** (1) × (2) ○ (3) × (4) ○

2 코일 주위에서 자석을 움직이거나 자석 주위에서 코일을 움직이면 코일 주위의 자기장이 변하여 코일에 전류가 흐른다.
오답 피하기 | (4) 강한 자석이라도 정지해 있으면 자기장의 변화가 없으므로 유도 전류가 흐르지 않는다.

3 (1) 유도 전류의 세기는 자석이나 코일이 움직이는 속력이 빠를수록, 코일의 감은 수가 많을수록, 자석의 세기가 강할수록 세다.
(2) 유도 전류의 방향은 자석을 가까이 할 때와 멀리 할 때 서로 반대이다.

4 발전기는 영구 자석과 코일로 이루어져 있으며, 전자기 유도를 이용하여 역학적 에너지를 전기 에너지로 바꾸는 장치이다.

5 (1) 형광등은 전기 에너지를 빛에너지로 전환하는 장치이다.
(2) 선풍기는 전기 에너지를 전동기(모터)의 운동 에너지로 전환하는 장치이다.
(3) 전기밥솥은 전기 에너지를 열에너지로 전환하여 밥을 하는 장치이다.
(4) 배터리는 화학 에너지를 전기 에너지로 전환하는 장치이므로 배터리를 충전할 때는 전기 에너지가 화학 에너지로 전환된다.

6 (1), (5) 전력량은 전기 기구가 일정 시간 동안 사용한 전기 에너지의 양으로, 소비 전력과 사용 시간을 곱하여 구한다.
(2), (3), (4) 소비 전력은 전기 기구가 1초 동안 소비하는 전기 에너지의 양으로, 전기 에너지를 사용한 시간으로 나누어 구하며, 단위는 W(와트), kW(킬로와트)를 사용한다.

7 (1), (2), (3) 220 V - 44 W로 표시되어 있는 LED 전구의 경우 정격 전압은 220 V이고, 정격 소비 전력은 44 W이므로 1초에 44 J의 전기 에너지를 소비한다.
(4) LED 전구를 1시간 동안 사용했을 때의 전력량은 44 W × 1 h = 44 Wh이다.

8 (1), (2) (가)는 1초 동안 빛에너지로 8 J, 열에너지로 6 J을 사용하므로 14 J의 전기 에너지를 소비하고, (나)는 1초 동안 빛에너지로 8 J, 열에너지로 3 J을 사용하므로 11 J의 전기 에너지를 소비한다. 따라서 (가)의 소비 전력은 14 W이고, (나)의 소비 전력은 11 W이다. 즉, (가)의 소비 전력이 더 크다.
(3) 1초 동안 같은 양의 빛에너지를 만드는 데 (가)가 (나)보다 더 많은 전기 에너지를 소비하므로 (나)가 효율이 더 좋은 전구이다.

9 **오답 피하기**| (1), (3) 에너지는 한 형태에서 다른 형태로 전환되는데, 에너지 전환 과정에서 새로 생기거나 없어지지 않고, 그 총량은 일정하게 보존된다.

과학적 사고로! **탐구하기** 개념 학습 교재 70쪽

A ㉠ 전자기 유도, ㉡ 유도 전류, ㉢ 센
1 (1) ○ (2) × (3) × (4) ○ **2** ㄱ

A

1 **오답 피하기**| (2) 플라스틱 관을 흔드는 동안 발광 다이오드의 불이 켜졌다 꺼졌다를 반복하므로, 자석이 움직이는 방향에 따라 유도 전류가 흐르는 방향이 달라진다는 것을 알 수 있다.
(3) 플라스틱 관을 더 빠르게 흔들수록 발광 다이오드의 불이 더 밝아졌으므로 더 센 전류가 흐른 것을 알 수 있다. 또, 발광 다이오드의 불이 켜졌다 꺼졌다를 반복하는 것을 통해 전류의 방향을 알 수 있다.

2 ㄱ. 자석이 움직이면 전자기 유도에 의해 코일에 유도 전류가 흐르므로 검류계 바늘이 움직인다.
오답 피하기| ㄴ. 자석을 코일 속에 넣고 움직이지 않을 때 전자기 유도가 일어나지 않으므로 검류계 바늘이 움직이지 않는다.
ㄷ. 코일을 움직여 코일 속에서 자석을 뺄 때 전자기 유도가 일어나므로 검류계 바늘이 움직인다.

실력을 키워! **내신 잡기** 개념 학습 교재 71~73쪽

01 ⑤ **02** ③ **03** ⑤ **04** ⑤ **05** ③ **06** ㉠ 화학, ㉡ 역학적
07 ㄱ **08** ⑤ **09** ⑤ **10** ② **11** ⑤ **12** 3396 Wh **13** ㄱ, ㄷ
14 ⑤ **15** ㄱ, ㄴ, ㄷ **16** ③ **17** ⑤

01 코일에 자석을 넣을 때와 뺄 때, 자석 주위에서 코일을 움직일 때 모두 자기장의 변화가 일어나므로 코일에 유도 전류가 흐른다. 따라서 검류계 바늘이 움직인다.
오답 피하기| ⑤ 코일 속에서 자석을 뺄 때 검류계 바늘이 움직인다.

02 ㄱ, ㄷ. 자석이나 코일이 움직이는 속력이 빠를수록, 강한 자석을 움직일수록 유도 전류의 세기가 세므로 검류계의 바늘이 더 많이 회전한다.
오답 피하기| ㄴ. 막대자석의 S극을 코일 속에 넣었다 빼면 유도 전류의 방향이 바뀌므로 검류계 바늘이 반대 방향으로 회전하지만, 검류계 바늘이 회전하는 정도는 막대자석의 N극을 코일 속에 넣었다 뺄 때와 같다.

03 전자기 유도는 코일 주위에서 자석이 움직이거나 자석 주위에서 코일이 움직여 자기장이 변할 때 일어나므로 코일을 통과하는 자기장의 변화와 관계가 있으며, 이 전자기 유도 현상에 의해 코일에는 유도 전류가 흐른다.
오답 피하기| ⑤ 코일 주위에 매우 센 자석이 있더라도 정지해 있으면 전자기 유도가 일어나지 않는다.

04 도난 방지 장치, 교통 카드 판독기, 전자 기타는 모두 코일을 통과하는 자기장이 변할 때 유도 전류가 흐르는 전자기 유도를 이용한 기구들이다.

05 ㄱ, ㄴ. 발전기는 영구 자석과 코일로 이루어져 있으며, 영구 자석 사이에 놓인 코일이 회전하면 전자기 유도에 의해 전류가 흐른다.
오답 피하기| ㄷ. 발전기는 코일을 돌리는 역학적 에너지를 전기 에너지로 전환하는 장치이다.

06 화력 발전은 석유나 석탄과 같은 화석 연료를 태워 얻은 열로 물을 끓일 때 생기는 수증기를 이용해 발전기를 돌려 전기를 생산한다.

07 ㄱ. 발전기를 흔드는 역학적 에너지가 발광 다이오드에 불을 켜는 전기 에너지로 전환된다.
오답 피하기| ㄴ. 간이 발전기를 흔들 때 자석이 움직이는 방향이 계속 바뀌므로 유도 전류의 방향도 바뀐다. 따라서 발광 다이오드는 불이 켜졌다 꺼졌다를 반복한다.
ㄷ. 발광 다이오드가 켜지는 것은 전자기 유도에 의해 발생한 전기 에너지가 빛에너지로 전환된 것이다.
ㄹ. 간이 발전기를 흔들다가 멈추면 자기장의 변화가 없으므로 유도 전류가 흐르지 않는다. 따라서 발광 다이오드에는 불이 켜지지 않는다.

08 ㄱ. 우리가 사용하는 전기 에너지는 수력 발전소, 화력 발전소, 원자력 발전소와 같은 발전소에서 생산된다.
ㄴ, ㄷ. 전기 에너지는 전선을 이용하여 비교적 쉽게 먼 곳까지 전달할 수 있으며, 전기 기구를 이용하면 다른 형태의 에너지로 전환하여 사용하기 편리하다.

09 **오답 피하기**| ⑤ 컴퓨터 모니터는 전기 에너지를 이용하여 빛에너지를 발생시킨다.

10 **오답 피하기**| ㄴ. 1 Wh는 1 W의 전력을 1시간 동안 사용했을 때의 전력량이다.
ㄷ. 소비 전력은 정격 전압을 연결했을 때 전기 기구가 사용하는 전기 에너지이다.

11 ㄱ. 텔레비전을 4시간 동안 켜 두었을 때 사용한 전력량은 $40\ W \times 4\ h = 160\ Wh$이다.

ㄴ. 같은 시간 동안 사용하는 전기 에너지가 가장 많은 것은 소비 전력이 가장 큰 전기난로이다.
ㄷ. 소비 전력이 클수록 같은 시간 동안 사용할 때 더 많은 전기 에너지를 소비하므로, 선풍기를 성능이 같고 소비 전력이 작은 제품으로 교체하면 전기 에너지를 절약할 수 있다.

12 이 가정에서 하루 동안 사용한 총 전력량=(50 W×4 h)+(40 W×1 h)+(1500 W×2 h)+(26 W×6 h)=200 Wh+40 Wh+3000 Wh+156 Wh=3396 Wh이다.

13 ㄱ. 정격 전압이 220 V이므로 220 V에 연결해야 제대로 작동한다.
ㄷ. 소비 전력이 44 W이므로 30분(=0.5시간) 동안 사용한 전력량은 44 W×0.5 h=22 Wh이다.
오답 피하기 | ㄴ. 소비 전력이 44 W이므로 1초 동안 44 J의 전기 에너지를 사용한다.
ㄹ. 소비 전력은 전기 기구가 1초 동안 사용하는 전기 에너지의 양이므로 선풍기를 사용한 시간과 관계없이 일정하다.

14 ㄷ. 전자기 유도가 일어날 때 역학적 에너지가 전기 에너지로 전환된다.
ㄹ. 에너지의 총량은 보존되지만 에너지 전환 과정에서 일부는 다시 사용할 수 없는 열에너지, 소리 에너지 등의 형태로 전환된다. 따라서 우리가 유용하게 사용할 수 있는 에너지는 점점 부족해지므로 에너지를 절약해야 한다.
오답 피하기 | ㄱ, ㄴ. 에너지는 전환 과정에서 새로 생겨나거나 소멸되지 않고 그 총량이 일정하게 보존된다. 이처럼 에너지가 보존되더라도 에너지는 한 형태에서 다른 형태로 전환될 수 있다.

15 전기믹서의 전동기(모터)가 돌아가면서 열과 소리가 나므로 전기 에너지는 운동 에너지, 열에너지, 소리 에너지로 전환된다.

16 ㄱ. 세탁기는 전동기(모터)가 회전하면서 빨래가 돌아가므로 ㉠에 들어갈 에너지는 운동 에너지이다.
ㄴ. 세탁기는 전기 에너지를 주로 운동 에너지로 전환하여 사용하는 전기 기구이다.
오답 피하기 | ㄷ. 에너지가 보존되므로 전환된 에너지의 총합(㉠+빛에너지+소리 에너지+열에너지)은 공급한 전기 에너지와 같다.

17 ㄱ. 자동차에서 사용하는 연료는 화석 연료인 휘발유 또는 경유이므로 화학 에너지를 가지고 있다.
ㄴ. 자동차가 달리는 데 사용되는 에너지는 운동 에너지로 전환된 에너지이므로 19 %이다.
ㄷ. 연료의 화학 에너지(100 %)가 전환되어 운동 에너지, 전기 에너지 등에 사용되거나 손실된 에너지를 모두 합하면 100 %가 된다. 즉, 에너지의 총량은 변하지 않는다.

실력의 완성! 서술형 문제

개념 학습 교재 74쪽

1 **모범 답안** (1) 20 J, 공기 저항을 무시할 때 (가)에서 역학적 에너지는 보존되므로 B에서 위치 에너지와 운동 에너지의 합은 A에서의 위치 에너지 20 J과 같다.
(2) 4 J, 에너지의 총량은 보존되므로 A에서 역학적 에너지가 20 J이고, B에서 역학적 에너지가 16 J이면 감소한 역학적 에너지 4 J이 전기 에너지로 전환된 것이다.

채점 기준		배점
(1)	20 J이라고 쓰고, 그 까닭을 옳게 서술한 경우	50 %
	20 J이라고만 쓴 경우	20 %
(2)	4 J이라고 쓰고, 그 까닭을 옳게 서술한 경우	50 %
	4 J이라고만 쓴 경우	20 %

2 (가)는 자기장 속에서 전류가 흐르는 도선이 받는 힘을 이용하는 기구이므로 전동기이고, (나)는 자기장 속에서 회전하는 코일에 유도 전류가 발생하는 것이므로 발전기이다.
모범 답안 (가)는 전동기로, 전기 에너지가 역학적 에너지로 전환된다. (나)는 발전기로, 역학적 에너지가 전기 에너지로 전환된다.

채점 기준	배점
(가), (나)가 각각 전동기, 발전기임을 쓰고, 에너지 전환을 옳게 서술한 경우	100 %
(가), (나)가 각각 전동기, 발전기라고만 쓴 경우	50 %

3 10분 동안 (가)가 소비한 전기 에너지는 3600 J+1200 J=4800 J이고, (나)가 소비한 전기 에너지는 3600 J+3600 J=7200 J이다. 즉, 같은 시간 동안 소비한 전기 에너지는 (나)가 (가)보다 크다. 따라서 1초 동안 소비한 전기 에너지인 소비 전력도 (나)가 (가)보다 크다.
모범 답안 (가), 같은 양의 빛에너지를 내는 데 소비한 전기 에너지는 (나)가 더 많으므로 (가)를 사용해야 전기 에너지를 절약할 수 있다.

채점 기준	배점
(가)를 고르고, 그 까닭을 전기 에너지와 관련지어 옳게 서술한 경우	100 %
(가)만 고른 경우	30 %

3-1 **모범 답안** (가)<(나)

핵심만 모아모아! **단원 정리하기** 개념 학습 교재 75쪽

1 ❶ 역학적 에너지 ❷ 위치 ❸ 운동 ❹ 운동 ❺ 위치 ❻ 감소 ❼ 증가 ❽ 증가 ❾ 감소
2 ❶ 보존 ❷ 일정 ❸ 감소 ❹ 증가 ❺ 위치 ❻ 역학적
3 ❶ 자기장 ❷ 유도 전류 ❸ 빠를 ❹ 많을 ❺ 반대
4 ❶ 발전기 ❷ 역학적 ❸ 전기 ❹ 수력 ❺ 화력
5 ❶ 전기 에너지 ❷ 정격 전압 ❸ 전력량
6 ❶ 전환 ❷ 에너지 보존

실전에 도전! **단원 평가하기** 개념 학습 교재 76~79쪽

01 ② **02** ③ **03** ㄱ, ㄴ **04** 위치 에너지: 196 J, 운동 에너지: 200 J **05** (가) 396 J, (나) 396 J **06** ① **07** ② **08** ④ **09** 5 m **10** 10 m **11** 전자기 유도 **12** ④ **13** ③ **14** ⑤ **15** 전기 에너지 → 열에너지 **16** ⑤ **17** ② **18** 가장 많은 것: (다), 가장 적은 것: (가) **19** ④ **20** ⑤ **21** ③ **22** ⑤ **23** ② **24** 해설 참조 **25** 해설 참조

01 **오답 피하기** | ② 공기 저항을 무시할 때 중력을 받아 낙하하는 물체의 위치 에너지는 감소하고 운동 에너지는 증가하며, 역학적 에너지는 항상 일정하게 보존된다.

02 자료 분석

③ 공이 올라가는 동안 공의 속력은 점점 감소한다. 따라서 운동 에너지는 A>B>C 순이다.

오답 피하기 | ① 공을 A에서 위로 던져 올렸으므로 공은 운동 에너지를 가진다. 따라서 공의 역학적 에너지는 0이 아니다.

②, ④, ⑤ A에서 C로 운동하는 동안 공의 운동 에너지가 위치 에너지로 전환되어 위치 에너지가 점점 증가한다. 따라서 C에서 공의 위치 에너지는 0이 아니며, 공의 위치 에너지는 C>B>A 순이다.

03 ㄱ, ㄴ. A와 C의 높이가 같으므로 위치 에너지가 같고, B는 가장 낮은 지점이므로 운동 에너지가 최대이다.

오답 피하기 | ㄷ. 역학적 에너지가 보존되므로 A, B에서 구슬의 역학적 에너지는 같다.

04 지면으로부터 5 m 높이를 10 m/s의 속력으로 운동하고 있으므로 물체의 위치 에너지는 (9.8×4) N×5 m=196 J이고, 운동 에너지는 $\frac{1}{2}\times 4\text{ kg}\times(10\text{ m/s})^2=200\text{ J}$이다.

05 5 m 지점을 지나는 순간 물체의 역학적 에너지는 위치 에너지+운동 에너지=196 J+200 J=396 J이다. 공기 저항을 무시할 때 역학적 에너지는 보존되므로 낙하하기 직전 역학적 에너지와 지면에 도달하는 순간 역학적 에너지는 396 J로 같다.

06 A에서 O로 가는 동안 물체의 높이는 낮아지고 속력은 빨라진다. 따라서 물체의 위치 에너지가 운동 에너지로 전환된다.

07 물체가 자유 낙하 할 때 역학적 에너지가 보존되므로 감소한 위치 에너지는 증가한 운동 에너지와 같다. 따라서 위치 에너지와 운동 에너지가 같아지는 높이는 처음 높이의 $\frac{1}{2}$ 지점인 10 m이다.

08 위치 에너지는 물체의 높이에 비례하고 운동 에너지는 낙하한 거리에 비례하므로 $h:(20-h)=3:1$에서 $h=15$ m이다.

09 역학적 에너지가 보존되므로 A점과 B점 사이에 감소한 위치 에너지는 증가한 운동 에너지와 같다. 따라서 A점과 B점 사이의 높이 차를 h라고 할 때 증가한 운동 에너지=196 J−49 J=147 J이므로 (9.8×3) N×h=147 J에서 h=5 m이다.

10 자료 분석

A점에서 역학적 에너지가 490 J이면 B점에서 위치 에너지는 역학적 에너지에서 운동 에너지를 뺀 값이므로 490 J−196 J=294 J이다. 따라서 B점의 높이는 (9.8×3) N×h_B=294 J에서 h_B=10 m이다.

11 코일을 통과하는 자기장의 변할 때 코일에 유도 전류가 흐르는 현상을 전자기 유도라고 한다.

12 ㄱ, ㄴ. 코일 주위에서 움직이는 자석의 움직임이 빠를수록, 자석의 세기가 강할수록 코일을 통과하는 자기장의 변화가 커지므로 유도 전류의 세기가 세져 검류계 바늘이 더 많이 움직인다.

ㄷ. 코일의 감은 수가 많을수록 유도 전류의 세기가 세져 검류계 바늘이 더 많이 움직인다.

오답 피하기 | ㄹ. 자석이 코일 속에 들어갈 때와 나올 때는 유도 전류의 방향이 반대가 되므로 검류계 바늘이 움직이는 방향이 반대가 된다.

13 발전기의 손잡이를 돌리는 운동 에너지가 발전기에서 전기 에너지로 전환된 후 전구에 불을 켜므로, 에너지 전환 과정은 운동 에너지 → 전기 에너지 → 빛에너지이다.

14 **오답 피하기** | ⑤ 에너지는 전환 과정에서 새로 생겨나거나 없어지지 않고 그 총량이 일정하게 보존되므로, 발전기의 발전 과정에서 바람의 에너지 중 일부가 없어지지 않는다.

15 전열기는 전기 에너지를 주로 열에너지로 전환하여 이용하는 전기 기구이다.

16 소비 전력이 1500 W이면 1초에 1500 J의 전기 에너지를 사용하므로 10분 동안에 사용한 전기 에너지는 $1500 \times 600 = 900000$(J)이다.

17 소비 전력이 1500 W이므로 전열기를 120분, 즉 2시간 동안 사용했을 때 전력량은 $1500\ \text{W} \times 2\ \text{h} = 3000\ \text{Wh}$이다.

18 소비 전력은 1초 동안 사용한 전기 에너지이므로 소비 전력이 클수록 1초 동안 소비하는 전기 에너지의 양이 많고, 소비 전력이 작을수록 소비하는 전기 에너지의 양이 적다.

19 각 전기 기구가 소비한 전력량은 (가) $35\ \text{W} \times 6\ \text{h} = 210\ \text{Wh}$, (나) $900\ \text{W} \times \frac{1}{6}\ \text{h} = 150\ \text{Wh}$, (다) $1500\ \text{W} \times \frac{1}{12}\ \text{h} = 125\ \text{Wh}$, (라) $500\ \text{W} \times 1.5\ \text{h} = 750\ \text{Wh}$이다.

20 1초 동안 사용한 전기 에너지가 (가)는 $12\ \text{J} + 8\text{J} = 20\ \text{J}$이고, (나)는 $12\ \text{J} + 5\ \text{J} = 17\ \text{J}$이므로 소비 전력은 각각 20 W, 17 W이다. 같은 밝기의 빛을 내는데, (나)가 소비한 전기 에너지가 더 작으므로 (나)의 효율이 더 좋다.

21 **오답 피하기** | ㄴ. 에너지 소비 효율 등급은 1등급에서 5등급으로 구분하는데, 1등급으로 갈수록 전기 에너지를 효율적으로 이용하는 것이다.

22 **오답 피하기** | ⑤ 전동기는 전기 에너지를 역학적 에너지로 전환하는 장치이다.

23 2 m 높이에서 위치 에너지와 바닥에 도달했을 때 운동 에너지의 차가 미끄럼틀에서 발생한 열에너지이다. 2 m 높이에서 위치 에너지는 $(9.8 \times 50)\ \text{N} \times 2\ \text{m} = 980\ \text{J}$이고, 바닥에 도달했을 때 운동 에너지는 $\frac{1}{2} \times 50\ \text{kg} \times (5\ \text{m/s})^2 = 625\ \text{J}$이므로 발생한 열에너지는 $980\ \text{J} - 625\ \text{J} = 355\ \text{J}$이다.

24 자료 분석

B점: 위치 에너지$=9.8 \times m \times 1$
운동 에너지$=9.8 \times m \times (5-1)$
A
C
B
5 m
4 m
1 m
C점: 위치 에너지$=9.8 \times m \times 4$
운동 에너지$=9.8 \times m \times (5-4)$

모범 답안 (1) 롤러코스터의 질량을 m이라고 할 때 역학적 에너지가 보존되므로 B점에서 운동 에너지는 감소한 위치 에너지와 같다. 따라서 B점에서 위치 에너지 : 운동 에너지$=9.8 \times m \times 1 : 9.8 \times m \times (5-1) = 1 : 4$이다.

(2) 롤러코스터의 질량을 m이라고 할 때 역학적 에너지가 보존되므로 B점과 C점에서 운동 에너지는 A점에서 감소한 위치 에너지와 같다. 따라서 B점과 C점에서 운동 에너지의 비는 $9.8 \times m \times (5-1) : 9.8 \times m \times (5-4) = 4 : 1$이고, 운동 에너지는 속력의 제곱에 비례하므로 B점과 C점에서 속력의 비는 2 : 1이다.

	채점 기준	배점
(1)	B점에서 위치 에너지와 운동 에너지의 비를 풀이 과정과 함께 옳게 구한 경우	50 %
	B점에서 위치 에너지와 운동 에너지의 비만 옳게 쓴 경우	20 %
(2)	B점과 C점에서 속력의 비를 풀이 과정과 함께 옳게 구한 경우	50 %
	B점과 C점에서 속력의 비만 옳게 쓴 경우	20 %

25 **모범 답안** (1) A점에서 공의 역학적 에너지가 B점에 충돌하여 튀어오를 때 운동 에너지, 열에너지, 소리 에너지 등으로 전환된다.

(2) 공이 운동할 때 공기 저항이나 바닥면과 충돌에 의해 역학적 에너지가 열에너지나 소리 에너지 등으로 전환되어 역학적 에너지가 보존되지 않기 때문이다.

	채점 기준	배점
(1)	A점과 B점에서의 에너지를 에너지 전환과 관련지어 옳게 서술한 경우	50 %
(2)	튀어오르는 공의 높이가 낮아지는 까닭을 역학적 에너지 보존과 관련지어 옳게 서술한 경우	50 %

Ⅶ 별과 우주

01 별까지의 거리

기초를 튼튼히! **개념 잡기** 개념 학습 교재 83쪽

1 ㉠ 각도, ㉡ 작아 **2** (1) ○ (2) × (3) ○ (4) × **3** (1) 0.2″ (2) 0.05″ (3) A: 10 pc, B: 20 pc **4** 거리가 32.6광년인 별 **5** (1) A (2) B (3) 공전

1 시차는 관측 지점과 물체 사이의 거리가 가까울수록 커지고, 거리가 멀수록 작아진다.

2 **오답 피하기** | (2) 연주 시차는 지구가 태양 주위를 공전하기 때문에 나타난다.

(4) 별까지의 거리(pc)$=\frac{1}{\text{연주 시차}(″)}$이므로, 거리가 10 pc인 별의 연주 시차는 0.1″이다.

3 별 A의 연주 시차는 0.1″이므로 거리는 $\frac{1}{0.1″}=10$ pc이고, 별 B의 연주 시차는 0.05″이므로 거리는 $\frac{1}{0.05″}=20$ pc이다.

4 연주 시차가 0.2″인 별의 거리는 $\frac{1}{0.2″}=5$ pc이고, 거리가 32.6광년인 별의 거리는 10 pc이다. 따라서 세 별 중 지구로부터의 거리가 가장 먼 별은 거리가 32.6광년인 별이다.

5 (1), (2) 지구에서 6개월 간격으로 관측했을 때 별 A와 B 중 A의 위치 변화가 더 크므로, 연주 시차는 A가 B보다 크고 지구로부터의 거리는 B가 A보다 멀다.
(3) 연주 시차가 나타나는 까닭은 지구가 태양 주위를 공전하기 때문이다.

과학적 사고로! **탐구하기** 개념 학습 교재 84쪽

A ㉠ 크다, ㉡ 크다, ㉢ 반비례
1 (1) ○ (2) × (3) ○ (4) × (5) ○ **2** ㄱ

A

1 **오답 피하기** | (2) 물체까지의 거리가 가까울수록 시차가 크다. 관측자로부터 80 cm 떨어진 위치에 스타이로폼 공을 놓고 관측한 경우 붙임쪽지 번호의 차는 4이므로, 60 cm 떨어진 위치에 스타이로폼 공을 놓고 관측할 경우 붙임쪽지 번호의 차는 4보다 클 것이다.

(4) 관측자의 두 눈 사이의 거리가 더 멀 경우 붙임쪽지 번호의 차는 더 크게 나타난다.

2 ㄱ. 시차는 관측자가 서로 다른 두 지점에서 같은 물체를 바라볼 때 두 관측 지점과 물체가 이루는 각도이다. 따라서 A는 시차이다.
오답 피하기 | ㄴ. 시차는 관측 지점과 물체 사이의 거리가 가까울수록 커지고, 거리가 멀수록 작아진다. 따라서 주사위를 구멍에서 더 먼 곳에 놓고 관측하면 주사위가 위치하는 번호 차가 작아진다.
ㄷ. 이 실험에서 2개의 구멍은 공전 궤도상에서 6개월 간격의 지구 위치에 해당하고, 주사위는 상대적으로 거리가 가까운 별, 번호는 거리가 먼 배경별에 해당한다.

실력을 키워! **내신 잡기** 개념 학습 교재 85~86쪽

01 ④ **02** 물체의 거리에 따른 시차 **03** ② **04** ② **05** ① **06** 0.1″ **07** ② **08** ② **09** ⑤ **10** ③ **11** ④ **12** ① **13** 25 pc

01 연주 시차는 지구가 태양 주위를 공전하기 때문에 나타나며, 지구에서 6개월 간격으로 별을 관측할 때 나타나는 각도(시차)의 $\frac{1}{2}$이다. 연주 시차를 측정하여 별까지의 거리를 알 수 있다.

02 시차는 관측자가 서로 다른 두 지점에서 같은 물체를 바라볼 때 두 관측 지점과 물체가 이루는 각도이다. 이 실험에서 팔을 굽혔을 때는 관측자와 물체 사이의 거리가 가깝고, 팔을 폈을 때는 관측자와 물체 사이의 거리가 멀다. 따라서 이 실험은 물체의 거리에 따른 시차를 알아보기 위한 것이다.

03 시차는 관측자와 물체 사이의 거리가 가까울수록 커지고, 거리가 멀수록 작아진다. 즉, 시차는 관측자와 물체 사이의 거리에 반비례한다.

04 ㄱ. 시차는 관측자와 물체 사이의 거리가 가까울수록 크므로, (가)는 (나)보다 시차가 크다.
ㄷ. 시차를 이용하여 물체까지의 거리를 측정할 수 있다.
오답 피하기 | ㄴ, ㄹ. 두 눈과 연필 끝이 이루는 각도는 시차이며, 관측자의 양쪽 눈은 6개월 간격의 지구 위치에 비유할 수 있다.

05 연주 시차는 지구에서 6개월 간격으로 별을 관측할 때 나타나는 각도(시차)의 $\frac{1}{2}$이므로 0.2″이다.

별까지의 거리(pc)$=\frac{1}{\text{연주 시차}(″)}=\frac{1}{0.2″}=5$ pc이다.

06 별 S보다 지구로부터 2배 멀리 떨어져 있는 별의 거리는 10 pc이므로, 10 pc$=\frac{1}{\text{연주 시차}(″)}$에서 연주 시차는 0.1″이다.

07 1 pc≒3.26광년이므로, 326광년은 약 100 pc이다. 따라서 지구로부터의 거리가 326광년인 별의 연주 시차는

100 pc$=\frac{1}{\text{연주 시차}('')}$에서 연주 시차는 0.01″이다.

08 ㄱ. 연주 시차는 시차의 $\frac{1}{2}$이므로, 시리우스의 시차는 0.38″ ×2=0.76″이다.

ㄷ. 연주 시차는 별까지의 거리와 반비례 관계이다. 따라서 지구로부터의 거리가 가장 가까운 별은 연주 시차가 가장 큰 프록시마 센타우리이다.

오답 피하기 | ㄴ. 베가는 알타이르보다 지구로부터의 거리가 멀다. 따라서 베가는 알타이르보다 연주 시차가 작다.

ㄹ. 약 100 pc 이상 멀리 있는 별들은 연주 시차가 매우 작아서 측정하기 어렵다. 따라서 연주 시차는 비교적 가까운 별까지의 거리를 구할 때 이용한다.

09 ① 시차는 지구에서 6개월 간격으로 별을 관측할 때 나타나는 각도이다. 따라서 별 A의 시차는 0.2″이다.

② 연주 시차는 시차의 $\frac{1}{2}$이므로, 별 B의 연주 시차는 0.05″이다.

③ 별 A의 연주 시차는 0.1″이다. 지구에서 별 A까지의 거리는

별까지의 거리(pc)$=\frac{1}{\text{연주 시차}('')}=\frac{1}{0.1''}=$10 pc이다.

④ 별 B는 별 A보다 연주 시차가 작으므로 지구로부터의 거리가 멀다.

오답 피하기 | ⑤ 별 A는 지구로부터 10 pc≒32.6광년 거리에 있으므로, 별 A의 빛이 지구에 도달하는 데 걸리는 시간은 약 32.6년이다.

10 1 pc(파섹)≒3×10^{13} km≒206265 AU≒3.26 광년

① 시차가 0.6″인 별은 연주 시차가 0.3″이므로,

별까지의 거리(pc)$=\frac{1}{\text{연주 시차}('')}=\frac{1}{0.3''}\fallingdotseq$3.3 pc이다.

② 연주 시차가 6″인 별의 지구로부터의 거리는 $\frac{1}{0.6''}\fallingdotseq$1.7 pc이다.

③ 지구로부터의 거리가 6 pc인 별

④ 1 pc≒3.26광년이므로, 지구로부터의 거리가 0.326광년인 별의 거리는 0.1 pc이다.

⑤ 지구로부터의 거리가 3×10^{13} km인 별의 거리는 1 pc이다.

11 지구로부터의 거리가 가장 가까운 별은 연주 시차가 가장 큰 별 D이고, 지구로부터의 거리가 가장 먼 별은 연주 시차가 가장 작은 별 B이다. 별 C의 거리는 $\frac{1}{0.1''}=$10 pc이고 별 D의 거리는 $\frac{1}{4''}\fallingdotseq$0.25 pc이므로, 별 C와 D의 거리 비는 40 : 1이다.

12 ㄱ. 별 A의 연주 시차는 2″이고, 별 B의 연주 시차는 1″이다.

오답 피하기 | ㄴ. 별 B의 거리는 $\frac{1}{1''}=$1 pc이고 별 A의 거리는 $\frac{1}{2''}\fallingdotseq$0.5 pc이므로, 별 B는 별 A보다 지구로부터의 거리가 2배 멀다.

ㄷ. 연주 시차는 별까지의 거리와 반비례 관계이다.

13 지구에서 6개월 간격으로 관측한 별 A의 각거리가 0.08″이므로, 별 A의 연주 시차는 0.04″이다. 따라서 지구로부터 별 A까지의 거리는 $\frac{1}{0.04''}=$25 pc이다.

실력의 완성! **서술형 문제** 개념 학습 교재 87쪽

1 시차는 관측자가 서로 다른 두 지점에서 같은 물체를 바라볼 때 두 관측 지점과 물체가 이루는 각도로, 관측자가 현재보다 가까운 두 위치에서 나무를 바라볼 경우 시차는 작아진다.

모범 답안 (1) 시차

(2) 관측자의 두 위치와 나무가 이루는 각(시차)이 작아진다.

채점 기준		배점
(1)	시차라고 쓴 경우	30 %
(2)	모범 답안과 같이 서술한 경우	70 %

1-1 시차는 관측 지점과 물체 사이의 거리가 가까울수록 커지고, 거리가 멀수록 작아진다.

모범 답안 현재보다 시차가 작아진다.

2 6개월 동안 별 A가 B보다 위치 변화가 크므로, 연주 시차는 별 A가 B보다 크다. 연주 시차는 별까지의 거리와 반비례 관계이므로, 별 B가 A보다 지구로부터의 거리가 더 멀다.

모범 답안 B, 지구가 태양 주위를 공전하기 때문이다.

채점 기준	배점
지구로부터의 거리가 더 먼 별을 쓰고, 별 A와 B의 위치가 변한 까닭을 옳게 서술한 경우	100 %
별 A와 B의 위치가 변한 까닭만 옳게 서술한 경우	70 %
지구로부터의 거리가 더 먼 별만 옳게 쓴 경우	30 %

3 **모범 답안** 10 pc, 지구로부터 별 S까지의 거리가 현재보다 2배로 멀어질 경우 별 S의 거리는 20 pc이 되므로,

20 pc$=\frac{1}{\text{연주 시차}('')}$에서 연주 시차는 0.05″이다.

채점 기준	배점
별 S의 거리를 구하고, 별 S가 2배로 멀어질 경우 연주 시차를 구하는 과정을 옳게 서술한 경우	100 %
별 S의 거리만 옳게 구한 경우	30 %

3-1 별 A는 연주 시차가 0.1″이므로 거리는 10 pc이고, 별 B는 연주 시차가 0.5″이므로 거리는 2 pc이다.

모범 답안 5 : 1

4 모범 답안 별까지의 거리(pc)$=\frac{1}{\text{연주 시차}('')}=\frac{1}{0.05''}=20$ pc이다. 이 별은 지구로부터 20 pc≒(3.26×20)광년=65.2광년 거리에 있으므로, 이 별의 빛이 지구에 도달하는 데 걸리는 시간은 약 65.2년이다.

채점 기준	배점
별의 빛이 지구에 도달하는 데 걸리는 시간을 3가지 단어를 모두 포함하여 옳게 서술한 경우	100 %
별의 빛이 지구에 도달하는 데 걸리는 시간을 2가지 단어만 포함하여 옳게 서술한 경우	60 %

02 별의 성질

기초를 튼튼히! **개념 잡기** 개념 학습 교재 89, 91쪽

1 (1) ㉠ 밝게, ㉡ 가까운 (2) 반비례 (3) ㉠ 4, ㉡ $\frac{1}{4}$ **2** ㉠ 100, ㉡ 2.5 **3** (1) × (2) × (3) ○ (4) ○ **4** (1) 어두운 (2) 커진다 (3) 100 (4) 1 **5** (1) D (2) 약 2.5배 (3) C **6** (1) ○ (2) × (3) ○ **7** (1) 겉보기 (2) 10 (3) 절대 (4) 같다 **8** (1) ㉠ D, ㉡ C (2) ㉠ D, ㉡ C (3) A, B **9** ㉠ 색깔, ㉡ 높다 **10** (1) A, B (2) A, D (3) B, E

1 (3) 지구로부터 10 pc 거리에 있는 별이 20 pc 거리로 멀어지면 거리가 2배로 멀어지므로, 빛이 도달하는 면적은 4배가 되어 동일한 면적에 도달하는 빛의 양은 $\frac{1}{4}$배로 줄어든다.

2 1등급인 별은 6등급인 별보다 약 100배 밝으므로, 1등급 간의 밝기 차는 약 2.5배이다.

3 **오답 피하기** | (1) A~D 중 가장 밝은 별은 등급이 가장 작은 A이고, 가장 어두운 별은 등급이 가장 큰 D이다.
(2) A보다 밝은 별은 −3등급, −4등급, −5등급 등으로 나타내고, 어두운 별은 −1등급, 0등급, 1등급 등으로 나타낸다.

4 (4) 1등급 간의 밝기 차는 약 2.5배이므로, 2등급 간의 밝기 차는 약 2.5^2≒6.3배이다. 따라서 3등급보다 약 6.3배 밝은 별의 등급은 2등급 작은 1등급이다.

5 (1) A~D 중 가장 밝게 보이는 별은 등급이 가장 작은 D이다.
(2) B는 C보다 등급이 1등급 작으므로 약 2.5배 밝게 보인다.
(3) D보다 약 $\frac{1}{100}$배로 어둡게 보이는 별은 등급이 D보다 5등급 큰 C이다.

6 (1) 태양이 북극성보다 밝게 보이므로 겉보기 등급은 태양이 북극성보다 작다.
(3) 북극성은 10 pc보다 먼 거리에 있으므로 (겉보기 등급−절대 등급)이 0보다 크다.
오답 피하기 | (2) 북극성은 태양보다 실제 밝기가 밝으므로 절대 등급이 작다.

7 절대 등급은 별을 10 pc의 거리에 두고 정한 등급이며, 10 pc의 거리에 있는 별은 겉보기 등급과 절대 등급이 같다.

8 (1) 가장 밝게 보이는 별은 겉보기 등급이 가장 작은 D이고, 실제로 가장 밝은 별은 절대 등급이 가장 작은 C이다.
(2) 10 pc보다 가까이 있는 별은 (겉보기 등급−절대 등급)이 0보다 작은 D이고, 10 pc보다 멀리 있는 별은 (겉보기 등급−절대 등급)이 0보다 큰 C이다.
(3) 10 pc 거리에 있는 별은 (겉보기 등급−절대 등급)이 0인 A, B이다.

9 별의 표면 온도는 별의 색깔을 통해 알아낼 수 있다. 청색, 청백색, 백색, 황백색, 황색, 주황색, 적색으로 갈수록 표면 온도가 낮아진다.

10 (1) 실제로 가장 밝은 별은 절대 등급이 가장 작은 A, B이다.
(2) 표면 온도가 가장 높은 별은 청백색을 띠는 A, D이다.
(3) 태양은 황색을 띠므로 태양보다 표면 온도가 낮은 별은 B, E이다.

과학적 사고로! **탐구하기** 개념 학습 교재 92쪽

Ⓐ ㉠ 많을, ㉡ 가까울, ㉢ 거리
1 (1) × (2) × (3) × (4) ○ **2** ㉠ 16, ㉡ $\frac{1}{16}$ **3** ③

Ⓐ

1 **오답 피하기** | (1) 같은 밝기로 보이는 별도 거리 등이 다르면 방출하는 빛의 양이 다르다.
(2) 별의 거리가 멀어지면 단위 면적당 도달하는 빛의 양이 적어진다.
(3) 별들의 밝기가 서로 다르게 보이는 것은 별이 방출하는 빛의 양과 별까지의 거리가 다르기 때문이다.

2 별까지의 거리가 4배로 멀어지면 빛이 도달하는 면적은 16배가 되므로, 동일한 면적에 도달하는 빛의 양은 $\frac{1}{16}$배로 줄어들어 어둡게 보인다. 즉, 우리 눈에 보이는 별의 밝기는 별까지의 거리의 제곱에 반비례한다.

3 ㄱ, ㄷ. 단위 면적당 도달하는 빛의 양은 큰 손전등이 작은 손전등보다 많다. 작은 손전등의 거리를 현재보다 멀리하고 실험하면 단위 면적당 도달하는 빛의 양이 적어지므로, (가)와 (나)의 밝기 차이는 더 커진다.
오답 피하기 | ㄴ. 큰 손전등과 작은 손전등을 이용하여 실험하였으므로, 별이 방출하는 빛의 양에 따라 별의 밝기가 다르게 보이는 것을 알아보기 위한 실험이다.

Beyond 특강 개념 학습 교재 93쪽

1 9배 밝게 보인다. **2** $\frac{1}{9}$배로 어둡게 보인다. **3** −3등급 **4** 7등급
5 2등급 **6** 8등급 **7** 1등급 **8** −7등급 **9** 1등급 **10** −2등급
11 1등급

1 별의 밝기는 별까지의 거리의 제곱에 반비례하므로, 별의 거리가 $\frac{1}{3}$배로 가까워지면 별의 밝기는 9배 밝게 보인다.

2 별의 밝기는 별까지의 거리의 제곱에 반비례하므로, 별의 거리가 3배 멀어지면 별의 밝기는 $\frac{1}{9}$배로 어둡게 보인다.

3 약 100배의 밝기 차는 5등급 차이가 나므로, 2등급인 별보다 약 100배 밝은 별의 등급은 2등급−5등급=−3등급이다.

4 약 100배의 밝기 차는 5등급 차이가 나므로, 2등급인 별보다 약 $\frac{1}{100}$배로 어두운 별의 등급은 2등급+5등급=7등급이다.

5 약 16배의 밝기 차는 3등급 차이가 나므로, 5등급인 별의 밝기가 약 16배 밝아지면 이 별은 5등급−3등급=2등급이 된다.

6 약 16배의 밝기 차는 3등급 차이가 나므로, 5등급인 별의 밝기가 약 $\frac{1}{16}$배로 어두워지면 이 별은 5등급+3등급=8등급이 된다.

7 약 16배의 밝기 차는 3등급 차이가 나므로, 4등급인 별 16개가 모여 있으면 4등급−3등급=1등급인 별 1개의 밝기와 같다.

8 약 100배의 밝기 차는 5등급 차이가 나므로, −2등급인 별 100개가 모여 있으면 −2등급−5등급=−7등급인 별 1개의 밝기와 같다.

9 −1등급인 별 40개가 모여 있는 성단의 등급은 −1등급−4등급=−5등급이고, 100개가 모여 있는 성단의 등급은 −1등급−5등급=−6등급이므로, 등급 차는 1등급이다.

10 별의 거리가 $\frac{1}{10}$배로 가까워지면 100배 밝게 보이며, 약 100배의 밝기 차는 5등급 차이가 난다. 따라서 겉보기 등급이 3등급인 별의 거리가 $\frac{1}{10}$배로 가까워지면 3등급−5등급=−2등급으로 보인다.

11 별의 거리가 4배 멀어지면 $\frac{1}{16}$배로 어둡게 보이며, 약 16배의 밝기 차는 3등급 차이가 난다. 따라서 겉보기 등급이 −2등급인 별의 거리가 4배 멀어지면 −2등급+3등급=1등급으로 보인다.

Beyond 특강 개념 학습 교재 94쪽

1 시리우스, 태양 **2** 리겔, 북극성, 베텔게우스 **3** 태양 **4** 리겔
5 ㉠ $\frac{1}{100}$, ㉡ 5, ㉢ 5 **6** ㉠ $\frac{1}{16}$, ㉡ 3, ㉢ 3

1 거리가 10 pc보다 가까운 별은 (겉보기 등급−절대 등급) 값이 0보다 작은 시리우스, 태양이다.

2 거리가 10 pc보다 먼 별은 (겉보기 등급−절대 등급) 값이 0보다 큰 리겔, 북극성, 베텔게우스이다.

3 (겉보기 등급−절대 등급) 값이 작을수록 거리가 가까운 별이다. (겉보기 등급−절대 등급) 값은 리겔이 6.9, 시리우스가 −2.9, 북극성이 5.8, 태양이 −31.6, 베텔게우스가 6.0이므로,

거리가 가장 가까운 별은 태양이다.

4 (겉보기 등급 − 절대 등급) 값이 클수록 거리가 먼 별이므로, 거리가 가장 먼 별은 리겔이다.

5 별의 거리가 10 pc보다 멀므로 겉보기 등급=(절대 등급+별의 거리 변화에 따른 등급 차)≒−2등급+5등급≒3등급이다.

6 별의 거리가 10 pc보다 가까우므로 절대 등급=(겉보기 등급+별의 거리 변화에 따른 등급 차)≒0등급+3등급≒3등급이다.

실력을 키워! **내신 잡기** 개념 학습 교재 95~96쪽

01 ③, ⑤ **02** ① **03** −2.1등급 **04** ⑤ **05** ⑤ **06** ⑤ **07** ② **08** ③, ④ **09** ② **10** B **11** ② **12** 안타레스, 알데바란 **13** ③ **14** ⑤ **15** ①, ③

01 ③ 1등급보다 밝은 별은 0등급, −1등급, −2등급 등으로 나타내고, 6등급보다 어두운 별은 7등급, 8등급, 9등급 등으로 나타낸다.
⑤ 별의 밝기가 5등급과 6등급 사이일 때는 5.1등급, 5.7등급 등의 소수점을 이용하여 나타낸다.
오답 피하기 | ① 별이 밝을수록 등급이 작으므로, 1등급인 별은 2등급인 별보다 밝다.
② 1등급 차이는 약 2.5배의 밝기 차이가 나므로, 4등급 차이는 2.5^4≒40배의 밝기 차이가 난다. 따라서 2등급인 별과 −2등급인 별은 약 40배의 밝기 차이가 난다.
④ 히파르코스는 맨눈으로 관측한 별들을 밝기에 따라 1등급부터 6등급까지 구분하였다.

02 밤하늘에서 시리우스는 지구로부터의 거리가 같은 주변의 다른 별보다 매우 큰 것처럼 보이는데, 이것은 시리우스가 다른 별보다 밝기 때문이다. 밝은 별이라고 해서 모두 실제 크기가 큰 것은 아니다.

03 1등급 차이는 약 2.5배의 밝기 차이가 나므로, 3등급 차이는 약 2.5^3=16배의 밝기 차이가 난다. 따라서 겉보기 등급이 0.9등급인 별보다 약 16배 밝게 보이는 별의 겉보기 등급은 0.9등급 −3등급=−2.1등급이다.

04 5등급 차이는 약 100배의 밝기 차이가 나므로, 10등급 차이는 약 10000배의 밝기 차이가 난다. 따라서 겉보기 등급이 −26.8등급인 태양보다 $\frac{1}{10000}$배로 어둡게 보이는 별의 겉보기 등급은 −26.8등급+10등급=−16.8등급이다.

05 **오답 피하기** | ⑤ 별의 거리가 3배로 멀어지면 별빛이 비치는 면적은 9배가 된다. 따라서 단위 면적당 도달하는 별빛의 양은 $\frac{1}{9}$배가 되어 어둡게 보인다.

06 단위 면적당 도달하는 빛의 양은 (가)에서는 큰 손전등이 작은 손전등보다 많고, (나)에서는 거리가 가까운 손전등이 거리가 먼 손전등보다 많다. 따라서 이 실험을 통해 눈에 보이는 별의 밝기에 영향을 미치는 요인은 별이 방출하는 빛의 양과 별까지의 거리인 것을 알 수 있다.

07 1등급 차이는 약 2.5배의 밝기 차이가 나므로, 3등급 차이는 약 2.5^3=16배의 밝기 차이가 난다. 겉보기 등급이 9등급인 별의 거리가 $\frac{1}{4}$배로 가까워지면 16배 밝게 보이므로, 별의 겉보기 등급은 −9등급−3등급=−12등급이 된다.

08 **오답 피하기** | ① 겉보기 등급은 우리 눈에 보이는 별의 밝기를 등급으로 나타낸 것으로, 별까지의 실제 거리는 생각하지 않고 지구에서 보이는 대로 정한 것이다.
② 절대 등급은 별이 10 pc의 거리에 있다고 가정했을 때의 밝기를 등급으로 나타낸 것으로, 별의 실제 밝기를 비교할 수 있다.
⑤ (겉보기 등급 − 절대 등급) 값이 클수록 지구로부터의 거리가 먼 별이다.

09 ㉠ 실제로 가장 밝은 별은 절대 등급이 가장 작은 리겔이다.
㉡ (겉보기 등급 − 절대 등급) 값이 클수록 거리가 먼 별이다. (겉보기 등급 − 절대 등급) 값은 리겔이 6.9, 시리우스가 −2.9, 북극성이 5.8, 태양이 −31.6, 베텔게우스가 6.0이므로, 거리가 가장 먼 별은 리겔이다.

10 맨눈으로 볼 때 가장 어둡게 보이는 별은 겉보기 등급이 가장 큰 B이다.

11 (겉보기 등급 − 절대 등급) 값이 0보다 작은 별은 지구로부터의 거리가 10 pc보다 가깝다. 따라서 10 pc보다 가까이 있는 별은 A, D이다.

12 별의 표면 온도에 따라 별의 색깔이 달라진다. 청색, 청백색, 백색, 황백색, 황색, 주황색, 적색으로 갈수록 표면 온도가 낮아지며, 태양은 황색을 띤다. 따라서 태양보다 표면 온도가 낮은 별은 적색을 띠는 안타레스와 주황색을 띠는 알데바란이다.

13 표면 온도가 높은 별일수록 파란색을 띠고, 표면 온도가 낮은 별일수록 붉은색을 띤다. 따라서 청색을 띠는 나오스의 표면 온도가 가장 높고, 적색을 띠는 안타레스의 표면 온도가 가장 낮다.

14 ㄷ, ㄹ. 청색, 청백색, 백색, 황백색, 황색, 주황색, 적색으로 갈수록 표면 온도가 낮아진다.
오답 피하기 | ㄱ. 별의 표면 온도는 직접 측정할 수 없으므로 별의 색깔 등을 통해 알아낸다.
ㄴ. 별의 표면 온도에 따라 별의 색깔이 달라진다.

15 ② 베텔게우스는 (겉보기 등급 − 절대 등급) 값이 0보다 크므로 지구로부터의 거리가 10 pc보다 멀다.
④ 청색, 청백색, 백색, 황백색, 황색, 주황색, 적색으로 갈수록 표면 온도가 낮아지므로, 베텔게우스보다 리겔의 표면 온도가 더 높다.

⑤ 백색을 띠는 별은 적색을 띠는 베텔게우스보다 표면 온도가 높다.

오답 피하기 | ① 리겔은 (겉보기 등급－절대 등급) 값이 0보다 크므로 지구로부터의 거리가 10 pc보다 멀다.

③ 리겔은 베텔게우스보다 겉보기 등급이 작으므로 더 밝게 보인다.

실력의 완성! **서술형 문제** 개념 학습 교재 97쪽

1 모범 답안 (1) 약 16배

(2) C는 D보다 5등급이 크므로 $\frac{1}{100}$배로 어둡게 보인다. 따라서 C 100개가 모여 있으면 D 1개의 밝기와 같아 보인다.

	채점 기준	배점
(1)	A와 B의 눈에 보이는 밝기 차이를 옳게 쓴 경우	30 %
(2)	등급 차를 포함하여 모범 답안과 같이 서술한 경우	70 %
	100개라고만 쓴 경우	20 %

1-1 모범 답안 A의 거리가 4배 멀어지면 $\frac{1}{16}$배로 어둡게 보이므로 겉보기 등급이 3등급 커진다. 따라서 5등급으로 보인다.

2 모범 답안 C, (겉보기 등급－절대 등급) 값이 클수록 멀리 있는 별이기 때문이다.

채점 기준	배점
C를 옳게 쓰고, 판단한 근거를 옳게 서술한 경우	100 %
C만 옳게 쓴 경우	30 %

3 모범 답안 겉보기 등급은 우리 눈에 보이는 별의 밝기를 등급으로 나타낸 것이고, 절대 등급은 별이 10 pc의 거리에 있다고 가정했을 때의 밝기를 등급으로 나타낸 것이다.

채점 기준	배점
겉보기 등급과 절대 등급의 정의를 제시된 단어 3가지를 모두 포함하여 옳게 서술한 경우	100 %
겉보기 등급과 절대 등급의 정의를 제시된 단어 2가지만 포함하여 옳게 서술한 경우	60 %

4 모범 답안 스피카, 표면 온도가 높은 별일수록 파란색을 띠고, 표면 온도가 낮은 별일수록 붉은색을 띠기 때문이다.

채점 기준	배점
스피카를 옳게 쓰고, 판단한 근거를 옳게 서술한 경우	100 %
스피카만 옳게 쓴 경우	30 %

4-1 청색, 청백색, 백색, 황백색, 황색, 주황색, 적색으로 갈수록 표면 온도가 낮아진다. 태양은 황색을 띠므로, 태양보다 표면 온도가 높은 별은 스피카이다.

모범 답안 스피카

03 은하와 우주

기초를 튼튼히! **개념 잡기** 개념 학습 교재 99, 101, 103쪽

1 (1) × (2) ○ (3) ○ (4) × **2** (1) 우리은하 (2) 중심 (3) 여름철 **3** (1) ㉠ 산개, ㉡ 최근 (2) 높다 (3) ㉠ 파란색, ㉡ 붉은색 (4) 나선팔 **4** (1) (나)－방출 성운, (다)－반사 성운 (2) (가)－암흑 성운 (3) (다)－반사 성운 **5** (1) 모양 (2) 1000 (3) 불균질 **6** (1) (나)－타원 은하 (2) (다)－막대 나선 은하 (3) (가)－정상 나선 은하 **7** (1) ○ (2) × (3) ○ (4) × **8** (1) ㉠ 은하, ㉡ 우주 (2) 팽창 (3) ㉠ 풍선 표면, ㉡ 빨리 (4) 없다 **9** (1) 작아 (2) ㉠ 뜨겁고, ㉡ 팽창 (3) 낮아 **10** (1) 생명체 (2) 자원 (3) 첨단 기술 **11** (1) ㉢ (2) ㉣ (3) ㉠ (4) ㉡ **12** (1) × (2) ○ (3) × (4) ○ **13** (1) 전자레인지 (2) 방송 통신 (3) 항법 **14** (1) 로켓 (2) 빠른

1 **오답 피하기** | (1) (가)는 우리은하를 옆에서 본 모습으로, 중심부가 약간 볼록한 납작한 원반 모양이다. (나)는 우리은하를 위에서 본 모습으로, 막대 모양의 중심부를 나선팔이 휘감은 모양이다.

(4) 구상 성단은 주로 우리은하의 중심부(C)와 은하 원반을 둘러싼 구형의 공간(D)에 분포한다.

2 (1), (2) 은하수는 지구에서 우리은하의 일부를 바라본 모습으로, 은하 중심 방향인 궁수자리 방향에서 가장 밝고 두껍게 보인다.

(3) 우리나라에서는 여름철에 밤하늘이 은하 중심 방향인 궁수자리 방향을 향하므로 은하수의 폭이 가장 두껍고 밝게 보인다.

3 (1) (가)는 산개 성단으로, 별들이 비교적 최근에 생성되어 에너지를 많이 방출한다. (나)는 구상 성단으로, 별들이 비교적 오래 전에 생성되어 에너지를 적게 방출한다.

(2) (가)의 별들은 에너지를 많이 방출하므로 (나)의 별들보다 온도가 높다.

(3) (가)의 별들은 온도가 높아 주로 파란색을 띠고, (나)의 별들은 온도가 낮아 주로 붉은색을 띤다.

(4) (가)의 산개 성단은 주로 우리은하의 나선팔에 분포한다.

4 (1), (3) (나)는 방출 성운, (다)는 반사 성운이다. 방출 성운은 성간 물질이 주변의 별빛을 흡수하여 가열되면서 스스로 빛을 내므로 밝게 보이고, 반사 성운은 성간 물질이 주변의 별빛을 반사하여 밝게 보인다.

(2) (가)는 암흑 성운으로, 성간 물질이 뒤쪽에서 오는 별빛을 가로막아 어둡게 보인다.

5 (1) 외부 은하는 우리은하 밖에 존재하는 은하로, 은하의 모양을 기준으로 분류한다.

(2) 외부 은하는 허블이 최초로 발견하였으며, 우주에는 약 1000억 개의 외부 은하들이 존재한다.

(3) 외부 은하는 우주 공간에 불균질하게 분포한다.

6 (1) (나)는 타원 은하로, 나선팔이 없고 구형에 가깝거나 납작한 타원체 모양이다.

(2) 우리은하는 은하 중심을 가로지르는 막대 모양의 구조 끝에서 나선팔이 휘어져 나온 모양으로, (다)의 막대 나선 은하에 속한다.
(3) (가)는 정상 나선 은하로, 은하 중심에서 나선팔이 휘어져 나온 모양이다.

7 **오답 피하기** | (2) 우주가 팽창하여 은하들 사이의 거리가 멀어지므로, 거리가 먼 은하일수록 빠른 속도로 멀어진다.
(4) 우주는 특별한 중심 없이 모든 방향으로 균일하게 팽창하고 있다.

8 (1), (2) 이 실험은 우주 팽창의 원리를 알아보기 위한 것으로, 동전은 은하에, 풍선 표면은 우주에 해당한다.
(3) 풍선 표면이 팽창하여 동전 사이의 거리가 멀어지며, 거리가 먼 동전일수록 더 빨리 멀어진다.
(4) 모든 동전이 서로 멀어지므로 팽창의 중심을 정할 수 없다.

9 (1) 팽창하는 우주의 시간을 거꾸로 돌리면 우주는 점차 작아지다가 결국 한 점에 모일 것이다.
(2) 우주는 매우 뜨겁고 밀도가 큰 한 점에서 대폭발로 시작하였으며 지금도 계속 팽창하고 있다.
(3) 우주는 팽창하면서 온도가 낮아지고 있다.

10 (1), (2) 우주 탐사를 통해 지구 이외의 다른 천체에 생명체가 살고 있는지 호기심을 충족시킬 수 있으며, 지구에서 얻기 어렵거나 고갈되어 가는 자원을 채취할 수 있다.
(3) 우주 탐사 과정에서 개발된 첨단 기술을 여러 산업 분야와 실생활에 이용할 수 있다.

11 (1) 인공위성은 천체 주위를 일정한 궤도를 따라 일정한 주기로 공전하도록 만든 장치로, 다양한 목적으로 발사되며 천체 관측을 위한 우주 망원경도 있다.
(2) 우주 탐사선은 지구 이외의 다른 천체를 탐사하기 위해 쏘아 올리는 물체로, 천체의 주위를 돌거나 천체 표면에 착륙하여 탐사한다.
(3) 우주 정거장은 사람들이 우주에 머무르면서 임무를 수행하도록 만든 인공 구조물로, 지상에서 하기 어려운 실험이나 우주 환경 등을 연구한다.
(4) 전파 망원경은 지상에 설치하여 천체가 방출하는 전파를 관측하기 위한 장치이다.

12 **오답 피하기** | (1) 인류 최초의 인공위성은 스푸트니크 1호이며, 아폴로 11호를 이용해 인류 최초로 달에 착륙하였다.
(3) 보이저 2호는 1977년에 목성형 행성 탐사를 위해 발사되었으며, 1989년에 해왕성을 근접 통과하였다.

13 (1) 우주 탐사를 위해 개발된 기술은 안경테, 골프채, 치아 교정기, 자기 공명 영상(MRI), 정수기, 전자레인지, 에어쿠션 운동화 등 일상생활에 이용된다.
(2) 방송 통신 위성을 이용하여 다른 나라의 방송을 실시간으로 볼 수 있고, 외국에 사는 사람과 쉽게 전화 통화를 할 수 있다.
(3) 방송 통신 위성과 항법 위성을 이용하여 자신의 위치를 파악하고 길을 찾아갈 수 있다.

14 우주 쓰레기는 우주 개발 과정에서 폐기된 인공위성, 로켓 발사체, 우주 임무 수행 중 발생한 부산물 등을 말하며, 매우 빠른 속도로 떠돌면서 인공위성이나 우주 탐사선에 피해를 줄 수 있다.

실력을 키워! **내신 잡기** 개념 학습 교재 104~107쪽

01 ②, ③ **02** ④ **03** ④ **04** ① **05** ⑤ **06** ④ **07** ④ **08** ③ **09** (다)-방출 성운 **10** ② **11** ② **12** ② **13** ② **14** ③ **15** ④ **16** ②, ④ **17** ③ **18** 대폭발 우주론(빅뱅 우주론) **19** ② **20** ⑤ **21** (가)-전파 망원경 **22** ③ **23** (나)-허블 우주 망원경 **24** 스푸트니크 1호, 보이저 2호, 큐리오시티 **25** ① **26** ④ **27** ②, ⑤

01 ①, ④ 우리은하를 위에서 보면 막대 모양의 중심부를 나선팔이 휘감은 모양이다.
⑤ 우리은하를 옆에서 보면 중심부가 약간 볼록한 납작한 원반 모양이다.
오답 피하기 | ② 우리은하의 지름은 약 30 kpc(10만 광년)이다.
③ 태양계는 우리은하의 중심에서 약 8.5 kpc(3만 광년) 떨어진 나선팔에 위치한다.

02 태양계가 우리은하의 중심에 있을 경우 밤하늘에서 은하수는 계절에 관계없이 모든 방향에서 폭이 넓고 밝게 보일 것이다.

03 **오답 피하기** | ㅁ, ㅂ. 마젤란은하와 안드로메다은하는 우리은하 밖에 존재하는 외부 은하이다.

04 태양계는 우리은하의 중심에서 약 8.5 kpc(3만 광년) 떨어져 있으므로, 우리은하의 중심에서 출발한 빛이 지구까지 도달하는 데는 약 3만 년이 걸린다.

05 A는 우리은하의 중심부로, 이곳에는 주로 구상 성단이 분포한다. 구상 성단의 별들은 생성된 지 오래되어 에너지를 많이 소모하였으므로 온도가 낮아 주로 붉은색을 띤다.

06 ④ B는 우리은하의 나선팔이며, 이곳에는 주로 산개 성단이 분포한다. 산개 성단은 수십~수만 개의 별들이 엉성하게 모여 있다.
오답 피하기 | ①, ② 산개 성단은 온도가 높은 파란색의 별들로 구성되어 있다.
③ 산개 성단의 별들은 비교적 최근에 생성되어 별들의 나이가 비교적 적다.
⑤ 성간 물질이 주변의 별빛을 흡수하여 가열되면서 스스로 빛을 내는 천체는 방출 성운이다. 비슷한 시기에 생성된 수많은 별들이 무리를 지어 모여 있는 것을 성단이라고 하며, 성운은 별과 별 사이에 성간 물질이 많이 모여 있어 구름처럼 보이는 것이다.

07 성운은 가스나 작은 티끌 등의 성간 물질이 다른 곳에 비해 많이 모여 있어 구름처럼 보이는 것이다.

08 (가)는 구상 성단, (나)는 암흑 성운, (다)는 방출 성운, (라)는 산개 성단이다. 따라서 성간 물질이 구름처럼 모여 있는 천체(성운)는 (나), (다)이고, 수많은 별들이 모여 집단을 이루고 있는 천체(성단)는 (가), (라)이다.

09 방출 성운은 성간 물질이 주변의 별빛을 흡수하여 가열되면서 스스로 빛을 낸다.

10 **오답 피하기** | ② (나)는 암흑 성운으로, 수소, 헬륨 등의 가스나 작은 티끌로 이루어진 성간 물질이 뒤쪽에서 오는 별빛을 가로막아 어둡게 보인다.

11 ㄱ, ㄹ. 향 연기가 셀로판지를 통과하여 나오는 손전등의 불빛을 반사시켜 셀로판지의 색과 같은 색으로 보이므로, 향 연기의 색은 셀로판지의 색에 따라 달라진다.
오답 피하기 | ㄴ. 이 실험에서 향 연기는 성간 물질, 손전등의 불빛은 주변 별빛에 해당한다.
ㄷ. 성간 물질이 주위의 별빛을 반사시켜 반사 성운으로 관측된다. 따라서 이 실험은 반사 성운이 우리 눈에 보이는 원리를 알아보기 위한 것이다.

12 ② 구상 성단의 별들은 생성된 지 오래되어 에너지를 많이 소모하였으므로 온도가 낮고, 산개 성단의 별들은 비교적 최근에 생성되어 에너지를 많이 방출하므로 온도가 높다.
오답 피하기 | ① 구상 성단의 별들은 나이가 많고, 산개 성단의 별들은 나이가 적다.
③ 구상 성단의 별들은 온도가 낮아 붉은색을 띠고, 산개 성단의 별들은 온도가 높아 파란색을 띤다.
④ 구상 성단은 수만~수십만 개의 별들로 이루어져 있고, 산개 성단은 수십~수만 개의 별들로 이루어져 있다.
⑤ 구상 성단은 별들이 빽빽하게 공 모양으로 모여 있고, 산개 성단은 별들이 비교적 엉성하게 모여 있다.

13 **오답 피하기** | ② 외부 은하는 우리은하 밖에 존재하는 은하로, 우주 공간에 불균질하게 분포한다.

14 (가)는 별이고, (나)는 외부 은하로 수많은 별과 성단 등을 포함하며, (다)는 산개 성단으로 수십~수만 개의 별들로 이루어져 있다. 따라서 규모는 (나)가 가장 크고, (가)가 가장 작다.

15 **오답 피하기** | ④ 모든 동전이 서로 멀어지므로 팽창의 중심을 정할 수 없는 것과 같이 우주의 어느 지점에서 보더라도 은하들이 서로 멀어지고 있기 때문에 우주는 특별한 중심 없이 모든 방향으로 균일하게 팽창하고 있다.

16 ①, ⑤ 이 은하는 은하 중심부를 가로지르는 막대 모양의 구조와 나선팔이 존재한다.
③ 우리은하는 막대 나선 은하에 속한다.
오답 피하기 | ② 막대 모양의 구조와 나선팔이 존재하므로 막대 나선 은하이다.
④ 막대 나선 은하는 외부 은하로, 우리은하 밖에 분포한다.

17 ㄴ. 우주가 팽창하여 은하들 사이의 거리가 멀어지므로, E에서 보면 A~D가 모두 멀어진다.
ㄷ. 우주가 팽창하여 은하들 사이의 거리가 멀어지므로, 멀리 있는 은하일수록 빠른 속도로 멀어진다. 따라서 A에서 보면 거리가 가장 먼 E가 가장 빠른 속도로 멀어진다.
오답 피하기 | ㄱ. 우주의 어느 지점에서 보더라도 은하들이 서로 멀어지고 있기 때문에 우주는 특별한 중심 없이 모든 방향으로 균일하게 팽창하고 있다.
ㄹ. 팽창하는 우주의 시간을 거꾸로 돌리면 우주는 점점 수축하면서 뜨거워지고, 우주의 처음 상태는 한 점에 모여 있었다고 추측할 수 있다. 따라서 과거에 B와 C 사이의 거리는 현재보다 가까웠다.

18 대폭발 우주론(빅뱅 우주론)은 약 138억 년 전 매우 뜨겁고 밀도가 큰 한 점에서 대폭발(빅뱅)을 일으켜 계속 팽창하여 현재와 같은 우주가 되었다고 설명하는 이론이다.

19 ① 우주가 팽창하여 대부분의 은하는 서로 멀어지고 있다.
③, ④ 대폭발로 시작된 우주는 점차 식어서 별과 은하가 만들어졌고, 현재와 같은 분포를 보이게 되었다.
⑤ 과거에 우주의 모든 물질과 에너지가 한 점에 모여 있다가 폭발(빅뱅)하여 우주가 생성되었다.
오답 피하기 | ② 우주가 팽창하여 은하들 사이의 거리가 멀어지며, 은하의 크기는 변하지 않았다.

20 ㄱ. 우주 탐사 과정에서 개발된 첨단 기술을 여러 산업 분야와 실생활에 이용할 수 있다.
ㄴ. 우주 탐사를 통해 지구에서 부족하거나 고갈되어 가는 자원을 채취할 수 있다.
ㄷ. 우주 탐사를 통해 습득된 정보로부터 지구 환경과 생명에 대해 깊이 이해할 수 있다.

21 (가)는 전파 망원경으로, 지상에 설치하여 천체가 방출하는 전파를 관측하기 위한 탐사 장비이다.

22 ① (다)는 우주 탐사선이다. 보이저 1호는 태양계를 탐사하기 위해 발사된 우주 탐사선이고, 보이저 2호는 목성형 행성을 탐사하기 위해 발사된 우주 탐사선이다.
②, ④ 우주 탐사선은 지구 이외의 다른 천체를 탐사하기 위해 쏘아 올린 탐사 장비로, 한 번 발사되면 회수하여 다시 사용하기 어렵다.
⑤ 우주 탐사선은 탐사하고자 하는 천체까지 비행하여 그 주위를 공전하거나 표면에 착륙하여 탐사한다.
오답 피하기 | ③ 지상에서 하기 어려운 실험이나 우주 환경 등을 연구하는 탐사 장비는 우주 정거장이다.

23 허블 우주 망원경은 지구 대기 밖 우주에서 관측을 수행하므

로 대기의 영향을 받지 않아 지상에 있는 망원경보다 선명한 상을 얻을 수 있으며, 우주 비행사를 통해 우주에서 정비할 수 있도록 설계되었다.

24 보이저 2호는 1977년에 목성형 행성 탐사를 위해 발사되었으며, 1989년에 해왕성을 통과하였다. 큐리오시티는 2011년에 화성 탐사를 위해 발사된 탐사 로봇으로, 2012년에 화성 표면에 착륙하였다. 스푸트니크 1호는 1957년에 구소련에서 발사한 인류 최초의 인공위성이다.

25 우주 탐사 기술이 실생활에 이용된 사례로는 GPS, 형상 기억 합금, 타이타늄 합금, 자기 공명 영상(MRI), 컴퓨터 단층 촬영(CT), 기능성 옷감, 전자레인지, 정수기, 공기 청정기, 에어쿠션 운동화, 화재 경보기, 진공 청소기 등이 있다.

오답 피하기 | ① 오븐기는 우주 탐사 기술이 실생활에 이용된 사례가 아니다.

26 위성 위치 확인 시스템, 내비게이션, 이동 통신, 일기 예보, 태풍의 경로 예측 등에 인공위성이 이용된다.

27 우주 탐사를 위해 발사한 인공위성 중 수명이 다한 인공위성이 지구로 떨어지기도 한다. 또한 인공위성 잔해 등의 우주 쓰레기는 매우 빠른 속도로 떠돌면서 운행 중인 인공위성이나 우주 탐사선에 피해를 줄 수 있는데, 이는 우주 탐사의 부정적 영향이다.

실력의 완성! 서술형 문제

개념 학습 교재 108쪽

1 **모범 답안** 우리은하를 위에서 보면 막대 모양의 중심부를 나선팔이 휘감은 모양이고, 옆에서 보면 중심부가 약간 볼록한 납작한 원반 모양이다.

채점 기준	배점
우리은하를 위에서 본 모습과 옆에서 본 모습을 단어 3가지를 모두 포함하여 옳게 서술한 경우	100 %
우리은하를 위에서 본 모습과 옆에서 본 모습 중 1가지만 일부 단어를 포함하여 옳게 서술한 경우	50 %

2 **모범 답안** (1) 여름철

(2) 우리나라의 여름철에는 밤하늘이 은하 중심 방향을 향하기 때문이다.

	채점 기준	배점
(1)	우리나라에서 은하수가 가장 밝고 두껍게 보이는 계절을 옳게 쓴 경우	30 %
(2)	밤하늘의 방향을 포함하여 옳게 서술한 경우	70 %

2-1 은하수는 지구에서 우리은하의 일부를 바라본 모습으로, 은하 중심 방향인 궁수자리 방향에서 가장 밝고 두껍게 보인다.

모범 답안 궁수자리

3 **모범 답안** 성단은 많은 별이 모여 있는 천체이고, 성운은 별과 별 사이에 성간 물질이 많이 모여 있어 구름처럼 보이는 천체이다.

채점 기준	배점
성단과 성운의 차이점을 옳게 서술한 경우	100 %
성단과 성운의 정의 중 1가지만 옳게 서술한 경우	50 %

4 **모범 답안** 사람들이 우주에 머무르면서 임무를 수행하도록 만든 인공 구조물이다. 지상에서 하기 어려운 실험이나 우주 환경 등을 연구한다.

채점 기준	배점
우주 정거장의 특징 2가지를 모두 옳게 서술한 경우	100 %
우주 정거장의 특징 중 1가지만 모두 옳게 서술한 경우	50 %

4-1 인공위성은 천체 주위를 일정한 궤도를 따라 공전하도록 만든 장치로 다양한 목적으로 발사되며, 천체 관측을 위한 우주 망원경도 있다.

모범 답안 인공위성

핵심만 모아모아! **단원 정리하기** 개념 학습 교재 109쪽

1 ❶ 시차 ❷ 연주 시차 ❸ 공전 ❹ 크다 ❺ 1
2 ❶ 거리 ❷ 반비례 ❸ 작고 ❹ 크다 ❺ 100
3 ❶ 겉보기 ❷ 절대 ❸ 가까이 ❹ 멀리 ❺ 낮아
4 ❶ 나선팔 ❷ 원반 ❸ 중심
5 ❶ 산개 ❷ 구상 ❸ 방출 ❹ 암흑
6 ❶ 팽창 ❷ 대폭발 ❸ 팽창
7 ❶ 인공위성 ❷ 우주 정거장

실전에 도전! **단원 평가하기** 개념 학습 교재 110~113쪽

01 ②, ⑤ **02** 별 A: 0.5 pc, 별 B: 1 pc **03** ㄱ, ㄹ **04** ② **05** ⑤ **06** ④ **07** ②, ④ **08** ⑤ **09** ③ **10** ④ **11** ①, ④ **12** 약 6.3배 **13** A>B>C **14** 약 30 kpc(10만 광년) **15** ③ **16** ④ **17** ④ **18** ④ **19** ④ **20** ①, ④ **21** ② **22** 우주 정거장 **23** ④ **24** 해설 참조 **25** 해설 참조 **26** 해설 참조 **27** 해설 참조

01 ①, ④ 연주 시차는 지구가 태양 주위를 공전하기 때문에 나타나며, 지구에서 6개월 간격으로 별을 관측할 때 나타나는 각도(시차)의 $\frac{1}{2}$이다. 따라서 시차가 0.1″인 별의 연주 시차는 0.05″이다.
③ 연주 시차가 1″인 별까지의 거리를 1 pc이라고 한다.
오답 피하기 | ② 연주 시차는 별까지의 거리가 가까울수록 크므로, 별까지의 거리와 반비례 관계이다.

$$\text{별까지의 거리(pc)} = \frac{1}{\text{연주 시차(″)}}$$

⑤ 시차는 관측자와 물체 사이의 거리가 멀수록 작게 나타난다.

02 별 A의 연주 시차는 2″이므로 지구로부터의 거리는 $\frac{1}{2''}$= 0.5 pc이고, 별 B의 연주 시차는 1″이므로 지구로부터의 거리는 $\frac{1}{1''}$=1 pc이다.

03 ㄱ. 이 실험에서 주사위는 상대적으로 거리가 가까운 별에 해당하고, 번호는 거리가 먼 배경별에 해당한다.
ㄹ. 주사위의 거리를 다르게 놓으면 시차가 다르게 측정되므로, 물체의 거리에 따른 시차의 변화를 알 수 있다.
오답 피하기 | ㄴ. 시차는 물체까지의 거리가 가까울수록 크다. 따라서 주사위가 A에 있을 때의 시차가 B에 있을 때의 시차보다 크다.
ㄷ. 왼쪽 구멍과 오른쪽 구멍의 거리를 더 멀게 하면 시차가 크게 측정된다.

04 ㄱ. 1등급 차이는 약 2.5배의 밝기 차이가 나므로, 2등급 차이는 약 2.5^2=6.3배의 밝기 차이가 난다. 따라서 4등급인 별은 6등급인 별보다 약 6.3배 밝다.
ㄷ. 1등급보다 밝은 별은 0등급, −1등급, −2등급 등으로 나타내고, 6등급보다 어두운 별은 7등급, 8등급, 9등급 등으로 나타낸다.
오답 피하기 | ㄴ. 우리 눈에 보이는 별의 밝기는 별까지의 거리의 제곱에 반비례한다.
ㄹ. 별까지의 거리가 같을 때 방출하는 빛의 양이 많은 별일수록 밝게 보인다.

05 ㄷ. 우리 눈에 가장 밝게 보이는 별은 겉보기 등급이 가장 작은 D이다.
ㄹ. 10 pc보다 먼 거리에 있는 별은 (겉보기 등급−절대 등급) 값이 0보다 큰 A와 C이다.
오답 피하기 | ㄱ. (겉보기 등급−절대 등급) 값이 클수록 거리가 먼 별이다. (겉보기 등급−절대 등급) 값은 A가 0.2, B가 0, C가 2.2, D가 −11.5이다. 따라서 지구로부터의 거리가 가장 먼 별은 C이고, 연주 시차는 별까지의 거리에 반비례하므로 연주 시차가 가장 작은 별은 C이다.
ㄴ. 실제 밝기가 가장 어두운 별은 절대 등급이 가장 큰 D이다.

06 ④ 별까지의 거리가 가까워지면 우리 눈에 보이는 별의 밝기가 밝아지므로 겉보기 등급이 작아진다.
오답 피하기 | ① 절대 등급은 별의 실제 밝기를 나타낸 것으로, 별까지의 거리에 관계없이 일정하다.
②, ⑤ 별의 표면 온도에 따라 색깔이 달라지며, 별의 표면 온도와 색깔은 별의 거리와는 관계가 없다.
③ 연주 시차는 별까지의 거리에 반비례하므로, 별까지의 거리가 가까워지면 연주 시차가 커진다.

07 ① A와 B는 거리가 같은데, A는 B보다 방출하는 빛의 양이 많으므로 단위 면적당 도달하는 빛의 양이 많다.
③ 단위 면적당 도달하는 빛의 양이 가장 적은 것은 작은 손전등 중 거리가 가장 먼 C이다.
⑤ 이 실험을 통해 별이 방출하는 빛의 양이 많을수록, 별의 거리가 가까울수록 별의 밝기가 밝게 보이는 것을 알 수 있다.
오답 피하기 | ② C와 D는 방출하는 빛의 양이 같은데, D는 C보다 거리가 가까우므로 단위 면적당 도달하는 빛의 양이 많다.
④ 큰 손전등은 상대적으로 밝은 별, 작은 손전등은 어두운 별에 해당한다.

08 ⑤ 지구로부터 10 pc보다 가까운 거리에 있는 별은 10 pc의 거리에 있을 때보다 밝게 보이므로 겉보기 등급이 절대 등급보다 작다.
오답 피하기 | ① 별의 표면 온도에 따라 색깔이 달라진다.
② 우리 눈에 같은 밝기로 보이는 별은 겉보기 등급이 같다.
③ 절대 등급은 별의 실제 밝기를 등급으로 나타낸 것이다.
④ (겉보기 등급−절대 등급) 값이 클수록 지구로부터의 거리가 먼 별이다.

09 A와 B의 겉보기 등급이 5등급으로 같으므로 실제 밝기가 더 밝은 별은 거리가 더 먼 A이다.
B는 10 pc의 거리에 있으므로 겉보기 등급과 절대 등급이 같다. 따라서 절대 등급이 5등급인 별은 B이다.
연주 시차는 별까지의 거리에 반비례하므로, 연주 시차가 더 큰 별은 거리가 더 가까운 B이다.

10 연주 시차는 별까지의 거리에 반비례하므로, 연주 시차가 0.01″인 A의 거리는 100 pc이다. 10 pc은 A의 거리인 100 pc보다 $\frac{1}{10}$배로 가까운 거리이다. A를 10 pc의 거리로 옮기면 거리가 $\frac{1}{10}$배로 가까워지므로 밝기는 100배 밝게 보인다. 100배의 밝기 차는 약 5등급 차이가 나며, 별의 거리가 10 pc보다 멀면 (겉보기 등급－별의 거리 변화에 따른 등급 차)가 절대 등급이다. 따라서 절대 등급≒1.4등급－5등급≒－3.6등급이다.

11 자료 분석

D는 절대 등급이 가장 크다.
→ 실제 밝기가 가장 어둡다.

별	겉보기 등급	절대 등급	(겉보기 등급－절대 등급)
A	5	5	0
B	4	2	2
C	1	1	0
D	1	6	－5

② (겉보기 등급－절대 등급) 값이 작을수록 가까운 거리에 있다. 따라서 지구로부터 가장 가까운 거리에 있는 별은 D이다.
③ 같은 거리에 두었을 때 가장 밝게 보이는 별은 절대 등급이 가장 작은 C이다.
⑤ 맨눈으로 보았을 때 가장 어둡게 보이는 별은 겉보기 등급이 가장 큰 A이고, 실제 밝기가 가장 어두운 별은 절대 등급이 가장 큰 D이다.
오답 피하기 | ① A와 C는 (겉보기 등급－절대 등급) 값이 0이므로 지구로부터 같은 거리(10 pc의 거리)에 있다.
④ D의 거리가 4배 멀어지면 $\frac{1}{16}$배로 어둡게 보이므로 겉보기 등급이 약 3등급 커진다. 따라서 겉보기 등급이 1등급＋약 3등급＝약 4등급이 되므로 절대 등급(6등급)보다 작다.

12 1등급 차이는 약 2.5배의 밝기 차이가 나므로, 2등급 차이는 약 $2.5^2=6.3$배의 밝기 차이가 난다. 따라서 B는 A보다 겉보기 등급이 2등급 작으므로 약 6.3배 밝게 보인다.

13 청색, 청백색, 백색, 황백색, 황색, 주황색, 적색으로 갈수록 표면 온도가 낮아지므로, 청백색을 띠는 A의 표면 온도가 가장 높고 적색을 띠는 C의 표면 온도가 가장 낮다.

14 우리은하는 태양계가 속한 은하로, 우리은하의 지름은 약 30 kpc(10만 광년)이다.

15 ① 우리은하를 옆에서 보면 중심부가 약간 볼록한 납작한 원반 모양이다.
② 태양계는 우리은하의 중심에서 약 8.5 kpc(3만 광년) 떨어진 나선팔(B)에 위치한다.
④ 우리나라는 여름철에 밤하늘이 은하 중심 방향(C 방향)인 궁수자리 방향을 향하므로 은하수의 폭이 두껍고 밝게 보인다.
⑤ 우리은하를 위에서 보면 막대 모양의 중심부를 나선팔이 휘감은 모양이다.
오답 피하기 | ③ 구상 성단은 주로 우리은하 중심부(C)와 은하 원반을 둘러싼 구형의 공간(D)에 분포하고, 산개 성단은 주로 우리은하의 나선팔에 분포한다.

16 (가) 성간 물질이 주변의 별빛을 흡수하여 가열되면서 스스로 빛을 내는 천체는 방출 성운이다.
(나) 수만~수십만 개의 별들이 빽빽하게 공 모양으로 모여 있는 천체는 구상 성단이다.
(다) 성간 물질이 뒤쪽에서 오는 별빛을 가로막아 어둡게 보이는 천체는 암흑 성운이다.

17 ④ 우리은하에는 약 2000억 개의 별이 포함되어 있다.
오답 피하기 | ① 태양계에는 태양 1개의 별이 있다.
② 성운은 별과 별 사이에 성간 물질이 많이 모여 있어 구름처럼 보이는 것이다.
③ 구상 성단에는 수만~수십만 개의 별이 포함되어 있다.
⑤ 산개 성단에는 수십~수만 개의 별이 포함되어 있다.

18 산개 성단의 별들은 비교적 최근에 생성되어 에너지를 많이 방출하므로 온도가 높아 주로 파란색을 띤다. 한편 구상 성단의 별들은 생성된 지 오래되어 에너지를 많이 소모하였으므로 온도가 낮아 주로 붉은색을 띤다.

19 ㄱ, ㄴ. 이 실험에서 풍선 표면은 우주에 해당하고, 스티커는 은하에 해당한다.
ㄹ. 고무풍선을 크게 불었을 때 풍선 표면이 팽창하여 스티커 사이의 거리는 모두 멀어진다.
오답 피하기 | ㄷ. 고무풍선을 크게 불었을 때 거리가 먼 스티커(B와 C)가 거리가 가까운 스티커(A와 B)보다 빠른 속도로 멀어진다.

20 ① 빅뱅 우주론은 약 138억 년 전 매우 뜨겁고 밀도가 큰 한 점에서 대폭발(빅뱅)을 일으켜 계속 팽창하여 현재와 같은 우주가

되었다고 설명하는 이론이다.
④ 대폭발로 시작된 우주는 점차 식어서 별과 은하가 만들어졌고, 현재와 같은 분포를 보이게 되었다.
오답 피하기 | ② 우주는 한 점에서 시작되었으며, 현재도 계속 팽창하고 있다.
③ 우주의 어느 지점에서 보더라도 은하들이 서로 멀어지고 있기 때문에 우주는 특별한 중심 없이 모든 방향으로 균일하게 팽창하고 있는 것을 알 수 있다.
⑤ 팽창하는 우주의 시간을 거꾸로 돌리면 우주는 점점 수축하면서 뜨거워지고, 우주의 처음 상태는 한 점에 모여 있었다고 추측할 수 있다. 따라서 과거의 우주 크기는 현재보다 훨씬 작았다.

21 **오답 피하기** | ② 우주 탐사는 우주를 이해하기 위해 우주를 탐색하고 조사하는 활동이다. 지구에서 발생하는 쓰레기를 처리하는 것은 우주 탐사의 목적에 해당하지 않는다.

22 우주 정거장은 사람들이 우주에 머무르면서 임무를 수행하도록 만든 인공 구조물로, 지상에서 하기 어려운 실험이나 우주 환경 등을 연구한다.

23 ㄴ, ㄷ. 우주 쓰레기는 로켓의 하단부, 인공위성의 발사나 폐기 과정 등에서 나온 파편 등으로, 운행 중인 인공위성이나 우주 탐사선과 충돌하여 피해를 줄 수 있다.
오답 피하기 | ㄱ. 우주 쓰레기는 매우 빠른 속도로 떠돌고 있다.

24 **모범 답안** 베텔게우스, 베텔게우스는 절대 등급이 가장 작기 때문에 같은 거리에 있을 때 가장 밝게 보인다.

채점 기준	배점
베텔게우스를 옳게 쓰고, 절대 등급을 이용하여 까닭을 옳게 서술한 경우	100 %
베텔게우스만 옳게 쓴 경우	30 %

25 **모범 답안** A와 B, A의 거리는 100 pc보다 멀고 B의 거리는 100 pc인데, 10 pc보다 거리가 먼 별은 겉보기 등급이 절대 등급보다 크기 때문이다.

채점 기준	배점
A와 B를 옳게 쓰고, 별의 거리를 이용하여 까닭을 옳게 서술한 경우	100 %
A와 B만 옳게 쓴 경우	30 %

26 **모범 답안** 반사 성운, 성간 물질이 주변의 별빛을 반사하기 때문에 밝게 보인다.

채점 기준	배점
성운의 종류를 옳게 쓰고, 성운이 밝게 보이는 까닭을 옳게 서술한 경우	100 %
성운의 종류만 옳게 쓴 경우	30 %

27 **모범 답안** 약 138억 년 전 매우 뜨겁고 밀도가 큰 한 점에서 대폭발(빅뱅)을 일으켜 계속 팽창하여 현재와 같은 우주가 되었다고 설명하는 이론이다.

채점 기준	배점
제시된 단어 2가지를 모두 포함하여 옳게 서술한 경우	100 %
제시된 단어 중 1가지만 포함하여 서술한 경우	40 %

Ⅷ 과학기술과 인류 문명

01 과학기술과 인류 문명

기초를 튼튼히! 개념 잡기 개념 학습 교재 117, 119쪽

1 (1) ○ (2) ○ (3) × **2** (1) × (2) ○ (3) × **3** 뉴턴 **4** ㉠ 금속 활자, ㉡ 활판 인쇄술 **5** (1) ㄹ (2) ㄴ (3) ㄷ (4) ㄱ **6** (1) ㄴ (2) ㄷ (3) ㄱ **7** 나노 기술 **8** (1) 사물 인터넷(IoT) (2) 빅데이터 (3) 증강 현실(AR) (4) 가상 현실(VR) (5) 인공 지능 **9** 공학적 설계

1 **오답 피하기** | (3) 인류가 불을 이용하면서 점점 다양한 용도로 불을 이용하게 되었고, 이를 통해 인류 문명이 발달했다.

2 **오답 피하기** | (1) 훅은 현미경을 통해 세포를 발견하여 생물체와 인간을 보는 관점을 변화시켰다.
(3) 코페르니쿠스가 지구와 다른 행성이 태양 주위를 돌고 있다는 태양 중심설을 주장하면서 우주의 중심이 지구라는 우주관이 바뀌기 시작했다.

4 독일의 구텐베르크는 금속 활자를 이용한 활판 인쇄술을 개발하였다. 이는 금속 활자로 단어를 조합하고 잉크를 발라 종이를 덮어 찍는 인쇄 방법으로 책의 대량 생산을 가능하게 하였다.

6 (1) 지능형 농장에서는 농작물이 성장하기 좋은 환경을 자동으로 유지하여 농작물의 생산량을 늘리고 품질도 높이고 있다.
(2) 원격 의료 기술의 발달로 시간과 장소에 관계없이 의료 지원을 받을 수 있다.
(3) 전자 출판으로 만들어진 전자책의 보급으로 많은 양의 책을 저장하고 검색하기 쉬워졌을 뿐만 아니라 보관과 휴대도 편리해졌다.

8 정보 통신 기술은 정보 기기의 하드웨어와 소프트웨어 기술 및 이 기술을 이용한 정보 수집, 생산, 가공, 보존, 전달, 활용하는 모든 방법이다. 정보 통신 기술에는 인공 지능, 사물 인터넷, 빅데이터, 가상 현실, 증강 현실 외에도 전자 결제, 언어 번역, 생체 인식, 웨어러블 기기 등이 있다.

9 공학적 설계 과정: 문제점 인식 및 목표 설정하기 → 정보 수집하기 → 다양한 해결책 탐색하기 → 해결책 분석 및 결정하기 → 설계도 작성하기 → 제품 제작하기 → 평가 및 개선하기

실력을 키워! 내신 잡기 개념 학습 교재 120~121쪽

01 ③ **02** ④ **03** ㉠ 암모니아, ㉡ 질소 비료 **04** ⑤ **05** ④ **06** ⑤ **07** ⑤ **08** ① **09** 유전자 재조합 기술 **10** ④ **11** ③ **12** ①, ②

01 ㄱ, ㄴ. 불을 피울 수 있게 되면서 음식의 조리나 난방에 불을 직접 이용하게 되었다. 즉, 음식을 익혀 먹게 되었고, 추위도 피할 수 있게 되었다.
오답 피하기 | ㄷ. 백신의 접종이나 항생제의 사용으로 질병을 예방하고 치료하게 되었다.

02 **오답 피하기** | ㄹ. 훅은 자신이 직접 설계하고 제작한 현미경으로 생물의 세포를 발견한 것이다. 망원경의 발명과 발달이 영향을 미친 것은 천체의 관측이며, 이 관측 결과 태양 중심설이 옳다는 것이 증명되었다.

03 하버는 암모니아 합성법을 개발하였고, 암모니아의 대량 생산에도 성공하였다. 이 암모니아를 이용하여 질소 비료를 대량으로 생산함으로써 식량 생산을 획기적으로 늘릴 수 있었고, 인류는 식량 부족으로부터 벗어날 수 있었다.

04 **오답 피하기** | ㄱ. 금속 활자가 발명되어 활판 인쇄술이 발달하면서 책의 대량 인쇄가 가능해졌고, 이로 인해 사람들이 책을 쉽게 접하게 되면서 새로운 사상이나 지식이 널리 퍼져 나갔다.

05 증기 기관차가 발명되면서 교통 수단이 매우 발달하게 되었으며, 증기 기관을 이용한 기계의 사용으로 제품의 대량 생산이 가능해졌다. 이후 공업과 제조업이 발달하면서 도시가 발달하는 등 사회의 모습이 크게 바뀌었다.

06 종두법의 발견 이후 여러 가지 백신이 개발되어 소아마비와 같은 질병을 예방할 수 있게 되었고, 페니실린의 발견으로 시작된 항생제의 개발은 결핵과 같은 질병을 치료할 수 있게 되었다. 즉, 여러 종류의 백신과 항생제는 인류의 평균 수명을 늘리는 데 큰 역할을 하였다.

07 ㄱ, ㄴ, ㄷ, ㄹ. 과학기술의 발달은 인류의 사고 방식을 바꿨을 뿐만 아니라 인류의 생활을 편리하고 물질적으로 풍요롭게 만들었다. 또, 인류가 건강한 삶을 살면서 다양한 정보를 공유하고 문화생활을 누릴 수 있게 해 주었다.

08 **오답 피하기** | ① 나노란 단위 앞에 붙여 10억분의 1을 나타내는 말이다. 따라서 1 nm는 10억분의 1 m의 길이로, 사람 머리카락 굵기의 10억분의 1 정도이므로 초미세 크기의 물질이나 구조를 다룬다.

09 특정 생물의 유용한 유전자를 다른 생물의 DNA에 끼워 넣어 재조합 DNA를 만드는 기술을 유전자 재조합 기술이라고 한다.

10 빅데이터 기술은 방대한 정보를 분석하여 활용하는 기술이다.

11 **오답 피하기** | ㄱ, ㄹ. 공학적 설계는 일상생활에서 불편한 점을 인식하는 것으로 시작하며, 제품을 만들 때 경제성, 안정성, 편리성, 환경적 요인, 외형적 요인 등을 고려해야 한다.

12 **오답 피하기** | ①, ② 사용의 편리를 고려하는 것은 편리성을 고려하는 것이고, 안전에 대비하는 것은 안전성을 고려하는 것이다.

실력의 완성! **서술형 문제** 개념 학습 교재 122쪽

1 **모범 답안** 청동이나 철과 같은 금속을 얻고 가공하게 되었다. 또는 청동이나 철과 같은 금속을 제련하였다.

채점 기준	배점
과정 (라)를 제시한 단어를 모두 포함하여 옳게 서술한 경우	100 %
그 외의 경우	0 %

2 **모범 답안** (가) 자연 현상을 이해하고 그 변화를 예측할 수 있게 하였다.
(나) 전기를 생산하고 활용할 수 있게 하였다.

채점 기준	배점
(가), (나)의 발견이 인류 문명에 미친 영향을 모두 옳게 서술한 경우	100 %
(가), (나)의 발견이 인류 문명에 미친 영향 중 1가지만 옳게 서술한 경우	50 %

3 **모범 답안** 증기 기관차나 증기선은 많은 사람들이 먼 거리를 쉽고 빠르게 이동할 수 있게 하였고, 많은 물건을 빠르게 먼 곳까지 운반할 수 있게 하였다.

채점 기준	배점
증기 기관차나 증기선이 미친 영향을 사람의 이동과 물건의 운반과 관련지어 옳게 서술한 경우	100 %
교통을 발전시켰다고만 서술한 경우	40 %

3-1 **모범 답안** 산업 혁명

4 **모범 답안** (1) 서로 다른 특징을 가진 두 종류의 세포를 융합하여 하나의 세포를 만드는 세포 융합 기술이다.
(2) 포마토와 같은 작물을 통해 식량 자원을 늘릴 수 있다. 세포 융합 기술을 통해 더 많은 식량 자원을 얻을 수 있다. 등

	채점 기준	배점
(1)	세포 융합 기술을 구체적으로 옳게 서술한 경우	50 %
(2)	세포 융합 기술이 인류에게 주는 이로운 점을 옳게 서술한 경우	50 %

실전에 도전! **단원 평가하기** 개념 학습 교재 123~124쪽

01 ㉠ 토기, ㉡ 철 **02** ② **03** ④ **04** ② **05** ② **06** 생명 공학 기술 **07** ③ **08** ② **09** ③ **10** 해설 참조 **11** 해설 참조

01 인류가 불을 사용하면서 흙을 구워 토기를 만드는 기술이 발달하였으며, 금속을 얻는 기술이 발달하면서 청동이나 철을 이용하여 무기나 농기구를 만들 수 있게 되었다.

02 백신을 개발한 파스퇴르는 백신 접종을 통해 질병을 예방할 수 있다는 것을 입증하였고, 이후 여러 가지 백신이 개발되어 인류의 평균 수명이 증가하였다.

03 ㄱ, ㄷ. 증기 기관의 발명으로 바람에 의존하지 않고 더 빠르게 움직일 수 있는 증기선을 만들게 되었으며, 현재는 고속 열차나 비행기를 이용하여 이전보다 더 빠르게 원하는 곳으로 이동하거나 물건을 운반하고 있다.
오답 피하기 | ㄴ. 수공업 중심의 사회에서 기계가 물건을 생산하는 산업 사회로 변화를 가져온 것은 증기 기관이다. 증기 기관으로부터 시작된 산업의 변화는 사회 전반에 영향을 주었으며, 이를 산업 혁명이라고 한다.

04 전자기 유도 법칙이라는 과학적 원리와 소리를 전기 신호로 바꾸는 기술의 발달로 전화기가 발명되었으며, 멀리 떨어져 있는 사람과 음성으로 소식을 주고받는 데 이용되었다.

05 (가)는 나노 기술, (나)는 정보 통신 기술에 대한 설명이다.

06 생명 공학 기술의 하나인 세포 융합 기술을 통해 오렌지와 귤의 세포를 융합하여 당도가 높은 작물을 만들고, 유전자 재조합 기술을 통해 제초제에 내성을 가진 콩이나 무르지 않는 토마토 등을 생산한다.

07 **오답 피하기** | ㄴ. 나노 기술을 이용하여 휘어지는 디스플레이를 만들 수 있다.

08 **오답 피하기** | ② 지능형 농장은 농업 분야의 발달을 가져온 것이다.

09 **오답 피하기** | ③ 공학적 설계 과정은 과학 원리나 기술을 적용하여 새로운 제품이나 시스템을 개발하거나 기존 제품을 개선하는 창의적인 설계 과정이다. 즉, 기존 제품을 개선할 때에도 공학적 설계 과정을 거친다.

10 **모범 답안** (1) ㉠ 백신, ㉡ 항생제
(2) 여러 종류의 백신과 항생제는 인류의 평균 수명을 늘리는 데 큰 역할을 하였다.

	채점 기준	배점
(1)	㉠, ㉡에 알맞은 말을 옳게 쓴 경우	50 %
(2)	㉠, ㉡이 인류 문명에 미친 영향을 옳게 서술한 경우	50 %

11 **모범 답안** (1) 유전자 재조합 기술
(2) 생산성이 높아 식량 문제를 해결할 수 있다.
(3) 생태계에 영향을 줄 수 있다. 장기간 섭취했을 때 건강에 영향을 줄 수 있다. 등

	채점 기준	배점
(1)	유전자 재조합 기술이라고 쓴 경우	20 %
(2)	(1)과 같은 기술로 생물을 생산할 때의 긍정적인 측면을 옳게 서술한 경우	40 %
(3)	(1)과 같은 기술로 생물을 생산하고 섭취할 때의 부정적인 측면을 옳게 서술한 경우	40 %

V 생식과 유전

01 세포 분열

중단원 핵심 정리

시험 대비 교재 2쪽

❶ 물질 교환 ❷ 작아진다 ❸ DNA ❹ 유전자 ❺ 염색 분체 ❻ 상동 염색체 ❼ 성염색체 ❽ XY ❾ 염색체 ❿ 염색 분체 ⓫ 세포판 ⓬ 2가 염색체 ⓭ 상동 염색체 ⓮ 염색 분체 ⓯ 4 ⓰ 염색체 수 ⓱ 절반 ⓲ 생식세포 ⓳ 체세포 ⓴ 감수

중단원 퀴즈

시험 대비 교재 3쪽

1 커 **2** ㉠ DNA, ㉡ 유전자 **3** ㉠ 염색 분체, ㉡ 상동 염색체 **4** ㉠ 23, ㉡ 22, ㉢ 상, ㉣ 1(한), ㉤ 성 **5** ㉠ 핵분열, ㉡ 세포질 분열 **6** ㉠ 전기, ㉡ 중기, ㉢ 후기, ㉣ 말기 **7** ㉠ 전기, ㉡ 염색체 **8** 2가 염색체 **9** ㉠ 상동 염색체, ㉡ 염색 분체 **10** ㉠ 1, ㉡ 2, ㉢ 2, ㉣ 4 **11** ㉠ 와 같고, ㉡ 의 절반이다

암기 문제 공략

시험 대비 교재 4쪽

1 감수 분열 **2** 체세포 분열 **3** 감수 2분열 **4** 감수 1분열 **5** 감수 2분열 **6** 체세포 분열 **7** 6개 **8** 3개

중단원 기출 문제

시험 대비 교재 5~9쪽

01 A: 6, B: 3, C: 2 **02** ⑤ **03** ① **04** ㄱ, ㄷ **05** ③, ④ **06** ⑤ **07** ③ **08** ④, ⑤ **09** ② **10** ⑤ **11** (가) 압착, (나) 분리, (다) 고정, (라) 해리, (마) 염색 **12** ② **13** A **14** ② **15** ④ **16** ②, ⑤ **17** 2가 염색체 **18** ④ **19** A: 4개, B: 2개, C: 2개 **20** ③ **21** ② **22** ②, ⑤ **23** ⑤ **24** ① **25** ③ **26** ① **27** 해설 참조 **28** 해설 참조 **29** 해설 참조 **30** 해설 참조

01 부피에 대한 표면적의 비는 A$=\frac{6}{1}=6$, B$=\frac{24}{8}=3$, C$=\frac{54}{27}=2$이다.

02 ⑤ 이 실험을 통해 세포의 크기가 커지면 세포의 부피에 대한 표면적의 비가 작아져 생명 활동에 필요한 물질 교환이 어려워지므로 세포가 일정 크기 이상 커지면 2개로 나뉘는 세포 분열이 일어남을 알 수 있다.

오답 피하기 | ① 세포가 커질수록 부피가 커진다.
② 세포가 커질수록 표면적이 커진다.
③ 세포가 커질수록 물질 교환이 어려워진다.
④ 세포가 커질수록 부피에 대한 표면적의 비가 작아진다.

03 ① 유전자는 DNA의 특정 부위에 존재하며, 하나의 DNA에는 수많은 유전자가 존재한다.

오답 피하기 | ② 염색체는 세포가 분열할 때 굵게 뭉쳐져 막대 모양으로 나타나는 구조물이다. DNA가 이중 나선 구조이다.
③ DNA는 유전 정보를 저장하고 있는 유전 물질이며, 단백질과 함께 염색체를 구성한다.
④ 생물의 특징을 결정하는 여러 유전 정보는 유전자에 들어 있다.
⑤ 부모로부터 각각 물려받으며, 모양과 크기가 같은 염색체 쌍은 상동 염색체이다.

04 ㄱ. ㉠과 ㉡은 염색 분체로, 분열하기 전에 유전 물질이 복제되어 형성된다.
ㄷ. B는 DNA로, 유전 정보를 저장하고 있는 유전 물질이다.

오답 피하기 | ㄴ. A는 단백질과 DNA로 구성된 것으로, 세포 분열과 관계없이 항상 존재한다.

05 ③ 감자와 초파리는 염색체 수가 48개로 같지만 다른 종이다.
④ 체세포에 들어 있는 염색체 수와 모양은 생물의 종에 따라 다르다. 따라서 염색체 수와 모양은 생물의 종을 판단할 수 있는 고유한 특징이다.

오답 피하기 | ⑤ 같은 종의 생물에서는 체세포에 들어 있는 염색체 수가 같다.

06 ㄱ. (가)는 하나의 염색체를 이루는 염색 분체이다.
ㄷ. 세포 분열 시 염색 분체(가)를 관찰할 수 있다.
ㄹ. 상동 염색체(나)는 부모에게서 각각 하나씩 물려받은 것이다.

오답 피하기 | ㄴ. (나)는 상동 염색체로, 유전 정보가 서로 다르다.

07 ①, ②, ④ 사람의 체세포에는 46개(23쌍)의 염색체가 들어 있는데, 상염색체 44개(22쌍)와 성염색체 2개(1쌍)로 구성되어 있다.
⑤ 남자의 성염색체 구성은 XY이므로 X 염색체는 어머니로부터, Y 염색체는 아버지로부터 물려받았다.

오답 피하기 | ③ 1번부터 22번까지의 염색체가 상염색체이다.

08 ④ 체세포 분열은 체세포 수를 늘려 생장을 하게 하거나 몸에서 손상된 부위의 조직을 재생하기 위한 분열이다.
⑤ 핵분열은 염색체의 모양과 행동에 따라 전기, 중기, 후기, 말기의 4단계로 구분된다.

오답 피하기 | ① 감수 분열의 경우 세포 분열이 연속해서 2회 일어난다.
② 핵분열이 일어난 후 세포질 분열이 일어난다.
③ 1개의 모세포로부터 2개의 딸세포가 생성된다.

09 ① 간기(가)는 시간이 가장 길며, 유전 물질이 복제된다.
③ 중기(다)에는 염색체의 수와 모양을 가장 잘 관찰할 수 있다.
④ 후기(라)에는 염색 분체가 분리된다.

⑤ 말기(마)에는 세포막이 바깥쪽에서 안쪽으로 잘록하게 들어가면서 세포질이 나누어진다.

오답 피하기 | ② 전기(나)에는 핵막이 사라지고, 막대 모양의 염색체가 나타나며, 방추사가 관찰된다.

10 ㄴ. ㉠은 새로운 2개의 핵 사이에 형성된 세포판이다.
ㄷ. 세포질 분열은 핵분열 말기에 일어난다.

오답 피하기 | ㄱ. 세포판(㉠)이 만들어지면서 세포질이 나누어지므로 이 세포는 식물 세포이다.

11 (가)는 압착, (나)는 분리, (다)는 고정, (라)는 해리, (마)는 염색 과정이다.

12 ① 분리(나)는 세포들이 겹치지 않게 분리하는 과정이다.
③ 해리(라)는 세포 간의 결합력을 약화시켜 조직을 연하게 하는 과정이다.
④ 염색(마)은 아세트올세인 용액에 의해 핵이나 염색체를 붉게 염색하는 과정이다.
⑤ 실험 과정은 고정(다) → 해리(라) → 염색(마) → 분리(나) → 압착(가) 순으로 진행된다.

오답 피하기 | ② 고정(다)은 세포의 생명 활동이 멈추고 살아 있을 때의 모습을 유지하도록 하는 과정이다.

13 A는 간기, B는 전기, C는 후기, D는 중기, E는 말기이다. 세포 분열 중 간기는 세포 주기의 대부분을 차지하기 때문에 간기(A)의 세포가 가장 많이 관찰된다.

14 ㄱ. ㉠은 염색체에 부착된 것으로, 방추사이다.
ㄹ. 2개의 염색 분체로 이루어진 염색체가 세포 중앙에 배열되어 있다.

오답 피하기 | ㄴ. 2개의 염색 분체로 이루어진 염색체가 4개이므로 체세포의 염색체 수는 4개이다.
ㄷ. 체세포 분열이므로 분열 결과 2개의 딸세포가 만들어진다.

15 체세포 분열 결과 1개의 모세포로부터 2개의 딸세포가 생성되며, 체세포 분열 후 염색체 수에는 변화 없다. 따라서 4개의 체세포가 2번 체세포 분열하여 생성되는 딸세포 수는 16개이며, 딸세포 각각의 염색체 수는 10개이다.

16 ②, ⑤ 감수 분열은 생물의 생식 기관에서 생식세포가 만들어지는 과정으로, 감수 1분열과 감수 2분열 사이에 간기 없이 연속해서 2회 분열이 일어난다.

오답 피하기 | ① 감수 분열은 생식 기관에서 일어나는 세포 분열이다. 생장점에서는 체세포 분열이 일어난다.
③ 감수 1분열 전기에 상동 염색체가 결합한 2가 염색체가 나타난다.
④ 감수 2분열에서는 염색체 수가 변하지 않는다.

17 ㉠은 상동 염색체가 결합한 2가 염색체이다.

18 ㄱ. 감수 1분열(과정 A)에서 상동 염색체가 분리되어 염색체 수가 절반으로 줄어든다.
ㄷ. 감수 분열은 생식 기관인 정소에서 관찰할 수 있다.

오답 피하기 | ㄴ. 감수 2분열(과정 B)에서는 염색 분체가 분리된다.

19 A는 감수 1분열 중기이므로 염색체 수가 4개, B는 감수 2분열 전기이므로 염색체 수가 2개, C는 감수 2분열이 완료된 딸세포로 염색체 수가 2개이다.

20 ㄷ. 감수 2분열(나)에서는 염색 분체가 분리된다.

오답 피하기 | ㄱ. (가)는 상동 염색체가 분리되므로 감수 1분열, (나)는 상동 염색체 중 하나만 있으며, 염색 분체가 분리되므로 감수 2분열이다.
ㄴ. 감수 1분열(가)에서 염색체 수는 절반으로 줄어든다.

21 그림은 상동 염색체 중 하나만 있으며, 염색체가 세포 중앙에 배열되어 있으므로 감수 2분열 중기이다. 감수 2분열 중기의 염색체 수가 4개이므로 염색 분체가 분리되어 형성된 생식세포의 염색체 수는 4개이며, 체세포의 염색체 수는 생식세포의 염색체 수의 2배이므로 8개이다.

22 감수 1분열에서는 2가 염색체와 상동 염색체의 분리를 관찰할 수 있으며, 체세포 분열과 감수 2분열에서는 염색 분체와 염색 분체의 분리를 관찰할 수 있다.

23 표는 체세포 분열과 감수 분열을 비교한 것이다.

구분	체세포 분열	감수 분열
분열 횟수	1회	2회
2가 염색체	형성 안 됨	형성됨
딸세포 수	2개	4개
염색체 수 변화	변화 없음	절반으로 줄어듦
분열 결과	생장, 재생	생식세포 형성

24 ㄱ. (가)는 2가 염색체가 세포 중앙에 배열되어 있으므로 감수 1분열 중기, (나)는 상동 염색체가 쌍으로 있고, 염색체가 세포 중앙에 배열되어 있으므로 체세포 분열 중기이다.

오답 피하기 | ㄴ. 감수 1분열 중기(가)와 체세포 분열 중기(나)의 염색체 수는 4개로 같다.
ㄷ. 감수 1분열 중기(가) 다음 단계에서는 상동 염색체가 분리되고, 체세포 분열 중기(나) 다음 단계에서는 염색 분체가 분리된다.

25 자료 분석

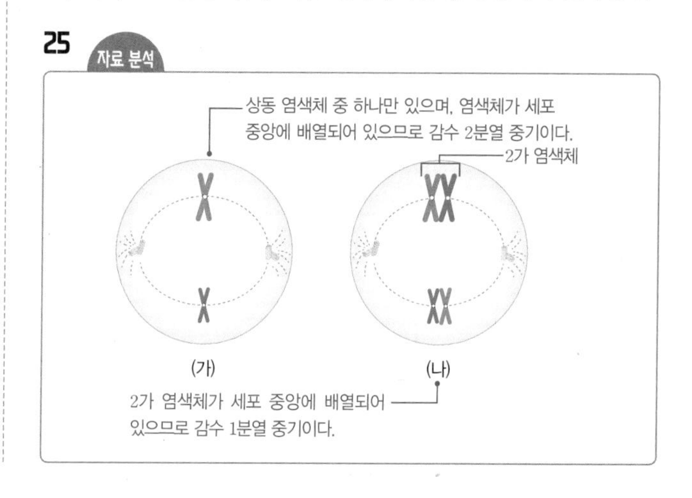

ㄴ. 감수 1분열 중기(나) 세포의 염색체 수는 4개이며, 이 생물의 체세포 염색체 수는 감수 1분열 중기 세포와 같은 4개이다.
ㄹ. 감수 1분열 중기(나) 다음 단계인 후기에서 상동 염색체가 분리된다.
오답 피하기 | ㄱ. 분열 과정에서 감수 1분열 중기(나)가 감수 2분열 중기(가)보다 먼저 나타난다.
ㄷ. 감수 1분열에서 상동 염색체가 분리된 후 감수 2분열이 일어난다.

26 자료 분석

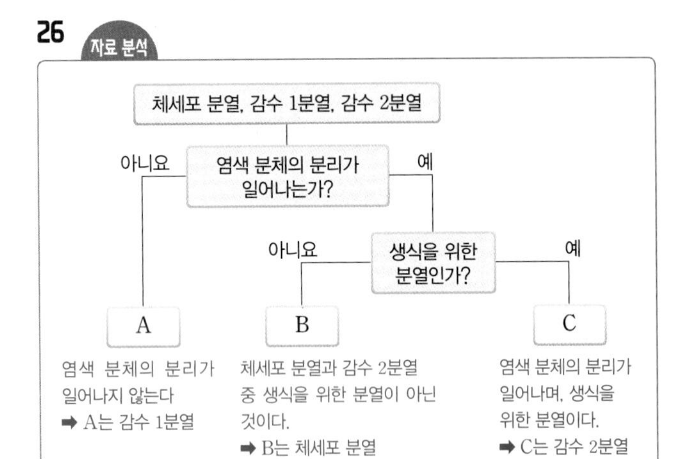

ㄱ. 감수 1분열(A) 결과 상동 염색체의 분리가 일어나므로 염색체 수가 절반으로 줄어든다.
ㄴ. 상처를 아물게 할 때 재생이 일어나므로 체세포 분열(B)이 일어난다.
오답 피하기 | ㄷ. C는 감수 2분열이며, A는 감수 1분열이다.
ㄹ. 상동 염색체가 쌍으로 있으며, 염색체가 세포 중앙에 배열되어 있는 상태를 볼 수 있는 것은 체세포 분열(B)이다.

27 **모범 답안** 여자의 체세포를 구성하는 총 염색체 수는 46개이며, 이 중 상염색체 수는 44개, 성염색체는 X 염색체를 2개 가지므로 성염색체 구성은 XX이다.

채점 기준	배점
총 염색체 수, 상염색체 수, 성염색체 수, 성염색체 구성을 모두 포함하여 옳게 서술한 경우	100 %
총 염색체 수, 상염색체 수, 성염색체 수, 성염색체 구성 중 2가지만 포함하여 옳게 서술한 경우	50 %

28 **모범 답안** 전기, 중기, 후기, 말기, 염색체의 모양과 행동에 따라 구분한다.

채점 기준	배점
4단계를 쓰고, 단계를 구분하는 기준을 옳게 서술한 경우	100 %
4단계만 쓴 경우	30 %

29 **모범 답안** 감수 분열로 만들어진 생식세포의 염색체 수가 체세포의 절반이기 때문에 생식세포가 1개씩 결합하여 생긴 자손의 염색체 수는 부모와 같다.

채점 기준	배점
까닭을 옳게 서술한 경우	100 %
그 외의 경우	0 %

30 **모범 답안** (1) (가) 체세포 분열, (나) 감수 분열
(2) (가)는 1회, (나)는 2회 분열한다. (가)는 2가 염색체가 형성되지 않고, (나)는 2가 염색체가 형성된다. (가)는 염색체 수에 변화 없고, (나)는 염색체 수가 절반으로 줄어든다.

	채점 기준	배점
(1)	(가)와 (나) 모두 옳게 쓴 경우	30 %
(2)	분열 횟수, 2가 염색체의 형성 여부, 염색체 수 변화를 모두 포함하여 옳게 서술한 경우	70 %
	분열 횟수, 2가 염색체의 형성 여부, 염색체 수 변화 중 2가지만 포함하여 옳게 서술한 경우	40 %

02 사람의 발생

중단원 핵심 정리 시험 대비 교재 10쪽

❶ 감수 ❷ 23 ❸ 양분 ❹ 있다 ❺ 없다 ❻ 체세포 ❼ 난할 ❽ 작아진다 ❾ 변화 없다(46개) ❿ 포배 ⓫ 물질 교환 ⓬ 배아 ⓭ 태아 ⓮ 266 ⓯ 수란관 ⓰ 자궁 ⓱ 8 ⓲ 출산 ⓳ 수정 ⓴ 난할

중단원 퀴즈 시험 대비 교재 11쪽

1 ㉠ 정소, ㉡ 난소 2 ㉠ 작으며, ㉡ 크며 3 ㉠ 23, ㉡ 23, ㉢ 46 4 체세포 5 배란 6 난할 7 ㉠ 늘어나지만, ㉡ 작아지며, ㉢ 수정란과 비슷하다 8 ㉠ 포배, ㉡ 자궁 9 ㉠ 영양소, ㉡ 산소, ㉢ 노폐물, ㉣ 이산화 탄소 10 ㉠ 배아, ㉡ 8, ㉢ 태아 11 ㉠ 수정, ㉡ 착상

중단원 기출 문제 시험 대비 교재 12~15쪽

01 ⑤ **02** ㉠ 23, ㉡ 23, ㉢ 46 **03** ① **04** ② **05** ② **06** ⑤ **07** ③ **08** B **09** ② **10** ③ **11** (가) → (다) → (마) → (나) → (라) **12** ④ **13** ④ **14** ⑤ **15** ③, ⑤ **16** ㉤, 착상 → 수정 **17** ① **18** ⑤ **19** ⑤ **20** ④ **21** 해설 참조 **22** 해설 참조 **23** 해설 참조

01 표는 정자와 난자를 비교한 것이다.

구분	정자	난자
생성 장소	정소	난소
크기	작다.	크다.
운동성	있다.	없다.
염색체 수	23개	23개
핵의 유무	있다.	있다.

02 정자의 염색체 수는 23개, 난자의 염색체 수는 23개이며, 정자와 난자의 수정으로 형성된 수정란의 염색체 수는 46개이다.

03 ㄴ. 수정(나) 과정에서 정자의 핵과 난자의 핵이 결합된다.
오답 피하기 | ㄱ. (가)는 생식세포를 만드는 과정으로, 감수 분열이다.
ㄷ. 수정란에서는 이후에 초기 세포 분열인 난할이 일어난다. 난할은 체세포 분열이다.

04 ㄴ. 정자와 난자는 모두 감수 분열을 통해 만들어진다.
ㄷ. 정자와 난자의 핵 속에 들어 있는 염색체 수는 체세포의 절반이다.
오답 피하기 | ㄱ. 머리에 핵이 들어 있는 것은 정자에만 해당하는 특징이다.
ㄹ. 발생에 필요한 양분을 많이 저장하고 있는 것은 난자에만 해당하는 특징이다.

05 ㄴ. 난소(B)에서 감수 분열이 일어나 난자가 만들어진다.
ㄹ. 질(D)을 통해 태아가 모체 밖으로 나오는 출산이 일어난다.
오답 피하기 | ㄱ. 난소(B)에서 감수 분열이 일어난다.
ㄷ. 수란관(A)에서 수정란이 형성되며, 자궁(C)에서 태아가 자란다.

06 ⑤ 난할은 수정란의 초기 세포 분열로, 딸세포의 생장이 거의 없어 세포 분열이 빠르게 일어난다.
오답 피하기 | ① 딸세포의 염색체 수는 변화 없다.
② 분열이 일어날수록 세포 수가 증가하는 것은 체세포 분열과 같은 특징이다.
③ 체세포 분열에 비해 분열 속도가 빠르다.
④ 분열이 일어날수록 세포 1개의 크기는 작아진다.

07 난할이 진행될 때 세포 1개의 크기는 작아지며, 배아 전체의 크기와 세포 1개당 염색체 수는 변화 없다.

08 A는 난자가 난소에서 배출되어 수란관으로 나오는 배란이고, B는 수란관 상단부에서 정자와 난자가 만나는 수정이며, C는 수정란이 포배 상태가 되어 자궁 내막에 파고들어 가는 착상이다.

09 ㄷ. 수정 후 약 일주일이 지나면 수정란이 포배 상태가 되어 자궁 내막에 파고들어 가는 착상(C)이 일어난다.
오답 피하기 | ㄱ. 배란(A)은 약 28일을 주기로 일어난다.
ㄴ. 착상(C)이 일어나면 이때부터 임신되었다고 한다.

10 ㄱ. 초기 발생 과정인 난할은 체세포 분열이다.
ㄴ. 난할이 일어나도 세포의 생장이 일어나지 않으므로 8세포배의 크기는 수정란의 크기와 비슷하다.
오답 피하기 | ㄷ. 2세포배에서 하나의 세포가 가지는 염색체 수는 수정란의 염색체 수와 같다.

11 사람의 수정과 발생 과정은 배란(가) → 수정(다) → 난할(마) → 착상(나) → 기관 형성(라) 순으로 진행된다.

12 ①, ② ㉠은 수란관, ㉡은 난할이다.
③ 착상(나)이 일어나면 이때부터 임신되었다고 한다.
⑤ (라)에서 수정 8주 후 사람의 모습을 갖추기 시작한 상태를 태아라고 한다.
오답 피하기 | ④ 수정(다)은 수란관에서 일어난다.

13 ④ 수정란이 난할을 거쳐 자궁으로 이동하여 포배 상태로 자궁 내막을 파고들어 가면, 이때부터 임신이 되었다고 한다.

14 ㄴ. 난할이 진행되는 동안 딸세포의 생장이 없으므로 배아의 전체 크기는 수정란과 비슷하다.
ㄷ. 수정은 정자와 난자가 수란관에서 만나 정자의 핵과 난자의 핵이 결합하는 과정이다.
오답 피하기 | ㄱ. 정자와 난자의 염색체 수는 23개이고, 수정란의 염색체 수는 46개이다.

15 ③ 태반을 통해 태아와 모체 사이에서 물질 교환이 일어난다.
⑤ 태반에서 모체와 태아의 혈관은 직접 연결되어 있지 않아 태아

와 모체의 혈액은 섞이지 않는다.

오답 피하기 | ① 태아가 모체로부터 영양소를 받아들인다.

② 태아는 모체로부터 산소를 공급받는다.

④ 모체가 섭취한 약물은 태반을 통해 태아로 전달될 수 있다.

16 태아는 수정 후 약 266일이 지나면 출산 과정을 통해 모체 밖으로 나온다.

17 ㄴ. 착상은 수정 후 일주일이 지나면 일어나므로 A 시기에 일어난다.

오답 피하기 | ㄱ. 수정 후 8주가 지나면 대부분의 기관이 형성되며, 완성되는 시기는 기관마다 다르다.

ㄷ. 수정 후 8주가 지나면 대부분의 기관이 형성되므로 이때 약물 복용이 태아에게 나쁜 영향을 미칠 수 있다. 따라서 약물 복용이 태아에게 가장 나쁜 영향을 미치는 시기는 B이다.

18 ㄴ. 수정 후 8주가 지난 후부터 사람의 모습을 갖추기 시작한 상태를 태아라고 한다.

ㄷ. 발생 과정 시 체세포 분열이 일어나므로 세포 1개당 염색체 수는 변하지 않는다.

오답 피하기 | ㄱ. 착상이 일어난 후 태반이 만들어진다.

19 자료 분석

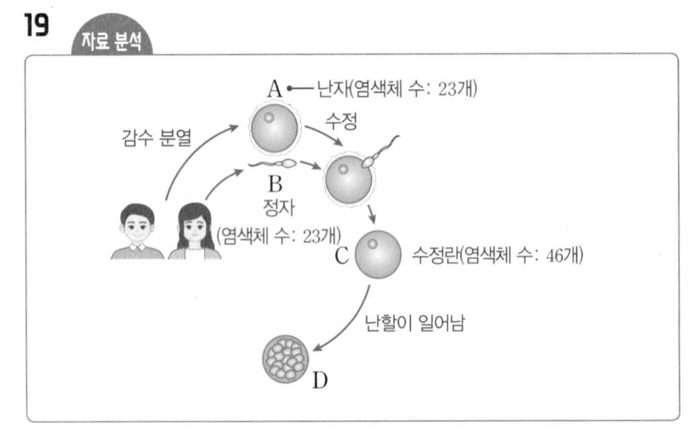

ㄱ. 난자(A)와 정자(B)는 감수 분열에 의해 만들어진다.

ㄴ. 난자(A)와 정자(B)의 염색체 수의 합은 46개로, 수정란(C)의 염색체 수와 같다.

ㄷ. C가 D로 되는 과정은 수정란의 초기 세포 분열인 난할로, 체세포 분열이 일어난다.

20 자료 분석

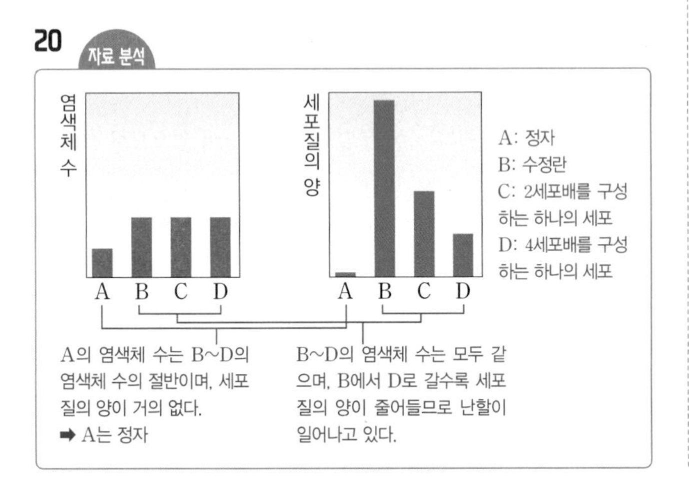

ㄱ. 정자(A)와 난자의 염색체 수는 23개로 같다.

ㄴ. 정자의 세포질은 거의 없으므로 수정란(B)의 세포질은 대부분 난자의 것이다.

ㄹ. A는 정자, B는 수정란, C는 2세포배를 구성하는 하나의 세포, D는 4세포배를 구성하는 하나의 세포이다.

오답 피하기 | ㄷ. 2세포배를 구성하는 하나의 세포(C)의 염색체 수는 46개로 체세포의 염색체 수와 같다.

21 (가)는 감수 1분열 중기 세포이며, A는 수란관, B는 난소, C는 자궁, D는 질이다.

모범 답안 B, (가)는 감수 1분열 중기 세포이며, 난소에서 감수 분열을 통해 난자가 만들어지기 때문이다.

채점 기준	배점
B를 쓰고, 까닭을 옳게 서술한 경우	100 %
B만 쓴 경우	30 %

22 ㉠은 생장이 일어나는 체세포 분열이고, ㉡은 수정란의 초기 세포 분열인 난할이다.

모범 답안 공통점은 ㉠과 ㉡ 모두 분열 후 염색체 수가 변하지 않는 것이다. 차이점은 ㉠은 분열 후 세포의 생장이 일어나지만 ㉡은 분열 후 세포의 생장이 일어나지 않는 것이다.

채점 기준	배점
공통점과 차이점을 모두 옳게 서술한 경우	100 %
공통점과 차이점 중 1가지만 옳게 서술한 경우	50 %

23 **모범 답안** 배아는 사람의 모습을 갖추기 전까지의 세포 덩어리 상태이고, 태아는 수정 8주 후 사람의 모습을 갖추기 시작한 상태이다.

채점 기준	배점
제시된 단어를 모두 포함하여 옳게 서술한 경우	100 %
제시된 단어를 일부 사용하였지만 설명이 미흡한 경우	40 %

03 멘델의 유전 원리

중단원 핵심 정리 시험 대비 교재 16쪽

❶ 대립 형질 ❷ 표현형 ❸ 순종 ❹ 잡종 ❺ 짧으며 ❻ 자가 수분 ❼ 우성 ❽ 열성 ❾ 분리 ❿ 3 : 1 ⓫ 분홍색 ⓬ 1 : 2 : 1 ⓭ 분리 ⓮ 9 : 3 : 3 : 1 ⓯ 독립 ⓰ 3 : 1 ⓱ 3 : 1

중단원 퀴즈 시험 대비 교재 17쪽

1 ㉠ 유전, ㉡ 형질 2 대립 형질 3 ㉠ 표현형, ㉡ 유전자형 4 ㉠ 2, ㉡ R 5 분리 6 ㉠ 둥근, ㉡ 주름진 7 ㉠ 노란색, ㉡ Yy 8 4 9 독립 10 ㉠ 둥글고 노란색, ㉡ RrYy

계산 문제 공략 시험 대비 교재 18쪽

1 75 % **2** 50 % **3** 100개 **4** $\frac{3}{16}$ **5** 25 % **6** 50개

1 잡종 1대(Yy)를 자가 수분하면 Yy × Yy → YY, Yy, yy가 1 : 2 : 1의 비로 나오므로 잡종 2대에서 노란색 완두가 나올 확률은 $\frac{3}{4} \times 100 = 75\ \%$이다.

2 잡종 2대에서 유전자형이 Yy인 완두가 나올 확률은 $\frac{2}{4} \times 100 = 50\ \%$이다.

3 잡종 2대에서 유전자형이 잡종 1대(Yy)와 같은 것이 나올 확률은 50 %$\left(=\frac{2}{4}\right)$이다. 그러므로 잡종 2대에서 총 200개의 완두를 얻었을 때, 유전자형이 잡종 1대와 같은 것은 이론상 200개 × $\frac{2}{4}$ = 100개이다.

4 잡종 1대를 자가 수분하여 얻은 잡종 2대에서 둥글고 노란색, 둥글고 초록색, 주름지고 노란색, 주름지고 초록색 완두가 9 : 3 : 3 : 1의 비로 나온다. 그러므로 잡종 2대에서 주름지고 노란색인 완두가 나올 확률은 $\frac{3}{16}$이다.

5 잡종 2대에서 유전자형이 RrYy인 완두가 나올 확률은 25 %이다.

6 잡종 2대에서 순종인 완두의 유전자형은 RRYY, RRyy, rrYY, rryy이므로 순종인 완두가 나올 확률은 $\frac{1}{4}$이다. 그러므로 잡종 2대에서 총 200개의 완두를 얻었을 때, 순종인 완두의 개수는 이론상 200개 × $\frac{1}{4}$ = 50개이다.

중단원 기출 문제 시험 대비 교재 19~23쪽

01 ② **02** ④ **03** ② **04** ①, ⑤ **05** ④ **06** ③ **07** ④ **08** ④ **09** ② **10** ③ **11** (가) Tt, (나) tt **12** ④ **13** ④ **14** 분홍색, 흰색 **15** ④ **16** ③ **17** ③, ⑤ **18** ④ **19** ④ **20** RY, rY **21** ①, ⑤ **22** ⑤ **23** ② **24** ⑤ **25** ④ **26** ④ **27** 해설 참조 **28** 해설 참조 **29** 해설 참조 **30** 해설 참조

01 **오답 피하기** | ② 표현형은 유전자 구성에 따라 겉으로 드러나는 형질이다. 유전자형은 유전자 구성을 알파벳 기호로 나타낸 것이다.

02 순종은 한 형질을 나타내는 대립유전자 구성이 같은 개체이다. bb, RRyy, aabbdd가 순종이다.

03 ㄴ. 대립 형질은 1가지 특성에 대해 서로 뚜렷하게 대비되는 형질로, 완두의 보라색 꽃잎과 흰색 꽃잎은 대립 형질이다.
오답 피하기 | ㄱ. 대립유전자 구성이 같은 형질은 순종, 대립유전자 구성이 다른 형질은 잡종이다.
ㄷ. 완두의 초록색 꼬투리와 노란색 꼬투리, 노란색 씨와 초록색 씨가 각각 대립 형질이다.

04 **오답 피하기** | 완두는 한 세대가 짧고, 자손의 수가 많으며, 대립 형질이 뚜렷하여 유전 실험의 재료로 적합하다.

05 ㄱ. 생물에는 1가지 형질을 결정하는 한 쌍의 유전 인자가 있으며, 유전 인자는 부모에서 자손으로 전달된다.
ㄷ. 한 쌍을 이루는 유전 인자가 서로 다를 때 우열의 원리에 의해 1가지의 유전 인자만 형질로 표현된다.
오답 피하기 | ㄴ. 한 쌍을 이루는 유전 인자는 생식세포가 만들어질 때 분리되어 각각 서로 다른 생식세포로 들어간다.

06 ③ 잡종 2대에서 순종(RR, rr)과 잡종(Rr)의 비는 1 : 1이다.
오답 피하기 | ① 잡종 1대(Rr)는 잡종이다.
② 완두 씨의 모양은 둥근 것이 우성이다.
④ 잡종 2대의 표현형의 분리비는 둥근 완두 : 주름진 완두 = 3 : 1이다.
⑤ 잡종 1대의 유전자형은 Rr이며, 잡종 2대에서 유전자형의 분리비는 RR : Rr : rr = 1 : 2 : 1이다. 따라서 유전자형이 잡종 1대와 같은 것이 나올 확률은 $\frac{1}{2}$이므로 유전자형이 잡종 1대와 같은 완두는 이론상 400개 × $\frac{1}{2}$ = 200개이다.

07 ① 잡종 1대는 Y를 지닌 생식세포와 y를 지닌 생식세포가 수정되어 유전자형은 Yy이며, 표현형은 노란색이다.
② 잡종 1대의 완두는 Y를 지닌 생식세포와 y를 지닌 생식세포를 만든다.
③ ㉡과 ㉢의 표현형은 노란색으로 같다.
⑤ 잡종 2대에서 우성인 노란색 완두와 열성인 초록색 완두의 분리비는 3 : 1이다.

오답 피하기 | ④ ㉠과 ㉢은 Yy, ㉡은 YY, ㉣은 yy이므로 ㉡과 ㉣은 순종이다.

08 잡종 2대에서 표현형의 분리비가 노란색 : 초록색=3 : 1이다. 따라서 노란색 완두가 나올 확률은 $\frac{3}{4}$이므로 노란색 완두는 이론상 800개$\times\frac{3}{4}$=600개이다.

09 잡종 2대에서 표현형의 분리비가 노란색 : 초록색=3 : 1이다. 따라서 초록색 완두가 나올 확률은 $\frac{1}{4}$이므로 초록색 완두는 400개$\times\frac{1}{4}$=100개이다.

10 ㄷ. 잡종 1대인 보라색 꽃잎 완두(㉡)를 자가 수분하면 잡종 2대에서 보라색 꽃잎 완두 : 흰색 꽃잎 완두=3 : 1의 비로 나온다.
오답 피하기 | ㄱ. 순종의 보라색 꽃잎 완두와 순종의 흰색 꽃잎 완두를 교배한 결과 잡종 1대에서 보라색 꽃잎 완두가 나왔으므로 완두의 꽃잎 색깔은 보라색이 우성이다.
ㄴ. 순종의 보라색 꽃잎 완두(㉠)에서 생성되는 생식세포는 1종류이다.

11 키 큰 완두가 키 작은 완두에 대해 우성이므로 키 작은 완두(나)의 유전자형은 열성 순종인 tt이다. 키 큰 완두(가)와 키 작은 완두(나)를 교배하였더니 자손에서 키 큰 완두와 키 작은 완두가 1 : 1의 비로 나타났으므로 키 큰 완두(가)의 유전자형은 작은 키 유전자 t를 갖는 우성 잡종인 Tt이다.

12 생식세포가 만들어질 때 쌍으로 존재하던 대립유전자가 분리되어 서로 다른 생식세포로 하나씩 나뉘어 들어가므로 rrYy에서 만들 수 있는 생식세포의 종류는 rY, ry이다.
오답 피하기 | ① Yy → Y, y ② RR → R
③ RRYy → RY, Ry ⑤ RrYy → RY, Ry, rY, ry

13 ㄱ. 생식세포가 형성될 때 유전 인자(대립유전자)는 분리되어 각각 다른 생식세포로 들어가므로 분리의 법칙이 성립한다.
ㄷ. 빨간색 꽃잎 유전자(R)와 흰색 꽃잎 유전자(W) 사이의 우열 관계가 뚜렷하지 않아 우열의 원리가 성립하지 않는다.
오답 피하기 | ㄴ. 잡종 2대에서 나타나는 꽃잎 색깔의 종류는 빨간색, 분홍색, 흰색으로 3종류이다.

14 잡종 1대인 분홍색 꽃잎 분꽃(RW)을 흰색 꽃잎 분꽃(WW)과 교배하였을 때 나타날 수 있는 분꽃은 분홍색 꽃잎 분꽃(RW)과 흰색 꽃잎 분꽃(WW)이다.

15 ㄱ. 둥글고 노란색인 완두 (가)를 자가 수분시켜 얻은 자손의 표현형에 따른 분리비가 둥글고 노란색 : 둥글고 초록색 : 주름지고 노란색 : 주름지고 초록색=9 : 3 : 3 : 1이므로 둥글고 노란색 완두 (가)의 유전자형은 잡종인 RrYy이다.
ㄴ. 주름지고 초록색 완두(나)(rryy)에서 만들 수 있는 생식세포는 ry로 1종류이다.
오답 피하기 | ㄷ. 완두 씨의 모양과 색깔에 대한 대립유전자 쌍이 서로 영향을 미치지 않고 유전되므로 완두 씨 모양 유전자와 색깔 유전자는 서로 다른 염색체에 있다.

16 각각의 형질을 결정하는 대립유전자가 서로 다른 염색체에 있어야 하며, 상동 염색체에서 동일한 위치에 대립유전자가 마주 보며 위치한다. 따라서 R(r), Y(y)가 다른 염색체에 위치하며, R와 r, Y와 y는 각각 상동 염색체에서 동일한 위치에 마주 보며 위치한다.

17 **오답 피하기 |** ① (가)는 순종(RRYY) 또는 잡종(RrYy, RRYy, RrYY)이다. (라)는 순종(rryy)이다.
② 둥글고 초록색인 완두(나)의 유전자형은 RRyy, Rryy로 2가지이다.
④ 잡종 2대에서 둥근 완두와 주름진 완두, 노란색 완두와 초록색 완두의 분리비가 각각 3 : 1이다.

18 노란색 완두가 나올 확률은 $\frac{3}{4}$이므로 노란색 완두는 이론상 1600개$\times\frac{3}{4}$=1200개이다.

19 ① 잡종 1대의 유전자형은 RrYy이며, 표현형은 둥글고 노란색이다.
② 대립유전자 R와 r, Y와 y가 각각 분리되어 서로 다른 생식세포로 들어가므로, 생식세포는 RY : Ry : rY : ry=1 : 1 : 1 : 1의 비로 만들어진다. 따라서 ㉠은 ry이다.
③ ㉡은 rY를 지닌 생식세포와 rY를 지닌 생식세포가 수정되어 유전자형이 rrYY이므로 ㉡의 표현형은 주름지고 노란색이다.
⑤ 잡종 2대에서 잡종 1대(RrYy)와 유전자형이 같은 완두가 나타날 확률은 $\frac{4}{16}=\frac{1}{4}$이다. 따라서 잡종 2대에서 잡종 1대와 유전자형이 같은 완두는 이론상 1600개$\times\frac{1}{4}$=400개이다.
오답 피하기 | ④ 잡종 2대에서 둥근 완두 : 주름진 완두=3 : 1이다.

20 대립유전자 R와 r, Y와 Y가 각각 분리되어 서로 다른 생식세포로 들어가므로, 생식세포 RY : rY=1 : 1의 비로 만들어진다.

21 ① RrYy×RrYy → R_Y_(둥글고 노란색 완두), R_yy(둥글고 초록색 완두), rrY_(주름지고 노란색 완두), rryy(주름지고 초록색 완두)
⑤ RrYy×Rryy → R_Yy(둥글고 노란색 완두), R_yy(둥글고 초록색 완두), rrYy(주름지고 노란색 완두), rryy(주름지고 초록색 완두)
오답 피하기 | ② RRYY×RRYY → RRYY(둥글고 노란색 완두)
③ RRyy×rrYY → RrYy(둥글고 노란색 완두)
④ RRYY×rryy → RrYy(둥글고 노란색 완두)

22 ㄴ. 어버이 중 둥글고 초록색인 완두(RRyy)에서 만들어진 생식세포 Ry와 주름지고 노란색인 완두(rrYY)에서 만들어진 생식세포 rY가 수정되어 형성된 잡종 1대의 유전자형은 RrYy이다.

ㄷ. 잡종 2대에서 나타나는 표현형의 종류는 둥글고 노란색, 둥글고 초록색, 주름지고 노란색, 주름지고 초록색으로 4가지이다.

오답 피하기 | ㄱ. 둥글고 초록색인 완두(RRyy)(㉠)에서 만들 수 있는 생식세포는 Ry로 1종류이다.

23 잡종 2대에서는 표현형이 둥글고 노란색, 둥글고 초록색, 주름지고 노란색, 주름지고 초록색인 완두가 9 : 3 : 3 : 1의 비로 나타난다. 따라서 주름지고 노란색인 완두가 나올 확률은 $\frac{3}{16}$이므로 주름지고 노란색인 완두는 이론상 4800개 × $\frac{3}{16}$ = 900개이다.

24 주름지고 초록색인 완두의 유전자형은 rryy인데, 잡종 1대에서 둥근 완두 : 주름진 완두 = 1 : 1의 비로 나타났다고 하였으므로 (가)의 완두 모양은 잡종(Rr)임을 알 수 있다. 또한 색깔은 노란색만 나타났다고 하였으므로 (가)의 완두 색깔은 순종(YY)임을 알 수 있다. 따라서 (가)의 유전자형은 RrYY이다.

25 자료 분석

(나)의 잡종 1대에서 둥근 완두만 나온다. ➡ ㉢은 RR로 순종

(가)의 잡종 1대에서 둥근 완두와 주름진 완두가 3 : 1의 비로 나온다.
➡ ㉠은 Rr로 잡종, ㉡은 Rr로 잡종

실험	어버이	잡종 1대	
		둥근 완두	주름진 완두
(가)	㉠ 둥근 완두 × ㉡ 둥근 완두	301	102
(나)	㉢ 둥근 완두 × 주름진 완두	401	0
(다)	㉣ 둥근 완두 × 주름진 완두	199	202

(다)의 잡종 1대에서 둥근 완두와 주름진 완두가 1 : 1의 비로 나온다.
➡ ㉣은 Rr로 잡종

둥근 완두인 ㉠과 ㉡의 교배 결과 둥근 완두와 주름진 완두가 3 : 1의 비로 나타나므로 ㉠과 ㉡의 유전자형은 모두 Rr로 잡종이다. 둥근 완두(㉣)와 주름진 완두의 교배 결과 둥근 완두와 주름진 완두가 1 : 1의 비로 나타나므로 ㉣의 유전자형은 Rr로 잡종이다.

오답 피하기 | 둥근 완두(㉢)와 주름진 완두의 교배 결과 둥근 완두만 나타나므로 둥근 완두(㉢)의 유전자형은 RR로 순종이다.

26 자료 분석

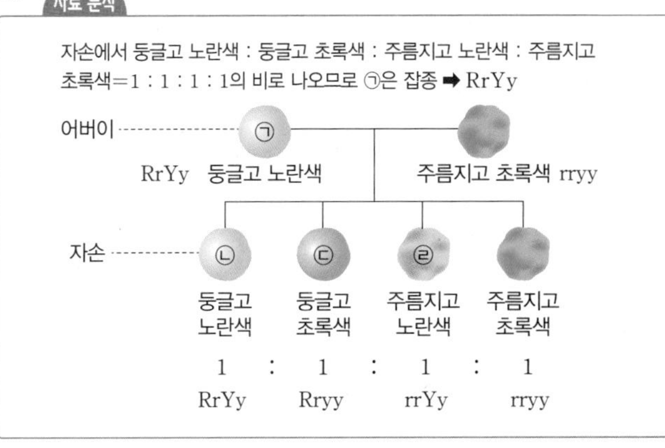

유전자형을 알 수 없는 우성 형질을 열성 형질과 교배하여 얻은 자손이 모두 우성 형질일 경우에는 유전자형을 알 수 없는 우성 형질은 순종이고, 자손에서 우성 형질 : 열성 형질 = 1 : 1의 비로 나오는 경우에는 유전자형을 알 수 없는 우성 형질은 잡종이다.

ㄱ. ㉠와 ㉡의 유전자형은 RrYy로 같다.

ㄴ. 둥글고 노란색인 완두(RrYy)(㉡)에서 대립유전자 R와 r, Y와 y가 각각 분리되어 서로 다른 생식세포로 들어가므로, 생식세포는 RY : Ry : rY : ry = 1 : 1 : 1 : 1의 비로 만들어진다.

ㄹ. 주름지고 노란색인 완두(㉣)의 유전자형은 rrYy이므로 r와 y를 모두 가진다.

오답 피하기 | ㄷ. 어버이에서 만들어진 Ry를 지닌 생식세포와 ry를 지닌 생식세포가 수정되어 형성된 둥글고 초록색인 완두(㉢)의 유전자형은 Rryy이다.

27 모범 답안 순종은 한 형질을 나타내는 대립유전자 구성이 같은 개체이고, 잡종은 한 형질을 나타내는 대립유전자 구성이 다른 개체이다.

채점 기준	배점
순종과 잡종의 의미를 모두 옳게 서술한 경우	100 %
순종과 잡종의 의미 중 1가지만 옳게 서술한 경우	50 %

28 모범 답안 대립 형질이 다른 두 순종 개체를 교배하여 얻은 잡종 1대에는 대립 형질 중 1가지(우성 형질)만 나타나는 것이다.

채점 기준	배점
제시된 단어를 모두 포함하여 옳게 서술한 경우	100 %
제시된 단어 중 2가지만 포함하여 옳게 서술한 경우	60 %

29 모범 답안 (1) 둥근 완두 : 주름진 완두 = 1 : 1

(2) 잡종 1대의 둥근 완두의 유전자형은 Rr이고 주름진 완두의 유전자형은 rr이므로 잡종 2대에서 나올 수 있는 유전자형은 Rr와 rr이다. 따라서 둥근 완두와 주름진 완두가 1 : 1의 비로 나타난다.

	채점 기준	배점
(1)	표현형 비를 옳게 쓴 경우	30 %
(2)	과정을 옳게 서술한 경우	70 %
	잡종 1대의 유전자형을 언급하지 않고 잡종 2대의 유전자형만 언급하여 서술한 경우	40 %

30 모범 답안 생식세포가 형성될 때 R와 r, Y와 y는 각각 분리되어 서로 다른 생식세포로 들어가기 때문이다.

채점 기준	배점
까닭을 옳게 서술한 경우	100 %
대립유전자가 분리되기 때문이라고만 서술한 경우	40 %

04 사람의 유전

중단원 핵심 정리
시험 대비 교재 24쪽

❶ 길고 ❷ 대립 형질 ❸ 가계도 조사 ❹ 유전 ❺ 환경 ❻ 통계 조사(집단 조사) ❼ 없다 ❽ 우성 ❾ 열성 ❿ Aa ⓫ 우성 ⓬ 4 ⓭ 6 ⓮ O형 ⓯ 반성 ⓰ 1 ⓱ 보인자

중단원 퀴즈
시험 대비 교재 25쪽

1 ㉠ 길고, ㉡ 적으며, ㉢ 복잡하기 2 가계도 조사 3 환경 4 ㉠ 상염색체, ㉡ 없다 5 ㉠ 열성, ㉡ 우성 6 ㉠ 3, ㉡ 1 7 ㉠ 2, ㉡ 1 8 A형, B형 9 ㉠ 성염색체, ㉡ 있다 10 ㉠ 아들, ㉡ 딸 11 ㉠ XY, ㉡ 1, ㉢ XX, ㉣ 2

계산 문제 공략
시험 대비 교재 26쪽

1 (1) 아버지: Aa, 누나: aa (2) 민수 **2** (1) 어머니: AO, 누나: AO (2) 25 % **3** (1) 정상 (2) XX′

1 혀 말기가 가능한 아버지와 어머니 사이에 혀 말기가 불가능한 딸(누나)이 태어났으므로 혀 말기 가능이 우성, 혀 말기 불가능이 열성이며, 아버지와 어머니의 혀 말기 유전자형은 모두 Aa이다. Aa×Aa → AA, Aa, aa이므로 혀 말기가 가능한 민수의 혀 말기 유전자형은 AA 또는 Aa이다.

2 B형인 아버지와 A형인 어머니 사이에서 O형인 민수가 태어났으므로 아버지와 어머니는 유전자 O를 가지고 있다. 그러므로 ABO식 혈액형 유전자형은 아버지가 BO, 어머니가 AO이며, 누나는 AO이다. BO×AO → AB, BO, AO, OO이므로 민수의 동생이 태어날 때, 이 아이의 ABO식 혈액형이 아버지(B형)와 같을 확률은 25 %이다.

3 민수가 적록 색맹(X′Y)이고, 아버지가 적록 색맹(X′Y)이며, 누나는 아버지에게 적록 색맹 대립유전자를 물려받았지만 정상이므로 적록 색맹 유전자형은 XX′이다. 따라서 어머니는 정상 대립유전자와 적록 색맹 대립유전자를 모두 가지므로 적록 색맹 유전자형이 XX′인 정상이다.

중단원 기출 문제
시험 대비 교재 27~31쪽

01 ③ **02** ③ **03** ④ **04** ㉠ 1란성, ㉡ 환경 **05** ③ **06** ⑤ **07** 3: Aa, 4: Aa **08** ③ **09** ② **10** ③ **11** 10명 **12** ⑤ **13** ④ **14** ⑤ **15** (가) BO, (나) AO **16** ④ **17** ① **18** 아버지: XY, 어머니: XX′ **19** ① **20** ③ **21** ④ **22** ④ **23** ② **24** 8명 **25** ① **26** ①, ⑤ **27** 해설 참조 **28** 해설 참조 **29** 해설 참조

01 사람의 유전 연구가 어려운 까닭은 한 세대가 길고, 자손의 수가 적으며, 대립 형질이 복잡하고, 환경의 영향을 많이 받으며, 자유로운 교배 실험을 할 수 없기 때문이다.

02 쌍둥이 연구는 쌍둥이의 성장 환경과 특정 형질의 발현이 어느 정도 일치하는지 조사하는 방법으로, 유전과 환경이 특정 형질에 끼치는 영향을 알아보는 데 이용된다.

03 가계도 조사는 특정 형질을 가지고 있는 집안에서 여러 세대에 걸쳐 이 형질이 어떻게 유전되는지를 알아보는 방법이다. 통계 조사는 특정 형질이 나타난 사례를 많이 수집하여 자료를 통계적으로 분석하는 방법이다. 염색체 분석은 염색체 수와 모양을 분석하는 방법이다.

04 1란성 쌍둥이는 유전자 구성이 서로 같으며, 이들의 형질 차이는 환경의 영향으로 나타날 가능성이 높다.

05 ㄱ. 혀 말기와 귓불 모양은 멘델의 유전 원리에 따라 유전된다.
ㄴ, ㄹ. 혀 말기와 귓불 모양은 상염색체에 있는 한 쌍의 대립유전자에 의해 결정되는 유전 형질로, 우성과 열성이 뚜렷하게 구분된다.
오답 피하기 | ㄷ. 혀 말기와 귓불 모양은 상염색체 유전으로, 남녀에 따라 형질이 나타나는 빈도에 차이가 없다.

06 ㄱ, ㄴ. 분리형인 아버지와 어머니 사이에서 부착형인 진희가 태어났으므로 분리형이 우성, 부착형이 열성이며, 아버지와 어머니는 모두 부착형 대립유전자를 갖는 잡종이다.
ㄷ. 진희는 아버지와 어머니로부터 각각 부착형 대립유전자를 물려받았다.

07 혀 말기가 가능한 3과 4 사이에서 혀 말기가 불가능한 6이 태어났으므로 혀 말기 가능이 혀 말기 불가능에 대해 우성이며, 3과 4는 열성 대립유전자 a를 갖는 잡종이므로, 3과 4의 혀 말기 유전자형은 Aa이다.

08 5는 2로부터 열성 대립유전자 a를 물려받아 혀 말기 유전자형이 Aa이고, 6은 혀 말기가 불가능한 여자이므로 혀 말기 유전자형이 aa이다. 5와 6 사이에서 태어나는 자녀의 혀 말기 유전자형의 비는 Aa : aa=1 : 1이므로 아이가 혀 말기가 불가능할(aa) 확률은 50 %이다.

09 정상 대립유전자를 T, 미맹 대립유전자를 t라고 할 때, (가)는 어머니로부터 미맹 대립유전자 t를 물려받아 미맹 유전자형은 Tt이고, (나)는 아버지로부터 미맹 대립유전자 t를 물려받아 미맹 유전자형은 Tt이다. 따라서 Tt(가)×Tt(나) → TT : Tt : tt =1 : 2 : 1이므로 태어나는 아이가 미맹일 확률은 $\frac{1}{4}\times100=25$ %이다.

10 ㄱ, ㄴ. 정상인 부모 사이에서 유전병 여자인 (가)가 태어났으므로 유전병은 정상에 대해 열성이다. 만약 유전병을 결정하는 유전자가 성염색체인 X 염색체에 있다면 유전병 여자인 (가)의 아버지는 반드시 유전병이어야 하는데 정상이므로 유전병을 결정하는

유전자는 상염색체에 있다.
ㄷ. 부모는 유전병 대립유전자를 갖는 잡종이며, (가)는 부모에게서 유전병 대립유전자를 각각 하나씩 물려받아 유전병이 나타난다.
오답 피하기 | ㄹ. 정상 대립유전자를 D, 유전병 대립유전자를 d라고 할 때 Dd×Dd → DD(정상) : Dd(정상) : dd(유전병)=1 : 2 : 1이므로 태어나는 아이가 유전병일 확률은 25 %이다.

11 가계도에서 정상인 사람은 모두 정상 대립유전자와 함께 유전병 대립유전자를 가지므로 가계도에서 유전병 대립유전자를 갖는 구성원은 모두 10명이다.

12 ① 표현형의 종류는 A형, B형, AB형, O형으로 4가지이다.
② 유전자 A와 B 사이에는 우열 관계가 없으며, A와 B는 O에 대해 각각 우성이다.
③ 혈액형을 결정하는 대립유전자의 종류는 A, B, O로 3가지이다.
④ 부모의 ABO식 혈액형 유전자형이 모두 BO일 경우 O형의 자녀가 태어날 수 있다.
오답 피하기 | ⑤ AB형의 유전자형 종류는 AB로 1가지, B형의 유전자형의 종류는 BB, BO로 2가지이다.

13 한 쌍의 대립유전자에 의해 결정되며, 대립유전자의 종류는 3가지이고, 2가지 유전자 사이에 우열 관계가 없으므로 ABO식 혈액형 유전의 특징과 같다. 따라서 유전자형의 종류는 XY, XX, XZ, YY, YZ, ZZ로 6가지이다.

14 부모의 ABO식 혈액형 유전자형이 각각 AO와 BO일 때 태어날 수 있는 자녀의 ABO식 혈액형은 A형, B형, AB형, O형이다.

15 (가)는 아버지로부터 유전자 O를 물려받아 ABO식 혈액형 유전자형은 BO이다. (나)는 (가)로부터 유전자 O를 물려받아 ABO식 혈액형 유전자형은 AO이다.

16 ABO식 혈액형의 경우 (가)는 부모로부터 유전자 A만 물려받아 유전자형은 AA이며, (나)는 부모로부터 유전자 B와 유전자 O를 물려받아 유전자형은 BO이다. 미맹의 경우 정상 대립유전자를 T, 미맹 대립유전자를 t라고 할 때, 정상인 (가)는 어머니로부터 미맹 대립유전자 t를 물려받아 유전자형은 Tt이며, 정상인 (나)도 어머니로부터 미맹 대립유전자 t를 물려받아 유전자형은 Tt이다. (가)와 (나)가 결혼하여 아이가 태어났을 때, 이 아이가 A형이면서 미맹일 확률은 A형일 확률$\left(\frac{1}{2}\right)$×미맹일 확률$\left(\frac{1}{4}\right)$= $\frac{1}{8}$×100=12.5 %이다.

17 ㄱ, ㄷ. 적록 색맹을 결정하는 유전자는 X 염색체에 있으므로 적록 색맹 유전은 반성유전의 예이다.
오답 피하기 | ㄴ. 성염색체 구성이 XY인 남자는 적록 색맹 대립유전자가 1개만 있어도 적록 색맹이 되지만, 성염색체 구성이 XX인 여자는 2개의 X 염색체에 모두 적록 색맹 대립유전자가 있어야 적록 색맹이 되기 때문에 적록 색맹은 여자보다 남자에게 많이 나타난다.
ㄹ. 남자는 X 염색체를 어머니로부터 물려받으므로 적록 색맹 대립유전자를 어머니로부터 물려받는다.

18 아들은 어머니로부터 적록 색맹 대립유전자 X′을 물려받아 적록 색맹이다. 따라서 아버지의 적록 색맹 유전자형은 XY이고, 어머니의 적록 색맹 유전자형은 XX′이다.

19 ㄱ. 2는 6에게 적록 색맹 대립유전자를 물려주었으므로 2의 적록 색맹 유전자형은 XX′이다. 4는 8에게 적록 색맹 대립유전자를 물려주었으므로 4의 적록 색맹 유전자형은 XX′이다.
ㄷ. 7은 3으로부터 적록 색맹 대립유전자를 물려받았으므로 보인자이다.
오답 피하기 | ㄴ. 5의 적록 색맹 유전자형은 XX 또는 XX′이므로 정상 대립유전자만을 갖는 것은 아니다.
ㄹ. 8은 3과 4로부터 적록 색맹 대립유전자를 각각 하나씩 물려받았다.

20 X′Y(6)×XX′(7) → XX′(정상 여자), X′X′(적록 색맹 여자), XY(정상 남자), X′Y(적록 색맹 남자)이므로 아이가 적록 색맹일 확률은 50 %이다.

21 ABO식 혈액형의 경우 (가)는 아버지로부터 유전자 A를 물려받고 어머니로부터 유전자 O를 물려받아 유전자형이 AO이며, (나)는 아버지로부터 유전자 B를 물려받고 어머니로부터 유전자 O를 물려받아 유전자형이 BO이다. 적록 색맹의 경우 (가)는 어머니로부터 적록 색맹 대립유전자 X′을 물려받아 유전자형이 XX′이고, (나)는 적록 색맹 남자이므로 유전자형이 X′Y이다. (가)와 (나)가 결혼하여 아이가 태어났을 때, 이 아이가 AB형이면서 적록 색맹일 확률은 AB형일 확률$\left(\frac{1}{4}\right)$×적록 색맹일 확률$\left(\frac{1}{2}\right)$=$\frac{1}{8}$× 100=12.5 %이다.

22 ㄱ. 현서의 아버지는 적록 색맹 대립유전자를 가지고 있으므로 현서의 아버지는 적록 색맹이다.
ㄷ. 현서의 아버지는 적록 색맹이므로 적록 색맹 유전자형은 X′Y이다. 현서가 적록 색맹이므로 어머니는 적록 색맹 대립유전자 1개를 가지며, 누나는 정상이므로 어머니는 정상 대립유전자 1개를 가져서 어머니의 적록 색맹 유전자형은 XX′이다. X′Y(아버지)×어머니(XX′) → XX′(정상 여자), X′X′(적록 색맹 여자), XY(정상 남자), X′Y(적록 색맹 남자)이므로 현서의 동생이 태어날 때, 이 아이가 적록 색맹일 확률은 50 %이다.
오답 피하기 | ㄴ. 현서의 적록 색맹 대립유전자는 어머니로부터 물려받은 것이다.

23 ㄱ. 정상인 1과 2 사이에서 유전병 남자인 6이 태어났으므로 유전병이 열성, 정상이 우성이다.

ㄹ. 10의 유전병 대립유전자 X′은 6과 7로부터 물려받은 것이고, 6은 1로부터, 7은 4로부터 물려받은 것이다.

오답 피하기 | ㄴ. 1은 6에게 유전병 대립유전자 X′을 물려주었으므로 1의 유전병 유전자형은 XX′이다. 3은 8에게 유전병 대립유전자 X′을 물려주었으므로 3의 유전병 유전자형은 XX′이다.
ㄷ. 8은 3으로부터 유전병 대립유전자 X′을 물려받았다.

24 가계도 구성원의 유전병 유전자형은 1이 XX′, 2가 XY, 3이 XX′, 4가 X′Y, 5가 XY, 6이 X′Y, 7이 XX′, 8이 X′Y, 9가 XX′, 10이 X′X′, 11이 XY이므로 유전병 대립유전자 X′을 가지고 있는 구성원은 모두 8명이다.

25 자료 분석

쌍꺼풀 대립유전자를 B, 외까풀 대립유전자를 b라고 할 경우
2의 자녀에서 외까풀 : 쌍꺼풀 = 1 : 1 ➡ ㉡은 Bb로 우성 잡종
1의 자녀에서 쌍꺼풀만 나온다. ➡ ㉠은 BB로 우성 순종

조사군	부모		자녀	
	부	모	외까풀	쌍꺼풀
1	㉠ 쌍꺼풀	외까풀	0	57
2	외까풀	㉡ 쌍꺼풀	47	51
3	㉢ 외까풀	㉣ 외까풀	47	0
4	㉤ 쌍꺼풀	쌍꺼풀	37	118

3의 자녀에서 외까풀만 나온다. ➡ ㉢과 ㉣은 bb로 열성 순종
4의 자녀에서 외까풀 : 쌍꺼풀 = 1 : 3 ➡ ㉤은 Bb로 우성 잡종

ㄱ. 조사군 1에서 쌍꺼풀과 외까풀 사이에서 쌍꺼풀인 자녀만 태어난 것으로 보아 쌍꺼풀이 외까풀에 대해 우성이다.
ㄷ. 쌍꺼풀이 외까풀에 대해 우성이므로 외까풀인 ㉢과 ㉣은 모두 열성 순종이다.

오답 피하기 | ㄴ. ㉠은 우성 순종이며, ㉡은 우성 잡종이므로 ㉠과 ㉡의 유전자형은 다르다.
ㄹ. 조사군 4에서 쌍꺼풀과 쌍꺼풀 사이에서 외까풀과 쌍꺼풀인 자녀가 1 : 3의 비로 나온 것으로 보아 ㉤은 우성 잡종이다.

26 자료 분석

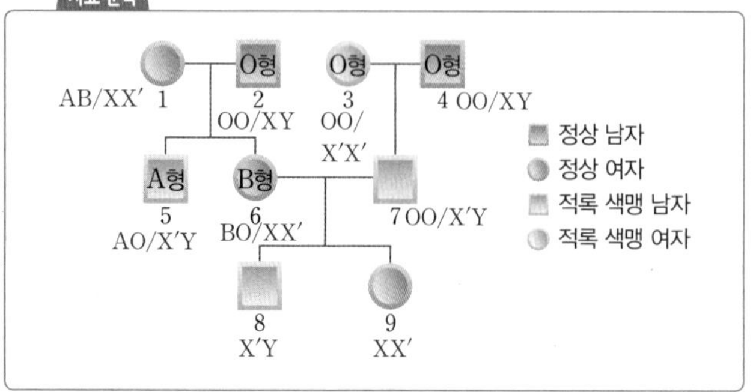

① 2는 O형인데 자녀 5와 6은 각각 A형과 B형이다. 따라서 1의 ABO식 혈액형은 AB형이다.
⑤ 6과 7 사이에서 O형인 아이가 태어날 확률은 BO × OO → BO, OO이므로 $\frac{1}{2}$이다. 또한 6과 7 사이에서 적록 색맹인 아이가 태어날 확률은 XX′ × X′Y → XX′(정상 여자), XY(정상 남자), X′X′(적록 색맹 여자), X′Y(적록 색맹 남자)이므로 $\frac{1}{2}$이다. 따라서 9의 동생이 태어날 때, 이 아이가 O형이면서 적록 색맹일 확률은 $\frac{1}{2} \times \frac{1}{2} = \frac{1}{4} \times 100 = 25\ \%$이다.

오답 피하기 | ② 남자는 X 염색체를 1개 가지므로 정상인 4는 적록 색맹 대립유전자를 갖지 않는다.
③ 6은 B형이지만 아버지인 2로부터 유전자 O를 물려받으므로 ABO식 혈액형 유전자형은 BO이다.
④ 8의 적록 색맹 대립유전자는 어머니인 6으로부터 물려받은 것이고, 6의 적록 색맹 대립유전자는 1로부터 물려받은 것이다.

27 모범 답안 유전병은 정상에 대해 열성이며, 유전병 대립유전자는 상염색체에 위치한다.

채점 기준	배점
우열 관계와 유전병 대립유전자가 위치하는 염색체를 모두 포함하여 옳게 서술한 경우	100 %
우열 관계와 유전병 대립유전자가 위치하는 염색체 중 1가지만 옳게 서술한 경우	50 %

28 모범 답안 성염색체 구성이 XY인 남자는 적록 색맹 대립유전자가 1개만 있어도 적록 색맹이 되지만, 성염색체 구성이 XX인 여자는 2개의 X 염색체에 모두 적록 색맹 대립유전자가 있어야 적록 색맹이 되기 때문이다.

채점 기준	배점
적록 색맹이 여자보다 남자에게 더 많이 나타나는 까닭을 옳게 서술한 경우	100 %
성염색체 구성에 대한 설명 없이 서술한 경우	50 %

29 (가)의 자녀 중 적록 색맹인 딸이 있으므로 (가)는 적록 색맹 대립유전자 X′을 갖고, (나)는 아버지가 적록 색맹이므로 아버지로부터 적록 색맹 대립유전자 X′을 물려받았다.

모범 답안 (1) (가) XX′, (나) XX′
(2) 정상인 (가)는 적록 색맹인 딸에게 적록 색맹 대립유전자를 물려주었으므로 (가)의 적록 색맹 유전자형은 XX′이고, 정상인 (나)는 아버지로부터 적록 색맹 대립유전자를 물려받았으므로 (나)의 적록 색맹 유전자형은 XX′이다.

	채점 기준	배점
(1)	(가)와 (나)의 적록 색맹 유전자형을 모두 옳게 쓴 경우	30 %
(2)	유전자 전달 과정을 포함하여 까닭을 옳게 서술한 경우	70 %
	유전자 전달 과정을 포함하지 않고, 적록 색맹 대립유전자를 갖는다고만 서술한 경우	30 %

Ⅵ 에너지 전환과 보존

01 역학적 에너지 전환과 보존

중단원 핵심 정리 시험 대비 교재 32쪽

❶ 운동 ❷ 높이 ❸ 감소 ❹ 증가 ❺ 증가 ❻ 감소 ❼ 감소 ❽ 증가 ❾ 위치 ❿ 운동 ⓫ $\frac{1}{2}mv^2$ ⓬ 0 ⓭ 같다

중단원 퀴즈 시험 대비 교재 33쪽

1 위치 2 ㉠ 운동, ㉡ 위치 3 ㄱ, ㄷ 4 (1) ㄴ, ㄹ (2) ㄱ, ㄷ 5 ㉠ 운동, ㉡ 위치, ㉢ 위치, ㉣ 운동 6 ㉠ A, ㉡ C 7 C

계산 문제 공략 시험 대비 교재 34쪽

1 19.6 m **2** 7 m/s **3** 1 : 9 **4** 236 J **5** 14 m/s **6** 147 J **7** 5 m **8** 102 J

1 지면에서 물체를 던진 순간의 운동 에너지는 최고점에 도달한 순간의 위치 에너지와 같다. 따라서

$\frac{1}{2}\times 1\text{ kg}\times(19.6\text{ m/s})^2=(9.8\times 1)\text{ N}\times h$이므로 $h=19.6$ m이다.

2 지면에서 물체를 던진 순간의 운동 에너지는 최고점에 도달한 순간의 위치 에너지와 같다. 따라서

$\frac{1}{2}\times 2\text{ kg}\times v^2=(9.8\times 2)\text{ N}\times 2.5\text{ m}$이므로 $v^2=49$에서 $v=7$ m/s이다.

3 야구공을 위로 던져 올리면 야구공의 운동 에너지가 위치 에너지로 전환된다. 따라서 야구공의 속력이 3배이면 운동 에너지는 9배이므로 올라가는 높이도 9배가 된다. 즉, A : B=1 : 9이다.

4 4 m 높이에서 물체의 위치 에너지와 운동 에너지의 합은 지면에 도달한 순간 물체의 역학적 에너지와 같다. 즉, $(9.8\times 5)\text{ N}\times 4\text{ m}+\frac{1}{2}\times 5\text{ kg}\times(4\text{ m/s})^2=196\text{ J}+40\text{ J}=236\text{ J}$이다.

5 10 m 높이에서 물체의 위치 에너지는 지면에 닿는 순간 물체의 운동 에너지와 같다. 따라서 $(9.8\times 3)\text{ N}\times 10\text{ m}=\frac{1}{2}\times 3\text{ kg}\times v^2$이므로 $v^2=196$에서 $v=14$ m/s이다.

6 증가한 운동 에너지=감소한 위치 에너지이므로 5 m 높이에서 운동 에너지는 $(9.8\times 1)\text{ N}\times(20-5)\text{ m}=147\text{ J}$이다.

7 증가한 운동 에너지=감소한 위치 에너지이므로

$\frac{1}{2}\times 10\text{ kg}\times(14\text{ m/s})^2=(9.8\times 10)\text{ N}\times(15-h)\text{ m}$에서 $h=5$ m이다.

8 5 m 높이에서 물체의 위치 에너지와 운동 에너지의 합은 지면에 도달한 순간 물체의 운동 에너지와 같다.

즉, $(9.8\times 2)\text{ N}\times 5\text{ m}+\frac{1}{2}\times 2\text{ kg}\times(2\text{ m/s})^2=98\text{ J}+4\text{ J}=102\text{ J}$이다.

중단원 기출 문제 시험 대비 교재 35~39쪽

01 ③ **02** ⑤ **03** 운동 에너지 **04** ㄱ, ㄴ, ㄷ **05** ② **06** ④ **07** ⑤ **08** ⑤ **09** ③ **10** ㉠ 98, ㉡ 0, ㉢ 40 **11** 50 J **12** ⑤ **13** ③ **14** ④ **15** ① **16** ⑤ **17** ① **18** ④ **19** ⑤ **20** ⑤ **21** ② **22** 123 J **23** ③ **24** ⑤ **25** ② **26** 해설 참조 **27** 해설 참조 **28** 해설 참조

01 드론의 역학적 에너지=20 m 높이에서 드론의 위치 에너지+드론의 운동 에너지이므로

$(9.8\times 1)\text{ N}\times 20\text{ m}+\frac{1}{2}\times 1\text{ kg}\times(2\text{ m/s})^2=196\text{ J}+2\text{ J}=198\text{ J}$이다.

02 물체의 높이가 달라지면 역학적 에너지 전환이 일어난다. ①에서는 운동 에너지가 위치 에너지로 전환되고, ②, ③, ④에서는 운동 에너지가 위치 에너지로 전환된다.

오답 피하기 | ⑤ 장난감 자동차가 수평면 위에서 운동하면 높이의 변화가 없으므로 역학적 에너지 전환이 일어나지 않는다.

03 공이 위로 올라가는 동안에는 운동 에너지가 위치 에너지로 전환되고, 내려오는 동안에는 위치 에너지가 운동 에너지로 전환된다.

04 지면으로부터 높이가 같은 A 지점과 B 지점에서는 공의 위치 에너지와 운동 에너지가 같다. 따라서 역학적 에너지도 같다.

05 낙하하는 물체의 위치 에너지는 감소하고 운동 에너지는 증가하는데, 위치 에너지의 감소량과 운동 에너지의 증가량이 같으므로 역학적 에너지는 어느 높이에서나 일정하다.

06 공기 저항을 무시하면 공의 역학적 에너지는 보존되므로 높이 h인 곳에서 위치 에너지($9.8mh$), h_1인 지점에서 위치 에너지와 운동 에너지의 합$\left(9.8mh_1+\frac{1}{2}mv_1^2\right)$, 지면에서 운동 에너지$\left(\frac{1}{2}mv^2\right)$의 값은 그 크기가 같다.

07 물체가 자유 낙하 하는 동안 물체의 역학적 에너지는 일정하게 보존되므로 각 지점에서 물체의 역학적 에너지는 모두 같다.

08 ⑤ 진자가 A점에서 O점으로 가는 동안 위치 에너지는 감소하고 운동 에너지는 증가한다. 즉, 위치 에너지가 운동 에너지로

전환된다.

오답 피하기 | ① A점에서 진자의 속력이 0이므로 운동 에너지는 0이다.

② A점과 B점에서 진자의 높이가 가장 높으므로 위치 에너지가 최대이다.

③ A점에서 O점으로 가는 동안 위치 에너지가 운동 에너지로 전환되므로 O점에서 진자의 운동 에너지가 최대이다. 따라서 속력도 가장 빠르다.

④ 진자가 운동하는 동안 역학적 에너지가 보존되므로 A점, B점, O점에서 역학적 에너지는 모두 같다.

09 스키 선수가 높은 곳에서 낮은 곳으로 내려올 때 위치 에너지가 운동 에너지로 전환되므로 높이가 가장 낮은 C점에서 운동 에너지가 가장 크다. 따라서 C점에서 속력도 가장 빠르다.

10 역학적 에너지가 보존되므로 각 점에서 위치 에너지와 운동 에너지의 합은 같다. 각 점에서 역학적 에너지는 90 J+8 J=98 J인데, A점에서는 운동 에너지가 0(㉡)이므로 위치 에너지는 98 J(㉠)이고, D점에서의 위치 에너지=98 J−58 J=40 J(㉢)이다.

11 역학적 에너지가 보존되므로 $\frac{h}{2}$인 지점에서 역학적 에너지는 지면에서의 운동 에너지와 같다. 따라서 $\frac{1}{2}\times1\text{ kg}\times(10\text{ m/s})^2=$ 50 J이다.

12 역학적 에너지가 보존되므로 낙하하면서 증가한 운동 에너지는 감소한 위치 에너지와 같다. 따라서 물체의 위치 에너지 변화량(감소량)은 $\frac{1}{2}\times4\text{ kg}\times(3\text{ m/s})^2-\frac{1}{2}\times4\text{ kg}\times(2\text{ m/s})^2=10\text{ J}$이다.

13 역학적 에너지가 보존되므로 감소한 위치 에너지만큼 운동 에너지가 증가하게 되는데, 5 m 지점에서 위치 에너지는 10 m 지점에서 위치 에너지의 $\frac{1}{2}$인 300 J이므로 운동 에너지도 300 J이다.

14 역학적 에너지가 보존되므로 5 m 높이에서 낙하하는 물체가 3 m 높이를 통과하는 순간 증가한 운동 에너지는 2 m만큼 낙하하면서 감소한 위치 에너지와 같다. 따라서 위치 에너지 : 운동 에너지=3 m : 2 m=3 : 2이다.

15 역학적 에너지가 보존되므로 높이 h에서 운동 에너지는 감소한 위치 에너지와 같다. 따라서 운동 에너지 : 위치 에너지$=(9.8\times2)\text{ N}\times(10-h):(9.8\times2)\text{ N}\times h=4:1$이므로 $h=2\text{ m}$이다.

16 역학적 에너지가 보존되므로 A 지점에서 선수의 운동 에너지는 A 지점까지 낙하하는 동안 감소한 위치 에너지와 같다. 따라서 A 지점에서 운동 에너지는 $9.8\times50\times(100-30)=34300$(J)이다.

17 A, B, C가 같은 높이에 있고 속력도 같으므로 위치 에너지와 운동 에너지가 각각 같다. 따라서 높이 h인 지점에서 역학적 에너지가 같으므로 지면에 도달했을 때의 운동 에너지도 같다. 즉, 지면에서 A, B, C의 속력은 모두 같다.

18 O점에서 진자의 운동 에너지는 감소한 위치 에너지와 같으므로 $19.6\text{ J}=(9.8\times1)\text{ N}\times h$에서 $h=2\text{ m}$이다.

19 ㄴ, ㄷ. 역학적 에너지가 보존되므로 지면에 도달하는 순간 역학적 에너지는 392 J이고, 위치 에너지가 0이므로 운동 에너지가 392 J이다. 따라서 지면에 도달하는 순간 물체의 속력은 $\frac{1}{2}\times1\text{ kg}\times v'^2=392\text{ J}$에서 $v'^2=784$, $v'=28\text{ m/s}$이다.

ㄹ. 물체가 낙하할 때 위치 에너지가 운동 에너지로 전환되며, 역학적 에너지가 보존되므로 감소한 위치 에너지는 증가한 운동 에너지와 같다.

오답 피하기 | ㄱ. 30 m 높이를 지날 때 운동 에너지가 98 J이므로 물체의 속력은 $\frac{1}{2}\times1\text{ kg}\times v^2=98\text{ J}$에서 $v^2=196$, $v=14\text{ m/s}$이다.

20 ①, ④ 같은 구슬을 같은 높이에서 가만히 놓았으므로 처음 위치에서 두 구슬이 가진 운동 에너지는 0이고, 두 구슬의 위치 에너지는 같다.

②, ③ 역학적 에너지가 보존되므로 역학적 에너지는 어느 지점에서나 같으며, 곡면의 끝에서 두 구슬의 운동 에너지가 같으므로 속력도 같다.

오답 피하기 | ⑤ 두 구슬이 곡면에서 운동할 때 높이는 낮아지고 속력은 빨라지므로 위치 에너지가 운동 에너지로 전환된다.

21 ② C와 E의 높이가 같으므로 위치 에너지가 같다. 운동하는 동안 쇠구슬의 역학적 에너지가 보존되므로 C와 E에서 운동 에너지가 같고, 따라서 속력도 같다.

오답 피하기 | ① B에서 운동 에너지가 0이 아니므로 속력은 0이 아니다.

③, ⑤ 곡면에서 쇠구슬이 운동하는 동안 역학적 에너지가 보존되므로 각 점에서 역학적 에너지는 모두 같다. 따라서 A에서 출발한 쇠구슬이 F에서 정지하므로 A와 F에서 운동 에너지는 0이고, 위치 에너지가 같으므로 두 지점의 높이는 같다.

④ D에서 E로 가는 동안 운동 에너지가 위치 에너지로 전환되므로 운동 에너지는 감소한다.

22 역학적 에너지가 보존되므로 물체가 지면에 닿는 순간의 운동 에너지는 물체를 던지는 순간의 역학적 에너지와 같다. 따라서 지면에 닿는 순간 운동 에너지$=(9.8\times2)\text{ N}\times5+\frac{1}{2}\times2\text{ kg}\times(5\text{ m/s})^2$ $=123\text{ J}$이다.

23 C가 기준면이고 A → C 구간에서 감소한 위치 에너지가 98 J이면 C에서 운동 에너지는 98 J이고, C에서 역학적 에너지도 98 J이다. 따라서 D에서 역학적 에너지도 98 J이다.

24 자료 분석

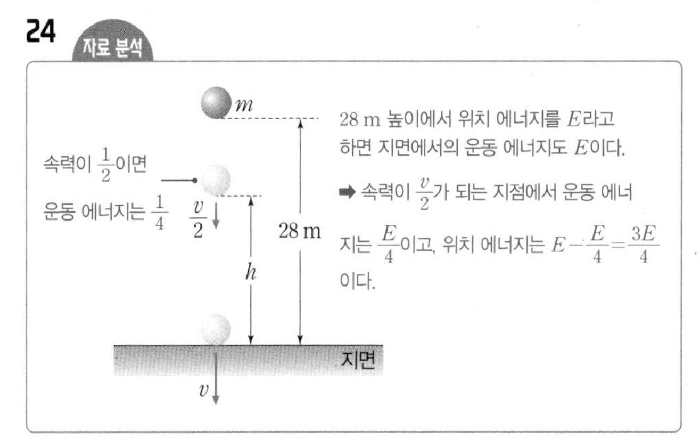

역학적 에너지가 보존되므로 28 m 높이에서 위치 에너지를 E라고 하면 지면에서의 운동 에너지도 E이다.

따라서 $\frac{1}{2}\times m\times v^2=E$이므로 속력이 $\frac{h}{2}$가 되는 지점에서 운동 에너지는 $\frac{E}{4}$이고, 이 지점에서 위치 에너지가 $\frac{3E}{4}$임을 알 수 있다. 28 m 높이에서 위치 에너지가 E이므로 위치 에너지가 $\frac{3E}{4}$인 지점의 높이는 21 m이다.

25 자료 분석

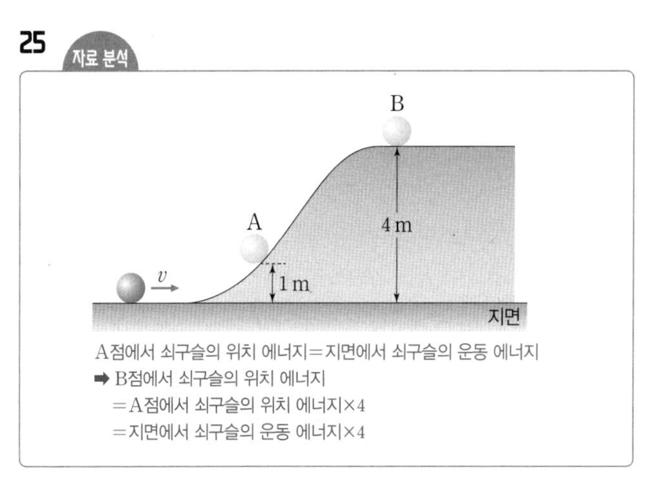

A점에서 쇠구슬의 위치 에너지=지면에서 쇠구슬의 운동 에너지
➡ B점에서 쇠구슬의 위치 에너지
=A점에서 쇠구슬의 위치 에너지×4
=지면에서 쇠구슬의 운동 에너지×4

B점의 높이가 A점의 4배이므로 쇠구슬의 위치 에너지도 4배이다. 쇠구슬이 비탈면을 올라갈 때 운동 에너지가 위치 에너지로 전환되므로 지면에서 쇠구슬의 운동 에너지가 4배가 되어야 한다. 그런데 운동 에너지는 속력의 제곱에 비례하므로 쇠구슬의 속력을 2배로 하면 운동 에너지가 4배가 되어 B점까지 올라갈 수 있다.

26 모범 답안 역학적 에너지가 보존되므로 던지는 순간 운동 에너지는 최고점에서의 위치 에너지와 같다. 따라서 $\frac{1}{2}\times 1\text{ kg}\times(14\text{ m/s})^2=(9.8\times 1)\text{ N}\times h$에서 $h=10$ m이다.

채점 기준	배점
공이 올라가는 높이를 풀이 과정과 함께 옳게 구한 경우	100 %
공이 올라가는 높이는 옳게 구했으나 풀이 과정이 미흡한 경우	40 %

27 모범 답안 물체의 질량을 m이라고 할 때 감소한 운동 에너지=증가한 위치 에너지이므로 $\frac{1}{2}mv^2=9.8\times m\times(5-2.5)$에서 $v^2=49$, $v=7$ m/s이다.

채점 기준	배점
제시된 단어를 모두 포함한 풀이 과정과 함께 속력을 옳게 구한 경우	100 %
속력은 옳게 구했으나 제시된 단어를 일부 포함하지 않은 경우	50 %

28 모범 답안 장대를 잡고 뛰어오를 때 운동 에너지가 위치 에너지로 전환되기 때문에 선수가 더 빠르게 달릴수록 더 높이 뛰어오를 수 있다.

채점 기준	배점
선수가 더 높이 뛰어오르는 방법과 그 까닭을 옳게 서술한 경우	100 %
선수가 더 높이 뛰어오르는 방법만 옳게 쓴 경우	50 %

02 전기 에너지의 발생과 전환

중단원 핵심 정리

시험 대비 교재 40쪽

❶ 자기장 ❷ 빠를 ❸ 반대 ❹ 역학적 ❺ 전기 ❻ 화학 ❼ 역학적 ❽ 1초 ❾ 1시간 ❿ 1등급 ⓫ 보존

중단원 퀴즈

시험 대비 교재 41쪽

1 자기장 2 ㉠ 반대, ㉡ 유도 전류 3 세다 4 ㄱ, ㄷ, ㄹ 5 ㉠ 위치, ㉡ 역학적 6 ㉠ 소비 전력, ㉡ W(와트) 7 300 J 8 180 Wh 9 화학 에너지 10 에너지 보존 법칙

중단원 기출 문제

시험 대비 교재 42~45쪽

01 ④ 02 ㉠ 역학적, ㉡ 전기 03 ①, ③ 04 ③ 05 ① 06 ㄱ, ㄴ 07 ④ 08 ① 09 ④ 10 ④ 11 ④ 12 ④ 13 ㄷ, ㄹ 14 ③ 15 ④ 16 ③ 17 ⑤ 18 ③ 19 ② 20 해설 참조 21 해설 참조 22 해설 참조

01 ㄱ, ㄴ, ㄷ. 정지해 있는 코일에 자석을 가까이 하거나 멀리 하는 경우와 정지해 있는 자석에 코일을 가까이 하거나 멀리 하는 경우는 코일을 통과하는 자기장이 변하므로 코일에 유도 전류가 흐른다.

오답 피하기 | ㄹ. 정지해 있는 코일에 자석을 가까이 한 채로 정지해 있으면 코일을 통과하는 자기장의 변화가 없으므로 코일에 유도 전류가 흐르지 않는다.

02 자석을 움직일 때 코일에 유도 전류가 흘렀으므로 자석의 역학적 에너지가 전기 에너지로 전환된 것이다.

03 ①, ③ 자석의 N극을 코일에 가까이 할 때 B 방향으로 전류가 흐르므로 반대 방향인 A 방향으로 전류를 흐르게 하려면 자석의 N극을 코일에서 멀리 하거나 정지해 있는 자석의 N극에서 코일을 멀리 하면 된다.

오답 피하기 | ②, ⑤ 자석이나 코일을 더 빠르게 가까이 하는 것은 전류의 방향은 변하지 않고 전류의 세기만 세게 흐르게 한다.
④ 정지해 있는 자석의 N극에 코일을 가까이 하는 것은 정지해 있는 코일에 자석의 N극을 가까이 하는 것과 코일을 통과하는 자기장의 변화가 같으므로 B 방향으로 전류가 흐른다.

04 • (가)와 (나): 자석이 움직이는 빠르기가 같을 때 코일의 감은 수가 많을수록 센 전류가 흐른다. 즉, (가)<(나)이다.
• (나)와 (다): 코일의 감은 수가 같을 때 자석이 빠르게 움직일수록 센 전류가 흐른다. 즉, (나)<(다)이다.
• (다)와 (라): 코일의 감은 수가 같고, 자석의 빠르기가 같다면 자석을 넣을 때와 뺄 때 유도되는 전류의 세기는 같다. 즉, (다)=(라)이다.
따라서 검류계의 바늘이 회전하는 정도는 (가)<(나)<(다)=(라)이다.

05 ② 전동기와 발전기는 모두 영구 자석 사이에 회전할 수 있는 코일이 있는 구조이다.
③, ⑤ 전동기는 자기장 속에서 코일에 전류가 흐를 때 코일이 힘을 받는 것을 이용한다. 따라서 전동기에서는 전기 에너지가 역학적 에너지로 전환된다.
④ 발전기는 영구 자석 사이에서 코일이 회전할 때 전류가 발생하는 것이므로 역학적 에너지가 전기 에너지로 전환된다.

오답 피하기 | ① 전자기 유도를 이용하는 것은 발전기이다.

06 **오답 피하기** | ㄷ, ㄹ. 영구 자석을 더 센 자석으로 바꾸거나 자석의 극을 바꾸는 경우에도 코일을 통과하는 자기장이 변하지 않으면 유도 전류가 흐르지 않는다.

07 ㄱ, ㄴ. 물이 아래로 흐르면서 발전기의 터빈을 돌려 전기 에너지를 생산하므로 물의 역학적 에너지가 전기 에너지로 전환된다.
ㄷ. 풍력 발전소에서는 바람의 역학적 에너지로 발전기의 터빈을 돌려 전기 에너지를 생산하므로, 수력 발전소와 에너지 전환 과정이 같다.

오답 피하기 | ㄹ. 화력 발전소에서는 화석 연료를 태워 물을 가열하고, 이때 발생한 수증기로 발전기의 터빈을 돌려 전기를 생산한다. 즉, 화석 연료의 화학 에너지로 발전기의 터빈을 돌려 전기 에너지를 생산한다.

08 ㄱ, ㄴ. 정격 전압이 220 V이므로 이 전기다리미는 220 V에서 가장 잘 작동하며, 이때 소비 전력이 330 W이다.

오답 피하기 | ㄷ. 소비 전력이 330 W이므로 1초 동안 소비한 전기 에너지는 330 J이다.
ㄹ. 10분$=\frac{1}{6}$시간이므로 10분 동안 소비한 전력량은

330 W$\times\frac{1}{6}$ h$=$55 Wh이다.

09 정격 전압에 연결하여 사용하므로 전기 기구의 소비 전력은 정격 소비 전력과 같다. 따라서 소비 전력이 110 W이면 1초에 소비하는 전기 에너지가 110 J이므로 10초 동안에는 1100 J의 전기 에너지를 소비한다.

10 전력량=소비 전력×시간=110 W×10 h=1100 Wh

11 절약되는 전력량=소비 전력×시간=110 W×1 h=110 Wh

12 1초 동안 소비하는 전기 에너지가 소비 전력이므로 소비 전력이 가장 큰 전자레인지가 전기 에너지를 가장 많이 소비하고, 소비 전력이 가장 작은 형광등이 전기 에너지를 가장 적게 소비한다.

13 ㄷ. 세탁기의 소비 전력이 500 W이므로 30분 $=\frac{1}{2}$시간 동안 사용했을 때 소비한 전력량은 500 W $\times \frac{1}{2}$ h $=$ 250 Wh이다.
ㄹ. 소비 전력이 클수록 전기 에너지를 많이 사용하므로 세탁기가 같은 시간 동안 가장 많은 전기 에너지를 사용한다.
오답 피하기 | ㄱ. 냉장고는 소비 전력이 200 W이므로 1초에 200 J의 전기 에너지를 사용한다.
ㄴ. 텔레비전을 1시간 동안 켰을 때 소비한 전력량은 100 W $\times$ 1 h $=$ 100 Wh이다.

14 이 가정에서 하루 동안 사용한 전력량 $=$ (50 W $\times$ 10 h) $+$ (200 W $\times$ 24 h) $+$ (500 W $\times$ 2 h) $+$ (100 W $\times$ 4 h) $=$ 6700 Wh이고, 1000 Wh $=$ 1 kWh이므로 사용한 전력량은 6.7 kWh이다.

15 하루 동안 사용한 전력량이 6.7 kWh이므로 한 달 동안 사용한 전력량은 6.7 kWh $\times$ 30 $=$ 201 kWh이다. 따라서 전기 요금은 201 kWh $\times$ 300원/kWh $=$ 60300원이다.

16 ㄱ, ㄴ. 전기 에너지는 다양한 형태의 에너지로 전환되며, 공급된 전기 에너지가 운동 에너지로 전환되는 비율은 100 % $-$ (45 % $+$ 20 % $+$ 5 %) $=$ 30 %이므로 공급된 전기 에너지가 100 J이면 전환된 운동 에너지는 30 J이다.
오답 피하기 | ㄷ. 에너지가 전환되는 과정에서 에너지는 새로 생겨나거나 소멸되지 않고 그 총량이 일정하게 보존된다.

17 위로 튀어오르던 공의 높이가 점점 낮아지다가 결국 멈추는 것은 공기 저항이나 마찰에 의해 열이 발생하기 때문이다.
오답 피하기 | ⑤ 우주에는 공기가 없으므로 소행성들이 달 표면에 떨어질 때는 열이 발생하지 않고 그대로 떨어진다.

18 자료 분석

바퀴가 회전하면 발광 다이오드가 연결된 코일 철심이 N극과 S극이 교대로 촘촘히 박힌 영구 자석 속에서 회전한다.
➡ 코일 철심을 통과하는 자기장이 변하므로 발광 다이오드에 불이 들어온다.

▲ 킥보드 바퀴

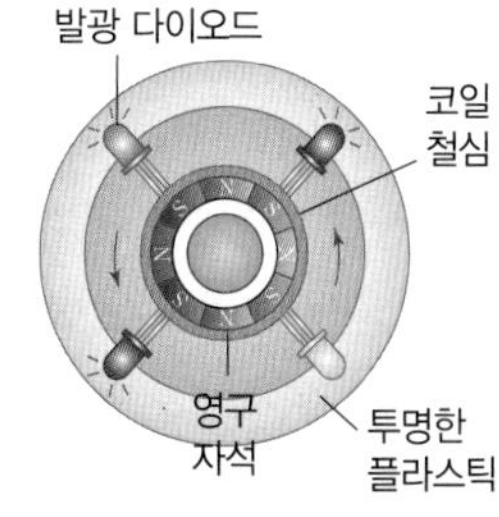

▲ 킥보드 바퀴의 구조

ㄱ. 바퀴가 회전할 때 코일에 전류가 흐르므로 운동 에너지를 전기 에너지로 전환하는 장치이다.
ㄴ. 바퀴가 회전하면 코일에 유도 전류가 흐르므로 발광 다이오드에 불이 들어온다.
오답 피하기 | ㄷ. 바퀴가 빠르게 회전할수록 코일을 통과하는 자기장의 변화가 크므로 발광 다이오드의 불이 더 밝아진다.

19 자료 분석

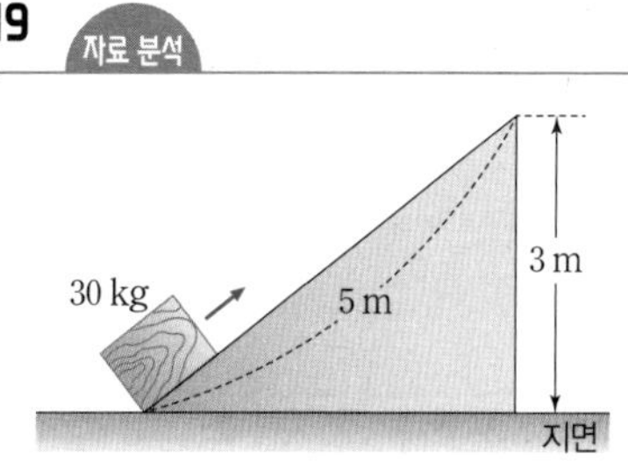

빗면에서 물체를 밀어 올려 물체가 빗면을 따라 3 m 높이까지 올라갔다.
➡ 3 m 높이에서 물체는 위치 에너지만 가지고 있다.

빗면에서 물체를 밀어 올리는 일이 3 m 높이에서 물체의 위치 에너지로 전환되므로 물체의 위치 에너지는 (9.8 $\times$ 30) N $\times$ 3 m $=$ 882 J이다. 빗면에서 물체를 밀어 올리는 데 980 J의 일을 했다면 마찰에 의해 발생한 열에너지 $=$ 물체에 해 준 일 $-$ 물체가 가진 위치 에너지 $=$ 980 J $-$ 882 J $=$ 98 J이다.

20 **모범 답안** (1) 간이 발전기를 흔들면 발전기 안의 자석이 움직이면서 전자기 유도에 의해 코일에 전류가 흘러 발광 다이오드에 불이 켜진다.
(2) 간이 발전기를 흔들어 코일에 전류가 흐르면 역학적 에너지가 전기 에너지로 전환되고, 전류가 흘러 발광 다이오드에 불이 켜지면 전기 에너지가 빛에너지로 전환된다.

	채점 기준	배점
(1)	불이 켜지는 과정을 옳게 서술한 경우	50 %
(2)	불이 켜지는 과정에서의 에너지 전환을 옳게 서술한 경우	50 %

21 **모범 답안** (1) 전기다리미, 전기밥솥, 전기난로 등
(2) 선풍기, 세탁기, 믹서 등
(3) 전등, 텔레비전, 컴퓨터 모니터 등

채점 기준	배점
(1), (2), (3) 모두 전기 기구를 2가지씩 옳게 쓴 경우	100 %
(1), (2), (3) 중 두 경우만 전기 기구를 2가지씩 옳게 쓴 경우	60 %
(1), (2), (3) 중 한 경우만 전기 기구를 2가지 옳게 쓴 경우	30 %

22 **모범 답안** 공기 저항이나 마찰에 의해 역학적 에너지가 열에너지나 소리 에너지 등으로 전환되기 때문이다.

채점 기준	배점
역학적 에너지가 보존되지 않는 까닭을 제시한 단어를 모두 포함하여 옳게 서술한 경우	100 %
제시한 단어를 일부만 포함하여 까닭을 서술한 경우	40 %

Ⅶ 별과 우주

01 별까지의 거리

중단원 핵심 정리 시험 대비 교재 46쪽

❶ 각도 ❷ 커 ❸ 작아 ❹ 반비례 ❺ 6 ❻ 공전 ❼ 커 ❽ 반비례 ❾ 가깝 ❿ 작아 ⓫ 큰 ⓬ 작은 ⓭ 5 : 1

중단원 퀴즈 시험 대비 교재 47쪽

1 작아 2 시차, 지구 3 $\frac{1}{2}\theta$, $\frac{2}{\theta}$ 4 공전, 별까지의 거리 5 ㄱ, ㄴ, ㄷ 6 A, D 7 1 : 5 8 0.1, 0.05 9 2

중단원 기출 문제 시험 대비 교재 48~51쪽

01 ② **02** ③ **03** ㉠ 60, ㉡ 0.017″ **04** ① **05** ②, ⑤ **06** B, C, A **07** ③, ⑤ **08** ④ **09** 지구로부터의 거리가 가장 가까운 별: 0.1 pc, 지구로부터의 거리가 가장 먼 별: 100 pc **10** ⑤ **11** ② **12** ③ **13** ② **14** ② **15** ⑤ **16** 별 S까지의 거리 **17** ③ **18** ⑤ **19** ④ **20** ② **21** 해설 참조 **22** 해설 참조 **23** 해설 참조

01 ㄱ. 연주 시차의 단위는 주로 ″(초)를 사용하며, 1°(도)=60′(분)=3600″(초)이다.
ㄹ. 연주 시차는 지구에서 6개월 간격으로 별을 관측할 때 나타나는 각도(시차)의 $\frac{1}{2}$이므로, 지구에서 6개월 간격으로 가까운 별을 관측하면 연주 시차를 측정할 수 있다.
오답 피하기 | ㄴ, ㄷ. 연주 시차는 지구가 태양 주위를 공전하기 때문에 나타나므로, 지구가 공전한다는 증거가 된다.

02 연주 시차는 지구에서 6개월 간격으로 별을 관측할 때 나타나는 각도(시차)의 $\frac{1}{2}$이므로 $\frac{0.06''+0.04''}{2}=0.05''$이다.

별까지의 거리(pc)=$\frac{1}{\text{연주 시차}('')}=\frac{1}{0.05''}=20$ pc이다.

03 별 A가 현재보다 지구로부터 3배 먼 거리에 위치할 경우 거리는 60 pc이므로, 60 pc=$\frac{1}{\text{연주 시차}('')}$에서 연주 시차는 약 0.017″이다.

04 시차는 관측자가 서로 다른 두 지점에서 같은 물체를 바라볼 때 두 관측 지점과 물체가 이루는 각도로, 관측자와 물체 사이의 거리에 반비례한다. 따라서 관측자 A와 B가 각각 나무를 바라볼 때 생기는 방향의 차(θ)는 시차이며, 관측자 A, B와 나무 사이의 거리가 가까워질 때는 시차가 커지고, 멀어질 때는 시차가 작아진다.

05 ①, ③ 연주 시차는 별까지의 거리에 반비례하므로, 지구에서 가장 먼 별은 연주 시차가 가장 작은 베가이다.
④ 연주 시차는 지구가 태양 주위를 공전하기 때문에 나타나며, 지구에서 6개월 간격으로 별을 관측할 때 나타나는 각도(시차)의 $\frac{1}{2}$이다.
오답 피하기 | ② 알타이르의 연주 시차는 0.19″이므로

별까지의 거리(pc)=$\frac{1}{\text{연주 시차}('')}=\frac{1}{0.19''}\fallingdotseq 5.26$ pc이다.

⑤ 시리우스는 베가보다 연주 시차가 크므로, 지구로부터의 거리가 가깝다.

06 연주 시차는 별까지의 거리에 반비례하므로, 지구에서 거리가 가장 가까운 별 B의 연주 시차가 가장 크고, 지구에서 거리가 가장 먼 별 A의 연주 시차가 가장 작다.

07 ③ 연주 시차는 지구가 태양 주위를 공전하기 때문에 나타난다. 따라서 지구가 공전하지 않는다면 θ(시차)가 나타나지 않을 것이다.
⑤ 지구로부터의 거리가 약 100 pc 이상인 멀리 있는 별들은 연주 시차가 매우 작아서 측정하기 어렵다. 연주 시차는 비교적 가까운 별까지의 거리를 구할 때 이용한다.
오답 피하기 | ① 연주 시차는 지구에서 6개월 간격으로 별을 관측할 때 나타나는 각도(시차)의 $\frac{1}{2}$이다. 따라서 별 S의 연주 시차는 $\frac{\theta}{2}$이다.
② 시차는 별까지의 거리에 반비례하므로, 별 S보다 거리가 먼 별의 시차는 θ보다 작다.
④ θ는 지구에서 별 S를 6개월 간격으로 관측하여 측정한다.

08 ① 시차는 관측자가 서로 다른 두 지점에서 같은 물체를 바라볼 때 두 관측 지점과 물체가 이루는 각도로, 관측 지점과 물체 사이의 거리가 가까울수록 커지고, 거리가 멀수록 작아진다. 따라서 시차를 이용하여 물체까지의 거리를 알 수 있다.
② 시차는 관측 지점과 물체 사이의 거리에 반비례하므로, 관측자와 스타이로폼 공의 거리가 가까울수록 시차가 크다.
③, ⑤ 별의 연주 시차를 구하는 방법에 비교할 때 붙임쪽지는 거리가 먼 배경별에, 스타이로폼 공은 상대적으로 거리가 가까운 별에, 관측자의 두 눈은 6개월 간격의 지구 위치에 해당한다.
오답 피하기 | ④ 관측자의 두 눈 사이의 거리가 더 멀 경우 붙임쪽지 번호의 차는 더 크다.

09 지구로부터의 거리가 가장 가까운 별은 연주 시차가 가장 큰 별 A이고, 지구로부터의 거리가 가장 먼 별은 연주 시차가 가장 작은 별 B이다. 별 A의 거리는 $\frac{1}{10''}=0.1$ pc이고 별 B의 거리는

$\frac{1}{0.01''}$≒100 pc이다.

10 ㄴ. 지구에서 6개월 간격으로 관측한 별 A는 위치가 변했고 별 B는 위치가 변하지 않았으므로, 연주 시차는 별 A가 별 B보다 크다.
ㄷ. 연주 시차는 별까지의 거리가 가까울수록 크고, 멀수록 작다. 따라서 지구로부터의 거리는 연주 시차가 큰 별 A가 별 B보다 가깝다.
ㄹ. 연주 시차는 지구가 공전하기 때문에 나타난다.
오답 피하기 | ㄱ. 지구에서 6개월 간격으로 관측한 별 A의 각거리가 0.3″이므로, 별 A의 연주 시차는 0.15″이다. 따라서 지구로부터 별 A까지의 거리는 $\frac{1}{0.15''}$≒6.7 pc이다.

11 별까지의 거리(pc)$=\frac{1}{\text{연주 시차}('')}=\frac{1}{0.2''}=5$ pc이다. 별 S는 지구로부터 5 pc≒(3.26×5)광년=16.3광년 거리에 있으므로, 별 S의 빛이 지구에 도달하는 데 걸리는 시간은 약 16.3년이다.

12 1 pc(파섹)≒3×10^{13} km≒206265 AU≒3.26광년
(가) 시차가 1″인 별은 연주 시차가 0.5″이므로,
별까지의 거리(pc)$=\frac{1}{\text{연주 시차}('')}=\frac{1}{0.5''}=2$ pc이다.
(나) 연주 시차가 4″인 별의 지구로부터의 거리는 $\frac{1}{4''}=0.25$ pc이다.
(다) 지구로부터의 거리가 20 pc인 별
(라) 지구로부터의 거리가 3.26광년인 별의 거리는 약 1 pc이다.
(마) 지구로부터의 거리가 3×10^{15} km인 별의 거리는 약 100 pc이다. 따라서 지구로부터의 거리가 가장 가까운 별은 (나)이고, 가장 먼 별은 (마)이다.

13 연주 시차는 별까지의 거리에 반비례한다. 별 A~C 중 6개월 간격으로 관측했을 때 상대적인 위치 변화가 가장 큰 별 A의 연주 시차가 가장 크므로, 지구로부터의 거리가 가장 가까운 별은 A이다. 한편 상대적인 위치 변화가 거의 없는 별 C의 연주 시차가 가장 작다.

14 지구가 태양 주위를 공전하기 때문에 6개월 간격으로 관측했을 때 지구로부터 거리가 가까운 별은 배경별에 대해 위치 변화가 나타난다.

15 물체의 거리가 멀수록 시차가 작고, 별의 거리가 멀수록 연주 시차가 작다. 즉, 물체의 거리와 시차, 별의 거리와 연주 시차는 각각 반비례 관계이다.

16 p는 지구에서 6개월 간격으로 별 S를 관측할 때 나타나는 시차의 절반이므로 연주 시차이다. 연주 시차를 관측하여 별의 거리를 알 수 있다.

17 연주 시차는 별까지의 거리에 반비례하므로, p가 0.2″일 때 별 S까지의 거리는 5 pc이다.

18 지구에서 측정한 별 S의 연주 시차가 p이므로 시차는 $2p$이다. 따라서 공전 궤도 반지름이 지구의 5배인 목성에서 별 S의 시차를 측정한다면 약 $10p$이다.

19 자료 분석

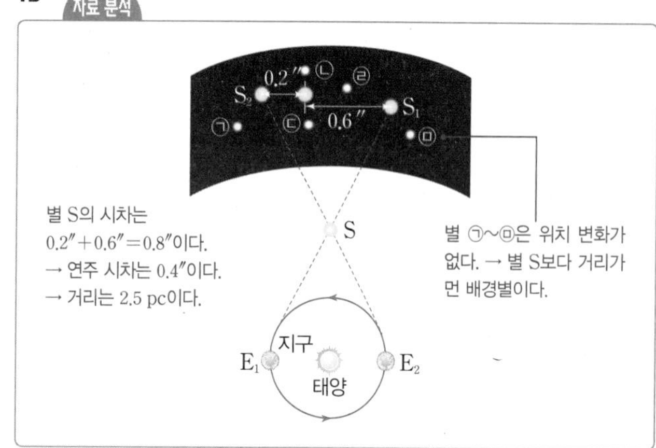

ㄴ. 시차는 별의 거리에 반비례한다. 별 S의 시차는 0.2″+0.6″=0.8″이므로, 거리가 5배 멀어지면 시차는 $\frac{0.8''}{5}=0.16''$가 된다.
ㄹ. 별 S의 연주 시차는 0.4″이므로 거리는 2.5 pc이다. 따라서 별 S는 지구로부터 2.5 pc≒(3.26×2.5)광년=8.15광년 거리에 있으므로, 별 S의 빛이 지구에 도달하는 데 걸리는 시간은 약 8.15년으로 10년보다 짧다.
오답 피하기 | ㄱ. 별 S의 거리(pc)$=\frac{1}{\text{연주 시차}('')}=\frac{1}{0.4''}=2.5$ pc
ㄷ. 지구에서 6개월 간격으로 관측할 때 별 ㉠~㉤은 위치 변화가 없으므로 별 S보다 거리가 먼 배경별이다. 이 그림에서는 별 ㉠~㉤의 지구로부터의 거리를 비교할 수 없다.

20 ㄱ. 별 B의 연주 시차(㉠)는 0.2 pc$=\frac{1}{\text{연주 시차}('')}=5''$이다.
ㄷ. 연주 시차는 별까지의 거리와 반비례 관계이다. 따라서 지구로부터의 거리가 가장 먼 별은 연주 시차가 가장 작은 별 D이다.
오답 피하기 | ㄴ. 별 C는 D보다 연주 시차가 크므로 지구로부터의 거리가 가깝다. 따라서 ㉡은 ㉢보다 작다.
ㄹ. 별 A는 D보다 연주 시차가 2배 크므로 지구로부터의 거리는 $\frac{1}{2}$배로 가깝다. 따라서 별 A의 빛이 지구에 도달하는 데 걸리는 시간은 별 D의 빛이 지구에 도달하는 데 걸리는 시간보다 $\frac{1}{2}$배로 짧다.

21 모범 답안 (1) $p_1>p_2$
(2) 관측자로부터 건물까지의 거리가 멀수록 시차가 작아지므로, 시차는 관측자로부터 건물까지의 거리에 반비례한다.

	채점 기준	배점
(1)	p_1과 p_2의 크기를 부등호를 이용하여 옳게 비교한 경우	30 %
(2)	모범 답안과 같이 서술한 경우	70 %
	관측자로부터 건물까지의 거리가 멀수록 시차가 작아진다고만 서술한 경우	40 %

22 모범 답안 별 A의 시차는 0.07″+0.03″=0.1″이므로, 연주 시차는 0.05″이다. 연주 시차는 별까지의 거리에 반비례하므로 별 A의 거리는 $\frac{1}{0.05''}$=20 pc이다.

채점 기준	배점
별 A까지의 거리를 구하는 과정을 3가지 단어를 모두 포함하여 옳게 서술한 경우	100 %
별 A까지의 거리를 구하는 과정을 2가지 단어만 포함하여 옳게 서술한 경우	60 %

23 (1) 별 C의 연주 시차는 10″이므로 지구로부터 별 C까지의 거리는 $\frac{1}{10''}$≒0.1 pc이고, 별 D의 연주 시차는 0.1″이므로 지구로부터 별 D까지의 거리는 $\frac{1}{0.1''}$≒10 pc이다. 따라서 별 C와 D의 거리 비(C : D)는 1 : 100이다.

모범 답안 (1) 1 : 100

(2) 별 A, B는 지구로부터 각각 0.05 pc≒(3.26×0.05)광년=0.163광년, 0.5 pc≒(3.26×0.5)광년=1.63광년 거리에 있으므로, 별 A, B의 빛이 지구에 도달하는 데 걸리는 시간은 각각 약 0.163년, 약 1.63년이다.

	채점 기준	배점
(1)	별 C와 D의 거리 비를 옳게 쓴 경우	40 %
(2)	별 A와 B의 빛이 각각 지구에 도달하는 데 걸리는 시간을 모두 옳게 서술한 경우	60 %
	별 A와 B의 빛이 각각 지구에 도달하는 데 걸리는 시간 중 1가지만 옳게 서술한 경우	30 %

02 별의 성질

중단원 핵심 정리

시험 대비 교재 52쪽

❶ 많은 ❷ 가까운 ❸ 어둡게 ❹ 거리 ❺ 밝은 ❻ 어두운 ❼ 2.5 ❽ 100 ❾ 작은 ❿ 작은 ⓫ 가까이 ⓬ 멀리 ⓭ 색깔 ⓮ 높다

중단원 퀴즈

시험 대비 교재 53쪽

1 밝기, 빛의 양 2 반비례, 9 3 16 4 40 5 1, −4 6 ㄱ, ㄷ 7 북극성, 리겔 8 멀고, 가깝다 9 커, 변하지 않는다 10 표면 온도, 표면 온도

계산 문제 공략

시험 대비 교재 54쪽

1 4 **2** 100 **3** $\frac{1}{16}$ **4** $\frac{1}{25}$ **5** $\frac{1}{100}$ **6** ㉠ 6.3, ㉡ 밝게 **7** ㉠ 16, ㉡ 밝게 **8** ㉠ $\frac{1}{2.5}$, ㉡ 어둡게 **9** ㉠ $\frac{1}{16}$, ㉡ 어둡게 **10** ㉠ $\frac{1}{100}$, ㉡ 어둡게 **11** 2등급 **12** 7등급 **13** −1.9등급 **14** 9.1등급 **15** −5.5등급 **16** 7.5등급 **17** −3.5등급 **18** 100개

1~5 별의 밝기는 별까지의 거리의 제곱에 반비례하며, 별의 거리가 가까워지면 밝게 보이고, 멀어지면 어둡게 보인다.

6~10 1등급의 별은 6등급의 별보다 약 100배 밝으므로 1등급 간의 밝기 차는 약 2.5배이며, 등급이 작은 별일수록 밝게 보인다.

11 약 2.5배의 밝기 차는 1등급 차이가 나므로, 3등급인 별보다 약 2.5배 밝은 별은 3등급−1등급=2등급이다.

12 약 16배의 밝기 차는 3등급 차이가 나므로, 4등급인 별보다 약 $\frac{1}{16}$배로 어두운 별은 4등급+3등급=7등급이다.

13 약 6.3배의 밝기 차는 2등급 차이가 나므로, 겉보기 등급이 0.1등급인 A보다 약 6.3배 밝게 보이는 별은 0.1등급−2등급=−1.9등급이다.

14 약 40배의 밝기 차는 4등급 차이가 나므로, 겉보기 등급이 5.1등급인 B보다 약 $\frac{1}{40}$배로 어둡게 보이는 별의 겉보기 등급은 5.1등급+4등급=9.1등급이다.

15 약 100배의 밝기 차는 5등급 차이가 나므로, 절대 등급이 −0.5등급인 C보다 약 100배 밝은 별은 −0.5등급−5등급=−5.5등급이다.

16 약 100배의 밝기 차는 5등급 차이가 나므로, 절대 등급이 2.5등급인 D보다 약 $\frac{1}{100}$배로 어두운 별의 절대 등급은 2.5등급+

5등급=7.5등급이다.

17 약 40배의 밝기 차는 4등급 차이가 나므로, 0.5등급인 별 40개가 모여 있는 경우 0.5등급−4등급=−3.5등급의 별 1개와 밝기가 같다.

18 5등급 차이는 약 100배의 밝기 차이가 나므로, 3등급인 별 100개가 모여야 3등급−5등급=−2등급인 별 1개와 밝기가 같다.

계산 문제 공략 시험 대비 교재 55쪽

1 6등급 **2** 8등급 **3** 5.1등급 **4** −0.1등급 **5** B, D **6** C **7** A, E **8** D, A **9** −3등급 **10** ㉠ 100, ㉡ 5, ㉢ 5 **11** 8.2등급 **12** ㉠ $\frac{1}{16}$, ㉡ 3, ㉢ 3 **13** 4.4등급

1 별의 거리가 $\frac{1}{4}$배로 가까워지면 16배 밝게 보이며, 약 16배의 밝기 차는 3등급 차이가 난다. 따라서 겉보기 등급이 9등급인 별의 거리가 $\frac{1}{4}$배로 가까워지면 9등급−3등급=6등급으로 보인다.

2 별의 거리가 10배 멀어지면 $\frac{1}{100}$배로 어둡게 보이며, 약 100배의 밝기 차는 5등급 차이가 난다. 따라서 3등급으로 보이는 별의 거리가 10배 멀어지면 겉보기 등급은 3등급+5등급=8등급이 된다.

3 별의 거리가 4배 멀어지면 $\frac{1}{16}$배로 어둡게 보이며, 약 16배의 밝기 차는 3등급 차이가 난다. 따라서 A의 거리가 4배 멀어지면 2.1등급+3등급=5.1등급으로 보인다.

4 절대 등급은 별의 실제 밝기를 나타낸 것으로, 별의 거리가 달라져도 변하지 않는다.

5 거리가 10 pc보다 가까운 별은 (겉보기 등급−절대 등급) 값이 0보다 작은 B, D이다.

6 10 pc의 거리에 있는 별은 (겉보기 등급−절대 등급) 값이 0인 C이다.

7 거리가 10 pc보다 먼 별은 (겉보기 등급−절대 등급) 값이 0보다 큰 A, E이다.

8 (겉보기 등급−절대 등급) 값이 클수록 별의 거리가 멀다. (겉보기 등급−절대 등급) 값은 A가 6.9, B가 −2.9, C가 0, D가 −11.6, E가 6.0이므로, 거리가 가장 가까운 별은 D이고, 가장 먼 별은 A이다.

9 10 pc의 거리에 있는 별은 겉보기 등급과 절대 등급이 같다.

10 별의 거리가 10 pc보다 멀므로 절대 등급=(겉보기 등급−별의 거리 변화에 따른 등급 차)≒2등급−5등급≒−3등급이다.

11 10 pc은 별의 거리인 1 pc보다 10배 먼 거리이다. 별을 10 pc의 거리로 옮기면 거리가 10배 멀어지므로 밝기는 $\frac{1}{100}$배로 어둡게 보인다. 100배의 밝기 차는 약 5등급 차이가 나며, 별의 거리가 10 pc보다 가까우면 (겉보기 등급+별의 거리 변화에 따른 등급 차)가 절대 등급이다. 따라서 절대 등급=(겉보기 등급+별의 거리 변화에 따른 등급 차)≒3.2등급+5등급≒8.2등급이다.

12 별의 거리가 10 pc보다 멀므로 겉보기 등급=(절대 등급+별의 거리 변화에 따른 등급 차)≒4.5등급+3등급≒7.5등급이다.

13 100 pc은 10 pc보다 10배 먼 거리이다. 별의 거리가 10배 멀어지면 밝기는 $\frac{1}{100}$배로 어둡게 보인다. 100배의 밝기 차는 약 5등급 차이가 나며, 별의 거리가 10 pc보다 멀면 (절대 등급+별의 거리 변화에 따른 등급 차)가 겉보기 등급이다. 따라서 겉보기 등급=(절대 등급+별의 거리 변화에 따른 등급 차)≒−0.6등급+5등급≒4.4등급이다.

중단원 기출 문제 시험 대비 교재 56~59쪽

01 ③, ④ **02** ④ **03** ⑤ **04** ② **05** ③ **06** ④ **07** 시리우스, 리겔 **08** ④ **09** ④ **10** ⑤ **11** 시리우스 **12** ④, ⑤ **13** ① **14** (나), (라), (다), (가) **15** ③ **16** ③ **17** ④ **18** ② **19** 0.7등급 **20** ② **21** ①, ④ **22** ③ **23** 해설 참조 **24** 해설 참조 **25** 해설 참조 **26** 해설 참조

01 ① 1등급 차이는 약 2.5배의 밝기 차이가 나므로, 3등급 차이는 약 2.5^3=16배의 밝기 차이가 난다. 따라서 0등급인 별은 3등급인 별보다 약 16배 밝다.
② 별의 밝기는 숫자를 이용하여 −1등급, 0등급, 1등급 등으로 나타낸다.
⑤ 히파르코스는 맨눈으로 관측한 별들을 밝기에 따라 1등급부터 6등급까지 구분하였다.
오답 피하기 | ③ −1등급인 별과 6등급인 별은 7등급 차이가 나므로 약 6.3×100=630배의 밝기 차이가 난다.
④ 별의 밝기가 2등급과 3등급 사이일 때는 2.1, 2.5, 2.7등급 등으로 나타낸다.

02 A~D 중 가장 밝은 별은 절대 등급이 −2.1등급으로 가장 작은 B이고, 가장 어두운 별은 절대 등급이 1.9등급으로 가장 큰 D이다. B는 D보다 절대 등급이 4등급 작으므로 약 40배 밝다.

03 ㄱ. (가)는 큰 손전등과 작은 손전등을 이용하여 실험하였으므로, 별이 방출하는 빛의 양에 따른 눈에 보이는 별의 밝기를 알아보기 위한 실험이다.
ㄷ, ㄹ. (나)는 별의 거리에 따라 밝기가 다르게 보이는 것을 알아보기 위한 실험으로, 단위 면적당 도달하는 빛의 양은 거리가 먼

손전등(A)이 거리가 가까운 손전등(B)보다 적다.

오답 피하기 | ㄴ. (가)에서 큰 손전등은 작은 손전등보다 단위 면적당 도달하는 빛의 양이 많다.

04 1등급 차이는 약 2.5배의 밝기 차이가 나므로, 5등급 차이는 약 100배의 밝기 차이가 난다. 따라서 겉보기 등급이 −4등급인 별이 100개 모여 있다면, −4등급−5등급=−9등급의 별과 같은 밝기로 관측된다.

05 별의 밝기는 별까지의 거리의 제곱에 반비례하므로, 어떤 별까지의 거리가 $\frac{1}{6}$배로 가까워질 경우 밝기는 36배 밝게 보인다.

06 겉보기 등급이 0등급인 별의 거리가 10배 멀어지면 $\frac{1}{100}$배로 어둡게 보이므로, 별의 겉보기 등급은 0등급+5등급=5등급이 된다. 한편 절대 등급은 별의 실제 밝기를 나타낸 것으로, 별의 거리에 관계없이 변하지 않는다.

07 지구에서 맨눈으로 보았을 때 가장 밝게 보이는 별은 겉보기 등급이 가장 작은 시리우스이고, 실제로 가장 밝은 별은 절대 등급이 가장 작은 리겔이다.

08 북극성이 현재 위치보다 $\frac{1}{4}$배로 가까워질 경우 16배 밝게 보이므로 겉보기 등급은 2.1등급−3등급=−0.9등급이 되고, 베텔게우스와 밝기가 같은 별 16개가 모여 있을 경우 베텔게우스 1개보다 16배 밝게 보이므로 절대 등급은 −5.6등급−3등급=−8.6등급이 된다.

09 지구로부터의 거리가 10 pc보다 먼 별은 (겉보기 등급−절대 등급) 값이 0보다 큰 리겔, 북극성, 베텔게우스이다.

10 1등급 차이는 약 2.5배의 밝기 차이가 나므로, 5등급 차이는 약 100배의 밝기 차이가 나고, 10등급 차이는 약 10000배의 밝기 차이가 난다.

11 거리가 10 pc보다 가까운 별은 (겉보기 등급−절대 등급) 값이 0보다 작고, 거리가 10 pc보다 먼 별은 (겉보기 등급−절대 등급) 값이 0보다 크다. 시리우스는 거리가 10 pc보다 가까운 별인데, (겉보기 등급−절대 등급) 값이 0보다 크므로 잘못 표시되었다.

12 ① (겉보기 등급−절대 등급) 값이 클수록 거리가 먼 별이다. (겉보기 등급−절대 등급) 값은 A가 −0.2, B가 0, C가 2.2, D가 −8.5이다. 따라서 지구로부터의 거리가 가장 가까운 별은 D이고, 연주 시차는 별까지의 거리에 반비례하므로, 연주 시차가 가장 큰 별은 D이다.

② 실제 밝기가 가장 밝은 별은 절대 등급이 가장 작은 B이다.

③ B는 (겉보기 등급−절대 등급) 값이 0이므로, 지구로부터 10 pc의 거리에 있다.

오답 피하기 | ④ 지구로부터의 거리가 가장 먼 별은 (겉보기 등급−절대 등급) 값이 가장 큰 C이다.

⑤ 10 pc보다 가까운 거리에 있는 별은 (겉보기 등급−절대 등급) 값이 0보다 작은 A와 D이다.

13 ㄱ. 절대 등급은 별이 10 pc의 거리에 있다고 가정했을 때의 밝기를 등급으로 나타낸 것으로, 별의 실제 밝기를 비교할 수 있다.

ㄴ. 별의 표면 온도는 별의 색깔을 통해 알아낼 수 있다. 청색, 청백색, 백색, 황백색, 황색, 주황색, 적색으로 갈수록 표면 온도가 낮아지므로, 적색을 띠는 별은 황색을 띠는 별보다 표면 온도가 낮다.

오답 피하기 | ㄷ. 별의 절대 등급이 같은 경우 거리가 가까운 별일수록 밝게 보이므로 겉보기 등급이 작다.

ㄹ. 지구로부터 10 pc보다 먼 거리에 있는 별은 10 pc의 거리에 있을 때보다 어둡게 보이므로 겉보기 등급이 절대 등급보다 크다.

14 별의 표면 온도는 별의 색깔을 통해 알아낼 수 있으며, 청색, 청백색, 백색, 황백색, 황색, 주황색, 적색으로 갈수록 표면 온도가 낮아진다.

15 ③ 실제 밝기는 절대 등급이 작은 B가 D보다 밝다.

오답 피하기 | ① 이 자료로는 우리 눈에 보이는 별의 밝기(겉보기 등급)를 비교할 수 없다.

② 청색, 청백색, 백색, 황백색, 황색, 주황색, 적색으로 갈수록 표면 온도가 낮아지므로, B는 C보다 표면 온도가 낮다.

④ 절대 등급만 알고 겉보기 등급을 알지 못하므로 C의 지구로부터의 거리를 알 수 없다.

⑤ 절대 등급은 별이 10 pc의 거리에 있다고 가정했을 때의 밝기를 등급으로 나타낸 것으로, 별의 거리에 관계없이 일정하다.

16 ㄴ. A와 C는 (겉보기 등급−절대 등급) 값이 0이므로 지구로부터 같은 거리(10 pc의 거리)에 있다.

ㄹ. 지구로부터 10 pc의 거리에 있을 때 가장 밝게 보이는 별은 절대 등급이 가장 작은 C이다.

오답 피하기 | ㄱ. 가장 밝게 보이는 별은 겉보기 등급이 가장 작은 C와 D이다.

ㄷ. B는 (겉보기 등급−절대 등급) 값이 0보다 크므로 지구로부터 10 pc보다 먼 거리에 있다.

17 연주 시차는 별의 거리에 반비례하므로 100 pc의 거리에 있는 별의 연주 시차는 0.01″이다. 100 pc은 10 pc보다 10배 먼 거리이다. 별의 거리가 10배 멀어지면 밝기는 $\frac{1}{100}$배로 어둡게 보인다. 100배의 밝기 차는 약 5등급 차이가 나며, 별의 거리가 10 pc보다 멀면 (절대 등급+별의 거리 차에 따른 등급 차)가 겉보기 등급이다. 따라서 겉보기 등급=(절대 등급+별의 거리 차에 따른 등급 차)≒−3.2등급+5등급≒1.8등급이다.

18 실제 밝기가 더 밝은 별은 절대 등급이 더 작은 리겔이다. (겉보기 등급−절대 등급) 값이 클수록 거리가 먼 별이다. (겉보기 등급−절대 등급) 값은 리겔이 6.9이고 베텔게우스가 6.0이므로 거

리가 더 먼 별은 리겔이다. 청색, 청백색, 백색, 황백색, 황색, 주황색, 적색으로 갈수록 표면 온도가 낮아지므로, 표면 온도가 더 낮은 별은 베텔게우스이다.

19 연주 시차가 0.1″인 별의 거리는 10 pc이므로 겉보기 등급과 절대 등급이 같다.

20 절대 등급이 4.7등급인 별이 10000개 모여 있는 성단은 절대 등급이 4.7등급인 별 1개보다 10000배 밝게 보이므로 4.7등급−10등급=−5.3등급의 별 1개와 밝기가 같다.

21 자료 분석

별	겉보기 등급	절대 등급	(겉−절)
A	3.0	−4.2	7.2
B	5.1	−2.9	8.0
C	−2.8	5.2	−8.0
D	9.0	9.8	−0.8
E	−1.7	−3.6	1.9

• D는 절대 등급이 가장 크다. → 실제 밝기가 가장 어둡다. → 같은 거리에 있을 때 가장 어둡게 보인다.
• A, B, E는 (겉보기 등급−절대 등급) 값이 0보다 크다. → 10 pc보다 먼 거리에 있다.

② 10 pc보다 먼 거리에 있는 별은 (겉보기 등급−절대 등급) 값이 0보다 큰 A, B, E이다.
③ 지구로부터 가장 먼 거리에 있는 별은 (겉보기 등급−절대 등급) 값이 가장 큰 B이다.
⑤ E의 거리가 $\frac{1}{10}$배로 가까워지면 100배 밝게 보이므로 겉보기 등급이 약 5등급 작아진다. 따라서 겉보기 등급이 −1.7등급−약 5등급=약 −6.7등급이 되므로 절대 등급(−3.6등급)보다 작다.
오답 피하기| ① A는 D보다 겉보기 등급이 6등급 작으므로 약 250(=2.5×100)배 밝게 보인다.
④ 같은 거리에 있을 때 가장 어둡게 보이는 별은 절대 등급이 가장 큰 D이다.

22 ㄴ. 10 pc보다 가까운 거리에 있는 별은 (겉보기 등급−절대 등급) 값이 0보다 작은 태양이다.
ㄷ. 베텔게우스는 태양보다 절대 등급이 10.4등급 작으므로, 10000배 이상 밝은 별이다.
오답 피하기| ㄱ. 청색, 청백색, 백색, 황백색, 황색, 주황색, 적색으로 갈수록 표면 온도가 낮아지므로, 황백색을 띠는 북극성은 청백색을 띠는 리겔보다 표면 온도가 낮다.
ㄹ. 북극성은 리겔보다 겉보기 등급이 2등급 크므로 약 $\frac{1}{6.3}$배로 어둡게 보인다. 따라서 북극성과 밝기가 같은 별 약 6.3개가 모여 있으며 리겔 1개의 밝기와 같아 보인다.

23 모범 답안 별의 거리가 멀어지면 연주 시차가 작아지고, 겉보기 등급은 커지며, 절대 등급은 변하지 않는다.

채점 기준	배점
제시된 단어 3가지를 모두 포함하여 옳게 서술한 경우	100 %
제시된 단어 2가지만 포함하여 옳게 서술한 경우	60 %

24 모범 답안 D, (겉보기 등급−절대 등급) 값이 0보다 작기 때문이다.

채점 기준	배점
D를 옳게 쓰고, (겉보기 등급−절대 등급) 값을 이용하여 까닭을 옳게 서술한 경우	100 %
D만 옳게 쓴 경우	30 %

25 모범 답안 C, C는 연주 시차가 0.1″이므로 지구로부터의 거리가 10 pc이며, 지구로부터의 거리가 10 pc인 별은 겉보기 등급과 절대 등급이 같기 때문이다.

채점 기준	배점
C를 옳게 쓰고, 연주 시차를 이용하여 까닭을 옳게 서술한 경우	100 %
C만 옳게 쓴 경우	30 %

26 모범 답안 별의 표면 온도가 다르기 때문이다.

채점 기준	배점
별의 표면 온도가 다르기 때문이라고 서술한 경우	100 %
그 외의 경우	0 %

03 은하와 우주

중단원 핵심 정리
시험 대비 교재 60쪽

❶ 막대 ❷ 궁수 ❸ 붉은색 ❹ 파란색 ❺ 반사 ❻ 암흑 ❼ 모양 ❽ 팽창 ❾ 팽창 ❿ 인공위성 ⓫ 착륙 ⓬ 우주 정거장 ⓭ 달 ⓮ 목성

중단원 퀴즈
시험 대비 교재 61쪽

1 나선팔, 원반 2 은하수 여름 3 ㄱ, ㄹ, ㅂ 4 성운, 방출 성운 5 허블, 모양 6 멀어, 팽창 7 수축, 뜨거워 8 우주 탐사선 9 달, 행성 10 기상, 방송 통신

중단원 기출 문제
시험 대비 교재 62~65쪽

01 ② **02** (가) B, (나) ㉢ **03** ③, ④ **04** ④ **05** ④ **06** ①, ③ **07** ② **08** ⑤ **09** ①, ③ **10** 외부 은하 **11** ③ **12** 풍선 표면: 우주, 스티커: 은하 **13** ② **14** 대폭발 우주론(빅뱅 우주론) **15** ④ **16** ③ **17** ①, ③ **18** 허블 우주 망원경 **19** ④ **20** ②, ④ **21** ④, ⑤ **22** ⑤ **23** 해설 참조 **24** 해설 참조 **25** 해설 참조 **26** 해설 참조

01 **오답 피하기** | ② 우리은하는 태양계가 속해 있는 은하로, 약 2000억 개의 별을 포함한다.

02 태양계는 우리은하의 중심에서 약 8.5 kpc(3만 광년) 떨어진 나선팔에 위치한다.

03 ③ (나)는 우리은하를 위에서 본 모습으로, 막대 모양의 중심부를 나선팔이 휘감은 모양이다.
④ A에서 E까지의 거리는 우리은하의 지름으로, 약 10만 광년(30 kpc)이다.
오답 피하기 | ① ㉠은 우리은하 중심부로, 주로 구상 성단이 분포한다.
② (가)는 우리은하를 옆에서 본 모습으로, 중심부가 약간 볼록한 납작한 원반 모양이다.
⑤ 지구에서 C 방향(은하 중심 방향)을 바라볼 때 은하수가 가장 밝고 두껍게 보인다.

04 ㄴ, ㄷ. 은하수는 지구에서 우리은하의 일부를 바라본 모습으로 희뿌연 띠 모양으로 보이며, 북반구와 남반구에서 모두 관측할 수 있다.
오답 피하기 | ㄱ. 은하수는 은하 중심 방향인 궁수자리 방향에서 가장 밝고 두껍게 보인다.

05 ㄴ. (가)는 (나)보다 은하수가 밝고 두껍게 보이므로, 우리나라의 밤하늘이 은하 중심 방향을 향하는 여름철에 관측한 모습이다. 관측 방향이 우리은하의 중심부를 향할 때는 볼 수 있는 별의 수가 많고, 반대쪽을 향할 때는 볼 수 있는 별의 수가 적다. 따라서 (가)는 (나)보다 볼 수 있는 별의 수가 많다.
ㄷ. 은하수는 은하 중심 방향인 궁수자리 방향에서 가장 밝고 두껍게 보인다. (가)의 여름철에는 우리나라에서 밤하늘이 궁수자리 방향을 향한다.
오답 피하기 | ㄱ. (가)는 여름철, (나)는 겨울철에 관측한 모습이다.

06 ② 구상 성단의 별들은 생성된 지 오래되어 에너지를 많이 소모하였으므로 온도가 낮아 주로 붉은색을 띤다.
④, ⑤ 구상 성단은 수만~수십만 개의 별들이 빽빽하게 공 모양으로 모여 있는 천체로, 주로 우리은하의 중심부와 은하 원반을 둘러싼 구형의 공간에 분포한다.
오답 피하기 | ① 구상 성단을 이루는 별들은 나이가 많다.
③ 별과 별 사이에 성간 물질이 많이 모여 있는 천체는 성운이다.

07 ② 우리은하는 태양계가 속해 있는 은하로, 별, 성운, 성단 등으로 이루어져 있다.
오답 피하기 | ① 성운 중에서 암흑 성운은 어둡게 보인다.
③ 구상 성단은 우리은하를 구성하는 천체로, 우리은하보다 적은 수의 별들을 포함한다.
④ 산개 성단의 별들은 비교적 최근에 생성되어 에너지를 많이 방출하므로, 구상 성단의 별들보다 온도가 높다.
⑤ 비슷한 시기에 생성된 수많은 별들이 무리를 지어 모여 있는 것을 성단이라고 하며, 성운은 별과 별 사이에 성간 물질이 많이 모여 있어 구름처럼 보이는 것이다.

〈구상 성단과 산개 성단〉

구분	구상 성단	산개 성단
모습	수만~수십만 개의 별들이 빽빽하게 공 모양으로 모여 있는 성단	수십~수만 개의 별들이 비교적 엉성하게 모여 있는 성단
별의 나이	많다.	적다.
별의 온도	낮다.	높다.
별의 색	붉은색	파란색

08 ㄷ. (나)는 산개 성단이다. 산개 성단의 별들은 비교적 최근에 생성되어 에너지를 많이 방출하므로, 온도가 높고 나이가 적다.
ㄹ. (가)는 방출 성운, (다)는 암흑 성운이고, (나)는 산개 성단이다.
오답 피하기 | ㄱ. (가)의 방출 성운은 주로 붉은색을 띠고, (나)의 산개 성단은 주로 파란색을 띤다.
ㄴ. (다)의 암흑 성운은 성간 물질이 뒤쪽에서 오는 별빛을 가로막아 어둡게 보이며, 주로 검은색을 띤다.

09 ② 이 실험에서 손전등의 불빛은 주변 별빛에 해당한다.

④, ⑤ 향 연기가 셀로판지를 통과하여 나오는 손전등의 불빛을 반사하여 셀로판지의 색과 같은 색으로 보이는 것처럼, 성간 물질이 주위의 별빛을 반사하여 반사 성운으로 관측된다. 따라서 반사 성운이 우리 눈에 보이는 원리를 알아보기 위한 실험이다.

오답 피하기 | ① 이 실험에서 향 연기는 성간 물질에 해당한다.
③ (다)에서 향 연기의 색은 셀로판지와 같은 색을 띤다.

10 외부 은하는 우리은하 밖에 존재하는 은하로, 모양에 따라 타원 은하, 나선 은하(정상 나선 은하, 막대 나선 은하), 불규칙 은하로 분류한다.

11 우리은하는 수많은 별과 성단 등을 포함하며, 산개 성단은 수십~수만 개의 별들로 이루어져 있다. 태양계는 지름이 약 30 kpc이고, 북극성은 별이며, 목성은 행성이다. 따라서 우리은하의 규모가 가장 크고 목성의 규모가 가장 작다.

12 우주 팽창의 원리를 알아보기 위한 실험에서 풍선 표면이 팽창하여 스티커 사이의 거리가 멀어지므로 풍선 표면은 우주, 스티커는 은하에 해당한다.

13 ㄱ. 풍선 표면이 팽창하여 스티커 사이의 거리가 멀어지는 것과 같이 우주가 팽창하여 은하들이 멀어지고 있다.
ㄹ. 스티커가 서로 멀어지므로 팽창의 중심을 정할 수 없는 것과 같이 우주의 어느 지점에서 보더라도 은하들이 서로 멀어지고 있기 때문에 우주는 특별한 중심 없이 모든 방향으로 균일하게 팽창하고 있다.

오답 피하기 | ㄴ. 풍선 표면이 팽창할 때 스티커의 크기는 변하지 않는 것과 같이 우주가 팽창할 때 우주 공간이 팽창하며 은하들의 크기는 변하지 않는다.
ㄷ. 거리가 먼 스티커일수록 더 빨리 멀어지는 것과 같이 멀리 있는 은하일수록 멀어지는 속도가 빠르다.

14 대폭발 우주론(빅뱅 우주론)은 약 138억 년 전 매우 뜨겁고 밀도가 큰 한 점에서 대폭발(빅뱅)을 일으켜 계속 팽창하여 현재와 같은 우주가 되었다고 설명하는 이론이다.

15 외부 은하는 우리은하 밖에 존재하는 은하로, 허블은 외부 은하를 모양을 기준으로 분류하였다. 우리은하를 위에서 보면 막대 모양의 중심부를 나선팔이 휘감은 모양이므로, 우리은하는 C에 속한다.

16 ㄴ. 우주에는 약 1000억 개의 은하가 존재하며, 은하의 모양은 다양하다.
ㄷ. 우주가 팽창하여 은하들 사이의 거리가 멀어지므로, 우리은하에서 멀리 있는 은하일수록 빠른 속도로 멀어진다.

오답 피하기 | ㄱ. 팽창하는 우주의 시간을 거꾸로 돌리면 우주는 점점 수축하면서 뜨거워지고, 우주의 처음 상태는 한 점에 모여 있었다고 추측할 수 있다.
ㄹ. 은하들 사이의 거리가 멀어지고 있는 것을 통해 우주의 크기가 커지고 있는 것을 알 수 있으며, 우주는 팽창하면서 온도가 낮아지고 있다.

17 ①, ③ 그림은 전파 망원경으로, 지상에 설치하여 천체가 방출하는 전파를 관측하기 위한 장치이다.

오답 피하기 | ② 천체 표면에 착륙하여 탐사하는 탐사 장비는 우주 탐사선이다.
④, ⑤ 사람들이 우주에 머무르면서 임무를 수행하도록 만든 인공 구조물로, 지상에서 하기 어려운 실험을 하고 우주 환경 등을 연구하는 탐사 장비는 우주 정거장이다.

18 우주 망원경은 지구 대기 밖 우주에서 관측을 수행하므로 대기의 영향을 받지 않아 지상에 있는 망원경보다 선명한 상을 얻을 수 있다.

〈우주 탐사 장비〉

구분	설명
인공위성	천체 주위를 일정한 궤도를 따라 공전하도록 만든 장치 ➡ 다양한 목적으로 발사되며, 천체 관측을 위한 우주 망원경도 있다.
우주 탐사선	지구 이외의 다른 천체를 탐사하기 위해 쏘아 올리는 물체 ➡ 천체의 주위를 돌거나 천체 표면에 착륙하여 탐사한다.
우주 정거장	사람들이 우주에 머무르면서 임무를 수행하도록 만든 인공 구조물 ➡ 지상에서 하기 어려운 실험을 하고 우주 환경 등을 연구한다.
전파 망원경	지상에 설치하여 천체가 방출하는 전파를 관측하기 위한 장치

19 (가) 화성 탐사를 위한 탐사 로봇 큐리오시티는 2012년에 화성 표면에 착륙하였다.
(나) 명왕성 탐사를 위해 발사된 뉴호라이즌스호는 2015년에 명왕성을 근접 통과하였다.
(다) 1977년에 목성형 행성을 탐사하기 위해 보이저 2호가 발사되었다.
(라) 1969년에 아폴로 11호를 이용하여 인류가 최초로 달에 착륙하였다.

20 ① 그림은 지구 주위를 떠도는 우주 쓰레기이다.
③ 우주 쓰레기는 매우 빠른 속도로 떠돌면서 운행 중인 인공위성이나 우주 탐사선에 피해를 줄 수 있다.
⑤ 우주 쓰레기는 로켓의 하단부, 인공위성의 발사나 폐기 과정 등에서 나온 파편 등이다.

오답 피하기 | ② 우주 쓰레기는 지상에서 통제가 불가능하다.
④ 우주 탐사 활동이 활발할수록 우주 쓰레기의 수가 증가할 것이다.

21 

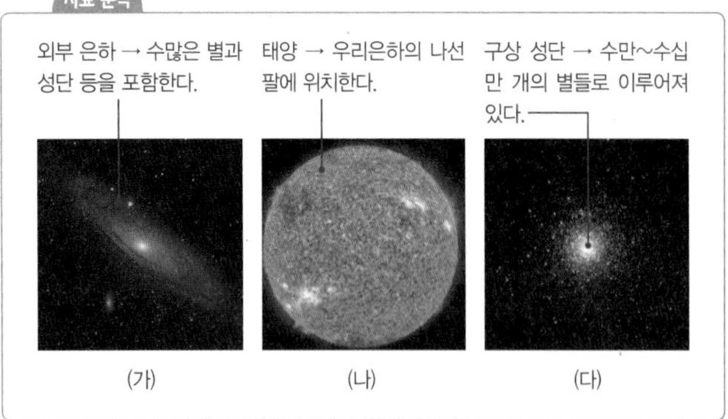

① (가)는 외부 은하로 수많은 별과 성단 등을 포함하며, (다)는 구상 성단으로 수만~수십만 개의 별들로 이루어져 있다. 따라서 (가)는 (다)보다 규모가 크다.
② (가)는 외부 은하로, 우리은하 밖에 존재하는 천체이다.
③ 우주에는 (가)와 같은 외부 은하가 약 1000억 개 존재한다.
오답 피하기 | ④ (나)는 태양으로, 우리은하의 나선팔에 위치한다.
⑤ (다)는 수만~수십만 개의 별들이 빽빽하게 공 모양으로 모여 있는 구상 성단이다. 한편 별과 별 사이에 성간 물질이 많이 모여 있어 구름처럼 보이는 천체는 성운이다.

22

그림은 대폭발 우주론(빅뱅 우주론)으로, 약 138억 년 전 매우 뜨겁고 밀도가 큰 한 점에서 대폭발(빅뱅)을 일으켜 계속 팽창하여 현재와 같은 우주가 되었다고 설명하는 이론이다.
오답 피하기 | ㄴ. 대부분의 외부 은하는 우리은하와 멀어지고 있으며, 우주의 어느 지점에서 보더라도 은하들이 서로 멀어지고 있기 때문에 우주는 특별한 중심 없이 모든 방향으로 균일하게 팽창하고 있는 것을 알 수 있다.

23

모범 답안 계절에 관계없이 모든 방향에서 은하수의 폭이 넓고 밝게 보일 것이다.

채점 기준	배점
제시된 단어 3가지를 모두 포함하여 옳게 서술한 경우	100 %
제시된 단어 중 2가지만 포함하여 옳게 서술한 경우	60 %

24

모범 답안 암흑 성운, 성간 물질이 뒤쪽에서 오는 별빛을 가로막기 때문에 우리 눈에 어둡게 보인다.

채점 기준	배점
암흑 성운을 옳게 쓰고, 성간 물질을 이용하여 까닭을 옳게 서술한 경우	100 %
암흑 성운만 옳게 쓴 경우	30 %

25

모범 답안 • 목적: 지구 이외의 다른 천체를 탐사한다.
• 탐사 방법: 천체의 주위를 돌거나 천체 표면에 착륙하여 탐사한다.

채점 기준	배점
우주 탐사선의 목적과 탐사 방법을 모두 옳게 서술한 경우	100 %
우주 탐사선의 목적과 탐사 방법 중 1가지만 옳게 서술한 경우	50 %

26

모범 답안 • 기상 위성: 일기 예보를 한다. 태풍의 경로를 예측하여 피해를 줄일 수 있다. 등
• 방송 통신 위성: 다른 나라의 방송을 실시간으로 볼 수 있다. 외국에 사는 사람과 쉽게 전화 통화를 할 수 있다. 등

채점 기준	배점
기상 위성과 방송 통신 위성이 이용되는 예를 1가지씩 옳게 서술한 경우	100 %
기상 위성과 방송 통신 위성이 이용되는 예 중 1가지만 옳게 서술한 경우	50 %

Ⅷ 과학기술과 인류 문명

01 과학기술과 인류 문명

중단원 핵심 정리 시험 대비 교재 66쪽

❶ 현미경 ❷ 질소 비료 ❸ 증기 기관 ❹ 백신 ❺ 항생제 ❻ 전화기 ❼ 지능형 농장 ❽ 원격 의료 기술 ❾ 유전자 재조합 ❿ 사물 인터넷(IoT)

중단원 퀴즈 시험 대비 교재 67쪽

1 불 2 ㉠ 태양, ㉡ 태양 중심설 3 전자기 유도 법칙 4 ㄴ, ㄷ 5 산업 6 지능형 농장 7 의료 분야 8 공학적 설계

중단원 기출 문제 시험 대비 교재 68~71쪽

01 ⑤ **02** ① **03** ㉠ 증기 기관, ㉡ 증기 기관차, ㉢ 산업 혁명 **04** ㄱ **05** ③ **06** ⑤ **07** ④ **08** ②, ③ **09** ① **10** ⑤ **11** ② **12** (사)-(나)-(마)-(바)-(다)-(가)-(라) **13** ② **14** ①, ② **15** 해설 참조 **16** 해설 참조 **17** 해설 참조

01 ㄱ, ㄴ, ㄷ. 과학 원리의 발견은 인류가 합리적이고 실험적인 방법을 중요하게 생각하도록 하였고, 과학기술 발달의 원동력이 되어 인류 문명을 발달시키는 데 큰 역할을 하였다.

02 망원경으로 천체를 관측하여 태양 중심설의 증거를 발견하면서 지구가 우주의 중심이라고 여긴 중세의 우주관이 바뀌는 계기가 되었다. 즉, 태양 중심설은 우주에 관한 사람들의 생각을 달라지게 하였고, 경험 중심의 과학적 사고를 중요시하게 되었다.
오답 피하기 | ① 지구가 우주의 중심이라는 우주관은 지구 중심설이다.

04 ㄱ. 세포의 발견으로 생물체가 세포라는 작은 단위로 이루어져 있다는 것을 알게 되어 생물체를 인식하는 관점이 변화되었다.
오답 피하기 | ㄴ. 전기를 생산하고 활용할 수 있는 방법을 열어 준 법칙은 전자기 유도 법칙이다.
ㄷ. 자연 현상을 이해하고 그 변화를 예측할 수 있게 하여 과학 발전의 토대가 된 법칙은 만유인력 법칙이다.

05 **오답 피하기** | ③ 백신과 항생제의 개발로 질병을 예방하고 치료할 수 있게 되었다. 따라서 백신과 항생제의 개발은 인류의 평균 수명을 늘리는 데 큰 역할을 했다.

06 암모니아를 합성하는 기술을 개발하면서 합성한 암모니아로부터 질소 비료를 만들 수 있게 되었고, 농산물의 생산력이 높아지면서 식량 생산이 증가하였다.

07 **오답 피하기** | ㄴ. 인터넷과 같은 정보 통신망의 발달로 어디서든 정보를 검색할 수 있게 되었다.

08 **오답 피하기** | ②, ③ 백신의 개발로 천연두나 소아마비와 같은 질병을 예방하게 되었고, 항생제의 개발로 결핵과 같은 질병을 치료하게 되었다.

09 **오답 피하기** | ① 포마토는 세포 융합 기술을 이용하여 토마토와 감자의 세포를 융합하여 만든 작물이다.

10 ⑤ 그래핀은 휘거나 구부려도 전기가 통하므로 이 특성을 이용하여 접거나 말아서 간편하게 휴대가 가능한 디스플레이를 만들 수 있다.
오답 피하기 | ① 나비의 눈을 모방하여 빛의 반사를 최소화한 특징을 이용한 것이다.
② 홍합의 단백질을 모방하여 강하게 접착하게 만든 신소재이다.
③ 상어 비늘의 구조를 모방해 마찰을 줄이는 것이다.
④ 하늘다람쥐의 구조를 모방하여 만든 것이다.

11 모든 사물을 인터넷으로 연결하여 정보를 주고받는 기술을 사물 인터넷(IoT)이라고 한다.

12 공학적 설계는 과학 원리나 기술을 적용하여 새로운 제품이나 시스템을 개발하거나 기존 제품을 개선하는 창의적인 설계 과정이다.

13 서로 다른 특징을 가진 두 종류의 세포를 융합하여 하나의 세포로 만드는 기술을 세포 융합 기술이라고 하며, 이러한 기술로 생산된 작물에는 포마토(토마토+감자), 무추(무+배추), 오렌지+귤 등이 있다.

14 **오답 피하기** | ① 보행자 접근을 알 수 있는 경보음 장치를 설치하는 것은 안전에 대비하는 안전성을 고려하는 것이다.
② 한 번 충전으로 장거리 운전이 가능한 큰 배터리를 사용하는 것은 사용의 편리성을 고려한 것이다.

15 모범 답안 생물체를 작은 세포들이 모여 이루어진 존재로 인식하게 되면서 생물체에 대한 인식의 관점이 변화하였다.

채점 기준	배점
제시된 단어를 모두 포함하여 옳게 서술한 경우	100 %
그 외의 경우	0 %

16 모범 답안 (1) 수증기(증기)
(2) 증기 기관차와 증기선의 발명으로 인류는 더 많은 물건을 먼 곳까지 운반하게 되었으며, 증기 기관을 이용한 기계의 사용은 산업 혁명의 원동력이 되었다.

	채점 기준	배점
(1)	수증기(증기)라고 쓴 경우	30 %
(2)	인류 문명에 미친 영향을 산업 변화의 관점에서 옳게 서술한 경우	70 %

17 모범 답안 정보 통신 기술, 예로는 사물 인터넷, 빅데이터, 가상 현실, 증강 현실, 인공 지능 등이 있다.

채점 기준	배점
정보 통신 기술이라고 쓰고, 예 2가지를 모두 옳게 쓴 경우	100 %
정보 통신 기술이라고 쓰고, 예 1가지만 옳게 쓴 경우	60 %
정보 통신 기술이라고만 쓴 경우	30 %

〈인용 사진 출처〉

EBS

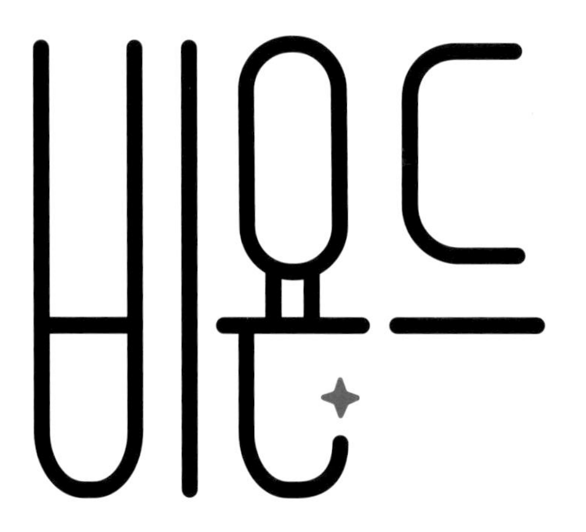
비욘드